Gesine Drews-Sylla
Moskauer Aktionismus

D1720748

Gesine Drews-Sylla

MOSKAUER AKTIONISMUS

Provokation der Transformationsgesellschaft

Wilhelm Fink

Gedruckt mit Unterstützung des Förderungs- und Beihilfefonds
Wissenschaft der VG WORT

Umschlagabbildungen:
E.T.I.: Ausbruch einer neuen Welle, Moskau 1990 (Videostill)
E.T.I.: CHUJ auf dem Roten Platz, Moskau 1991 (Videostill)
Anatolij Osmolovskij: Leoparden stürmen in den Tempel, Moskau 1992 (Videostill)
Oleg Kulik (mit Aleksandr Brener): Mad Dog or Last Taboo Guarded by Home Cerber,
Moskau 1994 (Videostill)
Oleg Kulik (mit Mila Bredichina): Pavlov's Dog, Rotterdam 1996 (Videostill)
(mit freundlicher Genehmigung von Oleg Kulik und Anatolij Osmolovskij)

Bibliografische Information der Deutschen Nationalbibliothek

Die Deutsche Nationalbibliothek verzeichnet diese Publikation in der Deutschen
Nationalbibliografie; detaillierte bibliografische Daten sind im Internet über
http://dnb.d-nb.de abrufbar.

Zugl. Tübingen, Eberhard Karls Universität, Diss. 2007

Gedruckt auf umweltfreundlichem, chlorfrei gebleichtem und alterungsbeständigem Papier.

© 2011 Wilhelm Fink Verlag, München
Wilhelm Fink GmbH & Co. Verlags-KG, Jühenplatz 1, D-33098 Paderborn

Internet: www.fink.de

Einbandgestaltung: Evelyn Ziegler, München
Printed in Germany.
Herstellung: Ferdinand Schöningh GmbH & Co. KG, Paderborn

ISBN 978-3-7705-4939-9

Inhalt

Vorwort

Die vorliegende Arbeit ist eine leicht überarbeitete Fassung meiner Dissertation, die im Sommersemester 2007 an der Eberhard Karls Universität Tübingen angenommen wurde. Mein Dank gilt allen, die mich auf dem Weg der Entstehung dieses Buches begleitet und gefördert haben. Ganz besonders herzlich bedanke ich mich bei meiner Doktormutter, Frau Prof. Dr. Schamma Schahadat, für ihre menschliche, intellektuelle und akademische Unterstützung. Nicht weniger danke ich Herrn Prof. Dr. Igor' Smirnov, meinem Zweitgutachter, für die vielen Anregungen, die ich in zahllosen Kolloquiumsgesprächen erhielt. Herr Prof. Dr. Jurij Murašov, der mich auf die Moskauer Aktionisten stieß, überließ mir großzügig seine gesammelten Materialien; für seine Unterstützung des Projekts sei ihm ebenfalls gedankt. Frau Prof. Dr. Dorothee Kimmich und Frau Prof. Dr. Barbara Lange danke ich für die Übernahme von Gutachten und ihre weiterführenden Gedanken.

Für finanzielle Förderung bedanke ich mich bei der Landesgraduiertenförderung Baden-Württemberg, dem Gleichstellungsrat der Universität Konstanz und dem Deutschen Akademischen Austauschdienst. Danken möchte ich auch dem Projekt *The Post-Communist Condition* unter Leitung von Prof. Dr. Boris Groys und wissenschaftlicher Geschäftsführung durch Dr. Anne von der Heiden am ZKM Karlsruhe, durch das ich unschätzbare Einblicke in die postsozialistische Welt der Kunst in Osteuropa gewinnen konnte. Der VG Wort danke ich für den großzügigen Druckkostenzuschuss.

Ganz besonders danken möchte ich den Moskauer Aktionisten selber sowie all den Akteuren der postsowjetischen Kunstszene – insbesondere der Stiftung *Chudožestvennye proekty (Kunstprojekte)*, dem *Chudožestvennyj žurnal* (*Moscow Art Magazine*), der Marat Gel'man Galerie, der XL Gallery und der Regina Gallery, Anatolij Osmolovskij, Oleg Kulik, Ljudmila Bredichina, Avdej Ter-Ogan'jan, Anton Litvin, Aleksandra Obuchova, Ekaterina Degot', Michail Ryklin und Viktor Miziano –, die mir nicht nur bei einem Forschungsaufenthalt im Jahr 2003 großzügig ihre Archive öffneten, Materialien überließen und zu zahlreichen Gesprächen bereit waren. Anatolij Osmolovskij und Oleg Kulik danke ich zudem für ihr Einverständnis zum Abdruck der Abbildungen auf dem Buchcover. Ebenso danke ich der Ikon Gallery in Birmingham sowie Carina Héden und Ingrid Book, die mich Abbildungen nutzen ließen oder Materialien zur Verfügung stellten.

In den literaturwissenschaftlichen Forschungskolloquien der Konstanzer und Tübinger Slavistiken hatte ich zahllose Möglichkeiten, meine Texte zu besprechen. Danken möchte ich auch dem Konstanzer Netzwerk internationaler (Post-)Doktorandinnen. Ein besonderer Dank gebührt allen, die in den verschiedenen Stadien

Korrektur lasen oder bei der Redaktion halfen: Géraldine Kortmann-Sene, Uli Stamm, Sören Drews, Vera Chibanova, Bettina Drews, Christa Degen und Katharina Zent.

Mein herzlichster Dank gilt der ungebrochenen Unterstützung desjenigen, der mein Leben mit den Moskauer Aktionisten teilte, und das, obwohl sie ihm wohl immer ziemlich fremd blieben: meinem Mann Samba Sock Sylla. Ihm und unserem Sohn Zacharias, der den Hund in Kulik sofort erkannte, ist dieses Buch gewidmet.

Tübingen, im Juli 2010   Gesine Drews-Sylla

1 Einführung in das Thema

1.1 Der Moskauer Aktionismus

1.1.1 Zur Einführung

Im Russland der 1990er Jahre konnte sich für einen Zeitraum von weniger als zehn Jahren, während der allerletzten *perestrojka*-Jahre[1] in der Sowjetunion und vor allem während der Ära El'cin (Boris Jelzin) eine radikale Körperkunstbewegung durchsetzen, deren Arbeiten eng mit der sich verändernden gesellschaftlichen Situation verknüpft waren. Die Künstler der häufig „Moskauer Aktionismus" genannten Kunstrichtung setzten zumeist ihren eigenen Körper auf sehr drastische Art und Weise in ihren auf Unmittelbarkeit, Schock- und Skandalästhetik sowie quasi-politischen Stellungnahmen bedachten Aktionen ein. International bekannt wurde zum Beispiel Oleg Kulik, der als nackter, menschlicher, im wahrsten Sinne des Wortes zubeißender[2] Hund auftrat, womit er mehr als einen Skandal verursachte. Mindestens ebenso bekannt wurde eine Aktion Aleksandr Breners, bei der er im Amsterdamer Stedelijk Museum Malevičs *Weißen Suprematismus* mit einem grünen Dollarzeichen besprühte, ein Akt, der zu einer zehnmonatigen Haftstrafe in einem Amsterdamer Gefängnis führte.[3]

Die Bezeichnung „Moskauer Aktionisten"[4] ist insofern irreführend, als die körperdrastisch arbeitende, radikale Kunstszene nicht nur aktionistische Kunstformen hervorbrachte. Publizistische Projekte (Anatolij Osmolovskij), literarische Formen (Aleksandr Brener) bei den Moskauer Aktionisten selber, in deren erweiterten Um-

---

1 Technische Anmerkungen zur Handhabung der Transliteration des Kyrillischen bzw. zum Umgang mit russischsprachigen Namen und Begrifflichkeiten vgl. Kapitel 1.3.2.

2 So bei dem Stockholmer Ausstellungsprojekt *Interpol* 1996, vgl. hierzu ausführlicher Kapitel 3.

3 Von dieser Aktion berichtete beispielsweise die deutsche *Tagesschau* (ARD, 1996), wie ich mich persönlich erinnere. Brener musste letztlich nur wenige Monate im Gefängnis verbringen, da ihm die Untersuchungshaft angerechnet wurde. Vgl. hierzu ausführlich Spieker 2001 und Arns 2003, S. 240-52.

4 Durch wen der Begriff zur Bezeichnung der radikalen Kunstformen Russlands in den 1990er Jahren eingeführt wurde, ist mir nicht bekannt; er konnte sich jedoch mittlerweile durchsetzen, ohne sich dabei allerdings genau definieren zu lassen. Anatolij Osmolovskij sprach davon, dass der Begriff „Moskauer Aktionismus" durch die Moskauer Kunstkritik eingeführt, von den Aktionisten selber allerdings nicht angenommen wurde (Drews-Sylla März 2003a). Der Begriff des „Moskauer Aktionismus" wird ausführlicher in Kapitel 3.4.1 besprochen.

feld aber auch großformatige Photographien (Gruppe AES) oder gar TV-Experimen-
te (Vladislav Mamyšev-Monro) waren wichtige Ausdrucksformen der radikalen
Künstler. Auch handelt es sich nicht um eine geschlossene Gruppierung. Der Moskauer Aktionismus bestand vielmehr aus einer ganzen Reihe von Einzelvertretern, die
jedoch durchaus in sich ständig wandelnden Kleinstgruppierungen, Allianzen und
Kooperationen[5] mit- oder auch gegeneinander arbeiteten. Der Moskauer Aktionismus war, wie der Name deutlich macht, vor allem ein Phänomen der Moskauer
Kunstszene. Die Szene war zudem recht schnelllebig, in der Hochzeit des Aktionismus von 1993 bis 1997 folgte Aktion auf Aktion. Aufgrund seiner Radikalität und
der Dynamik der Szene wurden sehr schnell auch ausländische Kuratoren und Kritiker auf den Aktionismus aufmerksam, und so begann seine Konfrontation mit dem
westlichen Kunstmarkt.

Als eine der wichtigsten Funktionen von Kunst sahen die Vertreter der radikalen
Kunstszene deren quasi-politische Stellungnahme. Der Glaube an die Möglichkeit einer Einflussnahme wurde dabei von Anfang an als utopisch inszeniert, so dass in den
oftmals radikalen politischen Experimenten und Stellungnahmen immer auch das
Bewusstsein eines Agierens innerhalb eines geschlossenen Raumes der Kunst spürbar
ist. Innerhalb dieses Raumes der Kunst spielten weitere wichtige Themen eine große
Rolle: die Exploration von avantgardistischen Protestpraktiken, das radikale Austes-
ten der Grenzen des sich nach dem Ende der Sowjetunion umstrukturierenden
Kunstsystems sowie des westlichen Kunstmarktes oder die Auseinandersetzung mit
künstlerischen Traditionslinien, die entweder positiv aufgegriffen wurden (wie die
historische Avantgarde) oder vehement abgelehnt wurden (wie der postmoderne
Moskauer Konzeptualismus). Gesten der direkten Aktion und des emphatischen
Ausdrucks zählten dabei zu den wichtigsten künstlerischen Formen.

Der Moskauer Aktionismus suchte einerseits nach Formen des künstlerischen
Ausdrucks in einer sich rapide wandelnden Gesellschaft. Andererseits war er aber
auch noch Reflex auf das große Experiment der Sowjetunion, in deren letzten Phase
die ersten spektakulären Aktionen stattfanden. Nicht umsonst wurde er auch als
posttraumatische Kunst bezeichnet. Er ist die Kunst einer Gesellschaft im Übergang.
Der Übergang selber wird dabei zur Epoche, zu einem Abschnitt, der zeitlich ziemlich genau mit der Ära El'cin zusammenfällt.

Ganz bewusst suchten die Künstler der radikalen Kunstszene in dieser Phase unter
anderem die Nähe zu den sich neu strukturierenden Massenmedien, selbst dann,
wenn dies mit ihren programmatischen Zielen unvereinbar war. Der charakteristische
Einsatz des „drastischen" (d. h. nackten, abstoßenden, provozierenden) Körpers ist
somit auf ganz spezifische Weise mit der „Medienlandschaft" Russlands verschränkt,
durch diese bedingt und/oder gekennzeichnet.

Charakteristisch für den Moskauer Aktionismus ist sein radikaler und drastischer
Körpereinsatz, der häufig zum Medium der Aktionen wird. In der zentralen These
dieses Buches wird davon ausgegangen, dass die Beziehungen dieses Körpers mit anderen Medien und mit seiner Umwelt über intermediale Beschreibungsverfahren zu-

---

5 Vgl. hierzu ausführlich Kapitel 2.

gänglich gemacht werden können. Vor allem in den durch das intermediale Verhältnis zwischen Körper und anderen Medien bzw. seiner Medienlandschaft entstehenden Brüchen manifestieren sich die für das Körper-, Medien- und Gesellschaftsverständnis der nachsowjetischen, im weltweiten Kunstbetrieb nicht mehr isolierten, russischen Kunst zentralen Paradigmen, die als unmittelbarer Reflex auf die sich mit dem Ende der Sowjetunion neu bildenden, nationalen wie internationalen Strukturen begriffen werden müssen.

Den Begriff des Mediums fasse ich mithilfe des systemtheoretischen Begriffs, den Niklas Luhmann entwickelt hat. Dieser Begriff orientiert sich an kommunikationstheoretischen Prämissen. Kommunikation ist bei Luhmann der Faktor, der die autopoietische Evolution der gesellschaftlichen Subsysteme hervorbringt, zu denen das der Kunst, das der Politik oder das der Massenmedien zählen. Der Körper wird im Moskauer Aktionismus, der als Kunst natürlich Teil des Kunstsystems ist, auch als Medium begriffen, das mit anderen in diesen gesellschaftlichen Subsystemen wirksamen Medien in Interaktion tritt. Diese Interaktionsmechanismen lassen, so eine der zentralen Thesen, einerseits die Einschreibungsoperationen, die der Moskauer Aktionismus vollzieht, sichtbar werden. Andererseits manifestieren sich in ihnen Brüche und Risse, die so die in Transformation begriffenen Strukturen in Kunst und Gesellschaft erlebbar machen.

1.1.2 Zum literatur- und kunstgeschichtlichen Kontext[6]

Die Körperkunst des Moskauer Aktionismus hat ihren Ursprung, obwohl sie vor allem aufgrund des drastischen Körpereinsatzes mit dem Wiener Aktionismus direkt verglichen wurde[7], nicht direkt in westlichen Performance-Traditionen, sondern geht aus der russischen Kultur und Literatur hervor. Wenn auch gerade für Anatolij Osmolovskij beispielsweise situationistische Konzepte oder die Protestformen, die in den 1968ern weltweit entwickelt wurden, von Anfang an eine wichtige Rolle spielten, oder Oleg Kulik in späteren Performances direkt auf Joseph Beuys rekurrierte, so steht der Moskauer Aktionismus nichtsdestoweniger ebenso unmittelbar in den Traditionen russischer Performance- und Körperkunst.

Eine wichtige Wurzel des Moskauer Aktionismus ist in der konzeptualistischen Peformance-Tradition der Gruppe Kollektive Aktionen (Kollektivnye dejstivja)[8] zu sehen, und sei es nur hinsichtlich des expliziten Wunsches, sich von dieser 20 Jahre lang dominierenden Richtung vehement abzusetzen. In den im Gegensatz zu den relativ einfach und spontan strukturierten, Gewalt im Namen der Kunst einsetzenden, auf Schockwirkung bedachten und um größtmögliche Aufmerksamkeit ringenden Aktionen der radikalen Kunstszene ging es in den komplexen, theoretisch hochgradig

---

6 Zum „Moskauer Aktionismus" allgemein vgl. Abschnitt 1.3.1, 2.1.2 und Kapitel 3.

7 Dyogot, Y. 1995.

8 Die gesammelten Aktionen der Kollektiven Aktionen finden sich in dem von Andrej Monastyrskij edierten Band Коллективные действия 1998.

reflektierten und in ihrer Struktur feinst ziselierten Performances der Kollektiven Aktionen, den Zielsetzungen des Moskauer Konzeptualismus entsprechend, vor allem um eine Exploration sowjetischer Zeichensysteme und allgemeiner Wahrnehmungsstrukturen. Obwohl die Teilnehmer über körperliche Reaktionen gerade bei künstlerischen Experimenten im Bereich der Wahrnehmung berichteten, stand der menschliche Körper als Medium und Zeichenträger dort niemals im Mittelpunkt der künstlerischen Aktionen. Zudem fanden die Aktionen und Performances des Moskauer Konzeptualismus zu Sowjetzeiten notgedrungen in von der jüngeren Generation als hermetisch abgeschlossen empfundenen Zirkeln statt. Man agierte z. B. in Wohnungen oder vor den Toren der Stadt, eher bestrebt nach Unsichtbarkeit statt nach größtmöglicher Aufmerksamkeit. Bezeichnenderweise trägt die von Monastyrskij 1998 herausgegebene Dokumentationssammlung der Aktionen der Kollektiven Aktionen den Titel *Poezdki zagorod* (*Reisen aus der Stadt*).[9] Selbst wenn die Aktionen der Kollektiven Aktionen im Raum der Stadt stattfanden, dann so, dass die Aktion selbst äußerlich unauffällig blieb, ja nur den Teilnehmern selbst als Aktion bewusst war.[10] Ganz anders trat hier der radikale Aktionismus auf. Dessen Aktionen waren laut, häufig skandalös und vor allem im Raum der Stadt, im Raum der Kunst und im Raum der Massenmedien sowohl national als auch international deutlich sichtbar.

Der Moskauer Aktionismus steht noch sehr viel direkter in anderen Performancetraditionen in der sowjetischen Kultur, die Natalia Ottovordemgentschenfelde ebenso wie den Moskauer Aktionismus in einer Narrentradition einordnet.[11] Es handelt sich um die in den 70er Jahren aktive Gruppe *Muchomor* (*Fliegenpilz*), die „belustigende Unflätigkeiten, Ziererei und Fratzenschneiderei vor der Kamera" als künstlerische Strategie einsetzte. Ebenfalls in den 70er Jahren entstand die Gruppe *Dviženie* (*Bewegung*), die unter ihrem Führer Lev Nussberg szenische Aufführungen in der Tradition der Kyniker inszenierte. Auch die SocArt-Künstler Komar und Melamid, die später in die USA emigrierten, waren in den 70er Jahren in der Aktionskunst aktiv. Ihre Aktionen beinhalten einen sozialen Selbstbezug, der so auch für den Moskauer Aktionismus bedeutend war. In den 80er Jahren schließlich entstand eine andere Gruppe, die die Narrengestalt als künstlerische Strategie einsetzte, die *Čėmpiony mira* (*Weltmeister*).

---

9 Bei der Übersetzung des Terminus orientiere ich mich an Sabine Hänsgen.

10 Z. B. die Aktion *Vychod* (*Ausstieg*, 1983), die in einer Busfahrt mit öffentlichen Verkehrsmitteln bestand, während derer von den Organisatoren den Teilnehmern ein Zettel in die Hand gedrückt wurde, auf dem stand, man solle an der nächsten Haltestelle aussteigen. Danach wurde ein weiterer Zettel ausgehändigt, auf dem stand: „ВЫХОД состоялся 20 марта 1983 г. В 12 час 24 мин. (заполнялось от руки во время выхода зрителей). Благодарим за участие в его организации." („AUSSTIEG fand am 20. März 1983 um 12.24 Uhr statt [von Hand ausgefüllt zum Zeitpunkt des Ausstiegs der Zuschauer]. Wir bedanken uns für die Teilnahme an der Organisation.") (Коллективные действия 1998, S. 128). Die Aktion wurde nur durch die Rahmung dieser Zettel zu einer Aktion. Vgl. Sasse 2003a, S. 75.

11 Vgl. Ottovordemgentschenfelde 2004, S. 244-46.

Die Narrengestalt transformierte sich zu einem muhenden Debil, bei welchem der Speichel aus dem Mund lief und die Augen leer in die Weite starrten; als Gegenentwurf zu rationalen Argumenten eines reflektierenden Subjekts wurden besondere, exaltierte Verhaltensmuster inszeniert. Die Gestalt des Antihelden, die entstand, war so abstoßend, dass es unmöglich schien, ihn als Leitfigur für die neue Kultur zu gewinnen. Doch das Unwahrscheinliche geschah: die Narrenfigur erlangte eine hohe Popularität in der Kunst der 80er und 90er Jahre.[12]

Unmittelbare literarische Parallelen zu den körperdrastischen, aktionistischen Kunstformen liefern Vladimir Sorokin und Jurij Mamleev, die in ihren Romanen und Erzählungen eine literarische Körperlichkeit inszenieren, der jedes Tabu fehlt.[13] Mit ihrer Deformation und Desavouierung des menschlichen Körpers schreiben Sorokin und Mamleev zum einen gegen die verordnete Kollektivierung des Körpers des Sowjetbürgers an, zum anderen gegen die in der öffentlichen Inszenierung des sowjetischen Idealmenschen erfolgende Entkörperlichung des Menschen selbst. Nur der deformierte, entidealisierte Körper des ausgestoßenen Individuums kann dem kollektiven Körper entkommen. Beide Schriftsteller schrieben bereits zu Sowjetzeiten, ihre Texte erschienen im Ausland seit Beginn der 1980er Jahre. Die *perestrojka*-Zeit und die unmittelbar postsowjetische Zeit sehen eine ungeheure Popularität gerade dieser Autoren, die nun endlich offiziell verlegt und gelesen werden durften.

Die Akteure des Moskauer Aktionismus selber verneinen eine unmittelbare Vorläuferfunktion der Texte Mamleevs und Sorokins für ihr eigenes Arbeiten. Ganz von der Hand zu weisen ist die Verbindung aber dennoch nicht. Kulik arbeitete 1994 sogar bei einem Buchprojekt mit Sorokin zusammen.[14] Gerade dieses Buchprojekt illustriert aber auch die grundlegende und mehr als offensichtliche Differenz zwischen den literarischen Formen eines drastischen Körpers und den performativen Formen, die sich im Aktionismus finden lassen. Der Aktionismus modelliert den drastischen Körper visuell, haptisch und akustisch im physischen Raum, die Literatur tut dies – sehr vereinfacht gesagt – mit Hilfe von sprachlichen Zeichen auf einer textuellen Ebene.

Während die Texte Sorokins mithilfe des drastisch beschriebenen, literarischen Körpers vor allem Schreibweisen dekonstruieren, steht in den Bildern Kuliks, auf denen er sich zumeist mit Tieren kopulierend ablichten lässt, vor allem sein eigener Körper im Mittelpunkt. Hier findet sich eines der wichtigsten Charakteristika der kör-

---

12 Ottovordemgentschenfelde 2004, S. 245 f.

13 Z. B. Сорокин 1992, Сорокин 1994, Сорокин 2001 (dt. Ausgaben, die z. T. erheblich früher erschienen: Sorokin 1992, Sorokin 1993, Sorokin 1995), Мамлеев 1986, Мамлеев 1990, Мамлеев 1993 (dt. Ausgabe: Mamleew 1992, Mamleew 1998). Mamleev verfasste *Šatuny* bereits in den 1960ern. Seine Romane und Erzählungen konnten bis Ende der 1980er Jahre nur im Tamizdat (z. B. in Paris) erscheinen. Auch Sorokin, der in den frühern 1980ern begann, Erzählungen zu veröffentlichen, wurde zunächst nur im Tamizdat gedruckt. Sein erster Roman *Očered'* erschien 1985 noch in Paris (Сорокин 1985), so wie auch ein Jahr später Mamleevs Erzählungsband *Živaja smert'* (Мамлеев 1986).

14 Кулик & Сорокин 1994.

perdrastischen Praktiken – der Einsatz des eigenen Körpers, der zum Medium des Ausdrucks wird, selbst dann, wenn er repräsentativ in anderen Medien – in diesem Fall einer Buchpublikation – abgebildet ist. Ekaterina Degot' spricht im Zusammenhang mit diesem Einsatz des eigenen Körpers des Künstlers von einer Strategie der Selbstdemütigung im Moskauer Aktionismus.[15]

Sorokins Texte lassen sich im direkten Umfeld des Moskauer Konzeptualismus verorten. Und so erstaunt es nicht, wenn Philosophen wie Michail Ryklin, die dem Moskauer Konzeptualismus nahe stehen, Erklärungsmodelle, die sie für die Texte Sorokins angewandt haben, auch auf die Erscheinungsformen des Moskauer Aktionismus zu übertragen versuchen.[16] Die zeitliche Parallelität von der Entdeckung und Popularität Mamleevs und Sorokins durch eine breitere Leserschaft und des Moskauer Aktionismus fügt hier sein Übriges hinzu.

Es lässt sich zusammenfassen: Der Moskauer Aktionismus vollzieht gegenüber seinen literarischen und performativen Vorgängern einen doppelten Bruch. Zum einen rückt der Körper selbst als zeichengebende und -tragende Instanz an die Stelle der zuvor in der russischen Performance-Tradition im Mittelpunkt stehenden Zeichenwelt. Zum anderen wird der Körper in der Aktion selbst als Medium inszeniert, er wird als medialer Träger in einen aktionistischen Kontext integriert. Im Moskauer Konzeptualismus, dem sowohl Sorokin als auch die Kollektiven Aktionen zuzuordnen sind, ging es vor allem um die Dekonstruktion von Zeichensystemen. Sowohl die performativen Kunstformen der Kollektiven Aktionen als auch die drastischen Körper in den Texten Sorokins lassen sich dieser Strategie zuordnen. Im Moskauer Aktionismus hingegen verschmelzen Körperdrastik und aktionistische/performative Kunstform, die reflektierte Dekonstruktion von Zeichensystemen ist nicht mehr beherrschendes Thema. Der Moskauer Aktionismus agiert die Körperdrastik der Texte Sorokins oder auch Mamleevs in einem gewissen Sinne aus. In seinem Mittelpunkt stehen andere Strategien als die dekonstruktiven des Moskauer Konzeptualismus: avantgardistische, zwischen den Polen des Pop und des Skandals pendelnde, ritualisierte Gesten der direkten Aktion, die vor allem durch den Einsatz des eigenen Körpers als Medium der Aktion provoziert werden.

1.2 Grundannahmen

1.2.1 Neue Öffentlichkeit

Der Moskauer Aktionismus ist sehr plakativ bildhaft-visuell in seinen Ausdrucksformen, ein Befund, der hier unter anderem auf eine sich wandelnde visuelle Kultur im postsowjetischen Russland zurückgeführt werden soll.[17] Das Konstrukt einer litera-

---

15 Дего́ть 2002.

16 Beispielsweise in Ryklin 1997.

17 Vgl. zur visuellen Kultur in der Sowjetunion und im postsowjetischen Russland Condee 1995.

risch geprägten russischen Kultur fällt in sich zusammen.[18] Die Medienlandschaft strukturiert sich sehr schnell in eine nach westlichem Vorbild gestaltete, mit dem Fernsehen als dominantem Massenmedium, um. Nun war das Fernsehen auch schon zu sowjetischen Zeiten ein mehr als wichtiges Medium, mit dem Ende der Sowjetunion wandelte es sich aber auf dramatische Art und Weise sowohl hinsichtlich seiner ästhetischen Formensprache als auch in seinen Inhalten.[19] Auch der Zeitungsmarkt strukturierte sich um. Es entstand sehr schnell ein Yellow Press-Sektor, den es – auch wenn es natürlich Boulevardzeitungen gab – so in der Sowjetunion nicht gegeben hatte.[20] Die neue Medienlandschaft war auf Skandale und radikale Meldungen angewiesen, ja sie entstand sogar aus einer Medienlandschaft zu *perestrojka*-Zeiten, die sich dadurch von der Staatsmacht zu emanzipieren verstand, indem sie immer neue Skandale in der sowjetischen Gesellschaft und Nomenklatura aufdeckte. Es entstand eine andere Kultur der Sichtbarkeit, geprägt durch den Skandal, der das öffentliche Leben aufrüttelte und begleitete. Die ‚von oben gelenkte' Öffentlichkeit existierte nicht mehr in der Form wie noch einige Jahre zuvor.

Der Moskauer Aktionismus kann somit auch als ein Reflex auf diese neuen Strukturen von Öffentlichkeit und Organisation von Sichtbarkeit verstanden werden, der in unmittelbarem Zusammenhang mit einer gewandelten Kultur der Visualität steht. So sind der Protestgestus und die Skandalsuche des Moskauer Aktionismus nicht nur unter einem avantgardistischen, sondern auch unter einem Gestus der Evozierung von Sichtbarkeit per se zu betrachten.

1.2.2 Protestgestus und Ritual des Übergangs

Protest ist, wie bereits angedeutet, eines der herausragendsten Ziele der aktionistischen Künstler – und zwar Protest und Skandal um jeden Preis. Es ist ein Protest, der in seinem Bestreben nach dem Protest um des Protestes Willen sich fast beliebig der verschiedenen avantgardistischen, utopistischen und revolutionären künstlerischen sowie gesellschaftspolitischen Erscheinungen in Ost und West des gesamten 20. Jahrhunderts bedient.

Dieser Protestgestus ist als Ausdruck der und Reflex auf die sich in einem geradezu revolutionären Tempo ändernden gesellschaftlichen Rahmenbedingungen im postsowjetischen Russland betrachtbar. Er ist aber auch, wie Spieker an Brener stellvertretend für den gesamten Moskauer Aktionismus aufzeigt, seltsam objekt- und subjektlos.[21] Der Protest wirkt zumeist relativ ungerichtet, selbst dann, wenn er auf eine derart radikale Art und Weise ausgelebt wird, wie bei der Beschädigungsaktion Aleksandr Breners im Amsterdamer Stedelijk Museum. Der Protest wird nicht ausgeführt, um

---

18 Zum Konzept Russlands als durch die Literatur geprägter Kulturraum vgl. Murašov 1993 oder Berg 2000.
19 Vgl. hierzu Mickiewicz 1999.
20 Vgl. hierzu z. B. Pleines 1997.
21 Vgl. Spieker 2001, S. 310.

ein bestimmtes Ziel zu erreichen, wie z. B. bei den Protestformen der 1968er Generation, sondern um seiner selbst willen, fast schon im selbstbezüglichen Stil von *l'art pour l'art* – immer wieder und wieder.

Natalia Ottovordemgentschenfelde weist in ihrer Untersuchung zur Figur des Gottesnarren im Moskauer Aktionismus darauf hin, dass ein Skandal, der sich aufgrund seiner ständigen Wiederholung so verselbständigt hat, dass er bereits erwartet wird, letzten Endes kein Skandal mehr sei, sondern eher mit dem Begriff des Rituals zu fassen sei.[22] Es handele sich nicht um einzelne Skandale, die immer unerwartet und unvorhersehbar sind, sondern um erwartete Grenzüberschreitungen, die sich ständig in einem zwar recht drastischen Ausmaß, aber dennoch in einem vorhersehbaren Rahmen wiederholen. Ottovordemgentschenfelde beschreibt eine Aktion Breners, bei der dieser auf einer Veranstaltung, zu der er geladen wurde, erheblichen Sachschaden verursachte. Seine Ausschreitungen seien von Seiten der Veranstalter jedoch anstandslos akzeptiert worden, da Brener nun einmal Brener sei.[23] Im engeren Rahmen des Moskauer Aktionismus, der sich wiederum in denjenigen der Kunst einfügt, wurden diese Grenzüberschreitungen als Ausnahmezustand also akzeptiert und sogar erwartet. Mehr noch, sie werden den Aktionisten bzw. der Kunst von der Gesellschaft zugeschrieben. Interessanterweise handelte es sich bei der von Ottovordemgentschenfelde angeführten Episode auch nicht um eine rein kunstinterne Veranstaltung, sondern um ein gesellschaftliches Event, zu dem der Künstler Brener quasi als Popstar geladen worden war. Sowohl vom Popstar als auch vom Künstler wird die Grenzüberschreitung nicht nur akzeptiert, sondern sogar erwartet, beide erfüllen eine gewisse repräsentative Rolle. Sie vollziehen möglicherweise stellvertretend für die Gesellschaft ein Ritual, mithilfe dessen die traumatische Umbruchsphase des Übergangs von der sowjetischen zur postsowjetischen Gesellschaft besser bewältigt werden kann. So wird nicht nur der einzelne Skandal zu einem sich immer wiederholenden Ritual, sondern der gesamte Moskauer Aktionismus in sich stellt in dieser Perspektive ein Kunstritual dar. Figuren der Grenzüberschreitung kommen in diesen Ritualen demnach als Bestandteile des Übergangs vor.

Schamma Schahadat entwirft eine Typologie des Skandals, in der sie von einem kynischen und einem hysterischen Skandal ausgeht. Den kynischen Skandal bestimmt sie als „bewusst inszeniertes Spektakel, dessen Akteure nicht an unkontrollierten Ausbrüchen leiden, sondern den Körper performativ einsetzen."[24] Es handelt sich um eine „kynische *épatage*"[25], die Schock auslösen will und nicht, wie der hysterische Skandal, aus dem Schock hervorgeht. Der kynische Skandal zählt, wie Schahadat nachweist, bereits im russischen Symbolismus zum Formenarsenal, spätestens mit dem Dadaismus in Westeuropa oder dem Futurismus in Russland tritt er in der historischen Avantgarde „ins Zentrum des künstlerischen Verhaltens."[26] Im Gegensatz

---

22 Ottovordemgentschenfelde 2004, S. 255-59.
23 Ottovordemgentschenfelde 2004, S. 284.
24 Schahadat 2001, S. 49. – Vgl. auch Schahadat 2002.
25 Schahadat 2001, S. 49.
26 Schahadat 2001, S. 51.

hierzu steht der hysterische Skandal, bei dem der Körper nicht theatralisch performativ genutzt wird, sondern pathologisch die Kontrolle verliert.[27] Schahadat verweist darauf, dass Renate Lachmann den Skandal mit einem *rite de passage*[28], also der rituell begangenen Zeremonie oder Feier anlässlich des Endes eines alten und des Beginns eines neuen Zustands vergleicht.[29] Gerade in Ritualen, die einem *rite de passage* dienen, vermengen sich häufig Elemente des Kynischen, des kontrollierten Rituals, das mit dem Körper performativ und zeichenhaft vollzogen wird, und Elemente des Hysterischen, in dem der Körper, ausgelöst durch einen Schock, die Kontrolle verliert. Und so haben auch die Skandale des Moskauer Aktionismus Elemente beider Skandaltypen. Sie sind kynische Skandale, die vom Publikum regelmäßig erwartet werden. Der Körper wird bewusst medial-performativ eingesetzt, die Möglichkeiten der *épatage* werden gezielt exploriert. Zugleich aber geht der Moskauer Aktionismus auch aus dem Schock des Übergangs hervor, ist in einem größeren Rahmen betrachtet somit auch hysterischer Skandal, der Elemente des Pathologischen und des Kontrollverlustes in sich trägt, die dieser stellvertretend für die Gesellschaft des Übergangs ausagiert.

Genau dieser (hysterische Skandal-)Körper löst wiederum auch Schock aus, in ihm artikuliert sich eine Unmittelbarkeit, die der Moskauer Aktionismus durch eine Inszenierung der Materialität des Körpers (z. B. durch Nacktheit, aber auch durch den Verweis auf Körperexkremente) erreichen will. Es handelt sich jedoch dabei um eine performativ vermittelte Unmittelbarkeit, eine Unmittelbarkeit, die die Zeichenhaftigkeit und die Medialität, die den Körpern eben auch zu eigen ist, leugnet. Der Moskauer Aktionismus agiert so einerseits rituell die dem Übergang inhärente Sprachlosigkeit performativ aus und unternimmt andererseits den paradoxen Versuch, eine nicht-sprachliche Sprache zu deren Ausdruck zu finden. In der im Moskauer Aktionismus auftretenden Doppelung von Materialität und Medialität des Körpers spiegeln sich somit die kynischen und die hysterischen Elemente des Skandals des Übergangs.[30]

Die Erwartungshaltung bezüglich des Skandals, aus der sich die Ritualhaftigkeit des Moskauer Aktionismus unter anderem ergibt, begleitet die gesamte Skandalhaftigkeit des Moskauer Aktionismus von Anbeginn an und ist auch in der Entwicklung der Kunst selber begründet. Avantgardistische Kunstbewegungen haben nun einmal skandalös zu sein – so erwartet es der postmoderne Rezipient, der seit Jahrhunderten, besonders aber seit der historischen Avantgarde zu Beginn des 20. Jahrhunderts durch immer neue, jedes Mal wieder skandalöse Avantgardebewegungen geschult wurde. Avantgarde definiert sich per se unter anderem durch einen Gestus des Protestes,

---

27 Schahadat 2001, S. 49 f.

28 Zu Victor Turners Ritualbegriff im Zusammenhang mit dem Moskauer Aktionismus vgl. Kapitel 7.

29 Lachmann 1990, S. 263; Schahadat 2001, S. 58.

30 Für den Hinweis auf das Paradoxon einer „vermittelten Unmittelbarkeit", die sich in der Entgegenstellung von Materialität und Medialität des Körpers im Moskauer Aktionismus ergibt, bedanke ich mich bei Dorothee Kimmich.

durch das Bestreben, alte Strukturen auf möglichst spektakuläre Art und Weise zu überwinden. Und sehr häufig hat dieser Protest in irgendeiner Form mit dem Körper zu tun, und sei es, gerade deswegen, weil so häufig durch aktionistische Formen des Ausdrucks Elemente von Körperkunst in einem Verständnis von Kunst durch den Körper (und nicht im engeren Sinne der Body Art) als Medium, sei es als Bildmedium, sei es als Trägermedium des Protestes, direkt eingesetzt werden. Aber auch andere Formen avantgardistischen Schreibens und Arbeitens, beispielsweise Manifeste und Publikationen, finden sich häufig wieder – so wie auch im Moskauer Aktionismus.

Die Tatsache, dass der künstlerische, Züge des Kynischen und des Hysterischen tragende Skandal in die Erwartungshaltung der Öffentlichkeit eingeht, bedeutet nicht, dass der einzelne Skandal, der einzelne Eklat, nicht als solcher wahrgenommen werden kann und wird. Es bedeutet aber, dass eine künstlerisch bewusst agierende neue „Avantgarde" eine rituelle Normalisierung des Skandals mit einkalkulieren, damit arbeiten muss. Es ist immer wieder beobachtet worden, mit welch rasantem Tempo die zum Teil erhebliche ethische und moralische Grenzen überschreitenden Künstler des Moskauer Aktionismus in Ost wie West trotz der echten Entrüstung, die ihre Arbeiten hervorriefen, in ein *business as usual* des Kunstgeschehens integriert wurden.[31] Dies ist eine Entwicklung, die sich in der künstlerischen Struktur der Aktionen durchaus auch wieder finden lässt. Die Aktionen bewegen sich in einer seltsamen Ambivalenz. Denn natürlich gelang es den Künstlern, durch ihre Aktionen Tabus zu brechen, in einer veränderten Öffentlichkeit sichtbar zu werden. In einer modernen Mediengesellschaft gelingt dies dem Pop und dem Skandal. Und so bewegen sich die Aktionen genau zwischen diesen beiden Polen, die einander ja alles andere als ausschließen.

Mit dem Zerfall der Sowjetunion waren die Künstler des Moskauer Aktionismus in ein seltsames Vakuum geworfen: Alte Feindbilder, an denen man sich definierte, galten genauso wenig wie alte Positivbilder, die als unbestimmtes Ziel jahrzehntelang das inoffizielle Kunstschaffen bestimmt hatten.[32] Es ist davon auszugehen, dass der Rückgriff auf den drastischen Körper als unmittelbares Primärmedium, als scheinbar einzig mögliche Ausdrucksform eines direkten „Vollzugs"[33], eher als eine Art posttraumatische Suche und Aufbegehren aufgefasst werden kann. Der Rückgriff auf den Protestgestus diverser historischer Avantgardebewegungen lässt sich so auch als eine Spurensuche nach dem traumatischen Scheitern des utopischen Projekts Sowjetunion verstehen. Denn künstlerisch originell ist der Einsatz drastischer Körperinanspruchnahmen und -repräsentationen nicht. Ekaterina Degot' bemerkt hierzu:

---

31 Vgl. z. B. Zabel 2001.
32 Vgl. hierzu Misiano 1996.
33 Witte spricht von einem „Eifer des Vollzugs" des Moskauer Aktionismus. Gemeint ist damit der von den Künstlern selbst immer wieder formulierte Anspruch, durch Gesten der direkten Aktion unmittelbar – quasi unverfälscht – zu agieren, mit dem Witte sich sehr kritisch auseinander setzt (Witte 2003, vgl. auch Witte 2006).

20c art is full of scepticism about the possibility of depicting reality and has thus redirected itself towards criticizing representation. And since the human body has always been the major focus of art globally, 20c art can be considered a continuous criticism of the depiction of the body, which looks like a severe criticism of the body itself, as it has been subjected constantly to abuse, distortion and torture in the paintings and sculptures of artists in this century. Eventually the body becomes not so much the object of criticism as its tool, particularly if it is the body of the artist or if he/she identifies with it. The artist turns to the uncontestable reality of the irreducible body in order to criticize art as such as being unauthentic and studied. Performance and body art often look like the final gesture of desperation on the part of the artist, who only has one means at his disposal: to risk his own body, to break with everything that smacks of art. Naturally, such a move is easily recognized by the viewer as specifically artistic. Nonetheless, the body retains its utopian status as the panacea for art.[34]

Der Körper, so Degot', ist im 20. Jahrhundert nicht mehr das Objekt einer Kritik durch die Kunst, sondern deren Werkzeug. Er wird, mit meinen Worten, als Medium der Kunst eingesetzt. Gerade diese Bewegung hin zum Körper, der häufig – wie auch im Moskauer Aktionismus – eine Abwehrhaltung gegenüber jeglicher Repräsentationsfunktion der Kunst und eine Huldigung der direkten Aktion inhärent ist, so Degot' weiter, wird aber sofort als Kunst erkannt. Der Körper als Medium der Kunst ist somit ein Charakteristikum der gesamten Kunst des 20. Jahrhunderts – seit dem Beginn der modernen Performancekunst in der historischen Avantgarde, so kann man vielleicht hinzufügen. Gerade deswegen aber muss das körperdrastische Arbeiten des Moskauer Aktionismus in seiner ganz spezifischen historischen Positioniertheit betrachtet werden, denn nur über eine solche Positionierung lässt sich seine künstlerische Spezifik detailliert herausarbeiten.

1.3 Forschungslage und Argumentationsstruktur

1.3.1 Überblick zur Forschungslage zum Moskauer Aktionismus

Die post-totalitäre Körperkunst der 1990er Jahre in Russland ist bisher nicht eingehend untersucht worden. Als bisher einzige relevante Monographie zu den Aktionen Kuliks und Breners erschien mit einer Monographie von Natalia Ottovordemgentschenfelde 2004 eine die Tradition des Christusnarrentums in Russland und deren Reaktualisierungen thematisierende Arbeit.[35] Sie bildet für meine Arbeit eine wichtige Folie, auch wenn die Untersuchungsrichtung eine gänzlich andere ist. Während Ottovordemgentschenfelde den Körper ausschließlich in der Tradition der Christusnarren thematisiert, so untersuche ich den drastischen Körper als Medium der Performance im Moskauer Aktionismus.

Es existieren eine ganze Reihe Katalog- oder Feuilletonbeiträge sowie verschiedene Aufsätze, deren Zahl kontinuierlich steigt. Viele dieser Arbeiten, gerade die früheren,

---

34 Dyogot, K. 1995, S. 57.
35 Ottovordemgentschenfelde 2004.

sind eher auf der Ebene des begleitenden Kommentars anzusiedeln.[36] Es erscheinen aber auch zunehmend Untersuchungen, die zum Teil in größere Kontexte eingebettet sind. So untersuchte Inke Arns beispielsweise die Rückbezüge zur historischen Avantgarde in der Gegenwartskunst (1980er und 1990er Jahre) des ehemaligen Jugoslawien sowie Russlands und geht in diesem Zusammenhang auch auf Anatolij Osmolovskij und Aleksandr Brener ein.[37] Auch in Ausstellungskatalogen zur zeitgenössischen russischen Kunst finden sich viele kleinere und größere Texte, die aus einer größeren Distanz heraus Aspekte des Moskauer Aktionismus thematisieren. Ich denke hier beispielsweise an die Wiener Ausstellung *It's A Better World. Russischer Aktionismus und sein Kontext*,[38] an den Katalog zur Ausstellung *berlin moskva MOSKVA BERLIN* in Berlin und Moskau 2004[39] oder an den zur Ausstellung *NA KURORT!* in Baden-Baden 2004.[40] Es finden sich gelegentlich auch allgemeine Kommentare zur Entwicklung der osteuropäischen Performancekunst, die nicht explizit auf den Moskauer Aktionismus eingehen, dabei aber durchaus auch für diesen relevante Aspekte thematisieren.[41] Für meine Arbeit sind all diese in sich sehr heterogenen Ansätze für eine Kontextualisierung des Moskauer Aktionismus in seiner Zeitbezogenheit einerseits sowie als wissenschaftliche Kontextualisierung für meine eigene Untersuchung andererseits wichtig.

In Russland selbst war man bisher vor allem an einem kritischen Rückblick interessiert, der jedoch ebenfalls noch keine größer angelegten Einzeluntersuchungen hervorgebracht hat. Die Moskauer Zeitschrift *Chudožestvennyj žurnal* (*Moscow Art Magazine*) war während der 1990er Jahre selbst Organ der theoretischen Auseinandersetzung und später an einem kritischen Rückblick beteiligt. Mit Nr. 25 (1999), Nr. 28/29 (1999) und Nr. 34/35 (2001) erschienen mehrere Ausgaben, die die 1990er Jahre Revue passieren lassen. Auch einstige Aktivisten wie Anatolij Osmolovskij bemühten sich um eine kritische Auseinandersetzung mit den radikalen Kunstformen der 1990er Jahre. Osmolovskij beabsichtigt, eine Textsammlung herauszugeben, die zum Zeitpunkt der Entstehung dieser Arbeit als Manuskript verfügbar war.[42] Kunst-

---

36 Vgl. folgende ausgewählte Beispiele: Backstein 1995, Backstein 1998, Деготь 1998b, Dyogot, K. 1995, Misiano 1995, Ryklin 1997.

37 Arns 2003.

38 Backstein & Kandl 1997.

39 Choroschilow, Harten, Sartorius & Schuster 2003a und b.

40 Nikitsch & Winzen 2004. Auf den Moskauer Aktionismus wird in einigen Texten implizit eingegangen. Explizit wird er in der ausführlichen Chronik, die dem Katalog beigefügt ist, kontextualisiert.

41 Pintilie 2001.

42 Осмоловский 2003. Ich bedanke mich bei Anatolij Osmolovskij, dass er mir das Manuskript bei einem Forschungsaufenthalt im März 2003 überließ und seiner Auswertung zustimmte. Einige der darin enthaltenen Texte waren zu diesem Zeitpunkt bereits erschienen, beispielsweise *Chudožestvennyj žurnal* (*Moscow Art Magazine*), andere wurden in der Zwischenzeit anderweitig publiziert (z. B. Osmolovskij 2005).

kritiker großer Tageszeitungen wie Andrej Kovalev[43] und Ekaterina Degot'[44] haben Sammlungen ihrer die Rezeption stark beeinflussenden Artikel herausgegeben. Kleinere Archive wie der Fond sovremennych chudožestvennych proektov (Stiftung für zeitgenössische Kunstprojekte) haben Videoaufzeichnungen und Originaldokumente gesammelt und der Durchsicht zugänglich gemacht. Ebenso bemühen sich die am Prozess der sich etablierenden, postsowjetischen Kunst-Infrastrukturen beteiligten Galerien um Rückblicke. Insbesondere die Galerien Marat Gel'man und Regina haben zu den Veranstaltungen anlässlich ihres fünf- bzw. zehnjährigen Bestehens Kataloge herausgegeben.[45] 1996 erschien ein von A. Kovalev verfasster Überblick über die Entwicklung der ersten Jahre der postsowjetischen Kunst.[46] Zu der Galerie in der Trechprudnyj pereulok, die sich von September 1991 bis Mai 1993 in einem einzigen Raum von gerade einmal 15 Quadratmetern befand und von der pünktlich jeden Donnerstag um 19 Uhr viele Impulse für die junge, postsowjetische Kunstszene ausgingen, existiert ein von Carina Hedén und Ingrid Book herausgegebener Ausstellungskatalog.[47] Für meine Arbeit stellen all diese Editionen vor allem einen wertvollen Materialfundus dar, auf den ich ausführlich zurückgegriffen habe.

Valerij Podoroga setzt sich aus einem phänomenologischen Blickwinkel mit dem Körper auseinander. Er unternimmt in den 1990er Jahren parallel zur Genese des Moskauer Aktionismus den Versuch einer umstrittenen, „spezifisch russischen" Körperphilosophie.[48] Die Nähe zwischen den Forschungsinteressen Podorogas und den Arbeiten des Moskauer Aktionismus führte zeitweilig zu Kooperationsprojekten. Der Band *Masterskaja vizual'noj antropologii*[49] dokumentiert ein derartiges vom Herausgeber des *Chudožestvennyj žurnal* (*Moscow Art Magazine*), Viktor Miziano, initiiertes Projekt, in dem Künstler mit dem Philosophen Valerij Podoroga aus einem visuellen Blickwinkel gemeinsam unter anderem den menschlichen Körper explorieren. Podoroga arbeitete auch an Projekten zur ersten Kunstbiennale in Rotterdam mit. Im Katalog der *Manifesta 1* wird er als beteiligter Künstler gelistet.[50] Später gibt er jedoch die Zusammenarbeit mit der zeitgenössisschen Kunst auf und kehrt ganz zur Philosophie zurück. Für meine Arbeit stellte sich der Ansatz Podorogas als nicht relevant heraus. Sein phänomenologischer Blick nimmt eine andere Perspektive ein als mein eher systemtheoretisch ausgerichteter, der den Körper als Medium in der Performance betrachtet und von dort ausgehend eine Positionierung des Moskauer Aktionismus anstrebt.

---

43 Ковалев 2002.

44 Деготь 1998d.

45 Vgl. z. B. die Internetseite der Marat Gel'man Galerie in Moskau (www.guelman.ru) sowie die Kataloge Гельман & Лопухова 2000 (zehnjähriges Jubiläum der Galerie Marat Gel'man), Галерея М. Гельмана 1995 (fünfjähriges Jubiläum) sowie ein entsprechender Katalog der Galerie Regina in Moskau, der bereits 1993 eine erste Rückschau machte (Бредихина 1993a).

46 Kovalev 1995.

47 Hedén & Book 2000.

48 Подорога 1995.

49 Подорога 2000.

50 Beerman 1996. Zur *Manifesta 1* vgl. auch Kapitel 5.2.

Zu den aktionistischen Kunstformen Russlands ist, neben der speziell auf den Moskauer Aktionismus eingehenden Arbeit Ottovordemgentschenfeldes, erst eine einzige größere Untersuchung erschienen, in der Sylvia Sasse für den Zeitraum der 1960er bis 1990er Jahre performative Strategien des Moskauer Konzeptualismus in (Sorokin) und mit Texten (Kollektive Aktionen, Medizinische Hermeneutik) untersucht.[51] Viele Arbeiten zur Aktionskunst allgemein gehen allerdings auf Entwicklungen der russischen Aktionskunst im Besonderen ein, so zum Beispiel RoseLee Goldberg[52] oder der von Paul Schimmel herausgegebene Band *out of actions*.[53] Vor allem Sasses Arbeit bildet für meine Untersuchung eine fundamentale Basis, gehe ich doch unter anderem von der radikalen Absetzbewegung, die der Moskauer Aktionismus gegenüber dem Moskauer Konzeptualismus vollzog, aus. Ich versuche, diese Absetzbewegung aufgrund der Ergebnisse Sasses zu kontextualisieren.

Zum russischen Konzeptualismus selber[54], vor allem zu Sorokin[55] liegt mittlerweile eine durchaus beträchtliche Forschungsliteratur vor, die ebenfalls als Folie für die den Konzeptualismus zu überwinden suchende Kunst der 1990er Jahre genutzt wird. Besonders aufschlussreich ist in dieser Hinsicht die verstärkt in den Blick genommene, konstitutive Intermedialität (Interrelation von Schrift, Film, Video und digitaler Bildverarbeitung) konzeptualistischer Künstler.[56]

Mit *The Body and the East* schließlich erschien ein Ausstellungskatalog, der sich mit Body Art im engeren Sinne sowie Thematisierungen des Körpers in der osteuropäischen Kunst beschäftigt.[57] Auch diesen Katalog habe ich eher als Materialbasis und erweiterten Kontext in die Untersuchung mit einbezogen. Die Ausstellung, die 1998 in Ljubljana stattfand, ist vor allem als Überblick zu körperdrastischen Arbeiten in ganz Osteuropa wertvoll. Sie bündelt viele der in der osteuropäischen Body Art wichtigen und zum Teil isoliert entstandenen Strömungen. Sie setzt dazu bereits in den 1960ern ein und geht bis zur Gegenwart. Auf den Moskauer Aktionismus ging die Ausstellung nicht im Einzelnen ein, wohl aber auf einige seiner Künstler, z. B. Aleksandr Brener und Oleg Kulik.[58]

---

51 Sasse 2003a.
52 Goldberg 1996, S. 31-50.
53 Schimmel & Noever 1998, hierin z. B. Klocker 1998.
54 Zum Moskauer Konzeptualismus vgl. z. B. Epstejn, Genis & Vladiv-Glover 1999, Hansen-Löve 1997, 1999, Hirt & Wonders 1990, 1995, 1998, Weitlaner 1998a, b, Küpper 2000, Altcappenberg 2003. In der Literaturzeitschrift *Schreibheft* finden sich von der Ausgabe 35/36 (1990) bis zur Ausgabe 41/42 (1993) Texte und Beiträge zum und vom Moskauer Konzeptualismus. Die Ausgabe März/April 1997 der Kulturzeitschrift *Via Regia* ist ebenfalls dem Moskauer Konzeptualismus gewidmet (Sasse 1997a).
55 Vgl. z. B. Burkhart 1999, Murašov 1995, Deutschmann 2003, Ryklin 1992.
56 Hirt & Wonders 1998, Glanc 1999, Witte & Goller 2001.
57 Badovinac & Briški 1998.
58 Berücksichtigt wurden aus Russland außerdem Vadim Fiškin, Rimma & Valerij Gerlovin, Komar & Melamid, Igor Makarevič, Vladislav Mamyšev Monro, Movement Group und Aleksandr Julikov. Die Künstler stammen aus sehr unterschiedlichen Richtungen. Rimma & Valerij Gerlovin beispielsweise sind dem Konzeptualismus zuzuordnen, ebenso wie Igor Makarevič.

Nach Abschluss der Untersuchung erschienen noch einige wichtige Neupublikationen. Hierzu zählen zwei Bücher von Andrej Kovalev, der sich dem Phänomen der russischen Kunst der 1990er Jahre mit einem enzyklopädischen Blick annähert. 2005 erschien ein von ihm zusammengestelltes „Personenverzeichnis"[59] (so der Titel des Buches), ein Sammelband kunstkritischer Texte zu einzelnen Künstlern. Eine wahre Fundgrube für den russischen Aktionismus stellt die Sammlung *Rossijskij akcionizm 1990-2000*[60] dar. Kovalev weitet hier den Blick über den Moskauer Aktionismus hinaus aus, dessen Erfolg ein Aufblühen der aktionistischen Kunstformen in ganz Russland bewirkte. Zugleich zeigt Kovalev durch seine Sammlung auf, dass das Phänomen aktionistischen Arbeitens in der russischen Kunst in den 1990er Jahren bei weitem nicht auf Moskau beschränkt war.

Ebenfalls 2007 erschien ein groß angelegter Werkkatalog zu Oleg Kulik, der zu vielen der untersuchten Aktionen das bisher beste Bildmaterial liefert. Er setzt Kuliks Performances mit den Arbeiten vor und nach seiner aktionistischen Phase in einen Kontext. Zudem sind darin viele der zentralen Textmaterialien abgedruckt, die mir zum Teil nur in Form von Ausstellungsbroschüren oder anderer grauer Literatur vorlagen.

Abschließend kann bemerkt werden, dass es vor allem Kuliks Arbeiten sind, die weiter auf internationalen Ausstellungen gezeigt und in entsprechenden Katalogen kommentiert werden. Jüngere Beispiele aus dem deutschen Raum sind die Ausstellungen *Zündstoffe* (2005 in Landau)[61] und *Grenzgänger* (2006 in Regensburg und 2007 in Budapest).[62]

1.3.2 Aufbau der Argumentation und technische Anmerkungen

Die Arbeit verfolgt mehrere Ziele: Zum einen musste eine grundlegende Rekonstruktion der Ereignisse des Moskauer Aktionismus sowie eine Kontextualisierung der aktionistischen Kunstformen geleistet werden, da vor allem zu Beginn der Arbeit hier nur auf wenige entsprechende Vorarbeiten zurückgegriffen werden konnte. Ein zweites Ziel ist die Auseinandersetzung mit den verschiedenen Selbstbeschreibungsfiguren, die sowohl Künstler als auch Kunstkritiker während des Jahrzehnts des Moskauer Aktionismus entwarfen. Mein eigenes Erkenntnisinteresse geht jedoch darüber hinaus. Im Zentrum meiner Aufmerksamkeit steht neben einer Exploration des semantischen Gehalts einzelner Aktionen die Frage nach der spezifischen Interaktion von Aktionskunst und gesellschaftlicher Transformation. Mit anderen Worten: Nicht die Diskussion kunstimmanenter ästhetischer Praktiken oder Programme wird fokus-

---

Komar & Melamid sind SocArt-Künstler. Vladislav Mamyšev Monro und Vadim Fiškin wiederum stehen eher dem Moskauer Aktionismus nahe.

59 Ковалев 2005.

60 Ковалев 2007.

61 Katerndahl & Setzer 2005.

62 Kunstforum Ostdeutsche Galerie 2006.

siert, sondern eine kulturwissenschaftlich ausgerichtete Untersuchung der Praktiken der Interaktion von Kunst und Gesellschaft. Als methodische Grundlage für meine Untersuchung habe ich mich daher an einem systemtheoretisch ausgerichteten Ansatz orientiert, ohne in letzter Konsequenz streng systemtheoretisch zu argumentieren.

Meinen methodischen Ansatz erläutere ich ausführlich in *Kapitel 2*. Nach einer Begriffsklärung des Feldes Performance/Aktion/Happening/Body Art in Bezug auf den Moskauer Aktionismus wende ich mich in diesem Kapitel der Konzeptualisierung des Körpers als Medium im Sinne Niklas Luhmanns zu. In seiner soziologisch ausgerichteten Untersuchung *Die Kunst der Gesellschaft* stellt dieser die These auf, dass das Kunstsystem ein in der Gesellschaft autopoietisch operierendes Subsystem darstelle, das, wie alle Subsysteme der Gesellschaft, durch Kommunikationsprozesse gesteuert werde. Diese Kommunikationsprozesse laufen über Medien ab, die allerdings an sich nicht beobachtbar sind. Beobachtbar ist immer nur die jeweilige Formbildung, in der das Medium konkret auftritt. Form und damit Medium ist immer das, was in einem System einen Unterschied macht, was „in-formiert". Ein Kunstwerk wird zum Kunstwerk, weil in ihm Formen von Medien diesen Unterschied machen, der sich wiederum über den Code des Systems ergibt. Darüber entsteht Kommunikation, über die sich das System fortentwickelt. Ich gehe nun davon aus, dass in den Performances und Aktionen, aber auch in vielen nicht-aktionistischen Ausdrucksformen des Moskauer Aktionismus der Körper als dieses Medium eingesetzt wird. Der Körper ist dabei nach Luhmann immer schon Form. Der drastische Körper ist nun die Form eines Kunstmediums, die einen Unterschied macht. Über ihn ergibt sich innerhalb des Kunstsystems Kommunikation, so dass sich das Kunstsystem weiterentwickelt. So hoffe ich, theoretisch fassen zu können, was praktisch im Moskauer Aktionismus geschieht, der sich sehr intensiv mit den Grenzen der Kunst, mit den Ausprägungen ihrer Institutionalisierung und mit der Positionierung der Kunst in der Gesellschaft beschäftigte.

Den Luhmannschen Ansatz ergänze ich um zwei weitere Konzepte, die beide jeweils direkt von Luhmann ausgehen. Zum einen führe ich das Konzept der Intermedialität von Joachim Paech ein, der, selber ausgehend von der Luhmannschen Medium-Form-Distinktion, Intermedialität als Einschreibung des Mediums als Form in ein anderes Medium beschreibt. Damit sei nicht nur die Form, sondern auch das Medium selber beobachtbar geworden. Am besten manifestiere sich dies in Brüchen und Rissen, die durch diese Einschreiboperation entstehen. Unterschiede ergeben sich im Moskauer Aktionismus natürlich nicht nur durch den drastischen Körper. Der medial eingesetzte Körper trifft auf andere Formen anderer Medien innerhalb (aber auch außerhalb) des Kunstsystems. Diesem Zusammentreffen versuche ich mit dem Paechschen Konzept der Intermedialität zu begegnen. Wenn in diesem Zusammentreffen Risse und Brüche entstehen, die der Moskauer Aktionismus durch seine radikalen Grenzüberschreitungen rituell produziert, so die theoretisch angenommene Schlussfolgerung, muss die Medialität eines Mediums erlebbar werden. Nicht nur der Körper, auch die anderen in der Gesellschaft wirksamen Medien, die letztlich alle die Kommunikation steuern, über die eine Gesellschaft sich konstituiert und fortentwickelt, könnten so durch den Moskauer Aktionismus in der Transformationszeit erlebbar gemacht worden sein.

Darüber hinaus führe ich die Luhmannkritik Thomas Drehers in die Argumentation des Methodenteils mit ein. Thomas Dreher wirft Luhmann vor, dass er mit der Annahme, Systeme könnten immer nur innerhalb ihrer selbst agieren und keine Weltbeobachtung leisten, Kunstformen wie die Performance ausschließe, da diese nicht nur innerhalb des Kunstsystems agierten, sondern sich gerade durch eine ständige Überschreitung der Grenzen des Kunstsystems auszeichneten – so wie auch der Moskauer Aktionismus. Er führt den Begriff der „Medienlandschaft" ein, die er als das Spektrum aller von einem Künstler genutzten kunstex- wie internen Präsentationsformen, d. h. aller für einen Künstler und seine Arbeit relevanten kunstexternen wie -internen Medien bestimmt. Über diese „Medienlandschaft" könne Kunstbeobachtung auch Weltbeobachtung leisten und irritiere sich nicht nur immer wieder kunstsystemintern selbst. Diese Annahme ist für meine Arbeit besonders wichtig, da ich davon ausgehe, dass der Moskauer Aktionismus, bei aller internen Auseinandersetzung mit dem Kunstsystem, mit seinen Aktionen auch einen Beitrag zur Beobachtung der sich postsowjetisch stark wandelnden Gesellschaft leistete, die sich natürlich nicht nur auf das Kunstsystem beschränkte.

In *Kapitel 3* gebe ich einen Überblick über die Entwicklung des Moskauer Aktionismus. Der Moskauer Aktionismus wird dabei als Kunstströmung der 1990er Jahre aufgefasst, in deren Mittelpunkt der performative Einsatz des drastischen Körpers stand. Als Vertreter werden Anatolij Osmolovskij, Aleksandr Brener und Oleg Kulik ausführlicher behandelt, andere versuche ich möglichst umfassend zu erwähnen. Der Überblick geht größtenteils chronologisch vor und versucht auch, Verbindungen zu den wichtigsten politischen Ereignissen der postsowjetischen Zeit aufzuzeigen. Thematisch steht der Komplex „Kommunikation" im Mittelpunkt der Betrachtungen. Wenn, so Luhmann, die Kommunikation an sich unwahrscheinlich ist, so agiert der Moskauer Aktionismus diese Unwahrscheinlichkeit der Kommunikation in seinen Aktionen buchstäblich aus. Aus der Unwahrscheinlichkeit der Kommunikation wird dabei aufgezwungene Kommunikation, die sich aus der omnipräsenten Aggression des Moskauer Aktionismus ergibt.

In *Kapitel 4* und 5 nehme ich im Unterschied zu den anderen Kapiteln der Arbeit ausführliche Einzelanalysen zu zwei Künstlern des Moskauer Aktionismus vor. Die Wahl ist auf Anatolij Osmolovskij und seine Gruppe Ė.T.I. sowie Oleg Kulik gefallen, da sie Anfang und Hochphase des Moskauer Aktionismus repräsentieren. Diskutiert werden vor allem die Polysemantiken der Aktionen sowie ihre (anti-)ästhetischen Rückgriffe auf Poetiken des Protests in Kunst und Gesellschaft.

Anatolij Osmolovskij beginnt mit seiner Gruppe Ė.T.I. bereits 1989/90 mit seiner künstlerischen Aktivität und bildet bereits in dieser Zeit einige der wichtigsten Stilelemente des Moskauer Aktionismus aus, die später von Künstlern wie Aleksandr Brener aufgegriffen und weiter transformiert werden. Anatolij Osmolovskij ist allerdings nicht der einzige Vertreter des Moskauer Aktionismus, der in dieser frühen Phase schon aktiv ist. Auch Oleg Kulik machte sich als Kurator der Regina Gallery bereits einen Namen. Auch begann die Aktivität der Galerie in der Trechprudnyjgasse (Galereja na Trechprudnom) unter Avdej Ter-Ogan'jan und anderen Künstlern. Die Wahl fiel dennoch auf Anatolij Osmolovskij und die Gruppe È.T.I., da mit dem von ihnen durchgeführten Festival *Vzryv novoj volny* (*Ausbruch der neuen Welle*) ein in sich abgeschlossenes Ereignis vorliegt, das in seiner Gesamtheit als Ausgangspunkt für die Auseinandersetzung mit einigen Formelementen des Moskauer Aktionismus im allgemeinen und Anatolij Osmolovskijs Arbeiten im besonderen genutzt werden kann.

Ausgangspunkt für die Überlegungen in *Kapitel 4* zu Anatolij Osmolovskij sind die Aktionen, in denen der Körper nicht nur aktionistisch eingesetzt wurde, sondern explizit thematisiert wurde. Anhand dieser Aktionen wird der Status, den der Körper als Form eines Mediums in diesen Aktionen hat, herausgearbeitet, um diesen schließlich in einen größeren Kontext einzubinden. Ebenso wichtig ist die Herausarbeitung der verschiedenen kulturhistorischen Traditionslinien, in die sich die Aktionen über die Form des Körpers einfügen. Zu nennen sind hier vor allem Traditionen des gegenkulturellen Protestes und des Widerstands wie des Punk, des russischen *mat*, der Studentenunruhen von 1968, der Situationistischen Internationale oder der amerikanischen *abject art*. Diese Verweise sind in der bisherigen Literatur bisher bestenfalls wahrgenommen, jedoch in keinem Fall näher untersucht worden. Zum Teil wurden sie auch nicht ernst genommen, ein Mangel, den ich mit meiner Untersuchung beheben möchte.

Kapitel 5 beschäftigt sich mit Oleg Kulik und seinen Hundeaktionen in der Hochphase des Moskauer Aktionismus. Seine Figur des aggressiven Hund-Mensch-Hybriden war auch international recht erfolgreich. Kulik setzte sich, so eine gängige Interpretation, mit seinen aggressiven Aktionen einer semantischen Überdeterminierung entgegen, die in einem orientalisierenden Kurzschluss zwischen der Figur des menschlichen Hundes und seiner angeblichen Repräsentation des postsowjetischen „Hundelebens" bestanden habe. Neben einer kritischen Auseinandersetzung mit diesem Interpretationskomplex steht vor allem die detaillierte Untersuchung von zwei Aktionen Kuliks: der Aktion *Reservoir Dog* (30. März 1995) in Zürich und der Aktion *Sobaka Pavlova* (*Pavlov's Dog*, 5. – 25. Juni 1996, zusammen mit Mila Bredichina) in Rotterdam. In die Überlegungen eingebunden wird auch das Projekt *Semja budučego* (*Family of the Future*), das Kulik zu mehreren Gelegenheiten entwickelte. Auch hier interessieren mich vor allem die kulturhistorischen Traditionslinien, die eine intensive Analyse der Aktionen offenbaren. Vor allem in der Gestalt des menschlichen Hundes liegen zahlreiche Anschlussmöglichkeiten verborgen, angefangen von der historischen Avantgarde, über das sowjetische Projekt des Neuen Menschen bis hin zu eher westliche Gesellschaften prägende Tier- und Umweltschutzdiskurse. Auch in diesem Kapitel ist die Frage nach dem Status des menschlichen Körpers Ausgangspunkt der Überlegungen, setzt Kulik seinen eigenen, nackten Körper doch noch sehr viel offensiver als Medium der Aktion ein, als dies in den Aktionen Osmolovskijs der Fall war. Kulik setzt in seinen Aktionen, so die Grundthese, seinen Körper vor dem Hintergrund radikaler Ideologiekritik parodistisch der menschlichen Kultur gegenüber. Die Aktionen Kuliks sind auch ein Beispiel dafür, wie sich der Moskauer Aktionismus (im Gegensatz zu dem in Kapitel vier untersuchten Festival der Gruppe È.T.I.) direkt und indirekt mit der traumatischen, sowjetischen Vergangenheit auseinandersetzt. Nicht umsonst wurde der Moskauer Aktionismus häufig als posttraumatische Kunst genannt.

Nachdem ich mich in den beiden vorherigen Kapiteln vor allem mit der Frage auseinandergesetzt habe, inwiefern das Medium Körper in den Aktionen einzelner Künstler als Form eines Mediums mit kulturellen Traditionslinien interagiert und sich so sowohl Konstanten des Moskauer Aktionismus als auch Unterschiede in der Arbeit der beiden Künstler herausarbeiten ließen, beschäftigt sich *Kapitel 6* mit dem Zusammenspiel des Moskauer Aktionismus mit dem System der Massenmedien. Nicht nur das System der Kunst änderte sich in der postsowjetischen Zeit, auch andere gesellschaftliche Subsysteme waren natürlich starken Veränderungen unterworfen. Der Moskauer Aktionismus begriff sich ursprünglich als politisch motiviert, beschäftigte sich also mit den Grenzen zwischen Kunstsystem und politischem System. Mit dem System der Massenmedien wurde aber sehr bald ein weiteres gesellschaftliches Subsystem, das natürlich ebenfalls starken Veränderungen ausgesetzt war, für den Moskauer Aktionismus ausgesprochen wichtig. Mit den Interaktionen, die sich zwischen diesen verschiedenen Systemen ergaben, beschäftigt sich das sechste Kapitel. Die Untersuchung bezieht dabei verschiedene Ebenen ein, so dass nicht nur isoliert das Verhältnis von Massenmedien und Moskauer Aktionismus thematisiert wird. Vielmehr wird die Interaktion dieser beiden Systeme als Ausgangspunkt für Beobachtungen gewählt, die sowohl auf einer inhaltlichen als auch auf einer funktionalen Ebene liegen.

Kapitel 7 schließt die Argumentation ab und fasst die wichtigsten Aspekte noch einmal zusammen.

Zur *Bibliographie* ist anzumerken, dass sie sich nicht damit begnügt, die in der Arbeit verwendete Literatur aufzuführen. Sie bemüht sich darum, einen – wenn auch zwangsläufig unvollständigen – Überblick über zum Moskauer Aktionismus in der russischen und der internationalen Presse erschienenen Berichte zu geben.

Zum Schluss noch einige *technische Anmerkungen:* Übersetzungen von Aktionstiteln und russischen Zitaten stammen, wenn nicht anders vermerkt, von mir. In einigen Fällen liegen englischsprachige Übersetzungen vor, die beispielsweise in (internationalen) Katalogen verwendet werden. Ich benutze sie als feststehende Titel der entsprechenden Texte und Aktionen und verzichte in diesen Fällen auf eine wörtliche deutsche Übersetzung. Ebenso verfahre ich mit Textmaterial, das in Ausstellungskatalogen ins Englische übersetzt wurde.

Die Schreibweise von russischen Namen entspricht in meinem eigenen Text der deutschen wissenschaftlichen Transliteration. Dies gilt aus Gründen der Einheitlichkeit auch für Namen wie Boris Eľcin (Boris Jelzin) oder Kazimir Malevič (Kasimir Malewitsch), die an sich feste deutsche Schreibweisen haben, aus Gründen der Lesbarkeit jedoch nicht streng für die Namen einiger Moskauer Galerien. Transliteriert sind auch die Begriffe *perestrojka* und *glasnost'*, die im Deutschen eigentlich längst den Status des Lehnworts haben und in Transkription als Perestroika und Glasnost in den Duden aufgenommen worden sind. Dies führt vor allem bei einigen Namen zu einem Nebeneinander von mehreren verschiedenen Schreibweisen: einer kyrillischen und mehreren lateinischen (Transkription oder wissenschaftliche Transliteration verschiedener Sprachen). So schreibt sich der kyrillische Name Деготъ lateinisch manchmal Degot, manchmal Dyogot und im Deutschen wissenschaftlich transliteriert Degot'. Auf ein Angleichen der Schreibweisen vor allem in Zitaten wurde verzichtet, ebenso wie ich davon abgesehen habe, Texte, von denen bereits eine englische Übersetzung vorliegt, noch einmal zu übersetzen. Schließlich gibt es manchmal auch in den russischen Quellen ein Nebeneinander von verschiedenen Schreibweisen einzelner Aktionen oder Begrifflichkeiten. Ich habe mich in meinem Text grundsätzlich für eine Schreibweise entschieden, lasse aber in den Quellenangaben und Zitaten die divergierenden Orthographien zu.

2 METHODISCHER ANSATZ

2.1 Begrifflichkeiten rund um die Performancekunst

2.1.1 Die Performance und ihre Performativität. Anmerkungen zum Performanzbegriff

In dieser Arbeit geht es vor allem um performative Kunstformen, wobei performativ zunächst direkt verstanden wird als künstlerische Performance und/oder Aktion bzw. Happening und nicht im Sinne der Performativität von kulturellen Äußerungen, wie Sprechakten, über Texte bis hin zu allen Arten von visuellen Artefakten und Äußerungen, über die eine Kultur verfügt.[1] Diesen letzten Performanzbegriff legt Sylvia Sasse ihrer Untersuchung der textuellen Fundierung der performativen Kunstformen – verstanden in der ersten Bedeutung – des Moskauer Konzeptualismus zugrunde. Ihre Arbeit bietet auch einen ausführlichen und kenntnisreichen Überblick über die Begriffsgeschichte dieses Performanz-Begriffs, der direkt auf die Austinsche Sprechakttheorie zurückgeht.

Der hier nur sehr verkürzt wiedergegebene Grundgedanke dieses Performanzbegriffes geht davon aus, dass jede sprachliche, im weiteren Verlauf der Begriffsevolution aber auch jede kulturelle Äußerung immer auch Tat und Handlung ist und dadurch Wirklichkeiten schaffen kann, die – wenn auch durch den Sprechakt oder das kulturelle Artefakt erst konstruiert – dennoch als solche wahrgenommen wird. Auf diesem Performanzbegriff beruht der Gedanke der Simulakralität der Welt, die davon ausgeht, dass Wirklichkeit immer geschaffen, nie aber „wirklich" ist.

Eine sehr gute Textsammlung zu diesem Performanzbegriff bietet auch der von Uwe Wirth herausgegebene Sammelband *Performanz. Zwischen Sprachphilosophie und Kulturwissenschaften*.[2] Die Leistung der Wirthschen Textsammlung besteht in einer konsequenten Unterteilung der Begriffsgeschichte von ihren Anfängen bei John L. Austin über eine „kulturwissenschaftliche Wende" des Performanzbegriffs bis hin zu Aufsätzen, die sich mit weiterführenden Perspektiven beschäftigen. In diesem letzten Abschnitt finden sich zwei außerordentlich interessante Auseinandersetzungen mit dem Begriff. Niels Werber sucht nach systemtheoretischen Verknüpfungen[3], Eckhard Schumacher setzt Performativität und Performance zueinander in Relation und

---

1 Vgl. zur Unterscheidung der beiden Begriffe auch Witte 2003, S. 187.
2 Wirth 2002. Weiterführend sind auch Weinman 2000, Wulf 2002, Gebauer & Wulf 1998, Wulf, Göhlich & Zirfas 2001, Counsell 2001.
3 Werber 2002.

beschäftigt sich mit den Ausprägungen des Begriffs in Theoriebildungen, die sich mit Performancekunst befassen.[4] Die Begriffe sind schließlich auf das Engste miteinander verschränkt, Fragen der Performativität spielen in der Performancekunst eine große Rolle.

In meiner Arbeit steht aber nicht die Performativität der Performance im Mittelpunkt des theoretischen Interesses, auch wenn sie, quasi durch die Hintertür, natürlich immer wieder hereingeschlichen kommt. Der Körper, mit dem die Performance, Aktion oder auch das Happening inszeniert wird, steht im Mittelpunkt und wird medial begriffen. Und schon öffnet sich eine dieser Hintertüren: In jeder Inszenierung wirkt der Körper natürlich nicht nur an der Performance – also der künstlerischen Aktion – mit, sondern auch insofern performativ – also wirklichkeitskonstruierend –, als durch ihn ein Akt der Performanz – also Realitätskonstruktion – geschaffen wird. Der medial begriffene Körper wird zum Medium der Performanz, durch seinen medialen Akt kann Performanz überhaupt erst entstehen. Schumacher schreibt:

> Performativität und Performance bleiben letztlich nur dann Begriffe, mit denen man arbeiten kann, wenn man sie nicht einseitig als Wert festschreibt, sie nicht zu feststehenden kulturellen Paradigmen, zu grundlegenden Leitbegriffen ausweitet, die an die Stelle von je spezifisch ansetzenden Lektüreprozessen treten. Sonst kann es leicht passieren, dass man nicht nur genau die Punkte übersieht, an denen sich die Konzepte Performativität und Performance treffen, sondern zugleich auch jene Differenzen großflächig vereinheitlicht, die die Begriffe voneinander trennen.[5]

Und ein Stück früher in seinem Text verweist Schumacher auf eine Position Philip Auslanders, der in seinem Buch *Liveness. Performance in a Mediatized Culture*[6] die Ansicht vertritt, dass erst eine Verbindung von medientheoretischen und kulturwissenschaftlichen Analysen den Zusammenhang von Performance und Performativität erhellen könne.[7] In jeder Performance, so verstehe ich diese Aussage, spielen mediale Aspekte eine grundlegende Rolle, sei es, dass der Körper, wie im Moskauer Aktionismus, als Medium eingesetzt wird, sei es, dass andere Medien, beispielsweise Video, in der Performance eine entscheidende Funktion übernehmen. Diese mediale Funktion steht aber nicht isoliert im Raum. Sie ist immer eingebunden in ganz bestimmte kulturelle Paradigma. Erst eine Untersuchung der Wechselwirkungen von medialer Performanz und kultureller Einbindungen und Funktionen kann zu Aussagen über die Performanz der Performance führen.

Diese von Schumacher übernommene Position Auslanders soll als Ausgangspunkt dafür dienen, dass ich mich in meiner Arbeit nicht explizit mit der Frage nach der Performanz der Performance beschäftige. Diese wird vielmehr vorausgesetzt und als derartiges Diktum per se in die Argumentation mit einfließen. Im Mittelpunkt des Interesses steht stattdessen die Medialität des Körpers, mittels derer ein performativer

---

4 Schumacher 2002.
5 Schumacher 2002, S. 402.
6 Auslander 1999.
7 Schumacher 2002, S. 402.

Akt in der Performance erst ermöglicht wird, sowie das kulturelle Umfeld, in das sich diese performativen Körper einschreiben. Über die Annahme einer Performanz der Performance, so der Umkehrschluss, lassen sich grundlegende Aussagen über deren Medialität sowie die sie umgebenden kulturellen Paradigmen machen. Beide Faktoren sind Gegenstände meiner Arbeit.

Es sei im Übrigen abschließend daran erinnert, dass die gesamte Sprechakttheorie Austins, die als Ausgangspunkt jeglichen Konzeptualisierens von Performanz und Performativität gilt, ebenfalls ein Medium dieser Konzeption des Performativen unterlegte: die Sprache, ganz zweifelsohne eines der wichtigsten Medien jeglichen kommunikativen Prozesses überhaupt.

2.1.2 Performance, Aktion, Happening, Body Art und Anverwandtes: Zur Relation der Begriffe im Moskauer Aktionismus

Bevor ich nun zu einer genaueren Konzeptualisierung der Medialität des Körpers, die ja als Grundlage für alle Überlegungen dienen soll, übergehe, will ich noch auf eine weitere Begriffskonfusion hinweisen. In dieser Arbeit werden die Begriffe Performance, Aktion und Happening relativ gleichbedeutend nebeneinander verwendet. Dies ist aus der Perspektive der Geschichte der Performance natürlich eine unzulässige Verallgemeinerung. Performance, Aktion und Happening bezeichnen sehr unterschiedlich Genres in der Geschichte der Aktions- und Performancekunst, die in sich einer eigenen Begriffs- sowie Genreevolution unterliegen. Es existieren eine ganze Reihe von Überblicksarbeiten zur Performancekunst (hier als reiner Oberbegriff gebraucht), die eine Orientierung in der westlichen Aktionskunst (auch dies hier nur ein Überblicksbegriff) anbieten.[8] Klären lässt sich der Unterschied aus russischer Perspektive folgendermaßen:

Перформанс
Дословно: представление (от английского performance). Для того чтобы не путать перформанс с акцией и хэппенингом, можно просто еще раз перечитать статью «Акционизм». Впрочем, можно и не перечитывать.
Если акция – это действие, направленное на достижение какой-либо цели, а хэппенинг – просто «событие», то перформанс – именно представление. Соответственно, перформанс может быть менее внятен и лаконичен, чем акция; насыщен «второстепенными» деталями и нагружен скрытыми смыслами и неявными подтекстами. В этом смысле перформанс ближе к театральному представлению, чем собственно к акционизму. В отличие от хэппенинга, рассчитанного на активное зрительское соучастие, в перформансе всецело доминирует сам художник или специально приглашенные и подготовленные статисты.

---

8 Zur Performancekunst allg. vgl. z. B. auch Auslander 1997, Dreher 2001, Goldberg 1996, Goldberg 1998, Jahraus 2001, Jappe 1993, Jones 1998, Kaprow 1993, Phelan 1993, Schimmel & Noever 1998, Warr 2000.

Кстати, получается, что знаменитые «Поездки за город» «Коллективных действий», которые почему-то нередко называют «акциями» (я и сам еще недавно был подвержен этому заблуждению) – ярчайший пример типичного перформанса.
Разобрались? Разобрались.[9]

Performance:
Wörtlich: Vorführung (vom englischen performance). Man kann einfach den Artikel „Aktionismus" noch einmal lesen, um die Performance nicht mit der Aktion oder dem Happening zu verwechseln. Man kann es aber auch bleiben lassen.
Während die Aktion eine Handlung ist, die auf das Erreichen eines Zieles ausgerichtet ist, und das Happening nur ein „Ereignis" ist, so ist die Performance eben eine Vorführung. Dementsprechend kann die Performance weniger klar und lakonisch sein als die Aktion, gesättigter mit „sekundären" Details und befrachtet mit verdeckten Gedanken und unklaren Subtexten. In diesem Sinne ist die Performance einer Theatervorstellung näher als dem Aktionismus an und für sich. Im Unterschied zum Happening, das mit einer aktiven Beteiligung der Zuschauer arbeitet, dominieren in der Performance ganz und gar der Künstler oder speziell geladene und vorbereitete Statisten.
Übrigens, die berühmten „Reisen aus der Stadt" der „Kollektiven Aktionen", die aus irgendeinem Grund häufig „Aktionen" genannt werden (ich war selbst noch vor kurzem in diesem Irrglauben befangen), werden so zu einem überdeutlichen Beispiel einer typischen Performance.
Alles klar? Alles klar!

Performance, Aktion und Happening werden hier folgendermaßen differenziert: Eine Aktion sei auf das Erreichen eines Zieles ausgerichtet; ein Happening hingegen sei nur das Ereignis an sich, das oft unter Einbezug des Zuschauers stattfinde; die Performance schließlich arbeite stark künstlerbezogen, ähnele eher einer Theatervorführung als einer Aktion und sei zumeist befrachtet mit sekundären Bedeutungsebenen und Subtexten. Die im Tonfall dabei recht lakonische und leicht ironische Begriffsdifferenzierung, die einem Glossarium entnommen ist, das dem Ausstellungskatalog anlässlich des zehnjährigen Bestehens der Galerie von Marat Gel'man im Jahr 2000 angefügt ist, illustriert den Stellenwert, den diese Begrifflichkeiten in Bezug auf die russische Aktionskunst haben. Es wird zwar eine an westlichen Genrekonventionen orientierte Begriffsklärung vorgenommen, es wird durch den Verweis auf die Tatsache, dass die „Aktionen" genannten Arbeiten der Gruppe Kollektive Aktionen eigentlich Performances seien, aber auch deutlich gemacht, dass diese Genrekonventionen für die russische Tradition im Grunde nicht zutreffen.

Ottovordemgentschenfelde weist darauf hin, dass der Begriff „Aktionskunst" keine Kunstrichtung bezeichnet, sondern eine Technik. Der Begriff sei „als Bezeichnung für Aktionen bildender Künstler" in den 60er Jahren aus den USA nach Europa und in den 70er Jahren auch nach Russland gekommen.[10] Eingeprägt hat sich meiner Beobachtung nach in Russland vor allem der Begriff der Aktion. Die Kategorien von

---

9 Фрай 2000, S. 203.
10 Ottovordemgentschenfelde 2004, S. 243.

Performance, Happening, Aktionskunst, Body Art etc. treffen insofern auch nicht auf den Moskauer Aktionismus zu, als diese außerhalb dieses Genrekontextes und ihrer westlichen Traditionsmuster agierten. Sie bezogen sich zunächst nur auf die eben als Aktionen bezeichneten Performances der Kollektiven Aktionen um Andrej Monastyrskij und einige wenige andere Vorläufer. Erst im weiteren Verlauf des Moskauer Aktionismus fand eine Auseinandersetzung mit westlichen Ausprägungen der Aktionskunst statt, innerhalb derer sich die Begrifflichkeiten entwickelt und differenziert haben. In dem hier aufgeworfenen Kontext der Untersuchung des Moskauer Aktionismus führt es allerdings nicht unbedingt weiter, nach übereinstimmenden, einordnenden Kriterien zu suchen. Es finden sich im Moskauer Aktionismus verschiedene Genres nebeneinander wieder, die unter den synonym gebrauchten Oberbegriffen des Aktionismus, der Aktions- und der Performancekunst zusammengefasst werden sollen.

Darüber hinaus sind die Begriffe auch im westlichen Kontext, innerhalb dessen sie sich entwickelten, keineswegs immer klar voneinander getrennt und gehen häufig ineinander über. Thomas Dreher beispielsweise setzt sich mit der Binnendifferenzierung von Performance und Happening auseinander. Der gängigen, auch in dem russischen Glossarium zitierten Lesart, nach der der von Alan Kaprow 1959 erstmals gebrauchte Begriff Happening seit den 1970er Jahren eine Aktionsform bezeichne, die sich im Gegensatz zur Performance hauptsächlich durch eine Partizipation des Zuschauers auszeichne, widerspricht Dreher insofern, als er die Begriffe Performance und Happening synonym gebraucht.

> Heute wird der Begriff *Performance* im künstlerischen Kontext für experimentelle Aktionsformen inklusive *Happenings* jenseits der Theaterkonventionen, vor allem *Aktionstheater* jenseits des Rollenspiels mit schriftlich fixierten Dialogen verwendet. Im Folgenden werden die Begriffe Happening und Performance als Synonyma gebraucht.[11]

Gelegentlich wird in allgemeinen Nachschlagewerken darauf verwiesen, dass unter dem Begriff des Happenings auch eine Politisierung der Aktionskunst stattfand, dass Formen des Happenings auf die politische Szene übertragen wurden.[12] Dies gilt insbesondere für die Situationistische Internationale, die in den 1960ern eine katalytische Wirkung für die weltweiten Protestbewegungen um 1968 hatte und auch später in vielerlei Hinsicht fortwirkte.[13] Die Grenze zwischen Politisierung und Kunst ist in allen Ausprägungen der Performancekunst aber ohnehin sehr schmal. So hat beispielsweise der Feminismus mit Künstlerinnen wie Valie Export oder Carolee Schneeman einige der bedeutendsten Performances hervorgebracht – und diese waren, ebenso wie viele Happenings und zum Teil im Gegensatz zu den pseudopolitischen Aktionen des Moskauer Aktionismus, tatsächlich hochpolitisch. Dreher grenzt von

---

11 Dreher 2001, S. 19.
12 *Meyers großes Taschenlexikon* (1998), Band 9, S. 161.
13 Vgl. hierzu insbesondere Gilcher-Holtey 1995 und 2000.

all dem noch die Body Art ab, die natürlich auch in das Begriffsfeld rund um die Performance zählt:

> Unter dem Begriff ‚Body Art' werden verschiedene Präsentationsformen zusammengefasst, in denen KünstlerInnen den Einsatz des eigenen Körpers Beobachtern vermitteln: Performances, Photo, Photosequenzen, Photo-Texte und Filme.[14]

So betrachtet, wären einige der aktionistischen Arbeiten des Moskauer Aktionismus Performances, manch andere, beispielsweise Publikationsprojekte, würden herausfallen. Einige Performances wären Body Art, vor allem diejenigen Oleg Kuliks, in denen er seinen eigenen Körper in seiner Leiblichkeit als nackten, bellenden, beißenden Hund inszeniert. Eine ganze Reihe von Aktionen wäre aber auch keine Body Art, selbst dann, wenn der Körper als Medium und Zeichenträger performativ zum Einsatz kommt. Es gäbe auch Happenings in einem engeren Sinne, denn häufig wurden die Zuschauer in die Aktion mit einbezogen, wenn auch auf höchst unfreiwilliger Basis – vor allem dann, wenn sie durch Kulik gebissen oder etwa am Besuch einer Ausstellung gehindert wurden.[15] Wieder andere wären Performances in einem strengeren Sinne, beispielsweise eine Aktion Osmolovskijs, in denen er das Moskauer Majakovskijdenkmal besteigt und die sich als eine Art Freiluft*vorführung* fassen ließe[16], oder mehr noch Aktionen Aleksandr Breners, in denen er unter anderem in Galerieräumen seine Texte verliest.[17] Aber wo ließe sich das aus den Körpern von Aktionsteilnehmern auf dem Roten Platz gebildete, obszöne Wort *ХУЙ* verorten? Performance? Happening – immerhin wurde die Miliz höchst unfreiwillig in die Aktion mit einbezogen? Oder gar schon Body Art – denn natürlich wird in diesem obszönen Wort auch Körperliches über den Einsatz von Körpern thematisiert?

RoseLee Goldberg bietet eine noch weitere Begriffsbestimmung von Performance Art an, die eigentlich keine Definition mehr sein will:

> The history of performance art in the twentieth century is the history of a permissive, open-ended medium with endless variables, executed by artists impatient with the limitations of more established art forms, and determined to take their art directly to the public. For this reason its nature has always been anarchic. By its very nature, performance defies precise or easy definition beyond the simple declaration that it is live art by artists. Any stricter definition would immediately negate the possibility of performance itself. For it draws freely on any number of disciplines and media – literature, poetry, theatre, music, dance, architecture and painting, as well as video, film, slides and narrative – for material, deploying them in any combination. Indeed, no other artistic form of expression has such a boundless manifesto, since each performer makes his or her own definition in the very process and manner of execution.[18]

---

14 Dreher 2001, S. 299.

15 Vgl. zum Aspekt der Gewaltanwendung und der unfreiwilligen Einbindung des Zuschauers in die Aktion auch Майер 1998.

16 Vgl. Abb. 9.

17 Бренер 1995e.

18 Goldberg 1998, S. 9.

Für RoseLee Goldberg ist die Performance eine Kunstform, zu der Künstler griffen, die unzufrieden mit etablierten Kunstformen waren und die in sich endlos viele Variationsformen zulässt, so dass jeder Performancekünstler letztlich seine eigene Definition im Prozess seiner Performancekunst kreiert. Die Performance sei grundsätzlich eine anarchische Kunstform, die sich letztlich einer genauen Definition dessen, was sie ist, entziehe. Mitbestimmend für die meisten Künstler sei jedoch der Wunsch nach einem direkteren Kontakt mit dem Publikum. Die Performance berge eine unendliche Vielzahl an Ausdrucksmöglichkeiten, die sich aus allen nur erdenklichen Kunstformen – von Literatur über Malerei bis hin zum Video – in allen nur erdenklichen Kombinationsmöglichkeiten ergeben.

In diese offene Beschreibung dessen, was Performancekunst sein *kann*, fallen fast alle Ausdrucksformen des Moskauer Aktionismus, und gleichzeitig verwischt jegliche Form der Begriffsbestimmung. Wichtig erscheint mir jedoch der Einbezug eines grundlegenden Anarchismus, einer Unzufriedenheit mit überkommenen Grenzen von Kunst, der Wunsch nach direktem Ausdruck und direktem Austausch mit einem Publikum und einer grundlegenden Multimedialität. Gerade dies sind wichtige Elemente des Moskauer Aktionismus.

Abschließend bleibt festzustellen, dass der Moskauer Aktionismus im Gegensatz zu der Bezeichnung, die sich aufgrund seiner dominanten Ausdrucksform nun einmal für ihn eingebürgert hat, auch über andere Ausdrucksvarianten verfügte. Aus diesem Grund würde Anatolij Osmolovskij selbst den Ausdruck „Moskauer Aktionismus" gerne verwerfen und durch den der „radikalen Kunst" oder des „Kunstradikalismus" ersetzen.[19]

Es bleibt demnach als Fazit dieses kurzen Streifzugs in eine begriffliche Ausdifferenzierung der Genrevariationen des Moskauer Aktionismus, dass dieser unter einem sehr weit gefassten Begriff der Performancekunst eingeordnet werden kann und muss – gerade weil dieser Begriff als Oberbegriff für aktionistische Kunstformen eingeführt wurde und alle Ausprägungen von Performance, Happening, Aktion und aktionistischer Body Art in sich vereinen kann. Binnendifferenzierungen innerhalb dieses Oberbegriffs sind zwar möglich, führen aber letztlich nicht unmittelbar weiter – zum einen, weil sich im russischen Kontext teilweise andere Genrekonventionen herausgebildet haben als in der westlichen Aktionskunst, zum anderen, weil sich der Moskauer Aktionismus ohnehin relativ frei zwischen diesen Genres im engeren Sinne bewegt.

Es hat sich eingebürgert, in Anlehnung an den Begriff des Moskauer Aktionismus von „Aktionen" zu sprechen. Dieser Sprachgebrauch wird beibehalten, zumal damit am deutlichsten differenziert wird, dass der Moskauer Aktionismus – wie, so Goldberg, jede relevante Performancekunstrichtung – letztlich seinen eigenen Begriff von künstlerischer Performance schafft, der durch ganz bestimmte Charakteristika gekennzeichnet ist. Durch diese Begriffswahl wird zudem deutlich, dass die Aktionen in der Aktionskunst des Moskauer Aktionismus ebenfalls in der (wenn auch abgelehnten) Tradition der Kollektiven Aktionen stehen. Durch die Situierung des Aktionis-

---

19 Осмоловский 2003. Vgl. hierzu ausführlich Kapitel 3.1.4.

mus innerhalb des erweitertem Begriffsfeldes der Performance kann wiederum auch dem Einwand Osmolovskijs begegnet werden, der sich dagegen wehrte, den Moskauer Aktionismus nur anhand seiner aktionistischen und performativen Kunstformen zu bewerten. Performancekunst hat schon immer auch andere künstlerische Ausdrucksformen mit eingeschlossen – und tut dies auch im Moskauer Aktionismus.

2.2 Der (nicht nur drastische) Körper und seine Relationen

2.2.1 Allgemeines

Die vorliegende Untersuchung ist im weitesten Sinne kulturwissenschaftlich und interdisziplinär ausgerichtet. Methodologische Anleihen werden an so unterschiedlichen Disziplinen wie der Literatur-, Kunst- und Medienwissenschaft gemacht und schließen weiterhin an radikal-konstruktivistische Thesen an. In diesem Sinne kommen soziologische Überlegungen, vor allem systemtheoretische Denkmodelle im Anschluss an Niklas Luhmann zum Tragen. Wichtigste Grundannahme der Arbeit ist, dass in dem Genre der Aktion oder aktionistischen Performance, das sich als eines der Hauptgenres der radikalen Körperkunstszene etablieren konnte, zentrale Paradigmen und Fragestellungen auffinden lassen, die für die gesamte drastische Körperkunst kennzeichnend sind.

Das Genre der Performance ist in einem grundlegenden Konflikt rund um die Frage der Repräsentation beheimatet. Die Performance ist immer in einem Dazwischen situiert, zwischen der vergänglichen Situation und der Frage nach der Möglichkeit der Aufzeichnung. Denn einerseits lebt Performance, wie Peggy Phelan schreibt, von der Gegenwart, sie widersetzt sich der Aufzeichnung, definiert sich durch ihr Verschwinden.[20] Andererseits aber gibt es eine derartige Spurlosigkeit nicht, wie Witte feststellt. Es ist im Gegenteil sogar so, dass „es gerade die Performanz als Vollzugshandlung ist, die eine solche Spur geradezu gebieterisch erfordert."[21] Witte stellt die Strafe als Muster für eine stigmatisierende Spur vor. In unserem Zusammenhang soll die Unmöglichkeit der Spurlosigkeit jedoch viel pragmatischer aufgefasst werden. Performancekunst hinterlässt insofern zwangsläufig Spuren, als über sie gesprochen, geschrieben, mediale Aufzeichnungen jeglicher Art gemacht, dann publiziert oder einfach weitergereicht werden. Die Performances fügen sich ein in Diskurse, durch sie entstehen Diskurse, sie kreieren Kommunikation jeglicher Art und leben so fort. Sie sind auch nur innerhalb dieser medialen Repräsentation untersuchbar, denn eine Untersuchung ist angewiesen auf das Zeugnis der unmittelbaren Zuschauer. Insofern ist eine Kunstform, die sich in der Ausprägung des Moskauer Aktionismus – wie der Körperkunst häufig – mit Repräsentationskritik befasst, dennoch auf repräsentative Mechanismen angewiesen. Denn erst diese repräsentativen Mechanismen können die kommunikativen Prozesse steuern, innerhalb derer die drastische Körperkunst inner-

---

20 Vgl. Phelan 1993, S. 146, zitiert in Witte 2003, S. 182.
21 Witte 2003, S. 182 f.

halb eines Systems Kunst und/oder eines bestimmten Gesellschaftssystems wirksam werden kann.

Es gibt damit automatisch mehrere Rezipientenkreise. Zum einen gibt es denjenigen, der der Aktion unmittelbar beiwohnt und direkt auf die Aktion reagieren kann. Zum anderen aber gibt es den Rezipientenkreis der Dokumentation, die ihrerseits die Aktion repräsentiert, wobei aber die eigentliche Unmittelbarkeit abhanden kommt. Die Aufzeichnung, Dokumentation und Verbreitung ist somit ein sekundärer und medial gesteuerter Prozess.

In der Performance, der Aktion wird der drastische Körper selbst zum Medium der Aktion, in der Aufzeichnung übernimmt das Medium der Aufzeichnung einen großen Teil der medialen Funktion. Der drastische Körper wird ein repräsentierter Körper, der sich in (einer im Verständnis dieser Arbeit als intermedial zu beschreibenden Operation) in das aufzeichnende Medium einschreibt. Der repräsentierte Körper ist in einem gewissen Sinne das Andere des performativ in Anspruch genommenen Körpers. Daher steht im Mittelpunkt der Arbeit für alle Ausprägungen der drastischen Körperkunst die Frage nach dem spezifischen Verhältnis von performativer Inanspruchnahme und medialer Repräsentation des drastischen Körpers in der radikalen Kunst im Moskau der 1990er Jahre. Denn nur hierüber lassen sich zur spezifischen Funktionsweise dieser Körperkunst innerhalb ihrer unterschiedlichen Systemkontexte Aussagen treffen.

In diesem Verhältnis liegt auch die spezifische semantische Qualität der einzelnen Aktionen beheimatet, eine Ebene, die gerade für die Einschreibung in ganz spezifische kulturhistorische Kontexte an Bedeutung gewinnt. Einschreibungen erfolgen ganz selbstverständlich auf sehr verschiedenen Ebenen: auf derjenigen des medialen Ausdrucks, auf derjenigen der semantischen Inhalte, auf derjenigen der Ästhetik. Wie, so eine zentrale Frage, kann diese Einschreibungsoperation erfasst werden? Inwiefern schreibt sich der drastische Körper in der Aktion ein in den gesamten kulturhistorischen Kontext? Welche Einschreibungsoperationen finden statt und wie sind diese strukturiert? Denn gerade in der Spezifik des Einschreibungsprozesses liegt die künstlerische Spezifik der Aktionen begründet, die in künstlerisch-ästhetischer Hinsicht bezüglich des Einsatzes des drastischen Körpers ja keine grundsätzlich, sondern nur für den gesellschaftlichen Kontext relativ neuen Strategien entwickelten.

Eine grundlegende Problematik der Performance besteht in der Frage, wie sich die Unmittelbarkeit der Aktion auch in der Aufzeichnung erhalten lässt. Die Akteure des Kunstradikalismus nehmen eine zwischen den Polen einer McLuhanschen[22] Medieneuphorie und einer Medienkritik Guy Debords[23] pendelnde Haltung ein. Sie müssen die Aufzeichnungsoperation aufgrund ihrer Hinwendung zu massenmedialen Verbreitungsstrukturen bewusst mit einkalkulieren, sie stellen sich aber auch von Anfang an diesem Prozess kritisch gegenüber. In diesem Spannungsfeld spielt, so eine Annahme der Untersuchung, der Einsatz des drastischen Körpers eine grundlegende Rolle, lässt er doch m. E. eine Verbindung beider Positionen zu.

---

22 McLuhan 1965.
23 Debord 1978.

Der Körper-Skandal garantiert die erwünschte mediale Aufmerksamkeit, gleichzeitig lässt sich mit Hilfe des Körper-Skandals explizit Medien- und damit Gesellschaftskritik formulieren. Letzten Endes handelt es sich auch um eine Exploration (massen)medialer Kommunikationsmöglichkeiten in einem ganz spezifischen kulturhistorischen Kontext.

Hieraus ergeben sich folgende methodologische Problemfelder:

Der Medienbegriff muss möglichst weit gefasst werden, um seiner in der Arbeit vorliegenden Vielfältigkeit gerecht zu werden. Es bietet sich hier vor allem der kommunikationstheoretisch ausgerichtete Begriff Niklas Luhmanns[24] an. Die soziologische Systemtheorie Luhmanns bietet ein Schema an, innerhalb dessen sich vielfältigste mediale Erscheinungen verorten lassen, über die sich beispielsweise auch die für den Kunstradikalismus sehr wichtige Erschließung von Kommunikationsräumen oder der Stellenwert der Massenmedien beschreiben lässt.

Dem Körper kommt in fast allen Fällen innerhalb des performativen Ausdrucks eine mediale Funktion zu. Wenn der Körper Teil des Kunstschaffens ist, in ihm enthalten bleibt, dem Vollzug inhärent ist, dann wird er zum den Ausdruck tragenden Medium. Dies ist unabhängig von der Frage, ob der Körper als Körper direkt thematisiert wird, wie beispielsweise in der Body Art. Der Körper ist in jedem Fall Form eines Mediums, er *ist*, mit Luhmann gesprochen, immer *Form*.

Als Ausgangspunkt der Untersuchung dient ein Konzept einer „Intermedialität des Körpers." Der Körper wird in dieser Perspektive selbst als Medium betrachtet, der über Verfahren der Intermedialität der Beschreibung seiner selbst und der ihn umgebenden Welt zugänglich gemacht werden kann. Das Verhältnis von Körper und Umwelt, von Körper und Diskurskontext, von Körper und dessen, worin er sich einschreibt, und dessen, an was er partizipiert, soll so theoretisch erfasst werden. Das theoretische Konstrukt bleibt ein bewusstes Konstrukt, das Verhältnis von Körper und Außerkörperlichem soll durch dieses theoretische Konstrukt in seiner Interaktion und seiner Relativität verdeutlicht werden. Methodische Anleihen nimmt die Arbeit hierfür beim radikalen Konstruktivismus einer Luhmannschen Systemtheorie, ohne selbst streng systemtheoretisch zu argumentieren.

---

24 Luhmann 1991², Luhmann 1997.

2.2.2 Das Luhmannsche Medienmodell und seine Bedeutung für die Kunst

2.2.2.1 Der Luhmannsche Medienbegriff und die „Unwahrscheinlichkeit der Kommunikation"

Der Begriff des Mediums soll hier mit Hilfe der von Luhmann vorgeschlagenen Unterscheidung von Medium und Form[25] nachvollzogen werden. Die Unterscheidung zwischen Medium und Form liegt für Luhmann in der Frage nach der „Kopplung von Elementen"[26], die im Medium als lose, in der Form als fest gekoppelt gedacht werden, wobei die Elemente nicht an sich existieren und „in-formieren".[27] Medien selbst sind nur an der „Kontingenz der Formbildungen"[28] erkennbar.[29]

Schon Luhmann wendet den Begriff der Form auch auf den menschlichen Körper an: „So wird der menschliche Körper, gerade weil er Form *ist*, als Medium für die Darstellung unterschiedlicher Haltungen und Bewegungen verwendbar."[30] In diesem Verständnis kommt dem Körper eine mediale Funktion zu, die hier als charakteristisch für die Körperdrastik im Moskauer Aktionismus angenommen wird. Die drastischen Körperaktionen werden zu einem Trägermedium. Denn Medien transportieren Kommunikation, Kommunikation wiederum, die alte, seit McLuhan geltende Aussage sei wiederholt, funktioniert sowohl über das Medium mit dem ‚Medium als Botschaft' als auch über die Inhalte, die sie transportieren. Beide Elemente werden zu Teilen von Diskursen. Mit Luhmann lässt sich sagen, dass der Körper grundsätzlich als Form medial in Anspruch genommen wird, und dies dürfte wohl kaum irgendwo so augenfällig sein wie in der Aktions- und Performancekunst. Es kommt also darauf an, beschreibbar zu machen, wie der Körper medial in Anspruch genommen wird, welche „unterschiedlichen Haltungen und Bewegungen"[31] durch ihn dargestellt werden und wie sich seine Interaktion mit der Umwelt gestaltet.

Der Medienbegriff Luhmanns orientiert sich an seinem selbstreferentiellen Kommunikationsmodell innerhalb der Systemtheorie. Kommunikation erscheint dabei als Prozess, der „im Vorgang des Mitteilens das Mitzuteilende, d. h. die Information erst selektiv erschafft und die Differenz zwischen den mit ‚Mitteilung' und ‚Information' bezeichneten Selektionsebenen auf einer dritten Selektionsebene, die Luhmann Verstehen nennt, synthetisierend sinnhaft bearbeitet."[32] Kommunikation ist der Vollzugsmodus sozialer Systeme, während das Bewusstsein als Vollzugsmodus psychi-

---

25 Vgl. Luhmann 1997, S. 166 ff.
26 Luhmann 1997, S. 167.
27 Luhmann 1997, S. 167.
28 Luhmann 1997, S. 168.
29 Vgl. ausführlich Kapitel 2.2.2.3.
30 Luhmann 1997, S. 176.
31 Luhmann 1997, S. 176.
32 Nünning 1998, Eintrag „Kommunikation, literarische", S. 271.

scher Systeme davon getrennt existiert. Kommunikation als solche wird von Luhmann aber als „unwahrscheinlich"[33] beschrieben, obwohl soziale Systeme von ihr abhängen und durch sie bedingt sind. Erstens ist es, nach Luhmann, aufgrund der Individualisierung und jeweiligen Kontextgebundenheit des Bewusstseins unwahrscheinlich, dass der eine den anderen überhaupt versteht, zweitens ist es unwahrscheinlich, dass die Empfänger überhaupt erreicht werden, wenn diese außerhalb der konkreten Situation sind, und drittens ist es unwahrscheinlich, dass Kommunikation überhaupt Erfolg hat, da das Verstehen des selektiven Inhalts der Kommunikation, d. h. der Information, nicht unbedingt angenommen und damit zur Prämisse von Verhalten wird.[34] *Medien*, so die Definition Luhmanns, sind *Einrichtungen, die dazu beitragen, unwahrscheinliche Kommunikation in wahrscheinliche zu verwandeln*. Medien tragen also dazu bei, das soziale System zu erhalten, Bewusstsein und soziales System zu koppeln. Störungen des sozialen Systems müssen im Umkehrschluss auf seine Medien rückwirken.

In dieser Theorie braucht man einen Begriff, der zusammenfassend sämtliche Einrichtungen bezeichnet, die der Umformung unwahrscheinlicher in wahrscheinliche Kommunikation dienen, und zwar für alle drei Grundprobleme. Ich schlage vor, solche Einrichtungen als *Medien* zu bezeichnen. Das Medium, das das Verstehen von Kommunikation über das vorausliegende Wahrnehmen hinaus steigert, ist die *Sprache*. Sie benutzt symbolische Generalisierungen, um Wahrnehmungen zu ersetzen, zu vertreten, zu aggregieren und die damit anfallenden Probleme des übereinstimmenden Verstehens zu lösen. [...] Die *Verbreitungsmedien* sind mit der Bezeichnung als Massenmedien nicht zureichend charakterisiert. Vor allem erfüllt bereits die Erfindung der Schrift eine entsprechende Funktion, die Grenzen des Systems der unmittelbar Anwesenden und der face-to-face Kommunikation zu transzendieren. Verbreitungsmedien können sich der Schrift, aber auch anderer Formen der Fixierung von Informationen bedienen. Sie haben eine kaum überschätzbare selektive Auswirkung auf die Kultur, weil sie das Gedächtnis immens erweitern, aber auch durch ihre Selektivität einschränken, was für anschließende Kommunikationen zur Verfügung steht. [...] Die dritte Art von Medien kann man als *symbolisch generalisierte Kommunikationsmedien* bezeichnen, weil sich in ihnen das Ziel der Kommunikation erst eigentlich erfüllt. Parsons nennt auf der Ebene sozialer Systeme als Medien dieser Art money, power, influence und value commitments. Ich würde für das Wissenschaftssystem Wahrheit und für den Bereich von Intimbeziehungen Liebe hinzufügen. Die unterschiedlichen Medien erfassen die wichtigsten zivilisatorischen Bereiche des Gesellschaftssystems und für die neuzeitliche Gesellschaft ihre primären Subsysteme. Man erkennt daran, wie sehr eine Steigerung der Kommunikationschancen im Evolutionsprozeß systembildend gewirkt und zur Ausdifferenzierung von besonderen Systemen für Wirtschaft, Politik, Religion, Wissenschaft usw. geführt hat.[35]

---

33 Luhmann 1991².
34 Vgl. Luhmann 1991², S. 26 f. – „Annehmen als Prämisse eigenen Verhaltens kann dabei bedeuten: Handeln nach entsprechenden Direktiven, aber auch Erleben, Denken und weitere Kognitionen verarbeiten unter der Voraussetzung, dass eine bestimmte Information zutrifft."
35 Luhmann 1991², S. 28 f.

Konkreter gesprochen: Wenn ein soziales System derart gravierenden Veränderungen unterworfen ist wie Russland in den Jahren nach dem Zusammenbruch der Sowjetunion, wenn sehr viele seiner Subsysteme sich verändern müssen, dann muss dies auch auf die Medien Rückwirkungen haben. Wenn aber der Körper auch Form eines Mediums ist, somit irgendwie an der Funktion sozialer Systeme beteiligt ist, indem auch er die an sich unwahrscheinliche Kommunikation wahrscheinlicher macht, dann müssten folglich auch Rückwirkungen auf den Körper zu erwarten sein. Der Körper wiederum tritt als Form in andere Kontexte, beispielsweise in Kunstkontexte ein, um die Veränderungen erlebbar zu machen.

2.2.2.2 Thomas Drehers Luhmannkritik und der Begriff der „Medienlandschaft"

Das Kunstsystem ist bei Luhmann ein eigenständiges Subsystem, ein „Kommunikationssystem Kunst", innerhalb dessen sich in der Kunstbeobachtung Kunstformen und Kunstdiskurse autoreferentiell entwickeln.[36] Thomas Dreher empfindet diesen Kunstbegriff als viel zu kurz gefasst. Er schreibt, Luhmann diskutiere

> unzureichend Kunstentwicklungen, die sich diesem Modell nicht fügen. Der Versuch, Kunstformen, die kunstextern Vorgefundenes integrieren oder aus kunstextern Vorgefundenem bestehen, als „Selbstirritation[en]" des Kommunikationssystems Kunst mit dem Ziel eines „ästhetische[n] ... Wiedereinbringen[s] des Ausgeschlossenen in den Inklusionsbereich" zu beschreiben, greift [...] zu kurz.[37]

Kunstformen, die sich diesem Modell nicht fügen, seien aber vor allem Aktionskunstarten wie Performance, Body Art, Happening, die sich alle durch Grenzüberschreitungen zwischen verschiedenen gesellschaftlichen Subsystemen auszeichnen. Der Moskauer Aktionismus mit seiner radikalen Geste der Grenzüberschreitung um der Grenzüberschreitung willen wird so ganz besonders problematisch. Die Möglichkeit, künstlerisch auf politische und gesellschaftliche Diskurse Einfluss nehmen zu können, wie es gerade dekonstruktiv arbeitende Kunstströmungen vorgeführt haben, fällt aus Luhmanns Modell heraus. Und auch wenn der Moskauer Aktionismus die Möglichkeit einer politischen Einflussnahme langfristig *ad acta* gelegt hat, sein eigenes Scheitern häufig sogar mit inszeniert, kann er nicht als eine reine (Selbst-)Irritation des Kunstsystems aufgefasst werden. Zu deutlich reagiert der Moskauer Aktionismus auf kunstextern ablaufende, gesellschaftliche Mechanismen, zu stark sind auch bei ihm die Interaktionen mit anderen gesellschaftlichen Subsystemen. Gleichzeitig inszeniert der Moskauer Aktionismus gerade das Funktionieren des Subsystems Kunst, inszeniert seine Autoreferentialität. Er ist beides – Reflexion auf kunstextern

---

36 Luhmann 1997 – Andere gesellschaftliche Subsysteme sind z. B. die Wissenschaft, die Wirtschaft, die Politik oder die Massenmedien. Vgl. z. B. Luhmann 1996, S. 29.
37 Dreher 2001, S. 445 f.

ablaufende Prozesse, die in diese Prozesse eingreifen (beispielsweise dann, wenn er massenmedial erfolgreich wird) und kunstinterne Systemirritation.

Dreher schlägt in Anlehnung an Jurij Lotmann drei Modelle des Verhältnisses von „Kunst-" und „Weltbeobachtung" vor: a) eine Trennung von „Kunst-" und „Weltbeobachtung", b) und c) „Kunst-" und „Weltbeobachtung" liefern füreinander jeweils Modelle.[38] Luhmann hingegen habe sich auf die Trennung von „Kunst-" und „Weltbeobachtung" beschränkt. Will man jedoch die beiden Beobachtungsrichtungen verschränken, so muss man auf andere Modelle zurückgreifen. Dreher schlägt in seiner Arbeit hierfür ein „Modell von Kunstbeobachtung in sich kunstin- wie kunstextern verändernden und aufeinander reagierenden ‚Medienlandschaften'" vor.[39] Unter dem Begriff „Medienlandschaft" versteht er

> das Spektrum an (institutionalisierten und noch nicht institutionalisierten) Präsentationsformen, das KünstlerInnen zu einem bestimmten Zeitpunkt anwenden oder angewandt haben. Eine Bestimmung der „Medienlandschaft" umfasst alle kunstexternen Medien, die von KünstlerInnen zu einem Zeitpunkt gewählt, und alle kunstinternen Medien, die entwickelt und zum fraglichen Zeitpunkt eingesetzt werden.[40]

Dreher nimmt also eine explizite Interaktionsform zwischen kunstinternen und kunstexternen Medien an, er geht von einer starken gegenseitigen Beeinflussung aus. Ihm geht es vor allem darum, den Begriff der Performancekunst von deren Reduzierung auf eine Kunst im Medium des Körpers zu befreien.

Dennoch, und gerade im Moskauer Aktionismus, wird der Körper explizit medial in Anspruch genommen und als solcher in den Kunstkontext eingebettet. Der Körper befindet sich in einem gesellschaftlichen System sowohl im kunstinternen als auch kunstexternen Kontext, er wirkt in beiden Kontexten medial. Er gehört konstitutiv zur Medienlandschaft, und er interagiert mit anderen Elementen dieser „Medienlandschaft", beispielsweise den sich verändernden Massenmedien, die ihrerseits unter die Luhmannsche Kategorie der Verbreitungsmedien fallen, aber auch mit anderen Elementen der „Medienlandschaft" auf der Ebene der Verbreitungsmedien wie der Schrift oder aber anderer medialer Ebenen im Luhmannschen Sinne. Eine Interaktion findet auch mit symbolisch generalisierten Kommunikationsmedien (wie z. B. Macht, Geld, Liebe) oder auf der Ebene der Sprache statt. Gerade auf der Ebene der Interaktion mit symbolisch generalisierten Kommunikationsmedien geht es unter anderem auch explizit um Strukturen der Machtausübung, der Hegemonienbildung.

Hier überschneiden sich systemtheoretische mit anderen Ansätzen wie beispielsweise den Cultural Studies. Wenn in der Systemtheorie die autoreferentielle Organisation eines gesellschaftlichen Systems aufgezeigt wird, so bieten die Cultural Studies Möglichkeiten, dieses System vor anderen Fragestellungen kritisch zu hinterfragen.[41]

---

38 Dreher 2001, S. 447.

39 Vgl. Dreher 2001, S. 45-48.

40 Dreher 2001, S. 47.

41 Dreher führt seine Gedanken in etwas anderer Perspektive fort: „Beobachtungsweisen wie ‚filmisches Sehen' und eine sich durch neue Medien verändernde ‚Medienlandschaft' charakteri-

Der Moskauer Aktionismus tut genau diese beiden Dinge: Einerseits zeigen sich in ihm Mechanismen der sich weiterentwickelnden autopoietischen Subsysteme der Gesellschaft; zugleich aber macht sich der Moskauer Aktionismus diese Mechanismen bewusst und kann daher trotz dieses ‚autopoietischen Bewusstseins' einen von Anfang an als utopisch erkannten und daher ironisch inszenierten quasi-politischen Anspruch ausagieren.

2.2.2.3 Die Unterscheidung von Medium und Form

Worin bestehen aber nun Medien? Welche Formen der Interaktion gibt es? Kehren wir noch einmal zu Niklas Luhmann zurück. Er definiert *Medium* explizit nicht ontologisch. Zu diesem Zweck verwendet er die Unterscheidung von Medium und Form, die die Unterscheidung „Ding/Eigenschaft", d. h. die dingontologische Konzeption, ersetzen soll. Die Unterscheidung Medium/Form erfüllt diese Forderung, da sie, innerhalb der Systemtheorie gedacht, grundsätzlich innerhalb des Systems als konstruiert angesehen wird und niemals als *an sich* vorhanden gedacht wird. Damit wird auch die ontologische Frage nach der Natur des Mediums redundant und das Medium bzw. die Form als funktional innerhalb des jeweiligen Systems, z. B. des Kunstsystems – oder, in Erweiterung der Blickrichtung, der „Medienlandschaft" – betrachtet.[42] In unserem Kontext muss daher vor allem nach der Funktionalität des Körpers als Form eines Mediums bezüglich der sich verändernden Subsysteme einer Gesellschaft – seiner Relation zu kunstexternen Kontexten – gefragt werden, ebenso wie nach seiner Funktion in einem kunstinternen Kontext. Für beide Kontexte spielt wiederum die Frage der medialen Repräsentation der Aktionen eine entscheidende Rolle. Denn die Aktionen sind kunstintern oder kunstextern wirksam, wenn sie ihre Momenthaftigkeit verlassen und in entsprechende Diskurskontexte eingegliedert werden.

---

sieren Phasen offener Transformationsprozesse. Finalisierungen, Partikularisierungen und Entwicklungssprünge lassen sich als zeitbedingte Konstellationen der Geschichte der Kunst beschreiben, verursacht durch Bewegungen und Gegenbewegungen zwischen alten und konkurrierenden neuen Beobachtungsweisen und Medien. Man kann diese Bewegungen und Gegenbewegungen in zwei Perspektiven rekonstruieren:
– Vor dem Horizont von Traditionen der Vermittlung von Avantgarde und Postavantgarde reagieren KünstlerInnen auf Verschiebungen in der kunstexternen ‚Medienlandschaft' durch die Ausarbeitung von Strategien der Auseinandersetzung mit neuen, kunstextern entwickelten Medien und beeinflussen die Diskussion über die ‚Medienlandschaft' der Kunst.
– Aus der ‚Dialektik von Moderne und Postmoderne [Begriff nach Albrecht Wellmer: Zur Dialektik von Moderne und Postmoderne. Vernunftkritik nach Adorno. Frankfurt/Main 1985, Anm. G. D.-S.], von Rekonstruktionen der Rationalisierungsprozesse und radikaler Vernunftkritik, ergeben sich Prozesse der De- und Rekonstruktion von ‚Vernunftmomenten' [Begriff nach Jürgen Habermas in seiner Theorie des kommunikativen Handelns. Frankfurt/Main 1982 und der Begriffskritik von Richard Rorty: ‚Habermas, Lyotard et la postmodernité', in: *Critique*. Mars 1984, S. 181-197, Anm. G. D.-S.].'

42 Vgl. Luhmann 1997, S. 166.

Die Unterscheidung von Medium und Form, die Luhmann als grundlegend für sein Medienmodell annimmt, basiert ebenfalls nicht auf der ontologischen Frage, *was* das Medium oder *was* die Form *an sich* ist. Die Unterscheidung liegt in der Frage nach der „Kopplung von Elementen", die im Medium als lose, in der Form als fest gekoppelt gedacht werden.[43] Auch die Elemente unterliegen nicht der Ontologie.

> Der Begriff des Elements soll dabei nicht auf naturale Konstanten verweisen [...]. Vielmehr sind immer Einheiten gemeint, die von einem beobachtenden System konstruiert (unterschieden) werden [...]. Ausgeschlossen werden muss außerdem, dass die Elemente selbstgenügsam sind in dem Sinne, dass sie sich selbst bestimmen, sich selbst in-formieren können. Sie müssen gedacht sein als angewiesen auf Kopplungen.[44]

Die Form koppelt die Elemente, die in einem Medium liegen, in einer bestimmten Art und Weise. Die losen Elemente, die dem Medium inhärent sind, werden auf eine bestimmte Art und Weise verdichtet, in Luhmannscher Terminologie, „fest gekoppelt". Medien selbst sind nur an der „Kontingenz der Formbildungen"[45] erkennbar. Keine Form drückt das *Wesen*, d. h. die Ontologie des Mediums aus.

Auch der Körper, der ja bereits Form ist, müsste demnach als Kopplung von Elementen aufgefasst werden, so meine weitere Argumentation. Aber welcher Elemente? Wenn der Körper ebenfalls als konstruiert angenommen wird, als nicht ontologisch erfassbar, dann ist dies kein Problem. Das Medium Körper verfügt in einer losen Kopplung über viele Elemente, angefangen von Augen, Ohren, Armen und Beinen, bis hin zu seinen Ausscheidungen, seinen abjekten Elementen.[46] Die Form des Mediums Körper, die *ist*, besteht dann immer aus einer festen Kopplung dieser Elemente – in sehr unterschiedlicher Gewichtung seiner Wahrnehmung. Erst die durch die Kunst bewirkte Kopplung der Elemente „in-formiert" im Sinne des Kunstwerks. Wenn das Medium Schrift beispielsweise unter anderem aus Buchstaben besteht, dann findet sich immer eine realisierte Form, in dem Moment, in dem das Medium Schrift medial funktioniert und performativ Bedeutung schafft. Ähnliches nimmt diese Arbeit auch für den Körper an: Die Elemente, über die der Körper verfügt, sind endlos, wenn man diesen nicht als biologische Einheit, sondern in seiner Konstruiertheit betrachtet. Die biologische Einheit, die Leiblichkeit geht dabei nicht verloren, sie besteht ebenfalls aus Elementen, die zu sogar veränderbaren Formen (man denke nur an den Alterungsprozess) gekoppelt wurden. Genau so verstehe ich die Aussage Luhmanns, dass der Körper immer schon Form *ist*. Denn der biologische Körper *ist*. Dies heißt aber nicht, dass mit oder über ihn nicht andere Formbildungsvarianten des Körpers möglich wären. Während in der Body Art beispielsweise der Körper als Form eines Mediums stark betont wird, tritt er in anderen Varianten der Aktionskunst sehr viel weiter

---

43 Vgl. Luhmann 1997, S. 167 ff.
44 Luhmann 1997, S. 167.
45 Luhmann 1997, S. 168.
46 Zu der von Julia Kristeva beschriebenen Funktion des Abjekten (Kristeva 1980, S. 9-39) vgl. beispielsweise Zimmermann 2001.

vor anderen Elementen der „Medienlandschaft" zurück, bleibt aber dennoch medial vorhanden.

Will man sich mit diesem Medienbegriff Kunstwerken nähern, hat das folgende Auswirkungen:

> Die Elemente, deren lose Kopplung das Medium bildet, also zum Beispiel die Buchstaben einer Schrift oder die Worte eines Textes, müssen problemlos wieder zu erkennen sein. Sie enthalten geringe Information, weil die Information[47], die das Kunstwerk auszeichnet, erst durch Formbildung gewonnen werden soll. Die Formbildung erst bewirkt Überraschung und garantiert Varietät, weil es dafür mehr als nur eine Möglichkeit gibt und weil das Kunstwerk, bei zögerndem Beobachten, dazu anregt, sich andere Möglichkeiten zu überlegen, also Formen versuchsweise zu variieren.[48]

Die Beobachtung der Formbildung im Kunstwerk ist für Luhmann somit eine Grundvoraussetzung für das ‚Funktionieren' eines Kunstwerks. Damit wird die Medialität des Kunstwerks ebenfalls erfasst, da die jeweilige Formbildung des Kunstwerks, nach Luhmann, die feste Kopplung der Elemente des jeweiligen Mediums des Kunstwerks ist, wobei das Medium *an sich* unfassbar bleiben muss.

2.2.2.4 Der Körper (in der Performancekunst): Form eines Mediums

Weiterhin ist hier wichtig, dass Formen wiederum als Medien weiterer Formbildungen verwendet werden können. Das heißt, dass Medium und Form nicht nur untrennbar miteinander verbunden sind, sondern sogar jeweils ineinander übergehen können bzw. zugleich als das eine und das andere fungieren.

> So wird der menschliche Körper, gerade weil er Form *ist,* als Medium für die Darstellung unterschiedlicher Haltungen und Bewegungen verwendbar. [...] Auch kann ein Medium − etwa das Material, aus dem das Kunstwerk gemacht ist, oder das Licht, zu dessen Brechung es dient, oder die Weiße des Papiers, von der sich die Figuren oder Buchstaben abheben — seinerseits als Form benutzt werden, wenn es gelingt, dieser Form im Kunstwerk selbst eine Differenzfunktion zu geben. Anders als bei Naturdingen wird das Material, aus dem das Kunstwerk besteht, zur Mitwirkung am Formenspiel aufgerufen und so selbst als Form anerkannt. Es darf selbst erscheinen, ist also nicht nur Widerstand beim Aufprägen der Form. *Was immer als Medium dient, wird Form, sobald es einen Unterschied macht, sobald es einen Informationswert gewinnt, den es nur dem Kunstwerk verdankt.*[49]

---

47 Der Informationsbegriff ist bei Luhmann der einer Differenzerzeugung mit Neuigkeitswert, die ebenfalls grundsätzlich systemimmanent gedacht werden muss, wobei das Prinzip der Selbstreferentialität bestehen bleibt. Vgl. dazu z. B. Krause 1999, S. 122 oder Kiss 1990, S. 96.

48 Luhmann 1997, S. 170.

49 Luhmann 1997, S. 176 (Hervorhebung G. D.-S.).

Sowohl der menschliche Körper als auch die Materialität des Mediums werden somit explizit in das Luhmannsche System miteinbezogen. Es ist genau dies, was in der Performancekunst oder anderer Kunst passiert, die den Körper beinhaltet, thematisiert oder instrumentalisiert. Im Grunde spielt es keine Rolle, ob der Körper abjekt oder ästhetisch, drastisch oder ideal ist. In dem Moment, in dem er als Form in einem Kunstwerk auftritt, also in dem Moment, in dem sein Auftreten „einen Unterschied macht", „in-formiert", agiert er medial, wird zum Material der Information und kann mit anderen Medien des Gesellschaftssystems, der „Medienlandschaft" interagieren. Die Thematisierung des Körpers in einem Kunstwerk ist dabei nicht der zentrale Punkt. Der Körper kann medial agieren, auch wenn er nicht explizit thematisiert wird. Das Medium des Körpers kann den Körper selbst thematisieren, es kann aber auch z. B. Fragen mit gesellschaftspolitischer Relevanz stellen oder kunsthistorische Fragestellungen thematisieren, also Fragen anschneiden, die nicht mit der Leiblichkeit des Körpers zusammenhängen. Der Körper als Medium bleibt allerdings präsent – denn er wirkt ja als Form eines Mediums. Andererseits können andere Medien den Körper thematisieren. Oder aber sie thematisieren die Tatsache seiner medialen Funktion, ohne dass dem Körper selber eine mediale Funktion zukommt.

Kehren wir noch einmal zurück zu den medialen Ebenen, die Luhmann bestimmt hat. Wenn der Körper Form eines Mediums ist, dann muss er einen Anteil an allen diesen unterschiedlichen Medien haben können, oder es stellt sich zumindest die Frage, auf welcher Ebene er anzusiedeln wäre. In der Performancekunst, an der der Körper als Medium beteiligt ist, finden sich, so die Einschätzung, die hier vertreten wird, alle medialen Ebenen wieder. In einer Performance kann erstens Sprache eine Rolle spielen – und sie tut dies im Moskauer Aktionismus in Form ihrer expliziten Sprachkritik. Es kommen zweitens Verbreitungsmedien zum Einsatz – spätestens dann, wenn die Performance oder Aktion aufgezeichnet und mithilfe dieser Operation einem breiteren Rezipientenkreis als dem unmittelbar anwesenden zugänglich gemacht wird und dadurch verstärkt die Kraft erhält, auf der dritten medialen Ebene im Luhmannschen Modell wirksam zu werden, derjenigen der symbolisch generalisierten Kommunikationsmedien. Wenn Macht, Werte und ähnliches medial wirksam werden, dann tun sie das in Formbildungsvarianten, beispielsweise durch das Kunstgeschehen, durch die Performances und Aktionen des Moskauer Aktionismus, die ihrerseits in die Organisation der symbolisch generalisierten Kommunikationsmedien eingreifen können.

Dieser Befund wird auch durch Luhmann selber gestützt. Der Kunst kommt in seiner Systemtheorie eine ganz besondere Funktion zu. In seiner Theoriebildung bedient sich Kunst der Verbreitungsmedien und macht symbolisch generalisierte Kommunikationsmedien erlebbar bzw. gestaltet sie. Gleichzeitig werden innerhalb des Kunstsystems einer Gesellschaft die Formbildungen des Mediums erlebbar und rufen durch die Kunst zu neuen Formbildungsvarianten auf.[50] Die Beobachtung der Formbildungen ist für Luhmann eine der Grundvoraussetzungen für das ‚Funktionieren‘

---

50 Vgl. Luhmann 1997, S. 170.

eines Kunstwerks. So ist in einem Kunstwerk jeglicher Art der mediale Aspekt grundsätzlich von Bedeutung.

In einer Gesellschaft im Umbruch wie derjenigen im Russland der späten 1980er und der 1990er Jahre sind auch die Formbildungsvarianten der einzelnen Medien im Umbruch. Die Kunst muss also, noch immer mit Luhmann gesprochen, diese Formbildungsvarianten aufgreifen – und dies auf allen medialen Ebenen: auf der Ebene der Sprache, auf der Ebene der Verbreitungsmedien und auf der Ebene der symbolisch generalisierten Kommunikationsmedien. Und genau dies tut der Moskauer Aktionismus, wenn er fast blindlings mit einer ungeheuren Energie in alten und neuen Avantgardebewegungen, Utopien und Revolutionsideen, in der Politik, auf der Ebene der Sprache und der Repräsentationen des Körpers mit Protestgestus und Skandalsuche in West wie Ost, mit plakativ visuellen Formen der Körperaktion sucht, agiert und aufrüttelt.

2.2.3 Der Körper und seine Relation zur „Medienlandschaft"

2.2.3.1 Joachim Paechs Intermedialitätsmodel

Es kommt jedoch noch eine zweite Ebene hinzu. Luhmann spricht lediglich von den verschiedenen Formbildungsvarianten, davon, dass Kunst die Formbildungsvarianten eines Mediums erlebbar machen kann und soll. Das Medium ist bei ihm abstrakt und immer nur in seiner jeweiligen Form vorhanden. Das Medium selbst ist niemals direkt erlebbar. Joachim Paech versucht dem eine Theorie der Intermedialität hinzu zu fügen, innerhalb derer gerade in den Brüchen, die durch das Aufeinanderprallen zweier Medien entstehen, das Medium selbst erlebbar wird. Dies muss so verstanden werden, dass, wenn man sich auf der Ebene des Mediums der Sprache bewegt, der Zusammenprall von einer Form von sprachlichem Ausdruck und mit einer anderen Form eines Mediums eben nicht nur die momentane Formbildungsvariante erlebbar werden lässt, sondern Sprache selbst als Medium im entstehenden Riss hörbar, sichtbar, fühlbar – schlicht erlebbar wird. Oder, in anderen möglichen Modellen des Zusammenpralls, Verbreitungsmedien oder symbolisch generalisierten Kommunikationsmedien. Es ist ein wenig schwierig, sich die beiden Ebenen Form und Medium derartig getrennt vorzustellen, und so bleibt es auch ein rein theoretisches Modell, das lediglich dazu dient, die Mechanismen, innerhalb derer sich der Moskauer Aktionismus bewegte, verständlich zu machen. Nimmt man beispielsweise die Verbreitungsmedien als Ganzes, so müsste der Aufeinanderprall von drastischem Körper im Moskauer Aktionismus und den im System der Gesellschaft wirkenden Verbreitungsmedien, beispielsweise der Massenmedien, sowohl die Medialität des Körpers als auch diejenige der Verbreitungsmedien direkt erlebbar werden lassen. Meiner Meinung nach waren in der spezifischen historischen Situation derartige Zusammenstöße möglich. Sie manifestieren sich in Diskussionen um die Individualisierung des Körpers[51], seiner Ausgliederung aus dem kollektiven Körperkonzept der Sowjetzeit eben-

---

51 Hierzu vgl. z. B. Tupitsyn 1997, S. 109.

so wie in der bewussten Hinwendung des Moskauer Aktionismus zu Formen massenmedialer Verbreitung. Er macht so die Existenz, das Funktionieren und die Struktur medialer Verbreitungsmechanismen erlebbar, wie es in einer stabileren medialen wie historischen Situation vielleicht niemals möglich gewesen wäre.

Wie funktioniert nun diese Intermedialität, die als Erklärungsmodell herangezogen wird? Joachim Paech greift die Luhmannsche Unterscheidung von Form und Medium für seine Theorie der Intermedialität auf, um Intermedialität als „selbstreflexive Medialität"[52] begreifen zu können. Er exemplifiziert sie an dem Medium des Films.

> Unter den relevanten Mediendefinitionen werde ich diejenige favorisieren, die den Film als eine – ästhetische, ideologische, kulturelle – Form ihres Mediums beschreiben lässt und Intermedialität als Figuration ihrer Verbindungen mit anderen Formen anderer Medien.[53]

Sein Ansatz zielt im Gegensatz zu Luhmanns darauf ab, nicht die Formbildungsvarianten, sondern das Medium beschreibbar zu machen. Die Medienseite wird in dieser Blickweise dann beobachtbar, wenn das Medium als Form in eine (andere) Form eintritt und dadurch die Grenze von Medium und Form überschritten wird. Intermedialität wird von Paech als eine „Wiedereinschreibung des Mediums in die dargestellte Form" beschrieben, intermediale Arbeitsweisen legen es bewusst darauf an, „das Medium als Form in der dargestellten Form erscheinen zu lassen".

> Das Konzept der Intermedialität beruht also auf der Wiedereinschreibung des Mediums in die dargestellte Form, wobei die Beobachtung der Form des Mediums sich auf das konstitutive Medium selbst wie auch auf andere irgendwie am Prozess medialer Formkonstitution beteiligte Medienformen beziehen kann.[54]

Ein Künstler, der intermedial arbeitet, „legt es dann bewusst darauf an, das Medium als Form in der dargestellten Form erscheinen zu lassen, der Betrachter sucht in der dargestellten Form nach dem Medium der Darstellung, das sich als Form – in der Form – artikuliert."[55] Im Grunde beschreibt Paech eine grundlegende Selbstreflexivität des Medialen, die sich in dieser Artikulation der Intermedialität realisiert.

Paech bleibt aber nicht bei der reinen Beschreibung dessen stehen, was Intermedialität sein kann. Ganz im Sinne Luhmanns, für den die Unterscheidung zwischen Medium und Form selbst eine Form ist, trachtet Paech danach, die Intermedialität als ‚eigene Form' aufzufassen. Paech spricht dabei von „Figurationen" von Intermedialität.[56] Intermedialität wird in ihrer jeweiligen Figuration am deutlichsten sichtbar und damit beobachtbar, wenn die Formen der beteiligten Medien nicht zu einer quasi

---

52 Paech 2002, S. 302.
53 Paech 2002, S. 302.
54 Paech 2002, S. 297.
55 Paech 2002, S. 297.
56 Paech 2002, S. 301 ff.

homogenen, neuen Form verschmelzen, sondern das Zusammentreffen Brüche verursacht, so dass die Formseite der Medien vorgeführt wird.[57]

> Unter ‚Figurationen der Intermedialität‘ wird eine vielschichtige Praxis verstanden, die
> sowohl im reflexiven [...] Verfahren selbst oder im Zusammentreffen mit anderen – For-
> men von – Medien Formen des Medialen in ihrer ästhetischen und semantischen Pro-
> duktivität beobachtet resp. verwendet. Intermedialität figuriert an den Stellen medialer
> Interventionen, die sowohl die Kooperation, Kombination oder Verschmelzung als
> auch die Unterbrechung, Zerstörung oder Auflösung von Formen bedeuten kann, wo
> an den Figuren ihres Zusammentreffens Formen ihrer Medien erkennbar und ‚lesbar‘
> werden.[58]

In dieser Definition stellt Intermedialität für Paech ein Konzept postmoderner Ästhetik dar. Es

> ist deutlich, dass ein ‚starkes‘ Konzept von Intermedialität sowohl mit dem Werk- als
> auch mit dem Textbegriff nicht mehr vereinbar ist, da sowohl Werk als auch Text de/
> konstruktiv im Prozess ihrer medial konstituierten Entstehung – als Prozess der Produk-
> tion oder Rezeption – oder ihres Zusammenbruchs beobachtet werden, was sie nicht
> mehr als diejenige Einheit denken lässt, die ihr Werk-, aber auch ihr Textbegriff voraus-
> setzen. Intermedialität erweist sich damit als Konzept postmoderner Ästhetik der
> multimedialen Hybridisierung, der Dekonstruktion und Auflösung isomorpher
> Strukturen in heteromorphe Prozesse, die vor allem ihre heterogenen medialen Bedin-
> gungen reflektieren.[59]

2.2.3.2 Intermediale Risse oder der drastische Körper im Moskauer Aktionismus

Kehren wir noch einmal zurück zu der Frage, welche Rolle der Körper in diesem Geflecht spielt, der das Inszenierungsinstrumentarium der meisten Aktionen des Moskauer Aktionismus darstellt. Der Körper wurde mit und durch Luhmann als Form
bezeichnet, er *ist* bereits Form und wird so „als Medium für die Darstellung unterschiedlicher Haltungen und Bewegungen verwendbar".[60] Und genau das passiert in
den Aktionen des Moskauer Aktionismus. Der Körper wird als Medium eingesetzt,
als Form eines Mediums. In seinen unterschiedlichen Inszenierungs- und Instrumen-
tarisierungsvarianten erhält er eben jene mediale Funktion, durch die er „Haltungen
und Bewegungen" darstellt. Diese Inszenierungsformen sehen dabei ganz unterschiedlich aus. Während Osmolovskij den Körper als Körper zumeist nicht thematisiert, ihn vielmehr in seinen Aktionen einfach in unterschiedliche semantische Kontexte eingliedert, stellt Kulik seinen eigenen Körper plakativ in seiner Nacktheit aus,

---

57 Paech 2002, S. 303.
58 Paech 2002, S. 303.
59 Paech 2002, S. 299.
60 Luhmann 1997, S. 176.

verweist explizit auf die Leiblichkeit[61] seines eigenen Körpers, beispielsweise, wenn er öffentlich als Hund seine Notdurft verrichtet. Aber auch Kuliks Körper schreibt sich in verschiedenste semantische Kontexte ein. Und nicht nur das. In beiden Fällen prallt der Körper auch auf andere Medien, die für das spezifische Funktionieren eines sozialen Systems in einem ganz bestimmten historischen Moment eine Rolle spielen. In jedem Fall tritt in der Aktionskunst der Körper insbesondere als Form eines Mediums hervor.

Wenn der menschliche Körper nun als Form eines Mediums betrachtet wird, die medial einsetzbar ist und dabei performativ und semiotisch wirksam wird, so kann man davon ausgehen, dass sich die Beziehungen des Körpers zu anderen Medien, zu Formen und Formbildungsvarianten anderer Medien, ja zu seinem Außen, das sich ihm in der Wahrnehmung medial vermittelt, über Modelle der Intermedialität beschreiben lassen.

Der Körper in der Aktionskunst, der bereits Form ist, ist nicht authentisch konzipiert, d. h. er stellt keine in sich verlässliche Größe dar. Formen können sich wandeln, sie treten in verschiedenen Formbildungsvarianten auf. Dreher spricht in dieser Hinsicht von einer Wechselseitigkeit von „Zeichenkörper" und „Körperzeichen".[62] Die Dialektik, die zwischen den beiden herrscht, vergleicht er mit einer Variationsform des Medium-Form-Konzeptes. „„Körper"", schreibt Dreher,

> ist in Theorien von Vertretern des radikalen Konstruktivismus kein gegebenes Erstes, sondern eine in „Beobachtungsoperationen" entwickelbare Vorstellung. Die Körpervorstellungen sind in Beobachtungsprozessen transformierbar: Neue „Zeichenkörper" erlauben es, andere Vorstellungen von „Körperzeichen" zu bilden, die wiederum Folgen für die Regeln der Konstitution von „Zeichenkörpern" haben können. So sind Körpervorstellungen immer „im Werden".[63]

Das entspricht dem Verlauf der Körperdebatte im Verlauf der Jahrhunderte abendländischer Körpergeschichte, die sehr viele unterschiedliche Varianten der Körpervorstellung kennt. Diese reichen von Platon, der die Seele über den Körper stellte, jedoch zu bedenken gab, dass der Körper gegenüber der dominierenden Seele in Schutz genommen werden muss, über das Christentum, das den Körper nur als Gefängnis der Seele betrachtete, hin zur Aufgabe der Vorstellung einer unwandelbaren Realität im späten 19. Jahrhundert und der Privilegierung des Körpers durch Nietzsche, bis hin zur gegenwärtigen Auffassung, dass sowohl Realität als auch Körper nur in ihrer jeweiligen Konstruiertheit, ihrem gegenseitigen Aufeinanderbezogensein zu begreifen sind, dass also weder Körper noch Realität als außerdiskursiv bzw. außermedial existierende, verlässliche Größen betrachtet werden können.[64] Einen Höhepunkt derartiger Körperdiskussionen bilden mit Sicherheit im Rahmen der feministischen De-

---

61 Zu den Begriffen Leib und Körper vgl. z. B. Lorenz 2000.
62 Dreher 2001, S. 395-399.
63 Dreher 2001, S. 398.
64 Vgl. Shusterman 1996, S. 211 f.

batte Judith Butlers Untersuchungen zu Körper- und Geschlechterkonstruktionen[65], die den vordiskursiven Körper überhaupt nicht mehr zur Kenntnis nehmen kann.

Einige der Grundgedanken, die der von mir ausgeführten Körperkonzeption zugrunde liegen, sollen nun noch ein wenig detaillierter betrachtet werden. Wenn man den Körper als Medium betrachtet, dann muss man ihn mit Luhmann als Form eines Mediums betrachten. Man kann den Körper im Sinne Luhmanns als Medium betrachten, wenn man davon ausgeht, dass Körper dazu dienen können, unwahrscheinliche Kommunikation in wahrscheinliche zu verwandeln.[66] Erst der Körper stellt der Kommunikation die Mittel zur Verfügung, angefangen bei Mimik und Gestik über gesprochene Sprache und Sinneswahrnehmung bis hin zu körperlicher Gewalt oder Sexualität, die letztlich auch als Formen einer zuweilen scheiternden Kommunikation betrachtet werden können. Jedes dieser Mittel kann seinerseits als Medium betrachtet werden, das in bestimmten Formen auftritt. So differenziert sich beispielsweise die Sprache hierarchisch aus, lässt sich vom Körper lösen, in Schriftform oder durch elektronische Aufzeichnungsmedien festhalten. Gleiches gilt sogar für Sexualität und körperliche Gewalt, die sich ebenfalls durch Möglichkeiten der Aufzeichnung von der Physis des Körpers trennen lassen. Zugleich gibt der Körper als Medium aber auch Anlass zur Kommunikation. Soziale Systeme konstituieren sich mit Luhmann über Kommunikation, die der Körper als Medium sowohl tragen als auch auslösen kann. Der Körper kommuniziert in sozialen Systemen und es wird über ihn kommuniziert. Diese Kommunikation wiederum trägt zur Entwicklung der sozialen Subsysteme bei.

Es wird noch einmal deutlich, dass ‚Medium' *nicht* ontologisch z. B. Aufzeichnungsmedium heißen kann, und dass andererseits auch das Aufzeichnungsmedium nur ein Medium im Luhmannschen Sinne sein kann, das in bestimmten Formen auftreten kann. Betrachtet man die einzelnen Mittel, über die der Körper kommunizieren kann, nun aber als Medien, dann ist der Körper in sich bereits intermedial organisiert, da in ihm bestimmte Formen möglicher Medien aufeinander treffen. Denkt man in dieser Richtung weiter, dann ist jede Begegnung des Körpers mit einem anderen Medium, egal ob nun Sprache, Verbreitungs- und damit auch Aufzeichnungsmedium sowie symbolisch generalisierte Kommunikationsmedien in Anlehnung an Paech, eine intermediale Begegnung, die die jeweilige Spezifik der Medien in der Begegnung der Formen reflektiert. Diese Intermedialität, die nun weit über die Paech-

---

65 Butler 1990, Butler 1993.

66 Dies entspricht nicht unbedingt dem Körperverständnis, das Luhmann entwickelt. Für Luhmann stellt der Körper die nicht-sinnhafte biologisch-organische Seite, schlicht das „Leben" dar. Der Körper ist ein selbstreferentielles System, das die Umwelt des psychischen Systems des Menschen darstellt. Über die Ausdifferenzierung des körperlichen Systems wird die Bezugnahme des psychischen Systems auf das körperliche System notwendig (vgl. Krause 1999, S. 131). Diese feinen Ausdifferenzierungen der Luhmannschen Systemtheorie sollen an dieser Stelle nicht weiter in Betracht gezogen werden, da sie die Betrachtung eher verkomplizieren als fördern würden.

sche anhand des Films entwickelte Begriffsbestimmung hinausgeht, muss dabei noch nicht einmal mehr zwangsläufig selbstreflexiv sein.

Paech spricht von intermedialen Arbeitsweisen, die Figurationen von Intermedialität hervorbringen. Die Künstler des Moskauer Aktionismus arbeiten ausgesprochen multimedial, sie nutzen neben dem Körper auch andere Medien auf allen Ebenen des Luhmannschen Medienbegriffs. Es muss daher gefragt werden, auf welchen Ebenen Paechsche Figurationen von Intermedialität im Moskauer Aktionismus zu suchen sind.

Es lässt sich folgern, dass jeder Kontakt zwischen Körper und anderen in seinem jeweiligen historischen Kontext wirksamen Medien sich als die Einschreibung einer Form eines Mediums in die Form eines anderen betrachten lässt: Eine Form des Mediums Körper schreibt sich ein in eine Form des Mediums Macht, eine Form des Mediums Körper schreibt sich ein in eine Form des Mediums Schrift oder digitale Photographie, eine Form des Mediums Körper schreibt sich ein in eine Form des Mediums „Kultur"[67] etc. In den Brüchen, die durch diese „Intermedialität" entstehen, sei es bewusst und absichtsvoll, sei es unbewusst und alltagsbedingt, müssten somit nicht nur die jeweiligen Formbildungsvarianten der einzelnen Medien, sondern eben auch die spezifische mediale Qualität beobachtbar, erlebbar werden. „Weltbeobachtung" und „Kunstbeobachtung" durchdringen einander somit auch in dieser Variation eines konstruktivistischen theoretischen Beschreibungsversuches für den Einsatz des Körpers als Medium in der Aktionskunst wechselseitig. Innerhalb des Subsystems Kunst werden neue Formbildungsvarianten ausprobiert, an die spezifische, historische Entwicklungsposition dieses Systems angepasst und – wie man sehen wird – im Fall des Moskauer Aktionismus sehr schnell integriert. Gleichzeitig wird aber die mediale Qualität der Formbildungsvarianten der verschiedenen aufeinander prallenden Medien in der kunstinternen wie kunstexternen „Medienlandschaft" kurzfristig erlebbar, beobachtbar gemacht. Es wird kurzfristig erlebbar, dass die durch viele Faktoren geformte Kultur beispielsweise mediale Funktionen hat, ebenso wie beobachtbar wird, dass Massenmedien als Verbreitungsmedien nicht nur ein Produkt sind, sondern dass diese eben *Medien* sind und als solche wirken – ebenso wie schlaglichtartig beleuchtet wird, *wie* diese Medien wirken. Der mediale Stellenwert für die gesellschaftliche Kommunikation, für das Funktionieren oder Nichtfunktionieren eines im radikalen Umbruch begriffenen sozialen Systems wird beleuchtet, indem die Medien der Kommunikation erlebbar werden. Gleichzeitig wirken auch alle diese Mechanismen in einem kunstinternen Kontext. Das Kunstsystem selber entwickelt sich über ganz ähnliche Mechanismen autopoietisch weiter.

Genau dies geschieht in den Performances, Projekten und Aktionen des Moskauer Aktionismus. In der für diese Untersuchung zentralen These wird davon ausgegangen, dass der Moskauer Aktionismus mit seiner exaltierten Körperdrastik intensiv intermediale Brüche dieser Art verursacht, die als Reaktion auf die sich radikal verändernde „Medienlandschaft", innerhalb derer der Moskauer Aktionismus als Kunst-

---

67 Vgl. zur Bestimmung der Kultur als symbolisch generalisiertem Kommunikationsmedium Hahn 2003 und in dieser Arbeit Kapitel 5.2.1.

form agiert, verstanden werden können. Die im weitesten Sinne verstandene „Medienlandschaft" schließt Verbreitungsmedien dabei ebenso ein wie symbolisch generalisierte Kommunikationsmedien und/oder Sprache. Gerade die Brüche verursachende Einschreibung von drastischen Formen des Körpers, die sich möglicherweise bereits als „Brüche" innerhalb des „Mediums Körper" lesen lassen, in Formen von Macht- und Geldstrukturen, in Formen politischer Diskurse und literatur-, kunst- und kulturhistorischer Traditionslinien, sowie in Formen anderer, für die Gesellschaft in ihrer aktuellen Situation zentral wirksamen Medien können so als Manifestation von Kritik und Bewältigungsversuch zugleich aufgefasst werden.

Eine ganz besondere Rolle spielen hier die unter der Luhmannschen Kategorie der Verbreitungsmedien einzuordnenden Massenmedien[68] und ihre jeweiligen Interaktionsformen mit dem aktionistischen Körper. Diese Interaktion findet sich nicht nur auf theoretischer Ebene, sondern ganz real und praktisch in der Kunstpraxis. Drastische Körperaktionen und Entwicklung der Massenmedien beeinflussen und bedingen einander geradezu und führen zur Ausprägung einer plakativen Visualität in der Formensprache. Osmolovskij formulierte rückblickend, dass das Interesse, das Massenmedien und Aktionismus einander entgegen brachten, ein gegenseitiges war: Während die Künstler ein Forum und ein Publikum suchten, benötigten die Medien Gegenstände, über die sich berichten ließ.[69] Und so findet sich das oben ausgeführte, theoretisch komplexe, intermediale Wechselverhältnis auch auf dieser praktischen Ebene wieder.

Gleichzeitig verkompliziert dies natürlich die Ebenen des Medienbegriffs meiner Untersuchung: Während diese theoretische Einleitung mit einem sehr abstrakten Begriff operiert, bewegt sich die Untersuchung selber auf einer sehr viel konkreteren Ebene. Dies schließt einander jedoch keineswegs aus und soll produktiv nutzbar gemacht werden.

---

68 Eine genauere systemtheoretische Bestimmung von Funktion und Rolle der Massenmedien leistet Luhmann 1996.
69 Vgl. Kapitel 6.1.2.

3 Entwicklung des Moskauer Aktionismus: Ausagieren der Unwahrscheinlichkeit der Kommunikation

Oleg Kulik erspürte stets feinste Veränderungen im kulturellen Kontext, in dem und vor allem mit dem die zeitgenössische Kunst operierte. [Dies] gilt natürlich nicht nur für Kulik, sondern auch für Alexander Brener, Anatoli Osmolowski, Awdej Ter-Oganjan, Oleg Mawromati und andere Moskauer Künstler, die radikale Gesten vollzogen haben.

Michail Ryklin[1]

Den 1990ern war jegliche Kontinuität des Wissens, jegliche Form des Musealen, Schulischen, Akademischen fremd, weil sich für sie alles in der unmittelbaren Gegenwart abspielte, alles im katastrophalen Hier und Jetzt befangen war.

Viktor Miziano[2]

Bemerkenswerterweise thematisieren all diese Arbeiten nicht exhibitionistische Obsessionen, sondern den Anspruch, „es denen allen zu zeigen", Kommunikation mit Gewalt zu erzwingen, einen verzerrten, mutierten Dialog zu führen. Man kann darin sicher eine Form der Kommunikation in einer Zeit sehen, in der Pathos und Suggestion über die Logik siegen, doch ist andererseits der aggressive Kommunikationsstil für das heutige Russland zu typisch, als dass Künstler ahnungslos über die politischen und sozialen Konnotationen solcher Werke sein könnten.
Es gibt aber auch eine rein ästhetische Variation des Problems, die ihren Ausdruck in exhibitionistischen Performances zur Störung des Ausstellungsbetriebs findet. [...] Die Ablehnung einer schlüssig konzipierten Ausstellung als nicht authentisch, seicht und rein dekorativ ist für manche Moskauer Galerien und Kuratoren schon fast Strategie. Man schätzt dagegen alles, was unklar und chaotisch präsentiert ist.
Der kommunikative Kollaps oder die gewaltsame Kommunikation sind jene zwei Wirklichkeiten, mit denen Moskaus KünstlerInnen abeiten.

Ekaterina Degot'[3]

Ziel dieses Kapitels ist vor allem, einen zeitlichen Überblick über die Entwicklung des Moskauer Aktionismus und seiner körperdrastischen Arbeitsweisen zu geben sowie seine wichtigsten Vertreter und einige Aktionen und Arbeiten näher vorzustellen. Die obigen Zitate mit Aussagen zeitgenössischer Beobachter des russischen Aktionismus geben hierzu bereits einen ersten, für sich stehenden Eindruck. Da meine Arbeit

---

1 Ryklin 2003, S. 271.
2 Misiano & Sidlin 2004, S. 63.
3 Dyogot, Y. 1995, S. 26.

aber auch versucht, das körperdrastische Arbeiten der aktionistischen Künstler nicht nur typologisch, sondern auch historisch zu verorten, werden in einigen Abschnitten grobe Angaben zur Entwicklung der politischen, gesellschaftlichen und medialen Situation Russlands gegeben. Darüber hinaus werden einige Variationsformen des medialen Einsatzes des drastischen Körpers in der russischen Kunst der 1990er Jahre dargelegt, in denen es vor allem um die Thematisierung der Kommunikation bzw. deren Unwahrscheinlichkeit geht.

3.1 Die ersten Jahre (1989-1993)

3.1.1 Anfänge und Voraussetzungen

Häufig werden bei Versuchen, das Phänomen des Moskauer Aktionismus, der im Zentrum der körperdrastisch arbeitenden Kunstformen im Russland der 1990er Jahre steht, einzugrenzen, vor allem Namen genannt. Denn es handelt sich nicht um eine homogene Gruppe, sondern um eine sehr fließende Erscheinung in der Moskauer Kunstszene, deren Beginn man auf ca. 1989/90 und deren Ende auf ca. 1998 eingrenzen kann.[4] Im Jahr 1989 begann der damals knapp 19-jährige Anatolij Osmolovskij seine künstlerische Tätigkeit mit einem *Terrorizm i tekst* (*Terrorismus und Text*) betitelten Theorieseminar (11. November 1989) an der Staatlichen Moskauer Universität (Moskovskij Gosudarstvennyj Universitet), die er selbst als eine erste Aktion der ungefähr zu diesem Zeitpunkt mit Dmitrij Pimenov und Grigorij Gusarov gegründeten Gruppe Ė.T.I (Ėkspropriacija territorii iskusstva) (Enteignung des Kunst-Territoriums) bezeichnet.[5] Oleg Kulik hatte ab 1988 erste Einzelausstellungen in Moskau, in denen er allerdings weder aktionistisch noch körperdrastisch arbeitete.[6] Im Jahr 1990 gründete Avdej Ter-Ogan'jan zusammen mit anderen Künstlern die *Galereja na Trechprudnom* (*Galerie in der Trechprudnyjgasse*), in der zwei Jahre lang jeden Donnerstag Kunstaktionen stattfanden[7], Osmolovskijs Gruppe Ė.T.I führte eine ganze Reihe von Aktionen durch, durch die er eine erste notorische Berühmtheit erlangte (beispielsweise das Festival *Vzryv novoj volny* (*Ausbruch einer neuen Welle*)).[8] Mehrere professionelle private Galerien, die im Verlauf der folgenden Jahre den radikalen Künstlern Moskaus ein Forum gaben und maßgeblich an der Entwicklung einer sich umstrukturierenden Kunstszene beteiligt waren, wurden ebenfalls 1990 gegründet.

---

4 Vgl. zum Ende des Moskauer Aktionismus ausführlich Kapitel 3.3.2.

5 Осмоловский 1999, o.S.

6 1988: *Парадокс как метод*, выставочный зал Севастополького района, Москва; *Диалог*, НИИ дальней радиосвязи, Москва; 1989: *Предчувствие...Предчувствие несвободы*, Дворец молодежи, Москва (1988: *Paradox als Methode*, Ausstellungssaal der Sevastopoler Region, Moskau; *Dialog*, NII dal'nej radiosvjazi, Moskau; 1989: *Vorgefühl der Freiheit*, Palast der Jugend, Moskau).

7 Vgl. Kapitel 3.1.3.

8 Vgl. hierzu ausführlich Kapitel 4 und Kapitel 6.2.2.3.

So wurde durch Marat Gel'man die *Marat Gel'man Galerie* eröffnet[9] und durch Vladimir Ovčarenko die *Regina Gallery*[10], ebenso öffnete 1991 die *tv gallery* (gegründet durch Nina Zareckaja).[11]

Zu diesem Zeitpunkt existierte die Sowjetunion noch, ihr Zusammenbruch war jedoch nicht mehr aufzuhalten. Es war die Phase, in der die Zentrifugalkräfte von *perestrojka* und *glasnost'* das alte sowjetische Gesellschaftsgebäude derart erschüttert hatten, dass ein Kollaps scheinbar unabdingbar geworden war und die sowjetische Macht sich aufzulösen begann.[12] Wirtschaftsreformen hatten Moskau nicht nur erste Privatgalerien, sondern auch Begegnungen mit westlichen Werbe- und Konsumpraktiken gebracht, die jedoch zu dieser Zeit, als die Menschen nach Brot Schlange anstanden und sich ganz gewiss keine, zumeist die finanziellen Möglichkeiten übersteigenden und sinnlosen Waren des globalisierten Konsummarktes (wie Snickers) leisten konnten, ebenso funktionslos und leer wirkten wie die alten sowjetischen Werbepraktiken, die auf Waren verwiesen, die es nicht (mehr) gab oder die ohnehin die einzigen ihrer Art waren, so dass ihre Bewerbung völlig sinnlos war.[13] 1990 war beispielsweise nicht nur das Jahr der Eröffnung von Galerien, sondern auch dasjenige, in dem McDonald's seine erste Filiale in Moskau eröffnen konnte.[14] Die Informationsmedien, worunter hier sowohl die offiziellen Massenmedien als auch die inoffizielle Publikationslandschaft verstanden werden, hatten sich zu diesem Zeitpunkt bereits deutlich von der Staatsmacht emanzipiert.[15] Die von Gorbačev 1985 initiierte Reform der Massenmedien hatte sich aus Sicht der Machthaber in eine Büchse der Pandora verwandelt.[16] Sowohl die offiziellen als auch die inoffiziellen Medien, jene zwei Seiten des medialen Informationssystems der sowjetischen Gesellschaft, das so seit den 1970er Jahren funktioniert hatte[17], hatten sich grundlegend transformiert.

---

9 Zur Galerie vgl. deren Internetauftritt auf www.guelman.ru sowie die Jubiläumskataloge zum fünf- bzw. zehnjährigen Bestehen: Галерея М. Гельмана 1995 und Гельман & Лопухова 2000.

10 Vgl. deren Internetauftritt www.regina.ru sowie die Chronik der Galerie der Jahre 1990-1992 (Бредихина 1993b).

11 Vgl. deren Internetauftritt www.tvgallery.ru. Die tv gallery war nur sehr mittelbar wichtig für den Moskauer Aktionismus.

12 So empfand es beispielsweise Anatolij Osmolovskij, vgl. Osmolowski 2003, S. 263.

13 Zur Entwicklung des Werbesektors in der russischen Transformationsgesellschaft vgl. Kelly 1998, vor allem S. 223-227.

14 Vgl. die offizielle Internetseite von McDonald's in Russland www.mcdonalds.ru [Zugriff 25. 04. 2005].

15 Zur Entwicklung der Massenmedien in Russland vgl. ausführlich Roth 1990 (allg.), Deppe 1999 (allg.), Pleines 1997 (allg.), Lehmann 2001 (allg.), Steinsdorff 1994 (Presse), Wendler 1995 (Presse), Mickiewicz 1999 (TV).

16 Vgl. hierzu ausführlich z. B. Lehmann 2001. Lehmann rollt in einem Kapitel zur Entwicklung der Medienpolitik unter Gorbačev ausführlich die zunächst von oben gesteuerte Politik der Öffnung der Massenmedien auf. Dieser Prozess war den Machthabern schnell entglitten.

17 Vgl. zum publizistischen Samizdat (inoffizielle Publikationsorgane) v. a. die einzigartige Bibliographie Суетнов 1989/90 und 1992, aber auch Steinsdorff 1994, Manaev 1991 und Kornilow 1991. Zum künstlerischen Samizdat, der sich gelegentlich mit dem publizistischen überschnitt, vgl. Стреляный, Сапгир, Бахтин & Ордынский 1997, Doria & Bowlt 1987, Hirt &

Die offiziellen Massenmedien wagten nicht nur offene Kritik an den Zuständen der Sowjetgesellschaft und deckten einen Skandal nach dem anderen auf, sie reformierten in populären Fernsehsendungen wie beispielsweise der Nachrichtensendung *Vzgljad* (*Blick*) auch ihre Sendeformate, ließen mehr Spontaneität, Livesendungen und einen Wandel des ästhetischen Erscheinungsbildes zu.[18] Die inoffiziellen Medienformate (vor allem Samizdat), die zu sowjetischen Zeiten all das aufnehmen mussten, was die offiziellen nicht berichten konnten, wollten oder durften, und die es als parallele Welt im Untergrund gegeben hatte, hatten sich ebenfalls emanzipiert und verfügten zu diesem Zeitpunkt bereits über hohe Auflagen, wurden professionell gedruckt und in großen Stückzahlen verteilt. Die alte Spaltung zwischen offiziell und inoffiziell existierte in ihrer alten Form nicht mehr, und das nicht nur im Bereich der Medien, die hier vor allem als Gradmesser angeführt werden. Die Gesellschaft selbst war trotz oder wegen der materiellen Missstände hoch politisiert und organisierte sich in vielen kleinen Splittergruppen, die alle möglichen Interessensbereiche abdeckten.[19] In der Jugendszene stellte beispielsweise die *tusovka* seit den Zeiten der *perestrojka* eine beliebte Organisationsform dar. Die *tusovka*, verstanden als „a distinct and fluid youth cultural grouping linking a specific set of people to a certain gathering place"[20], war auch für die junge, wilde, sich in diesen Jahren neu strukturierende Kunstszene Moskaus eine wichtige Organisationsform der Zusammenkunft.[21]

Nicht nur die Organisationsform der *tusovka*, auch all die anderen geschilderten Entwicklungen lassen sich in der Kunstszene, innerhalb derer der Moskauer Aktionismus und die Körperdrastik in diesen Jahren ihre ersten Schritte unternahmen, wieder finden. Einflussreiche Künstler der inoffiziellen, sowjetischen Kunstszene, allen voran Vertreter des Moskauer Konzeptualismus, hatten in den Jahren zuvor Gelegenheit erhalten, sich ganz offiziell international zu präsentieren. Vor allem Il'ja Kabakov war zu einem Star in der internationalen Kunstwelt geworden, der einstmalige Vertreter des Inoffiziellen war zu einem hoch geachteten Vertreter russischen Kunstschaffens avanciert. Die langjährige Trennung von offiziell und inoffiziell, die mit der Einführung von *perestrojka* und *glasnost'* ins Wanken geraten war, gab es in ihrer alten Form auch in der Kunstszene nicht mehr, alte strukturierende Parameter verloren allmäh-

---

Wonders 1998, Eichwede 2000. Zu den offiziellen Massenmedien der Sowjetunion vgl. z. B. Roth 1982 und Roth 1990. Ausführlicher zu diesen Aspekten vgl. Kapitel 6.

18 Vgl. hierzu v. a. Mickiewicz 1999, S. 65-82.

19 Vgl. hierzu Steinsdorff 1994, S. 174 ff. und Суетнов 1992.

20 „In the large western Russian cities youth culture during the *perestroika* period was dominated by the *tusovka*, a distinct and fluid youth cultural grouping linking a specific set of people to a certain gathering place. *Tusovki* were often music-, dance-, or style-based, although not necessarily so, and by the end of the perestroika period the term *tusovka* had come to be widely used to denote any group of friends. [...] Whilst commonly interpreted in the *neformaly* debate as a 'harmless' but 'useless' way of spending free time, *tusovka* life for young people meant a new, more meaningful form of communication experienced through the employment of dance, music, dress, play, and language." (Pilkington 1998, S. 378).

21 Vgl. weiterhin zur Einzigartigkeit der *tusovka* für die Binnenorganisation des sozio-kulturellen Raumes des Moskauer Kunstraums Мизиано 1999.

lich ihre Gültigkeit. Dies hatte zur Konsequenz, dass ein Ersatz für die sich als Gegen-entwurf zur offiziellen Sowjetwelt verstehende inoffizielle Parallelwelt gesucht wer-den musste. Neue, zeitgemäßere Formen des (gegenkulturellen) Widerstands waren nötig geworden. Dies ging einher mit der Suche nach neuen Formen der künstleri-schen Auseinandersetzung mit den veränderten Lebensumständen.

Es ist gerade auch der hohe Politisierungsgrad jener Jahre, der sich in der politi-schen Engagiertheit der Aktionen vor allem Osmolovskijs ausdrückt. Es handelt sich jedoch um eine ironisierte Politisierung, die diese Stimmung bereits kritisch reflek-tierte, um eine ironische Stellungnahme zu der sich verändernden Situation im Land mit bewusst importierten oder reaktualisierten künstlerischen Strategien, Politik durch Kunst sowie Kunst mit Mitteln der Politik bei gleichzeitiger Opposition zu als dominant empfundenen Strömungen der Kultur. Das Kriterium der kulturellen Do-minanz wurde jedoch – und das ist der entscheidende Unterschied – nicht mehr ent-lang der Parameter sowjetisch-offiziell und sowjetisch-inoffiziell definiert. Der Un-terschied zwischen einer dominanten sowjetisch-offiziellen Kultur und einem antiso-wjetischen Untergrund existierte nicht mehr. Somit konnten auch vor kurzem noch inoffizielle Kunstströmungen wie der Moskauer Konzeptualismus als kulturell domi-nant empfunden werden, so dass sich auch gegen diese der neue gegenkulturelle Pro-test richtete. Und so war es möglich, dass sich der Moskauer Aktionismus in die Tra-dition des inoffiziellen Kulturschaffens einreihte und gleichzeitig deren wichtigste Vertreter als avantgardistisch zu überwindende, dominante Kultur begriff.[22]

Einer der Hauptvorwürfe, die die junge Generation gegen die alte vorbrachte, war der Vorwurf der politischen Gleichgültigkeit, der Rückzug in die Parallelwelt ohne eine direkte politische Stellungnahme. Der Moskauer Konzeptualismus begnügte sich aus dieser Perspektive – wie jedoch hinzugefügt werden muss, unter vollkommen anderen gesellschaftlichen Umständen – mit der Dekonstruktion der sowjetischen Zeichenwelt, mit der Bloßlegung ihrer performativen Wirkung für die sowjetische Gesellschaftsstruktur.[23] Die Kritik, die die Generation um Osmolovskij an dieser Art dekonstruktiven Bloßlegens hatte, lässt sich mit einem Zitat Bourdieus wiedergeben. Dieser schreibt:

> Wenn es gut ist, daran zu erinnern, dass Geschlecht, Nation, ethnische Gruppe oder Rasse soziale Konstruktionen sind, so ist es doch naiv und also gefährlich, zu glauben und glauben zu machen, es genüge, diese gesellschaftlichen Artefakte in einer rein per-formativen Feier des ‚Widerstands‘ zu ‚dekonstruieren‘, um sie zu destruieren: Denn dies heißt verkennen, dass, obschon die Kategorisierung nach Geschlecht, Rasse oder Nation

---

22 Milena Orlova schreibt 1994: „Несколько лет назад для того, чтобы считаться радикальным и революционным художником, достаточно было только настаивать на отрицании идеологии постмодернизма, – Осмоловский сделал на этом блестящую карьеру." (Орлова 1994) („Vor einigen Jahren reichte es noch, auf der Ablehnung der Ideologie des Postmoder-nismus zu bestehen, um als radikaler Künstler zu zählen.")

23 Vgl. zur performativen Organisation der sowjetischen Redepraxis Sasse 2003b, S. 23-30.

eine sexistische, rassistische, nationalistische ‚Erfindung' ist, sie doch der Objektivität der Institutionen, das heißt der Dinge und der Körper, aufgeprägt wurde.[24]

Der Moskauer Aktionismus forderte direkte Stellungnahme, Widerstand der Aktion, nicht der Dekonstruktion. Aber auch wenn Osmolovskij selber sagt, damals habe er tatsächlich an die Möglichkeit einer politischen Einflussnahme durch seine Kunst geglaubt[25], so war doch das Scheitern dieses Projektes, so Inke Arns, immer in die Aktionen des Moskauer Aktionismus und der körperdrastisch arbeitenden Künstler einkalkuliert. Der von Osmolovskij neu propagierte „Wille zur Utopie" („Volja k utopii") orientiere sich, so fasst Arns zusammen, an

> einer „Ideologie der Behauptung positiver Werte, einer Restauration der Begriffe Pathos und Aufrichtigkeit", die sich jedoch im vollen Bewusstsein der vorprogrammierten Niederlage und „transzendent[en] Überflüssigkeit" einer als (subversiver) Anachronismus verstandenen revolutionären Tätigkeit („Revoljucija sejčas – èto transcendentnoe LIŠNEE") letztlich in eine „zutiefst anarchische, ziellose und destruktive Bewegung", in eine „Emanation von Aktivität" [...] verwandelt, welche – so Ekaterina Degot' – in dieser Form für die Moskauer Szene etwas radikal Neues darstellt.[26]

Diese Opposition schließt eine grundlegende Gegenposition zu den nunmehr groß und populär gewordenen Künstlern des Moskauer Konzeptualismus mit ein.

> Der Neoutopismus widersetzt sich der konzeptualistischen Strategie der abstrakten und totalen Reflexion durch Unmittelbarkeit und körperliche Präsenz. Vertreter des Moskauer Aktionismus, hier vor allem Aleksandr Brener und Oleg Kulik, sprechen explizit „mit dem Körper" und nicht nur „über ihn". Es handelt sich [...] um Gesten einer radikalen, aus dem kommunikativen Kollaps der Gesellschaft folgenden Sprachverweigerung, die sich genau in dieser Verweigerungshaltung mit den betont antikonzeptualistischen, kynischen, prä-diskursiven, proto-philosophischen Strategien des neuen ‚Moskauer Radikalismus' [bei Arns: Osmolovskij] trifft.[27]

Osmolovskij beginnt, in den ästhetischen, künstlerischen und politischen Strategien sowohl der russischen historischen Avantgarde als auch der westlichen Linken, hier vor allem der 1968er, des Punk, des Anarchismus und des Situationismus, nach Alternativen zu suchen[28], eine Strategie, die insbesondere deswegen sowohl provokant als auch produktiv ist, als die Sowjetunion das Paradebeispiel für die gescheiterte linke Utopie schlechthin darstellt. Ähnliche Suchoperationen nehmen im weiteren Verlauf andere Vertreter des Moskauer Aktionismus vor. Die historische Avantgarde dient für alle Vertreter als „Formenreservoir", insbesondere für Aleksandr Brener. Oleg Kulik wird sich radikaler ökologischer Konzepte bedienen, und Vladislav

---

24 Bourdieu 2001, S. 138, zitiert nach Ziege 2005.
25 Drews-Sylla März 2003a.
26 Arns 2003, S. 260.
27 Arns 2003, S. 260.
28 Vgl. hierzu Kapitel 6.2.2.

Mamyšev-Monro, der ebenfalls im Umfeld des Moskauer Aktionismus verortbar ist ohne diesem direkt anzugehören, dekonstruktivistischer Verfahren im Stile Cindy Shermans.

Verfahren der Dekonstruktion, Operationsfeld des Moskauer Konzeptualismus, werden abgelöst durch aktivistische Verfahren, die mit dem Körper vollzogen werden[29], die logozentristische Reflexion über Formen der Repräsentation wird ersetzt durch einen nichts – und vordergründig niemanden – repräsentierenden, ausschließlich handelnden, medial agierenden und damit in seiner Form spürbaren Körper. Ein Körper, der handelt, nicht spricht, kein anderes Verbreitungsmedium in Anspruch nimmt als sich selbst, ein Körper, der damit auf alle Möglichkeiten einer Repräsentation verzichtet (und ihr letztlich doch nicht entkommen kann)[30], ist aber ein Körper, der eines Großteils seiner exkarnierten[31] kommunikativen Variationsmöglichkeiten beraubt ist. Ein Körper, der zur Kommunikation auf sich selbst zurückgeworfen wird, ist ein Körper, der in der Unwahrscheinlichkeit der Kommunikation feststeckt und aus dieser nur noch über den Einsatz von körperlichen Mitteln, die im Extremfall gewalttätig sind, herausfinden kann. Auch aus dieser Situation erklärt sich die Radikalität seiner Gesten, die Dynamik seiner von Degot' „terroristisch" genannten Aggressivität[32], seiner Bereitschaft zur Gewalt und zur Grenzüberschreitung in jeglicher Hinsicht. Degot' verweist 1995 im Zusammenhang mit den Grenzüberschreitungen im Bereich der exhibitionistischen Geste dieser Körperkunstform auch auf eine Parallele zur parlamentarischen Repräsentation:

По сути дела, перед нами целая система искусства, напоминающая 'парламентский' его вариант, но основана не на представительстве, а на насилии. Нелегитимная, внепарламентская репрезентация принимает форму эксгибиционистского жеста, который с начала 90-х в течение нескольких лет был популярен в кругах московского радикального искусства (Бренер и Осмоловский неоднократно использовали его, последний – в том числе на обложках сборника своей группы 'Нецезюдик' и журнала 'Радек'). Эксгибиционизм есть одна из форм коммуникативного насилия, своего рода последний аргумент в споре, коллапс диалога и травма репрезентации: 'показать' превращается в 'показать им.'[33]

Im Grunde haben wir ein ganzes Kunstsystem vor uns, das an die ‚parlamentarische' Variante [der Repräsentation] erinnert, nur ist es nicht auf der Repräsentanz, sondern auf der Gewalt gegründet. Die illegitime, außerparlamentarische Repräsentation nimmt die Form der exhibitionistischen Geste an, die zu Beginn der 1990er Jahre während einiger Jahre in den Kreisen der Moskauer radikalen Künstler populär war (Brener und Osmolovkij griffen etliche Male auf sie zurück, zuletzt auf den Einbänden des Sammelbandes ihrer Gruppe ‚Necezjudik' und der Zeitschrift ‚Radek'.) Der Exhibitionismus ist eine

---

29 Witte spricht in Bezug auf den Moskauer Aktionismus auch von einem „Eifer des Vollzugs". Vgl. Witte 2003.
30 Vgl. hierzu Kapitel 5.2.2 und 6.2.1.3.
31 Exkarnation im Verständnis von Assmann 1993.
32 Деготь 1998b.
33 Деготь 1998b, S. 79.

Form der kommunikativen Gewalt, auf seine Art das letzte Argument in einem Kampf, der Kollaps des Dialogs, das Trauma der Repräsentation: Aus einem ‚Zeigen‘ wird ein ‚es ihnen zeigen‘.

Die exhibitionistischen Gesten des handelnden Körpers, die Gewalt, die von diesem ausgeht, sind, so Degot', ein Symbol für den Kollaps der Kommunikation, das Ende der Kommunikation überhaupt – oder, so lässt sich mit Luhmann formulieren, die realisierte Unwahrscheinlichkeit von Kommunikation. Und so „überaffimieren“ der Moskauer Aktionismus und das körperdrastische Arbeiten der radikalen Kunstszene Moskaus

> die Gewalttätigkeit, die sie in der gegenwärtigen russischen Gesellschaft [konstatieren und bedienen] sich dabei zum Teil historischer utopischer Strategien, z. B. des politischen Radikalismus, des Anarchismus und einzelner Elemente der historischen Avantgarde: die Herbeiführung von Skandalen, der direkte körperliche Einsatz, taktische Gruppenbildungen.[34]

Georg Witte verweist in einer Fußnote auf einen Text Dirk Uffelmanns[35], in dem dieser im Zusammenhang mit dem Moskauer Aktionismus ebenfalls mit Hilfe des Luhmannschen Kommunikationsmodells argumentiert. Die Kommunikation wird in dieser Notiz bei Uffelmann als künstlerische spezifiziert, die durch Kriterien wie Tabubruch, Diskursprotest und Desautomatisierung gekennzeichnet sei. In einer solchen Perspektive sei die Gewaltperformance repressive Kommunikation, die statt durch die Luhmannschen Kriterien der Reversibilität, Komplexität und Anschlussmaximierung durch deren Gegenteil, durch Anschlussminimierung, prädeterminierte Reaktion und Irreversibilität gekennzeichnet sei. Anders lässt sich ausdrücken: Aus der Unwahrscheinlichkeit der Kommunikation erwächst eine zwanghafte Kommunikation, die Kommunikation der Gewalt. Hiermit erhält man einen Hinweis darauf, wie die gescheiterte Kommunikation, die Inszenierung der realisierten Unwahrscheinlichkeit der Kommunikation funktioniert – sowohl gesellschaftlich als auch in ihrer künstlerischen Inszenierung. Körperdrastik und die gewalttätige Realität der Gesellschaft im Umbruch bedingen einander zu einem gewissen Grad, sie gehen in dieser Perspektive auseinander hervor.[36] Der mediale Einsatz des drastischen Körpers im Moskauer Aktionismus kann verstanden werden als künstlerisches Symbol für eine Krise der kommunikativen Systeme in der untergehenden Sowjetunion und des frühen postsowjetischen Russlands.

---

34 Arns 2003, S. 262.
35 Witte 2003, Fußnote 27, S. 187. Der Text erscheint mit der bibliographischen Angabe Uffelmann 2005.
36 Vgl. hierzu auch Weitlaner 1999.

3.1.2 Erste Blütejahre

3.1.2.1 Anatolij Osmolovskijs provokanter Linksradikalismus

Mit dem Jahr 1991 beginnt die postsowjetische Zeit.[37] Bereits zu Beginn des Jahres hatten die baltischen Staaten durch Unabhängigkeitserklärungen versucht, sich von der Sowjetunion zu lösen und leiteten so das langsame Ende der Sowjetzeit ein. Der Putschversuch vom 19. bis zum 29. August 1991 bedeutete dann das faktische Ende der Sowjetunion, das am 8. Dezember 1991 schließlich in ihrer Auflösung besiegelt wurde. Nach dem Putschversuch übernahm der postsowjetische Hoffungsträger Boris El'cin die Macht im Land. Liberalere Gesetze wurden während des gesamten Jahres 1991 verabschiedet: So wurde ein freizügigeres Reisegesetz eingeführt (20. Mai), Opfer politischer Repressalien wurden rehabilitiert (18. Oktober) und ab den Sommermonaten galt erstmals in der Geschichte der Sowjetunion und deren Nachfolger Russland auch Pressefreiheit.[38] Aber bereits zu diesem Zeitpunkt begann auch der Tschetschenienkonflikt, der 1994 zum Krieg eskalierte.[39] Mafiamorde, behördliche Willkür und der sich zuspitzende Tschetschenienkonflikt gehörten zunehmend zu einer medial vermittelten gesellschaftlichen Wirklichkeit. Somit agierte der Moskauer Aktionismus künstlerisch einen kommunikativen Stillstand aus, unter dem er das Land tatsächlich leiden sah. Gewalt ist immer die letzte Instanz der realisierten Unwahrscheinlichkeit der Kommunikation: Sie transportiert in einer wiederum kommunikativen Funktion ein Scheitern der Kommunikation, wie sich anhand der Argumentation Uffelmanns nachvollziehen lässt. In einem Konflikt, der mit Waffengewalt ausgetragen wird, geht es letzten Endes um das Auslöschen der körperlichen Existenz der Gegner. Körperliche Gewalt gegenüber anderen Körpern, auch dies eine bis in letzter Konsequenz im Moskauer Aktionismus anzutreffende Strategie, erscheint als die überaffirmierte Reaktion auf die Implosion von systeminhärenten Kommunikationsstrukturen.

International bedeutete das Jahr 1991 das Ende des Kalten Krieges durch die Auflösung des Warschauer Paktes[40], es brachte aber auch den ersten amerikanischen Golfkrieg, gegen den die Gruppe È.T.I mit der Aktion *Ukazatel'nyj palec* (*Zeigefinger*) vor der amerikanischen Botschaft in Moskau offen protestierte. Für die Bevölkerung Russlands waren diese und die kommenden Jahre hart. Wirtschaftsreformen fanden statt, der Rubel wurde zum Jahresbeginn 1992 freigegeben und verfiel daraufhin rasant. Viele Menschen verarmten, auch dies ein geradezu körperlich erlebbarer Prozess.

---

37 Zur Darstellung der politischen Entwicklung des postsowjetischen Russland greife ich vor allem auf die Chronologie in Nikitsch & Winzen 2004 zurück. Sehr viel, sehr ausführliches Material in Form von thematischen Aufsätzen und einer Chronik findet sich auch – aus dem Blickwinkel der deutsch-russischen Beziehungen von 1950 bis 2000 – in Choroschilow, Harten, Sartorius & Schuster 2003a.

38 Zur Entwicklung der Gesetzgebung zur Pressefreiheit vgl. z. B. Deppe 2000 oder Steinsdorff 1994, S. 220 ff.

39 Diese Angaben folgen der Chronik in Nikitsch & Winzen 2004, S. 133-154.

40 Nikitsch & Winzen 2004, S. 135.

In diesen Jahren, von 1989 bis 1992, fanden die meisten Aktionen der durch Osmolovskij gegründeten Bewegung È.T.I., Kürzel für „Èkspropriacija territorii iskusstva" („Enteignung des Kunst-Territoriums") zugleich aber auch in einem Wortspiel „DIESE" bedeutet, statt. Die meisten dieser frühen Aktionen, von denen Osmolovskij selbst 24 aufzählt[41], blieben undokumentiert und fanden im engen Kreis statt. Mit steigendem Bekanntheitsgrad liegt auch mehr Dokumentationsmaterial vor. Aus dieser Phase sind herauszuheben das Festival *Vzryv novoj volny* (*Ausbruch einer neuen Welle,* 10. bis 25. November 1990), ein durch Aktionen ergänztes Kinofestival mit Filmen der Nouvelle Vague[42], die Aktion *Ukazatel'nyj palec* (*Zeigefinger,* 15. Januar 1991) die Aktion *È.T.I.-Tekst. Chuj na Krasnoj Ploščadi* (*È.T.I.-Text. Chuj auf dem Roten Platz,* 18. April 1991)[43], bei der das Wort *ХУЙ* (äußerst vulgärer Ausdruck für Penis, auch übersetzbar mit „fuck") unmittelbar unter dem Lenin-Mausoleum von den Körpern der Aktionisten gebildet wurde (Abb. 1), sowie die in der Regina Gallery stattfindende Ausstellungsaktion *Leopardy vryvajutsja v chram* (*Leoparden stürmen in den Tempel,* 5. März bis 5. April 1992)[44] im Rahmen der von Oleg Kulik gestarteten Reihe *Festival' installjacii „Animalističeskie proekty"* (*The Installation Festival of Animalistic Projects*) (Abb. 2).[45]

In der letztgenannten Aktion wurde der durch den Titel der Installationsaktion zum quasi-sakralen Raum erhobene Galerieraum, der Raum der Kunst zwei Leoparden überlassen, die sich auf Stroh unter den Bildern von André Breton, Filippo Tommaso Marinetti und Vladimir Majakovskij frei bewegen konnten. Die Zuschauer konnten den Raum der Galerie in einer Art Käfig betreten und die Installation betrachten. Gleichzeitig wurden sie so zum integralen Bestandteil der Installation, die dadurch eine interessante Kombination von Beobachtungsoperationen aufweist. Durch den Käfig, innerhalb dessen sich die Zuschauer befanden, waren sie Beobachter und Beobachtete zugleich, der kunstkommunikative Prozess verdoppelte sich. Somit werden in dieser Installation vor allem kunstinterne Beobachtungsoperationen thematisiert. Der Zuschauer wird zugleich in die Installation partizipierend mit eingeschlossen und aus dem Raum der Kunstpräsentation, der zugleich der des Kunstkonsums ist, ausgeschlossen. Beide Seiten, sowohl diejenige der Zuschauer als auch diejenige der in den Kunsttempel ‚eingedrungenen' Leoparden sind körperlich-leiblich präsent, hinzu kommt ein Aspekt der Gewalt. Letzten Endes sind auch die Leoparden zugleich ein- und ausgeschlossen, sie sind in den sakralen Kunstraum nicht nur eingedrungen, sie sind auch in ihm eingeschlossen. Inklusion und Exklusion werden als aggressive Akte dargestellt, die körperlich erfahren werden müssen. Kunstkommunikative Prozesse werden in Frage gestellt, ihre Reziprozität negativ erfahrbar

---

41 Осмоловский 1999a, o.S.

42 Vgl. hierzu ausführlich Kapitel 4 und 6.2.2.3.

43 Vgl. hierzu ausführlich Kapitel 6.2.1.2.

44 Zu dieser Aktion, die im vollen Titel noch den Zusatz *Èkspozicionnyj proekt Olega Kulika* (*Ein Ausstellungsprojekt Oleg Kuliks*) trägt, vgl. Зарецкая & Савушкин 1992, Witte 2003; Бредихина 1993b, S. 112-117.

45 Vgl. hierzu ausführlich Kapitel 3.1.2.2.

Abb. 1: È.T.I.: *ХУЙ na Krasnoj ploščadi* (ХУЙ [*CHUJ*] *auf dem Roten Platz*), Moskau 1991 (Quelle: Бредихина 1993, S. 56)

gemacht. Gleichzeitig wird der Ort der Kunst in Frage gestellt, ihre Bedeutung dadurch über die unmittelbare Kunstumgebung herausgehoben.

Die Aggression des Einbruchs in eine als sakral empfundene Kunstwelt ist ein zentrales Thema der Bewegung È.T.I., die „Enteignung des Kunst-Territoriums". Die Suche nach einem Standort der Kunst in der Gesellschaft bleibt in ihren zahlreichen Straßenaktionen omnipräsentes Thema und wird für den gesamten Moskauer Aktionismus eines seiner beherrschenden Themen werden. Der drastische Körpereinsatz tritt in dieser Aktion noch nicht durch exhibitionistische Gesten hervor, er ist vielmehr in der Leiblichkeit des Tieres als einer Art Readymade, in der Inklusion des Zuschauerkörpers und durch die der Installation inhärente Aggression erlebbar. Auch wenn er nicht drastisch inszeniert ist, so wird doch über eine Form der Leiblichkeit die drastische Reflexion einer der Kunstkommunikation inhärenten Aggression reflektiert. In einem gewissen Sinne nimmt die Aktion auch Kuliks Tierwerdung voraus: Kunstkonsument und Leoparden werden durch das jeweilige, gleichzeitige Ein- und Ausgeschlossensein einander gleichgesetzt, die Grundlage für eine Form der Identifikation wird so gesetzt. Kulik wird später zwar als Künstler und nicht als Kunstkonsument zum wilden Tier. Aber auch er kritisiert in seinen Aktionen immer wieder die Institutionalisierung von Kunst und agiert den Einbruch des wilden Tieres in eine sakrale Welt der Kunst aus.

Abb. 2: Anatolij Osmolovskij: *Leopardy vryvajutsja v chram* (*Leoparden stürmen in den Tempel*), Regina Gallery, Moskau 1992 (Quelle: Photo unbekannter Herkunft)

3.1.2.2   Oleg Kuliks Ausstellungsaktionen in der Regina Gallery[46]

Für die aktionistischen Kunstformen in Moskau bedeuteten die Jahre ab 1991 erste Blütezeiten, in denen die Grenzüberschreitungen noch echte gesellschaftliche Skandale auszulösen vermochten. Oleg Kulik wurde 1991 Kurator der Regina Gallery und schockierte mit seinen Ausstellungsaktionen nicht nur die Galeriebesucher. Seine Strategie bestand darin, Arbeiten anderer Künstler aktionistisch zu präsentieren. An die Stelle von starrer Hängung tritt die Inszenierung, bei der nicht mehr das gezeigte Kunstwerk, sondern das Event der Präsentation im Vordergrund steht. Die aktionistischen Inszenierungen Kuliks, die in einer Zeit des allgemeinen Darbens mit viel Geld frühkapitalistischer „Neuer Russen" ermöglicht wurden, waren ein gesellschaftliches Ereignis und wurden immer radikaler. Begnügte sich Kulik im Juni 1991 noch damit, den Vernissagebesuchern das übliche Büffet respektlos vor Arbeiten eines bekannten sowjetischen, im Stil des Sozialistischen Realismus arbeitenden Künstlers ohne jegliches Besteck aufzutischen[47], so bestand die letzte und skandalöseste seiner Ausstel-

---

46   Von den meisten Ausstellungsaktionen existieren Videoaufzeichnungen: Kulik 1990-1993. Die Galerie selber hat die Aktionen ausführlich in einem 1993 erschienenen Katalog dokumentiert (Бредихина 1993a).

47   Die Provokation bestand jedoch nicht nur hierin. Die Bilder waren so arrangiert, dass die Vernissagebesucher gezwungen waren, auf ihnen herum zu trampeln. Die Ausstellung fand vom

lungsaktionen 1992 darin, im Rahmen seiner Ausstellungsreihe *Festival' installjacii „Animalističeskie proekty"*[48] (*The Installation Festival of Animalistic Projects*), innerhalb derer auch Osmolovskijs *Leopardy vryvajutsja v chram* (*Leoparden stürmen in den Tempel*) stattfand, ein Schwein schlachten und dessen Fleisch in Plastiktüten an die Besucher ausgeben zu lassen (Abb. 3-5).[49]

In dieser letzten Aktion gibt es kein Kunstwerk mehr, das Event selber übernimmt endgültig die Funktion des präsentierten Kunstwerks. Wiederum wird das Tier zu einer Art Readymade, das in den Kunstraum integriert wird. In diesem Fall allerdings dringt das Tier nicht aggressiv in den Kunstraum ein, es wird selbst existentiell der Gewalt des Kunstraums untergeordnet, denn es lässt im Namen der Kunst sein Leben. Auch den Besuchern der Aktion wird im Grunde Gewalt angetan, werden sie doch genötigt, den Gewaltakt im Namen der Kunst – wenn auch nur über Video aus einem abgetrennten Raum der Galerie zu ihnen übertragen – zu beobachten und dadurch nicht nur mitzuerleben, sondern durch ihre pure Präsenz als Kunstkonsumenten auch zu verantworten. Denn der Zuschauer ist freiwillig gekommen, und auch das Fleisch des geschlachteten Schweins nimmt er freiwillig entgegen. Kulik thematisiert so auf ganz ähnliche Art und Weise wie Osmolovskij Aspekte der Kunstkommunikation sowie der Kunstbeobachtung.

Michail Ryklin merkt im Jahr 2003 an, wie gut diese Kunstaktionen besucht waren, und dies nicht nur von einem Kunstpublikum, sondern auch von vielen Menschen, „die keine Kenner zeitgenössischer Kunst waren".[50] Bereits zu diesem Zeitpunkt setzt eine Form von ‚Eventisierung' und Showcharakter der Körperaktionen des Moskauer Aktionismus ein, der immer wieder bemerkt und kommentiert wurde. Im Katalog zur Ausstellung *berlin москва MOCKBA BERLIN* (2003 und 2004 in leicht unterschiedlichen Konzeptionen in Berlin und Moskau gezeigt) werden die Künstler des Moskauer Aktionismus sogar unter der Rubrik „Spaßguerilla" eingeordnet, was als durchaus

---

22. Mai bis zum 23. Juni 1991 statt, und damit noch *vor* dem Zusammenbruch der Sowjetunion (В. Грибков, Г. Гущкин: *Ню на фоне соц-арта*, vgl. Бредихина 1993b, Kulik 1990-1993, Туровски & Баженов [1991]).

48 Zum *Festival' installjacii „animalističeskie proekty"* (*The Installation Festival of Animalistic Projects*) vgl. 3.1.2.2.

49 Олег Кулик и группа Николай: *Пятачок делает подарки*, 11.April 1992. Экспозиционный проект Олега Кулика (Название предложено В. Фишкиным). Der englische Titel lautet *Piggly Wiggly Makes Presents*, wobei der Name Piggly Wiggly der einer amerikanischen Supermarktkette mit einem Schwein im Logo ist (vgl. die Website der Firma http://www.pigglywiggly.com [Zugriff: 17. 11. 2005). Piggly Wiggly bzw. der Gründer der Kette Clarence Saunders erfand 1916 – nach Angaben der Website – das für heutige Supermärkte typische Prinzip der Selbstbedienung. Der englische Titel eröffnet eine weitere Interpretationsmöglichkeit, die typisch für den Moskauer Aktionismus ist: beißende Kapitalismuskritik, einmal abgesehen von dem Zynismus, der in der Assoziation der Selbstbedienung bezüglich des geschlachteten Schweins steckt. – Zur Aktion vgl. Бредихина 1993b, S. 152-174.

50 Ryklin 2003, S. 271.

Abb. 3: Oleg Kulik: *Pjataček delaet podarki (Piggly Wiggly Makes Presents)*, Regina Gallery, Moskau 1992 (Quelle: Бредихина 1993, S. 172)

symptomatisch gewertet werden kann.[51] Diese ‚Eventisierung‘, die oftmals auch als ein Charakteristikum (post-)moderner, globalisierter Mediengesellschaften angesehen wird[52] und für alle Ausstellungsaktionen Kuliks gilt, stellt erstmals nicht nur den Aktionismus, also die direkte Aktion des Künstlers in der Performance, sondern auch die Körperlichkeit, also die tatsächliche Leiblichkeit der Kunstpräsentation in den Mittelpunkt. Die Leiblichkeit der aktionistischen Kunstpräsentation übernimmt bei Kulik von Anfang an eine wichtige Funktion – auch wenn sein Körper nicht wie in den späteren Hundeaktionen selbst im Mittelpunkt der Inszenierung steht. Dies zeigt sich von den allerersten Aktionen an, sei es nun durch die Tatsache, dass die Vernissagebesucher gezwungen wurden, ohne Besteck ein Büfett zu essen, sei es dadurch, dass Bilder nicht mit Nägeln an die Wand gehängt, sondern durch gedungene Soldaten der

---

51 Choroschilow, Harten, Sartorius & Schuster 2003b, S. 261-272. Eine andere Stimme, die den Showcharakter gerade der Aktionen Kuliks hervorhebt, ist beispielsweise Glanc 2006. In Condee & Padunov 1995, S. 159 weisen die Autoren auf eine generelle ‚Eventisierung‘ des postsowjetischen Kulturraums hin. Jedes neue Buch werde durch eine eigene Präsentation gefeiert. Diese Präsentationen ähneln den Kunstaktionen des Moskauer Aktionismus, ja, sie sind beispielsweise bei der Präsentation von Osmolovskijs erster *Radek*-Ausgabe zum Teil deren integraler Bestandteil. Condee & Padunov verknüpfen diese Entwicklung mit der Veränderung der Konsum- und infolgedessen der visuellen Kultur im postsowjetischen Russland. Ihr Fazit lautet: „Consumer culture, for better or worse, has arrived in Russia and has brought with it the dominance of the visual [im Gegensatz zur textzentrierten Kultur- und Gesellschaftspolitik der Sowjetunion, Anm. G. D.-S.], the erotic, and the West." (S. 158).

52 Zum Event als gesellschaftliche Erlebnisform vgl. Foster 1996/2001 (v. a. Kapitel 5, S. 127-171), Großklaus 2004 (v. a. Kapitel 1), Willems 2003.

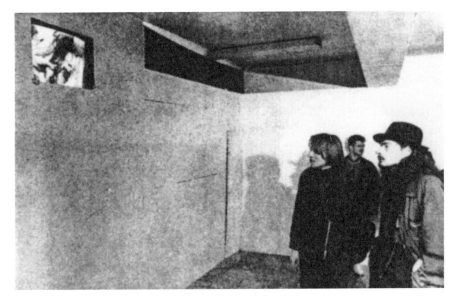

Abb. 4: Oleg Kulik: *Pjataček delaet podarki (Piggly Wiggly Makes Presents)*
(Live-Übertragung der Schlachtung per Video, Zuschauer im Galerieraum),
Regina Gallery, Moskau 1992 (Quelle: Бредихина 1993, S. 155)

sich ebenfalls in der Krise befindlichen sowjetischen Armee gehalten werden[53], oder eben durch die Tatsache, dass ein Schwein im Namen der Kunst getötet wird.

In Aktionen wie denen Kuliks wird durch deren Grenzüberschreitungen, deren Zusammenstöße mit geltenden Normen und ihren im weitesten Sinne intermedialen Brüchen auch der leibliche Körper als Medium erlebbar. Es ist wohl doch nicht zufällig, dass Kulik ausgerechnet in zwei Aktionen üppiges Essen thematisiert und problematisiert. Es wird schwierig, das Fleisch des in der Galerie als Kunstaktion geschlachteten Schweins wie jedes andere zu verzehren, ebenso, wie es schwierig ist, ein üppiges Büffet ohne Besteck zu essen. Es wird umso schwerer, auf diese Dinge zu verzichten, wenn ihr Genuss zu diesem Zeitpunkt aufgrund der allgemeinen ökonomischen Situation im Land keine Selbstverständlichkeit darstellt, wie es Ekaterina Degot' mir in ihren Erinnerungen an das Büffet im Jahr 1991 erzählte. In beiden Fällen wird der Kunstkonsument gespalten zwischen seiner eigenen ‚Animalität', aufgrund derer er als Raubtier (wie ein Leopard) agieren müsste, und seiner ‚Kultur', die es ihm erschwert, der Animalität zu folgen. In beiden Fällen wird so wiederum der Galeriebesucher in einem gewissen Sinne zum Tier und sich letztlich der Differenz von Kultur,

---

53 *Апология застенчивости, или Искусство из первых рук*, Из коллекции В. Овчаренко, 27./28. Juni 1992 (*The Apology of Remaining Behind the Wall, or First-Hand Art*, V. Ovcharenko Collection).

Abb. 5: Oleg Kulik: *Pjataček delaet podarki (Piggly Wiggly Makes Presents)* (Fleischausgabe an Galeriebesucher), Regina Gallery, Moskau 1992 (Quelle: Бредихина 1993, S. 173)

die selbst als Medium in der Gesellschaft präsent ist, und seinem Körper und dessen animalischen Bedürfnissen bewusst.[54]

---

54 Ins Grenzenlose verstärkt wird diese Wirkung durch den Titel der Schlachtaktion: *Pjataček delaet podarki (Ferkel macht Geschenke)*, der eine weitere Interpretationsmöglichkeit eröffnet. Pjataček, zu Deutsch „Ferkel", ist auch auf Russisch zugleich Winnie-the-Poohs bester Freund Ferkel (engl. Piglet) (Milne 1926), und steht damit für die Unschuld des Kindes. Diese Unschuld des Menschen wird auf radikale Weise in Frage gestellt. Zum Thema der kindlichen Direktheit äußert sich Ljudmila Bredichina in einem etwas anderen Kontext auch in der Dokumentation der Aktion in Бредихина 1993a, S. 152. Die Assoziation mit Winnie-the-Pooh, die insofern willkürlich ist, als außer dem neutralen Wort „Ferkel" kein Verweismarker vorhanden ist, wird meines Erachtens auch möglich durch die Tatsache, dass in der Sowjetunion 1969, 1971 und 1972 drei Winnie-the-Pooh Zeichentrickfilme produziert wurden, die eine eigene Winnie-the-Pooh-Figur schufen, die mit der auf den Originalillustrationen von Ernest H. Shepard basierenden Disney-Version nichts gemein hatte. Auf einer Internetseite wird dieser Winnie-the-Pooh als „eine der populärsten Figuren des einheimischen Zeichentrickfilms" bezeichnet (http://winnie-the-pooh.ru/cartoon/stories/ [Zugriff: 09. 12. 2005]). Zur weiteren Kontextualisierung vgl. auch Linsenmaier 2005, S. 19 und 41. Den in der Aktion selber nicht eindeutig markierten Vergleich mit dem Ferkel aus *Winnie-the-Pooh* bemüht im Übrigen auch der *Moscow Guardian* (Бредихина 1993b, S. 163).

Den Schockeffekt, den die Schlachtaktion auf die Zuschauer hatte, verarbeitet A. Kirakosov in einem Gedicht. Kirakosov beschreibt ein Gefühl geradezu existentieller Verlorenheit, das durch den menschlich klingenden Schrei des sterbenden Tieres hervorgerufen wird. Dieses Gefühl spiegelt sich gar in Schüssen, die auf der Straße abgegeben werden – Symbol für die Brutalität der Zeit – und kann nur durch die Zärtlichkeiten der Ehefrau abgemildert werden.

а кричал – то он по – человечески
и мясо
которое мне передали
завернутое в газету для искусствоведа
Завадской
было еще теплым...
в ту ночь я почти не спал
фары машин освещали стены
на улице стреляли
кричали
особенно нежной казалась
жена

es schrie wie ein Mensch/und das Fleisch/das sie mir übergaben/eingewickelt in eine Zeitung für den Kunstwissenschaftler/von der Zavadskaja/war noch warm .../in dieser Nacht schlief ich fast nicht/die Scheinwerfer der Autos erhellten die Wand/auf der Straße wurde geschossen/geschrieen/besonders sanft erschien mir/meine Frau[55]

Die Tatsache, dass die Ausstellungsevents Oleg Kuliks trotz ihrer extremen Provokationen derartig populär waren, zeigt, wie sehr sie den Zeitgeist widerzuspiegeln scheinen. Es finden sich bereits in diesen frühen Aktionen Kuliks viele Elemente, die den Moskauer Aktionismus prägen werden: Sprach- und Kulturkritik, direkte Leiblichkeit und Körpereinsatz, Grenzüberschreitung und Provokation bei einem gleichzeitig hohen Popularitätsgrad. In den frühen Aktionen Osmolovskijs sind diese Elemente zwar nicht immer ganz so stark ausgeprägt, aber ebenfalls vorhanden. Das Ausmaß der Grenzüberschreitungen der Schweineaktion Kuliks wird im Übrigen daran ermessbar, dass diese von Protesten von Tierschützern begleitet wurde und eine Diskussion der Frage nach den Grenzen der Kunst in der Duma auslöste.[56] In einem 1995

---

55 Киракосов 1992, S. 157.

56 Der Katalog der Regina Gallery listet eine umfangreiche Bibliographie – v. a. Presseberichte – zu dieser Aktion auf. So berichteten allein 1992 in Russland die Zeitungen und Zeitschriften *Novyj vzgljad, Den', Moskovkij komsomolec, Dekorativnoe iskusstvo, Nezavisimaja gazeta, Trud, Kommersant', Komsomol'skaja pravda, Kul'tura, Megapolis Express, Moskovskaja Pravda* und *Gumanitarnyj fond* in vielen Fällen mehrfach über die Aktion. Aufgelistet sind auch einige englisch- und deutschsprachige Berichte, z. B. von Boris Groys in einem nicht näher benannten Feuilleton einer deutschen Zeitung oder ein Artikel von U. Grundmann in *Neue Bildende Kunst*, von Viktor Miziano in *Flash Art* oder auch ein anonymer Artikel im englischsprachigen *Moscow Guardian*. Der Tonfall war sehr unterschiedlich: Während A. Kovalev in der *Nezavisimaja Gazeta* die Aktion als die Strategie (nämlich Provokation) begrüßte, die ein zeitgenössi-

erschienenen Rückblick über die Entwicklung der Kunst während und nach der *pere-strojka* schreibt Andrej Kovalev zusammenfassend: „Whatever the case, the poor pig's lot has been referred to in the press both in season and out for two years now."[57]

3.1.3 Eine andere Form von Körperaktion: Die Galerie in der Trechprudnyjgasse

Aktionistische Kunstformen wurden auch in der Galereja na Trechprudnom (Galerie in der Trechprudnyjgasse) gepflegt, auch wenn diese ganz anderer Natur waren. Hier regierte weniger das Prinzip des Skandals als das des Spielerischen, des Ironischen, und damit durchaus Elemente, die dem Moskauer Aktionismus selbst bei aller Provokation nicht fremd waren. Mit den radikalen Künstlern des Moskauer Aktionismus eint die Galerie in der Trechprudnyjgasse auch die Lust am Zitat. Die Ereignisse in der Galerie gehörten zum festen Inventar der Moskauer jungen Kunstszene, sie waren ein regelmäßiger Treffpunkt. Im Gegensatz zu den privaten Galerien, wie beispielsweise der Regina Gallery, die nach dem Vorbild westlicher Galerien gegründet worden waren und mit Geld unterhalten wurden, das von der neuen Finanzelite Moskaus bereitgestellt wurde, handelte es sich bei der Galerie in der Trechprudnyjgasse um ein besetztes Haus, in dem den jungen Künstlern um Avdej Ter-Ogan'jan nach einiger Zeit sogar ein 15 Quadratmeter großer Raum von September 1991 bis Mai 1993 zur Verfügung gestellt wurde. Hier wurde jeden Donnerstag um 19 Uhr über einen Zeitraum von zwei Jahren hinweg ein neues, zumeist aktionistisches Kunstprojekt realisiert. Ekaterina Degot' schreibt rückblickend:

> Eventually, their activity brought the whole Moscow art community to the Trekhprudny. Not the broader audience, however: because of the long tradition of unofficial art which was never publicly exhibited, the artists were used – and happy – to work for the small circle of insiders only. But for every artist in Moscow it soon became a must to carry through a project at the Trekhprudny. The story ended [...] with the growing men-

---

scher Künstler anwenden müsse (zit. in Бредихина 1993b, S. 159), klangen ablehnende Stimmen beispielsweise so: „Увидев этих людей где-нибудь в другом месте, вряд ли догадаешься, что это садисты и убийцы: самодовольные рожи, изысканные манеры, белоснежные сорочки с бабочками. Объединяет их одно – неуемная жажда крови. Казалось, убери поросенка, и они кинутся друг на друга. Некоторые из них напоминали наркоманов, дождавшихся своей дозы ..." (Д. Баринова, «Убийцы от искусства», zit. nach Бредихина 1993b, S. 158) („Wenn man diese Leute an irgendeinem anderen Ort sieht, würde man kaum erraten, dass sie Sadisten und Mörder sind: selbstgefällige Fressen, ausgesuchte Manieren, schneeweiße Hemden mit weißen Fliegen. Eines eint sie – ein unstillbarer Blutdurst. Es scheint, als ob sie, wenn man das Schwein wegnähme, sich aufeinander stürzen würden. Einige von ihnen erinnerten an Drogenabhängige, die auf ihre Dosis warten ...")

57 Kovalev 1995, ca. S. 119.

Abb. 6: Avdej Ter-Ogan'jan u.a.: *Futurists Go Into Kuznetski Most Street*, Moskau,
Sommer 1992 (Quelle: Héden & Book 2000, S. 48)

ace of being evicted, the murder of one artist by hoodlums, the farewell to the house, the
disintegration of a common destiny, the beginning of individual careers.[58]

Den Aktionen in der Galerie in der Trechprudnyjgasse fehlte das radikale Element,
der Gestus der Grenzüberschreitung, der Schrei nach öffentlicher Aufmerksamkeit.
Die nach Einschätzung Degot's zentrale Frage, die jedoch unbeantwortet blieb, war:
„[W]ere Western standards in general (and Modernist art, in particular) to be trans-
planted into the formerly Soviet soil as ready-mades, symbols, the simulacra of modernity, or was Russia to find her own, contemporary modernity?"[59] Aber auch in
zahlreichen Projekten der Galerie in der Trechprudnyjgasse spielte der Körper oder
Körperlichkeit eine große Rolle, jedoch auf ganz andere Art und Weise als in den auf
Schockeffekte und Provokation ausgerichteten Aktionen Kuliks und Osmolovskijs.
Eine ihrer bekanntesten Aktionen zitierte jedoch den avantgardistischen Skandal,
ohne selbst skandalös zu sein: Im Sommer 1992 wiederholte Avdej Ter-Ogan'jan gemeinsam mit anderen Künstlern der Galerie in der Trechnprudnyjgasse eine der be-

---

58 Dyogot 2000, S. 12. Zu dem von Degot' erwähnten Mord habe ich keine weiteren Informatio-
    nen finden können, so dass ich nicht beurteilen kann, ob er in einem engeren Zusammenhang
    mit der Galerie in der Trechprudnyjgasse stand.
59 Dyogot 2000, S. 12.

kanntesten Aktionen der klassischen russischen Avantgarde unter dem Titel *Futuristen gehen auf die Straße* (Abb. 6).[60]

Am 14. September 1913 waren einige Futuristen (u.a. Michail Larionov) mit bemalten Gesichtern, eine „neue Mode" propagierend, die damalige Moskauer Modemeile Kuzneckij most entlang spaziert und verursachten mit ihrer Aktion beträchtliche Aufregung.[61] Diese Aktion reinszenierten die Aktionisten 1992 mit russischen Löffeln der Art, wie sie als folkloristisches Souvenir verkauft werden, im Knopfloch, laut futuristische Manifeste deklarierend.[62] Im Jahr 1992 erregte eine derartige Aktion – man ist fast geneigt zu sagen: natürlich – keinerlei Aufmerksamkeit mehr, geschweige denn einen Skandal.

3.1.4 Moskauer Aktionismus?

Mit dem Einbezug der Aktivitäten der Galerie in der Trechprudnyjgasse gerät man an die Grenzen der Begriffsbestimmung des Moskauer Aktionismus. Auch wenn viele ihrer Projekte aktionistischer Art waren, auch wenn in sehr vielen Projekten der Körper eingesetzt wurde, so wird die Aktivität der Galerie in der Trechprudnyjgasse nur bedingt dem Moskauer Aktionismus zugerechnet werden können. Einzelne ihrer Künstler, vor allem ihr Kopf Avdej Ter-Ogan'jan, werden aber sehr wohl immer wie-

---

60 Von dieser Aktion habe ich keinen russischen Originaltitel.

61 Vgl. Крусанов 1996, S. 121-125. Dort heißt es genauer: „Весть о запланированной футуристами на 14 сентября 1913 г. прогулке по Кузнецкому мосту с раскрашенными лицами быстро облетела весь город. Любопытные и корреспонденты газет в предвкушении скандала собирались на Кузнецком. [...] Реклама сделала свое дело. Уже на следующий день новая мода нашла последователей, главным образом последовательниц. К Ларионову явилось несколько дам, предоставивших себя в распоряжение вождя лучистов. Женщинам раскрашивалось не лицо, а грудь, на которой выводился лучистый рисунок.» („Die Nachricht über den von den Futuristen am 14. September 1913 geplanten Spaziergang über den Kuzneckij most mit bemalten Gesichtern flog schnell durch die ganze Stadt. Neugierige und Zeitungskorrespondenten versammelten sich in Erwartung eines Skandals auf dem Kuzneckij. [...] Die Reklame wirkte. Schon am nächsten Tag fand die neue Mode Nachahmer, vor allem Nachahmerinnen. Bei Larionov erschienen einige Damen und stellten sich dem Anführer des Rayonismus zur Verfügung. Den Damen war nicht das Gesicht, sondern die Brust bemalt, auf der eine rayonistische [wörtlich: strahlenförmige, Anm. G. D.-S.] Zeichnung aufgetragen war.") Abbildungen der bemalten Gesichter von Natal'ja Gončarova und Michail Le-Dant'ju finden sich in Крусанов 1996, S. 126 f.

62 Abbildung vgl. Héden & Book 2000, S. 48. Hier wird die Aktion etwas variierend *Futurists Go Into Kuznetski Most Street* genannt. – Die gelegentlich differierenden Titel vieler Aktionen sind ein grundlegendes Problem. Soweit möglich, habe ich versucht, mich an die Bezeichnungen zu halten, die von den Aktionisten selbst eingeführt wurden und/oder in ihnen möglichst nahe stehenden Publikationen verwendet werden. Ein weiteres Problem stellen manchmal divergierende Jahreszahlen dar. In diesem Fall wird in Héden & Book 2000 die Aktion auf 1992 datiert, in Nikitsch & Winzen 2004, S. 135 bereits auf 1990.

der zu den Kernvertretern des Moskauer Aktionismus gerechnet. So schreibt Maks Fraj:

Чтобы получить общее представление о том что такое Московский акционизм, достаточно назвать несколько имен, без которых никакого Москогского Московгского акционизма не было бы вовсе: Э.Т.И, Александр Бренер, Олег Кулик, Авдей Тер-Оганьян. Сразу все примерно понятно, правда?[63]

Um eine genaue Vorstellung davon zu bekommen, was der Moskauer Aktionismus ist, reicht es, einige Namen zu nennen, ohne die es den Moskauer Aktionismus überhaupt nicht gegeben hätte: È.T.I., Aleksandr Brener, Oleg Kulik, Avdej Ter-Ogan'jan. Sofort ist alles ungefähr klar, oder?

Die den Zeitraum 1991-2003 abdeckende Chronik im Katalog zur Ausstellung *HA KУPOPT! Russische Kunst heute* aus dem Jahr 2004 subsumiert gar die Aktion *Futuristen gehen auf die Straße* unter der Überschrift „Die Anfänge des ‚Moskauer Aktionismus‘"[64]. Ottovordemgentschenfelde nennt als Vertreter des Moskauer Aktionismus (auch wenn sie nur ausgewählte Aktionen Breners und Kuliks näher untersucht) „Aleksander Brener, Dmitrij Gutov, Oleg Kulik, Anatoli[j] Osmolovskij, Gia Rigvava, die Fenso-Gruppe, die Neceziudik Gruppe u.a."[65] Gutov gehörte ebenfalls dem Kreis der Künstler der Galerie in der Trechprudnyjgasse an, Gia Rigvava wurde vor allem durch ambitionierte Medieninstallationen in Zusammenarbeit mit der tv gallery bekannt, arbeitete aber auch mit Aleksandr Brener zusammen[66], die Fenso-Gruppe bestand aus Anton Smirnskij, Vasilij Smirnov, Denis Salautin, Anton Černjak (bis 1994) und Dmitrij Fain (seit 1994)[67], deren Namen im Kontext der radikalen Kunstaktionen der 1990er Jahre eher selten fallen, und Necezjudik war eine der programmatischen Gruppen und Gruppierungen, an denen Anatolij Osmolovskij und Aleksander Brener beteiligt waren. Ottovordemgentschenfelde versucht sich dem Begriff typologisch zu nähern. Für sie zählen neben der Technik der Aktion als Form künstlerischen Ausdrucks Antireflexivität, kontrakulturelle Ambitionen, der inszenierte Skandal, das Ritual als ästhetische Kategorie und Nacktheit zu den den Moskauer Aktionismus beschreibenden Kategorien.

Der Aktionist Anatolij Osmolovskij selbst lehnte den Begriff Moskauer Aktionismus rigoros ab:

Немногочисленные художественные критики и историки искусства в последнее время ввели (или – что более правильно – довольно неосознанно стали употреблять) термин «московский акционизм». Сам этот термин, построенный по причине жанровой дифференциации насильственно упрощает художественную

---

63 Фрай 2000, S. 166.
64 Nikitsch & Winzen 2004, S. 158.
65 Ottovordemgentschenfelde 2004, S. 246.
66 Vgl. das Cover des *Художественный журнал/Moscow Art Magazine* 4 (1994), das die Gesichter Breners und Rigvavas im Profil zeigt.
67 Quelle: http://www.geocities.com/SoHo/8070/Artists/fenso.htm [Zugriff: 04. 11. 2005].

активность 90-х, сводя ее исключительно к перформансной деятельности, а его исторический аналог, т. н. Весикий акционизм, добавляет совершенно неуместные параллели. Акционизм не только не охватывает деятельность всех наиболее заметных новых авторов 90-х годов, но и у самих «акционистов» отрывает значительную (и даже бóльшую) часть усилий. Ни Гутов, ни AEC, ни Виноградов-Дубосарский никогда не использовали перформансную форму, деятельность же Бренера, Кулика, Тер-Оганьяна и моя никогда не ограничивалась и замыкалась перформансом (кроме того, термин «акционизм» исключает литературную деятельность Д. Пименова и видеопроекты Г. Ригвавы и О. Мавроматти). В то же время между всеми этими авторами существует несомненная общность. Для кого-то это общность стала результатом довольно примитивных карьерных соображений, для кого-то она изначально задавалась тесным дружеским участием. Реактуализация классической авангардистской парадигмы обусловлена реальным и довольно примитивным российским культурным контекстом. Деградация российской культуры в начале века несет не только негативные смыслы, но создает довольно-таки исключительную возможность реализовывать авангардистские методы в иной исторической ситуации. Западный опыт и знания, которыми в той или иной степени владеют современные российские художники, позволяют именно в России сопоставлять, сравнивать авангардизм и постмодернизм (выявлять их сходство и различие). Ситуация беспрецедентная в той же степени, как если бы на каком-то клочке Земли сохранились и жили настоящие доисторические динозавры – для науки палеонтологии огромное поле для экспериментов.

Быть архаизмом – в этом нет ничего унизительного, наоборот, подобная эксклюзивная позиция создает т. н. внешний масштаб сравнения для западной художественной ситуации, для ее наиболее внимательных пытливых интерпретаторов и исследователей.[68]

In letzter Zeit führten viele Kunstkritiker und Kunsthistoriker den Terminus „Moskauer Aktionismus" ein (oder – was es sehr viel mehr trifft – begannen, ihn ziemlich unbewusst zu benutzen). Dieser Terminus, der aufgrund einer Differenzierung nach Genres gebildet wurde, vereinfacht die künstlerische Aktivität der 1990er Jahre gewaltsam und reduziert sie ausschließlich auf die Performancetätigkeit, und mit der historischen Analogsetzung zum sog. Wiener Aktionismus werden einige vollkommen unpassende Parallelen geschaffen. Der Aktionismus umfasst nicht nur nicht die Tätigkeit aller der bekanntesten neuen Autoren der 1990er Jahre, er schneidet auch einen bedeutenden (ja sogar den größten) Teil mit Gewalt ab. Weder Gutov, noch AES, noch Vinogradov-Dubosarskij haben jemals die Form der Performance genutzt, die Aktivitäten Breners, Kuliks, Ter-Ogan'jans und meine eigenen haben sich niemals auf die Performance beschränkt (darüber hinaus schließt der Begriff „Aktionismus" die literarische Aktivität D. Pimenovs und die Videoprojekte G. Rigvavas und O. Mavromattis aus). Zwischen all diesen Autoren gibt es zugleich eine unzweifelhafte Gemeinsamkeit. Für die einen ist diese Gemeinsamkeit das Resultat ziemlich primitiver Karrierevorstellungen, für andere bildete sie sich zuallererst durch enge freundschaftliche Teilnahme heraus. Die Reaktualisierung klassischer avantgardistischer Paradigmen erklärt sich aus dem realen und ziemlich primitiven russischen Kulturkontext. Die Degradierung der russischen Kultur zu Beginn des Jahrhunderts birgt nicht nur negative Gedanken in sich, sondern auch die

---

68 Осмоловский 2003, o.S.

ziemlich einzigartige Möglichkeit, avantgardistische Methoden in einer anderen historischen Situation zu realisieren. Die Erfahrung und das Wissen des Westens, das die zeitgenössischen russischen Künstler mehr oder weniger beherrschen, ermöglichen es gerade in Russland, Avantgarde und Postmoderne einander gegenüber zu stellen, sie zu vergleichen (ihre Ähnlichkeiten und Unterschiede herauszuarbeiten). Die Situation ist in
einem derartigen Ausmaß präzedenzlos, als ob auf irgendeinem Fleckchen Erde echte
prähistorische Dinosaurier überlebt hätten – für die Wissenschaft der Paläontologie
wäre dies ein riesiges Experimentierfeld.
Ein Archaismus zu sein hat nichts Erniedrigendes an sich, im Gegenteil, eine derartig
exklusive Position schafft einen so genannten äußeren Vergleichsmaßstab für die westliche Kunstsituation, für ihre aufmerksamsten und gründlichsten Interpretatoren und
Beobachter.

Osmolovskijs Hauptkritikpunkte lassen sich folgendermaßen zusammenfassen: Der
Begriff Moskauer Aktionismus sei vollkommen unangemessen und unbedacht auf die
Kunst der 1990er Jahre in Russland übertragen worden, wodurch zum einen wichtige
Beiträge nicht-aktionistischer Künstler unbeachtet blieben und zum anderen die das
Genre der Performance nutzenden Künstler trotz der multimedialen Vielfalt ihrer
Arbeiten auf eben dieses Genre reduziert würden. Beide Einwände sind berechtigt,
denn so hat die Gruppe AES beispielsweise tatsächlich in nicht-aktionistischen Genres wie der Photoplakatkunst wichtige aktionistische Themen aufgegriffen und weiterentwickelt. Ebenso richtig ist es, dass sowohl Osmolovskij als auch Brener, Kulik
und Ter-Ogan'jan, die immer wieder als Kernvertreter des Moskauer Aktionismus genannt werden, alle auch wichtige nicht-aktionistische Beiträge zu den Themenkomplexen der Kunst der 1990er Jahre geleistet haben. Kulik arbeitete schon immer mit
Plastiken und Photographie[69], Brener hat ein umfangreiches literarisches Werk verfasst[70], Ter-Ogan'jan wurde durch bewusste ‚Plagiate' wichtiger Arbeiten der klassischen Moderne bekannt[71], und Osmolovskij selbst versuchte sich immer wieder publizistisch zu positionieren.[72] Für alle gilt, dass die Form des Aktionismus eine Arbeits-
phase darstellte, und dabei eine adäquate Ausdrucksform für die aufregenden Jahre
im knappen Jahrzehnt zwischen dem Ende der Sowjetunion, der Neuordnung eines
postkommunistischen Russlands in der Ära El'cin und dem Beginn der Ära Putin darstellte.

---

69 Vgl. z. B. Кулик 1993, 1995, 1999, Кулик & Сорокин 1994, Кулик & Бабич 1999.
70 Z. B. Brener 1996, 1998; Brener & Schurz 2002; Бренер & Бамбаев 1991, 1992a-e; Бренер
    1993a-e; 1998c; Бренер & Шурц 2002, 2003.
71 Z. B. *Avantgarde*, Satz künstlerischer Schablonen, 1991 und *Jeff Koons, ‚Pyramide'*, aus der Se-
    rie *Fälschungen großer Meister*. Beide abgebildet in Erofeev & Martin 1995, S. 184 f.
72 Osmolovskij gab 1994 gemeinsam mit Aleksandr Brener, Aleksandra Obuchova und Vasilij
    Šugalej ein erstes Heft *Radek* heraus. Diesem Heft folgten 1997-1999 zwei weitere *Radek*-
    Hefte, die jedoch ein neues Projekt darstellen. Heft 1997/98 ist wieder Heft 1. 2003 startete
    Osmolovskij ein weiteres publizistisches Projekt (*№ 1 политика философия искусство* [Win-
    ter 2003]).

Für Osmolovskij stellt sich die Gemeinsamkeit aller von ihm genannten Künstler (neben den von mir aufgelisteten noch Dmitrij Pimenov, Gia Rigvava, Dmitrij Gutov und das Künstler-Duo Vinogradov-Dubosarskij) in ihrem Aufgreifen von Methoden der historischen Avantgarde in der speziellen Situation der russischen Postmoderne dar. Er vergleicht sich und seine Kollegen gar mit Dinosauriern, deren Überleben an einem isolierten Ort der Welt ein großartiges Experimentierfeld darstellen würde, aus dessen Möglichkeiten sich eine besondere Beobachterposition gerade gegenüber der westlichen Kunst ergäbe. Das Aufgreifen von avantgardistischer Formensprache stellt mit Sicherheit ein wichtiges Element in der radikalen, russischen Kunst der 1990er Jahre dar. Meines Erachtens ist es aber auch nur ein Element von vielen, dessen alleinige Betrachtung viel zu kurz gegriffen ist.

Trotz Osmolovskijs im Kern berechtigter Kritik daran, dass mit der Reduktion auf die performativen Kunstformen ein Teil der radikalen Kunst unzureichend charakterisiert wird, hat sich der Begriff Moskauer Aktionismus mittlerweile eingeprägt. Er wird in fast allen relevanten Arbeiten, die sich mit der Kunst der 1990er Jahre befassen, verwendet, wenn auch jeweils in einer sehr unterschiedlichen Dimension. Inke Arns folgt im Gegensatz zu Ottovordemgentschenfelde und der Chronik in *NA KURORT!* beispielsweise eher Osmolovskij und trennt ‚Moskauer Aktionismus‘ und ‚Moskauer Radikalismus‘. Zu ersterem zählen für sie vor allen Dingen Oleg Kulik und Aleksandr Brener, der wichtigste Vertreter der zweiten Richtung ist für sie Anatolij Osmolovskij.[73]

Mich interessiert vor allen Dingen die Körperdrastik, die mit sehr vielen Aktionen des Moskauer Aktionismus einhergeht. Der drastische Einsatz des Körpers ist sehr vielen Arbeiten der radikalen Kunstszene zu eigen, in vielen Fällen auch nicht-aktionistischen. Die performativen und aktionistischen Kunstformen stellen in meinen Augen eine Art Leitgenre dar, das sich im Verlauf der 1990er Jahre ausbildete. Ich glaube daher rechtfertigen zu können, trotz des eher ungenauen Begriffs, auch weiterhin vom „Moskauer Aktionismus" sprechen zu können, der dabei auch nicht-aktionistische Ausdrucksformen beinhaltete. Der Einsatz des Körpers als Medium beschränkt sich nicht auf die performativen und aktionistischen Kunstformen, in ihnen wird er aber besonders deutlich. Der Einsatz des Körpers ist aber wiederum eines der herausstechendsten Charakteristika performativ-aktionistischer Kunstformen. Schon allein deswegen möchte ich an dem Oberbegriff Moskauer Aktionismus festhalten.

3.2 Die Hochphase des Moskauer Aktionismus (1993-1997)

Mit dem Jahr 1993 begann die Hochphase des Moskauer Aktionismus, die bis ungefähr 1997 anhielt. In dieser Zeit fanden die meisten der spektakulären Straßenaktionen statt und die Massenmedien wurden noch intensiver auf den Moskauer Aktionismus aufmerksam. Eingeleitet wurde diese Phase durch mehrere Zäsuren: Um das Jahr

---

73 Arns 2003, S. 260.

1993 wurde die Galerie in der Trechprudnyjgasse aufgelöst, Osmolovskijs Gruppe
É.T.I. zerfiel, Oleg Kulik verließ die Regina Gallery und Aleksandr Brener, der Ende
der 1980er Jahre nach Israel emigriert war, kehrte zurück und betrat die offene Bühne
der Moskauer Kunstszene.

3.2.1 Gesellschaftspolitische Entwicklungen

Auch 1993 war die politische Lage in Russland alles andere als stabil. Besonders erschüttert wurde das Land von der Verfassungskrise, die dazu führte, dass El'cin, noch
zwei Jahre zuvor Verteidiger des Weißen Hauses, als Präsident nun selbst Panzer darauf zurollen ließ. Es kam zu Schüssen und einem Feuer, die Fassade blieb einige Zeit
rußgeschwärzt. Dieses Bild ging um die Welt. Der noch immer im Weißen Haus ta-
gende Oberste Sowjet hatte sich seiner Auflösung im Zuge einer von El'cin geplanten
Verfassungsreform widersetzt (21. September). Nach dem Beschuss gaben die Gegner
El'cins auf, das bisher – mit Ausnahme des 1991 geschaffenen und zu Sowjetzeiten
unbekannten Präsidentenamtes – noch intakte Sowjetsystem wurde abgeschafft. Die
im Dezember per Referendum angenommene neue Verfassung verschaffte dem Präsidenten große Befugnisse und ebnete den Weg für El'cins charakteristischen Regie-
rungsstil per Dekret („ukaz"). Es wurde auch ein neues Repräsentativorgan geschaffen, die aus zwei Kammern (Föderationssowjet und Staatsduma) bestehende Föderal-
versammlung. Gleichzeitig mit dem Referendum fanden 1993 Wahlen zur
Staatsduma statt, 1995 wurde die Duma wieder gewählt. Das Thema der politischen
Repräsentation ist in dieser Zeit ein sehr wichtiges und spiegelt sich entsprechend in
vielen künstlerischen Arbeiten jener Jahre.[74] 1994 brach endgültig der offene Krieg in
Tschetschenien aus, der zwei Jahre später, im August 1996, beendet wurde. Vor allem
dieser Krieg wird die Künstler des Moskauer Aktionismus weiter beschäftigen. 1996
ist auch das Jahr der dramatischen, russischen Präsidentschaftswahlen, in denen Boris
El'cin den kommunistischen Herausforderer Gennadij Zjuganov kurz vor dem Ende
des Tschetschenienkrieges am 3. Juli erst im zweiten Wahlgang schlagen konnte. Für
die Massenmedien, die sich nach den Wirren der Neuordnung nach dem Zusammenbruch der Sowjetunion etwas hatten stabilisieren können, bedeuteten die Wahlen eine Zerreißprobe. Viele Medien stellten sich parteiisch auf die Seite El'cins in der Annahme, dass ihre Freiheiten bei einem möglichen Rückfall in kommunistische Zeiten
wieder eingeschränkt werden würden. Wahlforscher nehmen an, dass die von den Reformen enttäuschte und gebeutelte Bevölkerung ohne diesen massiven, auch von
El'cin gesteuerten Medieneinsatz Zjuganov den Vorzug gegeben hätte.[75] Während
des Wahlkampfs spielte der Körper El'cins eine große Rolle. Bereits während des Au-
gustputsches spielte er die Rolle eines Kommunikationsmittels, eines Mediums, das
die Entwicklung des Landes unmittelbar beeinflusste. El'cins kraftvolle Figur, durch

---

74 Vgl. näher Kapitel 6.2.2.2.
75 Vgl. entsprechende Hinweise bei Knahl 2000, S. 85-89 oder Deppe 2000. Auch viele andere
    Quellen benennen diese Vermutung sehr deutlich.

bewusste Medienpräsentation machtvoll dargestellt, stand in eindrucksvollem Gegensatz zu den zitternden, Unsicherheit ausstrahlenden Händen seines Widersachers Janaev, die eine ebensolche Medienpräsenz erhielten. Beide Bilder, der kraftstrotzende Körper El'cins auf dem Panzer vor dem Weißen Haus und die zitternden Hände Janaevs, wurden zu medialen Bild-Ikonen[76], die Körper der Politiker trugen unmittelbar zur politischen Kommunikation und damit zum Funktionieren des sich umstrukturierenden Subsystems der politischen Struktur des Landes bei. Während des Wahlkampfes von 1996 bekam der Körper El'cins eine ähnliche mediale Funktion. El'cins Alkoholismus war mittlerweile bekannt geworden, ebenso wie die Tatsache, dass er bereits einen Herzinfarkt erlitten hatte. Der starke Körper war zu einem äußerst verwundbaren, schwachen geworden, dessen Versagen in Form eines zweiten Herzinfarktes zwischen den beiden Wahlgängen zunächst vertuscht und danach medial inszeniert werden musste, um eine ähnlich desaströse Wirkung wie die von Janaevs Händen zu vermeiden. Wiederum wurde der Körper des Politikers medial wirksam, eine Wirkung, die Politikern und Herrschern zu allen Zeiten bewusst war und an dieser Stelle die gesellschaftliche Bedeutung des medial in Anspruch genommenen Körpers unterstreichen soll.

Die Medienlandschaft hatte sich mittlerweile grundlegend umstrukturiert. Das Fernsehen war auch in der Sowjetunion seit seiner Einführung eines der bedeutendsten Massenmedien gewesen.[77] Während in den 1960er Jahren das Fernsehen in Russland noch an dritter Stelle nach Radio und Presse fungierte, hatten 1986 geschätzte 93% aller Haushalte einen Fernseher und das Fernsehen war für die meisten Menschen zur wichtigsten Informationsquelle geworden.[78] Diese Entwicklung verstärkte sich nach dem Zusammenbruch der Sowjetunion. Politische Zensur und Einflussnahme auf die Medien hatten zwar an Macht eingebüßt, umso mehr aber waren sie nun den ökonomischen Kräften des Marktes ausgesetzt. Für Zeitungen, die plötzlich ohne staatliche Subventionierung auskommen mussten, bedeutete dies sehr häufig das ökonomische Aus. Nicht nur die Produktions-, auch die Distributionskosten stiegen in ungeahnte Höhen, so dass der Preis für eine Zeitung um ein zigfaches stieg. Als Beispiel für den dramatischen Rückgang der Bedeutung der Zeitung als Informations- und Massenmedium – und damit der Schrift als Verbreitungsmedium – seien die Abonnentenzahlen der *Komsomolskaja Pravda* genannt, die 1990 noch 22 Millionen Abonnenten hatte, während es 1994 nur noch 871.000 waren.[79] Gleichzeitig eroberten die Regenbogenpresse und ähnliche Publikationsorgane, die es so in der Sowjetunion zumindest offiziell nicht gegeben hatte, einen erheblichen Anteil an dem noch verbleibenden Zeitungsmarkt.[80]

---

76 Vgl. hierzu Bonnell & Freidin 1995, S. 28.
77 Mickiewicz 1999, S. 24.
78 Ellis 1998, S. 215.
79 Mickiewicz 1999, S. 219. Vgl. zur Entwicklung des Printsektors auch Pleines 1997.
80 Mickiewicz nennt für den Sommer 1995 fünf Zeitungen, die noch landesweit erschienen: „*Trud* (Labor – the trade union paper), *Komsomol Pravda*, *Argumenty i fakty*, and *AIDS-Info* (a paper devoted to erotic material and, oriented to young people who are most interested in

Auch das Fernsehen wandelte sich dramatisch.

The state channels, though retaining a very significant national audience, increasingly faced an erosion of viewers in competition with the new private stations, particularly in Moscow, St. Petersburg, Ekaterinburg, and other lively local markets. All over Russia – in locales, in apartment buildings, in pockets of homes linked by cable – small television stations began popping up. By the spring of 1994, there were about two hundred of them in Moscow alone. Local private television stations across Russia – broadcast and cable – soon outdrew the local state television system. At the end of 1994, some 38 percent of the viewers were watching programs from these new stations, as opposed to 17 percent who watched local state stations. Overall, the number of choices for average Russians, though increasing, would take time to grow. In 1995, nearly three-quarters of the population could choose from three to five channels (broadcast and cable), and just over 1 percent had a choice of eight or more. [...] Audiences were often attracted to these small-scale stations by the prospect of seeing pirated Western films, mainly from the United States.[81]

Mickiewicz bemerkt, dass es in Russland schon zu Beginn der 1990er häufig möglich war, amerikanische Filme im Fernsehen zu sehen, noch während diese in den USA im Kino liefen. Dies stellte eventuell auch die einzige Möglichkeit dar, diese Filme zu sehen, denn die Kinos standen leer oder zeigten allenfalls Raubkopien, zumal die russische Filmproduktion fast vollkommen zum Erliegen gekommen war.[82] Der Filmkritiker Sergej Kuznecov versucht, eine Chronologie der Moskauer Kinomode anzugeben. Für 1993/94 nennt er David Lynch, für 1994-96 Quentin Tarantino.[83] Die Auswirkungen dieser Entwicklungen auf den Moskauer Aktionismus war beträchtlich und decken sich mit den Erinnerungen Anatolij Osmolovskijs, der auf die Frage nach wichtigen Einflüssen unter anderem Videoabende mit Filmen Tarantinos zur Antwort gab.[84] Oleg Kulik nannte seine erste Aktion im Ausland, in Zürich (30. März 1995), sogar *Reservoir Dog*.[85]

---

sexual relationships). The rest were Moscow papers with little distribution." (Mickiewicz 1999, S. 219). Pleines nennt für Anfang 1997 als die Zeitung mit der zweitstärksten Auflage die Publikation *Soveršenno sekretno*, deren Inhalte er mit „crime & sex" bezeichnet. Daneben gibt es bei Pleines noch die Kategorie „Boulevard", unter die der *Megapolis Ekspress* (Platz 7) und *Večernjaja Moskva* (Platz 10) fallen. Der unter die Rubrik „Politik, Kriminalität" eingeordnete *Moskovskij Komsomolec*, eine der beliebtesten Boulevardzeitungen des Landes, steht auf Platz 6 (Pleines 1997, S. 392). Gemeinsam haben diese Organe eine Auflage von 4.260.000 Exemplaren, was angesichts der einstmals 22 Millionen Abonnenten allein der *Komsomolskaja Pravda* die Dimensionen des drastischen Rückgangs im Zeitungsmarkt beleuchtet.

81 Mickiewicz 1999, S. 221.

82 Vgl. hierzu Pleines 1997, Ellis 1998.

83 Vgl. Nikitsch & Winzen 2004, S. 134.

84 Drews-Sylla März 2003a.

85 Vgl. ausführlich zu dieser Aktion Kapitel 5.1.

3.2.2 Das Gruppenprojekt *Necezjudik*

Wie sich durch die Erinnerungen Osmolovskijs erahnen und durch den Titel der Aktion *Reservoir Dog* annäherungsweise belegen lässt, wurden all die genannten Entwicklungen im Moskauer Aktionismus mehr oder weniger reflektiert oder finden sich
in der künstlerischen Auseinandersetzung wieder.

Anatolij Osmolovskij begründete 1993 (bis 1994) gemeinsam mit Aleksandr Brener u.a. die Gruppe Necezjudik bzw. Nezesüdik.[86] Das Programm der Gruppe erläutert er rückblickend folgendermaßen:

> «Конкурирующая программа» – термин заимствованный из философии
> постпозитивизма /П. Фейерабенд/, обозначающий группу людей, занимающихся
> продвижением той или иной эстетической, научной или политической концепции.
> Данный термин рассматривался мной как определение деятельности радикального
> искусства, находящегося в конкурентных отношениях с московским
> концептуализмом. В борьбе за средства репрезентации группа художников
> объединилась и действовала как «направление».[87]

> „Konkurrierendes Programm" – dieser Begriff wurde aus der Philosophie des Postpositi-
> vismus übernommen (P. Feyerabend) und bezeichnet eine Gruppe von Leuten, die sich
> mit der Förderung eines ästhetischen, wissenschaftlichen oder politischen Konzeptes
> befassen. Der Begriff wurde von mir zur Bestimmung der Tätigkeit der radikalen Kunst
> genutzt, die sich in Konkurrenz zum Moskauer Konzeptualismus befindet. Die Künst-
> lergruppe schloss sich im Kampf um die Mittel der Repräsentation zusammen und han-
> delte als „Richtung".

Der Schlüsselbegriff hier scheint mir der „Kampf um die Mittel der Repräsentation"
(„bor'ba za sredstva reprezentacii") zu sein. Ein bewusstes Ringen um öffentliche
Aufmerksamkeit drängt sich zunehmend programmatisch in den Mittelpunkt von
Osmolovskijs Tätigkeit. Eine seiner bekanntesten Arbeiten stellt das Cover zu der
von ihm im Januar 1994 herausgegebenen Zeitschrift *Radek* dar, das ihn, Aleksandr
Brener und zwei weitere Aktionisten mit heruntergelassenen Hosen vor der Kulisse
des rußgeschwärzten Weißen Hauses in Moskau zeigt (Abb. 7).[88]

In einer der ersten Ausgaben des *Chudožestvennyj žurnal* (*Moscow Art Magazine*)
präsentiert er sich im Stil einer Kontaktanzeige mit Photo, eine Arbeit, die sich u. a.

---

86 Bei der Gruppenbezeichnung handelt es sich um das Wort „nezesüdik", das aus der 1882 vom
    Litzelstetter (heute Stadtteil von Konstanz) Pfarrer Johann Martin Schleyer geschaffenen
    Kunstsprache Volapük stammen soll. Osmolovskij übersetzt es mit „überflüssig" (vgl.
    Осмоловский 1994b, S. 3). Die Schreibweisen variieren vor allem in der Rezeption der Grup-
    pe beträchtlich. Die Gruppe selber nutzte als Titel eines programmatischen Heftes die
    Schreibweise des Volapük, vgl. Nezesüdik o.J. Im Russischen finden sich verschiedene Transli-
    terationen, wie z. B. in Осмоловский 1994b (Нецезиудик) oder auch Нецезюдик – Zum
    Volapük vgl. Schleyer 1882 und Schmidt 1933.

87 Осмоловский 1999a, o.S.

88 Бренер & Осмоловский 1994. Zum Coverbild von *Radek* und seinen politischen Implikatio-
    nen vgl. ausführlich Kapitel 6.2.2.2.

Abb. 7: Cover der Zeitschrift *Radek*
(Бренер & Осмоловский 1994)

als Reflex auf den neu entstandenen Bereich der Regenbogenpresse mit ihrem Interesse am Exponieren von Sexualität lesen lässt (Abb. 8).[89]

Auch das für den Moskauer Aktionismus ebenso ikonisch gewordene Photo der Besteigung des Moskauer Majakovskijdenkmals durch Osmolovskij stammt aus der Zeit der Gruppe Necezjudik (Abb. 9).[90]

---

89 Осмоловский 1994a.

90 Осмоловский 1993. Abbildungen der Aktion finden sich in verschiedenen Varianten z. B. in Гельман & Лопухова 2000, S. 123 oder in Choroschilow, Harten, Sartorius & Schuster 2003b, S. 171. Vgl. auch Zeitungsberichte über die Aktion Орлова 1993, Ковалев 1994c. – Diese Aktion lässt sich, so Golynko-Wolfson, doppelt lesen. Einerseits stelle sie eine giftige Kritik an der simulatorischen Macht dar (vgl. zum Simulakrum ausführlich Kapitel 6.2.1 und 6.2.1.3). Andererseits sei sie aber auch als Versuch der Entsprechung mit einem kulturhistorischen Fetisch lesbar, „der trotz veränderter ideologischer Grundlagen unsterblich gemacht und gefeiert wird". Diese Perspektive stünde in einem gewünschten Dialog mit der Macht, im Prozess mit der Identifikation mit den Titanen der avantgardistischen Vergangenheit, die ständig heraufbeschworen werde (Golynko-Wolfson 2003). Der Titel der Aktion in Гельман & Лопухова 2000 lautet *Putešestvie Necezjudi v stranu Brombdingnegov* (*Die Reise eines Necezjudiks ins Land der Brombdingnager*). Er ist eine Anspielung auf die zweite Reise Gullivers, der nach dem Land der kleinen Lilliputaner das Land Brobdingnag bereist, dessen Bewohner Riesen sind. Swifts Roman ist eine radikale Gesellschaftssatire. An diese satirische Tradition schließt Osmolovskij so natürlich ebenfalls an. Die Polysemantik der Aktion ist hierin jedoch noch immer nicht erschöpft. Das Majakovskijdenkmal war in der Sowjetunion einer der Treffpunkte politischer Dissidenten, so dass die Aktion auch als Symbol für die Transformation des politischen Protests in eine Form des satirischen Kunstprotests gelesen werden kann.

Abb. 8: Anatolij Osmolovskij:
[Molodoj, modnyj chudožnik-
avangardist...] ([Junger, modischer Avantgardekünstler ...][92]
(Quelle: Осмоловский 1994a)

1995 stellte Osmolovskij sein gegen den Tschetschenienkonflikt gerichtetes Plakat
Ne davaj svoe telo v čečenskij šašlyk (*Lass deinen Körper nicht in Tschetschenien grillen*)
vor, das vor dem Hintergrund dieses Schriftzugs Stacheldraht zeigt, auf das Fleisch-
stücke aufgezogen sind (Abb. 10).[92] Das Plakat korrespondiert in seiner ästhetischen
Formensprache mit einem Werbeplakat Oliviero Toscanis für Benetton im Frühjahr/
Sommer 1995 (Abb. 11).

Toscanis provokante Werbeaktionen für Benetton waren in den 1990er Jahren
Anlass zu weltweiten Entrüstungsstürmen gewesen. Dieses Plakat, mit dem das Osmolovskijs korrespondiert, nimmt die Provokation in der Formensprache zurück, es

---

91 Text oben: „Junger, modischer Avantgardekünstler 24/178/75 sucht Bekanntschaft mit Frau,
    18-40 Jahre, mit straffer (oder eingefallener) Brust und masochistischen Neigungen zur Reali-
    sierung der wildesten sexuellen Phantasien und kulturellem Austausch. Meine Interessen:
    Rockmusik (Punk, Indy, Thrash [Metal]. Kino (Godard, Lynch usw.), zeitgenössische Litera-
    tur." Text unten: „Adresse: 127018 Moskau, Oktjabrskajastr., Haus 9/1, Whg. 35, Tel.
    2317581 (Anatolij)."

92 Осмоловский 1996b, S. 40.

Abb. 9: Anatolij Osmolovskij: *Putešestvie Necezjudik v stranu Brombdignegov (Reise eines Necezjudik ins Land der Brombdingnager)*, Moskau 1993 (Quelle: Гельман & Лопухова 2000, S. 123)

zeigt lediglich horizontale Reihen von Stacheldraht. Dieser Stacheldraht stammt, wie Toscani mitteilte, aus Johannesburg, Belgrad, Tokio, Dublin, Beirut, Jerusalem, Budapest und Hamburg und stellt eine Assoziationskette mit Kriegsschauplätzen, ethnischer Säuberung und Vernichtungslagern her[93], die im Kontext der Werbekampagnen der vergangenen Jahre, die unter anderem die blutbefleckte Uniform eines in den Zerfallskriegen Jugoslawiens der 1990er Jahre getöteten Soldaten zeigten, umso drastischer wirken muss. In diese Assoziationskette klinkt sich Osmolovskijs Plakat unmittelbar ein, der die körperliche Drastik, die Toscani vermeidet, über den plakativen Schriftzug und vor allem die Fleischstücke wieder einführt. All diese Aktionen sind im Kontext des „Kampfes um die Mittel der Repräsentation" zu betrachten, einer Repräsentation, die nicht nur künstlerisch, sondern auch gesellschaftlich stattfindet. Denn auch die politische Repräsentation wird bei Osmolovskij, Kulik und Aleksandr Brener Gegenstand der Auseinandersetzung.

Programmatisch formulierte Osmolovskij 1994:

Позиция художника не может определяться оппозицией позитивное / негативное, потому что художник – это производитель негативного. Современный художник – это человек, способный постоянно снимать с себя ответственность за произведенные действия. Это не значит быть безответственным, но постоянно искать, находить и эстетизировать реальность, не подвергнутую эстетизации. Подобные действия всегда сопровождаются скандалом, ведь реальность не знает компромиссов – она просто есть. Одним своим взглядом современный художник

---

93 Vgl. zu Toscani und diesem Plakat Salvemini 2002, S. 126.

Abb. 10: Anatolij Osmolovskij: [Ne davaj svoe telo na čečenskij šašlyk] ([Lass deinen Körper nicht in Tschetschenien grillen]), 1996 (Quelle: Осмоловкий 1996, S. 40)

превращает ее в текст, но в момент трансформации мы видим Тело – желаемый результат поисков авангардиста. Соврерменная русская реальность поставляет богатый материал для подобного действия.[94]

Die Position des Künstlers definiert sich nicht über die Opposition positiv/negativ, denn der Künstler ist der Produzent des Negativen. Der zeitgenössische Künstler ist ein Mensch, der fähig ist, permanent die Verantwortung für die von ihm ausgeführten Handlungen abzulegen. Das bedeutet nicht, verantwortungslos zu sein, sondern ständig zu suchen, die Realität, die keiner Ästhetisierung unterworfen wurde, aufzufinden und zu ästhetisieren. Derartige Handlungen werden immer durch einen Skandal begleitet, denn die Realität kennt keine Kompromisse – sie ist einfach. Mit einem einzigen Blick verwandelt sie der Künstler in Text, aber im Moment der Transformation erblicken wir einen Körper – erwünschtes Resultat der Suche des Avangardisten. Die zeitgenössische russische Realität stellt reichhaltiges Material für derartige Handlungen bereit.

Die eigene Rolle sieht Osmolovskij dabei als die eines „ideologischen Clowns" oder „dekorativen Revolutionärs". So zumindest werde er innerhalb postmoderner Paradigma wahrgenommen. Ziel der künstlerischen Handlung sei aber ein Maximum an „Kommunikativität" und „äußerster Öffentlichkeit"[95], was nur durch Eindeutigkeit, Provokation und Skandalisierung erreichbar sei. Und so möchte er selbst zumindest, so scheint es, nicht nur als einer der „koketlivye jarlyčki" (der „koketten Aushänge-

---

94 Осмоловский 1994b, S. 3.
95 Осмоловский 1994b, S. 3.

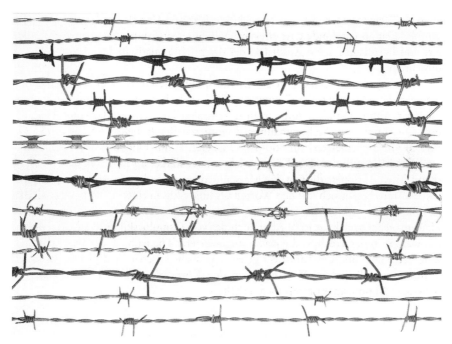

Abb. 11: Oliviero Toscani, Werbephoto für Benetton, Frühjahr/Sommer 1995
(Quelle: Salvemini 2002, S. 126)

schilder") wahrgenommen werden. Die Rolle, die er für den Künstler vorsieht, soll
die eines ‚Necezjudiks' sein, die einer „unversöhnlichen" Opposition gegenüber Sprache und Kultur vor dem Hintergrund der Erfahrung der Postmoderne und ihrer Beliebigkeit, die den Protest herabwürdigt durch ihr immer gegebenes, implizites Verstehen jeglichen Handelns. Ein ‚Necezjudik' ist, so wie es das Wort im Volapük bedeutet, ja, so wie die Sprache Volapük selbst, im Grunde völlig überflüssig. Und so
entsteht das Paradoxon der überflüssigen Handlung, die – nach der Erfahrung der
Postmoderne – auf jegliche Originalität programmatisch verzichtet, die – nach der
Erfahrung gescheiterter und längst vergangener Revolutionen – auch auf den Anspruch einer gesellschaftspolitischen Wirksamkeit verzichtet, die aber trotzdem die
Realität, das Jetzt und Hier so laut, spektakulär und öffentlichkeitswirksam wie möglich kommentieren will. Die Grenzüberschreitung und Skandalisierung wird als ästhetische Form zu diesem Zweck mit eingebracht. So wird spätestens mit Necezjudik
das Thema der Kommunikation und damit implizit auch die Frage nach dem Funktionieren von Kommunikation in der Gegenwart, in der sich die Künstler des Moskauer Aktionismus bewegen, gestellt. Im gleichen programmatischen Text schlägt Osmolovskij auch ein Beispiel für eine „Matrix" des künstlerischen Handelns aufgrund oder
mit gesellschaftlichen Kommunikationssystemen vor: Werbung oder Anzeigenblätt-

chen für Kleinanzeigen wie *Iz ruk v ruki* (*Von Hand zu Hand*) oder *Vse dlja Vas* (*Alles für Sie*). Daraus entstünde eine effektive Mischung aus „pop-art i futurizm" („Pop-Art und Futurismus"), ein Ausdruck, der das programmatische Paradoxon sehr gut umschreibt.

Nicht umsonst werden die die gesellschaftspolitische Entwicklung bestimmenden Themen der politischen Repräsentation, des Tschetschenienkrieges und der massenmedialen Aufmerksamkeit von nun an zu zentralen Themen des Moskauer Aktionismus. Quasi-politische Stellungnahmen dominieren diesen ebenso, wie die von Ekaterina Degot' konstatierten exhibitionistischen Gesten zunehmend das Bild der radikalen Künstler bestimmen. Der Körper rückt immer stärker ins Zentrum der ritualhaft skandalösen Aktionen, die von den Massenmedien aufmerksam verfolgt werden. Der Aktionismus begibt sich mit den Worten Osmolovskijs in einen „Kampf um die Mittel der Repräsentation", der von einer extrem polarisierenden und anti-westlichen Haltung gekennzeichnet ist.[96] Aber auch das von Osmolovskij und den Aktivitäten der Galerie in der Trechprudnyjgasse aufgeworfene Thema nach der Frage der Stellung der Kunst und des Künstlers in einer postsowjetischen und gleichzeitig auch ‚postkonzeptualistischen' Welt bleibt in den Körperaktionen der Hochphase des Moskauer Aktionismus omnipräsent erhalten.

3.2.3 Oleg Kuliks Zoophrenie-Projekt

1993 initiierte Oleg Kulik eine *Partija Životnych*[97] (*Partei der Tiere*), mit der er (ebenso wie Osmolovskij und Brener auf ihre Art) unmittelbar auf die Verfassungskrise im selben Jahr reagierte. Mitglieder dieser Partei, so Kulik während der Aktion *Tvoj deputat – Kulik* (*Dein Abgeordneter – Kulik*, 25. Dezember 1995)[98], kultivieren den Wunsch, ein Tier zu sein, sagen sich von der lügnerischen, menschlichen Sprache los und vertrauen auf ihren inneren, wahrhaftigen Impuls und der Intuition.[99] Hier wiederholt Kulik genau jene Elemente, die Arns als charakteristisch für die neoutopi-

---

96 Harry Pilkington bemerkt zu den Entwicklungen in der russischen Jugendkultur, dass die Effekte der Globalisierung, die auch in Russland massiv spürbar seien, in dieser Zeit in der Jugendkultur häufig als „Verwestlichung" und „Amerikanisierung" wahrgenommen und abgelehnt wurden (vgl. Pilkington 1998, S. 381). Diese Tendenz kann man bereits 1990 in Osmolovskijs Aktionen des Festivals zur Nouvelle Vague auch im Moskauer Aktionismus wieder finden (vgl. Kap. 4). Die gesamte Kunstproduktion des Moskauer Aktionismus scheint mir unter anderem unter diesen Vorzeichen zu stehen, so dass sich, zumindest auf diese Erscheinung des Moskauer Gesellschaftslebens bezogen, sagen lässt, dass diese Prozesse nicht erst mit dem Ende der 1990er einsetzten, sondern prägend für das gesamte Jahrzehnt waren.

97 Auch andere Künstler gründeten Parteien. Vgl. Sasse 2003a. – Zu Kuliks *Partija Životnych* (*Partei der Tiere)* vgl. auch Kapitel 6.2.2.1 und Abb. 48-50.

98 Die Abbildung eines „Wahlplakats" findet sich in Гельмана 1995, S. 36.

99 Кулик & Бредихина 1997, S. 29.

Abb. 12: Oleg Kulik:
Kulik – ėto vse-taki ptica (*In Fact,*
Kulik is a Bird), Galerie 21,
Sankt Petersburg 1995
(Quelle: Kulik 2001, S. 36)

schen Züge der Moskauer Kunst der 1990er Jahre ausgemacht hatte: den Wunsch nach einer intuitiven, rein körperlichen Aufrichtigkeit jenseits gesellschaftlicher Institutionen, die bei der Sprache beginnen. Die den quasi-utopischen Entwürfen inhärente Unmöglichkeit einer Kommunikation jenseits der Medien, allein mit dem Körper als Medium, schlägt auch bei Kulik in überaffimierte Aggression um. Der mediale Körper wird gewalttätig und nimmt sich doch selber nicht ernst.

Das Einzelprojekt der *Partija životnych* (*Partei der Tiere*) ist Bestandteil seines größeren Projektes *Zoofrenija* (*Zoophrenie*), das nach dem Bruch mit der Regina Gallery seinen Anfang nimmt. Kuliks Strategie hat sich geändert, und doch ist er sich treu geblieben. Die Körperlichkeit steht bei Kulik nun noch mehr im Mittelpunkt seiner Arbeiten. Im Projekt *Zoofrenija* (*Zoophrenie*), das aus ca. 30 Aktionen[100], Performances und Kollaborationsprojekten unterschiedlicher Art in Russland und im Ausland zwischen 1993 und 2000 bestand, verkörperte Kulik verschiedene Tiere. Er war z. B. in einem Wortspiel mit seinem Nachnamen, der auf deutsch Strand-

---

100 Der Band Kulik 2001 gibt einen hervorragenden Überblick über die *Zoophrenie*-Aktionen Kuliks, ebenso wie das Heft Кулик & Бредихина 1997. Die meisten Aktionen wurden auf Video aufgezeichnet: Kulik 1994-1997. – Nach Abschluss meiner Untersuchung erschien zudem Kulik 2007, ein Werkkatalog mit ausführlicher Dokumentation.

Abb. 13: Oleg Kulik: *Missioner.*
Posvjaščaetsja Franciskij Assizskomu
(*Misisonary. Devoted to Francis of Assisi*),
Pesčanaja ulica, Moskau 1995
(Quelle: Kulik 2001, S. 37)

läufer bedeutet[101], Vogel (Abb. 12)[102], er predigte in einem Aquarium zu Fischen (Abb. 13)[103], er agierte als tierischer Heilsbringer mit Hufen statt Händen auf einem Moskauer Markt (Abb. 14)[104] und lehrte mit Hörnern auf dem Kopf im Polytechnischen Museum Moskau[105], er präsentierte sich als Affe auf einem Käfig[106] und als „armadill" (ru.) resp. „armadillo" (engl.) (zu deutsch Gürteltier sowie Apothekerassel)

---

101 Gelegentlich wird „kulik" auch mit Schnepfe übersetzt. Strandläufer gehören zu den Schnepfen. Dies ist allerdings für unseren Kontext nicht weiter wichtig.

102 *Кулик – это все-таки птица!* Галерея 21, Санкт-Петербург (*In Fact, Kulik is a Bird*, Galerie 21, Sankt Petersburg), 22. 09. 1995; *Kulik vs. Koraz*, Alma-Aty Bazaar, 1. 9. 1997; *Кулик Кулику глаз выклюет* (*Two Kuliks*), Галерея М. Гельмана, Москва, (Marat Gel'man Galerie, Moskau), 12. 2. 1997, Palais Esplanade, Merano (IT), 14. 10. 1997; Podgorica (YU), FIAT '98 (Festival of International Alternative Theatre), 9. 5. 1998; Art Center „Ark", Riga, 4. 11. 1998; Ikon Gallery, Birmingham, 17. 5. 2001; *Pigeonloft*, Zamek Ujazdowski, Warschau, 25. 1. 2000. Die englischsprachigen Titel sind hier und im folgenden Kulik 2001a entnommen.

103 *Миссионер. Посвящается Франциску Ассизкому,* Песчаня улица, Моксва (*Missionary. Devoted to Francis of Assisi*, Pesčanja ulica, Moskau), 30. 10. 1995.

104 *Новая проповедь*, Даниловский рынок, Москва (*The New Sermon*, Danilovskijmarkt, Moskau), 15. 09. 1994.

105 *С вами я зверь!* Политехнический музей, Москва (*I am a Beast Now!* Polytechnisches Museum, Moskau), 27. 06. 1995.

106 *Опыты зооцентризма*, Московский зоопарк (*Zoocentrism Experiment*, Moskauer Zoo), 23. 06. 1995. Über diese Aktion berichtete in Deutschland der *Spiegel* (Der Künstler als Vandale 1997).

Abb. 14: Oleg Kulik: *Novaja pro
poved' (The New Sermon)*, Danilovskijmarkt, Moskau 1994 (Quelle: Kulik 2001, S. 19)

(Abb. 15), indem er sich von Kopf bis Fuß mit goldenen Plättchen bekleben ließ und so als lebende Discokugel unter Klubdecken auf einem drehenden Gestell regungslos ausharrte.[107]

Die meisten Aktionen wurden schnell in den Kunstkontext integriert und waren nur sehr mittelbar direkte Stellungnahmen zu aktuellen Ereignissen. In jedem Fall aber schreiben sich alle diese Aktionen, die nunmehr ausschließlich mit dem Körper Kuliks selber als Medium ausgeführt wurden und diesen durch seine Nacktheit und in seiner Nacktheit schonungslos thematisierten, in gewisse kulturhistorische Traditionslinien ein.[108] Am produktivsten erwies sich für Kulik die Gestalt des Hundes, in der er erstmals am 23. November 1994 in einer Aktion, die er gemeinsam mit Aleksandr Brener durchführte, vor der Marat Gel'man Galerie auftrat.[109] In diesen Aktionen verkörperte Kulik vollkommen nackt einen zumeist sehr aggressiven, wütenden, bellenden und beißenden Hund, der die oft unfreiwilligen Zuschauer der Aktionen

---

107 *Armadillo for your Show*, Gent, Museum van Hadendagse Kunst, 09. 09. 1997 und September 1999.

108 Vgl. hierzu Kapitel 5, das sich besonders mit einigen Traditionslinien auseinandersetzt, die die Gestalt des Hundes im russischen Kontext aufruft.

109 *Бешенный пес, или Последнее табу, охраняемое одиноким Цербером (совместно с Александром Бренером)*, Москва, Галерея М. Гельмана (*The Mad Dog or Last Taboo Guarded by Alone Cerber* [with Aleksandr Brener], Moskau, Marat Gel'man Galerie), 23. 11. 1994.

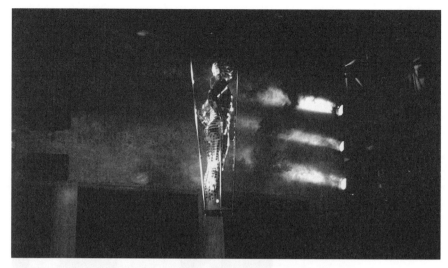

Abb. 15: Oleg Kulik: *Armadillo for your Show*, Museum
van Hadendagse Kunst, Gent 1997 und 1999
(Quelle: Kulik 2001, S. 65)

anfiel, sie biss, zu Fall brachte und anderweitig kompromittierte. Die Gestalt des aggressiven Hundes erwies sich am exportfähigsten, und so kam es, dass mit Ausnahme
von zwei Aktionen die meisten Hundeaktionen im Ausland stattfanden.[110]
    Im Verlauf der weiteren künstlerischen Entwicklung der Hundefigur verloren die
Aktionen an Aggression nach außen, an ihre Stelle trat eine Auseinandersetzung mit
der Gestalt des aggressiven Hundes selber. In einem sich parallel entwickelnden Pro-

---

110 In Russland fand noch statt *Полицейская собака* (*Police Dog*), Nachtclub „Rozentol", Moskau,
     20. 02. 1996. Die weiteren Hundeaktionen waren *Бешеный пес (Reservoir Dog)*, Kunsthaus
     Zürich, 30. 03. 1995, *Собачий дом* (*Dog House*), Fargfabriken Stockholm, 02. 03. 1996,
     Собака Павлова (совместно с Милой Бредихиной) (*Pavlov's Dog* [zusammen mit Mila Bre-
     dichina]), Rotterdam, Manifesta 1, 05.-25. 06. 1996, *Я люблю Европу, а она меня нет* (*I Love
     Europe, She Does Not Love Me Back*), Berlin, Künstlerhaus Bethanien, 01. 09. 1996, *Не могу
     молчать!* (*I Can Not Keep Silence Any More!*), Straßburg, Platz vor dem Europäischen Parla-
     ment, 20. 09. 1996, *Я кусаю Америку – Америка кусает меня* (*I Bite America and America
     Bites Me* [with Mila Bredikhina]), Deitch Projects, New York, 12.-26. 04. 1997; *Fourth Di-
     mension* (with Mila Bredikhina), Wiener Secession, 6.6.1997, *White Man, Black Dog*, Gallery
     Kapelica, Ljubljana, 07. 10. 1998 und Museum of Contemporary Art, Zagreb, 17. 06. 1999. –
     Bei der Straßburger Aktion, die eine Reaktion auf die BSE-Krise in der europäischen Land-
     wirtschaft war, bedeckte Kulik ein Kalb mit einer britischen Flagge und führte es, wie gewöhn-
     lich als Hund auf allen vieren, an der Leine. Die Aktion war als künstlerischer Protest gegen die
     ‚Diskriminierung' der britischen Kühe konzipiert (vgl. Kulik 2001a, S. 76). Ein Photo des Kal-
     bes erschien einige Tage später im Zusammenhang mit der BSE-Diskussion in verschiedenen
     europäischen Zeitungen, zumeist ohne Hinweis auf die Tatsache, dass es sich um eine Kunstak-
     tion handelte (Abb. 16-18).

Abb. 16, 17, 18: Das durch Kulik in seiner Straßburger Aktion *Ne mogu molčat'!* (*I Can Not Keep Silence Any More*) angebundene Kalb in einer französisch-, englisch- und deutschsprachigen Zeitung ohne Bezugnahme auf den Kunstkontext (Quellen: Zeitungsausschnitte unbekannter Herkunft)

Abb. 19: Oleg Kulik: *Ne mogu molčat'!*
(*I Can Not Keep Silence Any More*),
Europäisches Parlament, Straßburg, 1996
(Quelle: Kulik 2001, S. 55)

jekt, *Sem'ja buduščego* (*Family of the Future*)[111], präsentiert sich Kulik nicht als Hund, sondern thematisiert die physische Transformation des menschlichen Körpers, die ein Zusammenleben von Mensch und Hund bis hin zur Zeugung gemeinsamer Nachkommen beinhalten sollte.

Die Präsenz einer aggressiven Leiblichkeit, die bereits in Kuliks kuratorischen Projekten wichtig war, wird in seinen Aktionen und Performances auf eine neue Ebene gehoben. Es ist nunmehr der eigene Körper, der in den Aktionen unter drastischem Einbezug der Leiblichkeit eingesetzt wird. In diesem Einbezug liegt aber auch eine Exaltierung der medialen Möglichkeiten des Körpers in der Performancekunst, ohne dass diese explizit thematisiert wird. Denn nicht der Körper ist Kuliks unmittelbares Thema. Der Körper ist das Medium, mit dem die Aktionen ausgeführt werden, und dessen mediale Funktion wird gerade durch diese Konzentration auf den nackten Körper besonders greifbar. Kulik wendet mitunter körperliche Gewalt an, er demütigt sich selbst körperlich, und er greift den Zuschauer körperlich an. Er präsentiert seinen Körper und reduziert diesen durch die Verkörperung tierischer Körper auf seine pure Leiblichkeit. Die dargestellte Leiblichkeit wird zur Form des Mediums Körper, und es wird gerade die Leiblichkeit als Form medial erlebbar. Zugleich aber

---

111 Kulik 1997. – Vgl. zur *Семья будущего* (*Family of the Future*) Kapitel 5.2.3.2. und Abb. 43-45.

schreibt sich dieser Körper, ebenso wie derjenige in den Aktionen Osmolovskijs, ein in einen spezifischen kulturhistorischen Kontext, ruft Traditionslinien auf, interagiert mit einer „Medienlandschaft" und lässt so Beobachtungen über kunstinterne wie -externe Prozesse zu.

Die für das Luhmannsche Medienkonzept so wichtige Feststellung, dass Medien ermöglichen, eine unwahrscheinliche Kommunikation wahrscheinlicher zu machen, ist häufig Kuliks unmittelbares Thema. Gerade die Schwierigkeit von Kommunikation, die Störung von Kommunikation und aus dieser Störung resultierende Zwänge werden immer wieder exemplifiziert, wenn der Hund eben nicht zahm ist, sondern aggressiv nach außen hin auftritt. Ein besonders interessantes Beispiel ist in diesem Zusammenhang Kuliks Teilnahme an dem Ausstellungsprojekt *Interpol* in Stockholm im März 1996.[112] Dieses Projekt war konzeptionell als Kommunikationsprojekt angelegt: Die eingeladenen Künstler waren ihrerseits dazu aufgefordert, weitere Künstler hinzu zu bitten, um in der so entstehenden Netzstruktur in einem kommunikativen Prozess ein gemeinsames Projekt zu erarbeiten. Die beiden Kuratoren Jan Åman und Viktor Miziano verloren jedoch sehr bald die gemeinsame Kommunikationsbasis, ebenso wenig konnten offenbar die Künstler untereinander kommunizieren. Miziano berichtet, dass die Gruppe sehr schnell in zwei Lager zerfiel, ein russisches und ein schwedisch-westliches, die miteinander nicht ins Gespräch kamen. Miziano selber zog sich aus dem Projekt zurück. Kulik wurde erst sehr spät von dem ebenfalls als Künstler beteiligten Ernst Billgren[113] zu dem Projekt hinzu geladen. Ein dem ‚westlichen Lager' angehörender Künstler kannte Kuliks Züricher Aktion *Reservoir Dog* (März 1995)[114] und lud Kulik mit der Begründung ein, er könne besser mit Tieren als mit Menschen kommunizieren. So thematisierte er schon durch seine Einladung mehr Unwahrscheinlichkeit als Wahrscheinlichkeit von Kommunikation.

Auf der Vernissage der Ausstellung kam es dann zum Eklat. Für die russischen Künstler symbolisierte eine große Skulptur, die der chinesisch-amerikanische Künstler Wenda Gu[115] aus Menschenhaaren gefertigt hatte, die aus ihrer Perspektive nicht nur unwahrscheinlich erscheinende, sondern unmöglich gewordene Kommunikationssituation, aufgrund derer das eigentliche Ziel des Projektes nicht hatte erreicht werden können. Kulik und der ebenfalls teilnehmende Aleksandr Brener reagierten auf diese als aggressiv empfundene Kommunikationssituation ebenfalls mit Aggression. Brener zerstörte, ebenso unangekündigt, wie er die Skulptur als unangekündigt im Sinne des Projektes empfand, die Haarskulptur von Wenda Gu. Kulik agierte in seiner Rolle als Hund. Im Gegensatz zu Brener blieb er jedoch im Rahmen seiner an-

---

112 Genaueres zu dem Projekt findet sich in Мизиано 2000a, Čufer & Misiano 2000, Zabel 1998, Zabel 2001 sowie im Katalog zur Ausstellung.

113 Zu Ernst Billgren kann man sich auf dessen Homepage informieren, die allerdings keinen Hinweis auf die Stockholmer Ausstellung *Interpol* trägt (www.ernstbillgren.com [Zugriff: 15. 09. 2006]). Kulik selber gibt an, von Billgren eingeladen worden zu sein (Бавильский 2004, S. 93).

114 Vgl. zu dieser Aktion Kapitel 5.1 und Abb. 39.

115 Zu Wenda Gu vgl. dessen Website www.wendagu.com [Zugriff: 15. 09. 2006].

gekündigten Aktion *Dog House* und biss einen Mann ins Bein, als dieser eine markierte Linie, die vor der Gefährlichkeit des Hundes warnte, übertrat. Brener blieb unbehelligt, Kulik hingegen wurde von der herbeigerufenen Polizei mitgenommen.[116] Es folgte ein kleiner Kunst-Skandal.[117] Der größte Teil des ‚westlichen‘ Künstlerkollegiums unterzeichnete einen offenen Brief, der den russischen Künstlern unter anderem Faschismus vorwarf und vor weiteren Einladungen zu internationalen Projekten warnte. Die russische Seite, unterstützt von der slowenischen Gruppe IRWIN, die sich von Anfang an als in einer Mittlerposition stehend empfand, verstand diesen Brief als nicht minder skandalös, hatten Kulik und Brener aus ihrer Perspektive doch nur das Thema des Ausstellungsprojektes, Kommunikation, konsequent weiter gedacht und künstlerisch umgesetzt. Es folgte eine Debatte mit dem Charakter eines kurzen Aufschreis in *Flash Art*.[118] Kulik selbst nahm bereits einige Monate später mit einem neuen Projekt an der internationalen *Manifesta 1* in Rotterdam teil (Juni 1996). Brener und Kulik hatten es verstanden, mit ihrem tatsächlich mehr als grenzüberschreitenden Verhalten einen kurzen Aufschrei der Empörung auszulösen, der einmal mehr die Frage nach dem in der Kunst Erlaubten und Möglichen stellte. Der Aufschrei verebbte jedoch, und vor allem Kulik ließ sich danach willig in das Kunstbusiness *as usual* eingliedern. Für ihn selbst bedeutete dies den größten Skandal seiner internationalen Karriere.[119] Brener hingegen widersetzte sich dieser Eingliederung

---

116 Meines Wissens hatte die Aktion jedoch keine weiteren strafrechtlichen Konsequenzen für Kulik, genauso wenig wie seine sämtlichen anderen Aktionen. Soweit ich weiß, wurde zumeist auf eine Anzeige verzichtet, selbst dann, wenn die Polizei gerufen wurde und ihn mitnahm. In Einzelfällen, so wurde mir erzählt, ohne dass ich dies überprüfen konnte, mussten die beteiligten Galerien oder Veranstalter wohl Schadensersatz für verschmutzte oder zerrissene Kleidungsstücke zahlen. (Z. B. bei der Aktion *Бешенный пес, или Последнее табу, охраняемое одиноким Цербером (совместно с Александром Бренером),* Москва, Галерея М. Гельмана (*The Mad Dog or Last Taboo Guarded by Alone Cerber* [with Aleksandr Brener], Moskau, Marat Gel'man Galerie), 23. 11. 1994).

117 Fast zehn Jahre später schreibt Viktor Erofeev, rückblickend die Skandalträchtigkeit sehr relativierend: „Тогда возникает новая модная тема: искусство как преступление. Сам Кулик-собака совершал только мелкие хулиганские поступки; они кончились наездом на него вегетарианской швейцарской полиции, декларацией Лужкова о недопущении голых людей на московские улицы и стокгольмским воззванием кураторов и художников, протестовавших против того, что Кулик покусал посетителя выставки. Все это, вместе взятое, сделало его знаменитым. И не зря. Кулик хорошо чувствует фактуру мира, он чудесный выдумщик и к тому же косит под юродивого.“ (Ерофеев 2004) („Da kommt ein neues Modethema auf: Kunst als Verbrechen. Kulik als Hund hat selber nur kleinere hooliganartige Übertretungen begangen; sie endeten in einem Zusammenprall mit der vegetarischen Schweizer Polizei, der Erklärung Lužkovs, man lasse keine nackten Leute auf die Straßen Moskaus und in dem Stockholmer Appell, in dem Kuratoren und Künstler dagegen protestierten, dass Kulik Besucher der Ausstellung gebissen hatte. All das zusammen genommen hat ihn bekannt gemacht. Und nicht zu Unrecht. Kulik spürt die Faktur der Welt genau, er ist ein phantastischer Spaßvogel und darüber hinaus spielt er sich als Christusnarr auf.“)

118 Vgl. die Debatte in *Flash Art* (A Spectre at Large in Europe 1996).

119 Oleg Aronson interpretiert Kuliks gesamte Entwicklung als diejenige eines Künstlers, der „die Institutionalisierung seiner Kunst anstrebt“. Ein Künstler, der sich der Provokation und damit

und „krönte" seine Karriere gleichsam mit einer mehrmonatigen Gefängnisstrafe, zu der er verurteilt wurde, nachdem er im Amsterdamer Stedelijk Museum Malevičs *Weißen Suprematismus* mit einem grünen Dollarzeichen übersprüht hatte.

Das Interpolprojekt lässt sich als hervorragendes Beispiel für die mediale Funktion des Körpers in den Aktionen Kuliks interpretieren. Die Aktion dokumentiert und interpretiert die essentielle Rolle, welche Kommunikation für das Funktionieren sowohl eines einzelnen Projektes als auch für dasjenige eines gesellschaftlichen Subsystems hat. Wenn Sprache als Medium und Kommunikationsmittel versagt, fällt der Mensch zurück auf seinen Körper. Kulik wurde auf dieser ‚leiblichen' Ebene in das Projekt mit einbezogen. Die zuvor anberaumten gemeinsamen Workshops und Gesprächsrunden zwischen den beteiligten Künstlern und Kuratoren, zwischen dem östlichen und dem westlichen Lager waren bereits gescheitert und an einen Nullpunkt gekommen. Die Einladung Kuliks erfolgte so in der Logik des Projektverlaufs, der bewiesen hatte, wie unwahrscheinlich Kommunikation tatsächlich sein kann. Ein Ergebnis von gescheiterter Kommunikation ist Aggression. Diese entsteht beispielsweise durch das Überschreiten von Grenzen, die durch symbolisch generalisierte Kommunikationsmedien wie moralische Werte, die letztlich auch das definieren, was in der Kunst machbar und moralisch-ethisch vertretbar ist, erzeugt werden. Diese Aggression wurde vor allem durch Brener ausgelebt, der ebenfalls die Sprache zurückwies und mit dem Körper handelte. Aber auch Kulik agierte aggressiv, ebenso wie die durch die Aktionen angegriffenen Künstler. Sowohl Kulik als auch (und vor allem) Brener kommunizierten durch ihre Aggression ihre Sicht der ablaufenden Prozesse. Diese Kommunikation war kein freiwilliger Austausch mehr, sondern wurde der Ausstellung und den an ihr beteiligten Personen aufgezwungen. Das Ergebnis gescheiterter Kommunikation wird dadurch zum einseitigen Kommunikationszwang.

Der Körper tritt als Form eines Mediums auf, und er wird erlebbar in seiner Rolle, die er für die Kommunikation spielt. Gerade dann aber, wenn der Körper als Form auf eine andere Form eines Mediums prallt – in diesem Fall diejenige des symbolisch generalisierten Kommunikationsmediums in der Frage nach der moralisch-ethischen Vertretbarkeit von drastischen künstlerischen Aktionen – gerade dann werden diese Medien in ihrer jeweiligen Form besonders erlebbar. Sie werden aber auch, folgt man Paech[120], in ihrer medialen Qualität erlebbar durch die Risse und Brüche, die durch den Aufeinanderprall entstehen. Der kurze Aufschrei, die kurzlebige, aber umso heftigere Empörung über die Aktionen ist die Manifestation einer derartigen Störung. Kurz, aber eindringlich war die regulative Funktion des symbolisch generalisierten Kommunikationsmediums – die moralischen und ethischen Grenzsetzungen von Kunst – als solche erlebbar, auch wenn sie nicht nachhaltig gestört oder verändert wurden. Denn es war ja durchaus möglich, gerade Kulik nahezu nahtlos in den Kunstbetrieb einzugliedern; der Riss, der Bruch, der Aggressionsausbruch diente letztlich

---

in einer modernen Mediengesellschaft auch den Massenmedien verschreibt, verschreibt sich aus der Perspektive Aronsons voll und ganz dem Kunstmarkt und damit dem Establishment und dessen Institutionen, also dem *business as usual*. (Aronson 2004, S. 111).

120 Vgl. Kapitel 2.2.3.

nicht der Exklusion, sondern der Inklusion und damit nicht der Infragestellung des kommunikativen Systems Kunst, sondern sogar dessen Konsolidierung.

Der Zusammenprall, der Bruch, war aber auch der historischen Situation geschuldet. Denn er erfolgte als eine Art Spätfolge des Kalten Krieges als Aufeinanderprall zweier unterschiedlicher kommunikativer Systeme. Die kommunikative Kluft lag fast hundertprozentig zwischen den Lagern Ost und West, zwischen den Künstlern, die aus Russland kamen und jenen, die sich dem westlichen Lager zugehörig fühlten. Die Mittlerrolle der Gruppe IRWIN, die mit dem ehemaligen Jugoslawien aus einem Land stammte, das sich als eher zwischen den Blöcken befindend definierte, ist hier mehr als symptomatisch.[121] Dieses Thema, die Kommunikation zwischen dem „russischen Hund" Kulik und dem „Westen" wird Kulik weiter beschäftigen, vor allem in den Aktionen *I Love Europe, She Does Not Love Me Back* (September 1996), in der Kulik in Berlin zwölf Polizeihunden trotzte, die in Form der Sterne auf der europäischen Flagge um ihn im Zentrum angeordnet waren, und *I Bite America and America Bites Me* (April 1997), eine Hommage an Joseph Beuys Aktion *I Like America and America Likes Me* aus dem Jahr 1974.

Das Thema Kommunikation durchzieht Kuliks gesamte Arbeit an seinem *Zoophrenie*-Projekt (*zoofrenija*), einschließlich der *Sem'ja buduščego (Family of the Future)*. Egal, ob er nun als Tier muhend wie eine Kuh oder blubbernd wie ein Fisch predigt, oder ob er die kommunikativen Möglichkeiten des aggressiven Hundes auslotet, er thematisiert die Zurückweisung der Sprache als Kommunikationsmedium und Dimensionen der Kommunikation, wenn diese Instanz ausfällt und der Mensch auf seinen Körper zurückgeworfen wird.[122] Dieser Befund wird auch durch die These von Tomáš Glanc gestützt, der in seiner Interpretation der Aktion *Kulik Kuliku glaz vykljuet (Two Kuliks)* von einer „Schlappe" oder „Fraktur der Kommunikation" innerhalb der Performance spricht, aufgrund derer das Genre der Performance selber außer Kraft gesetzt werde.[123] Die Aktion, die mehrmals wiederholt wurde[124], bestand darin, dass Kulik mit einer Pinselvorrichtung, die ihm als eine Art Schnabel vor das Gesicht gebunden war, auf einer Videoprojektion seines eigenen Kopfes versuchte, das sich bewegende Bild nachzuzeichnen. Die Videoprojektion Kuliks beschimpfte den echten Kulik wüst als unfähigen Künstler (der kein Hund sei!), dazu ertönte eine die Performance dominierende, sich endlos wiederholende Musik. In einer der Aufführungen verletzte sich der immer mehr in Rage geratende „echte" Kulik beim Zertrümmern der gläsernen Projektionsfläche an der Hand und musste in einem Krankenhaus versorgt werden.

Glanc interpretiert auch diese Performance als einen Versuch, die Kunstkoordinaten zu zerstören oder in Frage zu stellen, ein Versuch, der als vergeblich gewertet werden muss, da die Verwirklichung der Zerstörung oder Fraktur sofort wieder in die „üblichen Formen kultureller Praxis zurückverwandelt" werde. Kulik tritt in dieser,

---

121 Vgl. Zabel 2001, S. 30, Мизиано 1999.
122 Mehr zu diesem Thema vgl. Kapitel 5.2.2. und Abb. 42.
123 Glanc 2006. Vgl. zu dieser Performance auch Murašov 2001.
124 Nach Kuliks eigenen Angaben war es zwölf Mal (vgl. Бавильский 2002).

in seiner künstlerischen Entwicklung bezogen auf den Moskauer Aktionismus sehr
späten Performance auf der Bühne auf: Aus der Unmittelbarkeit der Aktion, dem aggressiven Ausagieren der in aufgezwungene Kommunikation mündenden Unwahrscheinlichkeit der Kommunikation, so lässt sich weiter argumentieren, wird eine Inszenierung eben dieser Unwahrscheinlichkeit. Denn die Fraktur, der Riss, verläuft
nicht mehr zwischen Aktion und deren Außen, sondern innerhalb ihrer selbst – symbolisiert durch die Verletzung, die Kulik sich beim Zertrümmern der Glasscheibe zu-
fügt. Glanc argumentiert, dass der Körper zum Zeichen des nackten Körpers geworden sei. Die Ebene der inszenierten Authentizität, die so wichtig für den Moskauer
Aktionismus ist, wird verlassen, trotz der Anwesenheit des „authentischen" (nackten)
Körpers. Seine mediale Qualität innerhalb der Performance wird so aber gerade unterstrichen. Denn wer oder was ‚trägt' denn dieses Zeichen? Natürlich der Körper, der
‚in-formiert', einen Unterschied macht, selber. Der Körper kommuniziert mit sich
selber, der Riss des realisierten Bruchs im Zusammenprall manifestiert sich daher
auch ausschließlich am eigenen Körper.

3.2.4 Aleksandr Breners Kunst-Terrorismus

Neben Oleg Kulik begann auch Aleksandr Brener um 1993 seine aktive aktionistische Phase, die ständig begleitet wird von schriftstellerischen Aktivitäten.[125] Aleksandr Brener war in den 1980er Jahren nach Israel emigriert und kehrte zu Beginn der
1990er Jahre nach Moskau zurück. Ab 1992/93 nahm Brener an den Aktivitäten der
Moskauer Kunstszene teil. Sein Einsatz des Körpers hat ähnliche Strukturen wie bei
Oleg Kulik. Brener weist die Sprache als Kommunikationsmedium jedoch nicht
komplett zurück, würde sie doch seine dichterische Tätigkeit verunmöglichen. Er integrierte sie in seine aktionistische Tätigkeit, nimmt sie in die „Medienlandschaft"
seiner Körperkunst auf. Brener integrierte sich im Unterschied zu Kulik zunächst in
verschiedene Gruppierungen, die im Verlauf des Moskauer Aktionismus aktiv wurden. So beteiligte er sich z. B. an der Gruppe ohne Namen (Gruppa bez nazvanija;
Mitglieder: Aleksandr Brener, Anton Litvin, Bogdan Mamonov, Aleksandr Revizorov, Aleksej Zubaržuk) und der Gruppierung Necezjudik (Anatolij Osmolovskij,
Aleksandr Brener, Oleg Mavromatti, Dmitrij Pimenov, Aleksandr Revizorov, Aleksej
Zubaržuk), deren Mitglieder zum Teil auf dem Cover der ersten *Radek*-Ausgabe zu
sehen sind (Abb. 7). 1994 arbeitete er auch mit Oleg Kulik bei dessen ersten Hundeaktion vor der Marat Gel'man Galerie zusammen.

---

125 Бренер & Бамбаев 1991, 1992a-e, Бренер 1993a-c, Бренер & Пименов 1993, Бренер
1994a, 1996a, 1998. – Die meisten der frühen Texte (bis Бренер & Бамбаев 1992e, mit dem
sich Brener in Moskau einführte) entstanden noch in Israel. Erst die späteren Texte wurden im
Kontext des Moskauer Aktionismus geschrieben. Бренер 1998 entstand während der Haftzeit
im Amsterdamer Gefängnis. Nach dem Ende des Moskauer Aktionismus schreibt Brener zum
Teil gemeinsam mit Barbara Schurz weiter.

Bekannt wurde Brener durch zahlreiche Einzelaktionen, die er im Zeitraum von 1993-1997 durchführte. In der Tageszeitung *Segodnja* wurde Brener 1994 gar als „chudožnik sezona" („Künstler der Saison") bezeichnet.[126] Seine Aktionen, sowohl die Gruppen- als auch die Einzelaktionen, sind häufig sehr einfach strukturiert und momentgebunden (wie auch viele andere Aktionen der Moskauer Aktionisten). Sie sind noch viel mehr Proteste um des Protestes willen, ein Aufbäumen im Moment, als die Aktionen Osmolovskijs und Kuliks. Brener bemühte sich um eine Reaktualisierung der Figur des missverstandenen Avantgardekünstlers. Gemeinsam mit der Gruppa bez nazvanija (Gruppe ohne Namen) veröffentlichte er beispielsweise ein Manifest, das strukturell und inhaltlich an den Manifestformen des russischen Futurismus orientiert ist.[127]

Breners Aktionen wurden sehr schnell bekannt, es scheint, dass die Öffentlichkeit nunmehr bereit war für diese Form des Aktionismus, der Osmolovskij und Kulik bereits den Weg geebnet hatten. Der Skandal wurde zur erwarteten Ausdrucksform, die Brener perfekt bediente. Während Osmolovskij ab 1994 den Aktionismus nahezu aufgegeben und sich anderen Ausdrucksformen zugewandt hatte und Kulik ab 1996 Karriere auch im Ausland machte, konzentrierte sich Breners aktionistische Tätigkeit in den Jahren 1993-1995 auf die Moskauer Szene. In schneller Folge realisierte er eine Aktion nach der anderen. Sein wichtigstes Thema war dabei die aggressive Störung jeglicher institutionellen Ordnung, wie er in einem Interview angibt.[128] 1993 störte er mit der Performance *Iskusstvo i žizn'* (*Kunst und Leben*) die Ausstellung *Art-Mif-3*, an der er als Künstler nicht beteiligt war, indem er fast nackt, nur mit einer beigefarbenen Nylonstrumpfhose über den Kopf gezogen, die Worte „Počemu menja ne pozvali na ėtu vystavku?" schreiend („Warum hat man mich nicht zu dieser Ausstellung eingeladen?") durch die Räumlichkeiten lief. Seine ikonoklastischen Tendenzen, die er auch in der Stockholmer Zerstörungsaktion offen auslebte, kanalisierte er bereits hier in Attacken auf die Arbeiten anderer an der Ausstellung beteiligter Künstler.[129] Er störte nicht nur Ausstellungen und zerstörte dabei Arbeiten anderer Künstler, er brach auch – bis weit in die Zeit nach dem Moskauer Aktionismus hinein – störend in Lesungen oder Podiumsveranstaltungen ein. Bevorzugtes Ziel seiner Attacken sind arrivierte Künstler, in Moskau zur Zeit des Moskauer Aktionismus vor allem des Moskauer Konzeptualismus (wie z. B. Dmitrij Prigov).[130] Seine Angriffe finden auch

---

126 [chudožnik sezona] 1994.

127 Бренер, Зубаржук, Литвин, Мамонов & Ревизоров 1994. Das Manifest orientiert sich an dem Manifest Larionovs, in dem er den Rayonismus als neues künstlerisches Programm ausruft. Das futuristische Manifest wurde im Vorwort zur Ausstellung *Mišen'* (*Zielscheibe*) 1913 abgedruckt (vgl. Крусанов 1996, S. 87 f.).

128 Колдобская о.J.

129 Zum Ikonoklasmus in der Kunst allgemein vgl. Gamboni 1998, Hennig, Obermayr & Witte 2006, Latour & Weibel 2002, Demandt 1997.

130 Später richten sie sich aber auch gegen einstige aktionistische Weggefährten. So berichtete Osmolovskij, dass die Präsentation eines Publikationsprojektes (№ 1 *политика философия искусство* [Winter 2003]) durch Störungen Breners beeinträchtigt wurde. Ein Podiumsgespräch zwischen Peter Weibel und Oleg Kulik über beider ‚Erfahrung als Hund' wurde ebenso

auf dem Papier statt. In den meisten seiner literarischen Arbeiten finden sich äußerst aggressive verbale Attacken gegenüber Vertretern der russischen, insbesondere der Moskauer Kunstszene.[131] Auch diese stehen im Kontext einer inszenierten Kritik an jeglicher Institutionalisierung, sind die Angegriffenen doch häufig jene Kritiker, Künstler, Journalisten oder andere Personen, die es geschafft haben, sich durch ihre Tätigkeiten einen gewissen symbolischen Status zu erarbeiten, die zumeist mit einer Form der Institutionalisierung ihrer Tätigkeiten, einer Anbindung ihrer Personen an Institutionen oder aber einer jeweils unterschiedlich gearteten symbolischen Autorität im (kunst-)kommunikativen Prozess verbunden sind. Inszeniert wird damit der Einbruch der Körperaktion in diesen Prozess. Es ist mehr als symptomatisch, dass Brener grundsätzlich alle attackiert, die nicht oder nicht mehr außerhalb dieser im weitesten Sinne institutionalisierten Form des kunstkommunikativen Prozesses stehen. Auch bei Brener schlägt die Störung der Kommunikation in einen Kommunikationszwang um, da er seine Position uneingeladen, aggressiv den Kommunikationsprozess anderer zerstörend, brutalst zum Ausdruck bringt. Brener bricht in die Momente gelingender Kommunikation ein, in die wichtigen Momente, in denen unwahrscheinliche Kommunikation in wahrscheinliche mündet, und zerstört diese

---

von Brener gestört wie die Eröffnung der Ausstellung *Privatisierungen* in Berlin am 15.06.2004, wo er Boris Groys und Peter Weibel mit Spuckattacken belästigte. Sein (künstlerischer) Hass richtet sich nach wie vor auch gegen Vertreter des Moskauer Konzeptualismus (wie z. B. Groys). Am 2.11.2003 hatte Vladimir Sorokin auf einer Lesung im Rahmen der Ausstellung *berlin-moskva – MOSKVA-BERLIN* unter aggressiven Spuckattacken Breners zu leiden. Peter Weibels 'Erfahrungen als Hund' bestehen im Übrigen aus einer Aktion im Rahmen des Wiener Aktionismus im Jahr 1968. Er ließ sich von Valie Export an die Leine nehmen und durch die Wiener Innenstadt führen. Er blieb im Gegensatz zu Kulik allerdings angezogen. Die Aktion mit dem Titel *Aus der Mappe der Hundigkeit* erregte aber auch so schon beträchtliches Aufsehen (vgl. z. B. Neue Gesellschaft für bildende Kunst (NGBK) 2003, S. 33 f. oder zum Kontext des Wiener Aktionismus Jahraus 2001).

131 Als Beispiel kann folgende Passage dienen: „А в предвкушении этой блаженной секунды/Я просто ебал всех этих местных телок:/Людмилу Лунину и жену Сальникова,/Анну Альчук – супругу Рыклина,/Нерасторопную Сашу Обухову и толстую Милену,/ Корошечную телку Алексеева Никиты,/Голенькую киску Колерову Юлю,/Роскошную и рассыпчатую Катю,/И похожую на мелких собак, которых я ненавижу,/Ирину Кулик, и вопящую, как шакал, в постели/Айдан./И только двух я не ебал -/Жену Кулика и жену Осмоловского,/Потому что я выебал их мужчиков.» (Бренер 1995а), S. 38. (Voller Vorfreude auf diese glückselige Sekunde/fickte ich all die hiesigen Weiber:/Ljudmila Lunina und die Frau von Sal'nikov,/Anna Al'čuk – die Gattin von Ryklin,/die ungeschickte Saša Obuchova und die dicke Milena,/das winzige Kalb von Nikita Alekseev,/die nackte Muschi von Julija Kolerova,/die üppige und spröde Katja/und die kleinen Hunde, die ich hasse, ähnliche/Irina Kulik und die wie ein Schakal im Bett jaulende/Ajdan./Nur zwei fickte ich nicht -/die Frau von Kulik und die Frau von Osmolovskij,/deren Kerle können mich nämlich erst recht am Arsch lecken.) – Der Text ist ein Spiel mit dem Ausdruck „ebat' kogo-libo", der wörtlich „jemanden ficken", im übertragenen Sinne aber „jemanden am Arsch lecken" als Ausdruck größtmöglicher Ablehnung bedeutet. Sämtliche Personen, die aufgelistet werden, sind bedeutende Vertreter der Moskauer Kunstszene. Bereits in diesem Text von 1995 richtet sich die Aggression auch schon gegen Vertreter des Moskauer Aktionismus.

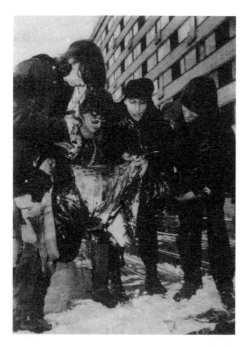

Abb. 20: Gruppa bez nazvanija
(Gruppe ohne Namen): *Jazyki*
(*Zungen*), McDonald's, Moskau, 1994
(Quelle: Бренер, Зубаржук, Литвин,
Мамонов & Ревизоров 1994)

unbarmherzig. So wird aus der wahrscheinlichen Kommunikation wieder unwahrscheinliche, in der nur noch Aggression – entweder Breners oder als Reaktion gegen ihn gerichtete – in einer kommunikativen Zwangssituation den kommunikativen Prozess wieder herstellen kann.

Aber nicht alle Aktionen Breners sind derart offen aggressiv und grenzüberschreitend. 1994 führte er mit der Gruppa bez nazvanija (Gruppe ohne Namen) im Moskauer Kaufhaus GUM die Aktionen *Posvjaščaetsja Mao* (*Hommage an Mao*) und *Jazyki* (*Zungen*) vor McDonald's in Moskau aus.[132] In *Jazyki* (*Zungen*) wurde ein Mitglied der Gruppe, zufällig Brener[133], von den anderen Gruppenmitgliedern über und über mit McDonald's-Produkten wie Eis und Ketchup beschmiert (Abb. 20).[134]

Beide Aktionen lassen sich ebenso als Wiederholung und Ironisierung von künstlerischer Kapitalismuskritik als auch als deren Instrumentalisierung im Namen der Kunst lesen. Zugleich sind es natürlich Aktionen, die sich nahtlos in den anti-westlichen und ausgesprochen anti-kapitalistisch geprägten Grundduktus des Moskauer Aktionismus einfügen. Der Grad zwischen Kunst mit den Mitteln der Politik und direkter, wenn auch in ihrer Unmöglichkeit inszenierter, gesellschaftspolitischer Stellungnahme ist zuweilen ausgesprochen schmal. In einer anderen Aktion als Reaktion

---

132 Vgl. hierzu auch Sasse 2003a.

133 Auf die Zufälligkeit dieser Entscheidung legte Anton Litvin in einem Gespräch im März 2003 großen Wert (Drews-Sylla 2003b).

134 Vgl. z. B. Стомахин 1994.

auf die Eskalation des Tschetschenienkonflikts verlangte Brener mit Pantoffeln in der Hand Einlass beim russischen Verteidigungsministerium. Derartige Aktionen, die neben Breners Handschrift auch diejenige Anton Litvins tragen, blieben zumeist nahezu unbemerkt von der Öffentlichkeit.

Einzelaktionen Breners fielen häufig spektakulärer aus. Es sind zumeist jene, in denen er nackt auftrat oder die Sphäre des Sexuellen oder des Abjekten betrat. Eine der bekannteren Aktionen Breners, *Svidanie* (*Wiedersehen*, 1994), bestand darin, vor dem Puškin-Denkmal in Moskau mit seiner aus Israel nachgereisten Frau ein Wiedersehen im Versuch des öffentlich vollzogenen Beischlafs zu begehen.[135] Bekannt wurde auch die Aktion, bei der er auf dem Zehnmetersprungturm des Freibades „Moskva", das sich ab den 1960er Jahren an der Stelle der wiedererrichteten Christ-Erlöser-Kathedrale (Chram Christa Spasitelja) in Moskau seit deren Sprengung unter Stalin befand, öffentlich masturbierte. In einer anderen Aktion erklärte er, mit AIDS infiziert zu sein.[136] Er zeigte in einem Moskauer Nachtklub seine Hämorrhoiden als Kunstwerk.[137] Bei der Aktion *Plagiat* (*Plagiat*, 1994) demonstrierte Brener seine Verachtung institutionalisierten Kunststrukturen gegenüber durch einen Fäkalienhaufen vor einem Gemälde von van Gogh im Staatlichen Puškin-Museum.[138] 1995 forderte er in einer medial sehr beachteten Aktion Boris El'cin auf dem Roten Platz in *Pervaja Perčatka* (*Erster Handschuh*, 1994) zu einem Boxkampf heraus (Abb. 21).[139]

Sehr stark diskutiert wurde auch die Installation *Chimery ko mne* (*Chimären zu mir*, 1994) (Abb. 22), bei der Brener Bilder, die ihn vollkommen nackt in verschiedenen, körperlich verrenkten Positionen und Grimassen schneidend zeigen, die – mit dem Bild der tierischen Chimäre spielend – zum Beispiel den nackten Brener von hinten, mit vornüber gebeugtem Oberkörper die Pobacken auseinander ziehend seinen Hintern präsentierend zeigen.[140] In der performativen Präsentation der Installati-

---

135 Es blieb jedoch beim Versuch, dieses Mal konnte der Vollzug, von dem Witte sprach (vgl. Witte 2003), nicht erzwungen werden. Vgl. hierzu Лунина 1994a, Бренер et al. 1994. Ausführlicher zu dieser Aktion vgl. Kapitel 6.3.2.1.

136 Vgl. z. B. Л. Л. 1994.

137 Vgl. z. B. Л. Л. 1994.

138 Als Grund für die Wahl eines Werkes van Goghs gab er seine hohe Wertschätzung dieses Künstlers an (Колдобская o.J.). Anton Litvin nennt diese Aktion als eine der Gruppa bez nazvanija (Gruppe ohne Namen).

139 Vgl. Грошков 1995, Художник снял штаны и вызвал президента на поединок 1995, На Ельцина уже стали бросаться с кулаками 1995, Ковалев 1995a, 'Ельцин, выходи!' 1995, Интерфакс 1995, Стриптиз на Лобном месте закончился в милиции 1995. – Der Titel lässt (zumindest im Deutschen) einen Fehdehandschuh assoziieren, den Brener nicht nur El'cin, sondern auch der gesamten Staatsmacht im übertragenen Sinne provozierend hinwirft. Die Aufforderung zum Duell wurde insofern beantwortet, als sich die Milizeinheiten auf dem Roten Platz natürlich Breners annahmen, was jedoch meines Wissens keine weiteren Folgen hatte.

140 Abbildungen finden sich beispielsweise in Государственный центр современного искусства & Галерея М. Гельмана 1995, S. 39. Eine gelungene Parodie auf diese Photographien ist ein konzeptualistisches Projekt Boris Michajlovs, der die *Chimären* Breners ironisch zitiert. Die Serie ist ein wunderschönes Beispiel für das dekonstruktive Potential konzeptualistischen Ar-

Abb. 21: Aleksandr Brener: *El'cin, vychodi!*
(*El'cin, komm raus!*), Roter Platz, Moskau,
1994 (Quelle: ‚Ельцин, выходи!' 1995)

on im Centr sovremennogo iskusstva (Zentrum für zeitgenössische Kunst) in Moskau waren die Photographien Breners durch Bindfäden mit dem echten Brener verbunden, der in der Mitte des Raumes, die Fäden in der Hand haltend, eigene Texte verliest.[141] Auf den Photographien finden sich Textfragmente, die ideologische Phrasen zitieren, wie beispielsweise: „Nesomnenno, trud est' osnova človečeskogo suščestvovanija".[142] („Zweifellos ist die Grundlage der menschlichen Existenz die Arbeit.") Inszenatorisch zitiert wird eine sehr vielschichtige Figur des zum Tier degradierten einzelnen Menschen an der Kette der Arbeit, der Ideologie, der Institutionen. Zitiert wird natürlich ebenso Kuliks *Zoophrenie*-Projekt (*zoofrenija*).

Die ohnmächtige Herausforderung der Mächtigen, der Institution, die Ohnmacht des einzelnen, die in ebenso ohnmächtige Provokation und in anderen Aktionen in pure Aggression umschlägt, kehrt als Thema Breners immer wieder. Ihren stärksten Ausdruck findet sie in der 1996 durchgeführten Beschädigungsaktion im Amsterda-

---

beitens – so sehr der Aktionismus dieses auch kritisierte. Der Aktionismus wird hier selbst Objekt konzeptualistischer Dekonstruktionspraktiken. Vgl. zu Michajlov Stahel 2003. – Vgl. zu Breners Installation auch Misiano 1995.

141 Leider ist mir unbekannt, welchen Text Brener verlas.

142 Бренер 1995b, S. 38.

mer Stedelijk Museum (Abb. 23), die Inke Arns als eine Form Derridascher dialogischer „countersignature" interpretiert.[143]

Und so ist der Mechanismus der Interaktion zwischen Körper und anderen Medien in der ihn umgebenden „Medienlandschaft" ein geringfügig anderer als bei Kulik. Auch bei Brener steht der Körper des einzelnen im Mittelpunkt der Aktion, und insbesondere schwierige bis unmögliche Kommunikationssituationen, die letztlich in eine aufgezwungene, gewalttätige Kommunikationssituation münden, sind Thema der Aktionen. Brener integriert in seine Aktionen allerdings im Gegensatz zu Kulik, der Sprache auf ein tierisches Muhen, Kläffen, Bellen oder ähnliches reduziert, zwar häufig die menschliche Sprache, die Sprache erscheint aber ebenso ohnmächtig wie der Körper des Einzelnen. Die Sprache, die Brener in seine Aktionen integriert, verfliegt im Raum, ist Ausdruck der Ohnmacht in der kommunikativen Situation. Sprache erscheint nicht geeignet, unwahrscheinliche Kommunikation in wahrscheinlichere zu verwandeln, zum Funktionieren des gesellschaftlichen (Sub-)Systems, sei es nun vordergründig ein politisches, oder, wie bei Brener vor allem desjenigen der Kunstinstitutionen, beizutragen. Im Gegenteil, Breners Protest richtet sich gegen jegliche Form von Institutionalisierung gesellschaftlicher Kommunikation und hat damit gerade die Zerstörung der Kommunikation zum Thema. Seine Kommunikation ist, wie

---

143 Arns 2003, S. 240-52. Vgl. zu dieser Aktion auch Spieker 2001. – Die Aktion war auch als Protest gegenüber den verschlungenen und nicht rechtmäßigen Wegen des Gemäldes Malevičs in die Sammlung des Stedelijk Museums in Amsterdam gedacht. Das Stedelijk Museum gilt als westeuropäisches Malevič-Zentrum und bewahrt heute auch das Archiv des russischen Kunstsammlers Nikolaj Ivanovič Chardžiev auf. Chardžiev, der Malevič noch persönlich kannte, verfügte über ein riesiges Privatarchiv zur russischen Avantgarde, das in der Sowjetunion und in Russland niemals gezeigt werden konnte. Anfang der 1990er Jahre bewegte man ihn u. a. mit monetären Versprechungen (auch bezüglich des Erhalts der Sammlung) zur Emigration nach Westeuropa. Die Sammlung wurde auf verschlungenen und nicht legalen Wegen ebenfalls außer Landes gebracht, erreichte Chardžiev jedoch nie vollständig. In Amsterdam angekommen wurde Chardžiev offenbar Opfer weiterer Betrügereien mit vielen Beteiligten. Nach seinem Tod am 10. Juni 1996, also kurz vor Breners Aktion, gelangten die Restbestände von Chardžievs Archiv in das Stedelijk Museum, wo offenbar auch zuvor schon einige Stücke aufgetaucht waren. Russland forderte das Archiv als „nationales Kulturgut" zurück. Spätestens hierdurch erregte die Affäre auch internationales Aufsehen (vgl. z. B. Hohmeyer 1999 oder Надеин 2000). Ich erinnere mich auch an eine Thematisierung der Affäre in Rezensionen deutscher Feuilletons zu der Ausstellung *Kasimir Malewitsch. Suprematismus* (Deutsche Guggenheim Berlin, 14. 01.-27. 04. 2003), da in ihr Stücke aus dem Stedelijk Museum gezeigt wurden (vgl. z. B. Drutt 2003). Der Forderung nach Rückgabe wurde in Teilen im Jahr 2006 entsprochen. Mehrere hundert Stücke (darunter offenbar Manuskripte, Briefe und Erstausgaben von Dichtern wie Velimir Chlebnikov oder Anna Achmatova) wurden nach Moskau rückgeführt, die ökonomisch sehr viel wertvollere Kunstsammlung mit Werken von Malevič, Popova oder El' Lisickij (El Lissitzky) verblieb jedoch in Amsterdam (vgl. *Russische Heimkehr. Moskau erhält Literaturarchiv Nikolaj Chardschijews zurück* 2006). Breners Dollarzeichen auf Malevičs *Suprematismus* macht als Protestgeste vor diesem Hintergrund unmittelbaren Sinn, wurde das Werk Malevičs offenbar doch Objekt hemmungsloser Geldgier. Andererseits scheint mir Malevič hier ein doppeltes Opfer geworden zu sein, denn Breners Tat verteidigt Malevič nicht nur, sie nutzt ihn auch aggressiv aus.

Abb. 22: Aleksandr Brener: *Chimery ko mne* (*Chimären zu mir*), Moskau, 1995 (Quelle: Гельман & Лопухова 2000, S. 117)

Uffelmann feststellte, geprägt durch Anschlussminimierung, prädeterminierte Reaktion und Irreversibilität. In dieser Situation tritt der Körper als gewalttätiger Kommunikator auf, in dessen Folge auch die Sprache einen brutalen Zug annimmt. Denn nur über Verachtung und Zwang ist Kommunikation überhaupt noch möglich. In dieser Hinsicht ließe sich auch Viktor Miziano ergänzen, der schreibt:

> Когда Бренер обращается к телу, его интересует скрытые в нем коммуникационные возможности. Эта коммуникация, коренясь в сфере предрационального обладает для него статусом сущности и универсальности. Это и гарантирует ей возможность породить совершенно новые высказывания.[144]

> Wenn Brener sich dem Körper zuwendet, dann interessieren ihn die darin versteckten kommunikativen Möglichkeiten. Diese Kommunikation, die in der Sphäre des Prärationalen wurzelt, erreicht für ihn den Status der Grundessenz und der Universalität. Das garantiert ihr die Möglichkeit, vollkommen neue Aussagen hervorzubringen.

In seinen kunst-kommunikativen Körperakten, so kann man sagen, inszeniert Brener, mit Miziano gesprochen, ein „prärationales" Bewusstsein der Unwahrscheinlichkeit von Kommunikation. Wendet sich dem Gegenüber ein nackter Hintern zu, dann ist dies der kommunizierte (und dadurch vollzogene Abbruch) der Kommunikation.

---

144 Misiano 1995, S. 32.

Abb. 23: Von Aleksandr Brener mit
einem Dollarzeichen übersprühter *Weißer
Suprematismus* (Kazimir Malevič) auf
dem Cover von Бренер 1998

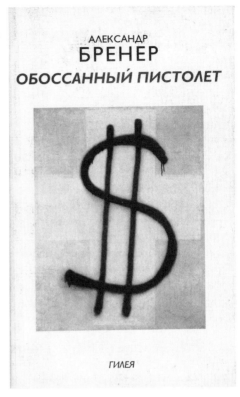

Die Kommunikation wird zerstört – und genau dies kommuniziert Brener gewaltsam. Aus der Kommunikationsverweigerung entsteht so letztlich aggressiver Kommunikationszwang, denn der Rezipient ist in dieser Form der Kommunikation nicht
mehr gleichberechtigter Partner, sondern wird zum ohnmächtigen Empfänger. Kommunikation ist nicht mehr beidseitig, nicht mehr dialogisch, sondern wird zum diktatorischen Monolog degradiert.

Wenn Kommunikation zerstört wird, dann wird sie (so wie sie vorher war) unmöglich. Die Worte, die Brener bei seinen Aktionen äußert, spricht er auf dem Roten
Platz, vor der Lubjanka, bestenfalls im Raum von Galerien – und sie verfliegen. Der
Körper vermag Zeichen zu setzen: Zeichen wie den Fäkalienhaufen, den nicht gelingenden Beischlaf, die Zerstörung künstlerischer Ausdrucksformen anderer. Der Körper kann seine Zeichen auch externalisieren, so wie die Schrift im Verbreitungsmedium. Das Dollarzeichen auf dem Malevič-Gemälde wäre ein derartiges, externalisier-
tes Körperzeichen, denn der es externalisierende Körper – Brener – muss anschließend
die Konsequenzen tragen und eine Gefängnisstrafe verbüßen. Der Körper ist Medium, er trägt Zeichen und er setzt Zeichen. Er ist Form und er schafft Form, er "in-
formiert". Alle diese Zeichen sind jedoch ephemer und flüchtig – wie das gesproche-

ne Wort. Die beschädigten Kunstwerke werden gereinigt und wiederhergestellt[145], der Fäkalienhaufen (wahrscheinlich unter Gefühlen des Ekels) weggeputzt, und sämtliche Aktionen vergehen ebenso wie das Wort. Die Ordnung wird zwar unterbrochen, aber nicht gestört, die Ohnmacht des einzelnen bleibt bestehen und wird nur im Moment der Aktion brutal auf den Zuschauer übertragen. Der Herausforderung der Institutionen gelingt in der Aktion keine nachhaltige Störung, die Risse, die, wie in Stockholm, auch bei Brener durch ihre Wirkung entstehen, sind ebenso schnell wieder geschlossen, wie sie entstanden sind und lassen den einzelnen außen vor, gerade weil die Macht der Institution gegenüber der Ohnmacht des einzelnen im medialen Kommunikationsgefüge der Gesellschaft so deutlich spürbar wird. Selbst Brutalität und Gewalt vermögen hier nur wenig auszurichten. Dies ist Brener ebenso wie den anderen Künstlern des Moskauer Aktionismus aber von Anfang an bewusst und schafft erst die Grundlage ihres Arbeitens.

Die weitere künstlerische Entwicklung Breners erscheint in der Hinsicht konsequent, als er sich – im Gegensatz zu Kulik – nicht integrieren und institutionalisieren lassen will. Als einziger der Aktionisten blieb er dem Genre der Aktion treu. Er entfremdete sich zunehmend der Moskauer Kunstszene, provozierte ehemalige Weggefährten ebenso wie alte Feinde und flieht seit seiner Amsterdamer Gefängniszeit geradezu von Stadt zu Stadt, ständig auf seinem Weg alte und neue Feinde attackierend.[146]

3.3 Weitere Entwicklungsfaktoren für den Moskauer Aktionismus

3.3.1 Entwicklung der Infrastruktur in Moskau und der Sprung des Moskauer Aktionismus ins Ausland

In den Jahren ab 1993 verbesserte sich die Infrastruktur der freien Kunstszene, die in den ersten Jahren mit Ausnahme der wenigen Privatgalerien noch nicht besonders weit entwickelt war, in Moskau zusehends. Weitere Galeriegründungen folgten nun, insbesondere zu nennen ist hier die *XL Gallery*, die 1993 entstand. Ebenso wichtig war die Initiierung des von Viktor Miziano herausgegebenen *Chudožestvennyj žurnal* (*Moscow Art Magazine*), das den Künstlern des Moskauer Aktionismus ein Forum für ihre Präsentation außerhalb der Feuilletons der Tageszeitungen und der Massenmedi-

---

145 Brener informierte wohl selber das Aufsichtspersonal über seine Tat, die diese zunächst gar nicht bemerkt hatte. So konnte die Farbe noch vor dem Trocknen wieder entfernt werden. Dennoch bleiben in diesem Fall Spuren. Die Farbe konnte zwar oberflächlich entfernt werden, wird aber durch Experten immer nachweisbar bleiben (vgl. Tupitsyn 1997, S. 107). Die Tatsache, dass Brener sich nach seiner Sprühattacke nicht einfach entfernte, sondern dafür auch wahrgenommen zu werden, bedeutet auch eine Rücknahme der eigenen Radikalität, denn er ermöglichte so schließlich die frühestmögliche Reinigung des Bildes. Es bleiben nur oberflächlich nicht wahrnehmbare Spuren.

146 Brener hat außerdem mit seiner Partnerin Barbara Schurz mehrere Bücher veröffentlicht. Бренер & Шурц 1999, Бренер & Шурц 2002, Brener & Schurz 2002, Бренер & Шурц 2003.

en brachte. Diese waren für die Verbreitung des Moskauer Aktionismus aber gerade jetzt ebenfalls außerordentlich wichtig und blieben es auch noch einige Jahre. Aleksandra Obuchova, die der Gruppe Ė.T.I. nahe stand und an einigen ihrer Aktionen teilnahm, erinnert sich, dass zu Beginn der 1990er Jahre die Feuilletons der relativ großen Tageszeitungen *Nezavisimaja gazeta* und der *Segodnja* Ort der intellektuellen Auseinandersetzung waren.[147] Osmolovskij empfand die Ernennung des Kunstkritikers Andrej Kovalev zum Chefredakteur des Feuilletons der *Segodnja* als wichtigen Meilenstein für die wachsende Auseinandersetzung des Kunstpublikums mit den Arbeiten des Moskauer Aktionismus.[148]

Die Künstler des Moskauer Aktionismus wurden sehr schnell zu einem festen Bestandteil der postsowjetischen Kunstszene der 1990er Jahre und waren bald auf vielen wichtigen Ausstellungen vertreten. So fanden 1993 die Ausstellungen *Konversija*[149] (*Konversion*, Helsinki) und *Trud i Kapital* (*Arbeit und Kapital,* Central'nyj dom chudožnika, Moskau) statt. Bei beiden Ausstellungsprojekten waren Künstler des Moskauer Aktionismus vertreten. 1994 fand im Central'nyj dom chudožnika die Ausstellung *Pryžok v pustoe. Chudožnik vmesto proizvidenija* (*Der Sprung in die Leere. Der Künstler anstelle des Kunstwerks*) statt, auf der die Gruppe Ė.T.I. und Avdej Ter-Ogan'jan neben so bekannten Namen wie Joseph Beuys, Gilbert & George und Marina Abramović vertreten sind. Bereits 1993 findet das erste internationale, holländisch-russische Kooperationsprojekt zur Performance- und Installationskunst in Moskau statt, auf der Osmolovskij eine seiner bekanntesten Aktionen, die Besteigung des Moskauer Majakovskijdenkmals, durchführte.

1995 erfolgte mit Kuliks Aktion *Reservoir Dog* in Zürich der Sprung des Moskauer Aktionismus ins Ausland, der dort zunächst von Kuliks Bild des wilden Hundes[150] und Breners Übersprühungsaktion im Stedelijk Museum geprägt scheint. In diesem Jahr fanden auch erste Ausstellungsprojekte im Ausland statt, an denen Künstler des Moskauer Aktionismus teilnahmen. In Kopenhagen wurde die Ausstellung *No Man's Land. Art From the New Abroad* organisiert, an der Brener, Kulik mit seiner Frau Ljudmila Bredichina, Anatolij Osmolovskij und Gia Rigvava friedlich neben Vertretern des Konzeptualismus wie Andrej Monastyrskij und Vadim Zacharov teilnahmen.[151] An der Münchner Ausstellung *Kräftemessen. Eine Ausstellung Ost-Östlicher Positionen innerhalb der westlichen Welt* im gleichen Jahr beteiligten sich Brener, Fiškin, Gutov, Mamyšev-Monro, Osmolovskij und Rigvava (ebenfalls neben konzeptualistischen Künstler-Kollegen wie z. B. der Gruppe Medizinische Hermeneutik, Prigov, Monastyrskij u. a.). In immer schnellerer Folge wurde vor allem Kulik zu weiteren Ausstellungsprojekten eingeladen. Auf das *Interpol*-Projekt in Stockholm 1996,

---

147 Persönliches Gespräch, März 2003.
148 Осмоловский 2005, S. 680.
149 Галерея М. Гельмана 1993.
150 Zu diesem Aspekt vgl. Kapitel 5.2.2 sowie Деготь 1998b, Zabel 1998, 2001, Hausbacher 2002 (Hausbacher übernimmt viele Thesen Degot's und Zabels zum Teil fast wortwörtlich) oder Ryklin 2003.
151 Lerhard 1995.

an dem auch Brener und Osmolovskij sowie eine ganze Reihe anderer Moskauer Künstler teilnahmen, folgten z. B. die *Manifesta 1* in Rotterdam[152], ein Aufenthalt in Berlin und ein Projekt in den Deitch Projects in New York.[153] Breners Aktion im Amsterdamer Stedelijk Museum 1997 brachte diesem eine kurzfristige internationale Berühmtheit, schaffte es diese Aktion doch sogar in die Welt der internationalen Nachrichtenschlagzeilen. Ebenfalls 1997 fand in Wien die Ausstellung *It's a Better World. Russischer Aktionismus und sein Kontext*, kuratiert von Iosif Bakštejn und Johanna Kandl, statt.[154] 1998 folgte in Ljubljana die Ausstellung *The Body and the East*[155], die sich mit einem Überblick über die verschiedenen Formen der Körperkunst in ganz Osteuropa ab 1960 auseinandersetzte. Auch hier stehen russische Aktionskünstler mit Brener und Kulik sowie Vladislav Mamyšev-Monro an wichtiger Stelle.

3.3.2 Das Ende des Moskauer Aktionismus (1998)

1998 geht der Moskauer Aktionismus als Kunstströmung seinem Ende zu. Vier *landmarks*, die dieses Auslaufen dokumentieren, sollen hier angeführt werden. Viktor Miziano benennt in einem Interview eine Generationenfolge in der Geschichte der russischen Kunst.[156] Auf die Generation des Moskauer Konzeptualismus folgt, seiner Auffassung nach, diejenige der radikalen Künstler des Moskauer Aktionismus, so wie sie in diesem Kapitel beschrieben wurde. Während die erste Generation, die Generation des Moskauer Konzeptualismus, von den Realitäten des künstlerischen Arbeitens sowie den Lebensrealitäten der Sowjetunion geprägt war, war die darauf folgende Generation von der radikalen Umstrukturierung der Gesellschaft, beginnend mit *perestrojka* und *glasnost'*, aber vor allem grundlegend durch die Transformationsgesellschaft der 90er Jahre in ihrem Arbeiten bestimmt. Viele der Künstler, beispielsweise Osmolovskij, waren in den *perestrojka*-Jahren Jugendliche und begannen ihre künstlerische Arbeit erst in den Jahren des Umbruchs. Andere, die ein wenig älter sind, wie Brener oder Kulik, erhielten erst mit den Jahren des Umbruchs ein Forum für die Umsetzung ihrer künstlerischen Arbeiten, selbst wenn Kulik beispielsweise bereits in den Jahren der *perestrojka* künstlerisch aktiv war. Brener verbrachte diese Zeit in Israel.

Diese Künstlergeneration wurde abgelöst durch eine Generation, die ihre Jugend in den 1990ern erlebte und die an die Sowjetunion nur noch Kindheitserinnerungen hat. Diese junge Generation arbeitet, so Miziano, selbstbewusst in den Realitäten der globalisierten postsowjetischen Welt, sie ist mit McDonald's und Benetton bereits aufgewachsen und hat daher ganz andere Themen als die Generation des Umbruchs. Diese ganz junge Generation empfindet den Aktivisten des Moskauer Aktionismus

---

152 *Pavlov's Dog*, vgl. Kapitel 5.2.
153 *I Bite America and America Bites Me*, vgl. Kapitel 5.2.2.
154 Backstein & Kandl 1997.
155 Badovinac & Briški 1998.
156 Misiano & Sidlin 2004, S. 62.

Abb. 24: Aleksandr Šaburov, Vjačeslav Mizin, Konstantin Skotnikov: *Novyje jurodivye* (*Neue Gottesnarren*), 1999 (Quelle: Гельман & Лопухова 2000, S. 109)

gegenüber insofern ebenfalls einen Generationenbruch, als sich einige ihrer Vertreter, unter denen sich auch Avdej Ter-Ogan'jans Sohn David befindet, in Anlehnung an Osmolovskijs Zeitschrift *Radek* 1997 zu einer gleichnamigen Gruppe zusammen-schließen.[157] Zur gleichen Zeit gibt Osmolovskij zwei weitere Ausgaben seiner Zeit-schrift *Radek* heraus, die einerseits einige der alten Themen fortführt, insbesondere auch weiterhin provozieren will, andererseits aber bereits eine Rubrik „Archiv radikal'nogo iskusstva" enthält.[158] Es finden sich 1999 mit der Gruppe *Blue Noses*

---

157 Vgl. zur Gruppe Radek Nikitsch & Winzen 2004, S. 80-83 und Forschungsprojekt „The Post-Communist Condition" 2004, S. 64 f.

158 Архив радикального искусства 1997/8; Архив радикального искусства 1999.

Abb. 25: Anatolij Osmolovskij,
Avdej Ter-Ogan'jan, Gruppe Radek u.a.:
Barrikada na Bol'šoj Nikitskoj (*Barrikade auf
der Bol'šaja Nikitskaja*), Moskau 1998
(Quelle: Forschungsprojekt „The Post-
Communist Condition" 2004, S. 61)

Künstler, die mittlerweile ikonisch gewordene Bilder, wie das Cover der ersten *Ra-dek*-Ausgabe, ironisch persiflieren (Abb. 24).[159] Sie praktizieren eine ganz andere Form des Aktionismus, die die ironische und doch ernst gemeinte Provokation des Moskauer Aktionismus zu einer ironisierenden, aggressionsfreien und zunächst eher unpolitischen Form weiter entwickeln.

Im Jahr 1998 finden in Moskau zwei der letzten wichtigen Aktionen von Protagonisten des Moskauer Aktionismus statt: Osmolovskij organisiert im Rahmen seiner *Vnepravitel'stvennaja kontrol'naja komissija* (*Regierungsunabhängige Kontrollkommission*) in einer Hommage an die Barrikaden des Pariser Mai von 1968 eine Straßenaktion, die noch einmal den erwünschten Zusammenstoß mit der Polizei zur Folge hat (Abb. 25).[160]

---

159 Z. B. Шабуров, Мизин & Скотников 2000.
160 Anatolij Osmolovskij, Avdej Ter-Ogan'jan, Gruppe Radek u.a. *Баррикада на Большой Никитской* (*Barrikade auf der Bol'šaja Nikitskaja*), Bol'šaja Nikitskaja ulica, Moskau 1998. Abbildungen z. B. in Choroschilow, Harten, Sartorius & Schuster 2003b, S. 264 und Forschungsprojekt „The Post-Communist Condition" 2004, S. 61. Vgl. zu der Aktion auch Sasse 2003a, S. 268 oder Nikitsch & Winzen 2004, S. 64 und Anatolij Osmolovskijs Homepage (www.osmolovsky.com [Zugriff: 29. 06. 2006]). Sasse erklärt, dass die Aktion strukturell bereits ganz anders angelegt war, als diejenigen der Hochphase des Moskauer Aktionismus. Nicht mehr ironisches Simulieren von Proteststrategien, die ihrerseits politische Strategien bloßlegen sollten, und, so ließe sich ergänzen, das Eindringen in die Öffentlichkeit, war Hauptanliegen, sondern eine Inszenierung dieses ‚Bloßlegens'. Vgl. Sasse 2003a, S. 268 und Kapitel 4.6.2

Abb. 26: Avdej Ter-Ogan'jan: *Junyj bezbožnik* (*Jugendlicher Sünder*) (Quelle: Дело Авдея 1999, S. 206)

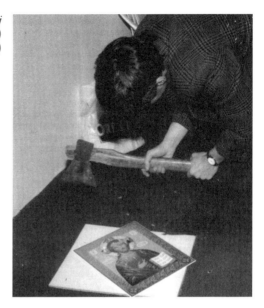

Die letzte spektakuläre Aktion gelingt Avdej Ter-Ogan'jan. Im Rahmen der Kunstmesse *Art-Manež* bietet er am Stand der Galerie Vpered billige Ikonen zum Verkauf an, die der Käufer nach Bezahlung mit einer Axt selbst oder, als eine Art Dienstleistung des Künstlers, von diesem zerhacken lassen kann (Abb. 26). Diese Aktion mündet in ein Strafverfahren, was den meisten Künstlern in Russland in den 1990ern erspart geblieben war. Ter-Ogan'jan emigrierte daraufhin nach Prag, um der drohenden Verurteilung zu einer Haftstrafe zu entkommen.[161]

1998 ging nicht nur der Moskauer Aktionismus langsam zu Ende, sondern auch die Ära El'cin und damit die unmittelbar postsowjetische Zeit. Der Rubel, der von 1991-1997 einer extremen Inflation ausgesetzt war, wurde im August 1998 durch eine rapide Abwertung erschüttert und erfuhr einen weiteren Inflationsschub. Im Juli wurde Vladimir Putin an die Spitze des Inlandsgeheimdienstes FSB berufen. Es sollte nur noch ein weiteres Jahr vergehen, bis Putin im August 1999 neuer Regierungschef wurde und als solcher von El'cin bereits als designierter Nachfolger im Präsidentenamt behandelt wurde. Ab 1999 brach der zweite Tschetschenienkrieg aus. Gegen diesen Krieg protestierten keine Aktionisten der alten Garde mehr. Der Jahreswechsel 1999/2000 brachte den überraschenden Rücktritt El'cins vom Präsidentenamt und damit auch offiziell den Beginn der Ära Putin. Auch dies blieb von den Aktionisten der Generation der 1990er unkommentiert – so, wie auch die *tusovka* als Organisati-

---

161 Vgl. zu dieser Aktion Дело Авдея 1999, Witte 2003, Postoutenko 1999. Die Chronik in *NA KURORT!* vermerkt, dass Ter-Ogan'jan in der Tschechischen Republik schließlich Asyl als verfolgter Tschetschene erhielt (Nikitsch & Winzen 2004, S. 146).

onsform der Jugend, so Pilkington, verschwunden war.[162] Michail Ryklin, mit dessen Rückblick ich dieses Kapitel begonnen habe, setzt gar ein noch späteres Datum für das Ende der radikalen Kunst:

> Nach dem 11. September 2001 war ihm [Kulik] natürlich klar, dass ganze Genres der radikalen Kunst vom Aussterben bedroht waren. Dieses Ereignis zog einen Strich unter das vorangegangene Jahrzehnt: Eine Geste, die sozialkritisch und zugleich ästhetisch wäre (also nicht mit Terror assoziiert würde), war nun praktisch unmöglich geworden. Was kann der radikale Künstler von gestern in der krass veränderten Situation noch tun? Offenbar versuchen, die Transgressivität (die inzwischen zu internationaler Bekanntheit gelangt ist) zu kommerzialisieren und von ihren Zinserträgen zu leben. Das ist ein normaler Prozess; im vorliegenden Fall hat sich einfach nur die große Politik eingemischt und kein Phänomen der bizarren Mode.[163]

---

162 Pilkington 1998, S. 381.
163 Ryklin 2003, S. 271.

4 Die Inszenierung von Proteststrategien: Das Festival *Vzryv novoj volny* (*Ausbruch einer neuen Welle*, 1990)

Silvia Sasse schrieb, den Aktionismus Anatolij Osmolovskijs und Aleksandr Breners charakterisierend, diese hätten zu Beginn der 1990er Jahre „westliche Ausdrucksformen von Widerstand" auf der Suche nach dem politischen Potential der Kunst ironisch „importiert" und „Kunst mit politischen Mitteln" gemacht.[1] Inke Arns zeigte, besonders die Rückbezüge auf die historische Avantgarde untersuchend, dass der Moskauer Aktionismus keinen wirklichen „Blick zurück" geworfen habe, sondern die Avantgarde eher als eine Art „Requisitenkiste" benutzt habe.[2] Georg Witte schließlich vertritt die Meinung, dass eine ausschließliche Interpretation des Moskauer Aktionismus als „schlichtes Revival eines Mythos der reinen Tat, eines ‚Theaters der Grausamkeit', eines ‚Orgien-Mysterien-Theaters' oder anderer situationistischer und gewaltemphatischer Performancekonzepte" eine reduktionistische Wahrnehmung bedeuten würde.[3]

Alle diese Thesen erkennen an, dass der Moskauer Aktionismus sich intensiv der Formensprache verschiedener avantgardistischer Kunstformen bediente, die die Grenzen der Kunst bisweilen radikal in Frage stellten. Die jeweiligen Aussagen über das Verhältnis von Moskauer Aktionismus und seiner ‚Quellen' lassen sich, so meine These, relativ gleichwertig auf die jeweils anderen Aussagen übertragen. So nutzt der Moskauer Aktionismus beispielsweise auch die westlichen „Ausdrucksformen von Widerstand" hauptsächlich als „Requisitenkiste" auf der Suche nach eigenen Ausdrucksformen in seiner aktuellen Situation – und wirft keinen analytischen Blick zurück. Eine ausschließliche Interpretation des Moskauer Aktionismus als „Revival" dieser „Ausdrucksformen von Widerstand" würde ebenfalls eine Reduktion des Moskauer Aktionismus darstellen. Seine Leistung besteht gerade in der Tatsache, dass er durch seinen Griff in die „Requisitenkiste" Formen des Ausdrucks fand, die in seiner

---

1 Sasse 2003a, S. 268. Sasse schreibt weiter, dass diese Strategie in den späten neunziger Jahren ihrem Gegenteil wich. Das „anfängliche Ironisieren und Parodieren von Politik und Widerstand wich einer allgemeine[n] Abneigung gegen simulative und ironisierende Techniken. Die Erfahrung gemacht zu haben, dass der intellektuell-künstlerische Diskurs sein Spielfeld bei allen Strategien subversiver Affirmation nicht verlässt, brachte Anatoli Osmolowski zu der These, das der Künstler Politik mit den Mitteln der Kunst machen müsse und nicht, wie bisher, Kunst mit politischen Mitteln. Für die Rezipienten wäre das eine neue Erfahrung, sie hätten zu verstehen, dass sie nicht an Peformances teilnehmen, die politisches Funktionieren bloßlegen, sondern an politischen Aktionen, die ein ‚Bloßlegen' inszenieren."
2 Arns 2003, S. 262.
3 Witte 2006, o.S.

aktuellen historischen Situation höchste Aussagekraft hatten, den Zeitgeist trafen. Nur so erklärt sich sein Erfolg.

Dieses Kapitel untersucht Osmolovskijs Griff in die „Requisitenkiste" anhand einer Serie von Aktionen, dem Festival *Vzryv novoj volny* (*Ausbruch einer neuen Welle*). Das Festival fand, bezogen auf den zeitlichen Verlauf des Moskauer Aktionismus, sehr früh statt: im Jahr 1990. Zu diesem Zeitpunkt existierte die Sowjetunion noch, die *perestrojka* hatte ihren Zenit erreicht.

Ausgangspunkt der Überlegungen ist die spezielle Funktion des Körpers in den Aktionen. Dem Körper kommt auch in diesen frühen Aktionen eine deutliche mediale Funktion zu, die das Kapitel in einen Gesamtkontext einzuordnen sucht.

4.1 Das Festival *Vzryv novoj volny* (*Ausbruch einer neuen Welle*)

Vom 10. bis zum 25. November 1990 organisierte die Gruppe È.T.I. unter der Leitung des einundzwanzigjährigen Anatolij Osmolovskij ein Kinofestival zur französischen Nouvelle Vague in des Räumlichkeiten des Central'nyj dom medika (Zentrales Ärztehaus) in Moskau. Anatolij Osmolovskij begann zu diesem Zeitpunkt, sich einen gewissen Namen als Künstler zu erwerben. Die von ihm, Dmitrij Pimenov und Grigorij Gusarov gegründete Gruppe È.T.I. (Èkspropriacija territorii iskusstva [Enteignung des Kunst-Territoriums]) hatte seit Herbst 1989 eine Reihe von Straßenaktionen durchgeführt, von denen jedoch keine einen größeren Bekanntheitsgrad erreicht hatte. Diese Aktivität hatte jedoch ausgereicht, um für das Festival *Vzryv novoj volny* (*Ausbruch einer neuen Welle*) finanzielle Unterstützung zu erwerben. Sie kam von der französischen Botschaft in Moskau und vom *Gumanitarnyj fond im. Puškina*,[4] einer unabhängigen Kulturorganisation, die in den Jahren 1990-1994 vor allem die kulturellen Aktivitäten von ehemaligen Dissidenten sowie Untergrundkünstlern und -schriftstellern und neuen Avantgardebewegungen aktiv unterstützte. Zu seinen Aktivitäten zählte auch eine gleichnamige Zeitung, die in wöchentlichem Rhythmus erschien. Hauptherausgeber war, neben vielen anderen, die über kürzere oder längere Zeit im Redaktionskollegium mitarbeiteten, Michail Romm. Der *Gumanitarnyj fond* wurde auf dem Höhepunkt der die Emanzipation der sowjetischen Presseorgane von der Staatsmacht begleitenden ‚offiziellen' Etablierung der Samizdat-Bewegung während der *perestrojka*-Zeit gegründet.[5] Er druckte, in vielen Fällen erstmals in der Geschichte der Sowjetunion, öffentlich geduldet Texte von Autoren der inoffiziellen

---

4 Diese Information gibt Расконвойных 1990.

5 Zur Geschichte des *Gumanitarnyj fond* vgl. Урицкий o.J. Der *Gumanitarnyj fond* kann als eine jener sich zunehmend professionalisierenden Samizdat-Publikationen der *perestrojka*-Zeit betrachtet werden, die ab 1997 den zunächst noch inoffiziellen, aber jetzt tolerierten freien Medienmarkt eroberten. Der Höhepunkt dieser Phase fällt in etwa mit dem Festival *Vzryv novoj volny* zusammen. Im Jahr 1990 wurden einige der inoffiziellen Produktionen bereits hochprofessionell herausgegeben und in hohen Auflagen gedruckt. Zur Geschichte des Samizdat vgl. die zweibändige Bibliographie Суетнов 1989/90 und 1992, in der neben Grafiken, statistischen Angaben zur Verbreitung und einem Überblick zur Entwicklung auch Angaben zu Auf-

Kultur wie Lev Rubinštejn oder Vladimir Sorokin, die früher nur im Samizdat oder im Ausland hatten publizieren können. Anatolij Osmolovskij bewegte sich von Anfang an im Umkreis des *Gumanitarnyj fond im. Puškina*.

Auf dem von Osmolovskij und seinen Mitstreitern Grigorij Gusarov und Dmitrij Pimenov organisierten Festival wurde eine ganze Reihe der wichtigsten Filme der französischen Nouvelle Vague dem Moskauer Publikum präsentiert, so unter anderem François Truffauts *Les 400 coups*[6], Louis Malles *Zazie dans le métro*[7], Agnès Vardas *Cléo de 5 à 7*[8], Jean-Luc Godards *A bout de souffle*[9] und *Alphaville*[10]. Die Nouvelle Vague steht als eine der einflussreichsten filmgeschichtlichen Strömungen für die Rebellion einer ganzen Generation von Filmemachern gegen überalterte und verkrustete, am klassischen Hollywoodkino orientierte Strukturen in der französischen Filmlandschaft nach dem Zweiten Weltkrieg. Sie wurde, so ein Überblick zu ihrer Geschichte, nicht nur durch filmimmanente, ästhetische Prämissen gefördert, sondern war ebenso Ausdruck tiefgreifender sozialer Änderungen, die sich in der französischen Nachkriegsgesellschaft vollzogen. Sie war ein Ausbruch der Jugend, der auch in die Revolutionen um 1968 mündete.[11]

In der Sowjetunion waren die Filme der Nouvelle Vague, obwohl natürlich als Teil des internationalen kulturellen Filmerbes gut bekannt, relativ selten zu sehen, so dass ein Festival der Art, wie Osmolovkij es organisierte, recht attraktiv für das intellektuelle Publikum gewesen sein muss. Doch die Filme stellten nur einen Bestandteil des Festivals dar. Sämtliche Filmvorführungen wurden – und dies war der eigentliche Anlass für das Festival – durch künstlerische Aktionen der Gruppe È.T.I. begleitet, die die Präsentation und damit den Filmgenuss empfindlich störten.

Von den einzelnen Aktionen existiert nur wenig Dokumentationsmaterial: vor allem die Videoaufzeichung der finalen Aktion *Doslovnyj pokaz mod (Armageddon)* *(Gewissermaßen eine Modenschau [Armageddon])*[12] und einige begleitende Zeitungsberichte, die in der den Aktionisten nahe stehenden, eher der Samizdattradition zuzuordnenden Zeitung *Gumanitarnyj fond*[13] und in dem sich in der postkommu-

---

lagenhöhe, Redaktionskollegium, erschienenen Ausgaben der jeweiligen Publikationen und viele andere Angaben enthalten sind.

6 Truffaut 1958/9.

7 Malle 1960.

8 Varda 1961.

9 Godard 1959.

10 Godard 1965.

11 Neupert 2002, S. 3-45.

12 Ausschnitte finden sich in einem nicht mehr genau datierbaren Fernsehinterview. Das Interview befindet sich auf einer Videodokumentation der Aktionen Anatolij Osmolovskijs, die der *Fond sovremennogo iskusstva* aus den dort archivierten Videodokumentationen zur radikalen Kunstszene Moskaus zusammengestellt hat (ca. 2003). Das Interview selbst muss, den gezeigten Aktionen nach zu urteilen, ca. Ende 1991 stattgefunden haben. Es muss im Fernsehen gesendet worden sein, denn in der Aufzeichnung ist das Logo eines Senders («T») eingeblendet.

13 Die Berichterstattung des *Gumanitarnyj fond* findet sich auf einer kompletten Doppelseite der Ausgabe Nr. 4 aus dem Jahr 1991. Sie beinhaltet viele direkte Stellungnahmen Osmolovskijs

nistischen Zeit von einer traditionsreichen, bereits 1919 gegründeten, sowjetischen Zeitung zu einer kritisch politisch eingestellten Tageszeitung mit Boulevardcharakter wandelnden *Moskovskij komsomolec*[14] erschienen. Eine weitere Quelle stellt das in der Zeitschrift *Radek* veröffentlichte „Archiv radikal'nogo iskusstva" dar, das Photos, Primärtexte sowie Hintergrundinformationen zu einzelnen Aktionen des Festivals *Vzryv novoj volny* (*Ausbruch einer neuen Welle*) zusammenträgt.[15] In der Dokumentation *Anatolij Osmolovskij. 10 let dejatel'nosti* (*Anatolij Osmolovskij: 10 Jahre Aktivität*) finden sich neben dem Abdruck einiger der Zeitungsartikel zusätzliche Informationen, z. B. zum Teilnehmerkreis, zu den Titeln der Aktionen oder genaue Datierungen.[16]

Einige der Aktionen lassen sich aber doch sehr gut im Einzelnen rekonstruieren und nachvollziehen. Die Argumentationsstruktur dieses Kapitels wird sich weniger am tatsächlichen Ablauf des Festivals und den gezeigten Filmen der Nouvelle Vague orientieren, sondern eher dieser interpretierenden Rekonstruktion der Aktionen folgen. Ausgangspunkt stellen die Aktionen dar, in denen der Körper eine unmittelbare Rolle spielt, um seine Relevanz für die Aktionen des Festivals *Vzryv novoj volny* (*Ausbruch einer neuen Welle*) herauszuarbeiten.

---

sowie mehrere Interviews mit Osmolovskij (zum Teil unter dem Namen Jean-Luc Godard), die die Berichterstattung dominieren. Im einzelnen: Боде 1991, Осмоловкий 1991b, Осмоловский & Королева 1991, Годар 1991. Abgedruckt sind auch Stills aus *Alphaville* und Photos, die einige Aktionen des Festivals dokumentieren. Vgl. ausführlich Kapitel 6.3.2.3.

14 Zum *Moskovsij komsomolec* vgl. Pleines 1997 sowie auf www.smi.ru [Zugriff: 15. 03. 2005] und in verschiedenen Online-Nachschlagewerken wie *Энциклопедический словарь „История Отечества"* 2001-2004 [Zugriff: 26. 03. 2005] oder *Российский энциклопедический словарь* 2001-2004. [Zugriff: 26. 03. 2005]. – Die sich auf das *Festival' Vzryv novoj volny* (*Ausbruch einer neuen Welle*) beziehenden Berichte sind in chronologischer Reihenfolge ihres Erscheinens Движение ЭТИ 1990, Эти сумасшедшие „да" и „нет" 1990 und Расконвойных 1990. – Die Berichterstattung des *Moskovskij komsomolec* ist insofern symptomatisch, als sich die *perestrojka*-Zeit durch eine zunehmende Emanzipierung vieler Medien von der politischen Macht auszeichnete. Mit dem *Gumanitarnyj fond* und dem *Moskovskij komsomolec* berichteten also zwei typische Vertreter der zunehmenden Unabhängigkeit der medialen Öffentlichkeit prominent über die Aktionen des Festivals. Vgl. ausführlich Kapitel 6.3.2.3.

15 Архив радикального искусства 1997/8 und 1999.

16 Осмоловский 1999a. – Dieses Kapitel geht auf alle Aktionen ein, die rekonstruiert werden konnten. Von einigen bleibt allerdings nichts aus der Titel, wie in Осмоловский 1999 aufgelistet: *Локальный фашизм; Детский либид (Искусство присутствия); Сны Алены Рене; Выдвижение петуха в президенты СССР; Говно, моча, сперма; Куда смотреть?; Преступление без наказания; ТИ-ВИ; Рак; Шины в зал!; Дословный показ мод в 1990 году (Армагед[д]он); Красное лицо; Без названия*; чтение сценария фильма *Боже, храни президента* (Lokaler Faschismus; Kindliche Libido (Kunst der Anwesenheit); Die Träume von Alain René; Aufstellung eines Hahns als Präsident der UdSSR; Scheiße, Pisse, Sperma; Wohin schauen?; Verbrechen ohne Strafe; TI-VI; Krebs; Schienen in den Saal!; Gewissermaßen eine Modenschau [Armageddon]; Rotes Gesicht, Ohne Titel, Lesung des Filmskripts *God, Save the President!*).

4.2 Bemalte Gesichter und andere Provokationen

4.2.1 Die Aktion *Govno, moča, sperma* (*Scheiße, Pisse, Sperma*) und der drastische Einsatz des Körpers

In der Aktion *Govno, moča, sperma* (*Scheiße, Pisse, Sperma*)[17] präsentierten sich Osmolovskij und seine Mitaktionisten mit braun, gelb und weiß geschminkten Gesichtern. Die Farben repräsentierten die drei Elemente der Körperausscheidung, die der Titel der Aktion nennt: braun steht für Kot, gelb für Urin und weiß für Sperma. Das beträchtliche provokative Element kommt hierbei nicht nur durch die Präsentation der symboltragenden Farbe auf dem Gesicht und somit einem für die Aufnahme von Nahrung und Flüssigkeiten ebenso wie für die Kommunikation existentiell wichtigen Körperteil zustande, sondern auch über die Sprachebene des die Assoziation erst herstellenden Titels der Aktion, die sich durch den Ausdruck „govno" deutlich auf der Ebene der Fäkaliensprache bewegt. Die Eröffnungsrede zum Festival hielt Osmolovskij mit einem rot angemalten Gesicht, einer Farbe, die mit Blut assoziierbar ist.[18]

Bereits hier kommt ein kommunikationsstörendes Element auf der Ebene eines medial zur Kommunikation eingesetzten Körpers deutlich zum Tragen, so wie es in Kapitel 3 als stilprägend für den drastischen Körper des Moskauer Aktionismus herausgearbeitet wurde. Dieses Element bewegt sich auf der Ebene des abjekten Körperlichen, ruft potentiell Ekel und Abscheu hervor.[19] Das Körperlich-Leibliche wird

---

17 „Архив радикального искусства" 1999, S. 159.
18 Осмоловский 1991a.
19 Zu abjekten Körperbildern in der Kunst des 20. Jahrhunderts vgl. ausführlich Zimmermann 2001, S. 30–144. Sie schreibt einleitend: „Zu einem großen Teil sind die Darstellungen des menschlichen Körpers in der Kunst des 20. Jahrhunderts durch Phänomene der Fragmentierung, Destruktion und Auflösung der ‚natürlichen' Körpergrenzen gekennzeichnet. Immer wieder taucht der ‚abjekte Körper' auf, d. h. wird ein Körperbild inszeniert, das klassischen Konzepten von Geschlossenheit, ‚Schönheit' und ‚Normalität' widerspricht. Die Charakterisierung dieser Körperbilder als ‚abjekt' ergibt sich aus Julia Kristevas Begriff der Abjektion oder auch Verwerfung. Diese Verwerfung bzw. der Ausschluss dessen, was Ekel hervorruft, manifestiert sich in den körperlichen Reaktionen auf dieses. Der Ekel ist damit gewissermaßen der Mechanismus, der Verwerfung herstellt. Ekel jedoch ist eine an den Körper gebundene und im Körper empfundene Erfahrung. Gleichzeitig sind es oft die Phänomene, die die Überschreitung körperlicher Grenzen – im buchstäblichen Sinn – beinhalten, die den stärksten Ekel hervorrufen, also Ausscheidungen bzw. die Öffnung des Körpers und seiner Grenze, der Haut, beispielsweise in den Darstellungen des verletzten, fragmentierten Körpers oder des Blicks auf das Körperinnere. Als abjekte Körperbilder können demnach alle die Repräsentationen des Körpers bezeichnet werden, die dazu geeignet sind, Ekel oder Abscheu auszulösen. Daher bezeichnet der abjekte Körper zunächst alle Körperbilder, die auf unterschiedliche Weise einer imaginierten Ganzheit des Körpers nicht entsprechen. Weiterhin können aber mit diesem Begriff allgemeiner gefasst auch Repräsentationen ‚anderer' Subjektivitäten bezeichnet werden. Diese verworfenen Subjektivitäten, die marginalisiert immer als das ‚Andere' fungieren, sind abhängig von sozialen und kulturellen Parametern, die ihre ‚Andersheit' festlegen." (Zimmermann 2001, S. 30 f.)

nicht als Kommunikationsgarant, sondern als gewalttätiger Kommunikationsverhinderer eingesetzt. Aus der gewaltsamen Kommunikationsverhinderung erwächst in einem nächsten Schritt aber wieder eine gewaltsame Kommunikationssituation, denn die Aktionen werden dem Publikum aufgezwungen.[20]

Die Aktionen und somit der Körper, der fast immer Medium der Aktion ist – nicht nur in diesem Fall, der sich keinem spezifischen Film mehr zuordnen lässt, sondern auch in allen anderen Fällen – wirken wie der Filmriss, den Joachim Paech in seinem Beschreibungsansatz zur Intermedialität thematisiert. Die Aktionen als gewaltsame Störung dringen als Form eines Mediums in die Präsentation der Filme ein, sie lassen die Medialität des Mediums Film erlebbar werden. Da es sich um künstlerische Aktionen mit Intention handelt, ist nun natürlich zu fragen, inwiefern die Thematisierung des Mediums Film für die künstlerische Intention bedeutsam wird. Diese Frage soll an diesem Punkt jedoch zurückgestellt werden und im Zusammenhang mit den Parallelen der Aktionen Osmolovskijs zu den Strategien der Situationistischen Internationale weiter hinten in diesem Kapitel 4.6 noch einmal aufgegriffen werden.

Eine andere Frage drängt sich vor dem Hintergrund des methodischen Gerüsts meiner Untersuchung sehr viel unmittelbarer auf: Joachim Paech schreibt, dass bei intermedialen Arbeitsweisen die Form eines Mediums in ein anderes Medium als Form eindringen muss, ja dass dieses Eindringen als intermediale Arbeitsweise selbst zur Form eines Medium gerinnt. Wenn nun der aktionistische Körper in eine Form des Mediums Film eindringt, wirkt er als Form des Mediums Körper mit ganz spezifischen Ausprägungen dieser Form – in unserem Fall als Kopplung unter anderem fäkal konnotierter, abjekter (Körper-)Elemente.[21] Das aktionistische Arbeiten, die Aktion im Film selbst, wird aber ebenfalls zur Form eines Mediums, dem ein ganz spezifischer kommunikativer, „in-formierender" Wert zukommt. Sowohl der störende, eindringende Körper als auch die aktionistische Störung des Filmes haben so einerseits eben jenen störenden Charakter, andererseits tragen sie durch ihre die Kommunikation störenden Elemente wiederum zur Kunstkommunikation bei. Auf dieser Ebene ist die Störung, die Kommunikationsverhinderung durch den aktionistischen, drastischen Körper selber der „in-formierende" Wert. Dieses Kommunikationselement trägt aber Züge des Zwanghaften an sich, denn die „In-formation" durch die Störung wird den Zuschauern (zumindest zum Teil) aufgezwungen. Die Störung wird zur ei-

---

20 Mehr zu den Zuschauerreaktionen und einer in ihr liegenden Ambivalenz in Kapitel 6.3.2.3. Grundsätzlich wird aus der Kommunikationssituation natürlich eine Zwangssituation, denn schließlich werden die Aktionen den Filmzuschauern aufgezwungen. Auch die Wahl der Mittel ist sehr aggressiv. Immerhin werden die Filme durch die Aktionen radikal unterbrochen, und auch die eingesetzte Symbolik ist sehr aggressiven Charakters. Andererseits gehören die Aktionen zum Festival dazu und wer als Filmzuschauer kam, nahm die Aktionen zumindest in Kauf. – Auch das Kino als geschlossener Raum wurde in der kritischen Filmtheorie oft als Zwangslage für den Rezipienten gedeutet, so auch die Unbeeinflussbarkeit der Filmrezeption im Ablauf. Für diesen Hinweis danke ich Géraldine Kortmann-Sene.

21 Zitiert wird hier auf aktionistische Art und Weise die Zerstörung der Illusion im Dispositiv „Kino", die auch bei Godard in der Nouvelle Vague Thema war. Auch für diesen Hinweis bedanke ich mich bei Géraldine Kortmann-Sene.

genen Form eines Mediums, ganz so, wie es Paech für intermediale Dispositionen beschreibt. Diese Formbildungsvariante der künstlerischen Aktion kommuniziert aber nun (natürlich) mit anderen Medien – zum Beispiel symbolisch generalisierten Kommunikationsmedien innerhalb der sich verändernden Gesellschaft.

Die als eigene Formbildungsvariante eines intermedialen Dispositivs eingesetzte Störung wurde als Provokation und Protest im Moskauer Aktionismus, wie bisher immer wieder betont wurde, als grundsätzliches, sich geradezu ritualhaft wiederholendes Stilmittel genutzt, das einerseits, vor allem auf der Ebene des kunstexternen Kommunikationssystems durch den Erfolg der Provokation direkt und unmittelbar wirkte, andererseits aber vor allem auf der Ebene der systeminternen Kunstkommunikation programmatisch als pures Zitat eingesetzt wurde, ohne Anspruch auf Originalität oder wirkliche Auseinandersetzung mit dem entsprechenden „Prätext".[22] Einige dieser „Prätexte" sollen im Folgenden für die Aktionen des Festivals *Vzryv novoj volny* (*Ausbruch einer neuen Welle*) näher beschrieben werden. In einem parallelen Schritt soll immer wieder darauf hingewiesen werden, wie die Aktionen trotz ihrer grundlegenden, strukturellen und programmatischen Zitathaftigkeit dennoch direkt und unmittelbar mit kunstexternen wie -internen Strukturen korrespondieren, inwiefern also durch die Aktionen – und auch dies ist charakteristisch –, trotz des Ritualhaften, des Repetitiven und des Anspruchs auf ästhetische Nicht-Originalität und programmatische Provokation, sowohl kunstexterne wie auch kunstinterne Beobachtungsoperationen ablaufen. Es soll beschrieben werden, welche ‚Traditionslinien des Protestes' aufgerufen werden, wobei recht schnell klar werden wird, dass in diesem ‚Willen zur Provokation' und nicht in ihren inhaltlichen Aussagen die eigentliche Systematik der Aktionen zu liegen scheint. Letzten Endes wird so beschrieben, auf welche Art und Weise der Körper in den Aktionen des Festivals *Vzryv novoj volny* (*Ausbruch einer neuen Welle*) zum Zweck der Provokation eingesetzt wird, ja, dass dieser Körpereinsatz in seiner medialen Funktion ebenfalls ausschließlich der (rituellen) Provokation dient und selbst Zitat eines solchen ist. Der Einsatz des Körpers bewegt sich auf der gleichen Ebene wie derjenige anderer Protest und Provokation zitierender Elemente. Das abjekte Andere, so ließe sich auch formulieren, wird vor allem kunstintern ausschließlich strukturell zitathaft eingesetzt. Kunstextern wird die medial-kommunikative Wirkung des Abjekten jedoch bewusst funktional trotz des Zitats eingesetzt, ebenso wie die anderen Elemente der Provokation.

Die folgenden Ausführungen werden sich also auf zwei Ebenen bewegen: Mit der zitierten Formensprache des Protestes (Ebene 1) werden grundlegende Stellungnahmen zu gesellschaftspolitischen Themenkomplexen geleistet (Ebene 2). Der kunstinterne Schritt, den der Moskauer Aktionismus in dieser frühen Phase geht, ist also gerade der Schritt hin zum Zitat des Protestes, um diese kunstexternen Stellungnahmen

---

22 „Text" im Sinne des erweiterten Textbegriffs einer kulturwissenschaftlich orientierten Intertextualitätstheorie, kann all jene kulturellen Erscheinungen umfassen, auf die sich eine spätere beziehen kann – egal, ob dies nun Texte im engeren Sinne oder eben Aktionen, Kunstobjekte, Filme oder anderes sind. Zur Intertextualitätstheorie vgl. Lachmann 1990.

leisten zu können. Dies wird bereits jetzt bewusst programmatisch formuliert.[23] Die Verhältnishaftigkeit von Kunstexternem und Kunstinternem wird so geradezu in ihr scheinbares Gegenteil verkehrt: Nicht Politik wird mit künstlerischen Mitteln gemacht, ein Anspruch, den Osmolovskij zwar formuliert, der aber bereits in seiner Formulierung aufgehoben wird,[24] sondern Kunst mit Mitteln der Politik, wie Sasse so aussagekräftig formulierte.[25] Die Aussagen, die innerhalb dieser Kunst getroffen werden, haben aber dennoch einen Aussagewert, so die These meiner Arbeit. Dieser Aussagewert wird in der frühen Phase des Aktionismus gerade dadurch gesteigert, dass künstlerisch das Bewusstsein der Zitathaftigkeit schon fast zur Vollendung ausgeprägt ist – die Zitate sind keine Plagiate, kein abgedroschenes[26] ‚Wiederkäuen' von Altem, sondern eine gelungene, an die Zeit adaptierte Reaktualisierungsstrategie. Das Gelingen äußert sich auch im Erfolg des Moskauer Aktionismus, der als eine der einflussreichsten Kunstströmungen im Russland der 1990er Jahre gilt.

4.2.2 Verweise auf *abject art*: Andres Serrano

Kehren wir an dieser Stelle zurück zu der für die Betrachtungen als Ausgangspunkt dienenden Aktion *Govno, moča, sperma* (*Scheiße, Pisse, Sperma*), um bei ihr mit der Untersuchung der Zusammensetzung der zitathaften Elemente zu beginnen, die in ihrer Gesamtheit die Formbildungsvarianten des Mediums ‚Störung von Kommunikationsprozessen durch Provokation' ergeben.

Denn auch die zunächst unkonnotiert genannten Elemente dieser Aktion fügen sich in weitere Kontexte ein. Ich spreche von der Urin, Kot und Sperma symbolisierenden gelben, braunen und weißen Gesichtsbemalung der Aktionisten.[27]

Das provokative Potential der symbolischen Einbindung von Körperexkrementen in Kunst hatte nur einige Jahre vor Osmolovskij der amerikanische Künstler Andres Serrano zum wiederholten Mal in der Kunstgeschichte eindrucksvoll unter Beweis gestellt. Er wurde 1987 mit seiner Photographie *Piss Christ!* international bekannt.[28]

---

23 Dies wird vor allem in den im *Gumanitarnyj fond* abgedruckten Interviews mit Osmolovskij überdeutlich, v. a. Осмоловкий & Королева 1991.

24 Осмоловкий 1991a.

25 Sasse 2003a, S. 268.

26 „Abgedroschenheit" war eines der abfälligen Urteile des gebildeten Moskauer Kunstpublikums zum Moskauer Aktionismus. Vgl. Dyogot, Y. 1995, S. 26.

27 Bemalte Gesichter sind auch ein Zitat der historischen Avantgarde. Die Aktion *Futurists Go Into Kuzneckij most* von Avdej Ter-Ogan'jan nimmt direkten Bezug auf eine Aktion Larionovs von 1913, bei der futuristische Künstler mit bemalten Gesichtern die Moskauer Modemeile Kuzneckij most entlang spaziert waren. Die Aktion erregte beträchtliches Aufsehen und regte einige Petersburger Damen zur sofortigen Nachahmung an. Sie bemalten sich die Brust statt des Gesichts (Abb. 11, 12). Vgl. hierzu Kapitel 3.1.3. Auch bei Kulik finden sich indirekte Bezüge zu den Aktionen der Futuristen. Vgl. Kapitel 5.1.1.

28 Zu Andres Serrano vgl. vor allem die Bildbände Wallis 1995 und Wilson 1997. Serrano selber bemerkte in einem Interview zur Rolle von *Piss Christ* in seinem Werk: „[...], but PISS

Abb. 27: Anatolij Osmolovskij:
Chaos – moj dom (*Chaos – My Hous[e]*),
1993 (Quelle: Гельман & Лопухова
2000, S. 122)

Eines der Diskussionsforen seiner Arbeiten war die Kunstzeitschrift *Flash Art*, die auch in Russland rezipiert wurde. Inwiefern sie Osmolovskij zum Zeitpunkt des Festivals *Vzryv novoj volny* (*Ausbruch einer neuen Welle*) allerdings bekannt war, ja, inwiefern er und seine Künstler-Kollegen Zugang zu *Flash Art* hatten und sowohl die Diskussion um Serrano als auch seine Arbeiten selbst rezipierten, kann hier nicht festgestellt werden. Interessant ist vor allem die nahezu zeitliche Parallelität des Einsatzes von Farbe als Medium zur Darstellung von Fäkalien und Körperexkrementen, die die Aktion Osmolovskijs in einen über Russland hinausreichenden kunsthistorischen Rahmen einzuordnen hilft. Moskauer Aktionismus und die amerikanischen *culture wars*, die sich unter anderem an der Ausstellung *Abject Art* im New Yorker Whitney Museum entzündeten und in deren Kontext auch die Arbeiten Serranos zu verorten sind, sind zeitlich nahezu parallele Phänomene.[29]

In mindestens einer späteren Arbeit, *Chaos – moj dom* (*Chaos – My House*) aus dem Jahr 1993 (Abb. 27), zitiert Osmolovskij Serrano auch sehr direkt, ein Umstand,

---

CHRIST made me infamous and branded me a provocative artist. After that, my reputation started to precede me. It has followed me for the past six years, even when I do things that I think lack provocation. I'm always surprised at the violent reaction to my work. THE MORGUE, for example." (Hollander & Serrano 1997, S. 109). Diese Aussage ist natürlich auch Bestandteil der Selbstinszenierung des Künstlers Serrano, ist es doch keineswegs verständlich, wieso Arbeiten, in denen Serrano menschliche Leichen arrangiert (*The Morgue*), nicht provokativ sein sollen, und wirft gerade deswegen einen interessanten Blick auf die Selbstinszenierungspraktiken beim Einsatz von Provokation als künstlerischem Stilmittel.

29 Vgl. den Katalog zur Ausstellung Levi, Homer, Jones & Taylor 1993.

der eine frühere Analogsetzung zumindest nicht vollkommen willkürlich erscheinen lässt. Das Zitat besteht auch in diesem Fall vor allem im Willen zur Provokation: Die Strategie, die Osmolovskij aufgreift, besteht in der photographischen Inszenierung von Leichen(teilen). Osmolovskijs Arbeit zitiert Serranos *The Morgue* (1992) (Abb. 28) zwar unmittelbar, setzt sich jedoch durch eine sehr viel brutalere Inszenierung von diesem ab. Während die Toten bei Serrano sehr ästhetisch und nur in Details abgebildet werden, versucht Osmolovskij die provokative Wirkung seines Bildes dadurch zu steigern, dass er selbst in seiner Arbeit einen abgetrennten Kopf, an dessen Hals noch Blut zu kleben scheint, an den Haaren hochhält. Die Wirkung ist tatsächlich ungleich brutaler als diejenige der Bilder Serranos.[30]

Piss Christ!, eine der Arbeiten Serranos, die für das Festival *Vzryv novoj volny (Ausbruch einer neuen Welle)* interessant sind, zeigt ein Kruzifix, das in einer gelblichen, mit Bläschen durchsetzten Flüssigkeit liegt.[31] Auch hier ist es vor allem der Titel der Arbeit, der die Assoziation zum Element des Urins herstellt und somit die Verbindung des religiösen Symbols des Kruzifixes mit demjenigen des Exkrements zementiert. Die Arbeit rief vor allem in der amerikanischen Kulturlandschaft einen Aufschrei der Empörung hervor, führte zu langen politischen Diskussionen und zementierte den Ruf Serranos als Skandalkünstler. Er wurde, so Anja Zimmermann, zu einer Ikone der amerikanischen *culture wars*, während derer auf vielen Ebenen der Gesellschaft immer wieder auch die Frage der ,Anständigkeit' von Kunst heftig debattiert wurde.[32] Serrano hatte in demselben Jahr, in dem *Piss Christ!* entstand, auf einer wesentlich weniger gegenständlichen Ebene mit der Verbindung von Farbe und Körperexkrementen gearbeitet. Die Serie *Fluid Abstractions* beinhaltet ein Tableau, das einen roten Kreis in einer gelben Fläche zeigt und den Titel *Circle of Blood* trägt, ein weiteres rein gelbes Tableau ist *Piss* betitelt, ein rein rotes *Blood*. Eine weitere Arbeit dieser Serie aus den Jahren 1986-1990 ist exakt zweigeteilt in eine weiße (linke) und in eine rote (rechte) Hälfte, der Titel dieser Arbeit ist *Milk, Blood*.[33] Weitere Arbeiten schließen das Element des Spermas ein, so zeigen einige Photographien mit dem identischen Untertitel *Ejaculate in Trajectory*[34] abstrakte und sehr ästhetisch wirkende weißliche Fadenstrukturen, die durch einen undefinierten Raum schweben.[35] Wiederum stellt erst die Verbindung von Titel und Objekt eine irritierende und provozierende Verbindung her.[36]

---

30 Den Kopf hatte sich Osmolovskij, so meine Information [Gespräche mit Aktiven und Wegbegleitern des Moskauer Aktionismus in Moskau, Frühjahr 2003], ebenfalls in einer Leichenhalle beschafft. Osmolovskij nahm mit dieser Arbeit 1993 an der APERTO Sektion der Biennale in Venedig teil.

31 Wilson 1997, S. 21.

32 Zimmermann 2001, S. 157 ff.

33 Wilson 1997, S. 32 f.

34 Wilson 1997, S. 34

35 Insgesamt wird die unmittelbare Bezugnahme auf Julia Kristevas Konzept des Abjekten deutlich, das diese u. a. an der Haut, die sich auf Milch bildet und oft als eklig empfunden wird, an Körperflüssigkeiten wie Blut, Urin, Sperma und an Toten entwickelte (Kristeva 1980).

36 Wilson 1997, S. 29-39.

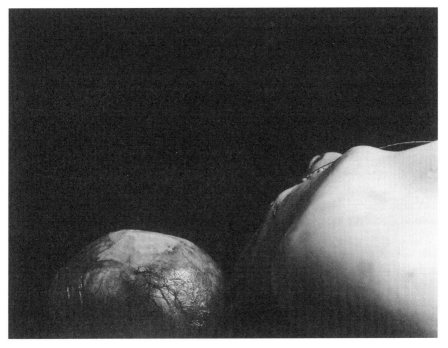

Abb. 28: Andres Serrano: *The Morgue (Broken Bottle Murder II)*, 1992
(Quelle: Wilson 1997, S. 56)

Serrano fordert Sehgewohnheiten heraus, seine Einbindung von Fäkalien in den Kunstkontext ist jedoch nichts grundsätzlich Neues. Bereits 1961 präsentierte Piero Manzoni in Konservendosen verpackte Fäkalien dem Kunstpublikum und verkaufte sie für den damaligen Nennwert von Gold, um zu demonstrieren, dass der Kunstmarkt alles akzeptiere, wenn es nur als Kunst bezeichnet wird.[37]
Es ist wohl eher diese Arbeit, an die Osmolovskij anknüpft, wenn er 1999 die Fäkalienthematik wieder aufgreift und in dem von ihm herausgegebenen Journal *Radek* offen die Frage stellt, für wie viel Geld einzelne Vertreter der Moskauer Kunstszene bereit wären, ihren eigenen Kot zu essen.[38] Beiden Arbeiten gemein ist eine grund-

---

37 Für Informationen über Piero Manzoni vgl. *Piero Manzoni Archive* [www.pieromanzoni.org, Zugriff: 25. 08. 2006] oder Celant 1998. Abbildungen von *Merda d'artista* z. B. in Celant 1998, S. 203.

38 Говно редакции 1999, S. 118. Die Serie besteht aus Photographien der Exkremente von Vertretern der Moskauer Kunstszene und einem anschließenden Interview, in dem die Frage gestellt wird, für wie viel Geld diese zum Verzehr derselben bereit wären. Das letzte Photo zeigt eine orthodoxe Kirchenkuppel und ist mit dem Namen des Moskauer Bürgermeisters Jurij M. Lužkovs überschrieben. Die Serie ist eine beißende Kritik an der Baupolitik Lužkovs, ist die Kirchenkuppel doch diejenige des wiedererrichteten Chram Christa Spasitelja (Christus-Erlö-

sätzliche Form der Konsum- bzw. Kapitalismuskritik, wenn einerseits Kot konservierbar und käuflich wird, und andererseits Geld zum offensichtlich widerwärtigen Verzehr von Kot auffordert, ein Akt, der in der Symbolik der Konservendose ebenfalls angelegt ist. Diese Formen der Konsum- und Kapitalismuskritik sind typisch für Osmolovskijs Arbeiten, insbesondere auch für das Festival *Vzryv novoj volny* (*Ausbruch einer neuen Welle*) in Moskau 1990, zu einer Zeit, als die russische Gesellschaft, und hier insbesondere Moskau, ernsthaft begann, tiefgreifende Veränderungen des Systems zu spüren.

Auf der ersten Ebene findet also eine thematisch-inhaltliche Auseinandersetzung mit geradezu klassischen gegenkulturellen Elementen der (westlichen) Linken statt: Kapitalismus- und Konsumkritik, die über eine Einbindung von Fäkalien, den Exkrementen des Körpers, in den Kunstkontext artikuliert wird. Diese Strategie ist eine kunsthistorisch recht alte, wie das Beispiel Manzoni zeigt. Das Beispiel Serranos zeigte zudem, dass die Reaktualisierung von künstlerischen Strategien, die einen abjekten Körper kunstkommunikativ nutzen, zu Beginn der 1990er keine auf Russland beschränkte war.[39]

In der Reaktualisierung der Formensprache liegt aber auch das Potential einer Reaktualisierung und Adaption inhaltlicher Elemente, die auf kunstexterne Kontexte verweisen bzw. mit diesen kommunizieren. Eines dieser Elemente ist die Interaktion des (abjekten) Körpers mit für die Gesellschaft wichtigen symbolischen generalisierten Kommunikationsmedien. Luhmann hatte auf dieser Ebene, auf Parsons Bezug nehmend, unter anderem „money, power, influence und value commitments" genannt.[40] Es sind diese symbolisch generalisierten Kommunikationsmedien, in die über den Kunstkontext indirekt eingegriffen wird. Ganz zentral für Konsum- und Kapitalismuskritik ist eine Kritik am Medium des Geldes, das als ein relevanter Machtträger im Kapitalismus den Fluss der Konsumgüter regelt. Wenn nun der Körper in diesen Fluss derartig eingreift, dass er unterbrochen wird – und das wird er auf der künstlerischen Ebene, wenn er durch den Konsum und den Verkauf von Fäkalien grundsätzlich in Frage gestellt wird –, dann stört wiederum die Drastik des Körpers den Kommunikationsfluss, der für das Funktionieren dieses Systems zuständig ist. Zugleich

---

ser-Kathedrale), den Stalin 1931 hatte schleifen lassen und unter Lužkov in den 1990er Jahren in einem gigantomanischen Bauprojekt pünktlich zur 850-Jahr-Feier Moskaus wiedererrichtet wurde (vgl. Thumann 1997).

39 Serranos Arbeiten finden sich, dies nur als kleiner Exkurs am Rande, auch bei einem weiteren Vertreter des Moskauer Aktionismus wieder. Die Arbeit *Japonskij Bog* (*Japanischer Gott*) Aleksandr Breners von 1992 scheint Serranos *Milk, Blood* direkt zu zitieren, indem auch hier die Farben rot und weiß einander gegenüber gestellt werden. Die Blutmetaphorik wird durch die Form der Präsentation der Arbeit Breners unterstützt: Die einzelnen Blätter wurden durch Spritzen an der Wand befestigt. Während Serranos Arbeit jedoch völlig abstrakt ist, hat diejenige Breners ein literales Element. Auch ist die Anordnung der Farbfelder nicht horizontal, wie bei Serrano, sondern vertikal. Mit Osmolovskijs Arbeiten verbindet diejenige Breners die drastische Sprache, die in dem Text, der in die einzelnen Kartenblätter integriert ist, deutlich zum Ausdruck kommt.

40 Vgl. Kapitel 2.2.2.

wird dessen Zwanghaftigkeit verdeutlicht. Dass einen sozialkritisch eingestellten Künstler wie Osmolovskij dies als unmittelbare Reaktion auf die sich um ihn ereignenden Veränderungen thematisch interessiert, erscheint nur konsequent. Aber auch hier findet sich das Element des Zitats bereits in das Verfahren selbst eingefügt. Es ist ganz essentiell für das Selbstverständnis des Moskauer Aktionismus, das Zitat derart hypertroph einzusetzen, dass es gerade wegen seiner Aktualität parodistisch wird. Dieses Element der Parodie stellt eine dritte, wiederum eher kunstinterne Ebene dar. In ihr ist eine Parodie auf poststrukturalistische Verfahrensweisen in der Kunst enthalten, die das Zitat, Verfahren der Desautomatisierung, wie sie die Aktionen des Festivals darstellen, zum Programm erhoben haben. Auf dem Weg hin zu einer „Beliebigkeit des Ausdrucks", gegen die sich die Künstler des Moskauer Aktionismus parodistisch wenden, liegen unzählige Stationen des avantgardistischen Protests, der sehr häufig den Einsatz des Körpers und der direkten Aktion einschloss. Die Körperaktionen sind somit zugleich Zitat und Parodie, zugleich ernst gemeinte gesellschaftspolitische Stellungnahme und Demonstration derer Absurdität. Dieses Element wird vor allem durch die Verknüpfungen mit den Arbeiten Serranos deutlich. Serrano gilt zu Beginn der 1990er Jahre als einer der wichtigsten Künstler, die den Protest als Verfahren anwenden. Wenn Osmolovskij auch ihn (in)direkt zitiert, dann zitiert er nicht nur Inhaltliches, wie eine Konsum- und Gesellschaftskritik, er zitiert auch den Protest, die Provokation als solches. Der Körper dient hauptsächlich als Medium des Ausagierens dieser ungerichteten Proteststrategie. Dieses Wechselverhältnis wird bei der Einbindung anderer, ebenso offensichtlich zitierter Proteststrategien, noch deutlicher werden.

4.3 Punkästhetik und der russische *mat*

4.3.1 Punksymbolik in West und Ost und die Aktionen von Ė.T.I.

Die Bildunterschrift unter der qualitativ nicht sehr hochwertigen Schwarzweiß-Photographie im „Archiv radikal'nogo iskusstva" zur Aktion *Govno, moča, sperma* (*Scheiße, Pisse, Sperma*) besagt, dass das Publikum „v tipičnoj pankovskoj manere" („in einer typischen Punkmanier") adressiert wurde, ohne diese näher zu beschreiben.[41] Unter „typisch Punk" muss, so legen es Erinnerungen von Protagonisten der Punkkultur in England und Amerika ebenso nahe[42] wie Versuche, das Phänomen Punk (musik-)historisch einzugrenzen[43], eine extrem aggressive Kommunikationsstruktur von der Bühne ins Publikum verstanden werden, deren hauptsächliches Ziel pure Provokation war. Die Punkkultur war von einem ganz spezifischen Set an Symbolen,

---

41 Архив радикального искусства 1999, S. 159.

42 McNeill & McCain 2004.

43 Vgl. Savage 1991. Das Buch gibt einen ausgesprochen detailreichen Überblick über die Geschichte des Punk und legt großen Wert auf den Einbezug sozioökonomischer Faktoren sowie biographischer und anderer Rahmengrößen.

einem sich schnell herauskristallisierenden Kleidungsstil und bestimmten sub- bzw. kontrakulturellen Verhaltensweisen gekennzeichnet und bildete sich rasch weltweit als eigene Jugendsubkultur heraus. So zählte zu den frühen typischen Artefakten der Punkkultur der exzessive Gebrauch von faschistischen Symbolen wie Hakenkreuzen, ohne ursächlich rechtsextremes Gedankengut hiermit zu verbinden (Abb. 29).[44] Punk bewegte sich jenseits jeglicher Grenze der politischen Korrektheit, verstand sich als antiintellektuell und die Unterschicht repräsentierend, als aggressiver Gegenpol zur Protest-Generation der 1968er, deren Aufbruch in den 1970ern, als Punk vor allem in Amerika und England entstand und populär wurde, deutlich als gescheitert empfunden wurde.[45]

Auch bei der Entstehung dieser jugendlichen Welle des Protestes, der extrem negierend-nihilistische Formen annahm, spielten gesellschaftliche Faktoren eine große Rolle. In seinen englischen Keimzellen waren die Städte verödet, und die Jugend sah sich angesichts einer am Boden liegenden Ökonomie mit einer perspektivlosen Zukunft konfrontiert. In Amerika, dem zweiten Nukleus der Punkbewegung, musste sie mit den Folgen des Vietnamkrieges, der 1975 nach elf Jahren beendet wurde, zurecht kommen, ohne noch selbst im Protest gegen den Krieg eine Identität finden zu können. All dies drückte sich nicht nur in einem von allen harmonischen Elementen bereinigten Musikstil aus, sondern auch in einem Kleiderstil, der prägend für eine ganze Generation war. Lederjacken waren hier nur eines der wichtigen Elemente, eine ebenso große Rolle spielten die durch den Manager der *Sex Pistols* Malcom McLaren und seiner Partnerin Vivienne Westwood entworfenen Kleidungsstücke, die sich, wie die ganze Bewegung, durch ein extremes Maß an Provokation auszeichneten.[46] Bekannt wurden sie unter anderem für den exzessiven Gebrauch von situationistischen Parolen auf T-Shirts ebenso wie für den Gebrauch von Elementen, die der Welt der Prostitution, der Pornographie und des Sexuellen entnommen waren.[47] Dies hatte nichts

---

44 Vgl. McNeill & McCain 2004, S. 283 f., Savage 1991, S. 52.

45 Vgl. Savage 1991, Kapitel 1.

46 Savage 1991, S. 30 ff., 42.

47 Savage 1991, S. 52 – Sadie Plant betont die Bedeutung, die der Einfluss situationistischer Konzepte auf Malcolm McLaren hatte (Plant 1992, S. 144-46). McLaren arbeitete eng mit seiner Frau, der Modeschöpferin Vivienne Westwood zusammen. Diese kreierte den die Mode revolutionierenden Punkstil, der sich unter anderem aus den oben erwähnten Merkmalen zusammensetzt. Im Jahr 2006 zeigte das NRW-Forum Kultur und Wissenschaft eine ausführliche Retrospektive Vivienne Westwoods, die noch einmal die Bedeutung des von ihr kreierten Kleidungsstils untermauert. In der sehr positiven und ausführlichen Rezension der Ausstellung in der Süddeutschen Zeitung heißt es hierzu: „Denn einerseits besaß sie damals [in den Achtzigern, Anm. G. D.-S.] schon längst, was nur den wenigsten Modedesignern jemals erreichbar ist: einen sicheren Platz in der Geschichte der Alltagskultur. Hatte sie doch, gemeinsam mit ihrem zweiten Mann, Malcom McLaren, in der Mitte der siebziger Jahre von der Londoner Kings Road aus einen entscheidenden Beitrag zu einem historischen Stilbruch geleistet. Die Inszenierungsformen des Punk, der in jenen Jahren noch einmal die große, mittlerweile klassische Erzählung von rebellischer Jugend und heldenhafter Verweigerung, von abgrundtiefem Ennui und antibürgerlichem furor reanimierte, speisten sich maßgeblich aus den Posen, den Utensilien und Kleidungsstücken, die in der Boutique ‚Seditionaries‘ angeboten wurden. An

Abb. 29: Kleidung mit Hakenkreuzmotiv von *Too Fast To Live, Too Young
To Die* (Laden von Vivienne Westwood und Malcolm McLaren), 1974
(Quelle: Savage 1991, S. 52)

mehr mit dem Ruf nach sexueller Befreiung der Generation vor der des Punk zu tun,
sondern befriedigte eine pure Lust an der Provokation. Die *Sex Pistols* waren noch
mehr als die auch durch ihn mit beeinflussten Kleidungsstücke Westwoods (Abb. 29)
ein Produkt McLarens, angefangen von dem den Begriff „Sex" enthaltenden Marken-
namen.

Sie wurden schnell zu einem Inbegriff der Punkkultur und lösten sich auf dem Höhepunkt ihres Erfolges als Band wieder auf – ohne jedoch dem Schicksal vieler ehe-

---

diesem heute mythischen Ort auf der Londoner Kings Road, Nr. 430, konnte man all die Ingredienzien dieses neuen Stils finden, der ja wirklich das modische Erscheinungsbild revolutio-
nierte: vom Rattenkäfig auf der Ladentheke über die Fetisch-Artikel aus den Arsenalien des
Abseitigen und Obszönen bis zum selbstgenähten Weltanschauungs-T-Shirt mit griffiger Pa-
role – ‚Destroy'. Diese moderne Ästhetik des Erhabenen mit all ihrer Ruinenromantik suchte
vor allem eins: den heroischen Auftritt. Anders aber als die mythischen Helden, die gegen
übermächtige, überirdische Gegner zu kämpfen haben und an ihnen wachsen müssen, litt der
Stil der Punkbewegung an der Mediokrität seines Gegenübers, der müden und ausgelaugten
Geschmackskultur der bürgerlichen Mittelschicht. Deshalb war sein Triumph so mühelos,
und deshalb musste er fast zwangsläufig – im bürgerlichen Mainstream enden." (Schwarz 2006,
S. 11)

mals avantgardistischer und protestlerischer Zeitgeistprodukte entkommen zu können, der Integration in den Massenmarkt.[48]

Auch in der Sowjetunion gab es – wie in allen anderen osteuropäischen Ländern
– eine eigene Punkbewegung. Aufgrund der Struktur der Sowjetunion ergeben sich
hier noch einige weitere Implikationen, folgt man den Thesen von O. Aksjutina.[49]
Ihr zufolge begriff sich die Punkbewegung in der Sowjetunion als regimekritisch, als
explizite Form der Gegenkultur gegen die politische Ordnung. Punk zu hören oder
gar zu spielen wurde als Form des Widerstandes begriffen und von der Staatsmacht
auch so empfunden.[50]

> Таким образом, в Советском Союзе уже играть рок, а тем более панк, было
> противостоянием. Это было запрещено, и люди, которые занимались рок-музыкой
> и не вписывались в стандартный образ ,простого советского человека‘, часто
> серьезно рисковали не только быть избитыми в отделении милиции или
> ,дружинниками‘, но и лишиться свободы. Государственная власть пыталась
> подавить любые отклонения от официальной идеологии: выгоняла с работы и из
> институтов, отправляла в армию и в психиатрические лечебницы на
> принудительное лечение, травила через прессу (разоблачительные статьи) и т.п.

> Rock und umso mehr Punk zu spielen bedeutete in der Sowjetunion Widerstand. Es
> war verboten, und Leute, die sich mit Rockmusik beschäftigten und nicht in das Stan-
> dardbild des ,einfachen sowjetischen Menschen‘ passten, riskierten häufig, nicht nur
> durch die Miliz auf der Wache oder durch deren Gefolgsleute verprügelt, sondern auch,
> ihrer Freiheit beraubt zu werden. Die Staatsmacht versuchte, jede Abweichung von der
> offiziellen Ideologie zu unterdrücken: Sie vertrieb die Leute von der Arbeit oder den
> Instituten, schickte sie in die Armee oder in die Psychiatrie zur Zwangsbehandlung,
> hetzte durch sie die Presse (enthüllende Artikel) und ähnliches.

Punks und ihre Anhänger hatten demnach bis zum Schluss ernsthaft mit Repressalien
zu rechnen, die unter anderem in Zwangsbehandlungen in der Psychiatrie bestehen
konnten.

Mit den Veränderungen der *perestrojka*-Zeit allerdings kam auch der Punk, so
Aksjutina, in dieser Selbstdefinition in eine Krise.

> К концу 1980-х закончилась эпоха больших идеологий, новые пока что не успели
> сформироваться, и панк оказался в обществе без каких-либо ценностей и норм: „...
> Бунт против чего, вот сейчас? При социализме – бунт против социализма. А
> сейчас-то бунт против чего? Чего тебе не хватает?.. Колбасы?.. Свободы?.‘
> [Интервью с Андреем Машниным (группа *Машнин бэнд*)] Существование панк-
> движения, как и других форм контркультуры в СССР в том виде, в каком они
> функционировали до перестроечной эпохи, потеряло смысл на рубеже 1980-90-х
> гг. В этот переходный период вследствие падения идеологических нормативов и

---

48 McNeill & McCain 2004, Kapitel 34.
49 Аксютина о.J.
50 Аксютина о.J.

запретов на контркультуру и, в частности, рок, они перестали быть значимыми протестными явлениями, а статус их деятелей изменился.[51]

Gegen Ende der 1980er endete die Epoche der großen Ideologien, neue hatten sich noch nicht formieren können, und der Punk fand sich in einer Gesellschaft ohne irgendwelche Werte und Normen wieder: „... Rebellion gegen was, wie jetzt? Unter dem Sozialismus war die Rebellion gegen den Sozialismus. Aber gegen was sollte man jetzt rebellieren? Von was hatte man nicht genug? ... Wurst? ... Freiheit?" [Interview mit Andrej Mašnin (Gruppe *Mašnin bènd*)] Die Existenz der Punkbewegung verlor, wie auch andere Formen der Gegenkultur in der UdSSR, in der Form, wie sie vor der Epoche der *perestrojka* existierte, ihren Sinn an der Schwelle der 1980/90er Jahre. In dieser Übergangsperiode hörten die Gegenkultur und insbesondere der Rock in der Folge des Niedergangs der ideologischen Normen und Verbote auf, bedeutende Formen des Protests zu sein, und ihr Status änderte sich.

Mit der *perestrojka* war der Punkbewegung das Ziel des Widerstands verloren gegangen. Nicht nur sie, auch andere gegenkulturelle Bewegungen wurden in ein „ideologisches Vakuum"[52] geworfen, innerhalb dessen eine Neuorientierung notwendig geworden war.

1990 kann also als ein Zeitpunkt gesehen werden, zu dem Punk einerseits in Ost wie West deutlich in die Jahre gekommen war, sich jedoch als ein ganzer Komplex an kulturellen Konnotationen etabliert hatte, die einerseits mit absoluter Aggression den herrschenden Verhältnissen gegenüber in Verbindung gebracht werden konnten, andererseits aber auch gerade in dieser Abwehrhaltung in der noch existierenden Sowjetunion einen deutlich systemkritischen Zug beinhalteten, der trotz der Krise, in der sich der russische Punk befand, auch ein Jahr später, 1991, noch nichts von seiner symbolischen Sprengkraft eingebüßt hatte, wie ein Beispiel Hilary Pilkingtons zeigt. Sie fügt einem Aufsatz über Ausprägungen der Jugendkultur zu Zeiten der *perestrojka* und kurz danach die Photographie einer russischen Punkgruppe bei, die sie mit einer Bildunterschrift versieht, in der auch sie auf psychiatrische Zwangsmaßnahmen, die russische Punks noch 1991 durchleiden mussten, eingeht:

Russian punks taking a break from band rehearsals near their homes in a working-class high-rise district of Moscow in 1991. Apart from their musical activities, the main aims of these punks were to avoid military service and waged labour; all lived off disability pensions. The downside of this strategy was compulsory treatment for their supposed psychiatric disorders; one member of the band was still undergoing treatment at the time this photograph was taken.[53]

Der geplante Wahnsinn als Motiv, der später für die Interpretation des Moskauer Aktionismus als modernes Gottesnarrentum so wichtig wurde, zeichnet sich damit schon hier ab.

---

51 Аксютина o.J.
52 Misiano & Sidlin 2004, S. 63.
53 Pilkington 1998, S. 377.

Es ist der gesamte Symbolkomplex der Punkmusik in Ost wie West, den Osmolovskij zitiert, wenn er von „typisch Punk" spricht, und damit eine weitere Bewegung
des Protests zitierend, parodistisch und zugleich ernsthaft in seinen Aktionen aufgreift – so beispielsweise während des Films *Alphaville* von Jean Luc Godard, in der
der Film durch eine Aktion unterbrochen wurde, in der Hakenkreuze auf den nackten Rücken der Aktionisten zu sehen waren.[54]

Punk ist nicht nur in dieser einen, isolierten Aktion des Festivals *Vzryv novoj volny*
(*Ausbruch einer neuen Welle*) ein zentrales Element seiner Arbeit. Gerade die *Sex Pistols* werden zu einem wichtigen Symbol, mit dem er in vielfältiger Hinsicht arbeitet.
Sie spielen auch in einer weiteren Aktion des Festivals eine eminente Rolle. Zu einem
der Filme sollte parallel ein Filmskript verlesen werden, das Osmolovskij gemeinsam
mit Dmitrij Pimenov verfasst hatte. Der Text *Bože chrani prezidenta! (Futurologičeskij
boevik fars)*[55] (*God Save the President! [Futurologische Gangsterfarce]*)[56], der ebenfalls
im „Archiv radikal'nogo iskusstva" („Archiv der radikalen Kunst") acht Jahre später
mit einem deutlichen Verweis auf die nie redigierte Vorläufigkeit des Textes abgedruckt wurde, entwirft ein Filmszenario, in dem in einem von Amerika kontrollierten
Moskau der Zukunft im Jahr 1996 der Hauptprotagonist per Zufall in eine Verschwörung gegen den Präsidenten verwickelt wird. Ausschließlich situativ handelnd
erfüllt der Held die Aufgabe, die ihm der Zufall zugedacht hat: Er sprengt die Verschwörung und rettet den Präsidenten vor dem KGB, nur um selbst – unsterblich geworden – mitzuerleben, wie Moskau in einem Atomschlag untergeht. Seine Unsterb-
lichkeit liegt in seiner Rolle als Hollywood-Filmheld begründet. Der Held selbst erfährt erst zum Schluss von der Existenz der ihm zufällig zugekommenen Aufgabe.
Während der im Skript wiedergegebenen Filmhandlung selbst handelt er völlig blind,
rein der jeweiligen Situation und dem Zufall ergeben. Die letzte Szene des Films war
laut Skript als außer-diegetische geplant. Die gesamte Filmcrew sollte zu dem *Sex Pistols*-Song *God Save the Queen* vor Filmequipment Pogo tanzen. Sowohl der Tanz Pogo, als auch die *Sex Pistols* und ihr Song *God Save the Queen*, dessen russische Übersetzung *Bože, chrani korolevu* bereits im Titel des Filmskripts *Bože, chrani prezidenta!*
(*God Save the President!*) variiert wird, sind zentrale Symbole der Punkbewegung. In
den wenigen Fällen, in denen Osmolovskij und Pimenov in ihrem Filmskript Hinweise auf die zu unterlegende Musik geben, sind dies ausschließlich Verweise auf Vertreter zumeist russischen Punks oder ähnlicher Musikstile, wie der Gruppe Zvuki Mu.

Osmolovskij wird auch in späteren Aktionen und Ausstellungen immer wieder zu
Symbolen der Punkbewegung zurückkehren. So findet vom 1. – 15. September 1991
in der Regina Gallery die von Oleg Kulik betreute gemeinsame Ausstellung der Grup-

---

54 Vgl. auch Kapitel 1.3.2. und Abb. 53.

55 Осмоловский & Пименов 1999 – Veronika Bode berichtet, dass Osmolovskij die Verlesung
des Manuskripts trotz seiner Gegenwehr in Form von wüsten Publikumsbeschimpfungen
durch die Zuschauer verwehrt wurde, wodurch die Stimmung extrem aufgeheizt und ‚skandalschwanger' wurde (Боде 1991).

56 Der Titel ist, wie später noch deutlich werden wird, eine eindeutige Anspielung auf den Song
„God Save the Queen" der Sex Pistols. Daher übersetze ich ihn englisch.

Abb. 30: É.T.I. und K. Zvezdočetov: *Den' znanij* (*The Day of Knowledge*), Regina Gallery, Moskau, 1991 (Quelle: Бредихина 1993, S. 57)

pe É.T.I. mit Konstantin Zvezdočetov *Den' znanij* (*The Day of Knowledge*) statt. In dieser Ausstellung, deren Dokumentation in einigen Videoaufnahmen[57] und verschiedenen Photo- und Textfragmenten vor allem in einer galerieeigenen Publikation 1993[58] und in Osmolovskijs 10-jähriger Werkdokumentation[59] besteht, integriert Osmolovskij einige charakteristische Symbole der Punkbewegung in den Kontext des Galerieraumes.

So kombiniert er beispielsweise den Schriftzug „Sex Pistols" mit dem Namen Karl Marx, so dass der Zweizeiler „Sex Marx/Karl Pistols" entsteht. Ein anderes Objekt stellt den Schriftzug ХУЙ[60] aus, wobei das kyrillische Х die Form eines Hakenkreuzes hat (Abb. 30). Es findet sich also neben dem offenen Zitat des kulturellen Emblems „Sex Pistols" auch das offen provokante Spiel mit faschistischen Symbolen wieder, und dies bei einer dezidiert antifaschistischen Haltung mit gleichzeitigem Ver-

---

57 Против движение [ca. 1991-93].

58 Бредихина 1993a, S. 54-59

59 Осмоловский 1999a, o.S.

60 Das Wort „chuj" ist ein obszöner Ausdruck für das männliche Glied und entstammt der Sprachebene des russischen *mat*. Es kann auch mit „fuck" übersetzt werden und findet sich im *mat* in einer Unzahl von Wortverbindungen (Плуцер-Сарно 2001). Vgl. weiter hierzu auch Kapitel 4.3.2.

weis auf den Gründungsvater sozialistischen Gedankenguts Karls Marx.[61] Diese
Kombination von linken und rechten Symbolen stellt in sich ein Zitat der Punkbewegung dar – und muss in einem offenen Raum, wie ihn eine in der zu diesem Zeitpunkt
noch sozialistischen Sowjetunion erst seit kurzem überhaupt mögliche Privatgalerie
darstellte, doch recht provokativ gewirkt haben.[62]

4.3.2 Der Gebrauch obszöner Lexik

Doch der Gebrauch obszöner Lexik, der in dem Wort „chuj" natürlich ebenso enthalten ist, wie in dem ganzen Symbolkomplex der Punkbewegung, hat auch eigene kulturelle Assoziationen. A. Zorin[63] verweist 1991 (publiziert 1996) in einem historischen Überblick über die Entwicklung der Legalisierung obszönen Sprachgebrauchs
in Russland über mehrere Jahrhunderte hinweg auf die Tatsache, dass gerade in den
Jahren der *perestrojka* eine generelle Aufwertung obszöner Sprachpraktiken stattfand,
die in diesem Kontext natürlich besonders wichtig wird. Eines seiner Beispiele für den
Höhepunkt dieses Prozesses – das Eindringen der obszönen Sprache des russichen
mat in den Sprachgebrauch der Elite – stellen für ihn die Aktionen der Gruppe È.T.I.
dar.

> В 1991 году книги и периодические издания печатают ненормативную лексику уже
> без всяких оговорок. [...] Популярная в Москве *Независимая газета* публикует
> материалы об обсценной лексике из номера в номер. [...] Восемнадцатого апреля,
> за четыре дня до дня рождения В.И. Ленина, матерной язык перешел в прямую
> атаку на своего извечного противника и спутника – официоз.[64]

> 1991 wird die nichtnormative Lexik in Büchern und Periodika bereits ohne Vorbehalte
> gedruckt. [...] Die in Moskau populäre *Nezavisimaja gazeta* publiziert Materialien zur
> obszönen Lexik Ausgabe um Ausgabe. [...] Am 18. April, vier Tage vor dem Geburtstag
> V. I. Lenins, ging die Sprache des *mat* zur direkten Attacke auf ihren ewigen Gegner und
> Begleiter über – das Offiziöse.

Zorin bezieht sich hier auf die Aktion *È.T.I. Tekst. CHUJ na Krasnoj ploščadi* (*È.T.I.
Text. CHUJ auf dem Roten Platz*), eines der bekanntesten Symbole für den Gebrauch
obszöner Sprache im Moskauer Aktionismus (Abb. 1). Die Legalisierung der obszönen Sprache – häufig Körpersprache! – fällt, wie Zorin ausführt, mit dem Prozess der

---

61 Vgl. zur Weiterentwicklung dieses Aspekts bei Osmolovskij die von ihm kuratierte Ausstellung
    Antifašizm & anti-antifašizm in Moskau 1996 (Осмоловский 1996).

62 Christian David Messham-Muir stellte in seiner Doktorarbeit *Toward an Understanding of Af-
    fect: Transgression, Abjection and their Limits in Contemporary Art in the 1990s* zu australi-
    schen, amerikanischen und britischen Gegenwartskünstlern heraus, dass auch diese in den
    1990ern auf Elemente des Punk und Grunge zurückgriffen. Vgl. Messham-Muir 1999, Chap-
    ter One.

63 Зорин 1996.

64 Зорин 1996, S. 136.

perestrojka zusammen. Er selbst nennt das Jahr 1989 als dasjenige, in dem das zu sow-jetischen Zeiten strikte Sprachtabu ins Wanken kam.[65] Im Übrigen erwartet er 1991, dass mit der Legalisierung des *mat* ein Prozess der Normalisierung einsetzt. Der *mat*, so seine Einschätzung, werde bald zu „odin iz stilističeskich registrov russkogo litera-turnogo jazyka"[66] („eines der stilistischen Register der russischen Literatursprache") werden und seinen besonderen Status verlieren. Zorin sollte in dieser Hinsicht zu-mindest teilweise Recht behalten. Belege hierfür sind beispielsweise das 2001 erschie-nene *Bol'šoj slovar' mata* (*Großes Wörterbuch des mat*), das sich in seinem ersten Band ausschließlich dem Wort „xyй" widmet.[67] Ähnliche Entwicklungen belegen auch die Untersuchungen des Sprachwissenschaftlers John A. Dunn, der einen Aufsatz mit dem Titel überschreibt „The Transformation of Russian from a Language of the Sovi-et Type to a Language of the Western Type". Diese Transformation, so sein Befund, zeichne sich unter anderem auch durch stilistische Liberalisierung der Sprache, so un-ter anderem durch das Eindringen des *mat* in den öffentlichen Sprachgebrauch aus.[68]

---

65 Zur Geschichte des obszönen Sprachgebrauchs führt er aus, dass im Silbernen Zeitalter der russischen Literatur im 20. Jahrhundert erstmals ein gesteigertes Interesse an obszöner The-matik und Lexik entstand. Eines der besten Beispiele hierfür sind die (von Zorin allerdings nicht erwähnten) Bearbeitungen einiger Märchen aus Afanas'evs erotischer Sammlung *Zavet-nye skazki* durch A. Remizov (z. B. *Car Dodon'*). In den 20er Jahren haben, so Zorin, vor allem Majakovskij und Esenin, angeregt durch die revolutionäre Stimmung im Land, früher tabui-sierte Lexik in ihren Texten verwandt. Mit der Unterdrückung der Avantgarde und dem erwa-chenden Neopuritanismus der Stalinära verschwand diese Sprachebene völlig aus der russi-schen Literatursprache. Statt ihrer herrschte ein moralischer Purismus. Auch wenn während der Chruščevschen Tauwetterperiode dieser Purismus ein wenig gelockert worden sei, so sei das System des sprachlichen Tabus doch bis in die 70er Jahre hinein intakt gewesen. Mit dem Erstarken der Sam- und Tamizdatkultur habe dann aber eine Verkehrung der Bewegungsrich-tung stattgefunden. Während das offizielle Tabu rigide eingehalten und durchgesetzt wurde, sei es in der inoffiziellen Kultur vor allem in der Literatursprache zunehmend gängig gewor-den, die eigene systemabgewandte Haltung durch das Übertreten dieses Tabus zu markieren. Die kulturelle Elite, die sich als neben der offiziellen Kultur stehend begriff, begann, sich den *mat*, die Sprache der Unterschicht und des Submilieus, anzueignen und von hier aus diffun-dierte er dann mit der *perestrojka* in andere Sprachschichten zurück. Ganz besonders charak-teristisch sei dabei, dass obszöne Lexik gerne desemantisiert eingesetzt werde: Das obszöne Wort bezeichnet gänzlich nicht-obszöne Sachverhalte. Heute ist einer der populärsten Vertreter einer derartigen Strategie, so füge ich hinzu, mit Sicherheit Vladimir Sorokin. Zorin beginnt seine Betrachtungen im Übrigen nicht mit dem Silbernen Zeitalter, sondern im 18. Jahrhundert.

66 Зорин 1996, S. 136.

67 Плуцер-Сарно 2001. – Es lassen sich aber auch sprachregulatorische Gegenargumente gegen die „Normalisierungsthese" finden. Bekanntestes Beispiel ist der Pornographie-Prozess gegen Vladimir Sorokin in Moskau 2002.

68 Dunn 1999, S. 16. Weitere Kriterien der Sprachtransformation sieht Dunn beispielsweise in einer generellen De-Sowjetisierung der Sprache, die z. B. durch den Gebrauch von Internatio-nalismen geprägt sei. Er kommt zu dem Schluss: „In conclusion, it appears that the linguistic separateness which characterised the Russian language in the Soviet period and the elements which gave Russian its distinctly Soviet character disappeared almost instantaneously with the collapse of the Soviet system. In their place Russian has had to borrow, or to create by other

Für das starke Interesse an Thematiken rund um das Thema Sexualität, das meines Erachtens unmittelbar mit dem erstarkten Interesse am russischen *mat* zusammenhängt, kann stellvertretend für viele weitere Publikationen auch eine Ausgabe der Literaturzeitschrift *Literaturnoe obozrenie* von 1991 angeführt werden, die sich mit den erotischen Traditionen in der russischen Literatur auseinandersetzte.[69]

Auf dem Weg einer Teil-Normalisierung des *mat* als einer unter vielen Sprachschichten liegt allerdings das Jahrzehnt des Moskauer Aktionismus, der den *mat* ebenso wie Obszönitäten massiv zur Provokation im öffentlichen Raum einsetzte. So verweist V. P. Rudnev 2001 in einem Aufsatz im *Großen Wörterbuch des mat* explizit auf den Moskauer Aktionismus[70] – ebenso wie Zorin es bereits 1991 tat.

Der Gebrauch des Begriffes „chuj" ist somit in den Jahren 1990/91 vielfach konnotiert. Gerade in der Verschmelzung von Punkelementen mit Elementen, die eine spezifisch anti-sowjetische und dabei gerade trotz ihrer Obszönität elitäre Konnotation haben, kennzeichnen die ganz besondere Reaktualisierungsstrategie alter, nur scheinbar überkommener Protestpraktiken, die Osmolovskij und seine Gruppe Ė.T.I. als künstlerisches Stilmittel anwenden. Es wird dabei auch leicht verständlich, wieso die Aktionen (nicht so sehr diese, aber andere, gerade die der Regina Gallery, in der diese Ausstellung stattfand) in der Öffentlichkeit derart provokativ wirken konnten, im Kunstkontext aber perfekt integriert und hochwillkommen waren.

Die Ausstellung *Den' znanij* (*The Day of Knowledge*) fand nur zehn Tage nach dem Augustputsch von 1991 statt, zu einer Zeit also, als die Kombination des Namens Karl Marx mit demjenigen der Sex Pistols in ihrem antisowjetisch geprägten Nihilismus eine enorme Sprengkraft gehabt und explizit als politische Aussage gewirkt haben muss. Interessanterweise verleugnet Osmolovskij selbst in einem TV-Interview jedoch politische Ambitionen. Er habe, so seine eigene Aussage, nur die Intention, der Jugend ein Set an Symbolen zu geben, mit dem diese dann machen könne, was sie wolle.[71] Dieser Hinweis auf die Jugendkultur ist in unserem Kontext insofern interes-

---

means, the terminology required for the economic, political and social conditions of a modern western-type society. In addition, Russian has not shown any noticeable hesitancy in adopting the various stylistic devices of modern western languages, especially in the mass-media, including the incorporation of previously forbidden styles, the widespread use of puns, word play and allusion, and even extending as far as linguistic political correctness. It is in this sense that Russian can be said to have changed from being a Soviet-type language to being a 'western-type' language. This does not mean that Russian will behave in every respect like western languages: in some ways the term 'post-soviet' is more appropriate, since the linguistic and political history of Russia means that the language has at its disposal elements, such as Church Slavonic and Soviet-style political language, which are not as readily available in other languages and which can be used for various serious and ironic effects. Nevertheless, it may be felt that even here the secular use of Church Slavonic and the ironic use of Sovietisms, although lacking precise equivalents in western languages, shows a knowing, 'post-modern' attitude to linguistic proprieties which is, after all, not very far removed from western preoccupations." (Dunn 1996, S. 20) – Zum *mat* äußert sich Dunn 2003 noch etwas ausführlicher.

69 *Литературное обозрение* (11) 1991.

70 Руднев 2001, S. 16.

71 Против движение [ca. 1991-93].

sant, als Hilary Pilkington darauf hinweist, dass nicht nur die kulturelle Elite sich durch den Gebrauch von obszöner Lexik und *mat* auszeichnete, sondern dies bereits seit den Zeiten Brežnevs auch ein Kennzeichen der sowjetischen Jugendkultur war, „developed to express young people's own cultural practice".[72] Wieso muss Osmolovskij also der Jugend ein Set an Symbolen geben, das diese schon längst kannte und einsetzte? Handelt es sich bei seiner Kunst also doch um eine politische Aussage?

Das Changieren der Haltung hierzu ist typisch und lässt sich in den Arbeiten Osmolovskijs weiter verfolgen, nicht zuletzt bei seinem ersten großen Erfolg, dem Festival *Vzryv novoj volny* (*Ausbruch einer neuen Welle*). Die Suche nach einer möglichen Verknüpfung von Politik und Kunst prägt die gesamte Tätigkeit Osmolovskijs. Auch das Filmskript nimmt schließlich eine sehr direkt politisierte Haltung ein, wenn die Handlung in ein amerikanisiertes Moskau einer sehr nahen Zukunft verlegt wird, in dem alte KGB- und Parteikräfte einen Putsch planen. Das Skript entwirft so das Szenario einer katastrophischen, kulturellen Übernahme durch den Kapitalismus, es inszeniert das Ende des Kalten Krieges mit dem Kapitalismus als Gewinner. Es spiegelt so ebenso den Zeitgeist, wie der „Sex Marx/Karl Pistols"-Slogan, der in seinen Interpretationsmöglichkeiten ambivalent erscheint. Wiederum aber ordnen sich die politisierten Elemente dem Kunstkontext absolut unter. Denn mit den Protestbewegungen und der künstlerischen Provokation wird ja auch – gerade im Punk oder bei Serrano wird dies besonders deutlich – die Vereinnahmung dieses Potentials durch eine globale Pop-, Medien- oder Kunstkultur mit zitiert. Die Politisierung – und mit ihr der provozierende, obszöne, drastische Einsatz des Körpers, der im Punk ebenso wie im *mat*[73] eine zentrale Rolle spielt – wird als intermediales Dispositiv in seiner Formhaftigkeit zum Ready-made der Aktionen Anatolij Osmolovskijs.

Eine weitere Aktion des Festivals der Nouvelle Vague fügt sich ebenfalls in den oben aufgerollten Verweiskomplex. Diese Aktion ist als sehr viel direktere Replik auf den von ihr gestörten Film *Alphaville* lesbar, lässt sich aber vor dem aufgezeigten Hintergrund in ein Gesamtbild einordnen. Die Filmvorführung von *Alphaville* wurde durch ein plötzliches Hochziehen der Filmleinwand unterbrochen, hinter der drei Aktionisten mit ihren dem Publikum zugewandten Rücken standen. Auf den nackten Rücken waren drei Hakenkreuze unterschiedlicher Größe zu sehen. Bei einer weiteren Filmunterbrechung etwas später sah man die drei Aktionisten mit Dollarpreisen auf ihrer Brust, die laut *Radek* die Preise für die Hakenkreuze indizierten.[74] Das kleinste sollte mit 1000$ am meisten kosten. Auch hier findet sich der kritische Impetus verbunden mit einem Element der Ablehnung einer der amerikanischen Kulturikonen schlechthin, des Dollars. Der Titel der Aktion *Lokal'nyj fašizm* (*Lokaler Fachismus*) verweist dabei auf die aktionistische Gegenwart des lokalen Hier und Jetzt, der Körper wird in diesem Fall sogar zum unmittelbaren Zeichenträger der Kritik.

---

72 Pilkington 1998, S. 371.
73 Den Zusammenhang von Körper und Sprache im *mat* thematisiert A. D. Duličenko (Дуличенко 2001).
74 Архив радикального искусства 1999, S. 158.

In *Alphaville* führt Godard eine zeit- und ortlose totalitäre Gesellschaft vor, zugleich zerstört und kontrolliert durch die entfremdende Herrschaft von Maschinen. Osmolovskijs Aktion scheint zu suggerieren, dass die ökonomische Umstrukturierung der Gesellschaft in eine auf dem symbolisch generalisierten Kommunikationsmedium „Geld" basierende, kapitalistische direkt in eine Faschistisierung der Gesellschaft führen muss und zitiert damit klassische kulturkritische Positionen der westlichen Linken ebenso wie in der Sowjetunion präsente Diskurse. Zugleich lässt sich Godards Film aber als radikale Kritik jeglicher totalitärer Strukturen und damit auch als Kritik an der sowjetischen Gesellschaftsstruktur lesen. Die Aktion, die sich so eindeutig gegen den Totalitarismus in Form des Faschismus wendet, richtet sich im Grunde gegen ihre eigene Entstehungssituation – den sie hervorbringenden gesellschaftlichen Wandel, der mit einer Faschistisierung gleichgesetzt wird. Das Festival *Vzryv novoj volny* (*Ausbruch einer neuen Welle*) bemüht sich offenbar um eine kritische Stellungnahme zu den in der Gesellschaft ablaufenden Veränderungsprozessen, wobei sowohl die alten als auch die sich etablierenden neuen Strukturen vehement abgelehnt werden. Die Aktionen werden plötzlich als Symptom der Störung gesellschaftlicher Kommunikationsvorgänge lesbar. Das gültige Gesellschaftssystem befindet sich in einer finalen Krise,[75] ein neues hat sich noch nicht herausbilden können, die Kommunikationswege innerhalb der Gesellschaft strukturieren sich um. Die Aktionen sind somit in ihrer nihilistisch-pessimistischen Haltung Ausdruck dieser Umstrukturierung, gerade deswegen, weil sie die Störung der Kommunikation aufnehmen.

In diesem Zusammenhang wird die Rolle des drastisch in den Film eindringenden Körpers als Zeichenträger besonders interessant. Auch bei Godard kommt dem Körper eine tragende Rolle zu. Das gesamte Verhaltensrepertoire des Menschen, vor allem der Körper mit seiner Gestik, aber auch die Sprache als Ausdrucksmittel, werden als extrem reguliert dargestellt. Der menschliche Körper wird zum Objekt der totalitären Kontrolle, erst dessen Subjektwerdung am Ende des Films, die Fähigkeit, Liebe zum Ausdruck zu bringen, vermag diese Struktur zu brechen.[76] Osmolovskijs Aktion führt sozusagen den radikalsten Ausbruch aus dieser Regulierungsstruktur vor. Der Einbruch des realen Körpers in die Filmvorführung lässt sich als eine Subjektwerdung des Körpers gegenüber dessen medialer Repräsentation und Beherrschung interpretieren, innerhalb derer er aber als Zeichenträger sogleich wieder zum Objekt gemacht wird. Der verkörperlichenden Repräsentation von medialen Strukturen kommt so in den Aktionen Osmolovskijs eine zentrale Rolle in dem semantischen Feld zu, innerhalb dessen sich seine Aktionen bewegen. Der Körper wird einerseits unterworfen, andererseits entgrenzt. Denn es ist der Körper, der zum Träger obszöner Sprache stilisiert wird, es ist der Körper, der gegen den Akt der inkriminierenden Repräsentation direkt handelt. Zugleich aber dringt er als drastischer, sich gegen alles auflehnender

---

75 Zur existentiellen Systemkrise der Sowjetunion vgl. Maćków 2005, S. 71-78.

76 Dies ist natürlich ein klassisches Sujet antiutopischer Literatur und spielt sowohl in George Orwells *1984* (Orwell 1949) als auch in Zamjatins *My* (Замятин 1994, dt. Samjatin 1984) eine tragende Rolle.

Körper in die Filmvorführung ein und stört jegliche kommunikative Ordnung – außer derjenigen, die die Störung als Teil des Kunstprozesses erwartet und existentiell benötigt. Und gerade diese Erwartungshaltung wird durch die so offensichtlich auch parodistisch eingesetzte Störung wiederum gestört. Übrig bleibt am Ende der Zwang. Auch das Filmskript *Bože, chrani prezidenta!* (*God Save the President!*) ist in sich ambivalent. Es kritisiert, ganz im Sinn der Nouvelle Vague, sozusagen als ‚eigener Filmbeitrag' der Aktionisten, offen die Struktur klassischer Hollywoodfilme, die in sich genommen Symbol einer kapitalistischen Filmindustrie sind und seit den Jahren der *perestrojka* auch zunehmend in Russland zu sehen sind. Im Kontext des Festivals bekommt dies jedoch insofern einen ambivalenten Zug, als die Provokation des Festivals sich ja nicht nur gegen die sich abzeichnenden gesellschaftlichen und strukturellen Erschütterungen richten, sondern vielmehr auch deren Ausdruck sind. Die hilflose Schizophrenie, die darin liegt, gegen die eigenen Entstehungsbedingungen zu opponieren, ohne eine Alternative bereitstellen zu können, zeichnet sich deutlich in der Apokalypse ab, in der das Filmszenario endet. Für Osmolovskij und Pimenov scheint es keine Alternative außer der der atomaren Zerstörung – Zitat einer Schreckensvision aus den Zeiten des Kalten Krieges – zu geben. Sinnbild dieser nihilistischen Einstellung wird wiederum – und hier schließt sich der Kreis – der Punk.

4.4 Radikale Gesellschaftskritik

Die plakative Medien-, Repräsentations- und Kapitalismuskritik findet auch noch in anderen Aktionen ihren Ausdruck, in denen der Körper keine Rolle spielt und zieht sich als Leitmetapher durch das gesamte Festival *Vzryv novoj volny* (*Ausbruch einer neuen Welle*). Ihr Ziel ist dabei nicht nur eine Kritik der erlebten Veränderungen auf dem Gebiet der ökonomischen Organisation der Gesellschaft, sondern sie versucht sich auch daran, in direkter, öffentlicher Stellungnahme auf alte sowjetische, kulturelle Praktiken zurückzublicken. Während ersteres in der Tradition „klassischer" Kulturkritik steht, lässt sich zweiteres direkt in die Tradition des Moskauer Konzeptualismus einreihen, der seinerseits daran gearbeitet hatte, sowjetische kulturelle Repräsentationspraktiken zu dekonstruieren. An dieser Stelle lässt sich das doppelte Erbe, mit dem die Vertreter des Moskauer Aktionismus arbeiten, sehr deutlich erkennen. Interessant ist vor allem, wie schwer es dem Moskauer Aktionismus trotz seiner offenen Kritik an den Verfahren gerade des Moskauer Konzeptualismus fällt, diesen ein eigenes Konzept entgegenzusetzen. Dekonstruktion und das Spiel mit Zitaten sind klassische postmoderne Verfahrensweisen, die zugleich imitiert als auch parodiert werden müssen. Das Konzept, das gewählt wird, ist das des inszenierten Skandals, der lauten Öffentlichkeit, der Störung und Antireflexivität, statt der gründlichen Analyse.

Dies lässt sich deutlich an einer weiteren Aktion im Rahmen des Festivals *Vzryv novoj volny* (*Ausbruch einer neuen Welle*) belegen, die vor allem Raskonvojnych beschreibt und in der „Störung" konzeptuell thematisiert wird. In dieser Aktion spielt der Körper keine präsente Rolle. Aber auch hier wird eine Störung der Kunstkommunikation, letztlich also ein desautomatisierendes Verfahren, zur zentralen Form eines künstlerischen Mediums. Die eingesetzten Verfahren sind künstlerisch ebenfalls nicht innovativ – und zugleich in ihrer bewussten Zitathaftigkeit eingesetzt, um auf die aktuellen Gegebenheiten der (noch) sowjetischen Transformationsgesellschaft hinzuweisen. Die Öffentlichkeit, in der dieses Zitat der Kunstavantgarde stattfand, das gesamte Festival *Vzryv novoj volny* (*Ausbruch einer neuen Welle*), stellt im Gegensatz zu der Abgeschlossenheit der Kunstexperimente des Moskauer Konzeptualismus, der kulturelle Repräsentationspraktiken eher analysierte als störte, auch hier den eigentlichen Innovationsgehalt dar. In einem gewissen Sinn geht der Moskauer Aktionismus einen ‚nächsten Schritt' – den von der Analyse zur Aktion.

Bei dieser die Störung strukturell thematisierenden Aktion wurde der gezeigte Nouvelle Vague-Film durch ‚Werbung' unterbrochen. Die durch, wie Raskonvojnych schrieb, „nepotrebnye bardy" („unflätige Barden") angekündigten ‚Werbespots' bewarben neben Plätzen auf dem Friedhof auch „ostryj sous" („scharfe Sauce") als „nadežnym zaščitnikom sovetskogo čeloveka ot odnoobraznoj pišči" („verlässlicher Beschützer des sowjetischen Menschen vor eintönigem Essen").[77]

Werbung an sich war 1990 nichts Neues vor allem für ein Moskauer Publikum, da zu diesem Zeitpunkt sowohl alte sowjetische Formen der Vermarktung als auch Fernsehwerbung des westlichen Stils allgegenwärtig waren. Dies wurde möglicherweise durch den wachsenden Einfluss des Politikers Gavriil Popov begünstigt, der als promovierter Wirtschaftswissenschaftler in seiner Politik ökonomische Reformen förderte. Popov kam im März 1990 durch Wahl als Abgeordneter in den Moskauer Stadtsowjet, am 20. April bereits wurde er zu dessen Vorsitzenden gewählt. Am 12. Juni 1991, also kurz vor dem August-Putsch, wählten ihn die Moskauer Bürger zu ihrem ersten frei gewählten Bürgermeister. Von diesem Amt wurde er 1992 durch den heute noch amtierenden Jurij Lužkov abgelöst.[78]

Beiden Formen der Werbung, der sowjetischen sowie der kapitalistischen, war im Jahr 1990 jedoch eine gewisse Absurdität zu eigen. Die sowjetische Variante versuchte, wie bereits erwähnt, Dinge zu vermarkten, die keiner Vermarktung bedurften. Entweder waren die Produkte konkurrenzlos und/oder es gab sie aufgrund der ständigen Produktionsengpässe überhaupt nicht (mehr) zu kaufen.[79] Mit dieser Diskrepanz zwischen Produktankündigung und Produktabsenz, zwischen Strategien der Anpreisung

---

77 Расконвойных 1990.

78 Vgl. zu Gavriil Charitonovič Popov die offizielle Website der Stadt Moskau Отдел информации Организационно-аналитического управления Правительства Москвы 2004-2005 [Zugriff: 12. 01. 2006]. Diese offiziellen Angaben lassen sich ergänzen durch die Tatsache, dass Popov im Katalog der Regina Gallery 1993 eine eher neutral bis positiv formulierte Stellungnahme zu den Aktionen der Gruppe È.T.I. während seiner Amtszeit abgab, und dies, obwohl in diese Zeit auch die Aktion *CHUJ na Krasnoj ploščadi* (*CHUJ auf dem Roten Platz*) fiel, aufgrund derer ein später unter dem Druck der Kunstszene eingestelltes Verfahren gegen die Aktionisten eröffnet worden war (Попов 1993).Vgl. hierzu ausführlicher Kapitel 6.2.1.2.

79 Die sowjetische Wirtschaft, die seit den 70er Jahren zunehmend schwächer wurde und den Wechsel zur postindustriellen Informationsgesellschaft, den die westliche Welt zu durchlaufen begann, nicht mit vollzog, wurde durch eine extrem erfolglose Wirtschaftspolitik während der

und dem realen Mangel im sowjetischen Alltag beschäftigten sich bereits klassische Arbeiten des Moskauer Konzeptualismus, zum Beispiel Il'ja Kabakov oder Vladimir Sorokin. In diesen Arbeiten ging es vor allem um die Dekonstruktion des performativen Sprachgebrauchs, wenn Schaufensteraufschriften in Bildern Kabakovs Waren beschreiben, die nur in dieser Schriftform vorhanden sind. Die Regale hinter der Schrift sind leer, die Waren fehlen. In Sorokins *Očered'* (*Die Schlange*) wird die Absurdität des Wartens in einer der Schlangen vor einem Geschäft geradezu physisch im Leseprozess erlebbar gemacht.[80] Osmolovskij verlagert nun den Akzent, wenn er an diese Tradition der Dekonstruktion anknüpft. Neben die Kritik an einer durch die Ideologie geprägten, performativen Schaffung einer scheinbaren Realität, tritt die Kritik kapitalistischer Formen der Vermarktung.

Denn Werbung für westliche Produkte, gängig zumindest in Moskau ab 1988, war im Jahr 1991 ebenso absurd, da die Preise für viele dieser Produkte weit über dem Niveau dessen lagen, was sich ein normaler Bürger leisten konnte, oder aber, weil die beworbenen Produkte schlichtweg nicht marktintensiv eingeführt waren, so dass sie vielen potentiellen Adressaten noch unbekannt waren.[81] Daher war Werbung, insbesondere TV-Werbung, ein sehr depragmatisierter, im Grunde vollkommen absurder Zug in der russischen Kultur- und Medienlandschaft des Jahres 1990, der allein um seiner selbst willen zu existieren schien. Gleichzeitig muss die Präsenz der westlichen Werbung natürlich – ebenso wie die Eröffnung der ersten McDonald's-Filiale am 31. Januar 1990 und damit bereits 10 Monate vor dem Festival *Vzryv novoj volny* (*Ausbruch einer neuen Welle*) – als Indikator für die sich abzeichnenden Veränderungen im Gesellschafts- und Wirtschaftsleben Moskaus betrachtet werden.

Und so lässt sich das aktionistische Spiel mit Werbeblöcken als ebensolcher Indikator für die Reaktion der Gesellschaft auf diese Veränderungen lesen. Der fiktive Werbespot für „ostryj sous" („scharfe Sauce") mäandert semantisch zwischen diesen Polen. Mit zu den ersten westlichen Produkten, die in Russland beworben wurden, zählte Ketchup.[82] Ketchup wiederum war zu Sowjetzeiten unbekannt, man aß selbst

---

perestrojka-Jahre noch weiter geschwächt und brach Ende der 80er Jahre fast vollkommen zusammen. Vgl. hierzu Maćków 2005, S. 75.

80 Сорокин 1985 (dt. Sorokin 1990).

81 Ellen Mickiewicz verweist darauf, dass das erste Programm des Staatsfernsehens 1988 erstmals Werbung sendete (Mickiewicz 1999, S. 232). Als Beispiel für eine Vermarktung unbekannter, überteuerter und vollkommen sinnloser Westwaren nennt sie unter anderem eine frühe Werbekampagne für den Schokoriegel Snickers (Mickiewicz 1999, S. 234). – Die Entwicklung der russischen Werbung findet in den letzten Jahren größeres Forschungsinteresse. Verwiesen sei beispielsweise auf das den Zeitraum ab 1992 berücksichtigende Projekt Edgar Hoffmanns „Werbung und Identität. Diskursanalytische Untersuchung zu Werbung in Russland" an der Wirtschaftsuniversität Wien. In der Sowjetunion nahmen häufig Plakate den visuellen öffentlichen Raum ein, den im Westen die Werbung innehatte. Zur Entwicklung des russischen Plakats liegt ein hervorragender Band vor, der durch eine ausführliche Internetseite ergänzt wird: Waschik & Baburina 2003.

82 Diese Information verdanke ich den Erinnerungen von Olga Stelter. Auch Natalia Borissova verschaffte mir durch ihre Erinnerung an die Zeit um 1990 wertvolle, kulturinterne Perspektiven, wofür ihr gedankt sei.

gemachte oder aus Bulgarien importierte „ostryj sous". Der grundsätzliche medien-
und kapitalismuskritische Impetus der Störung von Filmvorführungen durch einge-
blendete Werbespots wird ergänzt durch die semantische Referenz auf den spezifischen Status von Werbung in der russischen Kultur zum Zeitpunkt der Aktion. Es
wird nicht nur eine stille Dekonstruktion einer performativen Repräsentationspraxis
wie bei Kabakov analytisch durchgeführt. Die Störung, der Einbruch in den Film, der
Paechsche „Filmriss" wird auch hier strukturell und zwanghaft wirksam. Körperaktion und fiktive Werbung befinden sich auf der gleichen Ebene – beide gewinnen eine
eigene performative, mediale Qualität, deren Besonderheit gerade in der exaltierten
Programmatik der Kommunikationsstörung liegt.

Eine weitere Aktion funktionierte, zumindest was den medien- und kapitalismus-
kritischen Impetus angeht, entlang ähnlicher Parameter. In diesem Fall gaben die Aktionisten Schachteln der Kindernahrung der Marke „Krepyš" an die Zuschauer aus.
Die Schachteln waren von dem mittlerweile längst erwachsenen gewordenen Kind
signiert worden, dessen Konterfei Werbeträger auf dem Schachteldesign war.[83] Die
Aktion führt in recht simpler Art und Weise die Mechanismen medialer Beeinflussung vor Augen, ohne einen weiteren Interpretationskontext zu liefern.

Weitere medienkritische Aktionen des Festivals umfassten eine Parodie auf die
Sendung *Dobryj večer, Moskva!* (*Guten Abend, Moskau!*), einer jener populären Sendungen der *perestrojka*-Zeit, die sich durch das Aufdecken immer weiterer politischer
Skandale auszeichneten, wie Raskonvojnych berichtet.[84] Wiederum findet sich das
paradoxale Element, dass die Aktionen jene gesellschaftlichen Erscheinungen kritisie-
ren, durch die sie selbst erst in dieser Form ermöglicht wurden, das Bedürfnis nach
einer radikalen Gesellschaftskritik, die sich sowohl den alten, als auch den neuen
Strukturen bewusst gegenüber stellt.

Die *glasnost'*-Politik Gorbačevs hatte zunächst gerade in einer Öffnung der Massenmedien hin zu kritischeren Formen der Berichterstattung bestanden. Diese Öffnung hatte sich 1990 zum Zeitpunkt des Festivals vollkommen verselbständigt und
befand sich auf ihrem Höhepunkt. Helen Mickiewicz belegt, welch bedeutende Rolle
gerade Sendungen wie das parodierte Format in diesem Prozess spielten, ebenso wie
den gewichtigen Anteil, den das Fernsehen am Aufdecken von vor kurzem noch nicht
hinterfragbaren, gesellschaftlichen Verwicklungen hatte.[85]

Gerade die Parodie auf *Dobryj večer, Moskva!* (*Guten Abend, Moskau!*) verdeutlicht daher noch einmal den ambivalenten Rahmen, innerhalb dessen sich der Aktionismus Osmolovskijs von Anfang an bewegte. Auch die aktuelle Kunst befindet sich
in einem ideologischen Vakuum. Auf der Suche nach radikaler Gesellschaftskritik
kommt er an die Grenzen seiner Möglichkeiten. Weder die alte noch die neue Ordnung weist einen Orientierungsrahmen auf, so dass auch die Suche nach einem Ort
des Dagegen schwierig wird. Einerseits sind Sendungen wie das in der Aktion ange-
griffene Format Ausdruck der die Aktionen erst ermöglichenden Veränderungen.

---

83 Vgl. Боде 1991.
84 Расконвойных 1990.
85 Vgl. Mickiewicz 1999, S. 65-83.

Gleichzeitig hat sich das Sendeformat bereits so sehr verselbständigt, dass es selbst Gegenstand radikaler Gesellschaftskritik werden kann – ohne dass diese jedoch eine wirkliche Alternative zu bieten hätte.

Die Aktionen griffen dieses Dilemma in der Form des bewussten Zitats auf, das in seiner Formhaftigkeit aggressiv ausagiert wird. Die Strategie der Repetition bekommt in der Tat einen programmatischen Status, wenn man sich einige der von Osmolovskij dem *Gumanitarnyj fond* gegebenen Interviews näher ansieht. Er propagiert hier gar, als Mitglied der Gruppe È.T.I., deren Namen sich als Abkürzung für „ėkspropriacija territorii iskusstva" („Enteignung des Kunst-Territoriums") dechiffrieren lässt, müsse man seinen eigenen Namen abgeben und den einer bekannten Kulturikone übernehmen.[86] Er selbst gibt Interviews unter dem Namen Jean-Luc Godard.[87] Es ist in diesem frühen Stadium gerade die Strategie der Übernahme, des Mangels an Originalität, in der die künstlerische Strategie der Aktionen Osmolovskijs besteht. Fast lässt sich die Strategie gar auf einen ‚Skandal um des Skandals willen' reduzieren, auf den Versuch, Aufmerksamkeit zu erregen. Hinter dieser Strategie steht jedoch andererseits ein deutlich kritisch-politisch motiviertes Potential, das inhaltlich in der diffusen Medien- und Kapitalismuskritik seinen Ausdruck findet – die ihrerseits Bestandteil der Strategie der Repetition ist.

Ähnliche Mechanismen der Repetition finden sich auch auf anderen Ebenen des Kunstsystems der Aktionen wieder. Die Vielfältigkeit der Aktionen, die Verschiedenartigkeit der Verfahrensebenen, die angesprochen werden, ist charakteristisch vor allem für Osmolovskijs Variante des Aktionismus. Sprachkritik als Repräsentationskritik in einem simplen dekonstruktivistischen Duktus bietet die Aktion, die den Film *Cléo de 5 à 7* von Agnès Varda (1961) begleitete. Der Film zeigt die zwei Stunden im Leben einer jungen, erfolgreichen Sängerin, in denen sie auf die Bestätigung einer Krebsdiagnose wartet und dabei lernen muss, dass weder Glanz noch Erfolg gegen ihre Angst etwas auszurichten vermögen. Erst die menschliche Begegnung mit einem Soldaten, dem im Einsatz möglicherweise ebenfalls der Tod begegnen wird, vermag sie zu stabilisieren und ihr die Kraft zu schenken, die Diagnose gefasst entgegen zu nehmen. Dieser Film wurde durch eine visuelle Materialisierung der den Film durchziehenden Angstmetapher, des Krebses, unterbrochen, wobei die im Russischen ebenso wie im Deutschen mögliche homonyme Bedeutung des Wortes „rak" (dt. „Krebs") ausgenutzt wurde.[88]

Ebensowenig wie sich hier ein direkter Gesellschaftsbezug ausmachen lässt – auch wenn sich die Angstmetapher natürlich diesbezüglich interpretieren ließe, ebenso wie die Krankheit Krebs den Körper wieder stärker ins Zentrum rückt –, lässt sich ein solcher in der Aktion *Detskij libid (iskusstva prisutstvija)* (*Kindliche Libido [Kunst der Anwesenheit]*) ausmachen. In diesem Fall handelt es sich um eine Aktion, die gar von den Zuschauern unbemerkt stattfand und dementsprechend auch nur von Osmolovs-

---

86 Осмоловский 1991b.

87 Vgl. Осмоловский & Королева 1991 und Годар 1991.

88 Vgl. Расконвойных 1990. – Leider lässt sich nicht mehr nachvollziehen, wie dies genau realisiert wurde.

kij selbst nachträglich beschrieben wurde.[89] Nach seinen Angaben wurde während Truffauts *Les 400 coups* der Film gestoppt. Noch im Dunkeln betrat ein Aktionist den Raum und sollte sich der inneren Aktion in seinem Kopf überlassen. Laut Konzept handelte es sich um die Liebe des aktionistischen Protagonisten zu einer nichts ahnenden jungen Frau im Publikum. Inszeniert wird hier eine doppelt enttäuschte Erwartungshaltung: Während der Zuschauer entweder auf die Filmaktion oder den Beginn einer unterbrechenden Aktion wartet, findet die Aktion selber bereits statt. Die Unsichtbarkeit der Aktion bestätigt im Grunde das Konzept der aktionistischen Störung. Denn das Publikum, das nicht nur die Filme, sondern natürlich auch die Aktionen sehen wollte (waren diese doch integrativer Bestandteil des Festivals und als Prinzip schnell erkennbar), wird gerade in dieser Haltung der Kunstkonsumption gestört. Die erwartete Aktion ist nicht laut, plakativ und sichtbar, sondern das Gegenteil. Nicht die Verlagerung der Aktion in den Kopf, im Gegensatz zur Handlung auf der Leinwand, macht die Bedeutung dieser Aktion aus, sondern gerade deren konsequentes Ausagieren des den Aktionen zugrunde liegenden Prinzips. Gerade hierin besteht auch eine Leistung der Aktionen, denn so sehr das entsprechende Publikum auch durch die Aktionen im Filmgenuss gestört wurde, so sehr erwartete es sie schließlich auch und wollte provoziert werden. Damit ging eine grundlegende Akzeptanz des Stilmittels Provokation im Rahmen der Kunst einher, die den gesamten Rahmen trotz der vorhandenen Aggression zum Teil weniger zu einer tatsächlichen Serie von Provokationen stilisierte, sondern eher zu einem fröhlichen Spiel (oder im Verständnis von Natalia Ottovordemgentschenfelde zu einem Ritual). Andererseits ist die Unterbrechung des Films ohne sichtbare Aktion vielleicht eine der wirksamsten Provokationen überhaupt. Die Filmunterbrechung entspricht am ehesten einem Filmriss, da dem Zuschauer der Grund der Unterbrechung nicht deutlich wird. Aus dieser Perspektive betrachtet ist gerade diese Aktion nicht fröhlich aggressiv, sondern der Ausdruck eines Zwangs, der sich durch die Störung ergibt. Denn der Zuschauer wird gezwungen zu warten – und das scheinbar völlig grundlos.

Gerade die Darstellung der Aktionen, in denen der aktionistische Einsatz des Körpers eine untergeordnete Rolle spielt, in denen er in keinem Fall drastisch inszeniert wird, bestätigt meine Auffassung, dass auch dieser aktionistische Körpereinsatz der Zitathaftigkeit, der Ritualität und dem aggressiven Spiel des Moskauer Aktionismus zugeordnet werden muss. Der drastische Körpereinsatz bewegt sich auf einer ähnlichen Ebene wie die anderen als störend, verfremdend und desautomatisierend eingesetzten Verfahren. Er wird als Form eines Mediums gebraucht. Die Elemente, die sich in dieser Form eines Mediums verdichten, sind dabei sehr vielfältig. Nicht nur Elemente, die direkt dem Medium Körper zuzuordnen sind, kommen zum Einsatz, sondern beispielsweise auch Elemente, die einem bewusst avantgardistischen, gesellschaftskritischen Kunstverständnis entspringen. Einzelne dieser Elemente werden auch in anderen Formen eingesetzt, in der Form des Mediums Körper jedoch scheint die Verdichtung der Elemente besonders gut zu funktionieren. Auch dies kann eine

---

89 Годар 1991.

Erklärung für die Produktivität des drastischen Körpers im Moskauer Aktionismus sein. Diese Erklärung wird zudem der von Osmolovskij in seinem Rückblick *Tretij avangard* (*Dritte Avantgarde*) angemahnten Formendiversivität[90] des Moskauer Aktionismus gerecht.

4.5 Eine Apotheose des drastischen Körpers: Armageddon

Die letzte Aktion des Festivals mit dem Titel *Doslovnyj pokaz mod (Armage-don)*[91] (*Gewissermaßen eine Modenschau [Armageddon]*) trieb das aktionistische Potential des drastischen Körpers auf die Spitze. Sie kann als eine Art Apotheose des zur eigenen Form geronnenen medialen Einsatzes des Körpers als Kommunikation sprengende, aggressive Störung interpretiert werden. Sie führt die Konzeption des Festivals zu dessen eigener Auflösung.

Die Aktion korrespondierte mit Louis Malles *Zazie dans le métro*, in dem die Abenteuer eines kleinen Mädchens gezeigt werden, das ein paar Tage bei seinem Onkel und seiner Tante in Paris verbringt,. Der Film schildert humoristisch die Absurdität des Erwachsenenlebens aus Zazies Perspektive in einer oft surrealistischen Filmsprache, die sowohl den frühen Slapstick als auch einen gewissen Cartoonstil zitiert. Eine der letzten Sequenzen des Films findet in einem kleinen Restaurant statt, wo Zazie, ermüdet von einem langen und aufregenden Tag, an einem Tisch einschläft. Während das Kind schläft, geraten die Erwachsenen in einen Kampf mit den Angestellten des Restaurants, in dessen Verlauf Teller mit Sauerkraut fliegen, Flaschen zerschlagen und Wände, die sich als Kulissen entpuppen, niedergerissen werden. Die Theatermetaphorik ist offensichtlich, und so finden sich auch Szenen, in denen ein als Eisbär kostümiertes Mitglied der Gesellschaft dem Chaos applaudiert. Nicht nur der Träger des Eisbärfells, auch die gesamte Gesellschaft ist kostümiert, kommt man doch aus dem Varieté-Theater, in dem Zazies Onkel als Transvestit arbeitet. Die Sequenz ist ein Loblied auf Nonkonformismus, Chaos und Rebellion, eine Hommage an die schöpferische Freiheit. Sie endet mit einem *deus-ex-machina*-Sieg von Zazies Gesellschaft gegenüber einer plötzlich von außen einbrechenden Parodie eines totalitären Herrschers und dem triumphalen Abgang über einen Bühnenaufzug. Die Sequenz ist innerhalb der Filmnarration trotz ihrer Absurdität völlig stringent, und obwohl die Inszenierung einen traumartigen Charakter hat, ist sie nicht als ein Traum Zazies zu interpretieren, denn diese bleibt gleichberechtigter Teil des Geschehens, ohne dass der Film ihre Perspektive einnehmen würde. Die Sequenz ist zugleich

---

90 Vgl. zu diesem Aspekt auch Kapitel 3.1.4.

91 Über diese Aktion berichten fast alle erhaltenen Dokumente. Vgl. Эти сумасшедшие „да“ и „нет“ 1990, Расконвойных 1990, Боде 1991, Архив радикального искусства 1999, S. 159-60. Die Doppelseite des *Gumanitarnyj fond* enthält gleich drei Photos dieser Aktion; die erhaltenen Videoaufnahmen sind ebenfalls ausschließlich Aufnahmen dieser Aktion (Против движение [ca. 1991-93]).

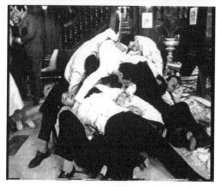

Abb. 31, 32, 33: Stills der zitierten Szenen
der Schlusssequenz aus Louis Malle:
Zazie dans le métro, 1960

eine der fröhlichsten des Films – inszeniert wird die kindliche Freude am Chaos (Abb. 31-33).

Osmolovskij nimmt diese Szene aus der Filmnarration heraus und transferiert sie auf die Bühne des Veranstaltungsraums (Abb. 34-36). Er nimmt sie ‚gewissermaßen wortwörtlich‘, wie das im Titel enthaltene Wort „doslovnyj" („wörtlich", „buchstäblich") suggeriert. Das Loblied auf das fröhliche Chaos und die schöpferische Freiheit verlässt den Film und ersetzt ihn, zumal der auf der Bühne inszenierte Kampf zeitgleich mit dem filmischen während der Filmvorführung stattfand. Die Aktion begann mit zwei Boxern, die plötzlich auf die Bühne kamen, gefolgt von mehreren weiteren Aktionsteilnehmern, die ein inszeniertes Chaos auslösten, das die wichtigsten Elemente der Filmhandlung zitierte.[92] Die Flaschen fanden sich als Champagnerfla-

---

92 Die meisten Angaben über den Ablauf des inszenierten Chaos finden sich in Эти сумасшедшие ‚да‘ и ‚нет‘ 1990: „На последних 15 минутах *Новой волны*, на фильме Л. Маля *Зази в метро*, состоялся обещанный армагеддон. Сцена, экран, зриельный зал одновременно с финальной дракой в фильме превратились в сплошную кашу из разлитого на головы зрителей и организаторов шампанского и на те же головы надетых тортов. Хакачанные боксеры, неожиданно появившиеся люди на лыжах и велосипедах, опрокинутые стулья, столы и полетевшие в зал и на сцену мячи, тазики, огнетушители,

Abb. 34: È.T.I.: Doslovnyj pokaz mod v *1990 godu (Armagedon)* (*Gewissermaßen eine Modenschau im Jahr 1990 [Armageddon]*), Festival *Vzryv novoj volny* (*Ausbruch einer neuen Welle*), Moskau, 1990 (Quelle: Архив радикального искусства 1999, S. 160)

schen wieder, die fliegenden Sauerkrautteller wurden durch Torte ersetzt. Louis Malle zitiert und parodiert an mehreren Stellen seines Films Elemente klassischer Hollywoodkampfszenen. Osmolovskij greift dieses Zitat auf und fügt ihm mit der Torte ein weiteres Element hinzu, so dass sich auch hier die bereits in dem Filmskript *Bože, chrani prezidenta!* (*God Save the President!*) identifizierte Form einer in die Jahre gekommene Filmkritik wieder findet. Die direkte Übernahme von filmdiegetischen Elementen wurde durch die Einbindung eines echten Braunbären in die Aktion auf die Spitze getrieben, der jedoch, wie Raskonvojnych im *Moskovskij komsomolec* amü-

надувные бревна образовали одну большую кучу, которую в довершение всего накрыли большой черной сетью и свежими газетами... И тут вышел Миша. Настоящий 200-килограммовой медведь с балалайкой в лапах." („In den letzten 15 Minuten [des *Festivals] der Nouvelle Vague* trat während des Films *Zazie dans le metro* von Louis Malles das versprochene Armageddon ein. Die Bühne vor der Leinwand und der Zuschauersaal verwandelten sich zeitgleich mit dem finalen Kampf im Film in ein komplettes Chaos aus auf die Köpfe der Zuschauer und Organisatoren vergossenem Champagner und auf eben diese Köpfe geworfenen Torten. Durchtrainierte Boxer, unerwartet auftauchende Menschen auf Skiern und Fahrrädern, umgestürzte Stühle und Tische und in den Saal und auf die Bühne fliegende Bälle, Tassen, Feuerlöscher, aufblasbare Knüppel bildeten einen riesigen Haufen, der zur Vollendung des Ganzen mit einem großen schwarzen Netz und druckfrischen Zeitungen bedeckt wurde ... Und dann kam Miša. Ein echter 200 Kilogramm schwerer Bär mit einer Balalaika in den Pfoten."

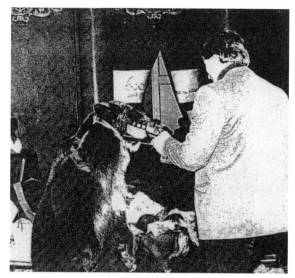

Abb. 35: É.T.I.: Doslovnyj pokaz mod v *1990 godu (Armagedon)* (*Gewissermaßen eine Modenschau im Jahr 1990 [Armageddon]*), Festival *Vzryv novoj volny* (*Ausbruch einer neuen Welle*), Moskau, 1990 (Quelle: Архив радикального искусства 1999, S. 159)

siert bemerkt, nicht frei herumlaufen durfte, sondern durch einen Dompteur an der Kette geführt wurde.[93]

Dieses kleine Detail verdoppelt noch einmal das Prinzip der direkten Aktion: Alles ist echt, live und direkt; und genau deswegen verkleidet sich nicht ein Aktionist als Bär, sondern man lässt einen echten auftreten. Osmolovskij äußerte später in einem Interview, die Aktion habe nicht zu Ende geführt werden können, da die Administration des Veranstaltungsortes sie abgebrochen habe. Er selbst habe noch geplant, in eine deutsche Uniform gekleidet und dabei deutsch sprechend durch ein Fenster von außen in den Raum zu kommen.[94] Dieses Element hätte die Episode mit dem parodierten und besiegten Diktator wiedergegeben.

Ähnlich wie bei dem Einsatz von Mythologemen der Punkbewegung greift Osmolovskij auch hier symboltragende Elemente eines in diesem Fall die Rebellion spielerisch verherrlichenden Vorläufers auf und zitiert sie auf eine sehr direkte Art und Weise. Wie weiter oben ausgeführt, verbinden sich diese Elemente oft mit einer sehr diffusen Medien- und Kapitalismuskritik, die einerseits bestrebt ist, sich mit der gegenwärtigen gesellschaftlichen Realität direkt auseinanderzusetzen, die gleichzeitig aber so ihre eigene Entstehungssituation konterkariert und zugleich Ausdruck eines alles ablehnenden Nihilismus ist. Dabei sind weder die ästhetischen noch die inhaltlichen Strategien neu oder originell. Eine zentrale Rolle spielt gerade in dieser Aktion die Fröhlichkeit der Aktion, die mit der in ihr angelegten Provokation und Aggression einher geht. Diese Ambivalenz wird auch für den weiteren Verlauf des Moskauer

---

93 Расконвойных 1990.
94 Годар 1991.

Abb. 36: Zeitungsbericht zu É.T.I.: Doslovnyj pokaz mod v *1990 godu (Armagedon)* (*Gewissermaßen eine Modenschau im Jahr 1990 [Armageddon]*), Festival *Vzryv novoj volny* (*Ausbruch einer neuen Welle*), Moskau, 1990 (Quelle: Эти сумасшедшие „да" и „нет" 1990)

Aktionismus immer wieder eine zentrale Rolle spielen. Nicht umsonst ordnete der Katalog zur Ausstellung *berlin moskva MOSKVA BERLIN* 2003 den Moskauer Aktionismus unter dem Schlagwort der „Spaßguerilla" ein.[95]

4.6 Die Situationistische Internationale und die Revolution

4.6.1 Bezugnahmen und Parallelen zur Situationistischen Internationale

Als letzter wichtiger Komplex in diesem Kapitel über das Festival *Vzryv novoj volny* (*Ausbruch einer neuen Welle*) von Anatolij Osmolovskij und der Gruppe É.T.I. soll ein weiterer Bezugshorizont diskutiert werden, den Osmolovskij Jahre später, nach der Lektüre von Guy Debords *La société du spectacle* selbst hergestellt hat: denjenigen mit der Situationistischen Internationalen (S. I.).[96] Er schrieb 1996:

> Если попытаться формализовать деятельность актуального художника через «жанры», то самой элементарной формой этой деятельности можно назвать ситуацию. Этот термин, введеный Ситуационистским Интернационалом, означает конструирование некоего социального происшествия. Ситуация – не перформанс и не хэппенинг, ситуация скорее хулиганская выходка, провокация,

95 Choroschilow, Harten, Sartorius & Schuster 2003b, S. 261.

96 Die Texte der Situationistischen Internationale sind auf Deutsch abgedruckt in S. I. 1976 und 1977 sowie in einer gekürzten Neuauflage in Gallissaires et al. 1995. Zur Situationistischen Internationale allgemein vgl. z. B. Ohrt 1990 und 2000.

затрагивающая не столько эстетическую сферу функционирования в системе искусства, сколько сферу политической (в широком смысле этого слова) легитимности. В московском искусстве в этом «жанре» работали движение «Э.Т.И.» и Александр Бренер.[97]

Wenn man versucht, die Aktivität des heutigen Künstlers durch „Genres" zu formalisie-ren, dann kann man als elementarste Form dieser Aktivität die Situation nennen. Dieser Terminus, der von der Situationistischen Internationale eingeführt wurde, bezeichnet die Herstellung eines gewissen sozialen Ereignisses. Die Situation ist keine Performance und kein Happening, die Situation ist eher ein hooliganartiger Ausfall, eine Provokati-on, die nicht so sehr die ästhetische Sphäre des Funktionierens des Systems der Kunst, sondern mehr die Sphäre der politischen (im weiten Sinne dieses Wortes) Legitimität berührt. In der Moskauer Kunst haben in diesem „Genre" die Bewegung „É.T.I." und Aleksandr Brener gearbeitet.

Osmolovskij vergleicht in dieser Aussage seine aktionistische Tätigkeit mit den Ar-beiten der Situationistischen Internationale (S. I.). Nicht die Performance oder das Happening sei das Genre der Gruppe É.T.I. und auch Aleksandr Breners gewesen, sondern die „Situation", die er als „Konstruktion eines sozialen Ereignisses" definiert. Eingeführt habe diesen Begriff, so Osmolovskijs Darstellung, die S. I.

Die S. I. wurde 1957 in Italien als eine Künstlerbewegung gegründet, deren Ziel es war, die Trennung der einzelnen Kunstformen sowie von Leben und Arbeit aufzuhe-ben. Es ging um das Schaffen von „Situationen" im (urbanen) Raum, in denen – ori-entiert an den Bedürfnissen des einzelnen – das Alltagsleben in Kunstformen umge-wandelt werden sollte. Die Situationisten lehnten dabei jede Form von ideologischer Weltsicht ab, ihre Kritik richtete sich sowohl gegen den westlichen Kapitalismus als auch den östlichen Kommunismus (da es letztlich egal sei, unter welcher Ideologie man in einer Fabrik schufte). Sie setzten dem *homo oeconomicus* den *homo ludens* ent-gegen, der sich nicht durch gesellschaftliche Zwänge vereinnahmen lasse. Die Gruppe der Situationisten bestand vor allem aus Künstlern und hatte nie mehr als 40, aller-dings im Laufe der Zeit ständig wechselnde Mitglieder (ca. 70 insgesamt) in rund zehn Ländern. Wichtige Vertreter der frühen Situationisten sind Asger Jorn oder Pi-not Gallizio. Mit Guy Debord erhielt die Bewegung in den 1960ern einen theoreti-schen Kopf. Sein Buch *La société du spectacle*, eine gnadenlose Abrechnung mit der Nachkriegsgesellschaft in Ost und vor allem West, die sich hemmungslos bei Philoso-phen wie Sartre, Lukács oder Lefebvre, bei Marxismus und Existentialismus, dem Ge-dankengut der Frankfurter Schule und dem vieler anderer bediente, ohne diese dabei entsprechend zu würdigen, wurde schnell zu einem der Kultbücher der Generation von 1968. Mit den Jahren wurde die S. I., ausgehend von künstlerischen Konzepten in der Tradition von Dada und des Surrealismus, immer politischer. Die S. I., die manch-mal als letzte Avantgarde *vor* der Postmoderne bezeichnet wird, beeinflusste ganze Generationen. Nicht nur die Generation von 1968, die Kommunen und politischen Gruppierungen, auch die Punkbewegung, Fluxus, Performancekunst sowie die urba-

---

97 Осмоловский 2000a, S. 29.

ne Architektur wurden durch Ideen und Texte der S. I. beeinflusst. Spuren situationistischen Gedankenguts diffundierten bis in die Alltagskultur, viele der heute diffus den 1968ern zugeschriebenen Ideen und Konzepte haben ihren Ursprung in situationistischen Forderungen. 1972 löste sich die Gruppe, die zum Schluss auch aufgrund von ständigen Auseinandersetzungen mit Guy Debord nur noch aus wenigen Mitgliedern bestand, auf, um ihrer eigenen Erstarrung zuvorzukommen. Die Arbeitsformen der S. I. waren, neben der Publikation der Zeitschrift *internationale situationiste*, in der die Gruppe auch die Medienberichterstattung über sich selbst verfolgte und zudem mit allen und jedem, egal ob Sympathisant (wie z. B. Godard) oder Gegner (z. B. sowohl die arrivierte Gesellschaft als auch stalinistisch-kommunistische, politische Gruppierungen auf der einen und die Hippie-Bewegung auf der anderen Seite) gnadenlos abrechnete, Tagungen und künstlerische Arbeiten.[98]

Eine Auseinandersetzung mit der S. I., von der das eingangs zitierte Statement Zeugnis ablegt, ist für Osmolovskij in seiner späteren Arbeit sehr wichtig. 1998 druckte er zwei programmatische Aufsätze der S. I. in russischer Übersetzung in der ersten Ausgabe von *Radek* ab.[99]

Spuren situationistischen Gedankenguts finden sich aber bereits in den Aktionen des Festivals *Vzryv novoj volny* (*Ausbruch einer neuen Welle*) in einem Ausmaß, das darauf schließen lässt, dass dies keineswegs zufällig ist. Allerdings wird die S.I. an keiner Stelle explizit erwähnt. Es sind vielmehr diffuse Anspielungen auf die Studentenunruhen von 1968 und nicht zuletzt die Hommage an die Nouvelle Vague selber, die diese Nähe herstellen. Die Anleihen, die an der S. I. genommen wurden, fügen sich ein in den Kontext der ironischen Zitate westlicher und östlicher Protestpraktiken, in die sich auch der Einsatz des drastischen Körpers einfügt.

Die aktionistische Störung von Filmvorführungen stellt bereits in sich ein Zitat einiger der Strategien der S. I. dar.[100] An dieser Stelle kehren wir also unvermittelt zurück zu der am Beginn des Kapitels gestellten Frage, ob die Störung der Filmvorführungen einen filmpoetischen Stellenwert hat. Die Antwort ist simpel: Gerade in der

---

98 Vgl. zur Situationistischen Internationale Gallissaires, Pierre et al. 1995, Ohrt 1990 und 2000, Plant 1992 sowie Savage 1991, S. 30-32.

99 Коллективное авторство 1997-1998a, b.

100 Guy Debord setzte sich intensiv mit dem Film auseinander, vgl. z. B. Debord 1978a, b. Er begann seine eigene „Skandal-Karriere" ebenfalls mit einer Aktion während einer Filmvorführung, vgl. auch Bourseiller 1999. 2005 erschien eine Gesamtausgabe von Debords kinematographischem Schaffen: Debord 2005. Die Texte der S. I. beschäftigen sich ebenfalls häufig mit filmpoetischen Fragen. Als Beispiele seien genannt: S. I. 1976b, c. – Ein Beispiel für das Vorgehen Debords gibt der Klappentext zu *Gegen den Film,* der die „Paris-Presse" vom 25. 05. 1957 zitiert: „Es war ein französischer – und gewagter Film. Er hieß ‚Geheul für Sade'. Zweihundert junge Londoner Intellektuelle hatten Schlange gestanden und 150 Francs bezahlt, um ihn sehen zu können. Fieberhaft warteten sie in ihren Sitzen auf kühne Bilder und provozierende Kommentare. Nur – 90 Minuten lang (so lange also wie bei einem Fußballspiel) sahen sie einen unbelichteten Film. Ab und zu flammten kurze Blitze auf, dann war wieder alles dunkel. Der schwer intellektuelle Kommentar – in Originalfassung – kam zu der Kühnheit dieser Zelluloideinöde noch hinzu."

Einführung der Störung als Aktion durch das Unterbrechen von Filmvorführungen werden ebenfalls Strategien einer vergangenen Protestgeneration zitiert, Strategien der S. I. Während aber damals das Erleben der Materialität des Films, wie sie die intermediale Störung im Sinne Paech zur Folge hat, tatsächlich poetisches Ziel der situationistischen Strategien war, stellt gerade dieser Aspekt für Osmolovskij nur das Zitat einer Strategie einer historischen Protestform dar – wie auch der eigene Beitrag eines die Struktur des Hollywoodkinos parodisierenden Filmskripts.

Kehren wir nun unmittelbar zurück zu den Strategien der S. I. Diese setzten zu ihrer Zeit – gemeinsam unter anderem mit den Filmen der Nouvelle Vague – katalytische Energien für die Protestgeneration von 1968 frei. Sie gingen ein in die Entwicklung vieler Jugend-, Sub- und Protestkulturen weltweit und stellten somit im Herbst 1990 ein in jedem Fall zumindest unbewusst vorhandenes, globales kulturelles Erbe auch in Russland dar. Die Frage, inwiefern das Zitat einiger dieser Strategien bewusst oder unbewusst ist, spielt insofern keine Rolle, als der Bezug zu den Revolutionen von 1968 sowie allgemeine Suchbewegungen in klassischen linksintellektuellen Bewegungen des Westens von Beginn an für die Arbeiten Osmolovskijs programmatisch war, wenn auch die essentielle Rolle der S. I. in diesem Prozess nicht erwähnt wird. Retrospektiv wird in der Analyse klar, wie sehr Osmolovskij mit seinem eigenen Genre-Vergleich tatsächliche strukturelle Gemeinsamkeiten seiner frühen Aktionen mit denjenigen der S. I. aufzeigt. Schon in der Ankündigung des Festivals selbst heißt es:

> Движение ЭТИ чувствует некую идеологическую и эстетическую общность с основными принципами и позициями «новой волны», разделяя последующий за ней триумф леворадикального кино во Франции в мае 1968 года. Киноманифесты, кинолистовки, уличное кино предвосхитило позитивный процесс всей западной демократии. Пришло время первых ростков и на нашей отечественной почве. Сейчас, в преддверии, видимо, неизбежной революции, хладнокровно оценивая ситуацию, группа «Кино взрыва» хотела бы создать новый кинематограф, придав ему митинговый характер, ввести в парктику демократического движения уличный кинопрокат независимого политического фильма. (Средства от проката «новой волны» пойдут на создание уличного кино).[101]

Die Bewegung ÈTI spürt eine gewisse ideologische und ästhetische Übereinstimmung mit den grundlegenden Prinzipien und Positionen der Nouvelle Vague und teilt mit ihr

---

101 Движение ЭТИ 1990. Die Erlöse des Festivals wurden schließlich nicht für ein neues Straßenkino ausgegeben, sondern nach Angaben Osmolovskijs für die Renovierung des in der Aktion *Doslovnyj pokaz mod (Armageddon)* demolierten Veranstaltungssaals (Drews-Sylla März 2003a). Der *Moskovskij komsomolec* berichtet gar, das Central'nyj dom medika (Zentrales Ärztehaus) habe sich den Schadensersatz gerichtlich erstritten (Эти сумасшедшие ,да' и ,нет' 1990). – Die Gruppe „Kino vzryva" und die Gruppe È.T.I waren weitestgehend identisch und realisierte nur ein weiteres Projekt in Ansätzen: den „Straßenfilm" („uličnyj fil'm") *Cena 2.20* (*Preis 2.20*). Die Dokumentation ist nach Angaben Osmolovskijs verschollen (vgl. Осмоловский 1999a, o.S.). Der auch auf das Festival' *Vzryv novoj volny* eingehende Zeitungsartikel Расконвойных 1990 entsteht anlässlich dieser Straßenaktion auf dem Roten Platz.

den auf sie folgenden Triumph des linksradikalen Kinos in Frankreich 1968. Die Kino-
manifeste, Kinoflugblätter und das Straßenkino nahmen den positiven Prozess der gesamten westlichen Demokratie voraus. Nun ist die Zeit der ersten Sprösslinge auf unserem einheimischen Boden gekommen. Jetzt, in der Vorahnung einer scheinbar unaus-
weichlichen Revolution, hat die Gruppe „Kino des Ausbruchs" die Situation kaltblütig
beurteilt und möchte ein neues Kino mit Veranstaltungscharakter begründen, und den
Straßenfilmverleih des unabhängigen politischen Films in die Praxis der demokratischen Bewegung einführen.

É.T.I bringt in diesem Zitat die Nouvelle Vague unmittelbar mit Prozessen der Demokratisierung im Frankreich von 1968 in Zusammenhang. Erwähnt werden Straßenaktionen, Manifeste und Flugblätter, die darin eine Rolle gespielt haben sollen,
eine Position, die von der Forschung zum Generationenbruch um 1968 geteilt
wird.[102] É.T.I. propagiert nicht weniger, als dass diese Effekte auf eine „unausweichli-
che Revolution" in Russland übertragen werden solle. Gefordert wird eine Wiederholung von 1968 im Russland von 1990. Die Prozesse, von denen hier die Rede ist
und die É.T.I. auf Russland zu übertragen sucht, sind allerdings, so hat die historische
Forschung herausgearbeitet[103], maßgeblich durch die Ideen der S. I. beeinflusst, so
dass sich bereits hier der indirekte Bezug finden lässt.

Auch in der Rezeption wird auf die Bezugnahme der Aktionisten nicht nur auf die
Nouvelle Vague, die offensichtlich ist, sondern auch auf die Verbindung mit den Ju-
gendrevolten von 1968 hingewiesen. Besonders deutlich wird Vancetti Raskonvojnych im *Moskovskij komsomolec*. Er schreibt:

Движение воскрешает традиции уличной студенческой бузы в Европе 60-х годов и
поет славу преемственности идей. Во Франции юношеская сублимация приняла
наиболее раскованные формы, что выразилось в баррикадах, перевернутых авто и
демонстрации уличных киноманифестов и кинолистовок Годара, Трюффо,
Шаброля, других.[104]

Die Bewegung beschwört die Tradition der studentischen Straßenproteste im Europa
der 1960er Jahre und huldigt der Übernahme der Ideen. In Frankreich nahm die jugendliche Sublimation die hemmungslosesten Formen an, was sich in Barrikaden, um-
gekippten Autos und Straßenvorführungen von Kinomanifesten und Kinoflugblättern
von Godard, Truffaut, Chabrol und anderen ausdrückte.

Raskonvojnych attribuiert den damals doch sehr dramatischen Ereignissen eine positive Romantik und spricht in einem sehr leichten Ton von der Teilnahme der „Herren
Studenten und Herren Polizisten" („[r]omantika ètich chéppeningov s učastiem gospod studentov i gospod policejskich"). Er erinnert den Leser auch, woher er die Schilderung dieser Ereignisse kennt: aus der Komödie *La Carapate* (ru. Titel *Pobeg*, dt.

---

102 Vgl. Gilcher-Holtey 2000.
103 Vgl. v. a. Gilcher-Holtey 1995 und 2000.
104 Расконвойных 1990.

Titel *Der Sanfte mit den schnellen Beinen*)[105] aus dem Jahr 1978, in der zehn Jahre
nach den Studentenrevolten diese als komödiantischer Hintergrund für die Flucht
des Helden aus einem Gefängnis eingesetzt werden. Raskonvojnych betont, dass
Ė.T.I. die Übernahme der Ideen von 1968 propagiert. Genau diese historischen Ereignisse waren aber ebenfalls maßgeblich von den Situationisten beeinflusst worden, so
dass sich auch hier der Rückbezug finden lässt.

Die Studentenrevolten von 1968, die Wolfgang Kraushaar als erste globale Jugendre-
volte der Geschichte bezeichnete,[106] die sich in Frankreich, Deutschland, den USA,
Mexiko und vielen anderen Staaten der Welt explosionsartig entfaltete und auch in
den kommunistischen Staaten Osteuropas ihre Ausdrucksformen fand, hatten kein
wirkliches Äquivalent in der Sowjetunion, obwohl die globale Stimmung auch in der
Jugend der Sowjetunion spürbar gewesen sein muss.[107] Selbstverständlicher Bestandteil des kulturellen Wissens, das beweist der Hinweis Raskonvojnychs, war die Ju-
gendrevolte von 1968 natürlich auch in der Sowjetunion, die Reminiszenz daran positiv besetzt. Dieser kleine Hinweis belegt auch noch einmal, wie willkommen Aktionen der Art des Moskauer Aktionismus waren, gerade weil oder so sehr sie sich auch
bemühten, skandalös zu agieren.

Zugleich war diese Revolte die erste globale ,Medienrevolte' der Jugend, da die
ganze Welt durch TV-Übertragungen nicht nur an den Ereignissen im eigenen Land,
sondern auch in den anderen Ländern der Welt Anteil nehmen konnte.[108] Die Jugendbewegungen, allen voran die künstlerisch-politische S. I., waren sich dieser Situation sehr bewusst und nutzten die Massenmedien für ihre Zwecke. Sie befanden sich,
wie Inge Münz-Koenen schreibt, zwischen den Welten der Schrift und des Bildes –
die visuellen Medien spielten für die weltweite Verbreitung eine entscheidende Rolle
und prägten die Formen des Protestes, während die theoretischen Impulse aus einer
noch immer schriftgeprägten Welt gewonnen wurden.[109] In dieser Hinsicht ähnelt die
Situation tatsächlich strukturell ein wenig derjenigen, in der Osmolovskij, seine
Gruppe und der gesamte Moskauer Aktionismus zu Beginn agierten. Aus der sich
über schriftliche Repräsentation legitimierenden, mit der performativen Kraft der
Schrift agierenden sowjetischen Welt, in der der Mythos ,samaja čitajuščaja strana'
(,Land, in dem am meisten gelesen wird') ungebrochene Gültigkeit hatte, obwohl
auch in ihr das Fernsehen dem Buch längst seinen Rang abgelaufen hatte, glitten sie
hinüber in eine sich umstrukturierende, offen visuell geprägte Kultur, in der die visu-

---

105 Oury 1978. Die Komödien mit Pierre Richard waren in der Sowjetunion sehr beliebt und
     sind, populär wie eh und je', heute problemlos als DVD und Video auf dem russischen Markt in
     synchronisierten Fassungen erhältlich.
106 Kraushaar 2000, S. 19-53.
107 Ich habe leider keine ausführlichen Forschungsergebnisse zu den Einflüssen der Revolten auf
     die sowjetische Jugend gefunden. Über die Bemerkung, dass diese Einflüsse existierten, sich
     aber natürlich nicht auf gleiche Weise entfalten konnten, gehen die Angaben zumeist nicht hi-
     naus.
108 Kraushaar 2000, S. 23; vgl. auch Münz-Koenen 2000.
109 Vgl. Münz-Koenen 2000, S. 85.

elle Kraft der Massenmedien (sogar diejenige der Schrift) erstmals für die eigenen Zwecke genutzt werden konnte. Auch ihnen war es erstmals möglich, bewusst die Aufmerksamkeit der Massenmedien auf ihre Aktionen zu lenken, ein Effekt, der, wie Kapitel sechs zeigen wird, den gesamten Verlauf des Moskauer Aktionismus mit beeinflusste. Der Unterschied zu 1968 liegt darin, dass nicht die technische Entwicklung diese Möglichkeit hervorbringt, sondern der politische Wandel.

Die Tatsache, dass die Massenmedien sich für den Moskauer Aktionismus interessieren, wird in der Rezeption des Festivals deutlich vermerkt. Veronika Bode schreibt hierzu das Festival *Vzryv novoj volny* (*Ausbruch einer neuen Welle*) betreffend: „I skandal'nyj mif sozdat' udalos'. Pressa vsjakaja solidnaja zainteresovalas', v tom čisle zarubežnaja."[110] („Und es gelang, einen Skandalmythos zu etablieren. Jede Menge seriöser Presse interessierte sich dafür, darunter ausländische.") Von Anfang an, so Bode, hat die in- und sogar ausländische Presse den Skandalmythos aufgenommen. Zwischen diesem Skandalmythos, der als gewollt dargestellt wird, und dem Interesse der Massenmedien wird ein ursächlicher Zusammenhang dargestellt. Das Aktivieren und Instrumentalisieren der Massenmedien wird den Moskauer Aktionismus so von Anfang an begleiten.

Fast alle revolutionären Bewegungen um 1968, auf die sich Osmolovskij so direkt bezieht, waren Jugendbewegungen, mit Studentengruppen als Nukleus, in fast allen Fällen wurden radikaldemokratische, sozialistische Alternativen sowohl zum real existierenden Sozialismus der Sowjetunion als auch – und vor allem – zum Weg des Kapitalismus, den der Westen eingeschlagen hatte, gesucht und propagiert.[111] Osmolovskijs politische Positionierung erhält durch die zahlreichen Bezugnahmen auf die Strategien und Ideale der S. I. plötzlich einen neuen Horizont. Erscheint es auf den ersten Blick pikant, dass in der historischen Situation des gescheiterten kommunistischen Gesellschaftsexperiments[112] eine Orientierung an einer linksgerichteten politisch-künstlerischen Bewegung stattfindet, so ist diese auf den zweiten Blick mehr als konsequent. Die Bezugnahme auf Ideale der historischen Linken kann damit fast schon als Spurensuche und nun plötzlich gerade aufgrund des offenen Nihilismus der

---

110 Боде 1991.

111 Kraushaar 2000, S. 25.

112 Jerzy Maćków legt das Ende der alten Gesellschaftsordnung (seiner umstrittenen Auffassung nach noch eine Form des Totalitarismus; vgl. hierzu die Rezension von Daniel Ursprung (Ursprung 2006)) auf das Frühjahr 1990 fest – also auf einen Zeitpunkt vor dem Festival *Vzryv novoj volny,* und somit nahezu zwei Jahre vor den Zeitpunkt der faktischen Auflösung des Staatengebildes Sowjetunion. Das Kriterium für das Ende des Totalitarismus stellt für ihn eine Pluralisierung der Gesellschaft, deren Autonomisierung von der politischen Macht und infolgedessen der Vollzug der Aufgabe des totalitären, d. h. uneingeschränkten Herrschaftsanspruchs dar, ein Schritt, den die Machtelite in der Sowjetunion im März 1990 vollzog. Die schon seit Jahren sich vollziehenden Verfallserscheinungen des Staatengebildes Sowjetunion waren im Verlauf des Jahres 1990 unübersehbar geworden. Der gescheiterte Putschversuch der reaktionären Kräfte, der bereits eine Reaktion auf einen diese Verfallserscheinungen ernst nehmenden neuen, echten und somit natürlich extrem systemsubversiv wirkenden Unionsvertrag war, so Maćków, beschleunigte diesen Prozess. Vgl. Maćków 2005, S. 83-86.

Aktionen als Beitrag zur *perestrojka*, zum Umbau der sowjetischen, sozialistischen Gesellschaft begriffen werden, denn ein radikaler Kapitalismus, das wurde in den Aktionen mehr als deutlich, stellt für Osmolovskij auch keine Systemalternative dar. Genau diese Ablehnung beider Gesellschaftssysteme, des kapitalistischen und des kommunistischen, die verknüpft ist mit einer Suche nach den Verbindungsmöglichkeiten von Politik und Kunst, ist selber ein Zitat – das der Strategien der S. I., die sich ebenso stringent von einer Vereinnahmung einer der beiden ideologischen Positionen distanzierte.

Auch wenn die Aktionen von Anfang an aus ihrer Inszenierung im Rahmen der Kunst keinen Hehl machten und sich strukturell essentiell von den durch die künstlerisch-politischen Experimente der S. I. mit ausgelösten Protestbewegungen um 1968 unterscheiden (und so tatsächlich sehr viel mehr den künstlerischen Experimenten der S. I. als den globalen Studentenunruhen von 1968 ähneln), so kann doch eine direkte, sich auf kunstexterne Prozesse stützende Beobachtungsoperation nicht geleugnet werden. Das Festival *Vzryv novoj volny* (*Ausbruch einer neuen Welle*) wurde von der die Kunst umgebenden, externen gesellschaftlichen Situation gefördert. Das Vorgefühl einer Revolution, eines Gesellschaftsumbaus vom Ausmaß desjenigen, das Russland bereits einmal, nämlich zu Beginn der Sowjetunion am Anfang des 20. Jahrhunderts durchlebte,[113] beherrschte die Gesellschaft. Kunstexternes und Kunstinternes sind gerade in den Aktionen Osmolovskijs untrennbar miteinander verschränkt. Der Spagat der Aktionen zwischen Kunstexternem und Kunstinternem, zwischen dem Anspruch auf gesellschaftlichen Einfluss und dem Bewusstsein, innerhalb eines geschlossenen Systems Kunst zu operieren, kommt gerade in der Formwiederholung, im wiederholten Zitieren von Protest- und Rebellionsbewegungen politischer und kultureller Art immer wieder und wieder zum Vorschein. Auch das Zitat von Strategien der S. I. gehört in diesen Kontext. Die Sehnsucht, die Trennung von Kunst und Leben aufzuheben, Kunst und Politik miteinander zu verbinden, ist eine originär situationistische. Genau dieses Streben erhält damit den Status eines Zitats, so viele Hinweise auf kunstexterne Prozesse es auch geben mag.

Ein Beispiel für diesen Zusammenhang ist die ebenfalls zitathaft an der Nouvelle Vague und der S. I. orientierte Kritik am klassischen Hollywood-Film. Nicht der klassische Hollywood-Film wird kritisiert (ein Thema der Nouvelle Vague), sondern der Status des Hollywoodfilms in der für den Moskauer Aktionismus zeitgenössischen kulturellen Situation.

Die Gruppe È.T.I. verurteilt in der Ankündigung des Festivals die Tatsache, dass das Land von der westeuropäischen Massenkultur, insbesondere von Kinofilmen überschwemmt werde, wogegen sich das Festival richte:

---

113 Vgl. hierzu Maćków 2005, S. 90.

Идет однозначное восприятие и насаждение западной массовой культуры, усиленно закупаются бестселлеры типа *Рембо* и *Кингконг*. [Н]о совершенно не видно западноевропейской леворадикальной киноклассики.[114]

Es findet eine eindeutige Rezeption und Verankerung der westlichen Massenkultur statt, es werden forciert Bestseller wie *Rambo* oder *King Kong* eingekauft. Aber die westeuropäischen, linksradikalen Kinoklassiker sind überhaupt nicht zu sehen.

Tatsächlich kam die Kinoindustrie in Russland in den letzten Jahren der *perestrojka* und den ersten postsowjetischen Jahren fast vollkommen zum Erliegen und wurde – wenn überhaupt – durch den massenhaften Einkauf westlicher Billigproduktionen und/oder Blockbuster abgelöst.[115] Auch das Kinoskript *Bože, chrani prezidenta! (God Save the President!)* wird durch diesen Kontext plötzlich in einem anderen Licht lesbar. Es handelt sich nicht nur um eine Übernahme der Hollywood-Kritik der Nouvelle Vague, sondern um eine reaktualisierende Adaption der Proteststrategien an die Situation im Jahr 1990. Die Betonung des ausschließlich situativen Handelns des Protagonisten lässt im Übrigen hier wieder darauf schließen, dass eine Auseinandersetzung mit den Strategien der S. I. bereits stattgefunden hatte. Die Strategie des Filmskripts bleibt aber bei aller Verankerung in der und Bezugnahme auf die Gegenwart dennoch auch Zitat – Zitat innerhalb des Kontextes der Kunst und nicht des Lebens.

Es lassen sich weitere strukturelle Gemeinsamkeiten zwischen den Strategien der S. I. und denjenigen der Aktionen Osmolovskijs während des Festivals *Vzryv novoj volny (Ausbruch einer neuen Welle)* finden, die darauf hinweisen, dass die zitathafte Bezugnahme auf die S. I. die umfassende Klammer für das gesamte Festival war. Gefragt, ob Osmolovskij nicht die Autorschaft der Nouvelle Vague-Regisseure für seine Aktionen entehre oder gar zerstöre, antwortete dieser, er agiere in Übereinstimmung mit der Radikalität der Nouvelle Vague, deren Autoren mit Sicherheit revoltieren würden, wüssten sie denn, in welchem Ausmaß sie und ihre Filme zu kulturellen Ikonen gemacht worden seien. Gilcher-Holtey erwähnt genau diese Haltung bereits 1968. Letztere fand beispielsweise in einem von der S. I. nahe stehenden Studenten herausgegebenen Flugblatt ihren Ausdruck, in der die Konsumhaltung und antipolitische Haltung vieler französischer Studenten kritisiert wurde. Als Beispiel für diese Konsumhaltung wurde die kritiklose Konsumption der Filme der Nouvelle Vague aufgeführt. Filme, die noch wenige Jahre zuvor Ausdruck einer Rebellion waren (und ganz entscheidend zum Aufbruch der Jugend 1968 beitrugen), dienten aus dieser Perspektive, analog zu Guy Debords Befunden in *La société du spectacle* nurmehr als Kulturikonen oder simple Waren.[116] Diese radikale Kritik ist typisch für die S. I., und es ist genau diese Haltung, die Osmolovskij 20 Jahre später auch den Moskauer Besuchern des Festivals *Vzryv novoj volny (Ausbruch einer neuen Welle)* vorwirft.

---

114 Движение ЭТИ 1990.
115 Pleines 1997, S. 396.
116 Gilcher-Holtey 2000, S. 100.

Weitere Parallelen sind: Die situationistische Geste sollte immer die radikalste sein, ebenso wie diejenige des Moskauer Aktionisten. Mitglieder der S. I. distanzierten sich von der intellektuellen Gesellschaft, ebenso wie dies Osmolovskij in einer Definition der Bewegung Ė.T.I. bewusst tat: „ЭТИ – молодежное радикальное внеидеологическое движение, состоящее из художников и нонстудентов."[117] („ĖTI ist eine jugendliche, radikale, außerideologische Bewegung, die aus Künstlern und Nichtstudenten besteht.") Auch das Spiel mit Namen und die dezidierte Negierung von Autorenrechten findet sich parallel bei der S. I. Gerade letzteres hat in einer Phase, in der sich die sowjetische Gesellschaft anschickt, erstmals so etwas wie individuelle Autorenrechte in Form eines Urheberrechts anzuerkennen, einen zusätzlichen provokativen Kern.[118] Das Prinzip des chaotischen Spiels, das für die S. I. ebenfalls essentiell wichtig war und in den Aktionen des Festivals so perfekt in *Doslovnyj pokaz mod v 1990 god (Armagedon)* (*Gewissermaßen eine Modenschau im Jahr 1990 [Armageddon]*) ausagiert wurde, lässt sich ebenfalls bei Ė.T.I. als aktionistisches wiederfinden.[119]

Die Liste ließe sich erweitern. Wichtig ist an dieser Stelle jedoch nicht eine vollständige Aufzählung aller Anleihen, die Osmolovskij an den Strategien der S. I. nahm. Viel wichtiger erscheint mir, noch einmal zusammenfassend zu konstatieren, dass die ungerichteten Hinweise auf die Revolutionen von 1968 zu einem großen Teil Parallelen mit situationistischem Gedankengut aufweisen. Auch die Filme der Nouvelle Vague, einerseits Ausdruck und Symbol der Revolten von 1968, andererseits zu diesem Zeitpunkt bereits kritisierte Kulturikone, sind in diesen Kontext einzuordnen. Die störenden Körperaktionen stehen in der Tradition einer die Grenzen von Kunst und Leben sprengen wollenden, radikalen, gesellschaftskritischen Bewegung, deren Ziel eine weder dem Kapitalismus noch dem Kommunismus entsprechende Gesellschaftsorganisation darstellte. Osmolovskij knüpft an dieses künstlerische Experiment exakt im Moment des Übergangs an. 1990 ist die alte Gesellschaftsordnung bereits Vergangenheit (selbst wenn die Sowjetunion noch besteht), eine neue hat sich noch nicht etablieren können. Die Aktionen des Festivals *Vzryv novoj volny (Ausbruch einer neuen Welle)* stellen gerade in ihrer Zitathaftigkeit einen künstlerischen Beitrag zur Transformationsgesellschaft dar. Insofern kann der Hinweis Wittes, die Aktionen seien reduktionistisch interpretiert, wenn man sie lediglich als Wiederaufgreifen unter anderem situationistischer Strategien auffasse, bestätigt werden. Der Rückgriff auf diese Strategien hatte zu Beginn des Moskauer Aktionismus durchaus

---

117 Осмоловкий 1991b.

118 Die S. I. erlaubte prinzipiell den Nachdruck ihrer Texte, entsprechende Hinweise finden sich auch in der deutschen Ausgabe ihrer Texte (S. I. 1976, 1977). Auch sind die dort angegebenen Autorennamen ganz offensichtlich Pseudonyme. Insofern handelte Osmolovskij ganz im Sinne der S. I. als er die beiden in *Radek* abgedruckten Texte auf Russisch übersetzt veröffentlichte.

119 Vgl. z. B. den Text S. I. 1976a, den Osmolovskij in russischer Übersetzung in *Radek* abdruckte. Aber auch viele andere Texte der Situationistischen Internationalen in derselben deutschen Textsammlung thematisieren das Spielprinzip. Nicht umsonst nennt Roberto Ohrt eine Textsammlung zur Situationistischen Internationalen *Das große Spiel* (Ohrt 2000).

seine künstlerische Legitimation, die in der Frage nach den Möglichkeiten der Verbindung von Kunst und Leben, von Kunst und Politik, jenseits der beiden großen gesellschaftspolitischen Alternativen Kapitalismus und Kommunismus, in der Transformationsgesellschaft von 1990 bestand.

4.6.2 Revolution?!

Die Interpretationsmöglichkeiten, die die Bezugnahme auf die S. I. ermöglicht, sind jedoch noch nicht erschöpft. In Frankreich, so führt Gilcher-Holtey aus, löste eine kleine Gruppe von nicht-studentischen Politaktivisten, die sich auf die S. I. bezogen, jene Geschehnisse aus, die in einer Kette von Ereignissen innerhalb eines Monats von Streikaktionen an der Universität Nanterre zu jener Nacht der Barrikaden in Paris im Mai 1968 führte, an der sich nun nicht mehr nur Studenten, sondern auch Arbeiter und Gewerkschafter beteiligten, und die sich zu einer Krise der damaligen französischen Regierung unter dem Präsidenten Charles de Gaulle und dem im Juli 1968 abgelösten Premierminister Georges Pompidou ausweiteten. Gelöst wurde die Krise unter anderem durch eine Auflösung der Nationalversammlung und mit weitgehenden Zugeständnissen an die Studenten und Demonstranten.[120]

Dieses Ziel, eine Regierungskrise zu erreichen, ist, so kann man im *Gumanitarnyj fond* nachlesen, ebenfalls ein Ziel Osmolovskijs. In seiner dort abgedruckten Eröffnungsrede zum Festival sagt er:

> Мы решили не заниматься искусством, мы решили заниматься политикой. Но так как мы художники, мы будем заниматься политикой нетрадиционным способом. Мы будем добиваться того, чтобы большевики сдали власть. Но вся трагедия в том, что мы не знаем, какая возможна альтернатива тому убожеству, которое царит сейчас у нас в стране. И то, что происходит на Западе, стремление к постиндустриальному обществу – не панацея. Мы принципиально против капитализма. У Пригова есть такой текст: «Женись, Попов, а мы посмотрим, присмотримся со стороны!» Вот такова наша позиция по отношению к идеологии, будь она коммунистическая или капиталистическая ...[121]

Wir haben beschlossen, keine Kunst zu machen, wir haben beschlossen, Politik zu machen. Aber da wir Künstler sind, werden wir Politik mit nichttraditionellen Mitteln machen. Wir werden erreichen, dass die Bolschewiken die Macht abgeben. Aber die ganze Tragödie besteht darin, dass wir nicht wissen, welche Alternative es zu dieser Misere gibt, die jetzt bei uns im Land herrscht. Und das, was im Westen passiert, das Streben nach einer postindustriellen Gesellschaft ist kein Allheilmittel. Wir sind prinzipiell gegen den Kapitalismus. Bei Prigov gibt es einen Text: „Heirate, Popov, und wir werden

---

120 Zu den Ereignissen in Frankreich vgl. ausführlich Gilcher-Holtey 1995.

121 Осмоловский 1991a. Die Rede hielt er laut Bildunterschrift des zugehörigen Photos mit rot angemaltem Gesicht. Dieses lässt sich in Analogie zu *Govno, moča, sperma (Scheiße, Pisse, Sperma)* als ein viertes Element interpretieren: als Blut. Die Farbe rot findet sich auch bei Andres Serrano zur Symbolisierung von Blut.

sehen, sehen von der Seite zu!" Das ist unsere Position bezüglich der Ideologie, egal ob sie kommunistisch oder kapitalistisch ist …

Ziel des Festivals ist, so kann man nachlesen, eine Provokation des Rücktritts der kommunistischen Machthaber. Allerdings habe man auch keine Alternative anzubieten, da auch die westliche Gesellschaftsordnung kein „Allheilmittel" darstelle. Den Kapitalismus lehne man konsequent ab. In dieser Situation könne man sich nur noch distanzieren und den Dingen von der Seite aus zusehen.

In der Ankündigung des Festivals *Vzryv novoj volny* (*Ausbruch einer neuen Welle*) im *Moskovskij komsomolec* ist eine Art Plakat abgedruckt, das den vorweggenommenen Ablauf von Aktionen im Zeitraum vom 12.-25. Januar 1991 beschreibt.[122] Diesem entworfenen Szenario nach sollte am 15. Januar das Festival des „levoradikal'noe kino" (des „linksradikalen Kinos") beginnen, am 16. sollte der Straßenfilm *Cena 2.20* (*Preis 2.20*) gezeigt werden. Am 22. Januar werde, so die Ankündigung, eine Gruppe Saboteure in einem Fleischkombinat („Mikojanovskij mjasokombinat") durch Kräfte der Staatssicherheit unschädlich gemacht. Am 25. Januar mache die Kriminalabteilung È.T.I. dann ihrerseits die Verrätergruppe der Staatssicherheit unschädlich. Am 31. Januar schließlich solle Simón Bolívar eintreffen (Abb. 37).

Die Ankündigung nimmt die Geschehnisse vorweg, die im Kontext des Festivals fiktiv eintreten sollen. Nach Straßenaktionen und Straßenkino, eine unmittelbare Anlehnung an die Ereignisse von 1968, findet, ausgelöst durch einen Sabotageakt, eine Machtübernahme durch die historische Figur Simón Bolívar statt, auf dessen Seite die Gruppe È.T.I. agiert. Dies also soll sich der Rezipient der Aktionen des Festivals als unmittelbare Folge der Machtaufgabe der sowjetischen Machthaber vorstellen.

Der historische Bolívar, Namensgeber Boliviens und legendärer, südamerikanischer Freiheitskämpfer und Staatsmann im 19. Jahrhundert, war maßgeblich an der Unabhängigkeitserklärung Venezuelas von Spanien (der ersten in Spanisch-Amerika) in Bogotá 1810 beteiligt und trat in der Folge als bedeutendster politischer und militärischer Führer im Kampf gegen die spanische Kolonialmacht hervor. Bolívars politischer Einfluss wirkt bis heute nach und steht für die Unabhängigkeit von Europa und Amerika ebenso wie für fortschrittliche soziale Gesellschaftsziele und einen Panamerikanismus. Er regierte große Teile Südamerikas mit diktatorischen Vollmachten von 1819 bis zu seiner Abdankung 1830, dem Jahr, in dem er auch verstarb.[123]

In beiden Quellen, sowohl in Osmolovskijs Eröffnungsrede als auch in der Referenz auf die fiktiven, durch das Festival auszulösenden Ereignisse mit der Ankunft eines historischen Freiheitskämpfers, wird ein Bezug zu revolutionären Ereignissen hergestellt und zugleich *ad absurdum* geführt. Das Plakat-Szenario entwirft einen Handlungsablauf, der dem historischen Ablauf der Pariser Mairevolution insofern ähnelt, als die Protestaktionen auf Arbeiter übergreifend fiktiv inszeniert werden. Das Endresultat der Aktionen, so macht Osmolovskij in seiner Eröffnungsrede ebenso wie

---

122 Tatsächlich stattgefunden hat es vom 10. bis zum 25. November 1990.
123 Vgl. zu Simón Bolívar Lynch 2006.

Abb. 37: Szenario zur An-
kunft von Simón Bolívar
(Quelle: Ausschnitt aus
ЭТИ 1990)

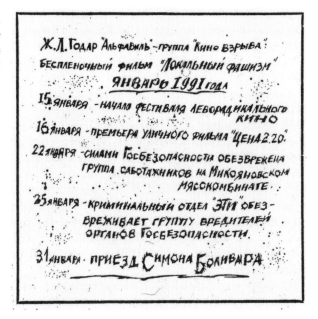

durch die Figur Bolívars mehr als deutlich, soll nicht weniger als der Rücktritt der sowjetischen Machthaber sein. Bolívar steht für die utopische Unabhängigkeit von Europa und den USA, also ebenso wie die politischen – und nicht weniger utopischen
und politisch zumeist gescheiterten – Ziele der Studentenproteste von 1968. Das
Utopistische und somit Kunstinterne dieses Zieles scheint Osmolovskij aber mehr als
klar, und er integriert dies in seine Inszenierung. Er bekennt sich in seiner Eröffnungsrede bewusst dazu, keine politische oder gesellschaftliche Alternative vorschlagen zu
können. Seine Antwort besteht in der Kunst – in der Inszenierung dessen, was von all
diesen Revolutionen, inklusive der sowjetischen 1917, so lässt sich vielleicht hinzufügen, bleibt: ein nihilistisch-aggressives Chaos, das seine eigene Freude an sich selbst
nicht verleugnen kann. Das Scheitern der inszenierten Revolution wird somit auch
im Festival *Vzryv novoj volny* (*Ausbruch einer neuen Welle*), in dieser Parade durch die
Wellen avantgardistischer Protestformen des 20. Jahrhunderts mit inszeniert.

Es ist fast schon parodistisch, dass das so ironisch erklärte Ziel Osmolovskijs, der
Rücktritt der sowjetischen Machthaber und sogar mehr als das, nämlich das faktische
Ende der Sowjetunion, ein Jahr nach dem Festival *Vzryv novoj volny* (*Ausbruch einer
neuen Welle*) tatsächlich eintraten – wenn auch ohne direkten Kausalzusammenhang
und ohne das unmittelbar auslösende Moment der situationistischen Aktionen Ana-
tolij Osmolovskijs und seiner Gruppe É.T.I. mit ihrem drastischen Körpereinsatz.
Den gesamtkulturellen gesellschaftlichen Stimmungskontext, die in der Luft liegende
Umwälzung haben sie im November 1990 aber sehr wohl erfasst. Sowohl Bolívar als

auch die S. I. – alle beide stehen für den Traum einer Alternative zu Kapitalismus und Kommunismus unter Beteiligung der Kunst, ein Traum, der in dieser Form wohl nur 1990 möglich war. Einige Jahre später wird schon der sprichwörtliche Raubtierkapitalismus herrschen, eine Gesellschaftsordnung, der Oleg Kulik mit seiner Figur des menschlichen Hundes einen symbolischen Ausdruck verleihen wird.

Der drastische Körper, der durch seinen störenden Einbruch aggressiv Kommunikation erzwingt, entpuppt sich im Festival *Vzryv novoj volny* (*Ausbruch einer neuen Welle*) als Bestandteil einer Strategie, die auch Zitat einer das Spielerische verherrlichenden, künstlerischen Strategie ist. Der drastische Körper wird einerseits Spiegel einer Gesellschaft im Umbruch, er ist aber andererseits auch utopischer Hoffnungsträger in einer Situation des Vakuums zwischen alt und neu. Das Utopistische dieser Hoffnung wird schnell klar: Ein Simón Bolívar wird nicht kommen, ebenso wenig wie sich die Revolution von 1968 im Moskau des Jahres 1990 wiederholen wird. Zitat bleibt Zitat, so sehr der Aktionismus die Postmoderne auch zu überwinden sucht. Deswegen stehen È.T.I., wie der Protagonist in Prigovs Gedicht, auch nur daneben und schauen zu, dies allerdings nicht ohne dabei mit Kritik an der Gesellschaft zu sparen.

Es bleibt abschließend ein Nachtrag zu leisten. Das Thema der Mairevolution 1968 stellt nicht nur einen Ausgangs-, sondern auch einen Endpunkt für Osmolovskijs aktionistische Tätigkeit dar. Am 23. Mai 1998, zum 30-jährigen Jahrestag der Pariser Maiunruhen, veranstaltete Osmolovskij eine große Barrikaden-Aktion in der Moskauer Innenstadt nahe des Roten Platzes (Abb. 25). Die Aktionisten[124] bauten eine Straßenbarrikade aus Bildern bekannter russischer Künstler. „Obwohl die Miliz allen schließlich den Gefallen tat, sie in Gewahrsam zu nehmen," schreibt Sylvia Sasse, „handelte es sich um eine fröhliche Aktion".[125] Osmolovskij kehrt hier noch einmal zu seinem im Festival *Vzryv novoj volny* (*Ausbruch einer neuen Welle*) ironisch formulierten Anspruch zurück, Politik mit künstlerischen Mitteln machen zu wollen. Zwischen den beiden Aktionen liegt allerdings die Erfahrung der 1990er Jahre und des Moskauer Aktionismus, die Erfahrung, dass die Inszenierung von Politik mit den Mitteln der Kunst das Spielfeld der Kunst letztlich nicht verlassen kann – eine Wiederholung der Erfahrung der Postmoderne, die auch die S. I. hatte erleben müssen. Daher habe sich die Strategie Osmolovskijs 1998 grundlegend geändert, so Sasse weiter. Jetzt formulierte Osmolovskij in Anlehnung an die Lektüre von Guy Debords *La société du spectacle* und Gilles Deleuzes und Félix Guattaris *L'Anti-Œdipe* bewusst „eine Art situationistische Mikropolitik mit künstlerischen Mitteln", die über die Ebenen des Zitierens und Parodierens, auf die sich die früheren Aktionen beschränkten und die sich bei aller subversiver Zielsetzung als nicht verlassbar erwiesen, hinausgehen. Sasse schreibt weiter:

---

124 Osmolovskij selbst bezeichnete diese Aktion als „größte" des Moskauer Aktionismus. Vgl. www.osmolovsky.com [Zugriff: 29. 06. 2006]. Der Teilnehmerkreis der Aktion bestand aus Aktiven der Moskauer Kunstszene und war nicht identisch mit der bereits im Herbst 1992 aufgelösten Gruppe È.T.I.

125 Sasse 2003a, S. 268.

Doch was man [in der Aktion, Anm. G. D.-S.] sah, war nicht, was passierte. Das eigentliche Anliegen dieses fröhlichen Happenings war eine politische Aktion, die nicht nur
den politischen Kampf zitiert, sondern ihn im Untergrund vorbereitet. Im Herbst 1998
begann die [*Regierungsunabhängige Kontrollkommission*; eine von Osmolovskij u. a. gegründete Künstlergruppe, Anm. G. D.-S.] dann mit der eigentlichen Wahlkampagne
„Gegen alle Parteien". Im Unterschied zu Schlingensief brachten es die russischen Aktionisten jedoch nicht bis zur Wahl. Ihre Aktionen wurden durch die Miliz verhindert, die
Gruppe zerfiel. [Das Vorhaben der Gruppe] wurde allerdings später von der Politik
selbst vereinnahmt. Im Sommer 1999 gelang es der Gruppe, eine bekannte Abgeordnete
des Parlamentes, Ella Panfilowa, für ihre Sache zu gewinnen. Doch wechselte Panfilowa
zu Moskaus Bürgermeister Lushkow und nannte ihre Kampagne schließlich „Gegen allen Extremismus".[126]

Genau diese Entwicklung, die Vereinnahmung der Strategien des Moskauer Aktionismus durch die große Politik und die Erfahrung des Beschränktseins auf den Raum der
Kunst – obwohl innerhalb dessen durchaus Beobachtungsoperationen auf die Gesellschaft möglich sind – wird in den frühen Aktionen bereits angelegt.

---

126 Sasse 2003a, S. 268. Osmolovskij geht auch selbst in seinen Texten auf diese Aktion ein, vgl.
z. B. Osmolowski 2003.

5 (Nicht nur russische) Hunde: Der Hund Oleg Kulik und einige seiner Vorgänger

> Die integrale Humanisierung des Tieres koinzidiert
> mit der integralen Animalisierung des Menschen.
>
> Giorgio Agamben[1]

Während das letzte Kapitel sich ausführlich mit einer Aktionsserie Anatolij Osmolovskijs und der Gruppe È.T.I. auseinandersetzte, soll in diesem Kapitel der (zumindest ökonomisch) erfolgreichste Künstler des Moskauer Aktionismus untersucht werden. Oleg Kulik wurde national und international durch die Figur des menschlichen Hundes berühmt, die er über einen Zeitraum von mehreren Jahren entwickelte. Kuliks künstlerische Grundstrategie war einfach: Er zog sich nackt aus, ließ sich auf alle Viere nieder und mimte kläffend und bellend, beißend und zumeist aggressiv einen Hund. Diese Anordnung wurde in immer neuen Variationsformen durchgespielt: auf der Straße vor der Marat Gel'man Galerie in Moskau, anlässlich von Vernissagen internationaler Ausstellungen in Zürich und Stockholm (in Zürich noch außerhalb, in Stockholm bereits innerhalb des Raums der Ausstellung), schließlich als Teil des institutionalisierten Kunstraumes in Rotterdam, Berlin und New York. Eine Aktion fand in Zusammenarbeit mit einer Galerie vor dem Straßburger Parlament statt. Später variierte Kulik das Thema weiter und integrierte „echte" Hunde in seine Kunstprojekte. Er propagierte die orthopädische und genetische Umgestaltung des menschlichen Körpers, mit dem Ziel einer gleichberechtigten Familiengründung von Hund und Mensch – inklusive mit Hilfe der Gentechnik erzeugten biologischen Nachwuchses. Kulik bündelte die Hundeaktionen in einem Gesamtprojekt mit dem Titel *Zoofrenija* (*Zoophrenie*), das sich auf sehr verschiedenen Ebenen der Relation Mensch und Tier annähert und Verwandlungen nicht nur in Hunde, sondern auch in andere Tiere inszenierte. Als produktiv erwies sich beispielsweise auch die Gestalt des Vogels, die motiviert wurde durch ein Spiel mit seinem Familiennamen ‚Kulik', der übersetzt eine Schnepfenart bezeichnet.[2] Der Hund allerdings, auf den ich mich in diesem Kapitel beschränke, wurde sein Markenzeichen.

Medium der Aktionen ist – ganz offensichtlich – Kuliks nackter Körper, der die Form eines menschlichen Hundes annimmt. Diese Form eines menschlichen Hundes schreibt sich nun aber unweigerlich in eine ganze Reihe von kulturhistorischen Traditionslinien rund um den Hund ein, die selbst als Formen eines Mediums Kultur auf-

---

1 Agamben 2003, S. 86.
2 Vgl. Kapitel 3.2.3.

gefasst werden können. Die Kultur ist, wie Hahn überzeugend erläutert, kein eigenständiges autopoietisches Subsystem der Gesellschaft, sondern selbst Medium.[3] Ein autopoietisches Subsystem der Gesellschaft wäre beispielsweise die Kunst, innerhalb derer Kultur dann als Medium wirken kann. Kuliks Hundeaktionen sind als kulturelle Artefakte Formen kultureller Medien, über die Kommunikation ermöglicht wird. Sein Körper, der die Form eines menschlichen Hundes annimmt, interagiert damit mit anderen Formen des Mediums Kultur, so beispielsweise mit der russischen Avantgarde oder – vor allem – mit anderen ‚kulturellen Hunden'. Das Kapitel zu Oleg Kulik widmet sich der ausführlichen Darstellung dieser Interaktionen. In der russischen Kultur lässt sich eine erstaunliche Anzahl von kulturell verfügbaren Hunden finden, mit denen der Hund Kulik kultursemantisch interagiert. Ausgangspunkt der Untersuchung sind zwei einzelne Aktionen. In Zürich verwandelte Kulik sich 1995 in einen *Reservoir Dog*, in Rotterdam ein Jahr später in einen Pavlovschen Hund. Diese beiden Aktionen bilden einen hervorragenden Ausgangspunkt für die Untersuchung der verschiedenen Hundegestalten, mit denen Kulik korrespondiert. Auf der einen Seite steht die russische, historische Avantgarde, die für den Moskauer Aktionismus einen wichtigen Hintergrund bildete, und die ich im ersten Teilkapitel untersuche. Auf der anderen Seite findet sich das sowjetische Experiment vom Neuen Menschen, das den Hintergrund für die Untersuchungen im zweiten Teilkapitel bildet. Die beiden Aktionen beschränken sich aber nicht auf ‚innerrussische' Verweise. In *Reservoir Dog* wird der explizite Verweis auf Quentin Tarantinos Film *Reservoir Dogs* gesetzt. In anderen Aktionen, die in unmittelbarem Zusammenhang mit dem Rotterdamer Pavlovschen Hund stehen, finden sich Verweise auf westliche Tier- und Umweltschutzdiskurse. Auch diesen Verweisen gehe ich detailliert nach, lassen sie sich alle doch in ein ‚hündisches' Gesamtpanorama einbinden.

5.1 Ein *Reservoir Dog* in Zürich

5.1.1 Niko Pirosmani und die historische Avantgarde

„Gaga: Nackter Russe schockte Zürcher Kunsthausbesucher"[4] titelte die Schweizer Boulevardzeitung *Blick* am 4. April 1995 und fährt fort: „Zürich – Gaga! Nur mit einem Hundehalsband ‚bekleidet' [...] bellte und biss, frass und sch... [ein russischer Performance-Künstler] – bis ihn die Polizei abführte." *Blick* bezieht sich auf ein Ereignis, das in der seriösen *Neuen Zürcher Zeitung* vom 30. März 1995 im Lokalteil der Zeitung folgendermaßen angekündigt wird:

---

3 Vgl. Hahn 2003.
4 Dammann 1995.

Oleg Kulik – Kunst-Animal. Performance zur Eröffnung der Pirosmani-Ausstellung im Kunsthaus

M. D. Standesgemäss un-artig wird sein Auftritt sein, der Ort ein Un-Ort: der Platz vor dem Zürcher Kunsthaus. Oleg Kulik, der Moskauer Maler, Galerist und Performer – eingeladen vom Malewitsch-Experten und Herausgeber der Moskauer Kunstzeitschrift *Supremus*, Alexander Shumov –, fühlt sich auch in seiner Heimat nicht in, sondern vor den Institutionen beheimatet – und begreift seine Kunst als Agitation dagegen; als Rückbesinnung auf die russische Tradition. ‚Die Sowjets haben die sowjetischen Künstler von der Wirklichkeit entfremdet, die russischen Künstler werden sie neu erfinden‘, lautet sein jüngstes Statement in der *New York Times*.[5]

Kulik, der in einer Performance vor der Moskauer Marat Gel'man Galerie in der gemeinsamen Aktion *Bešenyj pes, Ili poslednee tabu, ochranjaemoe odinokim Cerberom* (*Mad Dog or Last Taboo Guarded by Alone Cerber*) mit Aleksandr Brener erstmals nackt als Hund aufgetreten war (Abb. 38)[6], findet auch in Zürich in seine Rolle (Abb. 39).[7]

Mit Melkfett als Schutz gegen die Kälte eingerieben, lediglich ‚bekleidet‘ mit einem Halsband, auf dem in lateinischen Buchstaben sein Name „Kulik" geschrieben steht und an dem eine längere Kette befestigt ist, tritt Kulik als menschlicher Hund den Vernissagebesuchern des Zürcher Kunsthauses entgegen. Seine Aktion besteht zum großen Teil darin, die Vernissagebesucher am Betreten des Gebäudes zu hindern, indem er sie anspringt, in ihre Kleidung beißt, einen Mann sogar zu Boden reißt.[8] Während zunächst noch einige Besucher in das Gebäude hineinkommen, traut sich

---

5 Muscinoco 1995. „In der aktuellen Etappe seiner Unternehmungen stellt Kulik das ‚Alter ego‘ des Menschen, das Tier, vor. Wohl deshalb ist ihm, Ergebnis seiner Auseinandersetzung mit dem eignen Inneren, nichts Menschliches fremd; und es bleibt offen, ob in Zürich an der Performance *Reservoir Dogs* Hunde im Spiel sein werden – wie während einer Moskauer Vernissage Schweine. Ihr Tod im Dienste der Kunst soll säuisch gewesen sein." Der NZZ-Reporter Daniele Muscinoco irrt sich hier ein wenig. Nicht der Plural *Reservoir Dogs*, Titel des Films von Quentin Tarantino, sondern der Singular, *Reservoir Dog*, ist Titel der Performance. Im letzten Satz bezieht sich Muscinoco auf die Ausstellungsaktion Kuliks im April 1992 in Moskau (*Pjatačok delaet podarki [Piggly Wiggly Makes Presents]*), während derer als Bestandteil des von Kulik kuratierten *Festival' installjacii animalističeskich proektov* (*Installation Festival of Animalistic Projects*) in der Regina Gallery ein Schwein geschlachtet und dessen Fleisch an die Galeriebesucher ausgegeben wurde (Kulik 1990-1993, vgl. Kapitel 3.1.2.2). Es folgt eine genaue Angabe des Veranstaltungsortes und der Uhrzeit von Oleg Kuliks Performance („Zürich, Heimplatz, 30. März, 19 Uhr 40"), die dann auch wie geplant stattfand und per Video dokumentiert wurde (Kulik 1994-1997).
6 Marat Gel'man Galerie, Moskau, 25. November 1994, vgl. Kulik 1994-1997.
7 Kulik 1994-1997.
8 Ein Bild dieses Mannes erschien zusammen mit dem Artikel von Viktor Dammann in *Blick*. Die mit der Hundemetapher spielende Bildunterschrift lautet: „Die Kunst ist auf den Hund gekommen: Der russische Performance-Artist Oleg Kulik hebt das Bein, bellt, reisst einen Passanten zu Boden – bis ihn die Polizei an der Kette abführt und in einen Kastenwagen führt" (Dammann 1995).

Abb. 38: Oleg Kulik (mit Aleksandr Brener): *Bešenyj pes, Ili poslednee tabu, ochranjaemoe odinokim Cerberom* (*Mad Dog or Last Taboo Guarded by Alone Cerber*), Marat Gel'man Galerie, Moskau, 1994 (Quelle: Kulik 2001, S. 23)

nach einer Weile niemand mehr an dem sich aggressiv gebärdenden Kulik vorbei. Dieser nutzt die Ruhepause auf „hündische" Art und Weise. Er legt sich breit vor den Eingang des Kunsthauses, leckt das Pflaster mit der Zunge, kratzt sich an den Genitalien, leckt den Schuh eines Passanten und hebt, ein wenig später, das Bein und pinkelt an den Museumseingang. Da die Museumsangestellten Kuliks nicht Herr werden, wird schließlich die Polizei gerufen. Deren Eintreffen verursacht unter den Zuschauern der Aktion, die von Anfang an eher mit Lachen und Amüsement als mit Verärgerung reagieren, erneutes Gelächter. Es folgt nach einer kurzen Phase der offensichtlichen Unschlüssigkeit unter den Polizisten eine Diskussion mit einem Vertreter des Museums und den Zuschauern. Als ein Polizist Kulik am Halsband nimmt, reagieren die Zuschauer empört. Andererseits traut man sich nun näher an den relativ friedlich gewordenen Kulik heran. Die Zuschauer halten die Aktion für einen Teil der Ausstellung[9] und reagieren dementsprechend mit Buhrufen, als Kulik, der keine Sekunde aus seiner Rolle als Hund herausfällt, schließlich von den Polizisten abgeführt und in einem Polizeiwagen weggebracht wird. Kulik verbringt eine Nacht in einer Zürcher Ar-

---

9 Zu hören sind Kommentare wie: „Er macht nix!" „Das ist Teil von der Ausstellung!" „Lass'n doch, das gehört dazu!"

Abb. 39: Oleg Kulik: *Reservoir Dog*, Kunsthaus Zürich, 1995 (Quelle: Kulik 2001, S. 25)

restzelle, weitere Folgen hat seine Aktion für ihn aber nicht, da das Kunsthaus auf eine Anzeige verzichtet. Die öffentliche Reaktion auf Kuliks Aktion bleibt – abgesehen von dem reißerischen *Blick*-Artikel – verhalten. Die *NZZ* erwähnt die Aktion Kuliks trotz der veröffentlichten Ankündigung nicht mehr.[10]

10 Kulik beschreibt (Бавильский 2004, S. 76-93) die Aktion in Zürich und schildert deren Verlauf sowie die Umstände, unter denen sie zustande kam, sehr ausführlich aus seiner subjektiven Perspektive. Zugleich ist diese Schilderung in ihrem oftmals exaltierten Tonfall auch ein hervorragendes Beispiel für die Selbststilisierung Kuliks als Skandal-Künstler. Kulik zufolge erfolgte die Einladung in die Schweiz durch den in der *NZZ* erwähnten Aleksandr Šumov – allerdings mit einer Einladung des Kunsthauses Zürich, die angeblich von Šumov unberechtigterweise auf entwendetem Briefpapier des Kunsthauses ausgefertigt worden war. Šumov pflegte, so Kulik, enge Kontakte zu Mitarbeitern des Kunsthauses und zu Bice Curiger. Kulik flog auf eigene Kosten in die Schweiz und gab dafür, seinem Bericht zufolge, seine gesamten Ersparnisse aus. In Zürich angekommen, habe sich die Einladung des Kunsthauses schließlich als Fälschung herausgestellt, was Kulik jedoch nicht an der Ausführung seiner Aktion hinderte. Er disponierte seiner Schilderung nach um, unterstützt von Šumov und dessen Schweizer Lebensgefährtin, die es angeblich war, der es gelang, die Notiz in der *NZZ* zu lancieren. Diese Notiz rettete Kulik später, wie er angibt, vor weiteren Konsequenzen seiner Aktion. Die Schilderung seiner Erlebnisse auf der Polizeiwache sind höchst amüsant zu lesen, zumal Kulik nicht mit Details darüber spart, wie es sich anfühlt, vollkommen nackt und ohne jegliche Sprachkenntnisse auf einer Polizeiwache verhört zu werden, wobei Kulik nicht mit allfälliger Stereotypenbildung zur Schweizer Polizei geizt. Nachdem er, mithilfe einer angeblich vollkommen

Kuliks Aktion fand anlässlich der Vernissage der Ausstellung *Zeichen und Wunder. Niko Pirosmani und die Kunst der Gegenwart* im Kunsthaus Zürich statt (Abb. 40).[11] Bice Curiger brachte in dieser Ausstellung international bekannte, zeitgenössische Künstler wie Damien Hirst, Pipilotti Rist, Cindy Sherman, Il'ja Kabakov und andere in einen Dialog mit den Arbeiten des georgischen Autodidakten Niko Pirosmani (1862-1918)[12], dessen Werke 1912 von den russischen Futuristen Il'ja und Kirill Zdanevič und Michail Le-Dantju als „russischer Rousseau" für die historische Avantgarde „entdeckt" wurden.

Durch seine Aktion geht auch Oleg Kulik einen Dialog mit den Arbeiten Pirosmanis ein, der insbesondere durch seine Darstellung des georgischen Landlebens und durch seine Tierbilder bekannt wurde.[13] Der Hund Kulik wiederholt diese Tierfigur in seiner Aktion und verleiht den passiven, häufig leidenden Tieren Pirosmanis einen aggressiven, agierenden Körper. Kulik reagiert in seiner Aktion auf mehrere Aneignungsprozesse, die Pirosmani als Künstler erleben musste. Zum einen musste er eine Aneignung seiner Arbeiten durch die Vertreter der historischen Avantgarde erleben,

---

verängstigten Dolmetscherin und der *NZZ*-Meldung seinen Künstlerstatus habe verständlich machen und trotz der Überstellung an die Sittenpolizei eine Einweisung in die Psychiatrie habe vermeiden können, habe man ihn, mittlerweile wenigstens mit einer von seiner mitgereisten Frau Ljudmila Bredichina gebrachten Hose bekleidet und ohne Geld in der Tasche, vor die Tür gesetzt. Von dort gibt Kulik an, sich halbnackt alleine zu Šumovs Wohnung durchgeschlagen zu haben. Bice Curiger gab an, dass die Aktion außer Unannehmlichkeiten für keine der beiden Seiten weitere Folgen hatte, zumal das Kunsthaus auf eine Anzeige verzichtete. In Kuliks Schilderung hören sich die Folgen spektakulärer an. Er sei erst freigelassen worden, nachdem eine Geldbuße gezahlt worden sei. Unklar bleibt die Höhe der Geldstrafe, die das Kunsthaus übernommen haben soll, obwohl es selbst die Polizei gerufen habe. Kulik gibt an, ihm habe eine Geldstrafe von bis zu 12000 Franken oder ein Jahr Gefängnis gedroht. Den Grund für die Übernahme einer Geldbuße durch das Kunsthaus erklärt sich Kulik damit, dass es sich die liberale Schweiz natürlich nicht habe leisten können, einen Künstler auf diese Art zu belangen, zumal viele Kulturschaffende die Aktion unterstützten. Kulik verweist stolz darauf, dass das Medienecho der Aktion beachtlich gewesen sei und er in einer Zeitung (vielleicht *Blick*?) gar ein Konzert Whitney Houstons auf die hinteren Seiten verdrängt habe. Neben der Meldung in der *NZZ* und dem *Blick*-Artikel, die meine Recherchen ergaben, habe ich allerdings keine weiteren Zeitungsberichte finden können. Bice Curiger und Oleg Kulik haben im Übrigen mittlerweile offenbar Frieden geschlossen. Kulik berichtet von einem Treffen auf der Biennale in Venedig, bei dem sich beide mit Hochachtung begegneten. – Die Frage, ob Kulik offiziell zu der Ausstellung eingeladen war oder nicht, hat insofern Relevanz, als durch sie Themen wie Inklusion und Exklusion, Teilhabe am westlichen Kunstmarkt oder Ausschluss aus diesem angesprochen werden. Der Effekt des Eindringens und Störens ist außerdem natürlich viel massiver, wenn man davon ausgeht, dass Kulik seine Aktion im Rahmen der Ausstellung nicht auf Einladung und somit als deren Bestandteil, sondern tatsächlich unaufgefordert durchführte.

11 Katalog zur Ausstellung Curiger 1995a.

12 Der volle Name lautet Nikolaj A. Pirosmanašvili, wobei sich meine Transliteration an der russischen Schreibweise orientiert. Es hat sich jedoch die kürzere Form Niko Pirosmani eingebürgert.

13 Hunde zählten allerdings nicht zu Pirosmanis Motiven; lediglich das Bild *Ochota* (*Jagd*) zeigt einen für das Bildgeschehen nicht sehr wichtigen Hund.

Abb. 40: Cover des Katalogs zur Zürcher Pirosmani-Ausstellung *Zeichen und Wunder*, 1995 mit einem der bekanntesten Bilder Pirosmanis (Quelle: Curiger 1995)

zum anderen wurden die historische Avantgarde im Allgemeinen und Pirosmani in der Zürcher Ausstellung im Besonderen durch einen internationalen Kunstmarkt inkorporiert. Kulik setzt sich durch die Figur des Hundes in Beziehung zur Aggression, die in den Verfahren der historischen Avantgarde sowie anderer Avantgardebewegungen (Quentin Tarantinos Film *Reservoir Dogs*) liegen, und nutzt diese wiederum zu einem ihn letztlich selbst in den Kunstmarkt inkludierenden vordergründigen Protest gegen die Dynamiken des Kunstmarktes.

Niko Pirosmani führte das einfache Leben eines Ladenschildmalers, der in Tbilisi von Kneipe zu Kneipe zog und sich dort durch Auftragsarbeiten seinen Lebensunterhalt verdiente. Große Teile seines Lebens war er obdachlos, ein Ausgestoßener der Gesellschaft; er starb 1918, nachdem er drei Tage krank und hilflos in einem Keller lag. Sein Grab ist unbekannt.[14] Heute fungiert Pirosmani als georgischer Nationalkünstler, die meisten seiner Arbeiten befinden sich im Staatlichen Museum der Kunst in Tbilisi. Die Wahrnehmung Pirosmanis ist noch immer dominiert von der durch die russischen Futuristen geprägten Rezeption als „russischer Rousseau": Der Georgier Pirosmani gilt als Maler des Einfachen und Natürlichen, als russischer Primitiver.

---

14 Zum Leben Pirosmanis vgl. Кузнецов 1984.

Die Bilder Pirosmanis werden auch in der Zürcher Ausstellung in den Kontext der Begriffe des Wunders und der Unschuld im Gegensatz zur zeitgenössischen Kunst gesetzt:

Unschuld heißt Arglosigkeit, entwaffnend und entwaffnet sein. Aus der Schwärze seiner [Pirosmanis] Bilder erwächst das Getriebensein und daraus die Geschwindigkeit des Malaktes und die Ökonomie der Bildfindung. Pirosmanis formale Sicherheit ist verankert in der direkten Lebenserfahrung, die insofern Ursprünglichkeit und damit Unschuld bedeutet, als sie provokativ wie ein Gegensatz zum bekannten Gestus des sich selber feiernden, abgehobenen kulturellen Geschultsein erscheint. Jener Besänftigungsmaschine, die Erfahrungen abdämpft bevor sie geschehen.[15]

Dies ist eine in der Pirosmani-Rezeption allgemein akzeptierte Sicht. Im Katalog zu einer im Rahmen der Berliner Festspiele 1988 organisierten Retrospektive heißt es:

Pirosmani malte, was er sah, wusste, fühlte. Er war ein wirklicher Realist. Seine Malerei ist gegenständlich und bildet die – wie man sagt – objektive Wirklichkeit ab, jenen Teil der Wirklichkeit, der Pirosmanis Kunden und die Rezipienten seiner Werke umgab. Gleichzeitig ist diese Wirklichkeit nicht ganz konkret im allgemeinen Sinne dieses Wortes. Pirosmani gibt sie verallgemeinert wieder, statisch, in einer hierarchischen Gliederung. Seine Personen leben nicht, handeln nicht, sondern sind einfach da. Sie sind der Ewigkeit zugewandt, wie die Figuren mittelalterlicher Meister.[16]

Pirosmani wählte oft Tiere als Motive seiner Bilder, die derart als das Direkte, Unvermittelte und Unschuldige darstellend gefeiert wurden. Hierzu heißt es:

Viele Bilder Pirosmanis haben Tiere zum Thema, die „Freunde seines Herzens". Doch kann man sie nicht mit herkömmlichen Tierdarstellungen vergleichen. Für Pirosmani hatte jedes Tier einen sozusagen verborgenen Sinn; sie sind ‚vermenschlicht' wie die Tiere der Fabeln, manchmal symbolisieren sie menschliche Eigenschaften oder bestimmte ‚Prinzipien', das Gute, das Böse. Es ist schwer, mit Worten die Poetik und Beseeltheit, die Herzenswärme wiederzugeben, die der Betrachter gegenüber diesen Bildern empfindet. Wir kennen diese Tiere aus der Folklore und aus der mittelalterlichen georgischen Kunst.[17]

Zum ‚Mythos' Pirosmani zählt auch dessen Verweigerungshaltung gegenüber kommerziellen Zwängen sowie seine künstlerische Freiheit und innere Unabhängigkeit. „Pirosmani verkaufte seine Bilder selten, und wenn, dann für ein paar Groschen, obwohl er wusste, dass sie mehr wert waren."[18] Nach der „Entdeckung" Pirosmanis durch die jungen Futuristen entstand innerhalb der georgischen Kunstgesellschaft ein Interesse an seinen Arbeiten und man nahm ihn schließlich in die „Gesellschaft der Georgischen Künstler" auf, die 1916 gegründet wurde. Spötter und Kritik blieben

---

15 Curiger 1995b, S. 7.
16 Sanikidse 1988, S. 13.
17 Sanikidse 1988, S. 14.
18 Sanikidse 1988, S. 13.

natürlich nicht aus und so erschien kurz darauf eine Pirosmani kompromittierende Karikatur, die diesen zu einem sofortigen Rückzug aus der offiziellen Kunstwelt bewog.[19] Er zog es vor, trotz der mit der Mitgliedschaft verbundenen materiellen Vorteile, weiterhin sein unabhängiges Leben zu führen.

Nimmt man all diese „Mythologeme" – die kompromisslose Unabhängigkeit von allen Institutionen, den Ruhm als Tiermaler, den Status als primitiver Künstler und seine Rezeption als Unschuld, Ursprünglichkeit, Wirklichkeit abbildender Künstler – zur Person Pirosmanis zusammen, so kann man wohl interpretierend folgern, dass der von Curiger inszenierte Dialog zwischen den Bildern Pirosmanis und den im internationalen Kunstbetrieb arrivierten Künstlern auf eine Suche nach dem Ursprünglichen, dem Unvermittelten und Unschuldigen in der zeitgenössischen Kunst abzielt. Erreicht wird dieser Dialog durch eine Integration als das Unschuldige repräsentierend wahrgenommener Arbeiten in die kommerzielle Kunstwelt westlicher Prägung – folgt man der Interpretation, die Kulik selbst vorgibt.[20]

Damit verbunden wäre auch eine Strategie der Aneignung eines Symbols ‚östlicher' Identität durch die ‚westliche' Kunstwelt. Pirosmani wurde im Westen vermittelt über die zunächst erfolgte Aneignung durch die russische Avantgarde wahrgenommen: So porträtierte ihn Pablo Picasso 1975, angelehnt an die von Pirosmani so diffamierend empfundene Karikatur in einem Buch, das der nach Paris emigrierte „Entdecker" Pirosmanis Il'ja Zdanevič gestaltet hatte. Im russischen Kulturkontext hat er seit der Entdeckung durch die historische Avantgarde in jedem Fall einen festen Platz. In den 1920er Jahren hingen seine Bilder in der Tret'jakov-Galerie in der Abteilung für Moderne Kunst. 1930 wurden sie entfernt, heute hängen sie wieder an ihrem Platz. Giorgi Šengelaja drehte 1969 seinen Spielfilm *Pirosmani*, der in der georgischen Filmgeschichte einen wichtigen Platz einnimmt[21], Sergej Paradžanov 1985 den Kurzfilm *Arabeskebi Pirosmanis temaze* (*Arabesques on the Pirosmani theme*).[22] Erast Kuznecov legt 1975 eine Biographie Pirosmanis vor[23], 1983 erscheint ein Œuvrekatalog.[24] Pirosmani wird als Figur und durch sein Werk zu einem legendenhaften Symbol der ‚ursprünglichen Seele des Ostens', dessen Kern in einer Utopie der unvermittelten, direkten Darstellung im Medium der Malerei liegt.

Gegen diese Form der Aneignung Pirosmanis durch einen westlich determinierten, internationalen Kunstmarkt tritt Oleg Kulik vordergründig mit seiner Aktion an. Es ist seine erste Aktion außerhalb Russlands und die zweite Aktion nach *Bešenyj pes*, in der er als wilder Hund auftritt. Während diese erste Aktion jedoch im innerrussischen Kontext verweilt, kommt durch den Auftritt in der Schweiz eine neue Di-

---

19 Abbildung der Karikatur in Curiger 1995, S. 90.

20 Vgl. Kulik 2001a, S. 73.

21 Šengelaja reinszeniert die Bilder Pirosmanis mit filmischen Mitteln zur Illustration dessen Lebens. In Šengelajas Film lernen die Bilder Pirosmanis tatsächlich „laufen" (Šengelaja 1969).

22 Russ. Titel: *Arabeski na temu Pirosmani*, Sowjetunion 1985. Vgl. Ketschagmadse 2001.

23 Кузнецов 1984.

24 Сарабьянов 1983. Bibliographien zu Pirosmani finden sich vor allem in Ausstellungskatalogen, z. B. Auswahlbibliographien in Curiger 1995a, Bauermeister et al. 1988, Nantes 1999.

mension hinzu. In Zürich tritt Kulik als „fleischgewordenes", naives Tier auf, das im Gegensatz zu dem von den Ausstellungsmachern intendierten Dialog der Tiere Pirosmanis nun aber nicht integrierend, sondern aggressiv, provokativ und den Dialog ablehnend auftritt.

Dabei ist die Wahl des Ortes noch in anderer Hinsicht bedeutend: In Dostoevskijs *Idiot* ist die Schweiz der Ort, aus dem Fürst Myškin nach Sankt Petersburg kommt, die Schweiz figuriert als Paradies des Unschuldigen. In einer eigenen Stellungnahme zu seiner Aktion spricht Kulik vom Kunsthaus Zürich als der „Swiss Bank of Art", seine Aktion sei als „protest against the transformation of an artist's life into material value, against art as commodity" intendiert gewesen.[25] Die Zürcher Ausstellung, die fest im internationalen, westlich orientierten Kunst- und Kulturbetrieb verankert ist[26], verkörpert somit die verlorene Unschuld der Schweiz. Als deren Gegenpol etabliert Kulik seine eigene Kunst, in der er als Einzelner, nur mit seinem nackten Körper als Medium ausgestattet, gegen die Kommerzialisierungs- und Aneignungsstrategien des westlichen Kunstmarktes protestiert und hierbei vor offener Aggression nicht zurückschreckt. Und so kehrt der Narr (vielleicht als Gottesnarr) in die Schweiz zurück, seine Unschuld hat er jedoch ebenfalls verloren. Pirosmanis, mit Curigers Worten, „entwaffneten und entwaffnenden" Bildern werden nun Waffen verliehen – die Waffen des Körpers des Künstlers Kulik.

Das Genre, das er wählt, die künstlerische Aktion, hat ebenfalls einen ganz besonderen Bezug zur Stadt Zürich. Zürich als eine der Geburtsstätten des Dada, ist auch ein Ort, an dem die klassische Avantgarde ihren Anfang nahm, an dem zu Beginn des 20. Jahrhunderts eine ganze Generation von Künstlern gegen alte Strukturen in der Kunst ankämpfte. Die Aktionen von Dada gelten auch als eine der Quellen der modernen Performancekunst.[27] Wenn mit Kulik der bewaffnete Narr nach Zürich zurückkehrt, so verweist er die Stadt auch aggressiv auf ihre eigene Tradition.

Die Aggression Kuliks bleibt dabei systemimmanent. Seine Intention des Protestes gegen die Ausbeutung von Kunst in einem materiellen Zusammenhang erinnert an die Aktion Aleksandr Breners zwei Jahre später im Januar 1997 in Amsterdam, die ebenfalls zu dessen Verhaftung und, da Brener in die Aktion eine Straftat einband, zu einer Gefängnisstrafe führte.[28] Mit anderen Worten: Obwohl die Aktion ein zunächst eindeutig identifizierbares Ziel für ihre beachtliche Aggression hat, verläuft sich die Aggression letztlich in sich selber. Sie bleibt systemimmanent, obwohl sie den

---

25 Kulik 2001a, S. 73.

26 Die Ausstellung wanderte anschließend nach Santiago de Compostela in das Centro Galego de Arte Contemporánea.

27 Vgl. z. B. Goldberg 1996 oder Jappe 1993.

28 Brener übersprühte Malevičs *Suprematismus (Weißes Suprematistisches Kreuz)* (1920-21) mit einem grünen Dollar-Zeichen, um gegen die Vereinnahmung der russischen Avantgarde durch den westlichen Kunstmarkt zu protestieren. Wie Sven Spieker anhand dieser Aktion aufzeigt, ist Breners Protest aber seltsam objekt- und subjektlos, die Kritik kennt weder Subjekt noch Begehren, sie kennt nur eine kurzfristige, „ruchlose" Stärke, die in der Leere verläuft (Spieker 2001). Vgl. zu dieser Aktion Kapitel 3.2.4.

Kunstbetrieb natürlich kurzfristig empfindlich stört. Dieser Befund lässt sich auch auf die Aktion Kuliks übertragen.

Die Zürcher Ausstellung repräsentiert nicht die erste „Aneignung", die der Georgier Pirosmani erfährt. Zu den Pirosmani-Mythologemen zählt auch dessen „Entdeckung" durch die russische Avantgarde, die, auf der Suche nach einem „russischen Rousseau", 1912 auf Pirosmani stieß. Nachdem die Brüder Zdanevič und Le-Dantju Pirosmani in Tbilisi „entdeckt" hatten, stellten sie seine Arbeiten der avantgardistischen Gruppe um Michail Larionov vor, die vier Werke Pirosmanis[29] in die vom 24. März bis 7. April 1913 in Moskau stattfindende Ausstellung *Mišen'* (*Zielscheibe*) integrierte. Ausgestellt wurden neben avantgardistischen Arbeiten verschiedener Stilrichtungen[30] auch Kinderzeichnungen und Arbeiten „primitiver" Künstler.[31] In den angrenzenden Sälen fand gleichzeitig die *Vystavka ikonopisnych podlinnikov i lubkov, organizovannaja M. Larionovym* (*Ausstellung ursprünglicher Ikonenmalerei und Volksbilderbögen, organisiert von M. Larionov*) statt[32], zu der ein separater Katalog mit einem Vorwort Larionovs und dem Aufsatz Natal'ja Gončarovas, „Indusskij i persidskij lubok" („Der hinduistische und persische Volksbilderbogen"), erschien, in dem sie die unbedingte Notwendigkeit einer Orientierung der russischen Kunst nach Osten deklarierte. Der Katalog zur Ausstellung *Mišen'* (*Zielscheibe*) enthielt gleichfalls ein Vorwort Larionovs, in dem er mit dem „Lučizm" („Rayonismus") das neue künstlerische Programm seiner Gruppe darlegte. Darin heißt es:

5. Мы стремимся к Востоку и обращаем внимание на национальное искусство.

6. Мы протестуем против рабского подчинения Западу, возвращающему нам наши же и восточные формы в опошленном виде и все нивелирующему.

7. Мы не требуем внимания от общества, не просим и от нас требовать его.

[...]

10. Надо признавать все.

11. Отрицать только ради отрицания, потому что это ближе всего делу.[33]

---

29 Im Katalog werden genannt: „115. Девушка с куржкой пива (собственность М.В. Ле-Дантю. 116. Портрет И.М. Зданевича (собственность И.М. Зданевича). 116а. Олень (собственность И.М. Зданевича)"] (zitiert nach Кузнецов 1984 (1975), S. 175) („115. Mädchen mit Bierkrug [Eigentum von M. V. Le-Dantju]. 116. Portrait I. M. Zdanevič [Eigentum von I. M. Zdanevič]. 117. Stilleben [Eigentum von I. M. Zdanevič]. 116a. Hirsch [Eigentum von I. M. Zdanevič]".

30 An der Ausstellung nahmen Gončarova, Le-Dantju, Malevič, Larionov, Bart, Ševčenko und Šagal (Chagall) teil, gezeigt wurden Arbeiten des Primitivismus, des Kubismus, des Futurismus und des Rayonismus (vgl. z. B. Сарабьянов 1992, S. 17 f.).

31 Ein Feldwebel namens Bogomazov und ein Bergmann namens Pavlučenko.

32 In dieser Ausstellung wurden, den Begriff „lubok" im Sinne Larionovs auf die gesamte Volkskunst und ihr angrenzende Gebiete anwendend, neben russischen, japanischen, indischen, persischen, griechischen und italienischen Volksbilderbögen russische Handwerkskunst der verschiedenen Regionen, Kinderspielzeug und anderes gezeigt (vgl. hierzu vor allem Boguslawskaja 1993).

33 Zitiert nach Крусанов 1996, S. 87 f.

5. Wir streben gen Osten und richten unsere Aufmerksamkeit auf die nationale Kunst.

6. Wir protestieren gegen die sklavische Unterordnung unter den Westen, der uns unsere östlichen Formen banalisiert zurückgibt und der alles nivelliert.

7. Wir fordern keine Aufmerksamkeit von der Gesellschaft, wir bitten darum, sie auch nicht von uns zu fordern.

[...]

10. Es muss alles anerkannt werden.

11. Ablehnen nur um des Ablehnens willen, denn das kommt der Sache am nächsten.

Am Vorabend der Ausstellungseröffnung fand die öffentliche Diskussion „Vostok, nacional'nost' i Zapad" („Der Osten, nationaler Charakter und der Westen") statt, auf der A. Ševčenkos „O russkom nacional'nom iskusstve" („Über die russische nationale Kunst"), I. Zdanevičs „Futurizm Marinetti" („Der Futurismus Marinettis") und Larionovs „Lučizm" („Der Rayonismus") verlesen wurden. Sie alle bekräftigen wie auch das Manifest den Anspruch der Avantgarde, mit ihrer Kunst unter Berufung auf nationale Wurzeln, deren Ursprünge im Osten zu finden seien, und unter Negierung jeglichen westlichen kulturellen Einflusses, eine genuin russische Kunst schaffen zu wollen.

Der Abend endete, nachdem zwei weitere Redner, der späten Stunde und des bereits aufgeheizten Publikums wegen, auf ihren Auftritt verzichteten, mit einem Skandal. Dieser fügte sich nahtlos in das von Larionov zu diesem Zeitpunkt bereits etablierte Prinzip „skandal kak faktor razvitija iskusstva"[34] („Skandal als Faktor in der Entwicklung der Kunst"). Die sich entladende Aggression war beträchtlich. Krusanov zitiert ausführlich einen Augenzeugen, nach dessen Bericht der den Vorsitz führende Larionov gar mit der Glocke physisch auf seine Gegner eingeschlagen habe. In der sich entwickelnden Schlägerei habe man sich mit Gläsern und sogar mit den Füßen der elektrischen Tischlampen regelrecht verdroschen. Ordnung stellte sich wohl erst wieder ein, nachdem die Polizei gerufen wurde.[35] Die Sache hatte für Larionov noch ein juristisches Nachspiel. Am 17. Oktober 1913 wurde er wegen Störung der öffentlichen Ordnung zu einer Geldstrafe von 25 Rubel oder einer Gefängnisstrafe von 15 Tagen verurteilt.[36]

Das Prinzip des Skandals wurde auch in dem Sankt Petersburger Kabarett *Brodjačaja sobaka* (*Streunender Hund*) gelebt, das in der kurzen Zeit seiner Existenz (31. Dezember 1911 bis 3. März 1915) einer der wichtigsten Orte der Auseinandersetzungen zwischen den verschiedenen Strömungen der historischen Avantgardebewegung darstellte.[37] Die *Brodjačaja sobaka* (*Streunender Hund*) bot den sich häufig

---

34 Бобринская 2000, S. 149.

35 Крусанов 1996, S. 85 f.

36 Die Verurteilung erfolgte offenbar sogar in zweiter Instanz, was hieße, dass Larionov versucht hat, Rechtsmittel einzulegen und sich somit eine nicht nur künstlerische, sondern auch öffentlich-rechtliche Legitimation für seine Skandale als Kunst zu verschaffen suchte, die ihm jedoch nicht zugesprochen wurde (Крусанов 1996, S. 304, Fußnote 6).

37 Zur *Brodjačaja sobaka* (*Streunender Hund*) vgl. Шульц & Склярский 2003 mit einer ausführlichen Bibliographie, Иванов 1994, Пяст 1929, Парнис & Тименчик 1985, Лифшиц 1989,

als außerhalb der Gesellschaft stehend empfindenden Künstlern in deren eigenen Verständnis nächtlichen Unterschlupf und Aufnahme und einen Ort, an dem sie sich künstlerisch frei entfalten konnten.[38] Vor allem die Auftritte der Futuristen[39] waren dabei von permanenten (kynischen) Skandalen begleitet. Auch die Brüder Zdanevič verkehrten regelmäßig in der *Brodjačaja sobaka* (*Streunender Hund*) und propagierten dort die jeweiligen künstlerischen Entwicklungen aus Moskau. Die *Brodjačaja sobaka* (*Streunender Hund*) blieb von der Obrigkeit nicht lange unbehelligt. Anfang März 1915 fand eine Razzia statt, bei der verbotene alkoholische Getränke gefunden wurden. Dies diente als Anlass zur Schließung des Kabaretts.[40]

Mit der Figur des Hundes übernimmt Kulik den Skandalhabitus, das Prinzip „skandal kak faktor razvitija iskusstva" („Skandal als Faktor in der Entwicklung der Kunst") sehr direkt. Auch Kulik wird, besonders durch seinen Status des Ausgeschlossenseins aus der Ausstellung (was den Zuschauern wiederum nicht bewusst war), zu einem ‚streunenden Hund' in der Tradition der historischen Avantgarde, die sich in der *Brodjačaja sobaka* (*Streunender Hund*) formiert hatte. Ein ‚streunender Hund' war letztlich auch Niko Pirosmani, mit dem sich Kulik ebenfalls assoziiert, und dies in einem doppelten Sinne als Ausgeschlossener der Gesellschaft einerseits und als in die russische historische Avantgarde Inkorporierter, ja sogar durch die Erzählungen der Brüder Zdanevič in der historischen *Brodjačaja sobaka* (*Streunender Hund*) fiktiv Anwesender andererseits.

Segel 1984, Тихвинская 1995. Auf die *Brodjačaja sobaka* (*Streunender Hund*) wird in zahlreichen literarischen Texten und Erinnerungen Bezug genommen.

38 Zum Selbstverständnis der Künstler, die in der *Brodjačaja sobaka* (*Streunender Hund*) verkehrten, als streunende Hunde vgl. die von Vsevolod Knjazev verfasste und durch V. A. Špis fon Ёšenbruk vertonte Hymne des Kabaretts: «Во втором дворе подвал,/В нем – приют собачий./Каждый, кто сюда попал –/Просто пес бродячий./Но в том гордость, но в том честь,/Чтобы в тот подвал залезть!/Гав!/На дворе метель, мороз,/Нам какое дело! / Обогрел в подвале пес/И в тепле все тело./Нас тут палкаю не бьют,/Блохи не грызут!/ Гав!/Лаем, воем псины гимн/Нашему подвалу! Морды кверху, к черту сплин,/Жизни до отвалу!/Лаем, воем псиный гимн,/К черту всякий сплин!/Гав!» (zit. nach Шульц & Склярский 2003, S. 59) („Im zweiten Hof ist ein Kellergewölbe,/Dort ist das Hundeasyl./Jeder, den es dorthin verschlagen hat –/Ist einfach ein streunender Hund./Aber darin ist Stolz, darin liegt Ehre,/Sich in diesem Keller zu verkriechen./Wau!/Draußen im Hof ist Schneesturm und Frost,/Was geht uns das an!/ Im Keller hat sich der Hund aufgewärmt,/Und sein ganzer Körper ist im Warmen./Dort schlägt uns niemand mit dem Stock,/Die Flöhe beißen nicht!/Wau!/Wir bellen, wir jaulen die Hundhymne/Für unser Kellergewölbe!/Schnauzen nach oben, zum Teufel mit schlechter Laune,/Leben bis zum Bersten!/Wir bellen, wir jaulen die Hundehymne,/Zum Teufel mit aller schlechten Laune!/Wau!") – Das Emblem der Brodjačaja sobaka (Streunender Hund) war selbstverständlich ein Hund, eine Abbildung findet sich in Шульц & Склярский 2003, S. 43.

39 Šul'c zählt folgende illustre und in der Auslegung des Begriffes Futurismus recht großzügige Liste auf: Velimir Chlebnikov, Benedikt Lifšic, Vladimir Majakovskij, die Brüder David und Nikolaj Burljuk, Vasilij Kamenskij, Michail Larionov, Natal'ja Gončarova, Elena Guro, Kazimir Malevič, Ol'ga Rozanova, Aleksej Kručenych, dazu die Egofuturisten Igor' Severjanin, Konstantin Olimpov, Vasilisk Gnedov, Ivan Ignat'ev (Шульц & Склярский 2003, S. 107).

40 Шульц & Склярский 2003, S. 127.

Hunde bzw. Tiere finden sich auch in Texten regelmäßiger Gäste der *Brodjačaja soba-*
ka (Streunender Hund), auf die sich bei der Untersuchung des semantischen Gehalts
von Kuliks Hundeaktionen interpretativ zurückgreifen lässt.[41] In Velimir Chlebni-
kovs frühem Poem *Zverinec (Tierkäfig)*[42] von 1909/11 befindet sich das lyrische Ich
auf einem Rundgang durch einen Zoologischen Garten und betrachtet nacheinander
Tiere in ihren Käfigen. Eine Schlüsselzeile lautet „Sad, sad, gde vzgljad zverja bol'še
značit, čem grudy pročtennyx knig" („Der Garten, der Garten, wo der Blick der Tiere
mehr bedeutet als ein Haufen gelesener Bücher"). Sie verweist in spätsymbolistischer
Sprache bereits auf das Konzept des *zaum*[43], jenes futuristisch-utopischen Sprachkon-
zepts jenseits des Verstands, das Chlebnikov später entwickeln sollte und in dessen
Kontext onomatopoetische Tierstimmen eine große Rolle spielen. Der *zaum'* umfasst
die Utopie der zeichenlosen, unmittelbaren Kommunikation, die sehr stark an die
Logozentrismuskritik Kuliks erinnert, auf eine Demokratie des Dschungels und die
Bedeutung der Welt der Reflexe, auf die in Kapitel 5.2.4 ausführlich eingegangen
wird. Im Unterschied zu Chlebnikov entwirft Kulik jedoch keine Utopie, sondern
eine utopistische Groteske (vgl. Kapitel 5.2.4.3).[44]
    Vladimir Majakovskijs Poem *Vot tak ja sdelals'ja sobakoj (Wie ich mich in einen*
Hund verwandelte)[45] beschreibt die „Hundwerdung" des lyrischen Ichs, das man fast
mit Majakovskij identifizieren kann, da sich dieser häufig, v.a. in Briefen an Lilja Brik
als Hund bezeichnete.[46] In dem Poem wird die Verwandlung in einen Hund sprach-
lich-performativ inszeniert, das lyrische Ich erlebt subjektiv, wie ihm ein Schwanz und
eine Hundeschnauze wachsen und es schließlich anfängt zu bellen – womit das Poem
als sprachliches Gebilde beendet ist. Es entstand 1915, also im Jahr der Schließung
der *Brodjačaja sobaka (Streunender Hund)*, der ,Herberge' einer ganzen Künstlergeneration und lässt das Gefühl der Exklusion des Künstlers besonders deutlich werden.
Denn der Hund des Poems ist ein Ausgestoßener, der von einer aggressiven Menschenmenge umgeben ist, ein Heimatloser. Die Hundwerdung kann als Kreativitäts-

---

41 Für diesen Hinweis bedanke ich mich bei Igor' Smirnov. Tiere und quasimythologische
    Mensch-Tiergemeinschaften spielten in der historischen russischen Avantgarde nicht nur bei
    den Futuristen eine wichtige Rolle, sondern beispielsweise auch bei den Symbolisten Fjodor
    Sologub und Aleksej Remizov. Insbesondere Remizovs Projekt des *Obezvelvopal*, eines fiktiven
    Affenordens, das die Relationen von Mensch und Tier auf den Kopf stellte, bietet sich zum
    Vergleich mit Kuliks Zoophrenie-Projekt an. Vgl. zu Remizov auch Schahadat 2004, S. 177-
    198.

42 Хлебников 1986, S. 185-187. Vgl. zu *Zverinec (Tierkäfig)* auch Lodge 2002.

43 Zum *zaum'* vgl. z. B. Margarott 1991, Janecek 1996, Gretchko 1999, Ingold 2004, S. 78 f.

44 Wobei es auch bei Chlebnikov einschränkende Aspekte gibt: Im Poem werden auch melan-
    cholisch verpasste Möglichkeiten des alten Russland besungen, der Titel verweist auf die Ge-
    fangenschaft der Tiere, nicht auf ihre Freiheit. Es finden sich also auch hier antiutopische
    Komponenten.

45 Маяковский 1955.

46 Маяковский & Брик 1982.

metapher gelesen werden[47], als Metapher für den Künstler und seine Sprache. In diesem intertextuellen Kontext könnte man daher Oleg Kuliks „Hundwerdung" tatsächlich auch als Metapher für die postsowjetische Suche nach einem Ort der Kunst und des Künstlers verstehen, aber auch als Metapher für das Ausgeschlossensein aus den Institutionen der Kunst, das in Zürich inszeniert wird.

Kehren wir daher zur Zürcher Aktion zurück. Obwohl Kulik vor allem durch die Gestalt des Hundes, den Ort Zürich, seine Protesthaltung und andere Elemente den (Skandal-)Habitus der russischen Avantgardebewegung[48] durch seine Aktion aufruft, ergeben sich doch einige wichtige Unterschiede. Kuliks Skandal wird nicht als Skandal wahrgenommen, im Gegenteil, seine als Protest intendierte Aktion wird innerhalb des Zürcher Rezeptionskontextes als Teil der Ausstellung akzeptiert. Auch drohen ihm keine wirklich negativen Konsequenzen. Obwohl auch in Zürich letztlich die Polizei gerufen wird, wird gegen Kulik keine Anzeige erhoben. Dies bedeutet wiederum, dass auch die Ausstellungsmacher Kuliks Aktion als gesellschaftlich akzeptabel anerkennen. Die aufgerufenen Skandale der weltweiten Avantgardebewegungen ebneten während fast eines Jahrhunderts den Weg für die Aktion Kuliks.[49]

Im Kontext der Pirosmani-Ausstellung liegen signifikante Unterschiede im Vergleich zu der futuristischen Ausstellung *Mišen'* (*Zielscheibe*). Während in der historischen Avantgarde die Skandalkünstler die Ausstellungsmacher waren, ist es nun ein Außenseiter, der gegen die Ausstellung rebelliert. Die historischen Avantgardisten, die sich als Kämpfer gegen die Tradition etablierten, bilden im Zürcher Kontext eben jene Tradition, auf die sich die zeitgenössischen Künstler stützen. Damit hat genau jene Institutionalisierung stattgefunden, gegen die die Avantgarde mit allen Mitteln zu kämpfen versuchte. Die Futuristen eigneten sich gewissermaßen Pirosmani an, und sowohl die Avantgardebewegung als auch Pirosmani erfuhren und erfahren eine Integration durch den Kunstmarkt. Mit der historischen Avantgarde wird gleichzeitig ein Teil ihres Skandalhabitus neutralisiert, den Kulik zu Protestzwecken eben gegen diese Aneignung aufruft. Die Aktion wird daher von den Zuschauern nicht mehr nur als skandalträchtig empfunden.[50] Und so verläuft Kuliks Protest im Leeren. Kulik

---

47 Vgl. hierzu auch Ingold 2004.

48 Kulik ruft nicht nur den russischen Skandalhabitus der Avantgarde auf. Selbstverständlich werden vor dem Hintergrund einer internationalen Kunstausstellung auch die anderen Avantgardetraditionen des 20. Jahrhunderts impliziert, die den Skandal als probates Ausdrucksmittel schätzten. Im Kontext einer in Zürich stattfindenden Ausstellung wird natürlich insbesondere die Dada-Tradition des Cabaret Voltaire bedient. Der hier erwähnte Skandal um die Ausstellung *Mišen'* (*Zielscheibe*) soll somit nur stellvertretend für alle weiteren, Kuliks Aktion teilweise strukturell ähnlichen, avantgardistischen Traditionen stehen.

49 Vgl. zu diesem Aspekt auch Bürger 1982.

50 Diese Entwicklung fand im Westen zum Teil schon während der Avantgardebewegungen selbst statt. So wird in der Forschung zu Dada explizit darauf hingewiesen, dass die zunehmende Institutionalisierung und Kommerzialisierung zum Ende von Dada einen großen Teil beitrugen (vgl. z. B. Korte 1994, S. 76 f.). Der Zürcher Hintergrund steht somit tatsächlich *par excellence* für die beschriebenen Aneignungsstrategien.

protestiert letzten Endes nicht. Sein Aufgreifen des Skandalhabitus verschafft ihm die nötige Aufmerksamkeit und wird ihm im weiteren Verlauf seiner Karriere gar zum Eintritt in die von ihm vordergründig kritisierte kommerzialisierte Kunstwelt dienen.

Die Ausstellung *Mišen'* (*Zielscheibe*) stellte einen Höhepunkt der rayonistischen Bewegung um Gončarova und Larionov dar, die zu diesem Zeitpunkt ihr künstlerisches Programm im Wesentlichen bereits erarbeitet hatten. Die Integration von Pirosmanis Bildern in diesen Kontext diente denn auch mehr der Illustration der theoretischen Prämissen der Gruppe, als dass sie noch einen entscheidenden Einfluss auf die historische Avantgarde in Russland ausüben konnten.[51]

Durch diesen Umstand konnten sich die Bilder Pirosmanis eine gewisse ‚Unschuld' erhalten, während die russische Avantgarde mittlerweile zum Kanon der internationalen Kunstszene zählt und somit fest in den Kulturbetrieb integriert ist. Die russische Avantgarde machte sich, so Boris Groys, jedoch auf eine Art und Weise ‚schuldig', die es für einen russischen Künstler schwer macht, sich unbefangen mit ihren Traditionen zu beschäftigen. Die historische Avantgarde steht im russischen Kontext nicht ausschließlich für eine positive Epoche in der eigenen Kulturgeschichte, sondern auch für die Geschichte einer Korrumpierung durch die politische Macht. Groys beschreibt in seinem Essay „Die Ethik der Avantgarde"[52] die Schwierigkeiten in der Rezeption der Avantgarde nach dem Zusammenbruch der Sowjetunion. Seiner These nach behindern vor allem psychologische Schwierigkeiten den objektiven Umgang mit dem Thema:

> Im Westen weckt die russische Avantgarde hauptsächlich positive historische und kulturelle Assoziationen. Sie ist Teil des Kanons der klassischen Avantgarde, der sich in der internationalen Kunstwissenschaft gebildet hat und an dessen Legitimation seit langem niemand mehr zweifelt. Die klassische Avantgarde als Gegenstand der wissenschaftlichen Erforschung und Präsentation im Museum zu behandeln, bedarf heute keinerlei zusätzlicher Rechtfertigung. [...] In Russland erfährt die russische Avantgarde eine ganz andere Rezeption. Hier rückt die ethische Problematik automatisch in den Vordergrund, und dabei stellt sich heraus, dass gerade das Problem der ethischen Rechtfertigung am schwersten zu lösen ist. Der Grund liegt auf der Hand: Im Westen war die klassische Avantgarde nie an der Macht und nie direkt mit dem staatlichen Unterdrückungsapparat verbunden.[53] Anders verhält es sich bei der russischen Avantgarde. Sie tat

---

51 „Einem Kunsthistoriker zufolge sind Pirosmanis Bilder in Moskau rund drei Jahre zu spät gezeigt worden. Wenn das alles früher passiert wäre, hätte Pirosmani die Moskauer Maler, die eine neue Kunst schaffen wollten, noch beeinflussen können. So aber hätten sie bereits selbst entdeckt, was ihnen der Meister aus Tiflis hätte bieten können. Mit anderen Worten, Niko konnte nur noch einmal bestätigen, worauf sie schon selbst gekommen waren. Inzwischen hätten die den Primitivismus jedoch hinter sich gelassen und seien ‚in die Avantgarde vorgerückt'" (Rakitin 1988, S. 21). Die Autoren beziehen sich auf A. D. Sarab'janov, der den Katalog zur Werkschau Pirosmanis 1983 in Moskau herausgab (Сарабьянов 1983).

52 Vgl. Groys 1995, S. 93-104.

53 Diese Aussage muss allerdings differenziert werden. Auch der westlichen Avantgarde ist ein Totalitarismusvorwurf gemacht worden. Man denke nur an deutsche Expressionisten wie

sich nach der Oktoberrevolution mit dem neuen bolschewistischen Regime zusammen, und zwar genau in der Periode des massivsten und grausamsten ‚roten Terrors‘, der sich vor allem gegen die russische Intelligenzija richtete.[54]

Groys bestätigt auch den bereits beschriebenen Mechanismus der Integration skandalträchtigen Kunst-Verhaltens für den westlichen Kunstkontext. Die Aggression öffentlicher Provokation lässt sich ihm zufolge hier als rein ästhetisches Phänomen wahrnehmen, als Manifestation der

> typisch avantgardistischen Schockästhetik [...], aber auch als Versuch, *épater les bourgeois*, der unausweichlich mit der Vereinnahmung der Avantgarde durch die kanonisierte bourgeoise Kultur enden musste. Diese Lesart klingt jedoch nur im Kontext der westlichen Kunstgeschichte unmittelbar überzeugend. Obwohl die Vereinnahmung der Avantgarde bei Kritikern und Kunsthistorikern Bedauern auslöst, weil dadurch das unmittelbare Schockerlebnis verloren geht und damit auch eine wesentliche Komponente des ästhetischen Wertes der avantgardistischen Kunst, wird sie im Westen doch als etwas Unvermeidliches betrachtet. [...] Ein ganz anderer Rezeptionskontext entsteht jedoch dann, wenn die Staatsmacht, mit der sich der Dichter oder Maler assoziiert, ihren Bürgern tatsächlich den Schädel mit dem Schlagring einzuschlagen beginnt. Die künstlerischen Gesten, die in einem stabilen Gesellschaftswesen ausschließlich ästhetisch gedeutet werden, lassen dies nicht mehr zu, wenn sie in praktische Wirklichkeit umgesetzt werden.[55]

Groys bezieht sich unmittelbar auf einen Aufruf Majakovskijs, „der Welt eins mit dem Schlagring auf den Schädel zu geben“, den Groys These zufolge, die Sowjetmacht wortwörtlich genommen habe. Nun ist Groys These nicht unumstritten, eine unmittelbare Gegenposition nimmt Vladimir Papernyj ein.[56] Es assoziierten sich auch nicht alle Avantgardekünstler mit dem bolschewistischen Terror. Larionov, Gončarova und I. Zdanevič emigrierten zum Beispiel nach Paris, sehr viele ließen gar ihr Leben und die historische Avantgarde selber wurde im Stalinismus und auch noch in der Sowjetunion lange bekämpft oder später zumindest nicht (mehr) wahrgenommen. Das von ihnen mitgetragene avantgardistische ästhetische Programm fand jedoch nach Groys Auffassung im stalinistischen Terror seinen Höhepunkt.[57] Majakovskij, von dem der

---

Hanns Johst und zeitweise Gottfried Benn und die italienischen Futuristen um Marinetti, die den jeweiligen Faschismus unterstützten. Der Surrealismus schließlich ließ sich von der Sowjetunion korrumpieren. Es handelt sich bezüglich der heutigen jeweiligen Rezeptionsvoraussetzungen vielleicht eher um die Frage eines sich unterschiedlich ausdifferenzierenden kollektiven Gedächtnisses, das in sich historischen Veränderungsprozessen ausgesetzt ist.

54 Groys 1995, S. 93 ff.

55 Groys 1995, S. 97 f. – Mit dem "stabilen Gesellschaftswesen" bezieht sich Groys auf die deutsche Nachkriegsgesellschaft, nicht auf die für die klassischen Avantgarden zeitgenössische, die natürlich alles andere als stabil war. Auch hier geht es letztlich wieder um eine Frage der Ausdifferenzierung des kollektiven Gedächtnisses.

56 Vgl. Паперный 1996.

57 Vgl. Groys 1988. Die ästhetischen Paradigmen wurden zum Teil in Form von allgegenwärtiger Propaganda zweckentfremdet, ebenso wie die Suche nach dem Ursprünglichen und direkt Ver-

Ausspruch „der Welt eins mit dem Schlagring übergeben" stammt, avancierte zu einer sowjetischen Ikone. Das Denkmal, das Anatolij Osmolovskij 1993 in einer Aktion bestieg, zeugt noch heute von seinem allgegenwärtigen Einfluss auf die sowjetische Kultur. Es gibt allerdings auch Seiten Majakovskijs, die in der ästhetischen Ideologie der Sowjetunion keinen Ort hatten. Dazu zählt sicher seine Rolle in der *Brodjačaja sobaka* (*Streunender Hund*) oder seine Dreiecksbeziehung zu Lilja und Osip Brik, in der die Figur des Hundes als Alter Ego Majakovskijs eine so große Rolle spielte, unterzeichnete er seine Liebesbriefe doch gerne als kleiner Hund.[58]

Wenn Kulik die Figur des Hundes aufgreift, greift er damit diesen doppelten Aspekt der historischen Avantgarde auf. Neben einer brutalen Partizipation an der Macht steht Verfolgung und Ausgestoßensein, neben dem Schlagring steht der streunende Hund. In das Bild des Schlagrings passt übrigens ein weiterer „Hunde"-Bezug, den es in der russischen Kulturgeschichte gibt. Der Hund war das Emblem der *Opričnina*[59], einem kurzlebigen (1565-1573) Staat im Staat unter Ivan dem Schrecklichen, dem ca. ein Drittel Russlands inklusive Teile Moskaus zugehörten. Entstanden war die *Opričnina* als Ort der absoluten Machtausübung des Zaren, der im Rest seines Reiches von den mächtigen Bojaren abhängig war. Die *Opričnina* zeichnete sich durch äußerste Gewalt und Willkür aus, in den wenigen Jahren ihres Bestehens fielen den Schergen Ivans (*Opričniki*) Tausende von Menschen zum Opfer. Als äußeres Zeichen für ihren Auftrag vom Zaren hatten die *Opričniki* Hundeköpfe an ihren Sätteln befestigt.[60] Der Hund ist also Schuldiger und ausgestoßenes Opfer zugleich, Aggressor und Verfolgter zugleich. Im aggressiven Hund Kulik, der sich vor den Toren der (westlichen) Kunstwelt positioniert, sind diese beiden Aspekte zugleich präsent.

Niko Pirosmani hingegen nimmt den Platz des Unverdorbenen, Vor-Bolschewistischen ein, er verkörpert die Ideale der Avantgarde, ohne sich ihrer Vergehen schuldig gemacht zu haben. Auch hieran schließt Kulik an. Während in der Aktion Kuliks für den westlichen Rezipienten lediglich die avantgardistische Schockästhetik wiederholt wird, deren Effekt sich durch den historischen Prozess gar gegen sich selbst wendet – man akzeptiert die Aggression als typisch avantgardistisches Stilmerkmal –, liegt in dem Herabsteigen des ‚fleischgewordenen' Tieres Kulik im russischen Kontext ein Sich-zur-Wehr-Setzen gegen die Erfahrung des Terrors und der Unterdrückung ebenso wie er diese Aggression selbst verkörpert. Das Opfer wird zum Täter und der Täter zum Opfer.

Durch das Aufrufen der historischen Avantgardetradition wird nun aber nicht nur der Skandalgestus als solcher, sondern auch das radikale Ablehnen jeglicher Tradition

---

mittelten. So wurde die mündliche Folklore zum Beispiel von Gor'kij zu einem Paradigma des sozialistischen Realismus erhoben (Gor'kij 1968).

58 Маяковский & Брик 1982.

59 Vom altruss. „oprič"', das soviel wie „außerhalb", „ausgenommen" bedeutet (z. B. „oprič' zakona" – „außerhalb des Gesetzes").

60 Zur Opričnina vgl. Скрынников 1975, Веселовский 1963, Зимин 1964, Schahadat 2004, S. 145-158. – Eine Abbildung eines „opričnik" mit Rute und Hundekopf als Gravierung auf der Tropfschale eines Kerzenständers z. B. bei Сычев o.J.

zitiert. Folgt man Groys These, so hat sowohl im östlichen als auch im westlichen Rezeptionskontext eine Integration der Avantgarde in eine neue Tradition stattgefunden, sei es durch Partizipation an der Staatsmacht, sei es durch Einbindung in kommerzielle Machtstrukturen, so dass ein Zitat dieses Ablehnungsgestus zwangsläufig den Integrationsprozess mit zitiert. Ein Ausbrechen aus der Tradition scheint somit per se unmöglich und hier spielt es keine Rolle mehr, ob der Rezeptionshintergrund ein westlicher oder ein östlicher ist. Kulik ruft die internationalen Avantgardebewegungen zwar auf, seine Aktion steht aber im Kontext des Scheiterns ihrer idealutopischen Ausgangssituationen. Einerseits richtet sich die Aktion dementsprechend nicht nur gegen die Kommerzialisierung von avantgardistischer Kunst, sie richtet sich auch gegen den Missbrauch von Kunst durch die Staatsmacht. Gleichzeitig spielt Kulik mit eben jenem Protestgestus, der bereits der historischen Avantgardebewegung zugrunde lag, er nutzt ihn für seine eigenen Zwecke. Die Referenz auf Pirosmani, aber auch auf dessen tragisches Leben, verweist allerdings auf die Zeitlosigkeit der utopischen Grundgedanken. In diesem Sinne kommt Kulik tatsächlich die Rolle des Narren zu. Er agiert in der kynischen Tradition der russischen „Gottesnarren" („jurodivye"), die zeitgenössische Beobachter des Moskauer Konzeptualismus immer wieder bemüht haben und in deren Kontext auch Natalia Ottovordemgentschenfelde die Aktionen Kuliks untersucht hat.[61]

5.1.2 Der Zürcher *Reservoir Dog* und Quentin Tarantino

Die Bezüge, die Kulik über die Einbeziehung verschiedener Diskurse und Texte in seiner Zürcher Aktion etabliert, sind mit der Referenz auf Niko Pirosmani und die historische russische und internationale Avantgarde nicht ausgeschöpft. Ein weiteres Bezugssystem wird über den Titel der Aktion *Reservoir Dog* hergestellt, der direkt auf den 1992 auf dem amerikanischen Sundance Film Festival uraufgeführten Erstlingsfilm Quentin Tarantinos *Reservoir Dogs*[62] verweist.

Kulik sieht sich als russischer Künstler mit einer spezifischen Erwartungshaltung konfrontiert, die Ekaterina Degot' mit dem Begriff „Zwangsrepräsentation" umschreibt.[63] Eva Hausbacher beschreibt dies, Argumente Degot's und Igor Zabels[64] aufgreifend, als einen doppelten Prozess:

> 1. In Russland, wo die Kunst des 20. Jahrhunderts mit ihrer Ideologie des Individualismus und der unbeschränkten Freiheit nach wie vor ein fremdartiges Phänomen (und ein Ort, von dem man träumt) ist, bedeutet „zeitgenössischer Künstler-Sein" gleichzeitig auch, „westliche Kultur" mit all ihren Konnotationen zu repräsentieren; die Massenmedien zeigen diese Kunst (nur), um aktuell und westlich zu erscheinen.

---

61 Vgl. Backstein 1995, Ryklin 1997, Ottovordemgentschenfelde 2004. Vgl. zum russischen Gottesnarrentum auch Thompson 1987, Lichačev & Pančenko 1991 und Lachmann 2004.
62 Tarantino 1992.
63 Vgl. Dyogot, Y. 1995 und Dyogot, E. 1997.
64 Vgl. Zabel 1998, 2001.

2. Im Westen müssen die russischen Künstler wiederum Russland repräsentieren: Die westlichen Kuratoren sind fast nie am Künstler oder an der Künstlerin selbst interessiert, sondern daran, einen Künstler aus Russland zu haben, am besten jemand, der typisch, d. h. repräsentativ ist, und das bedeutet wiederum jemanden, der politische Wirklichkeit, Chaos und Zerrissenheit repräsentiert.[65]

Folgt man dieser Argumentation, so mündet das Rezeptionsverhalten der Zürcher Zuschauer der Aktion, nachdem der von Kulik intendierte Protest ins Leere lief, in der Wahrnehmung Kuliks als „typisch russisch". Es greift der zweite Aspekt der „Zwangsrepräsentation". Insofern bedient Kulik auch wiederum die Referenz auf Pirosmani. Wie die Bilder Pirosmanis wird er als „ursprünglich" wahrgenommen, allerdings in einer Ursprünglichkeit, die bar jeder Romantik und voller Aggression ist. Somit wird nicht nur über die Kunst Kuliks, sondern auch über seine Person ein Russlandbild definiert. Diese Definition reflektiert allerdings keine Wirklichkeit. Sie ist das Ergebnis einer Rezeptionserwartung, eines orientalisierenden Otherings. Kulik setzt sich mit der Aggression in seinen Aktionen, so die Interpretation Ekaterina Degot's und Igor Zabels, diesem Mechanismus entgegen. Der weitere Verlauf seiner künstlerischen Karriere ‚als Hund' bekräftigt diese These. Kulik ist allerdings auch gerade deshalb so erfolgreich mit seiner Hundefigur, weil in seinen Aktionen diese Form der Aggression vorhanden ist, so meine weitere These, die ich in Kapitel 5.2.2 ausführlicher erläutere. Nicht nur die ‚typische Repräsentation' bedient die Mechanismen des Kunstmarktes perfekt, sondern auch die kritische Auseinandersetzung mit den Mechanismen dieser „Zwangsrepräsentation". In dieser Hinsicht integriert sich Oleg Kulik perfekt.

Die Referenz auf einen Schlüsselfilm des amerikanischen *Independent Cinema* könnte nun die erste Seite der „Zwangsrepräsentation" bedienen. Der Verweis auf *Reservoir Dogs* bindet, ähnlich wie zum Teil auch die Referenz auf die historische Figur Niko Pirosmani, den Traum von künstlerischer und individueller Freiheit mit ein, der, so Hausbacher im Anschluss an Degot', unmittelbar mit dem Erfolg des Moskauer Aktionismus in den Massenmedien zu tun hatte.[66]

Die drastische visuelle Qualität der Aktionen Kuliks, die Teil dieses Erfolgs ausmacht, ist mehr als offensichtlich und konstituiert sich durch eine Reihe von Grundelementen. Die Performances Kuliks sind von Anfang an für die Kamera inszeniert, auch dies gibt ihnen eine besondere visuelle Komponente. Die Übertragung der Aktionen im Fernsehen Russlands forcierte dies sicherlich. Bereits die erste Hundeaktion Kuliks *Bešenyj pes, Ili poslednee tabu, ochranjaemoe odinokim Cerberom* (*Mad Dog or*

---

65 Hausbacher 2002, S. 131. – Dies ist natürlich eine sehr polarisierende Aussage. Vom Utopismus, der dieser „Ideologie des Individualismus und der unbeschränkten Freiheit" inhärent ist, legt der Moskauer Aktionismus unmittelbar Zeugnis ab.

66 Das Verhältnis von Moskauer Aktionismus und Massenmedien diskutiere ich ausführlich in Kapitel 6, in dem ich bezüglich der Interdependenzen zu ähnlichen Ergebnissen gelange. Ich greife an dieser Stelle jedoch vor, um die inhaltliche Argumentation des Abschnitts zu gewährleisten.

Last Taboo Guarded by Alone Cerber) am 23. November 1994, die er gemeinsam mit Aleksandr Brener vor der Marat Gel'man Galerie in Moskau durchführte, wurde, den mir vorliegenden Aufzeichnungen nach zu folgen, vom Fernsehen gesendet und zwar von der – nach eigenen Angaben auf der Website im Juli 2005[67] – ersten privaten Fernsehproduktionsfirma Russlands resp. der Sowjetunion ATV (*Avtorskoe televidenie,* dt. *Autorenfernsehen*) und, dem eingeblendeten Logo nach zu urteilen, im ersten Programm des staatlichen russischen Fernsehens.[68] Die Firma ATV wurde, ebenfalls nach eigenen Angaben, im September 1988 gegründet und hatte ein Jahr später eine erste regelmäßige Sendung im sowjetischen Fernsehen. ATV arbeitet von seinen Anfängen bis heute eng mit dem ersten Programm des staatlichen Fernsehens der Sowjetunion bzw. Russlands (Ostankino) und ab 1995 dessen privatisierten Nachfolger ORT zusammen.[69] Für das vierte Programm, den früheren Erziehungskanal und Kultursender, produzierte die Firma bis zur Übergabe der Frequenz an den Sender NTV[70] zahlreiche Sendungen. Auf der Website des Senders finden sich auch Informationen zum Gründer ATVs Anatolij Malkin und dessen Anteil an der Produktion der Sendungen *Vzgljad* (*Blick*) und *12 ėtaž,* (*12. Etage*), beides Sendungen, denen Mickiewicz in ihrer Geschichte des russischen Fernsehens eine enorme Bedeutung für die Zeit der *perestrojka* und der *glasnost'* beimisst und die in ihrer offensiven Berichterstattung und ungewohnten, an westlichen Vorbildern orientierten Bildsprache maßgeblich an einer Öffnung der Medien beteiligt waren.[71] Kurz, über die Aktion Kuliks berichtete mit dem ersten Programm das (noch) staatliche Fernsehen Russlands, produziert wurde der Bericht von einer Firma, deren Logo[72] mit Assoziationen an die Umgestaltung der Fernsehästhetik sowie der inhaltlichen Öffnung, ja Revolution der Fernsehberichterstattung nach westlichem Vorbild verknüpft ist. Genauer lässt sich die Geschichte einer möglichen Fernsehberichterstattung nicht nachvollziehen, da die Aufnahmen der Aktion, so wie sie in die Videodokumentation der Aktio-

---

67 www.atv.ru [Zugriff 4. 07. 2005].

68 Ellen Mickiewicz verweist darauf, dass 1994 die Anzahl der Fernsehsender vor allem in Moskau, aber auch im Rest des Landes, enorm angestiegen war. Allein in Moskau gab es im Frühjahr 1994 um die 200 private Fernsehsender, die, wie sie schreibt, „in locales, in apartment buildings, in pockets of homes linked by cable" entstanden waren. Bereits Ende 1994 hatten diese lokalen Privatsender, die oft Raubkopien, zumeist amerikanischer Filme, früher als das amerikanische Kino in den USA selber zeigten und gerade deshalb außerordentlich erfolgreich waren, einen Marktanteil von 38 % gegenüber 17 % Zuschauern des lokalen staatlichen Fernsehens. Das Fernsehen, schon immer ein wichtiges und einflussreiches Medium, war auch aufgrund der Probleme auf dem Zeitungsmarkt zu diesem Zeitpunkt das wichtigste Medium in Russland überhaupt geworden.

69 Zur Geschichte der Privatisierung des Staatsfernsehens in dieser Zeit vgl. Mickiewicz 1999, S. 229-232.

70 Zur Geschichte NTVs vgl. Mickiewicz 1999, S. 223.

71 Mickiewicz 1999, S. 65-82. Mickiewicz erwähnt allerdings weder Malkin noch die Firma ATV.

72 Das Logo ist noch im Jahr 2010 nahezu identisch mit dem 1994 eingespielten. Auch die Selbstdarstellung und das Impressum auf der Website lässt Kontinuität seit 1988 vermuten.

nen Kuliks integriert sind[73], nicht weiter kontextualisiert wurden. Es lässt sich jedoch uneingeschränkt festhalten, dass bereits in der ersten Hundeaktion Kuliks die von Hausbacher konstatierte zweite Seite der „Zwangsrepräsentation" zu finden ist. ATV, die Produktionsfirma lebt von dem Image, das Fernsehen nach westlichen Vorbildern freier(er) Berichterstattung revolutioniert zu haben, und genau diese Produktionsfirma nahm sich 1994 der ersten Hundeaktion Oleg Kuliks an und sorgte für deren Präsentation im Fernsehen.

Die Referenz auf Quentin Tarantinos *Reservoir Dogs* steht in einem übertragenen Sinne in der Tradition dieser fernsehgeschichtlichen Entwicklung. Mickiewicz verweist auch darauf, dass viele Filme, wie wahrscheinlich auch Quentin Tarantinos ebenso brutales wie international populäres Erstlingswerk, ab ca. 1994 problemlos im russischen Fernsehen zu sehen waren – und privat sogar oft in Raubkopien schneller als auf dem amerikanischen Markt selber. Der Titel der Aktion *Reservoir Dog* verweist im innerrussischen Kontext so sicher auch auf diese Dimension, die einen Aspekt der individuellen Freiheit, des „westlicher Künstler-Seins" mit transportiert.

Die Videodokumentation[74] der Moskauer Aktion mit Aleksandr Brener besteht aus zwei Teilen, einem ersten farbigen Teil, der aus verschiedenen räumlichen Perspektiven relativ unbearbeitet der Performance folgt und einem stark edierten, mit Musik und den Logos von ATV und dem ersten Kanal des russischen Fernsehens unterlegten schwarz-weißen Clip. Diese erste Hundeaktion beinhaltet bereits die wichtigsten Elemente aller weiteren Performances, die Kulik in seiner Rolle als Hund durchführte (und so natürlich auch von *Reservoir Dog*). Sie sei hier kurz beschrieben, so wie sie auf den Videoaufzeichnungen dokumentiert ist, bevor die Forcierung der wichtigsten Elemente in der ATV-Produktion kurz angesprochen werden soll.

Zu Beginn der Aktion ist eine moderate Menschenmenge in einer dunklen Moskauer Straße vor einem unscheinbaren Haus versammelt. Die Straße wird von einem Scheinwerfer beleuchtet, der, wie später zu sehen ist, einem Kameramann für seine Aufnahmen Licht geben soll. Die Performance beginnt, als Kulik und Brener gemeinsam aus dem Haus gestürzt kommen, Kulik nackt und auf allen vieren, von Brener als Hund an einer Kette geführt. Während Kulik tatsächlich ganz nackt ist, trägt Brener immerhin noch Boxershorts. Die Performance folgt keiner weiteren Dramaturgie, sie beschränkt sich darauf, dass Kulik als Hund bellend die Menschen aggressiv angreift, den Verkehr behindert und Zuschauer zu Fall bringt. Kulik mimt den aggressiven Hund nicht nur bellend und zähnefletschend, er versucht sich, wie auch in späteren Aktionen, daran, wie ein Hund seine Notdurft zu verrichten. Brener, der seinen eigenen Aktionen im Gegensatz zu Kulik häufig verbale Elemente hinzufügt, begleitet den Auftritt Kuliks mit den Rufen „v bezdarnoj strane" („in einem erbärmlichen Land").

Die Verkettung der Assoziationen ‚Kulik als wilder Hund' mit dem ‚Zustand eines Landes', von Degot', Zabel und später auch Hausbacher als Zwangsrepräsentation

73 Kulik 1994-1997
74 Kulik 1994-1997.

analysiert, zum Teil kritisiert und natürlich auch in Zürich vorhanden, finden sich somit von der ersten Hunde-Aktion Kuliks an.

In den stärker edierten Aufnahmen von ATV, die für das Bild- und Tonmedium Fernsehen gemacht wurden, findet sich eine Konzentration auf wesentliche Bildelemente. Die Aufnahmen fokussieren den nackten, einen Hund mimenden Kulik. Unterlegt wurden die Aufnahmen nicht etwa mit Breners Ausrufen „v bezdarnoj strane" („in einem erbärmlichen Land"), sondern mit verfremdetem Hundegebell. Die performativen Bildelemente konzentrieren sich ausschließlich auf die Figur des aggressiven menschlichen Hundes. Die Körperinszenierung wird zum Hauptbestandteil des visuellen Bildes, der Körper wird Bildträger und Bildbestandteil in einem. Der performative Körper wird zum Medium innerhalb des Mediums Fernsehen, da sich die Aufnahmen auf ihn beschränken. Während in der direkten Aktion das inhaltliche Element des talentlosen, stümperhaften Landes, der Zustand Russlands durch die Beteiligung Breners vorhanden ist, so fällt dieses in der bildlichen Wiedergabe bei ATV völlig weg. Es bleiben somit zwei parallele Stränge übrig, die sich ineinander verwickelnd weiter verfolgen lassen und gemeinsam zu der Interpretation des menschlichen Hundes als ‚zwangsrepräsentierter Russe' führen. Auf der einen Seite ist das drastisch-visuelle Körperelement, auf der anderen eine interpretative, in der ersten Performance allerdings bereits deutlich angelegte Ebene, die den direkten visuellen Ebenen hinzugefügt wird.

Der als Hund inszenierte Körper Kuliks bleibt als Grundbestandteil von Kuliks Performances in allen weiteren Hunde-Aktionen seines Projekts *Zoofrenija* (*Zoophrenie*), das alle Tieraktionen Kuliks umfasst, erhalten und wird in unterschiedlichsten inhaltlichen Variationen durchgespielt. Selbst in der Ausstellung *berlin moskva MOSKVA BERLIN*[75], in der im Jahr 2004 die Aufzeichnungen der Aktionen Kuliks als Artefakt ausgestellt wurden, dominierte Kulik als Hund die Präsentation. Kehrt man nun zu der ersten Hundeperformance Kuliks vor der Marat Gel'man Galerie zurück, so lässt sich Folgendes konstatieren: Noch befindet sich der Ort der Aktion in Russland. Ein nackt auftretender Mann, der Aggression ohne Hemmungen auslebt und auf die Zuschauer überträgt, der öffentlich uriniert, den Verkehr behindert, sich der Sprache verweigert und nur noch bellt, der dabei jedoch an der Kette geführt wird von einem Mann, der seinerseits konstatiert – so lassen sich die Ausrufe Breners zumindest interpretieren – man befinde sich in einem glücklosen, untalentierten, geschlagenen Land, bewegt sich zwischen vielen der repräsentativen Pole, die Hausbacher aufgelistet hat. Was könnte individualistischer sein, als ein derartiges Benehmen, und sei es im Rahmen der Kunst, was ließe mehr auf Freiheit hoffen? Und was ist repressiver als die Beschränkung dieser Freiheit durch eine auch noch so lange Kette, die den Individualismus, der sich so aggressiv gebärdet, der sich an keine Regeln hält und andere sogar verletzt, was ist demütigender als die Selbsterniedrigung des öffentlichen Urinierens, und sei es im Namen der Kunst? Es scheint, dass die repräsentativen Mechanismen, die Hausbacher im Anschluss an Degot' und Zabel beschreibt, bereits

---

75 Choroschilow, Harten, Sartorius & Schuster 2003a, b.

hier vollständig greifen, auch wenn die Differenz Russland – Westen noch gar nicht direkt in den Sinnhorizont der Aktion getreten ist. Kuliks Hundeperformance ist bereits jetzt als „Zerrissenheit" und „Chaos" interpretierbar, der repräsentative Mechanismus bereits vollständig angelegt.

Sieht man sich nun die Aufnahmen von ATV, die mutmaßlich auf dem Ersten Kanal ausgestrahlt wurden, noch einmal an, so sieht man, dass genau das Element, das die „Zerrissenheit" und das „Chaos" am deutlichsten repräsentiert, nämlich Brener und seine Ausrufe „v bezdarnoj strane" („in einem erbärmlichen Land") im Bericht des Fernsehens nicht in Erscheinung tritt. Die gezeigten Bilder konzentrieren sich auf den aggressiven Hund Kulik in seiner – zumindest so interpretierbaren – nackten Verkörperung individueller Freiheit (der Kunst, so ließe sich anfügen). Die Firma, die die Bilder aufzeichnete und produzierte, lebt bis zum Zeitpunkt dieser Untersuchung von dem Ruf genau das zu sein, was Hausbacher unterstellen würde: dem Ruf, in seiner Berichterstattung, in der Bildgestaltung seiner Programme, progressiv und westlich zu sein. Man kann eventuell sogar von einem Rückkopplungseffekt ausgehen, der sich in etwa so formulieren ließe: Gerade deswegen, weil die Bilder vom nackten, bellenden, beißenden Hund Kulik in diesem Kontext gezeigt werden, könnten sie in dieser semantischen Konnotation aufgewertet worden sein. Interpretiert man die Aktion in diesem Sinne, so wird überdeutlich, welche Bedeutung der kulturhistorische Hintergrund haben kann.

Der (zwangs-)repräsentative Doppelmechanismus, so wird klar, ist in den Hundeaktionen Kuliks selbst angelegt und mitnichten ausschließlich ein Effekt eines kulturellen Zusammenstoßes, den Igor Zabel unter dem Eindruck von Samuel Huntingtons Clash of Civilizations[76] als der „Zwangsrepräsentation" zugrunde liegend formulierte.[77] Erst vor dem Hintergrund der Annahme eines solchen Zusammenstoßes, unter Einbeziehung der kulturhistorischen Rahmenbedingungen, ist eine derartige Interpretation möglich, die das formt, was Hausbacher in einem etwas anderen Sinne die Metaebene des transkulturellen Repräsentationsmechanismus nennt. Für Hausbacher bildet diese Metaebene „die Problematik der russischen Künstler und Künstlerinnen, Russland im Westen zu repräsentieren, und unser entsprechend rezeptives Verhalten".[78]

Die Aktionen begründen die Möglichkeit dieser Metaebene in sich, das Verhältnis ist meines Erachtens ein reziprokeres als es Degot', Zabel und Hausbacher zeichnen. Das sich in den Aktionen entwickelnde Bild unterläuft einen durch die Metaebene gesteuerten Evolutionsprozess, gleichzeitig wird aber auch diese diskursive Metaebene durch die aktionistische Bildebene, die die Aktionen bieten, maximal beeinflusst. Gerade in der Entwicklung der Hundeaktionen Kuliks wird dies überdeutlich.

Doch kehren wir noch einmal zur ersten Ebene der „Zwangsrepräsentation" zurück, der Repräsentation individueller Freiheit, verkörpert im Hundekünstler Oleg Kulik. In der Aktion angelegt ist auch die radikale Begrenzung der künstlerischen

---

76 Huntington 1996.
77 Vgl. Zabel 1998 und etwas gekürzt Zabel 2001.
78 Vgl. Hausbacher 2002.

Freiheit. Der Hund liegt an der Kette, der Künstler uriniert öffentlich und demütigt sich so im Namen der künstlerischen Freiheit selber. Die Kette kehrt auch beim Zürcher *Reservoir Dog* als Element der Aktion zurück. Kulik wird am Ende an dieser Kette sogar von der Polizei abgeführt. Nicht als Künstler und aufrecht gehender Mensch, sondern als menschlicher Hund lässt er sich auf allen vieren von den sicher im Umgang mit Polizeihunden geschulten Polizisten am Halsband wie ein wilder Hund kurz gefasst zum Polizeiauto bringen. Die Vorstellung von künstlerischer Freiheit wird hier doch extrem beschnitten, wenn nicht sogar pervertiert.

Genauso verhält es sich auch mit dem Verweis auf Quentin Tarantinos Film *Reservoir Dogs*, der als einer der Flaggschiffe des amerikanischen *independent cinema* gilt und damit für die Unabhängigkeit der Filmproduktion von den alles dominierenden Strukturen Hollywoods steht. Diese Vorstellung erweist sich bei näherem Hinsehen als illusorisch, denn die Filme Tarantinos leiteten mit dem Erfolg von *Reservoir Dogs* und sehr viel mehr noch *Pulp Fiction*[79] den kommerziellen Erfolg des *independent cinemas* ein, das dadurch von einer rein amerikanischen Nischenökonomie zu einem wichtigen Faktor der internationalen Filmindustrie wurde und dessen langsame Integration in die wirtschaftlichen Strukturen des großen Hollywoodkinos zur Folge hatte.[80] Die Integration der Figur Tarantinos und des *independent cinemas* in die ‚großen‘ Strukturen der Film- und Unterhaltungsindustrie folgt damit den gleichen, nach Groys (für den Westen) selbstverständlichen Gesetzmäßigkeiten, mit denen auch diejenige der historischen Avantgardekunst erfolgte. Und ebenso wie die historische Avantgarde arbeitet Tarantino (bis heute) mit Formen ästhetisierter und intellektualisierter Gewalt, was seinen Filmen entsprechend zum Vorwurf gemacht wurde.

Auf die Frage, wer denn die Reservoir Dogs in seinem gleichnamigen Film von 1992 seien, antwortete Quentin Tarantino in einem Interview mit der Aufzählung der Namen der Darsteller. Genau das gleiche suggerieren die Credits, indem nach der Einblendung der Namen nicht folgt „in" mit dem Filmtitel, sondern „are Reservoir Dogs". Ein „Reservoir Dog" ist also nicht nur ein Charakter innerhalb der Welt des Films, sondern wird übertragen auf einen Darsteller. Einer dieser Darsteller wiederum ist der Regisseur Quentin Tarantino selbst, so dass die Bezeichnung „Reservoir Dog" auf den Regisseur anwendbar wird. Kennzeichnend für einen „Reservoir Dog" ist im Kontext des Films vor allem der brutale Schusswaffengebrauch, der in seiner Gewalttätigkeit unentwegt inszeniert wird. Der Film *Reservoir Dogs* gilt als einer jener Filme der 1990er Jahre, die einer völlig referenzlosen, rein innerhalb des Mediums Film verbleibenden Gewaltdarstellung huldigen.[81] Tarantino selbst wurde spätestens nach dem Erfolg von *Pulp Fiction* im Jahr 1994 zu einem Mythos seiner eigenen Persönlichkeitsinszenierung.[82] Tarantino tritt bezüglich seiner Filme häufig als Autor,

---

79 Tarantino 1994.
80 Vgl. Nitsche 2002, S. 163 ff.
81 Zu Gewaltdarstellungen im amerikanischen Film vgl. Prince 2000, Sharrett 1999, Slocum
    2001.
82 Vgl. Nitsche 2002, S. 106 ff.

Regisseur und Schauspieler in Personalunion auf, er stilisierte sich selbst durch den Gebrauch bestimmter sprachlicher Elemente systematisch als Außenseiter (Fäkaliensprache, Schimpfwortgebrauch, politisch unkorrekte Redeweise, Slangausdrücke – alles in allem die Sprachebene, auf der auch der Moskauer Aktionismus agierte, wenn er systematisch den *mat* instrumentalisierte). Er nahm zugleich kommunikationswütig an Dutzenden von Talkshows teil, wurde als Figur zum Inbegriff für die Intellektualisierung von Gewaltdarstellung und dabei gleichzeitig zum internationalen Star des *independent cinema*. Seine Filme und seine Person nehmen in der Welt des Films eine ähnliche Rolle ein, wie sie Andres Serrano, auf den ich im Zusammenhang mit Anatolij Osmolovskij in Kapitel 4.2.2 ausführlich eingegangen bin, in der Welt der (amerikanischen) Kunstwelt und der Moskauer Aktionismus innerhalb der russischen Kunstszene innehat: Schockierung des Kunst- und Filmpublikums mittels Grenzen überschreitender, ästhetisierter Gewalt mit und am Medium des Körpers.

Durch die Bezugnahme auf *Reservoir Dogs* wird die Frage nach der Funktion der künstlerischen Gewalt und Aggression fokussiert. Die Inszenierung von Gewalt bildet sowohl in der Selbstdarstellung Quentin Tarantinos als auch in seinen Filmen eine Art Gravitätszentrum, zu dem er immer wieder zurückkehrt.[83] Den rein ästhetischen Nutzwert dieser Inszenierungen verteidigte er immer wieder.[84] Gewalt dient nicht mehr als integraler Bestandteil einer Narration, die Narration wird, im Gegenteil, um die Gewaltdarstellung herum aufgebaut. Auch die filmischen Mittel dienen allein der Gewaltinszenierung.[85] Rückblenden, Kameraschwenks, Schnitttechniken und andere für das Medium des Films charakteristische Mittel werden vor allem dazu eingesetzt, die Gewaltbereitschaft der Figuren zu betonen, Schockeffekte hervorzurufen oder verbale und körperliche Gewalt stärker wirken zu lassen. Auch die Filmmusik wird vor allem genutzt, um die Effekte der filmischen Gewalt zu verstärken. Der missglückte Raubüberfall der „Reservoir Dogs", innerhalb dessen Gewalt einen gewissen Zweck haben könnte, ist ebenfalls nicht das eigentliche Thema des Films. Er dient lediglich dazu, die mediale Inszenierung von Gewalt in Gang zu setzen.

Besonders eindrücklich wird diese Inszenierungsstrategie in den Szenen um die Figur des Mr. Blonde.[86] In der Lagerhalle, die nach dem missglückten Diamantenraub als Treffpunkt dient, prallen die Gangster Mr. White, Mr. Pink und Mr. Blonde aufeinander. Während Mr. White und Mr. Pink in emotionaler Aufwallung einander sogar mit ihren Waffen bedrohen, bleibt der im Laufe des Films am brutalsten agierende Mr. Blonde während der ganzen Szene vollkommen beherrscht. Zu White, der ihn

---

83 So z. B. auch im thematisch ganz anders gelagerten Zweiteiler *Kill Bill* (Tarantino 2003, 2004).

84 „Violence is a very cinematic thing, like dance sequences are cinematic." „I love violence in the movies [...] as an artist violence is part of my talent." „If I made it easier to work with violence – great." (zit. nach Nitsche 2002, S. 146).

85 Vgl. Nagel 1997.

86 Die Gangster kennen einander nicht per Namen, sondern nur unter Decknamen, die an Farben und Haarfarben angelehnt sind. Die Kombination der Elemente Farbe und Grenzüberschreitung kennen wir wiederum bereits von Anatolij Osmolovskij und der Aktion *Govno, moča, sperma* (*Scheiße, Pisse, Sperma*).

verbal angreift, sagt er: „Are you gonna bark all day, little doggy, or are you gonna bite?"

Was das Zubeißen des „Reservoir Dog" bedeutet, sehen wir später – gerade nicht: Mr. Blonde schneidet, tanzend zu dem alten Seventies Hit der Stealer's Wheel *Stuck in the Middle With You,* einem an einen Stuhl gefesselten Polizisten ein Ohr ab. Die Szene ist in Echtzeit gedreht und hebt so die Eindringlichkeit der Handlung hervor. In einem scheinbaren Gegensatz dazu wird das eigentliche Abschneiden des Ohrs von der Kamera gar nicht gezeigt. Während der Zuschauer erahnt, dass Schreckliches geschieht, zeigt die Kamera einzig eine leere Ecke an der Decke der Lagerhalle und verweilt dort, bis sie zu dem blutüberströmten Polizisten zurückkehrt.[87] Erst als sie zu Mr. Blonde schwenkt, der seine Trophäe präsentiert, erfährt der Zuschauer, was geschehen ist. Die Filmmusik spielt dabei eine zentrale Rolle. In der Sekundärliteratur zur *Reservoir Dogs* wird regelmäßig auf die Ambivalenz, die den Zuschauer in dieser Szene ereilt, hingewiesen. Durch die Musik und den Tanz Mr. Blondes gefangen genommen, wird es für ihn unmöglich, ‚angemessen' auf die dargebotene Gewalt zu reagieren. Die Reaktion des Zuschauers auf diese Szene ist nicht (nur) Entsetzen und moralische Verurteilung, sondern, herbeigeführt durch die positive, Empathie erzeugende Darstellung Mr. Blondes, ein Schaudern, während die mediale Inszenierung mit den Mitteln des Films auch Vergnügen hervorruft. Diesen Effekt steigert Tarantino in *Pulp Fiction*, indem er Szenen kreiert, in denen als Reaktion auf pure Gewalt Lachen hervorgerufen wird. Die eigentliche Gewalt wird inhaltslos ästhetisiert und dem Medium des Films völlig untergeordnet.

Eine ähnliche Wirkung beschreibt Groys auch in Bezug auf die brutalen Mordszenen, die sich in den Romanen Sorokins finden lassen, und die in gewisser Hinsicht als literarische Vorläufer von Kuliks Aktionen gelesen werden können.[88] „Den Mord selbst nimmt Sorokin aber nicht ernst, er ist nur ein literarisches Spiel, das jede ‚moralische' Reaktion ausschließt, ein stilisiertes Ritual, das auf eine bestimmte literarische Tradition verweist."[89] Literarische Traditionen werden bei Sorokin durch das Zitieren und Imitieren von Schreibweisen aufgerufen.

> Von Seite a bis zu Seite b wird sozialistisch-realistisch geschrieben, von Seite b bis zu Seite c expressionistisch-avantgardistisch usw. Liest man Sorokin, wird man sich vor allem der Materialität der beschrifteten und gestalteten Papiermasse bewusst.[90]

Die pure Formhaftigkeit des beschrifteten Papiers wird sichtbar gemacht. Hat man bei Tarantino die Medialität des Films, auf die bewusst referiert wird, so ist es bei Sorokin diejenige des Buches, der Schrift. Bei Kulik fällt, zumindest in der unmittelba-

---

87 Diese Sequenz ist auch als der ‚wahrscheinlich bewussteste Schwenk des ganzen Films' beschrieben worden (Nagel 1997, S. 57).
88 Vgl. auch die Zusammenarbeit Sorokins und Kuliks in Кулик & Сорокин 1994.
89 Groys 1988, S. 110.
90 Groys 1995, S. 224.

ren Aktion, jegliches außerkörperliche Medium weg, der Körper referiert auf sich
selbst. Der Körper wird so in seiner medialen Qualität thematisiert. Eine Funktion
von Medien ist nun aber, Kommunikation zu ermöglichen.[91] Tarantinos Film kommuniziert vor allem auf einer selbstreferentiellen, medialen Ebene mit dem Zuschauer, indem er die Gewalt den medialen Mitteln der Narration unterordnet. Und so ist
analog die Kommunikation Kuliks ebenfalls eine selbstreferentielle. Ähnlich selbstreferentiell ist die Gewalt, die eingesetzt wird. Auch sie dient nicht wirklich einem außerhalb des Körpers liegenden Zweck. Dem Protest gegen kapitalistische Marktstrukturen haftet etwas Anachronistisches an, und so bleibt die Gewalt harmlos, vom Zuschauer akzeptiert, genauso wie die Gewalt bei Tarantino und Sorokin keinen
Schaden anrichtet, obwohl in der medialen Vermittlung jeweils sogar Menschen getötet werden. Kulik überschreitet genau wie der Film *Reservoir Dogs* moralische Grenzen, diese Überschreitung wird jedoch durch den Rahmen, in dem die Inszenierung
stattfindet, legitimiert. In beiden Fällen bleibt die Aggression unmittelbar an das eingesetzte Medium gebunden. Bei Tarantino findet in der Innenwelt des Films eine ge-
fällige Inszenierung von Gewalt statt, die bedingungslos in die glatte Oberfläche der
Popkultur integriert wird.[92] Und so wird auch der menschliche Hund Kulik zumindest von den Zuschauern und in einem zweiten Schritt auch vom Kunsthaus Zürich
trotz der Mobilisierung der Polizei fast schon wieder als Teil der Unterhaltungskultur
akzeptiert. Den Reaktionen der Zuschauer in Zürich kann man dies entnehmen. Eindeutig wird dieses ambivalente Verhältnis, wenn man die Videoaufzeichnung hinzu-
zieht. Die häufigste Reaktion auf die grenzüberschreitenden Elemente innerhalb der
Aktion ist tatsächlich Lachen. Wäre Kuliks Protest gegen die kommerzialisierenden
Strukturen des westlichen Kunstmarktes tatsächlich ein ernsthafter, wäre dieses Lachen nicht zu verantworten. Es ist ein ambivalentes Spiel zwischen instrumentalisier-
ter Protesthaltung und Integrationsbestreben, das sich in den Aktionen Kuliks manifestiert. Der selbst als Teil dieses Mechanismus aufzufassende Bericht in *Blick* dokumentiert die zweideutige Zuschauerreaktion.

   Auch in dieser Hinsicht erweist sich Kulik als ein „Reservoir Dog". Man weiß tatsächlich nicht, ob man das Vergnügen der Aktion genießen oder sich darüber ärgern
soll, dass Kulik einem den Zugang zur Vernissage blockiert und dabei sogar körperlich tätlich wird. Dies lässt sich absolut analog zu der Wirkung von *Reservoir Dogs* betrachten. Hier fehlt ein durch das Medium Film eindeutig vorgegebener Maßstab, ob
man nun wegen des abgeschnittenen Ohres moralisch entrüstet sein muss, ebenso wie
der Maßstab in Kuliks Aktion nicht eindeutig gegeben zu sein scheint. Denn noch
beißt Kulik nicht wirklich zu, setzt nicht alle Mittel ein, die das Medium Körper ihm
zur Verfügung stellt. Dies wird sich in Stockholm ein Jahr später bei der Performance
Dog House (2. März 1996) ändern. Hier biss Kulik richtig zu.

   Es klingt eine weitere Interpretation der gewaltvollen Bisse der filmischen „Reservoir Dogs" an, die Marcus Breen vorschlägt. „When [Mr. Blonde] cuts off the police

---

91 Vgl. Luhmann 1991.
92 Auch die Popkultur ist, nebenbei bemerkt, einer der Effekte der Integration der Strategien der
     historischen Avantgarde in die kulturelle Tradition.

officer's ear, it is more than the symbolic violence of the criminal imagination at work. It is a ritual severing of the ear of pleasure."[93] Der Skandal, den der echte Biss des Reservoir Dog Kulik in der internationalen Kunstwelt entfachte, wirft ein Licht auf ein möglicherweise vorhandenes Protestpotential, das der in Zürich entstehenden Systemimmanenz zu entrinnen sucht. Der Preis für eine mögliche Transzendenz der Systemimmanenz ist allerdings hoch, denn ein Mensch wurde verletzt. Es bleibt fraglich, ob dies im Namen der Kunst noch zu rechtfertigen ist. Aber auch hier bleibt die moralische Fragwürdigkeit bestehen und spiegelt sich bei aller Entrüstung über den tätlichen Übergriff in dem, durch die sich an Kuliks Biss anschließende Diskussion (vgl. Kapitel 5.2.1) dokumentierten, Status der Aktionen zwischen Kunst und Nicht-Kunst.

Ambivalent sind die Aktionen Kuliks jedoch auch noch in einem anderen Sinne. Während in den Filmen Tarantinos und den Romanen Sorokins keine Menschen zu Schaden kommen, die Inszenierung der Gewalt tatsächlich im Medium des Films und des Buches verweilt, ist dies bei Kulik anders. In Kuliks Hundeaktionen in Moskau, Zürich und Stockholm kommen (im Gegensatz zu späteren Aktionen) tatsächlich Menschen zu Schaden, sei es, dass sie zu Fall gebracht oder anderweitig inkriminiert und angegriffen, sei es, dass sie tatsächlich schmerzhaft gebissen wurden. Die Rückbindung der inszenierten Gewalt an das Medium des Körpers bringt auch eine ‚Realisierung' ihrer Ästhetisierung mit sich. Der Moskauer Aktionismus polemisierte schließlich gegen die Postmoderne, deren ‚Paradevertreter' Tarantino und Sorokin waren (und sind). Die Waffen, die der Körper Kuliks den Tieren Niko Pirosmanis verlieh, sind auch für die Betroffenen im wahrsten Sinn des Wortes sehr schmerzhafte Waffen gegen die Postmoderne – die sich letztlich doch auch ihrer Mittel bedient.

5.2 Ein Pavlovscher Hund in Rotterdam

5.2.1 Körper vs. Kultur

Im Jahr 1996 wurde die europäische Biennale *Manifesta* ins Leben gerufen, die vor allem jungen Künstlern, gerade auch aus den osteuropäischen Ländern, eine öffentliche Plattform für ihre Arbeiten bieten wollte. Zur *Manifesta 1*, die in Rotterdam stattfand, kamen sieben unabhängige Künstler aus Moskau.

Oleg Kulik nahm mit einem mit seiner Frau Ljudmila Bredichina konzipierten Projekt mit dem Titel *Sobaka Pavlova* (*Pavlov's Dog*) an der Ausstellung teil. Zu diesem Zeitpunkt hatte Kulik bereits zwei Jahre Erfahrung ‚als Hund' hinter sich und sich nach der Moskauer und der Zürcher Hundeaktion mit dem Eklat um *Dog House*[94] in der Ausstellung *Interpol* 1996 in Stockholm auch international den Ruf eines Skandalkünstlers erworben. Nachdem er hier nun richtig zugebissen hatte (es

---

93 Vgl. Breen 1996.
94 Vgl. Kapitel 3.2.3.

traf ausgerechnet den Kurator Jan Åman, der ärztlich behandelt werden musste), war in der Folge von Kuliks Biss sowie Aleksandr Breners Ausfällen durch den „westlichen" Teil der an der Ausstellung beteiligten Künstler gemeinsam mit Jan Åman ein offener Brief verfasst und an *Flash Art* geschickt worden, in dem Kulik und Brener unter anderem Kunstterrorismus und Faschismus zum Vorwurf gemacht wurde.[95] Es erging auch eine Warnung an die Kuratoren der *Manifesta 1*, Kulik nicht an der bereits geplanten Ausstellung teilnehmen zu lassen. Diese Warnung wurde jedoch nicht erhört, und so fand sich Kulik dieses Mal als recht braver, Pavlovscher Hund in Rotterdam ein (Abb. 41).

Die Rotterdamer Aktion war die erste in Kuliks Karriere als Hund, in der er nicht nur im Verlauf einer einmaligen Performance, sondern für einen längeren Zeitraum in der Figur des Hundes blieb. Geplant war die Aktion denn auch für die gesamte Ausstellungsdauer: vier Wochen. Das Setting, in dem die Aktion stattfand, war einem wissenschaftlichen Experimental-Laboratorium nachempfunden. Im Verlauf der vier Ausstellungswochen sollten an dem in der Laborumgebung nackt und wie immer sich zum Hund verwandelnden Kulik als Versuchstier eine Reihe Experimente durchgeführt werden, die zusammen mit dem Biologieprofessor A. A. Kamenskij der Staatlichen Moskauer Universität (Moskovskij gosudarstvennyj universitet) und Ljudmila Bredichina erarbeitet worden waren.

Im künstlerischen Experiment wurden die physiologischen Reaktionen Kuliks auf unterschiedliche kulturelle, durch den Menschen erzeugte Artefakte untersucht: auf Texte, die ihm vorgelesen wurden, auf Bilder, auf Filme etc. Nach einem strengen Experimentalplan wurden in regelmäßigen Abständen seine Reaktionsgeschwindigkeit, sein Blutdruck, seine Körpertemperatur und ähnliche physiologische Werte gemessen. Kulik ernährte sich während der gesamten Zeit ausschließlich von Hundefutter, das Ausstellungspersonal war angewiesen, ihn explizit nicht als Menschen, sondern als Hund zu adressieren und zu behandeln. In regelmäßigen Abständen verließ Kulik die Versuchsanordnung: Entweder Ljudmila Bredichina oder das Ausstellungspersonal nahmen ihn an die Leine und gingen mit ihm spazieren. Skandale gab es bei dieser Ausstellungsaktion keine mehr, Kulik verhielt sich nicht aggressiv, sondern demütig und abgerichtet – wie ein perfekter Laborhund. Ebenso wenig wurden die Spaziergänge mit dem nackten Kulik an der Leine vom Kopenhagener Publikum als skandalös oder sonderlich provozierend wahrgenommen.[96] Die gewaltsame Integration in das Kunstbusiness *as usual*, die sich der Hund Kulik in Zürich und Stockholm erstritten hatte, konnte man nunmehr als gelungen bezeichnen. Das Ergebnis war ein angepasster, braver Hund, ein konditionierter Pavlovscher Versuchshund, der das Ergebnis dieses Prozesses ebenso körperlich erlebte und künstlerisch sichtbar zu machen verstand, wie er zuvor die Themen der Ausgrenzung und gewaltsamen Integration körperlich als Hund ausagiert hatte. Wiederum begegnet uns der Körper als Material

---

95 Vgl. Zahm et al. 1996.
96 Vgl. Stiemer 1996, Douwes 1996, Hond-act Oekraïnse kunstenaar ‚bloedserieus' 1996, ‚Pavlovs hond' aan de wandel: ‚Mag hij een koekje?' 1996.

Abb. 41: Oleg Kulik (mit Mila Bredichina):
Sobaka Pavlova (*Pavlov's Dog*), Rotterdam,
1996 (Quelle: Kulik 2001, S. 50)

ebenso wie als zentrales Medium der Aktion. Die Form, in der er uns entgegentritt, ist dieses Mal die des Pavlovschen Hundes.

Ursprünglich geplant war neben einer nicht zustande gekommenen Zusammenarbeit zwischen Kulik/Bredichina und Wissenschaftlern der Rotterdamer Universität(en) (v. a. Biologen, Mediziner) auch ein begleitender quasi-dokumentatorischer Einsatz von Verbreitungsmedien, vor allem des Fernsehens und des Internets. Im Internet sollten die Ergebnisse der Experimente dauerhaft zugänglich gemacht werden, was jedoch nicht geschah. Meines Wissens kam auch kein Auftritt im holländischen Fernsehen zustande.[97] Daher ist die weitere Interpretation der Aktion auf eine andere Ebene angewiesen, auf der sich der mediale Zusammenstoß von Kultur und Körper fruchtbar machen lässt.

Die ‚kulturellen Artefakte', auf die der Versuchshund Kulik in den durchgeführten Experimenten reagiert, können als Teil der ‚Medienlandschaft', die den medialen Körper umgibt, interpretiert werden. Kultur, so hat Alois Hahn überzeugend dargelegt, ist mit Luhmann auch ein Medium der Gesellschaft.[98] Hahn zeigt auf, dass Kultur, ein Begriff, den Luhmann selber gar nicht schätzte, kein eigenes Subsystem einer Gesellschaft darstellt, sondern vielmehr in den Subsystemen der Gesellschaft – z. B.

---

97 Gespräch mit Ljudmila Bredichina, März 2003. Zum diesem Zeitpunkt führte auch ein noch vorhandener Link auf der Website der *Manifesta 1* ins Leere.

98 Vgl. Hahn 2003.

also der Kunst, der Politik, der Wirtschaft oder den Massenmedien – als Medium wirkt. Kultur hat laut Hahn den Status eines symbolisch generalisierten Kommunikationsmediums und bewirkt als solches innergesellschaftliche Kommunikationsprozesse in den einzelnen Subsystemen einer Gesellschaft. Wenn Kultur aber nun eine mediale Funktion hat, dann haben diese Funktion auch die kulturellen Artefakte, die in einer Kultur eine Rolle spielen. Jede kulturbedingte Erscheinung ist somit Form eines Mediums Kultur und setzt sich aus in einer ganz bestimmten Weise gekoppelten Formelementen zusammen. Ein solcher Kulturbegriff ist ein bewusst weit gefasster.

Der Körper, der uns hier auch als Form des Mediums Kultur begegnet und der in den früheren Hundeaktionen so störend eingesetzt wurde, verliert in dieser Aktion vordergründig seine störende Dimension. Er wird, im Gegenteil, als ein seines störenden Potentials beraubter, submissiver Körper eingesetzt, dessen direkt formhaften Elemente gar experimentell nachgewiesen werden können. Im unmittelbaren Experimentalsetting ist es zunächst die menschliche Kultur in ihren formhaften Elementen, die nun medial störend auf den Körper einwirkt. Denn wenn man, gemeinsam mit Alois Hahn, Kultur als Medium im Luhmannschen Sinne betrachtet, dann werden die kulturellen Artefakte, mit denen der auf seinen Hunde-Menschen-Körper reduzierte Kulik experimentell konfrontiert wird, zu Formen des Mediums Kultur. Sie sind in dieser Perspektive in unterschiedlicher Weise kombinierte Elemente, aus denen sich ein ganz bestimmtes Kulturverständnis zusammensetzt, das medial in Gesellschaften wirksam wird und deren Kommunikationsflüsse mit regelt. Die kulturellen Artefakte werden so zu Elemente der den Hunde-Mensch-Körper Kulik umgebenden ‚Medienlandschaft‘. Zugleich ist natürlich der Hunde-Mensch Kulik ebenfalls Form eines Mediums Kultur. Das künstlerische Experiment am Körper des Künstlers Kulik thematisiert so ganz direkt das ständige Aufeinanderprallen des Mediums Kultur und des Mediums Körper.

5.2.2 Der russische Underdog: das Andere des Westens

Eine erste Variante der Interpretation wäre die Interpretation der Aktion anhand der als Rezeptionsparameter etablierten Ost-West-Dichotomie, die ich in Kapitel 5.1.2 bereits diskutiert habe, an der sich Kritiker wie Künstler in den 1990er Jahren abarbeiten und die nun durch ein weiteres Element ergänzt wird. Die submissive Haltung des Hundes Kulik lässt sich vor diesem Hintergrund hervorragend lesen. Erinnern wir uns: Die Rezeptionsprozesse um die Figur des Hundes werden als „zwangsrepräsentative" interpretiert, nach denen Kulik vom „Westen" als den „zerrissenen Osten" essentialisierend repräsentierend wahrgenommen werde, worauf Kulik in seinen Aktionen wiederum mit Aggression reagiere.

Die Aggression wird nun ergänzt: In der Aktion *Pavlov's Dog* wird Kulik in dieser Interpretationsvariante zu einem durch den westlichen Kunst- und Kulturbetrieb dressierten, perfekt adaptierten Versuchstier, zu einem Symbol für die notwendige Unterordnung unter die etablierten Strukturen der „kapitalistischen", „westlichen" Kulturindustrie. Der Künstler aus dem Osten reagiert auf diesen Kontakt mit der

Abb. 42: Oleg Kulik: *Ja ljublju Evropu, a ona menja net* (*I Love Europe, She Does Not Love Me Back*), Berlin, 1996 (Quelle: N. Nemati, Berlin)

westlichen Kultur wie ein Pavlovscher Hund. Er entwickelt in Analogie zur klassischen Konditionierung einen bedingten Reflex, der unbedingte Unterordnung nebst Aufgabe jeglicher Selbstbestimmung zur Folge hat. Der westliche oder institutionalisierte Kunst- und Kulturbetrieb steuert in dieser Interpretationsvariante medial die Kommunikation zwischen Künstler und Kultur, so dass der Künstler mit seinen Möglichkeiten seine Eigenständigkeit vollkommen verliert. Der institutionalisierte Betrieb wird zu einem einen Pavlovschen Reflex auslösenden Reiz.

Es liegt auf der Hand, dass eine solche Kommunikation unfrei und gestört ist, womit die Interpretation an ihren Ausgangspunkt und an einen der Kernelemente des Moskauer Aktionismus zurückgekehrt wäre. Auch in *Pavlov's Dog* findet sich eine Thematisierung der Störung der Kommunikation – und es ist, so sei hinzugefügt, im Grunde nicht von Bedeutung, auf welcher Ebene der Interpretation man sie ansiedelt. Sie ist im Gesamtkontext des Moskauer Aktionismus und der Hundeaktionen Oleg Kuliks als Störung der Kommunikation zwischen Ost und West ebenso wie als Störung der Kommunikation zwischen Künstler und Institution lesbar.

Eine Interpretation der Aktion anhand der Ost-West-Dichotomie wird durch einen Einbezug der auf die Ausstellungsaktion in Rotterdam folgenden Arbeiten Kuliks unterstützt. In diesen Aktionen, vor allem in *I Love Europe, She Does Not Love Me Back* in Berlin 1996 (Abb. 42) und in *I Bite America and America Bites Me* in New York 1997 arbeitet Kulik bewusst mit einer angenommenen oder erlebten Wahrnehmung

seiner aktionistischen Hundefigur als Repräsentanten eines ausgeschlossenen Underdogs. In Berlin trat er als Hund im Mittelpunkt eines aus zwölf Polizeihunden gebildeten Kreises auf. Er reizte die Hunde so lange, bis diese ihn aggressiv ankläfften. Der
Kreis, so lässt sich unschwer deuten, steht für die damals zwölf Mitgliedsstaaten der
Europäischen Union: Jeder Hund steht für einen der die Mitgliedsstaaten repräsentierenden Sterne auf der Flagge der Europäischen Union. Dem russischen Hund Kulik kommt somit automatisch eine Repräsentationsfunktion zu, er steht für Russland.
Der Titel der Aktion führt jedoch – vielleicht sogar unfreiwillig – in die Irre. Kulik
musste die Hunde reizen, damit diese durch ihr Kläffen ihre Ablehnung des Hundes
Kulik ‚in ihrer Mitte‘, ‚in ihrem Kreis‘ ausdrückten.[99] Erst die Reizung des Westens
durch den Russen führt zu dessen Ablehnung, so ließe sich schlussfolgern. Die Störung der Kommunikation geht vom russischen Künstler aus – ist aber dennoch nur
eine Reaktion auf die Erwartungshaltung des Westens, die Kulik nur als Hund in ihre
Mitte einlädt.

Kulik entwickelt diese Metapher in einer Hommage an Joseph Beuys in New York
weiter. Beuys hatte sich in seiner Aktion *I Love America, America Loves Me* 1974 zwei
Wochen lang zusammen mit einem Kojoten in einen Galerieraum einschließen lassen. Beuys betrat dabei – im wahrsten Sinne des Wortes – Amerika nicht. Er wurde in
einem Krankenwagen direkt aus dem Flugzeug in die Galerie gebracht und verließ
diese nach Abschluss der Aktion auf dem gleichen Wege. Der Kojote, biologisch ein
Mitglied der Gattung der Hunde[100], repräsentierte in dieser Aktion die Weiten Amerikas, Beuys selber das alte Europa. Die Aktion war als Allegorie auf das Nebeneinander
und die Nähe von Europa und Amerika konzipiert.[101]

Kulik kommt nun als hündischer Repräsentant Russlands nach Amerika, der Titel
seiner Aktion lautet *I Bite America, America Bites Me*. Kulik verbrachte mehrere Wochen, Tag und Nacht, als Hund in einem Galerieraum der Deitch Gallery in Soho.
Während der Öffnungszeiten konnten die Galeriebesucher Kuliks Raum in Schutz-
kleidung, wie sie Hundetrainer tragen, besuchen und sich auf eine Interaktion mit
dem Hund Kulik einlassen. Wie der Titel suggeriert, lag das Gewicht der Aktion
nicht auf der Inszenierung eines friedlichen Miteinanders, sie war keine Liebeserklä-
rung an Amerika, sondern das Gegenteil. Es ging vielmehr um ein Ausloten der Ag-
gressionsschwelle auf beiden Seiten. Auch waren die Repräsentationsfunktionen unterschiedlich. Während bei Beuys der Kojote Hund bleiben durfte und als solcher eine Repräsentationsfunktion zugeschrieben bekam, und der Mensch als Mensch mit
der Weite Amerikas interagierte, trafen in Kuliks Aktion Hunde-Mensch und
Mensch aufeinander. Im Gesamtkontext der Bezugnahme auf die Aktion Beuys und
der Vorgängeraktionen Kuliks schlüpft Kulik auch hier in eine Repräsentationsrolle.
Als menschlicher, russischer Hund repräsentiert er nicht Europa, sondern das Andere
Amerikas, den einstigen aggressiven Gegner Russland.

---

99 Dies berichtet Kulik in Бавильский 2004.
100 Der lateinische Name des Kojoten ist Canis latrans.
101 Vgl. Beuys & Tisdall 1976.

Diese Repräsentationsfunktion wird ihm aber, so die bereits in Kapitel 5.1.2 diskutierte These Ekaterina Degot's und Igor Zabels, vom Westen in einer Operation des orientalisierenden Otherings als „zwangsrepräsentative" zugeschrieben. Die russischen Künstler, die, so Degot', sich im innerrussischen Kontext mit ihrer Kunst gegen jede Form der Repräsentation auflehnten und stattdessen die direkte Aktion propagierten, bekämen, vor allem durch die westliche Rezeption der Figur des Hundes Kuliks eine Repräsentationsfunktion zugeschrieben. Plötzlich, so Degot' und Zabel, repräsentiere in der Rezeption des Westens der mit seiner Kunst jegliche Repräsentationsfunktion der Kunst ablehnende Kulik, durch die Figur des Hundes den Zustand Russlands, den russischen Menschen oder den sprichwörtlichen Raubtierkapitalismus im postsowjetischen Russland. Kulik könne im westlichen Kunstbetrieb nur Fuß fassen, wenn er dieser Repräsentationszuweisung nachkomme. Daher rühre der Zwang der Repräsentation. Eva Hausbacher weist auf die große Rolle jahrhundertelang geprägter nationaler Stereotypen hin, die in diesem Prozess zum Tragen kommen und die Erwartungshaltung des Westens bezüglich der Repräsentationsformen des Ostens mit bestimmen.

Der identifizierte Mechanismus ist, das soll an dieser Stelle lediglich hinzugefügt werden, offenbar paradigmatisch für viele zeitgenössische Künstler, die in Kontakt mit einer dominant(er)en Form einer Kultur kommen. Hal Foster beschreibt in seinem Buch *The Return of the Real* im Kapitel „The Artist as Ethnographer" an vollkommen anderen Beispielen (z. B. James Luna oder Jimmie Durham, die mit den Stereotypen rund um den *Native American* in der weißen Kultur Amerikas arbeiten[102]) ganz ähnliche Abläufe und kommt zu dem Schluss:

> Often artist and community are linked through an identitarian reduction of both, the apparent authenticity of the one invoked to guarantee that of the other, in a way that threatens to collapse new site-specific work into identity politics *tout court*. As the artist stands *in* the identity of a sited community, he or she may be asked to stand *for* this identity, to represent it institutionally. In this case the artist is primitivized, indeed anthropologized, in turn: here is your community, the institution says in effect, embodied in your artist, now on display. For the most part the relevant artists are aware of these complications, and sometimes they foreground them. [...] All such strategies – a parody of primitivisms, a reversal of ethnographic roles, a preemptive playing-dead, a plurality of practices – disturb a dominant culture that depends on strict stereotypes, stable lines of authority, and humanist reanimations and museological resurrections of many sorts.[103]

---

102 „Jimmie Durham [...] pressures these primitivisms to the point of critical explosion, of utter bombast, especially in a work like *Self-Portrait* (1988), a figure that plays on the wooden chief of smoke-shop lore with an absurdist text of popular fantasies regarding the Indian male body. In his hybrid works Durham mixes ritualistic and found objects in a way that is pre-emptively auto-primivist and wryly anti-categorical. These pseudo-primitive festishes, and pseudo-ethnographic artifacts resist further primitivizing and anthropologizing through a parodic 'trickstering' of these very processes." (Foster 2001, S. 199).

103 Foster 2001, S. 198 f.

Auch Beat Wyss beschreibt in seiner Systemgeschichte der Kunst diesen Mechanismus, den er nicht nur in der Kunst, sondern auch in einer globalen Popkultur lokalisiert. Seiner Meinung nach entspringt diese Entwicklung unmittelbar dem Umgang
der Elite der historischen Avantgarde mit der so genannten primitiven Kunst.

> „Negerplastik" mag seit 1900 ein Thema der avantgardistischen Elite gewesen sein. Sie
> blieb auf deren Zirkel als Markenzeichen künstlerischer Distinktion vom Massenge-
> schmack beschränkt. Der Primitivismus in der bildenden Kunst war nicht interaktiv an-
> gelegt. Der breite, transkulturelle Schwung, der ethnischen Habitus in die breite Öf-
> fentlichkeit trug, war die Musik. Über den Schallplattenmarkt und internationale Zeit-
> schriften schlägt sie in der westlichen Welt der Nachkriegszeit nicht nur akustisch,
> sondern auch visuell durch. Die Popkultur frönt dem Mythos der Differenz. Man spielt
> den Anderen und richtet sich dabei an die Anderen. Exotismus ist das Salz des Kunst-
> marktes. Pop bietet Folklore im Weltmaßstab. Ihre Akteure wohnen zwar alle in Metro-
> polen, kommen in Kunstform jedoch aus einer Scheinheimat, deren Klischees und Pro-
> jektionen sie ironisch bedienen.[104]

Es mag auf den ersten Blick verwunderlich klingen, Kuliks Hundeaktionen mit afri-
kanischer Kunst zu vergleichen. Doch genau dies tut auch (der Slowene) Igor Zabel,
um seine These von der Zwangsaneignung, gegen die sich Kulik auflehne, zu begründen.[105] Das Beispiel illustriert die Radikalität, mit der die russischen Künstler die historischen Prozesse, das Ende des Kalten Krieges und ihre Integration in einen globalen Kunstmarkt erleben. Die Tatsache, dass Russland sogar selbst Kolonialmacht ist
und als diese natürlich auch ‚auf der anderen Seite' einen enormen Anteil an den an-
geprangerten Mechanismen hatte, wird in diesem Kontext nie thematisiert, da es immer nur um Russland und den Westen geht. Dies spiegelt sich darin, dass die russische
Kunst selber großen Anteil an der von Wyss beschriebenen einseitigen, nicht interak-
tiven Aneignung des Primitiven hatte.[106] Zugleich ist dies natürlich auch ein Grund
für das Gefühl des Ausgeschlossenseins: Die russische Avantgarde zählt schließlich zu
den großen historischen, europäischen Avantgarden und hatte entscheidenden Anteil an der gesamteuropäischen Moderne. Der Moskauer Aktionismus begreift sich
als *in* dieser Tradition stehend: Man denke nur an die Rechtfertigungen, die Aleksandr Brener für sein Attentat auf Malevičs *Suprematismus* abgab und in denen er sich als
ein Bewahrer des avantgardistischen Erbes stilisierte. Durch die Marginalisierung
und „Ethnisierung", die die postsowjetischen Künstler erleben, werden sie aus dieser
Tradition hinausgedrängt, auf die ‚andere Seite' gestellt und ihres historischen Erbes
enteignet. Und so reagieren sie eben nicht mit positiv besetzter transkultureller Interaktion wie die Popmusik, sondern mit einer aggressiven Variante, die in dem von

---

104 Wyss 2006, S. 282.
105 Vgl. Zabel 1998, vgl. in einer modifizierten Variante auch Zabel 2001, S. 32.
106 Zu diesen Verflechtungen, die in Kuliks Zürcher Aktion im Zusammenhang mit Niko Piros-
     mani eine Rolle spielen, vgl. ausführlich Kapitel 5.1. – Das Spannungsfeld, in dem sich die
     russischen Intellektuellen befindet, beleuchtet die Auseinandersetzung von Ekaterina Degot'
     und Margaret Dikovitskaja aus dem Jahr 2001 (Dyogot, E. 2001 und 2002 und Dikovitskaya
     2001 und 2002).

Wyss diagnostizierten Dichotomien als Primitivismus letzlich verharrt oder auf sie zurückfällt.

Die Rezeption Kuliks anhand einer Ost-West-Dichotomie und die weitere Entwicklung seiner Aktionen ist mit Sicherheit ein gutes Beispiel für ein künstlerisch bewusstes Verfahren mit den Repräsentationsstrategien der von russischer Seite als dominant erfahrenen Strukturen der westlichen Kulturwelt. Kuliks Hundeaktionen fügen sich perfekt in ein vorhandenes Paradigma ein. Auch wegen ihrer bewussten Auseinandersetzung mit den Repräsentationsmechanismen und nicht nur wegen der Möglichkeit einer Rezeption als ‚typisch russisch‘ kann sich Kulik als Künstler auf dem westlichen Markt der 1990er Jahre durchsetzen. Nicht nur das Bild des aggressiven, gefährlichen und bösen russischen Underdogs, als der er sich wahrgenommen erlebt, beschert ihm Erfolg, sondern auch seine Strategie, dieses selbstbewusst für sich auszunutzen und so den Bedarf des Kunstmarktes nach ständiger letztlich systemstabilisierender Destabilisierung zu befriedigen. Die bewusst ausagierte antiwestliche Haltung der Aktionen Kuliks ist typisch für den gesamten Moskauer Aktionismus, innerhalb dessen diese Positionierung zu den erfolgreichsten Strategien zählt. Es ist aber auch gerade die Aggression und Auflehnung, die diesen Kunstmarkt perfekt bedient.

5.2.3 Russische Hunde: I. P. Pavlovs Laborhunde und M. A. Bulgakovs *Sobač'e serdce* (*Hundeherz*)

An dieser Stelle will ich eine weitere Komponente diskutieren, die im semantischen Feld der Aktion angelegt ist, zumal deren Offenheit gerade durch das Fehlen einer Dokumentation der einzelnen Experimente und ihrer „Ergebnisse“ gefördert wird. Diskutieren will ich den Komplex, der sich durch eine Berücksichtigung der durch die Figur des Pavlovschen Hundes angelegten, innerrussischen Traditionslinien ergibt. Zum einen bietet sich in diesem Kontext ein Einbezug der Figur Pavlovs und seiner Experimentaltätigkeit an, zum anderen die durch den Wissenschaftler Pavlov mit inspirierte Novelle Bulgakovs *Sobač'e serdce* (*Hundeherz*). Sowohl der historische Pavlov als auch die Novelle Bulgakovs können als Bestandteile oder Formen des Mediums der russischen Kultur bezeichnet werden, die durch die sie konstituierenden Elemente jeweils ganz bestimmte innerkulturelle Kommunikationsstrukturen beeinflussen. Hierbei spielt es keine Rolle, dass es sich bei der Figur Pavlovs um eine historische Figur handelt, während *Sobač'e serdce* (*Hundeherz*) ein kulturelles Artefakt, ein literarischer Text ist. Auch die historische Figur Pavlov bekommt in der Kulturgeschichte der Sowjetunion die Rolle eines kulturellen Artefaktes diskursiv zugewiesen. Innerhalb meines methodischen Ansatzes kommt beiden Formen und den sie konstituierenden Elementen somit der gleiche Stellenwert zu. Der mediale Aspekt ist dabei ein performativ wirksamer – durch ihre Existenz, Tradierung und Diskursivierung werden diese Elemente innerhalb einer Kultur als Formelemente medial wirksam. Mit anderen Worten: die Elemente einer Kultur kombinieren sich zu jeweils neuen

Formen, sie bilden neue Formen, sie „in-formieren"[107] die Kultur. Ihre Wirksamkeit innerhalb der Gesellschaft ist deshalb eine performative, weil sich durch sie immer neue kommunikative Akte ergeben, die letztlich bewirken, dass das System der Gesellschaft sich in seinen jeweiligen Subsystemen fortentwickelt.

Die Aktion Kuliks prallt nun auf diese performativ-medial wirksamen kulturellen Elemente, der Körper des Hundemenschen kollidiert mit der Kultur, gerade so, wie es die Aktion in ihrer Versuchsanordnung selber thematisiert. Es ist dieser innerhalb der russisch-sowjetischen Kultur wirksame Bezugsrahmen, den ich im Folgenden interpretativ nutzen will. Er wird uns zum sowjetischen Projekt des Neuen Menschen[108] und seiner postsowjetischen Transformation sowohl in der Aktion Kuliks als auch in der russischen Kultur führen.

5.2.3.1 Ivan Petrovič Pavlovs Laborhunde und der Neue Mensch

Nähern wir uns nun zunächst der historischen Figur Ivan Petrovič Pavlov, der, neben seiner Berühmtheit als Entdecker des bedingten Reflexes, als Gründungsvater einer physiologisch orientierten Psychologie gilt. Seine Forschungen trugen in einem ganz entscheidenden Ausmaß zur Entwicklung von Heilmethoden für psychische Erkrankungen bei. So wurde beispielsweise der vor allem in der amerikanischen Psychologie einflussreiche Behaviorismus auf den Grundlagen von Pavlovs Forschungen als eigener Zweig der Psychologie ab den 50er Jahren des 20. Jahrhunderts entwickelt. In der Sowjetunion galt Pavlov als Begründer der medizinischen Psychologie, und als dieser wurde er bis zum Kollaps des Staates uneingeschränkt und omnipräsent im Land verehrt.[109] Die größte internationale Berühmtheit errang er aber durch die Entdeckung des „bedingten Reflexes" (resp. der „klassischen Konditionierung"), der bis heute als Grundlagenwissen der Psychologie gelehrt wird. Die Versuchstiere, die Pavlov zu diesem Ruhm verhalfen, waren bekanntlich Hunde. Die Verknüpfung Hund und bedingter Reflex ist nicht nur im kulturellen Gedächtnis Russlands so tief verwurzelt, dass der „Pavlovsche Hund" zur festen Redensart geworden ist. Der Pavlovsche Hund ist zum Synonym für eine den Willen ausschaltende, grenzenlose Manipulierbarkeit des Verhaltens geworden. So sagt man auf Russisch beispielsweise „ja reagiruju kak

---

107 Vgl. hierzu ausführlich Kapitel 2.2.2. Formen „in-formieren" nach Luhmann immer dann, wenn sie einen Unterschied machen und dadurch Kommunikation entstehen lassen.

108 Zum sowjetischen Projekt des Neuen Menschen vgl. Stites 1989, Plaggenborg 1996, Rüting 2002, Paperno 1994, Sinjavskij 1989, Groys & Hagemeister 2005, Müller 1998.

109 Vgl. Gray 1979, S. 122 ff., Joravsky 1989, Rüting 2002, S. 15 ff. Rüting weist darauf hin, dass im Rahmen der *perestrojka* und in den Jahren unmittelbar danach in der Sowjetunion bzw. Russland eine grundlegende Diskussion um den Mythos Pavlov und sein Forschungswerk stattfand, innerhalb derer seine Bedeutung deutlich relativiert wurde. Inwiefern Kulik diese Diskussionen rezipierte, kann ich nicht sagen. Es scheint jedoch nicht unwahrscheinlich, dass seine wissenschaftlichen Berater diese haben kennen können. – Vöhringer 2007 diskutiert die Pavlovschen Hundeexperimente im Kontext der frühen sowjetischen künstlerischen und technischen Avantgardebewegungen.

sobaka Pavlova" („Ich reagiere wie ein Pavlovscher Hund"), wenn man die eigene Reaktion auf einen bestimmten Auslöser als ‚programmiert' oder ‚ferngesteuert', eben
nicht dem Willen unterworfen und automatisiert wahrnimmt.[110]
In deutschen Psychologielehrbüchern neueren Datums wird ebenfalls noch immer
der Hund illustrativ zur Erklärung der Wirkmechanismen des bedingten Reflexes
eingesetzt. Aus einem derartigen Lehrbuch entnehme ich auch die an dieser Stelle
noch einmal kurz angeführte Beschreibung des bedingten Reflexes bzw. der klassischen Konditionierung: Ein neutraler Reiz (z. B. Licht) wird dem Versuchstier darge-
boten, kurz bevor es Futter erhält. Das Futter erregt den Reflex des Speichelflusses.
Das Tier lernt in der klassischen Konditionierung, auch auf den neutralen Reiz Licht
mit der nun konditionierten Reaktion, d. h. Speichelfluss zu reagieren.[111]

Das Portfolio zu Kuliks Ausstellungsaktion informiert uns:

В основу акции *Собака Павлова* положены известные опыты ученого-физиолога
И.П. Павлова над собаками, его ‚хронический эксперимент', проблема
соотношения психической деятельности и физиологических процессов,
происходящих в коре головного мозга. В центре внимания этого научно-
художественного опыта – процессы, которые происходят в организме человека
(художника), сознательно отказавшегося от человеческого статуса с целью
реабилитации в себе природного начала. Усилием воображения художник Кулик
пытается ощутить себя существом рефлекторным, а не рефлексирующим. Он
отказывается от привычного человеку способа существования (живет на
четвереньках, отказывается от языка культуры, питается собачьей пищей) и
привычной для художника дистанции от исследования.
Цель акции – сбор квалифицированной научной информации о работе систем
человеческого организма в ситуации, когда они полностью мобилизованы на
реставрацию в себе нерефлексирующего существа, а также механизмов
продуцирующих и воспринимающих искусство. Объект наблюдения –
физиологические изменения в организме (регулярно проводится медицинское
обследование: температура тела, давление, анализ крови, мочи и т.д.), а также
изменения в системе ценностей (поведенческих, художественных, сексуальных
предпочтений, предпочтений в рационе питания и т.д.).[112]

Der Aktion *Pavlov's Dog* wurden die berühmten Experimente des Physiologen I. P. Pavlov
an Hunden zugrunde gelegt, sein ‚chronisches Experiment', das Problem der Abhängig-
keit der psychischen Aktivität von physiologischen Prozessen, die in der Großhirnrinde

110 Eine andere Redewendung ist „Ja tebe ne sobaka Pavlova" („Ich bin nicht dein Pavloscher
    Hund"), wenn man zum Ausdruck bringen will, dass man einer vermuteten oder offensichtli-
    chen Manipulation nicht willenlos Folge leisten wird.
111 Vgl. Birbaumer & Schmidt 2003, S. 574.
112 Das Portfolio wurde mir vom Archiv der Manifesta Foundation zur Verfügung gestellt, wofür
    ich mich bedanke. Auf der Internetseite wurden, dem mir zur Verfügung gestellten Materialien
    nach zu urteilen, offenbar tatsächlich einige der quasi-wissenschaftlichen Ergebnisse der Expe-
    rimente veröffentlicht. Diese müssen allerdings schon lange wieder entfernt worden sein, denn
    ich habe keine entsprechenden Seiten finden können.

ablaufen. Im Zentrum der Aufmerksamkeit dieses wissenschaftlich-künstlerischen Experiments stehen die Prozesse, die im Organismus des Menschen (des Künstlers) ablaufen, der sich bewusst mit dem Ziel einer Rehabilitierung des natürlichen Urgrunds in sich vom menschlichen Status lossagt. Mittels seiner Einbildungskraft versucht sich der Künstler Kulik als Wesen des Reflexes und nicht der Reflexion zu fühlen. Er verzichtet auf die für den Menschen gewöhnliche Existenz (lebt auf allen Vieren, entsagt der Sprachkultur, ernährt sich von Hundefutter) und sagt sich von der für den Künstler normalen Distanz zur Untersuchung los.

Das Ziel der Aktion ist die Sammlung qualifizierter, wissenschaftlicher Informationen über das Funktionieren der Systeme des menschlichen Organismus in einer Situation, in der diese vollkommen auf die Wiederherstellung eines nichtreflektierenden Wesens fokussiert sind, ebenso wie über die Mechanismen der Kunstproduktion und -wahrnehmung. Das Objekt der Beobachtung sind die physiologischen Veränderungen im Organismus (eine medizinische Untersuchung wird regelmäßig durchgeführt: Messung der Körpertemperatur, des Blutdrucks, Blutanalyse, Untersuchung des Urins usw.) ebenso wie Veränderungen im Wertesystem (bezüglich des Verhaltens, der künstlerischen und sexuellen Vorlieben, Essensvorlieben usw.)

Das Portfolio teilt uns als Kern des Aktionsprojektes die Absicht Kuliks mit, sich von einem Wesen, das reflektiert, in ein reflexgesteuertes zu verwandeln. Mit anderen Worten: Kulik beabsichtigt, sich seines Geistes zu entledigen, um nur noch körperlich-reflexartig zu existieren. Der Körper in seiner Materialität, seiner Beschaffenheit, unabhängig vom Geist, der menschlichen Kultur und seiner Sprache, der Körper in seiner alleinigen Formhaftigkeit findet sich so programmatisch als Medium der Aktion wieder.

Im Kontext des Moskauer Aktionismus kann das Ziel, sich von einem reflektierenden Menschen in ein nur reflexgesteuertes Wesen zu verwandeln, zuallererst als ironische Replik auf die Arbeiten des Moskauer Konzeptualismus verstanden werden. Die Aktion Kuliks verlässt die Ebene der Reflexion, die für die Aktionen der Kollektiven Aktionen, die sich einer sehr ernsthaften, künstlerischen Untersuchung der menschlichen Wahrnehmung und des Prozesses des Kunstschaffens verschrieben hatten, selbst in der Schilderung körperlicher Reaktionen konstituierend war.

Als ein Beispiel dieser extremen Reflexion kann der Text *Kaširskoe šosse* (*Kaširachaussee*) Andrej Monastyrskijs[113] herangezogen werden. Dieser schildert darin minutiös das Erlebnis einer psychischen Erkrankung, in deren Verlauf die Ebene der Reflexion einerseits durch die Krankheit vollkommen ausgeschaltet wird. Der Text ist aber andererseits in seiner Schilderung Ergebnis tiefster Reflexion über das „Wahnsinns"-Erlebnis. Über die Figur Pavlovs ergibt sich ein thematischer Konnex zwischen der Aktion Kuliks und dem Text Monastyrskijs, muss sich Monastyrskij doch einer Behandlung in der durch Pavlovs Forschungen begründeten sowjetischen Psychiatrie unterziehen. Beide begeben sich im künstlerischen Vollzug in eine Versuchsanordnung: Monastyrskij nur sehr metaphorisch in seinem literarischen Nachvollzug, in der Reflexion über einen unfreiwilligen Selbstversuch, Kulik hingegen höchst freiwillig und körperlich-präsent in einem aktionistischen Selbstexperiment.

---

113 Монастырский 1998.

Natürlich ist die künstlerische Reflexion Monastyrskijs ebenso freiwillig wie diejenige Kuliks – und genau hier, in der künstlerischen Strategie scheiden sich *Kašírskoe šosse* (*Kašírachaussee*) und *Sobaka Pavlova* (*Pavlov's Dog*). Monastyrskij arbeitet mit der Reflexion über das Erlebte, Kulik begibt sich in das unmittelbar körperliche Erleben. Das Setting der Aktion erinnert auch an Installationen Il'ja Kabakovs, ebenfalls Vertreter des Moskauer Konzeptualismus. In dessen totalen Installationen wird häufig das Erlebnis der Enge, des Lebens in russischen Kommunalwohnungen und des sowjetischen Alltagslebens evoziert. Der Betrachter der Installation wird durch das Erlebnis der Rezeption in die Installation hineinversetzt und dem Erleben der evozierten Enge ausgesetzt. Man könnte sagen, Kulik parodiere diese Versuchsanordnung der totalen Installation, indem er nicht den Betrachter, sondern sich selber der Installation aussetzt. Zugleich ist die Ablehnung des Moskauer Konzeptualismus zu diesem Zeitpunkt (1996) bereits ein fester Topos im Formenreservoir des Moskauer Aktionismus, der bereits in den Aktionen Osmolovskijs programmatisch war, so dass dieser Bezug auch ohne weitere direkte Verweise als interpretatorisch gegeben gesetzt werden kann. Man kann sogar davon ausgehen, dass diese Ebene bereits einer formimmanenten Ironisierung ausgesetzt war.

Felix Philip Ingold verwies (mit Bezugnahme auf Kafkas *Bericht für eine Akademie*) auf die Tatsache, dass die tiefste Gemeinsamkeit von Mensch und Tier beider Leiblichkeit sei.[114] Der Körper Kuliks hat somit denselben Stellenwert wie ein Hundekörper; die Stufe, auf der sich der Kulturmensch und Künstler Kulik – der immerhin ein Repräsentant der Kultur ist – dem Hund annähern kann, ist die seines Körpers. In Kuliks Körper treffen sich somit die beiden Dimensionen (oder Medien), die die Aktion zusammenführt – Kultur und Körperlichkeit, Kultur und ihr Anderes. Zugleich bleibt der Körper des Künstlers im kontextuellen Feld einer Ausstellung natürlich ein reflektierender, denn der Künstler selber hat sich ja in die Situation hinein begeben. Die Situation der Konfrontation entspricht seiner Konzeption.

Der Körper des Künstlers Kulik ist ein liminaler, aber in einem etwas anderen Sinne als es Oliver Jahraus beispielsweise für den Namenspaten des Moskauer Aktionismus, den Wiener Aktionismus, schildert.[115] Den liminalen Körper beschreibt Jahraus als einen Körper, der seine eigenen Grenzen beispielsweise im Akt des Ausscheidens von Exkrementen oder durch die Thematisierung seiner Schmerzgrenzen bewusst mache. Der liminale Körper ähnelt in diesem Sinne dem abjekten Körper.[116] Ziel des liminalen Körpers ist es, durch die Überschreitung seiner eigenen Grenzen auf Tabugrenzen in der Gesellschaft hinzuweisen.

---

114 Ingold 2004, S. 40.
115 Jahraus 2001, S. 219-236.
116 Vgl. zum Abjekten im Moskauer Aktionismus (am Beispiel von Aktionen der Gruppe Ė.T.I.) Kapitel 4.2.2. Bei Jahraus besteht die Nähe zu Kristevas Konzept vor allem in der Thematisierung von Körperausscheidungen im Kontext des liminalen Körpers (vgl. Jahraus 2001, S. 227).

Auch Kulik uriniert als Hund öffentlich, entleert sich seiner Fäkalien, hat manchmal auch Erektionen,[117] und überschreitet damit eine ganze Reihe gesellschaftlich verankerter Tabus. All dies sind nach Jahraus wichtige Formbestandteile des liminalen Körpers des Wiener Aktionismus, der sich durch eben diese Liminalität in seiner Medialität auszeichne. Doch bei Kulik gehört diese Tabuüberschreitung, gerade nach den Erfahrungen des Wiener Aktionismus, bereits in den Formenvorrat des Kunstsystems und wird mit einer noch größeren Selbstverständlichkeit als seine Aggressionen anderen Menschen gegenüber als Bestandteil der Aktion thematisiert. Und so sind die körperliminalen Tätigkeiten des Urinierens, Defäkierens etc. kein Mittel der Überschreitung der Demarkationslinie von Körperinnen und Körperaußen, mit dem Ziel, durch diese Grenzübertretung von zumeist gesellschaftlich festgelegten Tabugrenzen das provokative Potential zum Äußersten zu treiben, um schließlich von dieser Position aus möglichst drastische (Gesellschafts-)Kritik an Macht, Staat und Institutionen zu üben.[118] Die Kritik an den Institutionen, eines der dominanten Sujets des Moskauer Aktionismus, entpuppt sich als Zitat, das ganz ähnlichen Mechanismen folgt wie die Form-Zitate westlicher Protestbewegungen durch Osmolovskij. Hier kommt noch ein weiteres Element hinzu: Die Aktion Kuliks liegt zeitlich mehrere Jahre nach denen Osmolovskijs, der Moskauer Aktionismus ist als Paradigma der radikalen Kunst Russlands längst – gerade dies belegt die Karriere Kuliks – in der internationalen Kunstwelt angekommen. Institutionenkritik wird nunmehr bewusst nicht nur als Zitat eines bestimmten Vorläufers eingesetzt, sondern als bewusstes Stilelement einer Kunstrichtung innerhalb des Systems Kunst. Hierzu zählen auch Elemente wie öffentliches Urinieren oder Defäkieren. Elemente, die in den ersten Aktionen Osmolovskijs noch durch Farbe im Gesicht symbolisiert wurden, sind nunmehr *in realiter* zum selbstverständlichen Formenensemble des Moskauer Aktionismus hinzugekommen.

Diese Elemente der Aktionen Kuliks bewegen sich noch deutlicher als die Osmolovskijs im Bereich des Abjekten. Wenn Kulik sich öffentlich seiner Exkremente entledigt, ruft dies als körperliche Reaktion im Betrachter durchaus Ekel und Abscheu, mit Kristeva gesprochen Abjektion hervor. Körperausscheidungen dieser Art sind geradezu klassische Formen des Abjekten. Die Abjektion ist im Falle der Aktionen Kuliks aber nun kein Selbstzweck, sondern Bestandteil der körperlichen Rolle, die Kulik ausführt, der Rolle des Hundes. Es ist zwar noch immer der Körper des Künstlers, der die Exkremente ausscheidet, er befindet sich aber in einer liminalen Situation zwischen Hund und Mensch, zwischen Natur und Kultur. Ein anderer Befund von Jahraus für den Wiener Aktionismus lässt sich an dieser Stelle auf Kulik übertragen:

---

117 Kulik beschreibt später sehr eindrücklich in Interviews seine eigenen Emotionen, seine Schwierigkeiten beim Überschreiten von Scham- oder Tabugrenzen während seiner Zeiten als Hund (z. B. Бавильский 2004, S. 107).

118 Vgl. Jahraus 2001, S. 236.

„Über den Körper, seine Bewegungen, die ihm existentiell und intentional eingeschriebene Sexualität, die Wahrnehmung durch den Körper und die Wahrnehmung des eigenen Körpers werden die Existenz und die Wirklichkeit aktionistisch verfügbar.[119]

Körperwahrnehmung wiederum wird nun bei Kulik grundlegend thematisiert, sollen doch die ausgeführten Experimente die Resultate seiner körperlichen Reaktionen auf bestimmte kulturelle Artefakte messen. Auch die Wahrnehmung des Betrachters wird so mit thematisiert. Die körperlichen Reaktionen auf das Abjekte wird zum einen als eine Art konditionierter Reflex erlebbar und in dieser Konditioniertheit semantisch in der Aktion deutlich thematisiert. Eine Desautomatisierung des konditionierten Reflexes ist aber gar nicht das zentrale Thema der Aktion, im Gegenteil, man könnte sagen, dass die Tatsache, dass die Integration des Abjekten in das Formenarsenal der Kunst diese Desautomatisierung schon so weit vollzogen hat, wie es überhaupt nur möglich ist. Es bleibt ein reflektorischer Anteil erhalten, der sich eben nicht unterdrücken lässt, wenn das Abjekte immer noch als solches Ekel und Abscheu auslösen kann, egal wie abgeschwächt es auch durch die Kontextualisierung sein mag. Es ist dieser körperliche Rest, den die Aktion Kuliks thematisiert, wenn er sich selbst als Pavlovscher Hund inszeniert. Denn das Kunstobjekt ,Hundeaktion' ist im Ausstellungskontext seinerseits ein kulturelles Artefakt, ebenso wie die Artefakte, denen der Künstler-Hund Kulik experimentell ausgesetzt wird.

Der dieses Artefakt betrachtende Zuschauer wird somit selbst zu einem Pavlovschen Hund, der Mensch im Künstlerhund Kulik entspricht dem Betrachter der Aktion. Auch in ihm treffen das Medium des Körpers und seiner Reflexe und das Medium der Kultur aufeinander, auch er ist zwischen Natur und Kultur situiert. Gemeinsam wird ihnen so die Körperlichkeit, die eigene Leiblichkeit, das, was Tier und Mensch in letzter Instanz gemein ist, in dessen Existenz, in dessen Wirklichkeit erlebbar. Das atmosphärische Resultat dieser Aktion lag, wie Bredichina schreibt, „meždu mračnoj utopiej i uvlekatel'nym šou"[120] („zwischen einer traurigen Utopie und einer Unterhaltungsshow").

Die Liminalität des Hundes Kulik liegt direkt in seinem Körper, in der Tatsache, dass der Mensch ebenso seiner Körperlichkeit unterworfen ist wie der Hund, sowohl den Sphären der Natur als auch der Kultur angehört. Das Zusammentreffen dieser Sphären ist nicht gewaltfrei, es ist konfliktgeladen und manchmal wie das Aufeinanderprallen zweier Medien, das – und damit ist meine Argumentation bei ihrem methodischen Ausgangspunkt wieder angelangt – in den jeweils aufeinander prallenden Medien Risse erzeugen kann, die direkt durch den Menschen und die Kultur gehen können. Die Aktionen Kuliks haben somit eine zutiefst anthropologische Dimension. Nur aufgrund dieser Tatsache gelingt es Kulik, überzeugend ,zum Hund' zu werden. Kulik hat bei mehrfacher Gelegenheit darauf hingewiesen, dass er die Rolle des

---

119 Jahraus 2001, S. 232.
120 Бредихина 1996, S. 85.

Hundes nicht spielte, sondern ab einem gewissen Zeitpunkt ein Hund *war*.[121] Denn auch der Hund, so Ingold, bewegt sich als domestiziertes Tier auf der

> Demarkationslinie zwischen Natur und Kultur, sein existentieller Ort gehört der Biosphäre an, sein Lebensraum hat Anteil an der Semiosphäre der menschlichen Alltagswelt, als ein ‚Dazwischer' bleibt er in jedem Fall auf seinen marginalen Außenposten verwiesen; in der häuslichen Sphäre der Kultur gilt er als wölfischer Immigrant, in der wölfischen Sphäre der Natur als häuslich gewordener Emigrant – randständig ist er allemal.[122]

Kulik agiert als Pavlovscher Hund einen solchen „Dazwischer" aus – nur von der anderen Seite kommend.

Kulik wird also als ein „Dazwischer" zu einem der Pavlovschen Versuchshunde. In dem eingangs zitierten Portfolio wird nicht nur das Ziel der Verwandlung in ein reflexgesteuertes Wesen formuliert, verglichen wird das künstlerische Experiment auch mit dem „chronischen Experiment", einer Experimentalmethode, die Pavlov entwickelte, um seine Hunde möglichst lange am Leben zu erhalten, um besonders effizient arbeiten zu können. Das "chronische Experiment" wird zugleich als Grundlage und Beispiel für die Ausstellungsaktion eingeführt. Das „chronische Experiment" wird von Thomas Rüting folgendermaßen beschrieben:

> Pavlov entwickelte [...] die sg. „chronischen Experimente", die wesentlich dazu beitrugen, den wissenschaftlichen Betrieb des Laboratoriums entsprechend einem Fabrikationsprozess zu organisieren. [...] Ermöglicht wurde die Eingliederung der Hunde als Produktionsmittel und Versuchsinstrumente [...] durch eine erbarmungslose chirurgische Zurichtung und disziplinierende Abrichtung. Um „chronische Experimente" durchführen zu können, wurden die Versuchstiere einer oder mehrerer chirurgischen Operationen unter aseptischen Bedingungen unterzogen. Hierbei wurden permanente Fisteln der Verdauungsorgane oder ihrer Drüsen angelegt, sodass, nachdem die Wunden verheilt waren, viele Experimente durchgeführt werden konnten – manchmal über Jahre.[123]

Kern des Verfahrens war demnach ein operativer Eingriff in den Körper der Hunde, der eine erbarmungslose Eingliederung der Hunde in die Versuchsanordnung der Experimente ermöglichte, so dass diese als effizientes Produktionsmittel in der „physiologischen Fabrik" Pavlovs, wie Daniel Todes sie in einem Buchtitel bezeichnete,[124] über einen sehr langen Zeitraum hinweg möglich war. Es ist anzunehmen, dass diese gnadenlose Objektivierung für die Hunde, die nur als Versuchsobjekte, nicht aber als Lebewesen gesehen wurden, höchst qualvoll gewesen sein muss. Der Körper der Hunde wird zum Material degradiert. Kulik setzt seinen Körper nun als Material der Aktion einer ebensolchen Objektivierung aus. Es ist zu fragen, ob man die Körper an

---

121 Vgl. z. B. Kuliks Erinnerungen an die erste Hundeaktion in Moskau in Бавильский 2004, S. 60 ff.

122 Ingold 2004, S. 42.

123 Rüting 2002, S. 72.

124 Vgl. Todes 2002.

dieser Stelle nicht nur als Material, sondern auch als Medium der experimentellen Kommunikation bezeichnen kann, denn es ist der Körper des leidenden Hundes, der den „in-formierenden" Wert im Experimentalsystem inne hat. Der Körper „macht den Unterschied", vermittelt Information, somit wird der im Experiment eingesetzte Körper nicht nur in der künstlerischen Aktion, sondern auch in den historischen wissenschaftlichen Experimenten Pavlovs zu Formen eines Körpermediums.

Um einen möglichst hohen Informationsgehalt zu gewinnen, werden die Hunde experimentell auf ihre Körper reduziert, sie werden ihrer Individualität, ja dessen, was bei einem Hund als tierisches Äquivalent eines Geistes oder einer Seele gelten könnte, beraubt, ganz so, wie es Kulik als Ziel seiner künstlerischen Aktion beschreibt. Die lebenden Versuchshunde Pavlovs wurden dank des durch Pavlov entwickelten Verfahrens des chronischen Experiments über sehr lange Zeiträume für wissenschaftliche und sogar kommerzielle Ziele benutzt und ausgebeutet.[125]

Kulik vollzieht die Experimente Pavlovs abzüglich der operativen Umwandlung noch in weiteren Punkten extrem genau nach, und zwar bezüglich der Dauer und der Wiederholungsstruktur seiner Hundwerdung. Alle vorangegangenen Hundeaktionen waren einmalige, über kurze Zeiträume angelegte Aktionen gewesen. In Moskau waren es in etwa zehn Minuten gewesen, in Zürich ungefähr eine halbe Stunde. Wie lange die darauf folgende Hundeaktion, diejenige in Stockholm, die ja auch in einem mehrwöchigen Ausstellungskontext angelegt war, tatsächlich geplant war, lässt sich nicht mehr sagen.[126] Gedauert hat auch sie nur sehr kurze Zeit, da Kulik, nachdem er einen Besucher gebissen hatte, von der herbeigerufenen Polizei mitgenommen worden war. Erst in Rotterdam, so scheint es, wurde das Projekt einer längerfristigen Anwesenheit in der Installation realisiert. Das Element der zeitlichen Dauer wurde so neben der ständigen variierenden Wiederholung des Experiments Hundwerdung integraler Bestandteil der Aktion und zitiert so grundlegende Strukturmerkmale der chronischen Experimente Pavlovs, gepaart mit der existentiellen Reduzierung der Subjekthaftigkeit des Wesens zu einem Objekt, das in seiner Körperlichkeit als „in-formierende" Form eines Mediums dient. Diesen Punkt greifen im Übrigen auch die Interpretationsansätze auf, die den Moskauer Aktionismus als modernes Gottesnar-

---

125 Pavlov selber verhielt sich seinem lebenden Versuchsmaterial gegenüber im Übrigen außerordentlich mitleidslos, wie wir aus zahlreichen Quellen wissen. Wissenschaftshistorisch ist aber auch richtig, dass erst die Entwicklung des chronischen Experimentes als Verfahren es ermöglichte, viele Tiere ihre Rolle als Versuchsobjekte überleben zu lassen. Dies war vorher unmöglich gewesen. Vgl. Rüting 2002.

126 Meines Wissens waren die Performances Breners und Kuliks tatsächlich nur für die Vernissage geplant. Ich weiß allerdings nicht, in welcher Konzeption die Ausstellungsinstallation, innerhalb derer Kulik agierte (die Hundehütte, die durchgezogene Linie, bei der vor dem bösartigen Hund gewarnt wurde, die Kette und Kuliks Halsband), für die Gesamtdauer vorgesehen war. Ich vermute, dass die Installation nach der Vernissage und der Verhaftung Kuliks einfach während der Ausstellung weiter gezeigt wurde, zumal, den Erinnerungen Kuliks nach, alles bereits fertig war, als er in Stockholm eintraf. Vgl. Бавильский 2004, S. 93 ff.

rentum sehen.[127] Die kynische Selbsterniedrigung[128] zählte zu dessen wichtigsten Strukturelementen.

Ein grundlegender Strukturunterschied besteht jedoch: Keiner von Pavlovs Versuchshunden hat sich sein Schicksal, seine Reduzierung und Erniedrigung selber zugefügt. Kulik und die kynisch agierenden Gottesnarren hingegen tun dies als Künstler oder selbsternannte Heilige. Damit wird die Erniedrigung zur Selbsterniedrigung, das Subjekt macht sich zu seinem eigenen Objekt. Der Künstler verfügt schließlich über das Medium des Körpers und kann es einsetzen, um einen in-formierenden Wert zu gewinnen. Der Hund, der das Pech hatte, in Pavlovs ‚physiologischer Fabrik' zu landen, setzte seinen Körper ganz gewiss nicht freiwillig und bewusst dieser medialen Funktion aus.

Ekaterina Degot', die als Beobachterin dem Moskauer Aktionismus nahe stand, konstatiert, dass das Element der Selbsterniedrigung ein charakteristischer Zug der postsowjetischen russischen Performancekunst und eines ihrer wichtigsten Elemente war.[129] Die Hundeaktionen Kuliks stellen das bekannteste Beispiel für diese Strategie der künstlerischen Selbsterniedrigung dar. Der Körper wird häufig, und bei Kulik ganz besonders, als Medium des Ausdrucks dieser Strategie eingesetzt. Der „in-formierende" Wert, der Unterschied, den sie macht, liegt auf der Ebene der Interpretation. Die weiter oben diskutierte (Selbst-)Wahrnehmung des Hundes als Symbol für das typisch postsowjetische „Hundeleben" ist dabei nur eine der möglichen Interpretationen. Die russisch-sowjetische Kultur hält selbst ein Paradigma bereit, in das sich die Aktion interpretativ eingliedern lässt, das des Neuen Menschen. Und während man mit Sicherheit von einem Riss, einer Störung sprechen kann, die durch die Aktionen Kuliks im System Kunst entsteht, so kann der Zusammenprall von „in-formierendem" Künstler-Hunde-Körper und Kultur auch hier Risse entstehen lassen, durch die sich ein Gefühl für die Medialität der kulturellen Formelemente, die im Zusammenhang mit Pavlov stehen, ergeben. Der „in-formierende" Wert und die systemrelevante Kommunikationsfunktion dieses Formelements der russisch-sowjetischen Kultur wird durch das performative Eindringen des Künstler-Hunde-Körpers in diese spezifische Formausprägung des Mediums Kultur in der Performance erfahrbar.

Thomas Rüting beschreibt sehr anschaulich die wichtige Rolle, die die wissenschaftlichen Untersuchungen Pavlovs für die für die frühe Sowjetunion so wichtige Utopie des Neuen Menschen spielte.[130] Die Utopie des Neuen Menschen gehörte zu den Gründungsmythen der Sowjetunion und fand ihren Ausdruck in zahlreichen, häufig auch divergenten und sehr kühnen Plänen und/oder Projekten, die sich, in Übereinstimmung mit einem bei vielen europäischen Denkern jener Epoche vorzufindenden Paradigma, mit einer – in der sowjetischen Ausprägung dieses Denkens natürlich so-

---

127 Z. B. in Ottovordemgentschenfelde 2004, aber auch durch viele zeitgenössische Beobachter
      wie z. B. Ryklin 1997.
128 Vgl. hierzu Sloterdijk 1983, Onfray 1991, Luck 1997, Döring 2006.
129 Vgl. Деготь 2002.
130 Rüting 2002, S. 169 ff.

zialistischen – Optimierung des Menschen beschäftigten.[131] Das Ausmaß dieser utopischen Projekte umreißt Michael Hagemeister folgendermaßen:

> „Wir können alles, wir müssen es nur wagen!", lautete die Parole, mit der sich in den
> Jahren nach der Revolution in Russland kühne Antizipationen einer besseren Zukunft
> verbanden, die angesichts der enormen Rückständigkeit des Landes und der Verwüstun-
> gen durch Krieg und Bürgerkrieg zugleich als Trost und Ansporn dienten. Weithin
> herrschte die Erwartung, Wissenschaft, Kunst und Technik würden, aus den Fesseln wi-
> derstreitender partikularer Interessen befreit und erstmals dem Wohl der gesamten
> Menschheit dienend, einen ungeahnten Aufschwung nehmen, den Weg in eine „lichte
> Zukunft" bahnen und schließlich auch die letzten Barrieren vor dem Tor zum „Reich
> der Freiheit" – die Endlichkeit des Menschen in Raum und Zeit – überwinden. Damit
> verbunden waren Vorstellungen und Pläne eines Ausgreifens in den Weltraum, der Re-
> gulierung geologischer, meteorologischer und kosmischer Vorgänge, der beliebigen Ver-
> längerung des Lebens bis hin zu Visionen einer völligen Umgestaltung und Erneuerung
> des Menschen und seiner Umwelt.[132]

Eine der zentralen Gedankenfiguren dieser Erwartungen, die sich so sehr um die
Hoffnung der Vereinigung aller gesellschaftlichen Kräfte, allen voran der Wissenschaft, Kunst und Technik zum uneingeschränkten Wohl des Menschen rankte, bemühte sich in diesem Zusammenhang gerade auch um die Beherrschung und Optimierung des menschlichen Körpers.

> Der neue Mensch war nicht nur Subjekt hochgespannter Projekte, sondern auch ihr
> Objekt. Den alten Menschen mit seinen Schwächen und Begrenztheiten sah man nicht
> imstande, die neue Welt zu bauen, noch wollte man in ihm den würdigen Bewohner des
> irdischen Paradieses erkennen. Zahlreiche Entwürfe konzentrierten sich darauf, den
> Menschen durch Erziehung und psychophysiologische Konditionierung zu optimieren
> oder gar durch eugenische Züchtung einen – so Trockij – „höheren gesellschaftlich-bio-
> logischen Typus" zu schaffen, einen „Über-Menschen".[133]

Es ist gerade der menschliche Körper, der dieses Objekt der Projekte zum Neuen
Menschen wird. Es ist der Körper, der durch Wissenschaft, Kunst und Technik vollkommen beherrscht werden soll, um so den Menschen zu einem „würdigen Bewohner" des sozialistischen „irdischen Paradieses" zu formen. Utopisches Ziel war vielen

---

131 Mit Groys & Hagemeister 2005 erschien eine umfassende Sammlung mit für die Ausbildung
  der Utopie des Neuen Menschen bedeutenden Texten von Nikolaj Fedorov, Konstantin Ciolkovskij, Aleksandr Svjatogor, Aleksandr Jaroslovskij, Lev Trockij, Valerian Murav'ev, Aleksandr Bogdanov und Aron Zalkind in deutscher Übersetzung. Auf das Projekt eines Neuen Menschen wird in zahlreichen Aufsätzen und Büchern eingegangen. Einer der prominentesten
  Beiträge stammt von Sinjavskij 1989. Den utopischen Aspekt des Projektes vom Neuen Menschen behandeln in jüngster Zeit v. a. Heller & Niqueux 2003, S. 240 ff. Vgl. auch Stites 1989,
  Paperno 1994, Masing-Delic 1992, Rosenthal 1997. Auf Literatur, die sich mit den Bezügen
  des Neuen Menschen zur Eugenik und vor allem zu Nietzsche beschäftigen, weist Hagemeister
  in einer ausführlichen Fußnote hin (Hagemeister 2005, S. 21, Fußnote 9).
132 Hagemeister 2005, S. 19.
133 Hagemeister 2005, S. 21.

Denkern des Biokosmismus, der sich im Anschluss an Nikolaj F. Fedorov als eine der Schulen des Neuen Menschen herausbildete, nichts Geringeres als ein Überwinden des physischen Todes. Man forschte beispielsweise intensiv auf der Suche nach Mitteln, die den Alterungsprozess des Körpers aufzuhalten imstande wären. So experimentierte Aleksandr Bogdanov mit der damals durch die Entdeckung der Blutgruppen gerade erst möglich gewordenen Bluttransfusion, um durch den Blutaustausch zwischen älteren und jüngeren Menschen eine Verjüngung des Körpers zu erreichen.[134] Später wurde dieses Verfahren durch die Injektion des Urins schwangerer Frauen abgelöst[135], eine Behandlung, der sich auch Maksim Gor'kij unterzog. Häufig verweisen die Konstrukteure des Neuen Menschen auch auf die Experimente von Serge Voronoff[136], der auf Grundlage einer damals gängigen Theorie, der zufolge in den Hoden gebildete Hormone den Alterungsprozess beeinflussen, mit der Transplantation von Affen- und Menschenhoden Aufsehen erregt hatte.

Die Diskussion um den Neuen Menschen war von Beginn an ideologisch aufgeladen. Eine der frühesten literarischen Realisierungen der Utopie des Neuen Menschen stellt der für die sowjetische Kultur so wichtige gesellschaftsutopische Roman *Čto delat'? (Was tun?)*[137] aus dem Jahr 1863 von Nikolaj G. Černyševskij dar, der eine idealtypische, sozialistische Wohnform vorführt, in der der Mensch befreit vom Diktat seines Körpers und dessen Instinkten frei in der Gemeinschaft miteinander leben kann.[138] Zu den Ingredienzien der Vorstellungskomplexe vom Neuen Menschen zählten auch Ideen einer kosmischen Verbindung aller Lebewesen oder gar aller auf der Erde und im Weltall verbundener Materie. Der Neue Mensch sollte sich frei vermehren können, seine körperlichen Einschränkungen sollten technisch derart perfektioniert werden, dass er nicht mehr auf geschlechtliche Fortpflanzung angewiesen wäre.[139] Und so verwundert es nicht, dass auch die Eroberung des Weltraums als Lebensort des perfekten sozialistischen Neuen Menschen mit in den Fundus gehörte, und einer der Vertreter des Biokosmismus, Konstantin Ciolkovskij, zum Gründungsvater der sowjetischen Raumfahrt ernannt wurde.[140] Die utopischen Pläne dieses

---

134 Bogdanov unterzog sich selbst elf Bluttransfusionen, bis er bei der zwölften durch einen Schock vollkommen überraschend verstarb (vgl. Vöhringer 2005). – Der Rhesusfaktor war zu diesem Zeitpunkt noch unbekannt, so dass die Methode nicht vollkommen sicher war. Bogdanov selber berichtet in den in Groys & Hagemeister abgedruckten Texten auch immer wieder von technischen Problemen bei seinen Experimenten, auch wenn er davon spricht, dass die Bluttransfusion durch die neueste Technik eine vollkommen sichere Methodik darstelle (Groys & Hagemeister 2005, S. 482-606).

135 Hagemeister 2005, S. 33, Fußnote 45.

136 Eigentlich Samuel Abramovič Voronov (1866-1951), ein russischstämmiger Chirurg, der seit 1885 in Paris lebte. Vgl. Hagemeister 2005, S. 33, Fußnote 45 und Groys & Hagemeister 2005, S. 511, Fußnote 3, Gillyboeuf 2000.

137 Чернышевский 1977, dt. Černyševskij 1980.

138 Hagemeister 2005, S. 24.

139 Hagemeister 2005, S. 42.

140 Hagemeister 2005, S. 56 ff. – Allerdings verwundert es angesichts derart phantasmatischer Theorien ebenso wenig, dass viele der Biokosmisten und Theoretiker des Neuen Menschen

Gründervaters waren mehr als radikal: So plante er neben der Besiedelung des Weltraums, alles Leben auf der Erde, das dem Menschen nicht nutzen oder für diesen nützlich gemacht werden könne, komplett auszurotten. Hierzu zählten für den überzeugten Vegetarier Ciolkovskij „alle unvollkommenen Lebewesen [...] wie z. B. Gewalttäter, Krüppel, Kranke, Schwachsinnige, Debile usw."[141] ebenso wie auch alle Tiere, Bakterien und Nicht-Nutzpflanzen.

Anhand der aufgeführten Elemente sollte deutlich werden, dass die Beherrschung des Körpers durch Wissenschaft, Kunst und Technik, die Beherrschung der Natur durch die Kultur ein durchgängiges Paradigma des sowjetischen Projektes einer Realisierung eines Neuen Menschen darstellte. Kunst, d. h. Kultur und Körper, prallen in einem gigantischen Kräftemessen aufeinander – ebenso wie sie es, in einem sehr viel kleineren Maßstab, im Ausstellungsprojekt Kuliks tun.

Ich möchte an dieser Stelle den Blick noch einmal auf Pavlov wenden und nach seiner Rolle in diesem gigantischen Projekt fragen, um so zu der Aktion Kuliks zurückzukehren und dann in einem nächsten Schritt die Verbindung, die sich in Kuliks Ausstellungsprojekt mit dem kommunistischen Projekt des Neuen Menschen ergibt, erfassen zu können.

Interessanterweise war es genau die Tatsache, dass weder Mensch noch Tier seelenlose Experimentalobjekte mit häufig nicht quantifizierbaren psychischen Reaktionen sind, die Pavlov dazu veranlassten, die Richtung seiner Untersuchungen zu ändern.[142] Begonnen hatte er mit Forschungen zum Verdauungstrakt, aufgrund derer Ergebnisse ihm 1904 der Nobelpreis für Medizin verliehen worden war. Es waren diese Untersuchungsreihen, für die er ursprünglich das Verfahren des „chronischen Experiments" entwickelt hatte. Die psychischen Reaktionen der Hunde auf die Laboratoriumsbedingungen wirkten jedoch auf unberechenbare Art und Weise auf die Objektivität der Untersuchungsergebnisse ein, und so begann Pavlov nach Möglichkeiten zu suchen, dieser Schwierigkeiten Herr zu werden. Das Ergebnis war die Entdeckung des „bedingten Reflexes" (oder „klassische Konditionierung"). Pavlov war sich der Bedeutung seiner Entdeckung bewusst, und bald konzentrierte er sich ausschließlich auf die weitere Erforschung des „bedingten Reflexes". Er gelangte schließlich zu der Überzeugung, dass das gesamte menschliche Verhalten ausschließlich physiologisch gesteuert werde und widersetzte sich damit vehement dem ebenfalls sehr populären Diskurs, der das menschliche Verhalten durch die Psyche gesteuert und durch die Entdeckungen der Psychoanalyse erklärbar gemacht sah. Seiner grundlegenden wis-

---

unter Stalin in Konflikt mit dem System gerieten und ihm letztlich zum Opfer fielen. Die kurzen biographischen Angaben, die Hagemeister zu den wichtigsten Vertretern gibt, legen hiervon ein trauriges Zeugnis ab.

141 Циолковский 1928, S. 36 f., zit. nach Hagemeister 2005, S. 61.

142 Pavlov glaubte, so Rüting, trotz seiner rücksichtslosen Verwendung von Hunden als Versuchstieren an deren Beseeltheit. – Der Glaube an eine Seele ließ sich auch im Denken der Biokosmisten jener Zeit mit ihrem Technikfetischismus gut verbinden. Hagemeister weist darauf hin, dass Ciolkovskij beispielsweise an die Beseeltheit der Materie glaubte (Hagemeister 2005, S. 62).

senschaftlichen Überzeugung nach war für die Steuerung des menschlichen Verhaltens ausschließlich das Nervensystem verantwortlich, als Schaltzentrale identifizierte er die Hirnrinde, die Pavlov als höchste Entwicklungsstufe des seiner Vorstellung nach streng hierarchisch aufgebauten Gehirns betrachtete.[143]

Wenn aber nun das menschliche Verhalten ausschließlich durch die Hirnrinde gesteuert wird und diese Steuerung – und nun kommt der Knackpunkt der Argumentation – durch Konditionierung beeinflusst werden kann, dann liegt die logische Schlussfolgerung nahe, dass der gesamte Mensch durch diese – letzten Endes allerdings wieder physiologische – Einflussnahme steuerbar und, wichtiger als das noch, (um)erziehbar wird. Dieses scheinbar so logische Ergebnis der Pavlovschen Forschung war für die junge sowjetische Regierung und deren Projekt vom sozialistischen Neuen Menschen natürlich außerordentlich interessant. Auch Pavlovs Forschungen schienen einen Weg hin zu der erwünschten Beherrschung der Natur, einschließlich des menschlichen Körpers durch moderne Wissenschaft und Technik, mit einem Wort: durch Kultur aufzuweisen. Selbst der Einsatz von Kunst zum Zweck der Umerziehung erscheint aus dieser Perspektive logisch, so lässt sich weiterdenken. Der Mensch müsste lediglich so konditioniert werden, dass der Anblick bestimmter Kunstwerke ganz bestimmte bedingte Reflexe in ihm auslöst. Die Pavlovsche Methodik der (klassischen) Konditionierung erscheint als eine perfekte Synthese der Verbindung von Kunst, Wissenschaft und Technik zum Zwecke einer vollkommenen Umgestaltung des Menschen hin zu einer besseren Existenz.

Neben seiner internationalen Reputation als Wissenschaftler war dies auch ein Grund für die Tatsache, dass Pavlov, der der sowjetischen Regierung sehr kritisch gegenüberstand, nicht nur von dieser nicht weiter behelligt wurde, sondern dass ihm sogar zahlreiche Privilegien zugebilligt wurden. Der Einfluss dieser wissenschaftlich nicht haltbaren These von der Steuerung des menschlichen Verhaltens durch die Hirnrinde war so stark, dass sie nach seinem Tod unter dem Einfluss des Neo-Lamarckismus in der Sowjetunion zur Doktrin wurde, und das, obwohl sie bereits zu Pavlovs Lebzeiten heftig kritisiert und sogar widerlegt worden war. Der Neo-Lamarckismus beschäftigte sich vor allem mit Fragen der Eugenik und hier insbesondere damit, inwiefern der bedingte Reflex in einen unbedingten – und damit vererbbaren – verwandelt werden könne. Pavlov selber unterstützte diese These zwar seinerseits nie, aber dennoch waren es seine Ideen, die zum Ausgangspunkt dieser Forschungen gemacht wurden.[144] Es ist wohl fast überflüssig zu sagen, dass die Möglichkeit, den bedingten in einen unbedingten, genetisch festgelegten, vererbbaren Reflex zu überführen, einen endgültigen Triumph der Kultur über die Natur dargestellt hätte. Der Neue Mensch wäre im Baukastensystem verfügbar geworden.[145]

---

143 Vgl. Gray 1979, S. 300 ff., Joravsky 1989.

144 Vgl. Rüting 2002 , S. 233 ff.

145 Es bleibt anzumerken: Natürlich ist heute bekannt, dass das menschliche Verhalten nicht durch die Hirnrinde gesteuert wird, auch ist diese keineswegs die höchste Entwicklungsstufe eines hierarchisch aufgebauten Gehirns. Einer zu Pavlovs Zeiten ebenfalls gängigen Lehrmeinung nach spielten die auch in den Forschungen zur Verjüngung des Menschen auftauchenden

Kulik stellt in seiner Aktion, so habe ich oben versucht darzulegen, ebenfalls Kultur und Natur einander gegenüber. Der Kultur wurde in der Utopie des Neuen Menschen eine ganz zentrale mediale Funktion in der Kommunikation über die Erschaffung dieses Neuen Menschen zugebilligt, ja das Medium wird in den Experimenten Pavlovs zum bedingten Reflex geradezu direkt in seiner Funktion spürbar. Kulik führt uns den zum Hund gewordenen Menschen vor, den auf seine Natur reduzierten Menschen. Er repräsentiert mit seinem Körper eben diese Natur des Menschen, die sich, trotz aller Technik, Wissenschaft und Kunst, eben gerade nicht totalitär kontrollieren und umziehen lässt. Der Mensch in Kulik repräsentiert auch jenen Menschen, der aversiv auf die abjekten Elemente in seinen Aktionen reagiert, der also, so sehr ihn die Kunst auch konditioniert haben mag, sie zu unterdrücken, noch immer reflexartig reagiert. Zugleich greift aber natürlich auch der entgegengesetzte Effekt. Reaktionen auf Kunst und Kultur sind immer auch konditioniert, auch die Grenzen des Abjekten unterliegen dieser kulturellen Konditionierung, die durch die mediale Funktion von Tabus gesteuert werden. Und so ist beides Thema der Aktionen Kuliks: sowohl die nicht mögliche Steuerung, die unmögliche totale und somit auch unmögliche totalitäre Konditionierung des gesamten Menschen, der immer auch Natur und damit Hund bleibt, zugleich aber auch der durch seine Kultur konditionierte Mensch.

Kultur wird aber auch als symbolisch generalisiertes Kommunikationsmedium begriffen, das nicht nur auf den einzelnen Menschen, sondern auch in der Gesellschaft, dem gesellschaftlichen System und dessen Selbstkonstitution wirkt. Diese mediale Wirkung konstituiert sich, so wie ich sie begreife, aus der performativen Kraft bestimmter Diskurse, die als Formen des Mediums Kultur auftreten. Ein derartiger Diskurs ist im russisch-(post)sowjetischen Gesellschaftssystem derjenige, der sich um die Vorstellungen eines Neuen Menschen im Zusammenhang mit der perfekten sozialistischen Gesellschaft formiert.

Denn der russische Hund Kulik reagiert natürlich – und hier greifen die beiden Interpretationsschemata, die ich diskutiert habe, ineinander – auch auf die Kultur, aus der er stammt. Und in dieser Kultur hatte die Utopie vom Neuen Menschen einige Jahrzehnte zuvor einen immensen gründungsmythischen Einfluss, rankte sich doch um das Experiment der Sowjetunion auch eine futuristisch-avantgardistische Vorstellung des kompletten Bruches mit der Vergangenheit und eines völligen Neubeginns. In dieser Gründungsmythik wird der performativ-mediale Charakter von in einer Kultur wirksamen Diskursen besonders deutlich, denn sie beeinflussen nicht nur die Kulturträger, die Subjekte und Akteure einer Kultur, sondern eben auch andere Formen kulturellen Ausdrucks in einem außerordentlichen Ausmaß. In der Figur des Pavlovschen Hundes Kulik stecken beide: das Kultursubjekt, das zugleich Kultur-

---

Hormone die entscheidende Rolle. Auch dies ist selbstverständlich nicht korrekt. Die Frage nach dem freien Willen in der Hirnforschung ist jedoch wieder mehr als aktuell, wie zahlreiche philosophische, neurologische und populärwissenschaftliche Publikationen der letzten Jahre belegen. Stellvertretend für eine Flut an Titeln zwei Publikationen neueren Datums: Köchy 2006, Fink 2006.

objekt ist, das selbst gestaltet und seinerseits auch gestaltet wird; die Figur ist aber als künstlerische Aktion zugleich auch kulturelle Form, auf die andere kulturelle Formen einwirken. In jeder künstlerischen Aussage, so ließe sich verallgemeinern, findet nicht nur – aber eben auch – ein Zusammenprall zweier Formen des gleichen Mediums, der Kultur statt.

Der Pavlovsche Hund Kulik ist unauflöslich in dieses Geflecht eingebunden. Er ist im wahrsten Sinne des Wortes postsowjetisch, denn er demonstriert, was von der Utopie des Neuen Menschen übrig geblieben ist. Die Erschaffung der perfekten sozialistischen Gesellschaft ist gescheitert, ebenso wie der vollkommen von Kunst, Wissenschaft und Technik beherrschte Neue Mensch. Denn der Hund Kulik ist dieser Neue Mensch, und in diesem Sinne ist er der durch die Sowjetunion und das postsowjetische Chaos und – sogar diesen interpretatorischen Pfad eröffnet uns die Aktion über die ökonomische Nutzung der Hunde im chronischen Experiment Pavlovs – der durch den eingebrochenen Kapitalismus degradierte Sowjetbürger. Gründungsmythische Bestandteile der Kultur der Sowjetgesellschaft wirken auch in der postsowjetischen gebrochen fort. Von dieser Wirkung legt die Aktion Kuliks Zeugnis ab.

5.2.3.2 Satire auf den Neuen Menschen: Bulgakovs literarische Hund-Mensch-Transformation

Wie tief dieser Einfluss in der Aktion verankert ist, zeigt der Einbezug einer weiteren dominanten kulturellen Traditionslinie, in die die Aktion eingeschrieben ist. Kulik zitiert in seiner Aktion nicht nur die Experimente Pavlovs, er zitiert auch die für die russisch-sowjetische Kultur ebenso wichtige Satire auf die Utopie von der Erschaffung eines Neuen Menschen in Michail Afanasevič Bulgakovs Novelle *Sobač̓e serdce* (*Hundeherz*) aus dem Jahr 1925.[146]

Kulik besteht darauf, dass er die Rolle des Hundes nicht darstelle, sondern, dass er ein Hund sei. Mit anderen Worten: Der Mensch Kulik verwandelt sich während seiner Performances in einen Hund, nach den Performances verwandelt er sich zurück. Aber keine dieser Verwandlungen ist vollkommen, denn der Hund Kulik ist immer auch zugleich der Mensch, der Künstler Kulik; der Mensch Kulik ist immer auch zugleich der Hund Kulik. In den Aktionen Kuliks eröffnet dieser einen Blick auf den Hund im Menschen und den Menschen im Hund. Es ist der gemeinsame Körper, der Hund und Mensch untrennbar zusammenhält.

Das Experiment der Verwandlung eines Hundes in einen Menschen und dessen Rückverwandlung nach dem Misserfolg des Experiments steht im Mittelpunkt von Bulgakovs Satire. Auch in diesem Text geht es um den Menschen im Hund und den Hund im Menschen. Die Novelle zählt zu den literarischen Werken, die in der Sowje-

---

146 Булгаков 1988, dt. Bulgakow 1992. Eine deutsche Übersetzung erschien bereits 1968 im Ost-Berliner Verlag Volk und Welt. Bulgakovs bekanntester satirischer Roman *Master i Margarita* (*Der Meister und Margarita*, dt. 1968) erschien 1966/7 gekürzt in Fortsetzungen in der Literaturzeitschrift *Moskva*, die erste ungekürzte Buchausgabe lag 1973 vor.

tunion verboten waren und dort erst 1987 im Zuge der *perestrojka-* und *glasnost'*-Politik erstmals erschien[147], obwohl Bulgakov als Schriftsteller bereits Mitte der sechziger Jahre rehabilitiert worden war. Bereits dieser Umstand gibt einen Hinweis darauf, wie wirkungsmächtig der gründungsmythische Diskurs um die Utopie des Neuen Menschen, den Bulgakov in *Sobač'e serdce* (*Hundeherz*) unverhohlen verspottet, nicht nur in ihrer Frühzeit für die Sowjetunion war. Die Novelle ist vielfach interpretiert worden, und nicht immer steht die Satire auf den Neuen Menschen im Vordergrund der Interpretationen.[148] Als solche wurde sie jedoch vielfach anerkannt und gewürdigt, so z. B. durch Renate Lachmann, die die Novelle im Kontext der „erzählten Phantastik" behandelt[149], und durch Michael Hagemeister, der sie als literarische Satire in seinem Aufsatz zum Neuen Menschen neben Majakovskijs *Klop* (*Die Wanze*, 1928) und Boris Pil'njaks *Delo smerti* (*Das Werk des Todes*, 1927) nennt.[150] Hagemeister bemerkt an dieser Stelle auch, dass die tatsächlich durchgeführten Versuche zum Neuen Menschen wissenschaftlich „recht primitiv" anmuten, aber eben dennoch die Phantasie der Schriftsteller in den zwanziger Jahren beflügelt haben. Alle drei genannten Texte verbinden die Groteske bezüglich des Neuen Menschen deutlich mit einer Satire auf die neue sowjetische Gesellschaft. Der gründungsmythische Einfluss der Utopie vom Neuen Menschen für das gesellschaftliche System der Sowjetunion wird auch hier deutlich sichtbar. Zugleich aber wird eine zweite Traditionslinie eröffnet, die sich mit dieser Utopie verbindet – denn zu ihrer Gründungsmythik zählt in diesem Fall auch die Satire auf die Utopie, die lange Zeit im Untergrund tradiert werden musste. Nicht nur die Utopie des Neuen Menschen muss also in einer Interpretation der Aktion Kuliks beachtet werden. Die Satire auf diese Utopie steht gleichberechtigt neben den Experimenten Pavlovs.

Die Verknüpfungen zwischen der Aktion Kuliks, der Utopie des Neuen Menschen, insbesondere vor dem Hintergrund der wissenschaftlichen Arbeit Pavlovs, und Bulgakovs satirischer Novelle *Sobač'e serdce* (*Hundeherz*) möchte ich nun weiter verfolgen.[151]

---

147 Diesen Hinweis gibt Hagemeister 2005, S. 34 f., Fußnote 51.

148 Häufig gelesen wurde *Sobač'e Serdce* beispielsweise als Satire auf die sowjetische Gesellschaft zu den Zeiten des NĖP (Proffer 1984, S. 123-33) und als Anti-Utopie (Heller & Niqueux 2003, S. 242). In anderen Lesarten fand das Problem der Transformation besondere Beachtung (Fusso 1989 und Mondry 1996). Gestellt wurde anhand von *Sobač'e serdce* auch die Frage nach dem Guten und dem Bösen (Шарородский 1991 und Пиотровский 1994) Piotrovskij beschäftigt sich auch mit den Traditionen der russischen Literatur, in denen *Sobač'e serdce* steht. Cornelia Ruhe reiht Bulgakovs Hundemenschen Šarik ein in ein über Europa hinausreichendes Gesamtpanorama philosophierender, literarischer Hunde (Ruhe 2006).

149 Lachmann 2002, S. 191-194.

150 Hagemeister 2005, S. 34-35.

151 Ich werde mich im Folgenden, wo nicht anders vermerkt, auf meine eigenen Beobachtungen verlassen. Hagemeister gibt (Hagemeister 2005, S. 34) jedoch einige Literaturhinweise bezüglich der medizinischen und politischen Anspielungen in *Sobač'e serdce*: Золотоносов 1991 sowie Naiman 1997, S. 144-147. Auch bei Renate Lachmann finden sich Details zum medizinhistorischen und ideologischen Diskurshintergrund (Lachmann 2002, S. 192).

In *Sobač'e serdce* (*Hundeherz*) treffen wir den liebenswerten Straßenköter Šarik, aus dessen Perspektive der erste Teil der Novelle erzählt ist. Šarik, nicht unintelligent, sogar des Lesens mächtig und gutherzig, dabei leidgeprüft durch das Leben auf der Straße und seine Behandlung durch die Menschen, wird durch einen Wurstzipfel von einem älteren Herrn in dessen Wohnung gelockt, wo er sich an ein gewisses Hunde-Luxusleben gewöhnt, für das er seine Freiheit auf der Straße gerne aufzugeben bereit ist. Der ältere Herr entpuppt sich als ein einen bourgeoisen und konterrevolutionären Lebensstil pflegender Professor, der in seiner auch von den sowjetischen Machthabern gut frequentierten, teuren Privatpraxis vor allem Verjüngungskuren anbietet. Hier findet sich bereits die erste Verbindung zum Experiment des Neuen Menschen, waren Forschungen auf diesem Gebiet doch eines seiner zentralen Bestandteile. Der Professor trägt den Namen Preobraženskij, den Renate Lachmann mit „Metamorphotetes" wiedergibt[152], Michael Hagemeister mit „Umgestalter".[153] Beide Übersetzungen beleuchten wichtige Aspekte der Figur Preobraženskijs. Die Lachmannsche Variante betont den Aspekt der Verwandlung, der unvollkommenen Metamorphose, die der Hund Šarik durchlaufen wird, die Variante Hagemeisters impliziert in seiner Terminologie auch die Umgestaltung der Gesellschaft, die das utopische sowjetische Gesellschaftsexperiment, dessen Bestandteil die Utopie vom Neuen Menschen war, mit vorsah. Es enthält aber auch eine Umgestaltung des Körpers, so, wie der Professor sie an Šarik vollzieht, in dessen Folge sich dieser, und hier kommen die Begriffe zusammen, metamorphotisch umgestaltet. Denn Šarik wurde nicht aus reinem Selbstzweck von Professor Preobraženskij aufgenommen. Šarik wird, sobald er entsprechend aufgepäppelt wurde, einer Operation unterworfen, die sehr an diejenige erinnert, die der in den Texten zum Neuen Menschen häufig erwähnte Serge Voronoff[154] durchführte.

Šarik werden die Hoden entfernt und durch diejenigen eines lasterhaften, kurz zuvor verstorbenen Trinkers, Diebes und Spielers ersetzt. In der gleichen Operation wird auch die Hypophyse desselben Kleinkriminellen transplantiert, das Organ, in dem Descartes den Sitz der menschlichen Seele lokalisiert hatte.[155] Die unmittelbaren und sehr erstaunlichen Folgen der Operation werden im nüchternen Stil der Eintragungen im Laborbuch geschildert. Anstatt sich zu verjüngen, verwandelt sich der Hund körperlich in einen Menschen. Er verliert sein Fell, beginnt zu sprechen und geht auf zwei Beinen. Schließlich verlangt er einen vollwertigen menschlichen Namen und integriert sich zumindest ansatzweise in die menschliche Gesellschaft. Er findet Freunde in der niederen Schicht der sowjetischen Gesellschaft, im selben Milieu, dem sein Organspender entstammte. Sein Charakter verliert jedoch nie ganz die Züge des Hundes; was er allerdings komplett verliert, ist die gute Seele des Straßenköters Šarik. Die körperlichen Instinkte eines Hundes gelingt es weder durch die Transplantation noch durch Erziehung gänzlich zu kontrollieren. Der vermenschlichte

---

152 Lachmann 2002, S. 191.
153 Hagemeister 2005, S. 34.
154 Vgl. Fußnote 136.
155 Descartes 1996, S. 51 ff.

Hund Šarikov bleibt in seinem ursprünglichen Hundekörper gefangen, wenn dieser auch menschliche Züge angenommen hat, denn es ist derselbe Körper. Und so jagt Šarikov beispielsweise weiterhin ohne jegliche Kontrolle Katzen hinterher und macht dies schließlich sogar zu einem Beruf. Auch sein männliches Triebleben hat er nicht im Geringsten unter Kontrolle. Viel schlimmer, vor allem das letzte Problem potenzierend, wiegt jedoch, dass Bulgakov den Sitz der Seele in der Hypophyse belässt: Die Seele des liederlichen Kleinkriminellen wurde mit transplantiert und kommt bald wieder ganz zur Entfaltung. Šarikovs Weg führt ihn direkt ins Verbrechen zurück. Doch nicht genug damit. Renate Lachmann hält fest:

> Die Metamorphose in eine sich enthundende, aber keineswegs attraktive menschliche Gestalt geht zusammen mit einer charakterlichen, an deren Ende die Negativfigur sowjetischer Gesellschaft steht: der Denunziant.'[156]

Über den Hundemenschen Šarikov wird der ideologische Grundpfeiler der sowjetischen Gesellschaft, das Proletariat, aus dessen ‚Pool‘ die Grundlagen für den besseren, den Neuen Menschen und seine Gesellschaft emporsteigen sollen, der Lächerlichkeit preisgegeben.

Bulgakov wendet sich ganz entschieden parodistisch gegen die Wissenschaftsgläubigkeit und den Technikfetischismus seiner Zeit. Wenn auch mit den Schriften Descartes der erste Schritt hin zu einer modernen Medizin gemacht worden war, der durch La Mettries *L'homme machine* noch weiter radikalisiert worden war[157] und in der Vorstellung eines menschlichen Körpers als einem rein funktionalen Maschinenkonstrukt gipfelte, so blieb er doch an die Vorstellung einer Seele gebunden. Die Existenz einer Seele, die sich im Denken äußert und in dem Ausspruch „cogito ergo sum" ihren adäquaten Ausdruck fand[158], stellt für Descartes das existentielle Unterscheidungskriterium zwischen Mensch und Tier dar, denn einen Körper haben beide. Die Hypophyse ist zwar auch bei Bulgakov der Sitz des Menschlichen, aber nicht im Descartes'schen Sinne. Sie bewirkt lediglich eine körperliche Metamorphose, die zudem noch unvollkommen bleibt. Bulgakovs literarisches Experiment widerlegt Descartes nur in einem Punkt: Mensch und Tier ähneln sich nicht nur körperlich, sie haben auch beide eine Seele. Denn auch der Straßenköter Šarikov verfügt über eine Seele, und diese ist besser als ihr menschliches Gegenstück. Descartes ist der Begründer einer Wissenschaftstradition, an deren Ende sowohl die Experimente Pavlovs als auch die Gedankenexperimente zum Neuen Menschen stehen. Die Pavlovsche Vorstellung der vollkommenen Beherrschbarkeit von Körper und Seele des Menschen durch ein Beherrschen der Hirnrinde über Verfahren der Konditionierung ist lediglich eine konsequente Weiterentwicklung der von Descartes erstmals eingeschlagenen und über die Jahrhunderte der Medizingeschichte weiterverfolgten Richtung positivistischer Wissenschaftsentwicklung.

---

156 Lachmann 2002, S. 191.
157 La Mettrie 1990.
158 Descartes 1983.

Auch die Phantasmen der vollkommenen Beherrschung der Natur, einschließlich des menschlichen Körpers durch die Kultur, ist eine letzte Konsequenz dieses Denkens. Dieses Denken wird in Bulgakovs Novelle *ad absurdum* geführt. Die Natur lässt sich nicht beherrschen: Weder Körper noch Seele sind vollkommen beherrschbar. Šarikov bleibt körperlich trotz seiner äußeren Metamorphose immer auch Hund und wird seelisch der Kleinkriminelle, der der menschliche Besitzer der Hypophyse einst war. Daran kann keine Erziehung – man könnte es in unserem Kontext auch Konditionierung nennen – etwas ändern. Das Transplantationsprojekt scheitert trotz seines vordergründigen wissenschaftlichen Erfolges. Professor Preobraženskij greift zum Schluss zum äußersten Mittel. Er führt die Operation noch einmal durch und retransplantiert Šarikov Hoden und Hypophyse eines Hundes. Dieser verwandelt sich äußerlich in einen Hund zurück (und entdeckt daraufhin ihm vollkommen neue Züge eines Neufundländers an sich), und auch seelisch deutet sich die alte genügsame Hundeseele an, obwohl die Hunde-Hypophyse ja ebenfalls eine fremde ist und eine neue Seele implantieren müsste. Šarik, nunmehr wieder ganz Hund, verliert seine Erinnerung an seine einstige fast menschliche Existenzform. Der Hund, so scheint Bulgakovs Botschaft zu lauten, ist irgendwie doch der bessere Mensch.

Die parodistischen Parallelen zu den Forschungen Pavlovs sowie zu den Utopien des Neuen Menschen sind in *Sobač'e serdce* (*Hundeherz*) mehr als offensichtlich und keinesfalls zufällig, denn Bulgakov kannte als studierter Mediziner die wissenschaftlichen Diskussionen seiner Zeit mit Sicherheit in einem ausreichenden Maße. Es lassen sich noch weitere Bezüge verfolgen, die über die oben aufgezeigte so offensichtliche Hundethematik hinausgehen. So ähnelt die Beschreibung Professor Preobraženskijs ganz auffällig der Figur Pavlovs. Sowohl in der Beschreibung seines Äußeren als auch in seinem Lebensstil kann Professor Preobraženskij als literarischer Doppelgänger Pavlovs gedeutet werden. Es sticht heraus, dass Preobraženskij sich genau wie Pavlov offen gegen die junge sowjetische Gesellschaft und deren Machthaber wendet, aber aufgrund seines Nutzens für die Machthaber (in Preobraženskijs Fall sind es die Verjüngungskuren, in Pavlovs neben den ideologischen Hoffnungen, die man in seine Forschung setzte, seine internationale Reputation als Nobelpreisträger und der ökonomische Nutzen seiner „physiologischen Fabrik") unangetastet bleibt. So entgeht Pavlov beispielsweise der allfälligen Kommunalisierung des Wohnraums und kann noch erfolgreicher als Preobraženskij verhindern, dass in seiner großen Bürgerwohnung andere Menschen einquartiert werden.

Den deutlichsten Hinweis auf die Verortung des literarischen Experiments in den Debatten um den Neuen Menschen gibt Bulgakov jedoch in einem emotionalen Ausbruch des von Šarikov vollkommenen entnervten Preobraženskij in der Novelle selber, in dem dieser offen zugibt, sein Experiment im Dienste der „Eugenik" und der „Verbesserung der menschlichen Rasse" durchgeführt zu haben. Des Vergnügens an Bulgakovs Text willen möchte ich die Passage ganz zitieren:

«[...] две судимости, алкоголизм, «все поделит», шапка и два червонца пропали (тут Филипп Филиппович [Преображенский, Anm. G. D.-S.] вспомнил юбиленйную палку и побагровел) – хам и свинья ... Ну, эту палку я найду. Одним словом, гипофиз – закрытая камера, определяющая человеческое данное лицо. Данное! От Севильи до Гренады … – свирепо вращая глазами, кричал Филипп Филиппович, – а не общечеловеческое. Это в миниатюре – сам мозг. И мне он совершенно не нужен, ну его ко всем свиньям. Я заботился совсем о другом, об евгенике, об улучшении человеческой породы. И вот на омоложение нарвался. Неужели вы думаете, что из-за денег произвожу их? Ведь я же все-таки ученый.

„Zweimal vorbestraft, Alkoholismus, ,alles teilen', eine Bibermütze und zwanzig Rubel verschwunden." – Filipp Filippowitsch [Preobraženskij, Anm. G. D.-S.] dachte an den Jubiläumsstock und lief rot an. „Er ist ein Flegel und ein Schwein … Na, diesen Spazierstock werde ich wieder finden! Kurzum, die Hypophyse ist eine verschlossene Kammer, die das gegebene Wesen eines Menschen bestimmt. Das gegebene Wesen! Von Sevilla nach Granada!" schrie Filipp Fillipowitsch wütend und rollte die Augen. „Und nicht das allgemeinmenschliche Wesen! Die Hypophyse ist ein Miniaturgehirn. Ich brauche sie nicht, zum Teufel damit. Mir ging es um etwas völlig anderes, um die Eugenik, um die Verbesserung der menschlichen Rasse. Und deshalb habe ich mich auf diese Verjüngungen eingelassen. Oder glauben Sie, dass ich das nur des Geldes wegen mache? Ich bin schließlich ein Gelehrter!"[159]

Die Verbindungen zwischen den Pavlovschen Experimenten und der Bulgakovschen Novelle, zwischen Bulgakovs Satire und dem wissenschaftlichen und ideologischen Ringen um einen Neuen Menschen sind überdeutlich. Und so zitiert Kulik in seiner Aktion als Pavlovscher Hund die Bulgakovsche Satire automatisch mit. Wenn die Novelle auch in dem sich zum Hund verwandelnden Menschen *per se* zitiert wird, so gewinnt dieser Bezug in der Aktion *Sobaka Pavlova* (*Hundeherz*) eine besondere Schärfe.

Es lassen sich Einwände gegen diesen Bezug vorbringen, die vor allem auf der Ebene der künstlerischen Strategie der Verwandlung verortet sind. In der Novelle Bulgakovs verwandelt ein Mensch den Hund Šarik in einen Mensch-Hund-Hybriden[160] und diesen nach dem Scheitern des Experimentes zurück in einen Hund-Hund-Hybriden. In Kuliks Aktion verwandelt der Mensch und Künstler Kulik sich selbst in einen Hund und anschließend wieder zurück. Die Richtung der Verwandlung ist entgegengesetzt. Auch die Methodik der Verwandlung ist verschieden. Während Kulik allein auf die künstlerische Strategie der Selbsterniedrigung und auf seinen nackten Körper vertraut, den er nicht verändert, so findet bei Bulgakov eine brutale Operation statt.[161]

Diese Unterschiede verwirren aber nur auf den ersten Blick. Die Verwandlungsrichtung wird irrelevant, wenn man sich vor Augen hält, dass Professor Preobraženskij

---

159 Zitiert nach der deutschen Ausgabe Bulgakow 1992, S. 94-95, russisch in Булгаков 1988, S. 608.

160 Das Wort Hybride kann im Deutschen nach Auskunft des Großen Fremdwörterdudens im Femininum und im Maskulinum verwendet werden. Da es sich in unseren Fällen eher um männlich dominierte Hybride handelt, wähle ich die seltenere maskuline Form.

161 Die Brutalität der Operation wird durch die literarische Darstellung ganz besonders unterstrichen.

bei Bulgakov ein universelles Prinzip entdeckt, das Allgemeingültigkeit hat und somit auch für die Verwandlung eines Menschen in einen Hund gelten würde. In beiden Fällen ist es der Mensch, der die Verwandlung in seiner jeweiligen Profession initiiert und durchführt. Der Künstler Kulik ist in der Versuchsanordnung nicht nur zugleich Hund wie auch Pavlov, wie Renata Salecl so schön festhält[162], er ist auch Professor Preobraženskij und Bulgakov zugleich. In seiner Person vereinigen sich der Autor und das Objekt der künstlerisch-literarischen Satire. Verspottet wird nicht nur der Neue Mensch, der sich als hündisches Wesen entpuppt, sondern auch dessen willige Konstrukteure. In der Vereinigung der drei Figuren in Kuliks postsowjetischer Aktion wird somit eine interessante Autarkie sichtbar: Kulik ist Experimentator und Versuchsobjekt zugleich, er bleibt als Künstler aber immer auch als Autor der künstlerischen Aktion sichtbar, zudem als einer, der in der Tradition der Satire steht. Im Akt der äußersten Selbsterniedrigung scheint plötzlich eine Ebene auf, die vorher so nicht sichtbar war – jene der parodistischen Distanz. Urplötzlich befindet man sich so auf einer ganz ähnlichen Ebene, auf der auch die Aktionen Osmolovskijs operierten: auf der der ironischen Distanz zu den eigenen Verfahrensweisen. Denn wenn sich die Hundeaktionen Kuliks sehr leicht im Sinne Bulgakovs als späte Satire auf das Projekt des Neuen Menschen lesen lassen, so erscheint eine ernsthafte Kritik am Projekt des Neuen Menschen im Jahr 1996 dennoch nicht mehr zeitgemäß. Die Interpretation der Hundeaktionen Kuliks als Sinnbild der Lage des geknechteten russischen Menschen in den schweren postsowjetischen Zeiten erscheint zwar als eingängig, aber vor diesem Hintergrund tatsächlich ebenfalls eindimensional. Man könnte daher sogar so weit gehen, die Aktion als Satire auf die Satire zu verstehen.

Diese Lesart wird durch andere Elemente des Projekts zur *Zoofrenija* (*Zoophrenie*) Kuliks unterstützt. Eine der deutlichsten Differenzen zwischen Kuliks Aktion und der Novelle Bulgakovs ist sicher die Verwandlungsmethode. Wenn auch beide am Körper operieren, sich der jeweils gleiche Körper in Hund resp. Mensch verwandelt, so findet dies doch bei Bulgakov medizinisch-operativ, bei Kulik durch ein künstlerisch-performatives Verfahren statt. Natürlich aber ist auch die Operation Bulgakovs in allererster Instanz ein rein künstlerisch-performatives Verfahren innerhalb des literarischen Raumes der Novelle *Sobače serdce* (*Hundeherz*). Gerade dieses Element wird durch die in ihrer minutiösen Schilderung auf Horroraspekte[163] setzende Darstellung ganz besonders hervorgehoben. Eine ähnliche Funktion hat der anschließende Wechsel von der subjektiven Erzählung Šariks in den des Labortagebuchs des Assistenten, dessen genreeigene Objektivitätsverpflichtung – ein Laborjournal wird aus Gründen der experimentellen Objektivität und Nachvollziehbarkeit geführt – der Metamorphose Šariks performativ mehr zum Leben verhilft, als dies eine andere Darstellungsform vielleicht vermocht hätte. Das künstlerische Verfahren bringt sowohl bei Kulik als auch bei Bulgakov performativ die Verwandlung hervor.

Auf der Ebene der im künstlerischen Raum eingesetzten Verfahren ließe sich nun argumentieren, dass bei Kulik dennoch keine Operation durchgeführt wird, kein

---

162 Salecl 1996, S. 64 bzw. 119.
163 So drückte es Renate Lachmann aus (Lachmann 2002, S. 192).

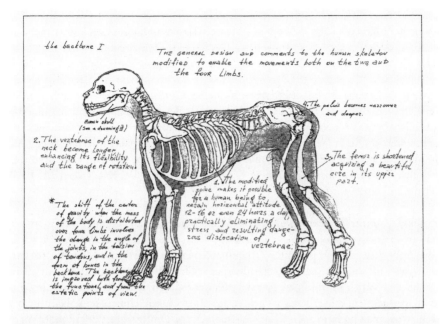

к схеме скелета на четвереньках

Смещение центра тяжести человеческого тела при распределении ее на четыре конечности влечет за собой изменение угла сопряжения суставов, натяжения связок и формы костей позвоночника. Позвоночник выигрывает функционально и эстетически.

1. Модифицированный позвоночник позволяет человеку находиться 12-16 и даже все 24 часа в сутки в горизонтальном положении, что практически исключает его перегрузку и опасное смещение позвонков
2. Шейные позвонки удлиняются, увеличивая гибкость и амплитуду вращения шеи
3. Кость бедра укорачивается
4. Таз становится уже и глубже

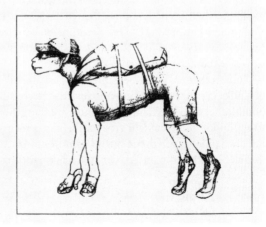

Abb. 43: Oleg Kulik: *Sem'ja buduščego* (*Family of the Future*), 1997 (Quelle: Kulik 1997, S. 16)

„echter" Hund-Mensch-Hybride entsteht. Zum einen gehen aber sowohl Bulgakov als auch Kulik davon aus, dass sowohl Mensch, als auch Hund schon immer Hybridwesen sind und es auch bleiben werden. Das Tier im Menschen und der Mensch im Tier stehen bei beiden im Mittelpunkt. Zum anderen geht Kulik aber auch in späteren Arbeiten zur *Zoofrenija* (*Zoophrenie*) sehr viel weiter. Diese Arbeiten sind als direkte Fortsetzung des in Rotterdam begonnenen Gesamtkontextes zu verstehen: So werden Elemente zum Teil direkt wiederholt. Als Beispiel dafür möchte ich hier die „Zehn Gebote der Zoophrenie" anführen, auf die ich später noch ausführlicher eingehen werde. Diese „Gebote der Zoophrenie" werden erstmals im Katalog der Ausstellung *Manifesta 1* formuliert[164] und im Katalog der Marat Gel'man Galerie zu Kuliks Beitrag *Sem'ja buduščego* (*Family of the Future*) zur 5. Istanbuler Biennale 1997 wieder aufgegriffen.[165]

In *Sem'ja buduščego* (*Family of the Future*) finden sich nun auch – der Vollständigkeit halber sei gesagt: ebenfalls nicht realisierte – Eingriffe am menschlichen Körper. In diesem Projekt, das ein perfektes Zusammenleben von Hund und Mensch entwirft, schlägt Kulik vor, den menschlichen Körper vollkommen umzugestalten. Vor allem das Skelett soll Umformungen unterworfen werden, um dem Menschen zu ermöglichen, bequem auf allen vieren zu gehen, aus einer Hundeschüssel seine Nahrung zu sich zu nehmen und um auch ansonsten in einer den Dimensionen des Hundes angepassten wohnlichen Umgebung leben zu können.[166] Aus Hund und Mensch besteht die „Familie der Zukunft" des Projekttitels, aus der Installation eines gemeinsamen Wohnraumes besteht die Installation auf der Istanbuler Biennale. Natürlich erinnert eine derartige Installation sofort wieder an den utopischen Schlüsselroman im Zusammenhang mit dem sowjetischen Projekt des Neuen Menschen, Černyševskijs *Čto delat'* (*Was tun?*), der in einer utopisch perfekten, kommunalen Wohngemeinschaft endet. Ebenso in den Sinn kommt aber natürlich auch Bulgakovs Satire, wo ein zum Menschen umgestalteter Hund in einer gemeinsamen Wohnung mit Professor Preobraženskij wohnt, der, als der Professor ihn entnervt hinauswerfen will, vehement die ihm nach den sowjetischen Gesetzen zustehenden acht Quadratmeter Wohnraum einfordert.[167] Das Zusammenleben von vermenschlichtem Hund und Mensch funktioniert hier alles andere als reibungslos, das kommunale Wohnprojekt ist Gegenstand der Parodie.

Zum perfekten, gleichberechtigten Zusammenleben von Mensch und Tier zählt in Kuliks künstlerischem Entwurf auch das Recht auf gemeinsame Fortpflanzung. Sodomitische, oder treffender, zoophile Szenen gehören ab 1994 zum Bildrepertoire Oleg Kuliks. In diesem Jahr veröffentlicht er gemeinsam mit Vladimir Sorokin das im Stil des Samizdat gehaltene Buch *V glub' Rossii* (*In die Tiefe Russlands*), in dem neben Texten Sorokins, die im Stil der russischen Dorfprosa deren Schreibweise pervertie-

---

164 Beerman 1996.
165 Kulik 1997, S. 13 (engl.)/S. 30 (russ.)
166 Kulik 1997, S. 3-6 (engl.)/S. 14-19 (russ.).
167 Bulgakow 1992, S. 88 bzw. Булгаков 1988, S. 602.

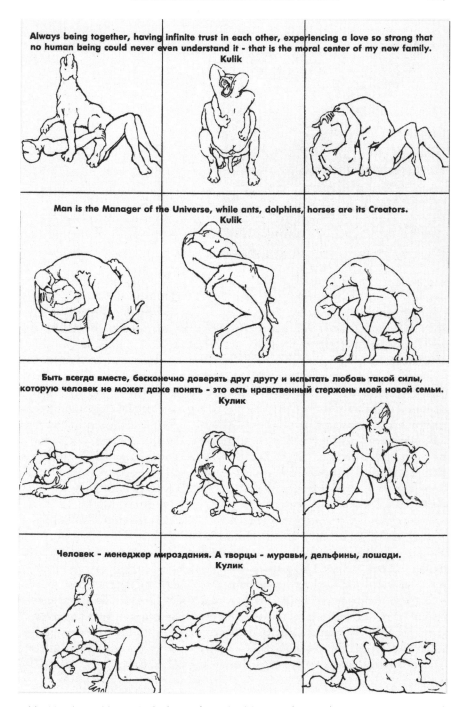

Abb. 44: Oleg Kulik: *Sem'ja buduščego* (*Family of the Future*), 1997 (Quelle: Kulik 1997, S. 2)

Abb. 45: Oleg Kulik: *Sem'ja buduščego*
(*Family of the Future*), 1997
(Quelle: Kulik 1993-1999)

rend verfremden, Photos Kuliks stehen, die sich zwar nicht unmittelbar auf die Texte Sorokins beziehen, einige ihrer wichtigsten Elemente aber wiederholen. Und so finden sich bereits hier zahlreiche Bilder, auf denen der nackte Kulik bei zoophilen Handlungen abgebildet ist.[168]

Das Verfahren der Grenzüberschreitung, das von Beginn an zum Formenarsenal der medialen Ausdrucksmittel des Moskauer Aktionismus zählt, begegnet uns hier in einer neuen Variante. Der sexuelle Verkehr zwischen Mensch und Tier gehört zweifelsohne zu den am stärksten tabuisierten Elementen der menschlichen Kultur. Aber auch bei diesen Grenzüberschreitungen kann man die beobachteten Mechanismen des Moskauer Aktionismus gut verfolgen. Denn die Zoophilie in den Aktionen Kuliks gehört in jenen Bereich des Sexuellen, der mit der Einbringung des Sprachebene des russischen *mat*, des Obszönen in denjenigen der Kunst zu den Formelementen des Moskauer Aktionismus gehört.

In *Sem'ja buduščego* (*Family of the Future*) begegnen uns die zoophilen Darstellungen in zwei Varianten. Auf Photographien wird das gemeinsame Leben von Hund und Mensch ausführlich dokumentiert. So finden sich Aufnahmen des nackten Kulik, der sich neben einem Hund über einen Fressnapf beugt, ebenso wie Aufnahmen, auf denen der nackte Kulik lesend in trauter Zweisamkeit mit seinem Hund auf einer Wiese liegt. Auf anderen Photographien wird der sexuelle Anteil des Zusammenlebens evoziert. So findet sich der nackte Kulik, der von hinten von einem Hund bestiegen wird (Abb. 45), ebenso wie den Code einer romantischen Liebe evozierende und radikal pervertierende Abbildungen, wie z. B. die, die den nackten Kulik küssend oder im Geschlechtsverkehr mit einem Hund in einer blühenden Wiese zeigen . Au-

---

168 Сорокин & Кулик 1994.

Abb. 46: Oleg Kulik: *Sem'ja buduščego*
(*Family of the Future*), 1997
(Quelle: Гельман & Лопухова
2000, S. 125)

ßerdem kann man auf einer Seite Zeichnungen zu den „besten Stellungen" für den Sexualverkehr von Hund und Mensch finden (Abb. 44).

Aber auch hier findet noch keine komplette Hybridisierung statt. Diese begegnet uns erst in einem Zeitungsinterview, das demselben Kontext angehört. Hier propagiert Kulik ein gemeinsames Recht auf Fortpflanzung für sich und seinen Hundepartner, das mit den Mitteln der Biotechnologie erreicht werden soll. Der Mensch, Kulik (oder Preobraženskij-Pavlov), soll dadurch in die Lage versetzt werden, einen durch künstliche Befruchtung erzeugten Mensch-Hund-Hybrid-Embryo auszutragen.[169]

Weder Geschlecht – Kulik ist schließlich ein Mann – noch biologische Spezies sollen künftig die gemeinsame Fortpflanzung und damit die Verbindung aller Materie auf Erden beeinträchtigen. Kulik wird in diesem Modell tatsächlich zu Preobraženskij, zum Vater des Mensch-Hund-Hybriden, als den ihn Šarikov zum größten Entsetzen Preobraženskijs an einer Stelle bezeichnet.[170] Der entstehende Hybrid soll äußerlich

---

169 Abb. 46 zeigt den Hund Kulik mit einem Welpen, den er, ganz wie ein Hund, mit dem Mund an der Haut im Nacken trägt.

170 „Что-то вы меня, папаша, больно утесняете, – вдруг плаксиво выговорил человек [Шариков, Anm. G. D.-S.]. Филипп Филиппович [Преображенский, Anm. G. D.-S.] покраснел, очки сверкнули. – Кто это тут вам папаша? Что это за фамилиарности? Чтобы я больше не слышал этого слова! Называть меня по имени и отчеству! Дерзкое выражение загорелось в человеке. – Да что вы все ... То не плевать. То не кури. Туда не ходи ... Что уж

menschlich sein und innerlich immer auch Hund bleiben, mit anderen Worten, er soll wie Šarikov sein:

Облик будет человека, но качества мировосприятие, какие-то реакции будут от собаки. Пропорции можно рассчитать.[171]

Das Äußere wird das eines Menschen sein, aber die Beschaffenheit der Weltwahrnehmung, einige Reaktionen werden diejenigen eines Hundes sein. Die Proportionen lassen sich errechnen.

Kuliks Pläne gehören dem System der Kunst an, die als kulturelles Produkt ihrerseits medial in der Gesellschaft wirkt und diese Wirkung auch durch ihr semantisches Potential entfaltet. Der Ausgangspunkt für dieses Teilkapitel war die Rückführung der Aktionen Kuliks in einen russischen kulturellen Kontext, der vor allem in den Bezügen der Aktion *Sobaka Pavlova* (*Pavlov's Dog*) zum utopischen Projekt des Neuen Menschen bestand. Diese Bezüge haben uns nun plötzlich weit vom Beginn des 20. Jahrhunderts und den Gründungsmythen der Sowjetunion fortgeführt, wenn die moderne Biotechnologie Eingang in das künstlerische System Kuliks findet. Dieser Bezug ist alles andere als zufällig. Auch Hagemeister stellt analoge Vergleiche an:

Man mag die russischen Projekte vom Beginn des 20. Jahrhunderts als bizarre Phantasien abtun, doch kehren sie, nur leicht verkleidet, in den Visionen der Hypermoderne wieder: Aus Fedorovs „auferweckten", d. h. aus ihren „Teilchen" mechanisch zusammengesetzten, „Vätern" sind künstliche Menschmaschinen geworden – Roboter, Cyborgs, Androiden –, während Neuro-, Nano- und Gentechnologie die Grenzen zwischen Organischem und Künstlichem, Gezeugtem und Gemachtem zum Verschwinden bringt. Der „rote Held" überlebt nun nicht mehr „eingeschreint in dem großen Herzen der Arbeiterklasse" oder mumifiziert im Mausoleum, sondern eingescannt in den Großcomputer und als geklonter Replikant.[172]

это на самом деле? Чисто как в трамвае. Что вы мне жить не даете?! И насчет «папаши» – это вы напрасно. Разве я просил мне операцию делать? – человек возмущенно лаял. – Хорошенькое дело! Ухватили животную, исполосовали ножиком голову, а теперь гнушаются. Я, может, своего разрешения на операцию не давал." (Булгаков 1988, S. 583) („„Warum putzen Sie mich denn so herunter, Papa?' sagte der Mann [Šarikov, Anm. G. D.-S.] plötzlich weinerlich. Filipp Filippowitsch [Preobraženskij, Anm. G. D.-S.] lief rot an, seine Brillengläser funkelten. ,Wer ist hier der Papa? Ich verbitte mir diese Familiarität! Ich möchte dieses Wort nichtmehr hören. Sie haben mich mit Vor- und Vaternamen anzureden!' Der Mann sah ihn unverschämt an. ,Sie reden in einem fort … Nicht spucken, nicht rauchen, da darf man nicht rein, dort darf man nicht rein – das ist ja grad wie in der Straßenbahn. Warum vermiesen Sie mir denn das Leben? Und regen Sie sich nicht so auf, weil ich >Papa< zu Ihnen gesagt habe. Hab ich Sie denn gebeten, mich zu operieren?' kläffte der Mann empört. Eine saubere Geschichte! Ein Tier packen, ihm den ganzen Kopf zersäbeln und es dann wie Dreck behandeln! Ich hätte vielleicht gar nicht meine Einwilligung zu der Operation gegeben. […]") (Bulgakow 1992, S. 65).

171 Потапов 1997, S. 8.
172 Hagemeister 2005, S. 66 f.

Das Projekt des Neuen Menschen und die Suche nach einer perfekten Gesellschaft leben weiter – ebenso wie Elemente, aus denen sich ihr Denkgebäude speiste. Auch die Fragen der Eugenik sind noch immer nicht überholt. Die Bezüge der Aktionen Kuliks zu diesen Fragen sollen nun im Mittelpunkt stehen.

5.2.4 Tier- und Umweltschutzbewegungen und die Noosphäre

5.2.4.1 Giorgio Agambens Verwaltung der Animalität des Menschen

Das sowjetische Experiment gehört zu den großen gesellschaftlichen Experimenten des 20. Jahrhunderts, aus deren Erfahrung Giorgio Agamben – noch ganz unter dem Eindruck des Zusammenbruchs der Weltordnung des Kalten Krieges stehend – den Schluss zieht, dass dem Menschen nach dem Verlust der Wirksamkeit der traditionellen geschichtlichen Mächte, zu denen er Dichtung, Religion und Philosophie zählt, nur mehr die „integrale Verwaltung des biologischen Lebens" als Aufgabe bleibe. Der Mensch ist aus dieser Perspektive auf seine Leiblichkeit zurückgeworfen, die Agamben mit Animalität bezeichnet. Als Grundpfeiler dieses Prozesses sieht er das Genomprojekt, das Zugang zu der biologischen Grundlage des Lebens schafft, die globale Ökonomie, in die auch der globale Kunstbetrieb eingebettet ist, und eine Kraft, die er „humanitäre Ideologie" benennt. Der Mensch sei wieder Tier geworden, so schreibt er:

> Der Mensch hat nunmehr sein geschichtliches *télos* erreicht, und für eine wieder Tier gewordene Menschheit bleibt nichts anderes als die Entpolitisierung der menschlichen Gesellschaften durch eine unbedingte Entfaltung der *oikonomía* oder die Erhebung des biologischen Lebens zur höchsten politischen (oder eher unpolitischen) Aufgabe übrig. [...] Die traditionellen geschichtlichen Mächte – Dichtung, Religion, Philosophie –, die sowohl in der hegelianisch-kojèv[e]schen als auch in der heideggerschen Perspektive das historisch-politische Schicksal der Völker wach hielten, sind seit einiger Zeit in kulturelle Schauspiele und in private Erfahrungen verwandelt worden und haben jegliche historische Wirksamkeit verloren. In Anbetracht dieser Verdunkelung bleibt als einzige einigermaßen seriöse Aufgabe die Sorge und ‚integrale Verwaltung' des biologischen Lebens, d. h. der Animalität des Menschen selbst übrig. Genom, globale Ökonomie und humanitäre Ideologie sind die drei solidarischen Gesichter dieses Prozesses, in welchem die Menschheit ihre eigene Physiologie als letztes und unpolitisches Mandat nach dem Ende der Geschichte zu übernehmen scheint.[173]

Es scheint, als ob die Aktionen Kuliks eine Illustration dieses Befundes darstellten, finden sich doch in ihnen alle Bestandteile, die Agamben nennt: Biotechnologie und Gentechnik zur Konstruktion eines Mensch-Hund-Hybriden, ein globaler Markt, in den die russischen Künstler in den 1990er Jahren eingetreten sind und der im Selbsterleben und der innerrussischen Rezeption eine sehr große Rolle spielte, und eine

---

173 Agamben 2003, S. 85 f.

„humanitäre Ideologie" in einem sehr radikalen, schon wieder utopischen Gewand: Die Gleichberechtigung aller Menschen wurde überführt in die Aufhebung des Unterschieds zwischen Mensch und Tier. Die Aktionen realisieren künstlerisch-performativ die Rückführung des Menschen auf seine Animalität, auf seine Physiologie. Das Vorherrschen der Physiologie vor der Technik, die ‚Erforschung' der menschlichen, der körperlichen Reflexe steht gerade bei *Sobaka Pavlova* (*Pavlov's Dog*) im Mittelpunkt der Aktion. Aber neben den natürlichen Reflexen steht in dieser Aktion auch der konditionierte, der antrainierte Reflex, der auf eben jene dunklen Seiten der Konditionierung und Beherrschung des Physiologischen steht, aus dem heraus sich die Agambensche „integrale Verwaltung' des biologischen Lebens" ergibt. Konditionierung und ‚reine' Physiologie oder Animalität stehen nebeneinander. Auch im Agambenschen Befund zum geschichtlichen Status der (westlichen) Gesellschaften ist jene negative Kraft enthalten, die auch heute noch nachwirkt. Im künstlerischen Projekt des per Gentechnik zu realisierenden Bulgakovschen Hund-Mensch-Hybriden finden sich jene Nachwirkungen der Gründungsmythen der totalitären Ideologien, als deren Ergebnis Agamben die Verwaltung des physiologischen Lebens sieht.

Es ist daher interessant, sich die diesbezüglichen Traditionslinien näher anzusehen, die in Kuliks Aktionen aufscheinen.

Die Aktionen Kuliks sind eine traurige Utopie nach dem Ende der Utopien im Raum der Kunst, sind ganz „mračnaja utopija", wie Ljudmila Bredichina die Aktion *Sobaka Pavlova* (*Pavlov's Dog*) so treffend charakterisierte. Das Utopische, das in der Tradition der von Agamben beschriebenen traditionellen Wirkungsmächten der Geschichte, der „Dichtung, Religion und Philosophie", steht, wird bei Kulik tatsächlich zu Agambens „kulturellem Schauspiel", zur Unterhaltungsshow („uvlekatel'nyj šou"), wie Bredichina im gleichen Satz hinzufügt.[174] Im Katalog der *Manifesta 1* sind als Begleitmaterial zur Ausstellungsaktion Kuliks acht programmatische Thesen abgedruckt, die zum festen Repertoire der *Zoofrenija* (*Zoophrenie*) gehören und in *Sem'ja buduščego* (*Family of the Future*) als die „Zehn Gebote der Zoophrenie" um zwei Thesen ergänzt wieder auftauchen.[175] Bereits die Wortwahl, die Anzahl der Thesen, all dies ist eine unverhohlene Anspielung auf Religion – nach Agamben einst Wirkungsmacht der Geschichte und nun nur noch kulturelles Schauspiel – entnommenen Zehn Gebote des Christentums, in denen schließlich nicht weniger als das gesamte menschliche Miteinander grundlegend geregelt wird. Auch die „Zehn Gebote der Zoophrenie" legen Forderungen für ein Zusammenleben fest – für das Zusammenleben von Mensch und Tier. Eingeklagt wird eine Abkehr vom Anthropozentrismus, eine Orientierung hin zu einer Wahrnehmung der Realität, wie sie die Instinkthaftigkeit der Tiere und das Schmerzempfinden ermögliche, eine Gleichberechtigung aller Spezies, seien es nun Menschen oder Insektenspezies, Fische oder Hunde, und dies alles vereinige sich in einer neuen Kultur der „Noosphäre". Der Kunst komme die Funktion zu, eine funktionierende Moral für alle lebenden Kreaturen zu übermitteln,

---

174 Бредихина 1996, S. 85.
175 Bredikhina 1996, S. 106 f. Die Thesen sind auf Englisch ebenfalls abgedruckt in Bredikhina 2001. Sowohl auf Russisch als auch auf Englisch sind sie in Kulik 1997 nachzulesen.

sie müsse den Tod von Ethik und Ästhetik überwinden, in der sich jede ästhetische Geste verfangen habe und sich so selbst erneuern.

5.2.4.2 Die Bezüge zu Peter Singer und der Deep Ecology Bewegung

Diese Forderungen eines radikalisierten, die Grenzen der menschlichen Existenz überschreitenden Humanismus erinnern in ihrem ethischen (wenn auch nicht ästhetischen) Gehalt sehr deutlich an die Philosophie Peter Singers[176,] die aufgrund ihrer Nähe zu Eugenik- und Euthanasiedebatten zu heftigsten Konfrontationen führte.[177] Die Nähe der Aktionen Kuliks zu radikalisierten westlichen Umweltschutzbewegungen wurde auch in der russischen Presse häufig herausgestellt und nicht immer positiv bewertet. Viele Elemente des Singerschen Denkgebäudes wurden von Kulik und der an diesen Aktionen maßgeblich beteiligten Mila Bredichina tatsächlich nahezu unverändert übernommen.

Singer verglich seinen Kampf für die Gleichberechtigung der Tiere mit den Menschenrechtsbewegungen der 6oer Jahre und übernimmt popularisiert den Begriff „Speziesismus" in Analogie zum Rassismus.[178] Er greift das Schmerzempfinden als mögliches Kriterium für ein Tötungsverbot auf[179] und geht sogar so weit, bestimmten Tieren den Status einer Person zu-[180] und menschlichen Föten oder schwer geistig behinderten Menschen diesen Status abzuerkennen[181], und schließlich verteidigt er ein uneingeschränktes Recht des Stärkeren im Kampf ums Überleben. Einige seiner im-

---

176 Hierauf verweist Salecl 1996, S. 62 bzw. 118, in russischer Übersetzung Салекл 1996, S. 42.

177 Singers bekannteste Bücher sind *Animal Liberation* (Singer 1990) und *Practical Ethics* (engl. Erstausgabe 1979, dt. Singer 1994). Singers Umstrittenheit als Philosoph soll stellvertretend für die gesamte Debatte durch zwei Publikationen belegt werden. Jamieson 1999b versteht sich als Hommage an Singer als einen der einflussreichsten Philosophen des 20. Jahrhunderts; Boloz & Höver 2002 hingegen ist aus katholisch beeinflusster Perspektive wohl eher als deutliche Warnung vor Singers Einfluss gedacht. – Im Folgenden sei noch ein Zitat angeführt, in dem Singer betont, dass es ihm natürlich nicht darum gehe, den Status von Menschen auf den von Tieren abzusenken, sondern um das Gegenteil: „Es ist auch wichtig, sich in Erinnerung zu rufen, dass ich die Absicht verfolge, den Status der Tiere zu heben, nicht aber, den der Menschen zu senken. Ich möchte nicht vorschlagen, geistig behinderte Menschen mit Lebensmittelfarben zwangszuernähren, bis die Hälfte von ihnen stirbt – obwohl uns dies sicher exaktere Hinweise darauf gäbe, ob eine Substanz für Menschen ungefährlich ist, als es die Versuche mit Kaninchen und Hunden vermögen. Ich möchte allerdings unsere Überzeugung, dass es unrecht wäre, geistig behinderte Menschen so zu behandeln, gern auf nichtmenschliche Lebewesen übertragen wissen, die auf einer ähnlichen Stufe des Selbstbewusstseins stehen und ähnliche Leidensfähigkeit besitzen." (Singer 1994, S. 110 f.).

178 Singer 1994, Kapitel 3 „Gleichheit für Tiere?" (S. 82-114), darin besonders das Unterkapitel „Rassismus und Speziesismus" (S. 82-90) und „Speziesismus in der Praxis (S. 90-94).

179 Singer 1994, insbesondere Kapitel 4 „ Weshalb ist Töten unrecht?", S. 115 ff.

180 Singer 1994, insbesondere Kapitel 5 „Leben nehmen: Tiere" (S. 147-176), Unterkapitel „Kann ein nichtmenschliches Tier eine Person sein?" (S. 147-155).

181 Vgl. z. B. Singer 1994, S. 155 f.

mer streng logisch aufgebauten Argumente stellen behindertes menschliches Leben hierarchisch auf eine Stufe mit tierischem, z. B. das großer Menschenaffen, Wale, Delphine, anderer Affenarten, Hunde, Katzen oder Kühe. Singer setzte sich mit Argumenten dieser Art vehement für den Tierschutz ein. So machte er unter anderem auf die Quälerei bei der Käfighaltung von Legehennen und die Situation von zu wissenschaftlichen Zwecken eingesetzten Labortieren aufmerksam. Singer setzte sich, nun im Kontext von Kuliks Aktion gesprochen, für die missbrauchten Pavlovschen Hunde ein. Es sind Philosophen wie Singer, die durch eine Radikalisierung der Grenze zwischen Animalischem und Humanismus die weitestgehende Konsequenz im Sinne Agambens aus der Erfahrung des Totalitarismus ziehen. Singer argumentiert nicht nur für die Gleichheit aller Menschen, sondern auch für diejenige von Mensch und Tier. Das internationale Ausmaß der Provokation solcher Thesen lässt sich leicht vorstellen. Und so erstaunt es nicht, dass Kulik in seinem ästhetischen Projekt des menschlichen Tieres an den ethischen Provokationen Singers bereitwillig anknüpfte.

Singers Echo findet sich nahezu unkaschiert bei Kulik wieder. Kulik vergleicht die Tabuisierung seiner Beziehung zu seinem Hund beispielsweise mit der Tabuisierung gleichgeschlechtlicher Beziehungen beim Menschen (oder Beziehungen zwischen Schwarzen und Weißen) und greift damit den „Speziesismus" auf, er redet offen von einem Gesetz des Dschungels als der wahren Demokratie, worin sich das Überlebensrecht des Stärkeren bei Singer widerspiegelt, und fordert Bürgerrechte für alle Tiere – eine erweiterte Version der in den 1990ern durch Singer entfachten Debatte um die „Menschenrechte" großer Affen.[182] Die Forderungen kulminieren in der zehnten These:

> Расширение морали до межвидовой – требование либерализма и демократии. Либеральные ценности и демократия – единственное достижение человечества, им же искажаемое на каждом шагу. Эти искажения объясняются выключенностью человека из реальных межвидовых взаимоотношений. Нельзя быть либералом и демократом в рамках одного биологического вида, не замечая, репрессируя или уничтожая другие виды.[183]

> The expansion of moral to interspecies moral is the main demand of liberalism and democracy. Liberal values, democracy are the only achievements of humanity that it distorts every minute. This distortion can be explained by the fact that Man is excluded from interspecies relations. You cannot be a liberal and a democrat within one species when you ignore, repress and annihilate other species.[184]

Die Rückführung des Menschen auf seine ihm eigene Animalität, seine Physiologie, wird, so die künstlerische Aussage Kuliks, dem Menschen erst wahre Demokratie und

---

182 Cavalieri & Singer 1994. Die englische Erstausgabe dieses Buches erschien 1993 unter dem noch stärker an Kulik erinnernden Titel *The Great Ape Project: Equality beyond humanity* (Cavalieri & Singer 1993). Die schnelle deutsche Übersetzung und deren Erscheinen in dem für anspruchsvollere Populärliteratur stehenden Goldmann Verlag nur ein Jahr später werte ich als deutlichen Hinweis auf die Virulenz des Themas in den 1990er Jahren.

183 Kulik 1997, S. 30.

184 Kulik 1997, S. 13.

Liberalität bringen. Diese Aussage ist in vielerlei Hinsicht bemerkenswert. Die künstlerische Auseinandersetzung mit Grundfragen der Demokratie kann gerade in Verbindung mit der Betonung des Lebensrechts des Stärkeren in einem Gesetz des Dschungels sehr leicht als Metapher für den sprichwörtlichen Raubtierkapitalismus im postsowjetischen Russland der 1990er Jahre verstanden werden. Sie schließt aber in ihr Formenarsenal auch eine provokante Überzeichnung, eine künstlerische Realisierung der von Singer verfochtenen Thesen mit ein und stellt dessen Philosophie in den Kontext des kulturellen Schauspiels.

Sehr leicht erkennt man die Strategie Osmolovskijs wieder: Das freie Spiel mit Elementen der politisch links orientierten Kulturformen des Westens. Denn gerade in den 1990ern, zum Zeitpunkt des Höhepunkts von Kuliks Aktionen, tobte der Kampf um Singers Äußerungen zur Euthanasie vor allem in Westeuropa und Amerika.[185] Deutlich erkennbar wird die Strategie der Provokation auch jenseits der direkten Aggression oder Störung, die Kuliks frühe Aktionen dominierte. Der störende, einbrechende Körper hat sich integriert in das kulturelle Schauspiel; auf dem Feld der Kunst werden auch philosophisch-politische Debatten parodistisch akzeptabel. Empörte unmittelbare Reaktionen sind mir zu den späten Aktionen Kuliks nicht bekannt. Nach dem Stockholmer Skandal hat man offensichtlich das Medium ‚menschlicher Hund' innerhalb des Kunstsystems akzeptiert und ergötzt sich an seinen verschiedenen Formbildungsvarianten.

Agamben mag zumindest im Hinblick auf die Aktionen Kuliks Recht haben, wenn er schreibt, dass sich philosophische Fragen auf das Terrain des kulturellen Schauspiels verlagert haben. Peter Singer agierte seinen philosophisch motivierten Politaktivismus auch praktisch aus: Er sperrte sich öffentlich in Drahtkäfige, um auf die Umstände der Käfighaltung von Legehennen aufmerksam zu machen, er demonstrierte und marschierte.[186] Kulik überträgt diesen sehr ernst gemeinten Politaktivismus, der bereits viele Showelemente enthält und gerade deshalb auch viel erreichen konnte, in die Kunstshow – angefangen bei der Gründung seiner *Partei der Tiere* (*Partija životnych*)[187], mit der er in Russland selber demokratische Prinzipien der Lächerlichkeit preisgab. Das eigentlich Provokante, das meines Wissens relativ unbeachtet blieb, liegt daher nicht nur im Aufgreifen und der Überzeichnung der umstrittenen Thesen Singers, sondern in deren offener Parodie. Dabei ist nicht nur von Belang, dass auch die Thesen Singers, zum Beispiel der Vergleich der Tierrechts- mit der Menschenrechtsbewegung, mehr als angreifbar sind und auch vehement angegriffen wurden und sich Kuliks parodistische Aktionen in diese Debatten unmittelbar einschalten. Das Echo Singers in Kuliks Aktionen, die ethisch-moralische Angreifbarkeit und Umstrittenheit seiner philosophischen Argumentation wird vielmehr zum Formelement einer Parodie sowohl auf Singers Thesen, als auch auf die Mechanismen des westlichen Kultur- und Politikbetriebs. In dieser Hinsicht treffen das Medium des

---

185 Stellvertretend für diese Debatten vgl. Singers „Wie man in Deutschland mundtot gemacht wird" in Singer 1994, S. 425-51.

186 Jamieson 1999a, S. 7.

187 Vgl. hierzu ausführlicher Kapitel 6.3.2.2.

Körpers und das Medium der Kultur wieder im Akt der momentanen Destabilisierung das System stabilisierend aufeinander und hinterlassen in diesem Zusammentreffen einen Riss, innerhalb dessen Irritation herrscht. Denn wie kann Demokratie so gnadenlos im Namen der Demokratie verspottet werden, ist es doch nichts anderes, was Kulik und Bredichina in ihrem „Zehnten Gebot der Zoophrenie" tun. Die perfekte Demokratie wird als utopisch entlarvt, womit sich der Kreis zum Neuen Menschen und dem Experiment der perfekten (sozialistischen) Gesellschaft wieder schließt. Nicht nur dieses, auch das westliche Modell mit seinen (Markt-)Mechanismen, innerhalb derer Kulik meisterhaft zu agieren versteht, wird in den Aktionen Kuliks verspottet. Letztlich verspottet Kulik damit das kulturelle Schauspiel als Institution. Nicht nur grundlegende Pfeiler der (westlichen) Gesellschaftsordnung, auch die These Agambens wird in letzter Konsequenz der Lächerlichkeit preisgegeben. Zugleich zeigen sich im menschlichen Hund Kulik die inneren Zusammenhänge der Welten: Pavlovsche Hunde gibt es überall.

Ebenso deutlich wird dies in einem weiteren Bezugspunkt, den Salecl bemerkt.[188] Kuliks Aktion integriert nicht nur Peter Singers philosophische Argumentation parodistisch als Element in die Form ‚menschlicher Hund' seines künstlerischen Mediums, seines Körpers, innerhalb des Kunstsystems, er bezieht sich, so Salecl auch auf weitere westliche Umweltschutzbewegungen. Vor allem die Deep Ecology Bewegung[189], die sich in den 80er Jahren des 20. Jahrhunderts konstituierte, findet sich in der radikalen Kritik des Anthropozentrismus Kuliks wieder. Die Deep Ecology Bewegung wurde maßgeblich begründet von dem norwegischen Philosophieprofessor und Umweltaktivisten Arne Naess, sowie von George Sessions und Bill Devall, die von Naess beeinflusst erstmals die Prinzipien der Deep Ecology in einem Buch festhielten, und schließlich dem Gründer der Firmen Northface und Esprit Douglas Tompkins, der nach der Lektüre von Sessions und Devalls Buch, so will es die Gründungslegende, seine Firmenanteile verkaufte und sich fortan mit Hilfe seines Millionenvermögens dem Schutz der Umwelt verschrieb.[190] Kernstück der Deep Ecology Bewegung sind acht von Sessions und Naess formulierte, programmatische Thesen.[191]

---

188 Vgl. Salecl 1996, S. 62 bzw. 118, in russischer Übersetzung Салекл 1996, S. 42.

189 Zur Deep Ecology Bewegung vgl. v. a. das programmatische Buch Devall & Sessions 1985, in dem die Grundprinzipien der Deep Ecology formuliert werden. Rund zehn Jahre später erschien ein zweiter programmatischer Sammelband (Sessions 1995). Vgl. auch Dingler 1994 und 2004.

190 So kaufte Tompkins beispielsweise riesige Areale Urwalds in Chile, um diesen vor der Abholzung zu bewahren. 1993 gründete er eine Stiftung (*Foundation for Deep Ecology*), die sich um die Förderung nachhaltiger Umweltprojekte bemüht. Im Internet ist die Stiftung unter www.deepecology.org [Zugriff: 25. 04. 2006] zu finden.

191 Devall & Sessions 1985, S. 70. Die Thesen finden sich fast wortwörtlich (mit geringen, inhaltlich nicht relevanten Änderungen) auch auf der Website der Deep Ecology Foundation: „1. The well-being and flourishing of human and nonhuman life on Earth have value in themselves (synonyms: inherent worth; intrinsic value; inherent value). These values are independent of the usefulness of the nonhuman world for human purposes. 2. Richness and diversity of life

In diesem Programm wird eine nachhaltige Ökologie gefordert, in der sich der Mensch nicht über andere Lebewesen der Erde stellt. Es wird gefordert, alles Leben der Erde gleich zu achten, unabhängig davon, ob dieses Leben für den Menschen nützlich ist oder nutzbar gemacht werden kann. Diese Ziele könne man nur durch ein ideologisches Umdenken und eine radikale Änderung der Wirtschafts- und Technikpolitik erreichen. Einer der Hauptkritikpunkte der Deep Ecology an anderen Umweltbewegungen besteht in deren Verhaftetsein in bestehenden Systemstrukturen. Deep Ecology will mehr: Gefordert wird ein Umbau des Systems zum nachhaltigen Nutzen aller Lebewesen auf der Erde. Dies kommt den Forderungen Singers und deren parodistischer Transformation bei Kulik sehr nahe. Dabei haftet auch der Deep Ecology ein utopisch anmutendes Konzept an: Es ist nicht weniger als der sehr ernst gemeinte Traum einer gerechten Welt, den sie propagiert, bei gleichzeitiger Kritik am eigenen System. Nicht umsonst bemühen Devall und Sessions den Begriff der „Ecotopia".[192]

Es mag eine zufällige Parallele sein, dass auch die „Zehn Gebote der Zoophrenie" ursprünglich wie die der Deep Ecology in Form von acht Thesen formuliert waren (und erst später zu den biblischen zehn Geboten wurden). Viel wichtiger erscheint mir im Kontext der Bezüge zu Kuliks Aktionen, dass im Deep-Ecology-Konzept das Verhältnis von Natur und Kultur, im Gegensatz zu den russischen (Bio)Kosmisten, die im Kontext der Utopie des Neuen Menschen diskutiert wurden, vollkommen umgedreht wird. Nicht die Beherrschung der Natur durch Kultur wird nun als Bezugspunkt propagiert, sondern die Indienstnahme von Wissenschaft, Kunst und Kultur zum Respekt des Natürlichen und zur Erhaltung der biologischen Vielfalt, der sich der Mensch unterordnen muss. Beiden Bewegungen gemein ist jedoch die Vorstellung einer Art Verschmelzung von Mensch und Umwelt – mit dem gravierenden Unterschied, dass bei Ciolkovskij beispielsweise das Prinzip des Nutzens für den Menschen an oberster Stelle stand, während gerade dieses bei Deep Ecology programmatisch bekämpft wird, dass bei Ciolkovskij alle unnützen Tiere und Pflanzen ausgerottet werden sollten, bei Deep Ecology der Erhalt und der Schutz der Tier- und Pflanzenwelt in ihrer biologischen Vielfältigkeit programmatisch formuliert wird.

---

forms contribute to the realization of these values and are also values in themselves. 3. Humans have no right to reduce this richness and diversity except to satisfy vital needs. 4. Present human interference with the nonhuman world is excessive, and the situation is rapidly worsening. 5. The flourishing of human life and cultures is compatible with a substantial decrease of the human population. The flourishing of nonhuman life requires such a decrease. 6. Policies must therefore be changed. The changes in policies affect basic economic, technological structures. The resulting state of affairs will be deeply different from the present. 7. The ideological change is mainly that of appreciating life quality (dwelling in situations of inherent worth) rather than adhering to an increasingly higher standard of living. There will be a profound awareness of the difference between big and great. 8. Those who subscribe to the foregoing points have an obligation directly or indirectly to participate in the attempt to implement the necessary changes. -- Arne Naess and George Sessions" – (*Foundation for Deep Ecology*, www. deepecology.org, [Zugriff: 25. 04. 2005]).

192 Devall & Sessions 1985, S. 161 ff.

Es ist die bei Kuliks Aktion *Sobaka Pavlova* (*Pavlov's Dog*) beobachtete Prädominanz des Biologisch-Animalischen, des Reflektorischen, bei gleichzeitiger Präsenz des Reflektiven, die hier eine weitere ideologische Fundierung erhält. Das Menschliche im Menschen muss sich in den Dienst des Nicht-Menschlichen, des Animalischen, der Ökosphäre stellen. Gerade aus seiner Vernunftbegabung, so Deep Ecology, erwächst die Verantwortung für eine Unterordnung unter das Biologische. Wissenschaft, Kunst und Technik sollen sich nicht in den Dienst des Menschen, sondern in den Dienst der Natur stellen. Kulik spricht durch diese Verknüpfung in seinen Aktionen somit radikale Umweltschutzutopien an, unterstützt diese und thematisiert (wie auch durch die Bezüge zu Singer) deren wichtigstes Anliegen: die Gleichheit von Mensch und Tier und die Verantwortung des Menschen für das Tier. Denn, wie immer wieder konstatiert werden muss, Kulik bleibt schließlich auch immer Pavlov, der Autor der Aktion, und somit Verantwortlicher.

Es gibt jedoch auch hier eine Kehrseite (wie so oft in den polyvalenten Aktionen Kuliks): Wenn die Ziele der Deep Ecology Bewegung in der Aktion auch vordergründig unterstützt werden, so werden sie doch auf einer zweiten Ebene als erbarmungslose Verspottung lesbar, die auch die Forderungen Singers mit einschließt. Denn Kulik betont schließlich vor allem den Reflex und nicht die Reflexion, die allein eine Umsetzung der Prinzipien der Deep Ecology ermöglichen könnten. Die parodistische Ebene, die durch die Bezüge auf *Sobač'e serdce* (*Hundeherz*) bereits diskutiert wurden, wird durch eine Einbeziehung des Begriffs der „Noosphäre" in unser polysemantisches Interpretationsgerüst noch deutlicher werden.

5.2.4.3 Die Noosphäre – bessere Welt oder ‚tierische' Satire?

Den Aktionen Kuliks wird durch die *Zoofrenija* (*Zoophrenie*) mit ihren zehn Thesen nun ein eigener, durch die Deep Ecology und Singers Forderungen gespeister, quasi-philosophischer Überbau zur Seite gestellt, in der der Begriff der „Noosphäre" eine zentrale Rolle spielt. Im Ausstellungskatalog zur *Manifesta 1* heißt es beispielsweise, die Noosphäre als zentralen Fluchtpunkt des vor allem auf den Forderungen Singers und der Deep Ecology Platform basierenden künstlerischen Programms der *Zoofrenija* (*Zoophrenie*) thematisierend:

> The main concern of Zoophrenia is the interest in reality which cannot be integrated into any philosophical or aesthetical system due to its irrational nature. A dog knows very well what is absolute reality. Zoophrenia insists that a fresh and acute sensual awareness of the world be recultivated in man together with the rehabilitation of the animal (natural) element. [...] Zoophrenia will unite people and animals in a coalition for a *better noosphere*.[193]

---

193 Bredikhina 1996, S. 107. (engl. Original, aber meine Hervorhebung, G. D.-S.) Der Begriff Noosphäre wurde offenbar aus dem Buch Г.Е. Михайловский. *Основные проблемы на пути формирования ноосферы. За гармонию взаимоотношений человека с природой.* Москва 1989 (G. E. Michailovskij. *Grundlegende Probleme auf dem Weg zur Bildung einer Noosphäre.*

Wenn alle Menschen Tiere sind, dann werden, so die Forderung, alle Lebewesen im Kontext einer besseren „Noosphäre" vereinigt werden. Unter der „Noosphäre" sind in diesem Zitat all jene Strömungen zusammengefasst, die ich bisher aufgezählt habe: Auf der einen Seite finden sich die kosmistischen Utopien von einer Vereinigung aller Materie im Dienste und zum Nutzen eines Neuen Menschen, auf der anderen ein ebenso utopisches, gleichberechtigtes Zusammenleben aller Lebewesen auf der Erde unter dem Vorzeichen der Philosophie Singers und den Forderungen der Deep Ecology.

Der Begriff der Noosphäre wurde im russischen Kontext durch den russischen Denker und Wissenschaftler Vladimir Ivanovič Vernadskij geprägt und gehört unmittelbar in den Kontext der Entwicklung des kosmistischen Gedankenguts zu Beginn des 20. Jahrhunderts in Russland. „Der von dem französischen Mathematiker und Bergsonianer Edouard Le Roy in die Wissenschaftssprache eingeführte und später durch die hochspekulative Evolutionslehre Pierre Teilhard de Chardins verbreitet[e]"[194] Begriff bezeichnet bei Vernadskij ebenfalls die Vorherrschaft des Menschen auf der Erde. Die Entwicklung der Noosphäre aus der Biosphäre sei der natürliche Endpunkt einer durch den Menschen gesteuerten Entwicklung. Während zu Beginn des letzten Jahrhunderts jedoch die Vorherrschaft des Menschen und seiner technischen Möglichkeiten auf der Erde phantasmatisch gefeiert werden konnte, begreift die Deep Ecology Bewegung aus dieser durch sie ebenfalls konstatierten faktischen Vorherrschaft eine Verantwortung des Menschen für die Natur. Daher kann Vernadskij von Wolfgang Hofkirchner und Rolf Löther auch als ein Vordenker eben jener Nachhaltigkeit im Umgang mit der Natur gefeiert werden[195], die die Deep Ecology Bewegung als Figur in die Umweltdebatte einbrachte. Das Konzept der „Noosphäre" hat so Anteil an beiden Traditionslinien: unmittelbar an jener der russischen Kosmisten und ihrer Utopie vom sowjetischen Neuen Menschen, mittelbar aber auch an denjenigen der Ökobewegungen, auf die sich Kulik mit seinen Aktionen direkt bezieht. Die Zweiseitigkeit seiner Aktionen ist unverkennbar – nicht nur der Neue Mensch, auch die vor allem im Westen positiv konnotierten Ökobewegungen werden ebenso wie die Ideale der Utopie auch als Parodie lesbar.

Der Begriff der Noosphäre spielt jedoch noch auf einer weiteren Ebene eine wichtige Rolle. Michael Hagemeister hält fest, dass der „russische Kosmismus" oder das „russische kosmische Denken" vom Westen vollkommen unbeachtet in Russland seit den 1980er Jahren geradezu fröhliche Urstände feierten.[196] Diese Renaissance des Begriffs hat unmittelbar mit den Effekten der Liberalisierung der sowjetischen Gesell-

---

Über die Harmonie im Verhältnis von Mensch und Tier. Moskau 1989) entnommen, das in der Bibliographie des Portfolios angeführt ist. Da dieses Buch aber nicht erhältlich war, kann ich es nicht in meine Untersuchung einbeziehen und daher auch nicht überprüfen, in welchem Sinne sich die *Zoofrenija* (*Zoophrenie*) dem Begriff „Noosphäre" direkt annähert.
194 Hagemeister 1998, S. 171.
195 Hofkirchner & Löther 1996, S. 22.
196 Vgl. Hagemeister 1998.

schaft durch *perestrojka* und *glasnost'* zu tun, da nun mit der offiziellen Publikation von Werken wie beispielsweise denjenigen des Urvaters russischen kosmistischen Denkens, Nikolaj Fedorovs, all jene philosophischen Tendenzen an die Oberfläche aufsteigen konnten, die zuvor im Untergrund der Gesellschaft bereits erheblich als liberalisierende Widerstandskräfte wirksam gewesen waren. Denn, so schreibt Michail Epštejn,

> rarely in the history of thought has philosophy represented such a liberating force as it did in Russia from the 1960s through the 1980s. The Soviet State had generated a rigid system of „proven" ideas that aimed to perpetuate its mastery over the individual mind. For this reason, philosophical thinking, which by its nature transcends the limits of the existing order and questions sanctioned practices, was under permanent suspicion as an anti-State activity: To philosophize was an act of self-liberation via an awareness of the relativity of the dominant ideological discourse.[197]

Der Begriff der „Noosphäre", der für den russischen Kosmismus so wichtig war, erlebte mit dem kometenhaften Aufstieg des Kosmismus selber ebenfalls eine erstaunliche Popularisierung. Er wurde nicht nur für das Untergrunddenken, sondern sogar für die Reformpolitik Gorbačevs bedeutsam. So zitiert Hagemeister[198] E. V. Demidova und deren Befund, der Begriff sei „unentbehrlich sowohl als theoretische Plattform der Perestroika und des ‚neuen Denkens' [...] wie auch als wissenschaftliche Begründung des Friedensprogramms der KPdSU."[199] Die Karriere des Begriffs „Noosphäre" setzte sich nach dem Zusammenbruch der Sowjetunion fort. 1998, zum Zeitpunkt des Erscheinens von Hagemeisters Aufsatz, sei der Begriff, so schreibt er, ein Modewort geworden: *„Noosfera"*, so Hagemeister weiter, nennen sich esoterische Verlage, informelle Gruppen und parawissenschaftliche Vereinigungen. Hagemeister zählt weitere Varianten auf: das „N. D. Zelinskij-Zentrum zum Schutz der Noosphäre" (Moskau), ein „noosphärisches Architektur- und Landschaftsschutzgebiet" (Borovsk), ein „Öffentliches Noosphäre-Institut" (Odessa), die Zeitschrift *Na puti k noosfere* (*Auf den Wegen zur Noosphäre*), die „Orthodoxe Noosphäre-Universität" mit Kursen in „noosphärischer Kulturologie" (Moskau), das „Noosphäre-Zentrum für strategische Studien", das nichts Geringeres wolle, als die Menschheit vor ihrer Selbstvernichtung zu bewahren, und schließlich ein geplantes Weltzentrum für kosmische Philosophie im Altaj-Gebirge, in dem Wissenschaftler die *„noosferizacija"*, die „Entwicklung der ‚Noosphäre'" vorantrieben.[200] Es gebe, so Hagemeister, „kaum ein Gebiet menschlichen Denkens und Handelns, das nicht in eine Beziehung zum ‚Kosmismus' gebracht wird, ob es sich um Ikonenmalerei, Yoga, die Philosophie Kants, Nationalitätenproblem oder das Ozonloch handelt."[201] In seinem Aufsatz untersucht Hagemeister vier Erscheinungsformen des zeitgenössischen Kosmismus genauer: Pa-

---

197　Epstein 1996.
198　Hagemeister 1998, S. 171.
199　Демидова 1988, S. 117.
200　Hagemeister 1998, S. 172.
201　Hagemeister 1998, S. 170.

rawissenschaft, Okkultismus, New Age-Ideologie und Neo-bogostroitel'stvo (Neo-Gottbauertum).[202] Stränge, die sich bei Kulik fanden, tauchen plötzlich auch hier auf.

New Age gehört zu den Bewegungen, die Bill Devall und George Sessions als unmittelbaren Kontext von Deep Ecology diskutieren, wovon sie sich allerdings, ebenso wie von dem dort einflussreichen Pierre Teilhard de Chardin, aufgrund der auch in der westlichen Variante des noosphärischen[203] Denkens dominanten Vorherrschaft des Menschen über die Natur, deutlich abzusetzen suchen.[204] Gerade im bewussten Aufgreifen einiger Schlüsselbegriffe der Deep Ecology wie der Überwindung des Anthropozentrismus[205] oder des Lebens in „mixed communities of humans and nonhumans"[206] vor allem im Projekt *Sem'ja buduščego* (*Family of the Future*) zitiert Kulik scheinbar eindeutig die Positionen der Deep Ecology. Im Aufgreifen des Begriffes der „Noosphäre" jedoch ist auch das gesamte Reservoir des Modebegriffs „Noosphäre" enthalten. New Age scheint durch die Hintertür wieder hereinzukommen, die semantischen Uneindeutigkeiten der Aktionen werden immer deutlicher. Über den Begriff des „neo-bogostroitel'stvo", eines „Neo-Gottbauertums", dessen historische Variante in den Kontext des Neuen Menschen gehört, kommt auch die Utopie des Neuen Menschen in einem postsowjetischen Gewand durch die gleiche Hintertür herein.

Mit seiner Variante der „Noosphäre" fügt Kulik im Kontext seiner eigenen Kultur den zirkulierenden Variationen schlicht und einfach eine weitere parodistisch hinzu. Er parodiert sowohl die postsowjetische Inflation des Begriffes als auch seine Geschichte während der *perestrojka*. Dieses Aufgreifen eines Begriffs, der so deutlich im Dienste der Reformpolitik und in seiner Tradition als Bestandteil eines philosophischen Diskurses, der sich als Freiraum gegenüber der Sowjetmacht verstand, steht, der aufgrund dieser übermächtigen Konnotierungen eine postsowjetische popularisierende Inflation erlebte, kann vielleicht tatsächlich postsowjetisch genannt werden. Denn Kulik parodiert und ironisiert im Grunde die Möglichkeit jeglicher Ideologie und Utopie, sowohl der vergangenen totalitären als auch der gegenwärtigen. Im Aufgreifen eines für den Prozess der *perestrojka* so wichtigen Begriffes werden auch die Ideale und die Ergebnisse der *perestrojka* künstlerisch pervertiert. Zugleich ist dieses

---

202 Hagemeister 1998, S. 186-189.

203 „Vieles von jener synkretistischen Ideologie, die gegenwärtig unter dem Etikett ‚Kosmismus' propagiert wird, erweist sich bei nähere Betrachtung als russische Variante des westlichen New Age-Denkens. Auffallend sind die Anklänge an die ganzheitlich-organischen Weltauffassungen und die darauf gegründeten metaphysischen Ökophilosophien eines Fritjof Capra, James Lovelock oder Gregory Bateson. Begriffe wie ‚planetarisches Bewusstsein', ‚Ökologie des Geistes', ‚Noosphäre' oder die sogenannte ‚Gaia-Theorie' von der Erde als einem ‚lebendigen, selbstregulierenden Organismus' und die Betrachtung des Menschen als ‚kosmoplanetarisches Phänomen' sind längst Gemeingut westlicher New Age-Ideologen und moderner ‚russischer Kosmisten', wie z. B. Nikita Moiseev, Fedor Girenok, Vlail' Kaznčeev und Evgenij Spirin, um nur die prominentesten zu nennen." (Hagemeister 1998, S. 188).

204 Devall & Sessions 1985, S. 5, 124-26, 138-44.

205 Devall & Sessions 1985, S. 243-246.

206 Devall & Sessions 1985, S. 148.

Verfahren auch ein altbekanntes des Moskauer Aktionismus: Während Osmolovskij westliche Protestpraktiken im hoch politisierten Klima der Endphase der *perestrojka* und des Endes der Sowjetunion ironisch auf ihre Umsetzbarkeit in der Kunst unter-suchte, so führt Kulik dieses Verfahren fort. Auch er persifliert westliche Konzepte, auch er setzt sich ironisch mit in der Gesellschaft präsenten Formen von Kommuni-kation auseinander. Zugleich bedient er meisterlich die Erwartungen eines autono-men Kunstbetriebes, der die – erträgliche – Provokation fest in sein Formenarsenal integriert hat. Auch diese Ebene lässt sich in den Aktionen Kuliks thematisieren und wird ironisch reflektiert.

Was aber überzeugt mich nun davon, dazu berechtigt zu sein, Kuliks Aktionen auch als Parodie zu lesen und nicht (nur) als einen ernst gemeinten, künstlerischen Beitrag zu hochaktuellen Umweltdebatten oder zur Frage der Demokratisierung der Gesell-schaft oder derjenigen zu den soziokulturellen Überresten des sowjetischen Gesell-schaftsexperiments? Worin liegt die Ambivalenz, was macht die Qualität des Kulik-schen Gottesnarren aus, der der Gesellschaft ja auch und vor allem einen Spiegel vor-hält und sie verlacht – egal ob in West oder Ost? Es ist der Begriff der Noosphäre selber, der mir diese Schlussfolgerung nahe legt. In ihm trifft die künstlerische Form-bildungsvariante „Noosphäre" des Mediums Kultur auf alle kulturell bereits vorhan-denen Formbildungsvarianten, ergänzt um ein ganz entscheidendes Element.

Im Siebten Gebot der *Zoofrenija* (*Zoophrenie*) heißt es:

> В смирении человека, в его поиске реального места в реальном мире скрыта огромная творческая энергия. Новая культура ноосферы будет доступна каждому живому существу, потому что новая, объединенная культура будет ориентирована на рефлекс, а не рефлексию, на межвидовой язык страсти и страдания, на способность человека почувствовать забытый им запах реальности (этимологически „noos" ничто иное как „нюх").[207]

> In the humility of man, in his search for the real place in the real world tremendous im-pulse of creative energy is concealed. The new culture of Noosphere will be available to any living being, because the new culture will be reflex (not reflection) oriented, it will be based on the language of pain and passion, only capability of feeling the smell of rea-lity man has forgotten (etymologically, „noos" is exactly the ability to smell).[208]

In diesem Zitat werden wir mit der abermaligen Bemühung des Reflexes statt der Re-flexion nicht nur auf den Ausgangspunkt der Betrachtungen dieses Teilkapitels zu-rückgeworfen, es findet sich nicht nur der für Singer so wichtige Schmerz und die für Kuliks parodistische Auseinandersetzung mit der Postmoderne satirische Betonung der ‚Realität'[209], es findet sich auch eine quasi-etymologische Herleitung des Begriffs

---

207 Kulik 1997, S. 30.
208 Kulik 1997, S. 13 (engl. Original).
209 in der Betonung des Begriffs der „Realität" findet sich natürlich auch eine polemisierende Aus-
     einandersetzung mit der Postmoderne – einer der Ausgangspunkte des Moskauer Aktionis-
     mus.

Noosphäre. Die Noosphäre leite sich, so die Aussage, von einem griechischen „noos" ab, das „Riechen" oder „Geruch" bedeute. Dem ist aber mitnichten so. Im Griechischen bedeutet der Begriff das Gegenteil dessen, wofür es in Kuliks künstlerischem System steht. Das Wort „νοῦς" („nous", oder „νόος" [„nóos"]) heißt Verstand, es steht auf der Seite der Reflexion und nicht des Reflexes. Die Noosphäre war bereits bei Le Roy, Teilhard de Chardin und Vernadskij die Sphäre der Vernunft; sie ist gewissermaßen der Endpunkt des Cartesianischen Denkgebäudes.

Die falsche Übersetzung[210] ist aber mit Sicherheit nicht zufällig, ist sie doch phonetisch motiviert durch die Bedeutung des russischen „nos", der Nase. In der russischen Kultur steht „nos" aber nun nicht nur für das (menschliche) Riechorgan. *Nos*[211] (*Die Nase*[212]) ist auch der Titel einer der berühmtesten Grotesken Nikolaj Gogol's, in der eine Nase abgetrennt von ihrem Besitzer, dem Kollegienassessor Kovalev, eigenständig und den Menschen gleichberechtigt durch die Straßen St. Petersburgs läuft und sogar eine gesellschaftliche Karriere als Staatsrat macht, während der Besitzer der Nase versucht, in der Zeitung eine Suchanzeige für seine verlorene Nase aufzugeben und bei einer Begegnung mit ihr in einer Kirche vollkommen verzweifelt, als diese sich ihrer Identität als Nase noch nicht einmal bewusst zeigt – geschweige denn den armen Kovalev erkennt. Das gleichberechtigte Zusammenleben aller Lebewesen müsste demnach auch die Gleichberechtigung von Nase und Mensch umfassen – eine in der Tat absurde Groteske! In seinem eigenen kunstimmanenten System führt Kulik damit die gesamte Idee der Gleichberechtigung aller Lebewesen, die Verbundenheit aller Materie und damit sämtlicher gesellschaftlicher Organisationsformen, die in seinen Aktionen anklingen, sei dies nun die Demokratie oder der Kommunismus, die Noosphäre alter oder kulturell modernisierter Provenienz, die Ökologie oder die historische Ost-West-Dichotomie komplett *ad absurdum*. Die Tradition der Satire, die bereits durch *Sobač'e serdce* (*Hundeherz*) beleuchtet wurde, bricht hier uneingeschränkt durch.

Zugleich wird deutlich, wie sehr die Aktionen Kuliks in der Tradition eines postmodernen Formenspiels verhaftet bleiben. Um die Figur des menschlichen Hundes rankt sich ein gesamter Konnex an Interpretations- und Verweismöglichkeiten, die sowohl spielerisch als auch semantisch uneindeutig aufgegriffen werden. Wichtig erscheint mir vor allem, dass all diese Anknüpfungspunkte performative Kräfte in ihren jeweiligen kulturellen Kontexten entfalteten, egal ob es sich dabei nun um die historische Avantgarde oder die Utopie vom Neuen Menschen in Russland, der „Noosphären-Inflation" im postsowjetischen Russland oder um den eher westliche Gesellschaften prägenden Umwelt- und Tierschutzdiskurs handelt. Kuliks Figur des menschlichen Hundes wirkt wie ein Kristallisationspunkt oder Konnex all dieser performativ wirksamen Linien, die sich, auch dies wurde deutlich, nicht nur in der Figur des menschlichen Hundes im Rahmen der Kunst, sondern auch in ihren jeweiligen Evo-

---

210 Renata Salecl übernimmt diese Übersetzung in ihrem Aufsatz (Salecl 1996). Ich wiederum danke Konstantin Bogdanov für seinen Hinweis auf Kuliks und Bredichinas Verwirrspiel.
211 Гоголь 1996, S. 428-450.
212 Gogol 1996, S. 563-594.

lutionslinien immer wieder trafen. Durch ihre performativen Eigenschaften haben sie die Gesellschaften, in denen sie entstanden und wirksam waren, mit geformt. Gesellschaften werden aber, so Luhmann, erst durch Kommunikation möglich. Diese Diskurse, Traditionslinien, Prätexte oder wie auch immer man sie in einem jeweils eigenen Theoriekontext nennen mag, haben alle ihre ihnen eigene mediale, also Kommunikation gestaltende Funktion ausgeübt.

Es ist diese Funktion, mit der sich der Körper in den Aktionen Kuliks, aber auch Osmolovskijs und anderer Körperkünstler, unmittelbar in Beziehung setzt. Die künstlerische Realisierung eines Konnex für all diese, sicher nicht vollzählig aufgelisteten Formvarianten eines Mediums – dasjenige der Kultur eines bestimmten Gesellschaftssystems – mit denen sich die Aktionen Kuliks oszillierend zwischen Ernst und Ironie, zwischen Spiel und Parodie, kombinieren, schafft gerade in der Aktion durch den Akt des Aufeinandertreffens von Körper und Kultur jenen Riss[213], durch den hindurch sich die einzelnen Linien als medial wirksam für den kulturellen Kontext, innerhalb dessen sich das Kunstobjekt, die Performance oder Aktion bewegt, erweisen. Gerade das freie Bedienen aus dem Formenarsenal verschiedenster kultureller Elemente ist aber ein typisch postmodernes Verfahren. Die Kunst des Moskauer Aktionismus erweist sich in dieser Hinsicht als hochkonzeptuell und gar nicht so weit entfernt von anderen Vertretern konzeptueller Kunst, wie dem Moskauer Konzeptualismus, gegen den er so heftig polemisierte. Er bewegte sich jedoch in einer vollkommen anderen Welt als dieser – in der Welt einer Gesellschaft im Umbruch und in einer durch Massenmedien und den Kunstmarkt determinierten. Während in den vorhergegangenen Kapiteln mehr von den Auseinandersetzungen des Moskauer Aktionismus mit den Mechanismen des Kunstmarktes und der Integration in globale institutionelle Strukturen die Rede war, soll es im nun folgenden Kapitel ausschließlich um die Relationen von Moskauer Aktionismus und den sich im postsowjetischen Russland neu strukturierenden Massenmedien gehen.

---

213 Vgl. zum Verständnis des „Risses" Kapitel 2.2.3.2.

6 Der drastische Körper und seine „Medienlandlandschaft": Das System der Massenmedien und der Moskauer Aktionismus

6.1 Die „Medienlandschaft" des Moskauer Aktionismus

6.1.1 Das System der Massenmedien als „Medienlandschaft"

Im Kunstsystem, so die These Luhmanns, werden Formen nur noch zum einzigen Zweck ihrer sekundären Beobachtung und damit der Kommunikation übereinander gebildet.[1] Das Kunstsystem beobachte sich ausschließlich selbst. Dieser These jedoch widerspricht Thomas Dreher, der die These aufstellt, dass das Kunstsystem sehr wohl Beobachtungen außerhalb seiner selbst, also Weltbeobachtung leisten könne. Weltbeobachtung könne in einer dritten Variante auch Kunstbeobachtung ermöglichen.[2]

In diesem Kapitel soll es am Beispiel der Interrelationen des Moskauer Aktionismus mit einem anderen gesellschaftlichen Subsystem, mit dem der Massenmedien gehen, das für das Funktionieren des Moskauer Aktionismus eine ganz entscheidende Rolle spielte. Der Moskauer Aktionismus setzte sich, so die Ausgangshypothese, intensivst mit den Möglichkeiten von Kunst auseinander, er verhandelte sowohl die Grenzen der Kunst als auch die innerhalb des Kunstsystems herrschenden Bedingungen seines Funktionierens und Operierens.

Beispiele hierfür lassen sich viele finden. Eines wäre die im Moskauer Aktionismus häufig artikulierte Kritik an Kunstinstitutionen. Gleichzeitig wurde ein Mangel an Institutionen beklagt ebenso wie der Moskauer Aktionismus als Kunstform in die Bildung neuer Institutionen integriert war, griffen doch beispielsweise die neu entstehenden Galerien diese Kunst auf. Institutionen, so Luhmann, ermöglichen Kunst jedoch erst, sie zählen zu den wichtigsten Elementen eines autarken Kunstsystems, der kritisch-aggressive Auseinandersetzungsgestus bei gleichzeitiger Verwobenheit mit Erscheinungsformen der Institutionalisierung ist aus dieser Perspektive weniger eine Kritik am Phänomen der Kunstinstitution, sondern vielmehr eine eminent wichtige Auseinandersetzung mit dem Funktionieren des Kunstsystems selbst.[3]

---

1 Luhmann 1997, S. 393 ff.
2 Vgl. Kapitel 2.2.2.2.
3 Luhmann 1997, S. 395.

Eines der grundlegendsten Charakteristika eines autonomen Kunstsystems in einer funktional ausdifferenzierten Gesellschaft ist, laut Luhmann, dessen prinzipielle Zugänglichkeit für alle.[4] Auch mit diesem Charakteristikum setzt sich der Moskauer Aktionismus auseinander, wenn er auf die Straße geht, bewusst antiintellektuell agiert und sich gegen ein als hermetisch abgeschlossen empfundenes, konzeptualistisches Kunstverständnis abgrenzt.

Es kann angesichts der künstlerischen Reaktionen des Moskauer Aktionismus auf das postsowjetische Kunstsystem durchaus die Frage gestellt werden, inwiefern sich in postsowjetischer Zeit eine funktionale Ausdifferenzierung der Gesellschaft im Sinne Luhmanns vollzieht. So lautet eine seiner Thesen, dass es in funktional ausdifferenzierten Gesellschaften nur wenige gesellschaftliche Reaktionen auf diese Ausdifferenzierungen und die Autonomie des Kunstsystems gibt, dass andere gesellschaftliche Subsysteme nur sehr eingeschränkt auf Veränderungen im autonomen Kunstsystem reagieren. Ausnahmen bestünden nur dann, wenn andere Subsysteme sich ihrer eigenen Autonomie nicht bewusst seien und daher Entwicklungen im Kunstsystem als Übergriffe empfänden und entsprechend repressiv reagierten. Als Beispiel für einen derartigen Mechanismus nennt Luhmann politische Systeme wie das der Sowjetunion[5], was sicher ein sehr verallgemeinerndes Urteil darstellt und die historischen Gesellschaftsentwicklungen innerhalb der Sowjetunion vollkommen außer Acht lässt.

Im postsowjetischen Moskauer Aktionismus finden wir nun eine Kunstform, die einerseits außerordentlich stark mit anderen gesellschaftlichen Subsystemen zu interagieren sucht, andererseits aber die Luhmannsche Erfahrung der Nichttranszendierbarkeit der Grenzen des Kunstsystems zu machen scheint. Im Gegensatz hierzu steht die Abgeschlossenheit und partielle Unzugänglichkeit der sowjetischen inoffiziellen Kunst, die sich als eine Reaktion auf die Nichtaktzeptanz der Systemgrenzen durch das politische System in der Sowjetunion interpretieren ließe. Dies lässt sich als eine Folge der nicht zugelassenen Autonomie des Kunstsystems im Sowjetsystem lesen. Die Ausdifferenzierung eines autopoietischen Kunstsystems konnte offenbar nur in der inoffiziellen Kunst im vollen Ausmaß stattfinden, während die offizielle Kunst von der Politik abhängig blieb. Das politische System akzeptierte die Grenzen des autopoietischen Systems der Kunst nicht in vollem Ausmaß. Eine Nichtakzeptanz von Systemgrenzen bedeutet allerdings – auf das gesamte Kunstsystem bezogen, das im Falle der Sowjetunion offizielle und inoffizielle Kunst mit einschließt – immer auch ein Nichtausleben von Systemgrenzen, und in dieser Hinsicht ist die Autonomie des Kunstsystems wohl tatsächlich nicht in vollem Umfang gegeben gewesen und musste durch eine relative, nicht systembedingte Abschließung der autonomen Anteile des Kunstsystems nach außen gegenüber anderen gesellschaftlichen Subsystemen ertrotzt werden. Dieses Abtrotzen könnte sich in einer relativen Geschlossenheit der inoffiziellen Kunstszene ausgewirkt haben, die mit dem Wegfall der Notwendigkeit anachronistisch wurde und so Gegenstand des Angriffs einer nachfolgenden Generation wurde.

---

4 Luhmann 1997, S. 445.
5 Luhmann 1997, S. 295.

In der postsowjetischen Gesellschaft, in der die nachfolgende Generation, der Moskauer Aktionismus, in Abgrenzung zum Moskauer Konzeptualismus agierte, müssten die Ausdifferenzierungen in verschiedene funktionale Subsysteme deutlich werden. Der Moskauer Aktionismus, so ist zu folgern, setzt sich nicht nur mit den inneren Gesetzmäßigkeiten des Kunstsystems auseinander, er setzt sich auch mit anderen Subsystemen und mit dem Erlebnis der zur vollen Entfaltung kommenden funktionalen Ausdifferenzierung der Gesellschaft in diese Subsysteme auseinander. Genau deswegen haben wir es beim Moskauer Aktionismus mit einer Kunstform zu tun, die nach einer intensiven Interaktion mit anderen gesellschaftlichen Subsystemen strebt, jedoch zugleich in dieser Interaktion mit der Autonomie des Kunstsystems strukturell operiert.

Das Kunstsystem setzt sich also intensiv mit sich selbst auseinander, mit seinen eigenen Funktionen und Operationen, und macht dabei die Erfahrung, dass die Systemgrenzen nicht transzendierbar sind, wie wir es bei den Aktionen Anatolij Osmolovskijs gesehen haben. Aber bereits diese Auseinandersetzung war auch eine Auseinandersetzung mit Prozessen, die in der Gesellschaft ablaufen. Gerade in den Aktionen Osmolovskijs wurde dies deutlich: Das Erlebnis eines Umbruchs führt zur Einführung von Figuren des Aufbegehrens, der Revolution in das Kunstsystem, das sich selbst zwar perpetuiert, aber dennoch Modelle der Weltbeobachtung in sich trägt. Sicher kann man an den Aktionen Osmolovskijs sehr gut beobachten, wie die Inkorporierung der Umwelt in das Kunstsystem vonstatten geht, doch bietet das Kunstsystem, selbst wenn es sich mit sich selbst beschäftigt, auch – und hier schließe ich mich Thomas Dreher an – zahlreiche Möglichkeiten, beobachtend auf die es umgebende Welt zu reagieren.

Das Kunstsystem setzt seine Beobachtungsoperationen nicht nur selbstbezüglich, sondern auch „fremdbezüglich" ein. Insofern ist hier dem radikalen Konstruktivismus Luhmanns zu widersprechen, gerade weil sich das Kunstsystem an einer Nichttranszendierbarkeit seiner Grenzen abarbeitet. Ähnliches gilt auch für die Aktionen Kuliks. Die Aktionen reagieren nicht nur auf Entwicklungen innerhalb des Kunstsystems, auch wenn viele von Kuliks Aktionen sich beispielsweise mit der Frage nach der Position der Kunst in der russischen Gesellschaft – man denke nur an das im Namen der Kunst geschlachtete Schwein – oder in einer globalen Gesellschaft – man denke an die aggressiven Hundeaktionen – auseinandersetzen. Ebenso wichtig wird aber die implizite Reflexion von in der Gesellschaft wirksamen Einflussfaktoren, die sich in der Figur des Pavlovschen Hundes als Konnex verbinden. Semantisch derart offene Aktionen wie diejenigen Kuliks ermöglichen erst diese Reflexionen und damit gesellschaftliche Kommunikation, die ohne sie nicht möglich wäre.

Mit Luhmanns Schema eines autarken, nur innerhalb seiner selbst operierenden, in seiner höchsten Ausdifferenzierungsstufe nur noch auf sich selbst verweisenden Kunstsystems lassen sich diese letztlich semantischen Operationen nicht erklären. Dies ist der Punkt, an dem meine Arbeit den radikalen Konstruktivismus verlässt und nicht rein systemtheoretisch argumentieren kann, auch wenn ich viele terminologische Anleihen aus der Systemtheorie gemacht habe. Genau an diesem Punkt schließt die Arbeit an die Luhmann-Kritik Thomas Drehers an, der Luhmann vorwirft, er wolle dem Kunstwissenschaftler seinen Platz zuweisen, den dieser aber so nicht akzeptieren könne.[6] Dreher kritisiert am Modell Luhmanns, dass aufgrund der von ihm vorgenommenen Trennung von Kunst- und Weltbeobachtung Phänomene wie „kunstexterne Brechungen der ‚Kunstbeobachtung'"[7] unberücksichtigt blieben. Auch spare Luhmann aus seinen Betrachtungen vollkommen aus, dass kunstextern neu entwickelte Präsentationsweisen eine Erweiterung der „Medienlandschaft" der Kunst bedeutet hätten.[8] Die „Medienlandschaft" definiert Dreher als das „Spektrum an (institutionalisierten und noch nicht institutionalisierten) Präsentationsformen, das KünstlerInnen zu einem bestimmten Zeitpunkt anwenden oder angewandt haben."[9]

Wenn wir nun zum Moskauer Aktionismus zurückkehren, so ergibt sich folgendes Bild: Der Moskauer Aktionismus lässt sich auch, so der bisherige Gedankengang, als eine Reaktion auf einen Ausgestaltungsschub anderer gesellschaftlicher Subsysteme verstehen. Als relevant sind hier vorläufig das System der Massenmedien zu nennen sowie das des ökonomischen und das des politischen Systems. Inwiefern hat man es hier aber nun mit Weltbeobachtung zu tun, die Luhmann explizit aus-, Dreher hingegen in seiner Luhmann-Kritik ebenso explizit mit einschließt?

Das System der Massenmedien ist nicht nur, so meine These weiter, ein neben dem Kunstsystem unabhängiges, autonomes und autopoietisches funktionales Subsystem der Gesellschaft, sondern stellt zugleich auch eine „Medienlandschaft" für den Moskauer Aktionismus dar. Zum einen differenziert sich das System der Massenmedien unmittelbar vor und vor allem nach dem Zusammenbruch der Sowjetunion neu aus, zum anderen stellt es aber auch eine ‚Präsentationsform' für den Moskauer Aktionismus dar – eine Präsentationsform, die so für die russische Kunst neu ist. Mit diesem Neuheitskriterium erfüllt der Moskauer Aktionismus wiederum ein von Luhmann als zentral für das Kunstsystem herausgestelltes Merkmal.[10]

Die These lässt sich auch anders formulieren: Im Moskauer Aktionismus trifft der Körper als Medium auf andere Medien. Diese sind nicht nur das Medium des Skandals und Protests als Kommunikation erzwingende künstlerische Ausdrucksform oder das Kommunikation ermöglichende Medium der Kultur innerhalb einer Gesellschaft, dies sind auch in einem ganz realen Sinn die verschiedenen Medien der massenmedialen Kommunikation. Der Körper prallt im Moskauer Aktionismus unmittelbar auf das System der Massenmedien. Das System der Massenmedien wird in der Folge zur Präsentationsform für den Moskauer Aktionismus in der postsowjetischen Gesellschaft.

Das Aufeinandertreffen von Massenmedien und Körper im Moskauer Aktionismus lässt sich somit in zweifacher Hinsicht interpretieren. Einerseits findet eine punktuelle Verschränkung der jeweils autonomen Systeme der Kunst und der Mas-

---

6 Dreher 2001, S. 446.
7 Dreher 2001, S. 446.
8 Dreher 2001, S. 446.
9 Dreher 2001, S. 47. – Mehr zu diesem Zusammenhang in Kapitel 2.2.2.2.
10   Luhmann 1997, S. 490 ff.

senmedien statt. Diese Verschränkung bedeutet aber strukturell ein Aufeinanderprallen der in diesem Fall relevanten Form des Kunstmediums Körper mit Formen aus dem System der Massenmedien: Verbreitungsmedien wie dem Schriftmedium der Zeitungen oder dem dominant visuell geprägten Medium des Fernsehens. Formbildungsvarianten im System der Kunst und Formbildungsvarianten des Systems der Massenmedien beeinflussen sich dabei gegenseitig und erlauben so durch ihr Aufeinandertreffen Beobachtungsoperationen, die ich unter dem Terminus „Weltbeobachtung" einordnen möchte. Veränderungen in den jeweiligen Systemen werden so im jeweils anderen System reflektiert – für den Teil der Gesellschaft, der sich auf die durch diese neue ,Intersystem-Formbildungsvariante'[11] ermöglichte Kommunikation einlässt, beobachtbar.

Die Relation zwischen den Systemen wird so durch eine Form der Intermedialität erreicht: Formbildungsvarianten eines Mediums schreiben sich in diejenigen eines anderen ein. Konkreter gesprochen: Die Formbildungsvariante TV oder Zeitung (beides Verbreitungsmedien und Massenmedien) und die Formbildungsvariante Körper- oder Aktionskunst existieren nicht nur nebeneinander, sie beeinflussen einander auch strukturell und funktional. Die intermedialen Effeke wirken dann wieder auf die jeweils in sich (auch) autopoietisch agierenden Funktionssysteme Kunst bzw. Massenmedien. Mit anderen Worten: Wenn über die Performances des Moskauer Aktionismus intensiv in den Massenmedien berichtet wurde, dann müsste dies in den Formbildungsvarianten des Moskauer Aktionismus durch Varianz eingeschrieben sein. Diese Interrelationen müssten im Grunde für Interaktionen mit anderen Subsystemen der Gesellschaft ebenso beobachtbar sein. So finden sich, so möchte ich an dieser Stelle als These formulieren, nicht nur die Wirkungen der Massenmedien, sondern auch diejenigen der Konfrontation der Kunst mit einem sich im Gegensatz zu sowjetischen Zeiten stark verändernden Subsystem Politik oder dem der ökonomischen Organisation der Gesellschaft. In diesem Kapitel soll es dennoch vor allem um die Verschränkungen mit dem System der Massenmedien, das als Präsentationsform im Moskauer Aktionismus eine der tragendsten Rollen spielte, gehen. Verweise auf Relationen zu anderen Subsystemen werden dort angemerkt werden, wo sie in diesem speziellen Zusammenhang von Interesse sind.

6.1.2 Bedeutung der massenmedialen Präsentation für den Moskauer Aktionismus

Die Bedeutung der massenmedialen Präsentationsform wurde von vielen Beobachtern des Moskauer Aktionismus in sehr unterschiedlichen Kontexten hervorgehoben. Immer wieder geht es dabei auch um die Fragen der Institutionalisierung von Kunst und/oder um das Verhältnis von Kunst und Politik oder Kunst und Wirt-

---

11 Inwiefern es sich dabei um eine „strukturelle Kopplung" von Systemen im Sinne Luhmanns handelt, soll offen gelassen werden.

schaft. Die Beobachter des Moskauer Aktionismus sind dabei häufig selbst als Teil des Kunstsystems zu verstehen. Als Kritiker oder unmittelbar in Moskau lokalisierte Beobachter, als Kuratoren oder gar als ehemalige Akteure sind ihre Äußerungen bereits als Bestandteile des sich selbst und die Welt beobachtenden Kunstsystems zu betrachten.

So schreibt Ekaterina Degot', eine der einflussreichsten Kunstkritikerinnen im Russland der 1990er Jahre im Jahr 1995, zur Zeit des Höhepunktes des Moskauer Aktionismus, folgende Passage, in der sie die Massenmedien als Ersatz für einen nicht (mehr)[12] vorhandenen ökonomischen Markt einstuft und explizit macht, welche Präsenz die Aktionskunst in den Massenmedien besitzt. Dieser Ersatzmarkt sei ein symbolischer, auf dem nur derjenige erfolgreich sei, der es in die Berichterstattung der Massenmedien schaffe.

> Der Kontext der heutigen Moskauer Kunst ist ein postkommerzieller. Das kommerzielle Interesse an russischer Kunst ist im Westen erloschen, und in Russland selbst ist kein realer Markt dafür entstanden, sondern ein symbolischer: der Medienmarkt. Erfolgreich wird der, der in die Medien kommt. Einige bedeutende Moskauer Zeitungen und mindestens eines der Fernsehprogramme, *Grolime*, verfolgen die Kunst der neuen Generation genau. Keine einzige Performance bleibt von ihnen unbemerkt. Ein Teil dieser Kunst wird folgerichtig bewusst in rein medialen Formaten gestaltet.[13]

Degot' geht an dieser Stelle auf die Arbeiten des Videokünstlers Gia Rigvava ein, der sich in mehreren Performances und Videoinstallationen mit den Massenmedien unmittelbar auseinandersetzt.

> „Glaubt denen nicht, die lügen immer mehr" wiederholt Gija Rigwawa in einer Videoperformance ununterbrochen und fügt bisweilen hinzu: „Die fressen alles leer", indem er die aggressiven Prophezeiungen der marginalen kommunistischen Presse parodiert (*Kakistokratie*, 1994). In einer anderen Performance (*Du bist machtlos*, 1993) arbeitete er „die große Lüge" des Fernsehens auf. Rigwawa zeigte eine Vernissage im *Zentrum der modernen Kunst* als Live-Sendung im TV, wobei in das Programm vorher gedrehtes Material wie z. B. das Erscheinen einer nackten jungen Frau eingebaut war, um das Publikum zu desorientieren.[14]

Einen Absatz später bestätigt Degot' dann, dass die Künstler des Moskauer Aktionismus trotz ihrer Bezugnahmen auf den Wiener Aktionismus nicht dessen Poetik verfolgten. Sie setzt die Moskauer Aktionskunst der 1990er Jahre damit in unmittelbare

---

12 Der ökonomische Kunstmarkt ist insofern ‚nicht mehr' vorhanden, als das übersteigerte Interesse, das der westliche Kunstmarkt in der zweiten Hälfte der 1980er Jahre im Zuge von *perestrojka* und *glasnost'* an russischer Kunst entwickelt hatte, zu Beginn der 1990er Jahre abgeflaut war. In der kommunistisch ausgerichteten Sowjetunion hatte es ökonomische Marktstrukturen dieser Art ohnehin nie gegeben.
13 Dyogot, Y. 1995, S. 24.
14 Dyogot, Y. 1995, S. 24.

Beziehung zu „expliziten Medienkünstlern", also zu Künstlern, die sich in ihrer Kunst direkt mit den Massenmedien und deren Funktionsweisen auseinandersetzen.

Auch wenn die Moskauer Künstler direkt auf Hermann Nitsch oder Rudolf Schwarz-kogler Bezug nehmen, bleiben sie doch Zeitgenossen von Matthew Barney und Paul McCarthy. Diesem Aktionismus liegt nicht die Utopie körperlicher und geistiger Frei-heit der künstlerischen Geste, sondern die Vorstellung vom Körper als Medium zugrun-de.[15]

In diesem letzten Satz, in dem Degot' den Körper als Medium beschwört, verbirgt sich die Vorstellung vom aktionistischen Körper als Bestandteil der Massenmedien. Die Aktionen werden, indem über sie berichtet wird, zu „Institutionen":

Durch Aktualität und die Fähigkeit, schnell auf die Veränderungen in Gesellschaft, Kul-tur und Kunst zu reagieren, wird die Kunstgattung Performance so selbst zum Medium, dem in dieser Hinsicht keine der Kunstinstitutionen Konkurrenz machen kann: die mo-derne Performance als Form der Institutionalisierung eines Künstlers.[16]

Die Performance wird zu ihrer eigenen Präsentationsform und damit gleichberech-tigt zu einem Teil des Kunstsystems und des Systems der Massenmedien.

Der Philosoph Michail Ryklin hingegen macht rückblickend im Jahr 2004 deut-lich, dass genau dieser Kampf um die Aufmerksamkeit des Publikums in den Massen-medien auf lange Sicht verloren gegangen sei. Er verweist auch darauf, dass für die Kunst des 20. Jahrhunderts die Strategien von Skandal und Schock als „Form eines Werks" etabliert wurden und vor allem dazu dienen, die Massenmedien zu mobilisie-ren. Aber diese Strategien werden nicht nur von der Kunst eingesetzt, sondern auch von anderen Funktionsbereichen der Gesellschaft: der Politik, der Wirtschaft und dem Sport. Auch Ryklin betrachtet die Massenmedien als den Markt der Kunst des Moskauer Aktionismus, der seiner Einschätzung nach allerdings außerhalb des Expe-rimentes der Kunst liegt. Diese Situierung außerhalb der Kunst sei aber auch durch eine Enttäuschung der Institutionen innerhalb der Kunst zustande gekommen. Ryk-lin betont die enge Verbindung, die die Aktionskunst der 1990er mit anderen Funkti-onsbereichen der Gesellschaft einging, vor allem demjenigen der Politik – wenn auch im Rückblick diese Beziehung als maßlos enttäuschend bewertet werden muss.

[D]ie stürmischen 1990er Jahre [erscheinen] [...] als eine Rückkehr zur Kunstromantik. Alle diese Gesten [Kuliks, Breners, Ter-Ogan'jans] bewegen sich im Rahmen der westli-chen Schockstrategien, die für die Kunst des 20. Jahrhunderts typisch sind. Sie sollen letztlich den Betrachter und – in der heutigen Situation – die Massenmedien mobilisie-ren. Ein Skandal oder Schock hat längst die Form eines Werks angenommen und ist von den Werbetechniken für Politiker und Produkte in Besitz genommen worden. Deswe-gen klammert sich der Künstler, der das Publikum provozieren möchte, faktisch aus dem Experiment der Kunst aus, indem er sich dem Kunstmarkt voll und ganz verschreibt.

---

15 Dyogot, Y. 1995, S. 24.
16 Dyogot, Y. 1995, S. 24.

Typisch dafür ist die Evolution von Oleg Kuliks Identifikationsversuchen [...] Die russische radikale Kunst der 1990er Jahre hat nämlich ihren Kampf um das Publikum verloren. Sie hat ihn gegen die Politik, die Wirtschaft, den Terrorismus und sogar gegen den Fußball verloren. Einerseits war sie Nutznießerin der Politik und ging Hand in Hand mit ihr. Diese Verbindung war zwar indirekt, aber die Dynamik der 1990er (von der Romantik der Perestroika und vom August 1991 bis zur Wahl Wladimir Putins zum Präsidenten) war nicht nur eine Dynamik der Enttäuschung von der Politik und der möglichen Rolle der Kunst in der Politik. Sie war zugleich eine Enttäuschung von der Politik der Institutionen innerhalb der Kunst selbst. Indirekt drückte sich dies darin aus, dass unter Künstlern und Kunstkritikern gegen Ende der Jelzin-Ära der linke Diskurs zunehmend an Bedeutung gewann, bisweilen in seinen traditionellsten archaischsten Formen.[17]

Anatolij Osmolovskij, der als Künstler von dieser Enttäuschung betroffen war, bewertet die Schockstrategie, die Ryklin und auch ich in dieser Arbeit als eine etablierte Form künstlerischer Ausdrucksformen werten, mehr als kritisch rückblickend im Jahr 2004 nicht ganz so eindeutig. Für ihn stellt sie den Versuch dar, auf möglichst effiziente Weise in den „breiten gesellschaftlichen Kontext" vorzudringen. Die Kunst des Moskauer Aktionismus habe, so Osmolovskij, erst die zu Beginn der 1990er Jahre noch vollkommen unbekannten Mechanismen der Parameter der Medienaufmerksamkeit entwickelt. Der Erfolg messe sich daran, dass die Strategien, die der Moskauer Aktionismus entwickelt habe, nun von professionellen Medienakteuren wie Werbeagenturen und politischen Akteuren übernommen worden seien. Osmolovskij beschreibt den Kampf um die Mediengunst als einen Kampf um Ressourcen und Macht in der Gesellschaft, der mit dem Wegfall der Sowjetmacht entbrannt war. Auch in seinen Äußerungen spiegelt sich aber, trotz der von Ryklin diagnostizierten Enttäuschung über die Möglichkeiten der Kunst in anderen gesellschaftlichen Subsystemen, die Möglichkeit der Weltbeobachtung durch die Kunst. Auch wenn die Kunst sich in ihrem eigenen System neu eingerichtet und perpetuiert hat, so mussten doch die Systemgrenzen mit dem Wegfall etablierter Machtfaktoren neu verhandelt werden. Der Moskauer Aktionismus hat sich hieran sowohl aktiv beteiligt als auch den Prozess selber beobachtet.

Als Ende 1989 die sowjetische Staatsführung an Macht verlor, waren sich die Menschenmassen de facto selbst überlassen. In Sowjetrussland hatte es keine sozialen Strukturen außerhalb der staatlichen Kontrolle gegeben, deshalb war es ganz natürlich, dass sich die Menschen in einen kompromisslosen Nahkampf um ‚Lebensraum', also um ‚Land' einließen, ähnlich wie die ersten Siedler im Wilden Westen, die bekanntlich nur ein Argument kannten – den Revolver. Die von der Sowjetmacht gebauten Fabriken, die Ölbohrungen und der staatliche Immobilienbesitz wurden zum Äquivalent der herrenlosen Goldgruben, und die weniger erfolgreichen Mitbürger glichen den eingeborenen Indianern. Das, was in den neunziger Jahren in Russland geschah, war keineswegs die Befreiung von der Macht, sondern, im Gegenteil, die unkontrollierte Verteilung der Macht auf normale Bürger, die sich so viel davon sicherten, wie ihre Hände greifen konnten. Für manchen konzentrierte sich die Macht auf den Abzug eines Präzisionsge-

---

17 Aronson 2004, S. 111.

wehrs, für andere auf Immobilien, Bankkonten und Leibwächter. Die Künstler hingegen verfügten nur über eine Macht, eine ‚Waffe': lauthals vorgebrachte Erklärungen, Skandalakte, schreckliche Grimassen. So entstand die erfolgreichste künstlerische Strategie in den neunziger Jahren: Man musste versuchen, auf jede erdenkliche Weise in den breiten gesellschaftlichen Kontext einzudringen. Dementsprechend konzentrierte sich das Interesse der Künstler auf die Entwicklung einer Technik zur sozialen Provokation. Bezeichnend ist, dass viele Verfahren, die von den Künstlern Anfang bis Mitte der neunziger Jahre angewendet wurden, von verschiedenen Imageagenturen aufgegriffen und in Wahlkampftechniken umgemünzt wurden. Zu Beginn der neunziger Jahre gab es ja weder einen Markt für politische Techniken noch ein klares Verständnis für die Parameter der Medienwirksamkeit von Straßenaktionen. Vieles, was dieses Genre später ‚klassisch' machte, wurde zunächst ‚tastend' ausprobiert. Die Künstler stellten sich damals Aufgaben, die heute kaum noch plausibel sind.[18]

Bereits einige Jahre zuvor, im Jahr 1999, fasste Anatolij Osmolovskij zusammen, welche Charakteristika aus seiner subjektiven Perspektive für seine eigene künstlerische Arbeit sowie die der anderen radikalen Performancekünstler des Moskauer Aktionismus bestimmend waren. Er stellt fünf Punkte heraus, die seiner Meinung nach als Grundlage für eine künstlerische Reaktion auf eine von ihm so wahrgenommene generelle Trägheit des Denkens, auf die Prävalenz von Mythen des Undergrounds und eine Situation, in der keinerlei infrastrukturelle Voraussetzungen für künstlerisches Arbeiten gegeben waren, zu verstehen sind. Die in diesen fünf Punkten zusammengefassten Umstände haben, so Osmolovskij, eine spezifische Radikalisierung der Kunst zur Folge gehabt. Am wichtigsten aber schätzt er die Rolle der Massenmedien ein, zu denen sich die Kunst in den 1990ern hin orientiert habe. Die fünf Punkte, die Osmolovskij aufzählt, werden im Folgenden zusammengefasst:

1. Die „Freiheit des Wortes" sei auf keine kanalisierenden, „materiell-technologischen" Grundlagen gestoßen; kunst-kommunikative Strukturen, wie museale Räume, hätten völlig gefehlt, und so sei ein vollkommener Verlust des Kontakts mit dem Publikum, den Rezipienten bewirkt worden.

2. Die neue Kunst habe als einzige Präsentationsmöglichkeit die Massenmedien gesehen, die ihrerseits mit einer Unzahl von reißerischen Schlagzeilen untereinander konkurrierten. Die Kunst habe daher diese massenmediale Logik aufgreifen und mit dem systeminternen Skandalbedürfnis Schritt halten müssen.

3. Der Orientierung hin zu den Massenmedien sei die Frage nach Innovationen der künstlerischen Formensprache untergeordnet gewesen. Man habe versucht, möglichst simpel zu agieren, dabei aufzufallen und eine sozial-politische Aktualität an den Tag zu legen. Hinzu kam eine direkte politische Stellungnahme, die Ausarbeitung quasi-politischer Programme, die durch die auf die Massenmedien ausgerichtete Kunst propagiert werden sollten.

4. Ein weiterer wichtiger Punkt sei die Öffnung der Grenzen hin zum Westen gewesen, die eine Orientierung hin zum westlichen Kunstmarkt bewirkte, der eine gera-

---

18 Osmolowski 2003, S. 263 f.

dezu mythologische Funktion, vor allem hinsichtlich kunstkommunikativer Möglichkeiten gehabt habe.

5. Als letzten Punkt nennt Osmolovskij das von ihm als unterbewusster Prozess eingestufte und vom Westen und seinen Forderungen gespeiste Bedürfnis, das zeitgenössische Russland mit den ihm inhärenten Zerstörungsmechanismen adäquat zu repräsentieren.[19]

In einem Rückblick auf die Kunst der 1990er Jahre schreibt Osmolovskij später:

> Das einzige Mittel, um Kontakt mit dem Publikum aufzunehmen, waren die Massenmedien. Die Künstler begannen die sich ihnen bietenden Möglichkeiten skrupellos auszunutzen, weil das Interesse beiderseitig war. Die Journalisten erhielten einen Vorwand für einen Artikel, und die Künstler bekamen zumindest ein gewisses Echo auf ihr Schaffen. Am Schnittpunkt dieser Interessen entstanden die Straßenperformances als bequemstes und einfachstes Kommunikationsinstrument.
> Der Boom in den Massenmedien zu Beginn der neunziger Jahre riss auch die Kritiker mit. Hier, in der Presse und Fernsehreportage, kam ihre erste Begegnung mit den radikalen Künstlern zustande. Sie fand 1993 statt, als die Zeitung Segodnja (Heute) den Kritiker Andrej Kovalev zum Redakteur des Ressorts Kunst machte. (Die gut dreijährige Tätigkeit der Bewegung „Ė.T.I." war bis dahin ihrer Aufmerksamkeit entgangen.) Diese Begegnung war für die Kritiker etwas entmutigend. Unbewusst spürten sie ihre Verspätung und Schwerfälligkeit. Die Zeitungsseiten füllten sich mit ironischen Reportagen, die kaum Analysen, aber viele zweideutige (insgesamt natürlich gutmütige) Anspielungen und Witze enthielten. Es trat eine nie dagewesene Situation ein: Die radikalen Künstler galten einerseits als äußerst erfolgreich (ihre Namen wurden ständig in der Presse genannt), andererseits stellten eben diese Artikel ihren Erfolg in Frage. Diese unklare Situation konnte nicht lange andauern; ab 1996 wurden die Kunstspalten abgeschafft. Es ist erstaunlich aber wahr, dass es in den zehn Jahren der künstlerischen Tätigkeit der Radikalen keine einzige ernsthafte und kritische Untersuchung gab![20]

Osmolovskij beschreibt hier in aller Kürze den Mechanismus, dem das Interdependenzverhältnis von Massenmedien und Moskauer Aktionismus folgte. Das Interesse von Massenmedien und radikalen Künstlern sei ein gegenseitiges gewesen, da die Massenmedien für die meisten Künstler die einzige Möglichkeit eines Kontaktes zu ihrem Publikum gewesen sei. Die Massenmedien hingegen hätten in den Aktionen und Performances der Moskauer Künstler ein willkommenes Objekt gefunden, über das sich berichten ließ. Osmolovskij bringt dieses wechselseitige Verhältnis in enge Verbindung mit einem massenmedialen Boom, der Anfang/Mitte der 1990er Jahre in Russland stattgefunden habe. Der paradoxe Effekt sei der gewesen, dass der Moskauer Radikalismus trotz der zumeist sehr kritischen bis ablehnenden Berichterstattung über alle Maßen erfolgreich gewesen sei.

---

19 Осмоловкий 2000b, S. 109 – Degot' nannte dies „Zwangsrepräsentation". Auf diesen Punkt gehe ich in Kapitel 5.2.2 ausführlich ein.

20 Osmolovskij 2005, S. 680.

Auch Viktor Miziano, der als einflussreicher Kurator, Kritiker und Herausgeber der Kunstzeitschrift *Chudožestvennyj žurnal* (*Moscow Art Magazine*) ebenfalls zu den entscheidenden Förderern der radikalen Kunstszene in den 1990ern zählte, beschreibt rückblickend Formen und Mechanismen von Medieninanspruchnahmen in der Kunstszene der 1990er Jahre in Russland. Für ihn zählt zu den wichtigsten Elementen, dass die Künstler interessiert waren an einem Übertreten der engeren Grenzen der Kunst sowie an einem Dialog mit anderen Medien, unter denen Miziano Kino und Theater, vor allem aber auch die Massenmedien sowie das Soziale oder das Alltägliche versteht.[21] Miziano bewegt sich dabei in einem sehr viel weiteren Medienbegriff. Wenn das Alltägliche und das Soziale gleichberechtigt neben dem Sammelbegriff der Massenmedien und einem Medium im engeren Sinne wie dem Kinomedium steht, dann fällt auf, dass auch für Miziano die gesellschaftliche Wirkung und damit die Versuche, Kunst und Gesellschaft miteinander zu verschränken, am relevantesten zu sein scheinen. Miziano benutzt einen anderen Medienbegriff als Osmolovskij. Während Osmolovskij sich innerhalb der engen Definition von Massenmedien als „sredstva massovoj informacii" („Mittel der Masseninformation") bewegt, verwendet Miziano einen erweiterten Medienbegriff, der die Massenmedien, so wie Osmolovskij sie fasst, als Subsystem innerhalb eines Medienraums sieht, innerhalb dessen auch die Kunst als mediales Subsystem zu begreifen wäre. Der Dialog, von dem Miziano spricht, geht andererseits durchaus konform mit den Beobachtungen Osmolovskijs, in dessen Aufgreifen massenmedialer Strategien in der Kunst sich eben dieser Dialog entfaltet. Die Kunst-Kommunikationsräume, deren Fehlen Osmolovskij beklagte, werden in Mizianos Beobachtung zu medialen Räumen eigener Art ebenso wie die Kunst als Institution, die von den Künstlern selbst herausgefordert wurde und somit in ihrer medialen Funktion in Frage gestellt wurde. Miziano betrachtet die Massenmedien wie Degot' als „Präsentationsraum" im Sinne Drehers, als in die Kunst eingeführte neue Präsentationsmöglichkeiten, die implizit auch die Poetik der Kunst verändern und so eine reziproke Weltbeobachtung ermöglichen. Für Miziano ist die Umstrukturierung des öffentlichen Raums und des Systems der Massenmedien gar die die 1990er Jahre zentral prägende Erfahrung.

Er nennt das „Entstehen einer medialen Maschinerie" den „Schlüsselaspekt der Erfahrung der 1990er Jahre", das die Künstler der Generation des Moskauer Aktionismus ebenso wie diejenige davor, die des Moskauer Konzeptualismus, vor allem beobachtet hätten. In die Poetiken der Kunst hätten diese Erfahrungen allerdings erst die auf den Moskauer Aktionismus folgende Generation eingeschrieben.

> In Wirklichkeit haben alle diese Künstler mehr oder weniger, in dieser oder jener Form, den wichtigsten, vielleicht sogar den Schlüsselaspekt der Erfahrung der 1990er Jahre erlebt. Die vorangegangene Generation [Moskauer Aktionismus, Anm. G. D.-S.] und die Generation, die dieser voranging [Moskauer Konzeptualismus, Anm. G. D.-S.], beobachteten bloß das Entstehen dieses Phänomens – das Entstehen einer medialen Maschinerie. Der Sowjettyp der Simulacra, der ideologische Typ der ‚Medialität' wurde zur

---

21 Misiano & Sidlin 2004, S. 63.

,Medialität' des westlichen Typs, genauer gesagt, zur Medialität des marktwirtschaftlichen Typs. Das, was die neue Generation von der vorangegangenen [...] unterscheidet [...], ist der hohe Grad des Medialen [...]. Dies resultiert nicht nur daraus, dass sie nach einem medialen Erfolg streben (hier können sie mit einem Künstler wie Kulik nicht konkurrieren): Die Poetik selbst hat sich der Sprache der Medien angepasst, ihren Code übernommen. Der Radikalismus der Mitglieder der Gruppe ,Radek' ist im Vergleich zu Osmolowski ausgesprochen soft. Sie stehen der Kultur der Werbung, der Kultur der Medienbildhaftigkeit viel näher. Es ist symptomatisch, dass Osmolowski seinerzeit das Denkmal am Majakowski-Platz bestieg und die Gerzenstraße mit Barrikaden versperrte. Seine jungen Schüler veranstalten dagegen ein Modedefilee.[22]

An anderer Stelle fügt Miziano noch hinzu, dass sich konzeptuelle Künstler der jüngsten Generation (nach dem Moskauer Aktionismus) an einer Dekonstruktion von Medien versuchten, während der ,klassische' Moskauer Konzeptualismus (vor dem Moskauer Aktionismus) seine Dekonstruktion des Scheinbaren auf der Ebene der Ideologie durchgeführt habe. Miziano arbeitet in dieser Beschreibung der die Moskauer Aktionisten und ihr Umfeld ablösenden Generation sehr präzise die die 1990er Jahre prägende Erfahrung heraus – die vollkommene Umstrukturierung des medialen Systems, auf struktureller als auch funktionaler Ebene. Die Relation von Körperkunst und massenmedialem System in der Kunst der 1990er Jahre ist innerhalb eben dieses Umstrukturierungsprozesses zu verorten.

Miziano konstatiert, dass die Künstler-Generation der 1990er, der Moskauer Aktionismus, diesen Umstrukturierungsprozess lediglich beobachtet habe. Dies trifft mit Sicherheit auch zu, insofern als Kunstsystem und massenmediales System ebenso wie viele andere funktionale Subsysteme der Gesellschaft ihr Verhältnis zueinander neu justieren, ihre autopoietische Unabhängigkeit voneinander neu einpendeln lassen mussten. Aber gerade deswegen sind die Massenmedien für die Generation der 1990er Jahre, den Moskauer Aktionismus, gerade im Vergleich zum Moskauer Konzeptualismus ein poetisch bedeutender Faktor. Es ist das Ergebnis dieser Neujustierungen, das in der Kunst der Generation nach dem Moskauer Aktionismus verhandelt wird, indem sie, wie Miziano schreibt, den medialen Code übernommen haben. Aber es sind bereits die radikalen Körperaktionen, die eine Poetik des Medialen, wie Miziano es nennt, aufnehmen und instrumentalisieren. Ist es nicht diesbezüglich symptomatisch, dass Miziano gerade einem der herausragendsten Protagonisten der radikalen Kunstszene der 1990er, Oleg Kulik, die größte Medien*wirksamkeit* bescheinigt, mit der die jüngeren Künstler nicht konkurrieren könnten? Gerade an den Arbeiten Kuliks lässt sich der Einbezug des Medialen in eine Art Poetik hervorragend beobachten, wenn auch in ganz anderer Hinsicht als in den Arbeiten der Künstler in der Generation danach.

---

22 Misiano & Sidlin 2004, S. 64. – Die Gruppe Radek, auf die Miziano hier Bezug nimmt, hat sich in Anlehnung an die von Osmolovskij et al. herausgegebene Zeitschrift *Radek* so benannt. Die jungen Künstler zitieren teilweise bewusst Aktionen der radikalen Kunstszene der 1990er Jahre. Sie waren bereits an mehreren internationalen Ausstellungen beteiligt. Vgl. z. B. auch Nikitsch & Winzen 2004, S. 80-83.

Miziano nennt einen weiteren wichtigen Bezugshorizont für die Arbeiten der radikalen Künstler der 1990er – bei den Künstlern der 1990er Jahre wirkt die Erfahrung der Sowjetunion und ihrer Strukturen selbstverständlich in einem weitaus größeren Maße nach als bei den Künstlern, die erst rund zehn Jahre später mit ihrer Tätigkeit beginnen (und zum Teil auch erheblich jünger sind). Die Überformung der Realität durch omnipräsente Ideologeme – dekonstruktives Operationsfeld des Moskauer Konzeptualismus – weicht einem, wie Miziano es nennt, „Vakuum der Repräsentation", das erst sukzessive von einer „Medialität westlichen Typs" aufgefüllt wird[23], welches, so lässt sich fortführen, nun wiederum von der Kunst der jüngsten Generation dekonstruiert werden kann. Der Moskauer Aktionismus hingegen agiert in diesem Vakuum der Repräsentation, indem er nicht nur Repräsentation, sondern folglich auch deren Dekonstruktion vollkommen verweigert. Das Vakuum betrifft allerdings nicht nur die Repräsentation. Vielleicht lassen sich die aggressiven, häufig ins Nichts führenden Gesten der radikalsten Formen des Moskauer Aktionismus auch durch ein ähnliches Vakuum des Übergangs erklären. Der Moskauer Aktionismus dekonstruiert daher die Massenmedien nicht, er sucht sie bei aller Medienskepsis eher zu nutzen, um dem Vakuum zu entkommen.

Die Hinwendung des Moskauer Aktionismus zu den Massenmedien findet dabei auf zweierlei Ebenen ihren Ausdruck: der Adaption von aufmerksamkeitsheischenden, skandalträchtigen Strategien, um die Massenmedien zu aktivieren, andererseits aber auch in der Aneignung von Kunst- sowie öffentlichen Kommunikationsräumen, die sich ebenso einer Neuordnung ausgesetzt sahen wie die Massenmedien selber.

6.2 Interaktionen des Moskauer Aktionismus mit der strukturellen und funktionalen Neuordnung des Systems der Massenmedien

Inwiefern, so muss nun allerdings gefragt werden, wandelten sich die Funktionsweisen des Systems der Massenmedien gegenüber der des „sowjetischen Typus", des Typs also, den Miziano als „simulakral" bezeichnete? Welche Form der Simulakralität kann gemeint sein – denn der Begriff des Simulakrums entstammt schließlich ursprünglich kritischen Stellungnahmen zu der von Miziano als „westlicher" Typus bezeichneten Medialität.[24]

In der bisherigen Argumentation wurde unterschieden zwischen den konkreten Massenmedien, die in sich einen bestimmten Kommunikationsraum, also ein gesellschaftliches Subsystem, darstellen und Kommunikationsräumen, innerhalb derer Medien bestimmte kommunikative Funktionen einnehmen. Kommunikationsräume sind medial organisiert, Medien stellen aber, so wie z. B. auch Kunst-Kommunikationsräume wie Museen und Galerien oder öffentliche Räume wie die Straße oder öf-

---

23 Vgl. Misiano & Sidlin 2004, S. 63.
24 Zur Auseinandersetzung des Moskauer Aktionismus mit dem Simulakrum vgl. Kapitel 6.2.1.3.
   – Zum Begriff des Simulakrums allgemein vgl. v. a. Baudrillard 1991, in aller Kürze Nünning 1998, S. 490.

fentliche Plätze (die ihrerseits in der radikalen Kunst der 1990er zu Kunst-Kommunikationsräumen werden), in sich Kommunikationsräume dar. Alle Bereiche überschneiden sich dabei ständig und gehen ineinander über. Die Massenmedien stellen für die Kunst der 1990er einen solchen Ort der Überschneidung dar. Sie sind ein in sich funktionierendes System, das als Kunst-Kommunikationsraum in Anspruch genommen wird und hierdurch als „Medienlandschaft" zum Präsentationsraum der Kunst wird. Die Organisation des Kommunikationsraums Massenmedien hat somit große Auswirkungen auf die Kunst, die für und innerhalb dieses Kommunikationsraums produziert wird. Es macht daher Sinn, sich Organisation und Funktion des Systems der Massenmedien in der Zeit der späten Sowjetunion und der unmittelbaren postsowjetischen Zeit sowie deren Veränderungen genauer anzusehen, ist es doch dieses System, das in seiner konkreten Spezifik als Präsentationsraum erschlossen wird.

6.2.1 Das Erbe der offiziellen sowjetischen Medien

In meiner nun folgenden Darstellung dieser Entwicklung stütze ich mich nicht so sehr auf systemtheoretische Annahmen als vielmehr auf historische Untersuchungen zu Funktions- und Organisationsweisen des Systems der Masssenmedien in der Sowjetunion und Russland.

Tobias Knahl teilt die Entwicklung des Systems der Massenmedien für die Zeit ab der *perestrojka* in fünf aufeinander folgende Phasen: 1985-1988: „Perestroika-Beginn" und „Von oben kontrollierte Entwicklung", 1989-1990: „Autodynamik" und „Pluralisierung", 1991-1992: „Einführung der Marktwirtschaft" und „Wirtschaftliche Probleme", 1993-1996: „Einstieg der ‚Oligarchen'" und „Entstehen der Media-Empires", 1997-2000: „Stärkere Etatisierung" und „Monopolisierung".[25]

Der Moskauer Aktionismus korreliert zeitlich mit den Phasen von 1989 bis 1996/7, also mit den Phasen, in denen Prozesse der Autodynamik und der Pluralisierung abliefen, in der die Marktwirtschaft eingeführt wurde und die Massenmedien häufig vor existentielle wirtschaftliche Probleme stellte, und schließlich mit der Zeit, als aufgrund dieser Probleme die ‚Oligarchen' in das Mediengeschäft einstiegen und große Media-Empires entstanden. Das Ende des Moskauer Aktionismus korrespondiert in etwa mit der beginnenden stärkeren Etatisierung und Monopolisierung der Massenmedien. Anatolij Osmolovskij hatte beobachtet, dass die Zeitungen um 1996 herum begannen, in den Feuilletons und Kunstsektionen radikal zu kürzen.[26] Der Moskauer Aktionismus konzentrierte sich 1996 bereits hauptsächlich auf Oleg Kulik, der seine Aktionen zunehmend in den Kunstinstitutionen des Auslands situierte. Insgesamt lässt sich beobachten, dass die Aktionen des Moskauer Aktionismus offenbar in die Phase der trotz wirtschaftlicher Probleme größten inneren und äußeren Freiheit der Massenmedien fielen. Sowohl in der Phase davor, der Phase der von oben

---

25 Knahl 2000.
26 Vgl. Kapitel 6.1.2.

kontrollierten Entwicklung, als auch danach, in der Phase der Monopolisierung greifen noch oder bereits wieder Restriktionsmomente (wenn auch sehr unterschiedlicher Art).

Vor allem für die erste Phase, *perestrojka*-Beginn und von oben kontrollierte Entwicklung, ist sich die Forschung relativ einig darüber, dass eine direkt auf die Medien
einwirkende Steuerung von oben im Zusammenhang mit Gorbačevs *glasnost'*-Politik
Auslöser war für eine Entwicklung, die so von der Führung weder beabsichtigt noch
geplant war.[27] In ihrer Folge emanzipierten sich die Massenmedien von der Staatsmacht und erreichten den Status, den sie während der Zeit des Moskauer Aktionismus hatten.

Um die Art der Veränderung des Systems der Massenmedien zu verstehen, muss
zunächst ein kurzer Rückblick auf das Verständnis der Funktion von Massenmedien
in der Sowjetunion vor *glasnost'* geworfen werden. Lehmann beschreibt dieses System, für das Paul Roth in der deutschsprachigen Forschung den Begriff der „kommandierten öffentlichen Meinung"[28] prägte, in aller Kürze wie folgt[29]:

Das Verständnis der Aufgabe von Massenmedien stützte sich in der Sowjetunion
auf das „Kommunikationsmodell" Lenins, der die Bedeutung medialer Vermittlung
für Propaganda und politischen Kampf früh erkannte. Er stellte 1901 die viel zitierte
Forderung auf, dass Zeitungen im revolutionären Kampf „nicht nur kollektiver Pro-
pagandist und kollektiver Agitator, sondern auch ein kollektiver Organisator"[30] sein
müssten. Medien kommt in diesem Modell eine Schlüsselrolle für den politischen
Kampf und die ideologische Erziehung der Bevölkerung zu. Knahl weist darauf hin,
dass sich diese Funktionszuweisung in den jeweiligen Epochen in der Geschichte der
Sowjetunion in sich wandelnden Begrifflichkeiten widerspiegelte. Stalin bezeichnete
die Massenmedien als „Transmissionsriemen" und als „Waffen", unter Chruščev während des „ottepel'", dem Tauwetter, sprach man von „Stoßkräften an der ideologischen Front", während des „zastoj", also der Stagnationsjahre unter Brežnev sowie seiner beiden Nachfolger Andropov und Černenko, verwendete man die Ausdrücke
„Mittel der Masseninformation und der Massenpropaganda". Seither gilt der neutrale
Sprachgebrauch „Mittel der Masseninformation" („sredstva massovoj informacii,

---

27 Vgl. Lehmann 2001.
28 Vgl. Roth 1982.
29 Die Darstellung Lehmanns wiederum stützt sich in Teilen auf die auf Printmedien bezogene
    Untersuchung Wendler 1995 sowie die erwähnte Arbeit von Paul Roth. – Auch Silvia von
    Steinsdorff (Steinsdorff 1994) beschäftigt sich ausschließlich mit Printmedien. Paul Roth ver-
    sucht in seiner allerdings bereits 1990 endenden Darstellung auch die zu diesem Zeitpunkt
    verbreiteten elektronischen Medien wie TV und Rundfunk mit einzubeziehen. Überblicke
    über die Medienentwicklung finden sich auch in Deppe 1999 und Pleines 1997. Auch Knahls
    Arbeit bezieht sich auf elektronische und auf Printmedien. Eine ausführliche Untersuchung
    der Entwicklung des Fernsehens bietet Mickiewicz 1999.
30 Zitiert nach Lehmann 2001, S. 207.

kurz SMI")[31], eine Begrifflichkeit, die auch Osmolovskij verwendet (z. B. in dem oben zusammengefassten Resümee[32]).

Dieses Verständnis der Aufgabe und Funktion des Systems der Massenmedien, das von seiten der Staatsfunktionäre einschließlich Gorbačev bis zum Ende der Sowjetunion nicht aufgegeben wurde, verdeutlicht, dass von einer Autonomie des massenmedialen Systems gegenüber demjenigen der Politik tatsächlich keine Rede gewesen sein konnte. Das System der Massenmedien wurde als Teil des politischen Systems begriffen. Mit anderen Worten: Weder im System der Massenmedien noch im System der Politik wurden die jeweiligen Systemgrenzen anerkannt.[33]

Es wird ebenso deutlich, dass den Massenmedien eine bedeutende Rolle bei der Erziehung des Sowjetbürgers, des Neuen Menschen zugedacht wurde. Ein Querverbindung zwischen dem hier skizzierten Verständnis der Rolle der Massenmedien und der Doktrin bezüglich der Pavlovschen Reflexlehre, die die Utopie einer kompletten Kontrollierbarkeit des menschlichen Verhaltens zum Greifen nahe scheinen ließ, lässt sich leicht denken. Beide Denkmuster fügen sich so nahtlos ineinander, dass ihre Kurzschließung möglich scheint. Die Tatsache, dass das grundlegende Verständnis über die Rolle der Massenmedien in der Sowjetgesellschaft bis zur *perestrojka* zwar durchaus modifiziert und mit Sicherheit auch extrem abgeschwächt, jedoch nie aufgegeben wurde, passt ebenfalls zu der Tatsache, dass auch die Lehren Pavlovs erst mit der *perestrojka* einer grundlegenden Revision unterzogen wurden.[34] Kuliks Aktion *Sobaka Pavlova* (*Pavlov's Dog*), die ich in Kapitel 5.2 ausführlich besprochen habe, lässt sich damit sogar als künstlerische Reaktion auf das Verständnis von Rolle und Funktion der Massenmedien in der Sowjetunion beziehen, wenn die Verbindung auch eine sehr indirekte ist.

Das, was Miziano bezüglich des massenmedialen Raums der Sowjetunion mit „simulakraler Medialität" beschreibt, kann aus dieser Perspektive mit der Überformung der Realität durch eine von oben gesteuerte und durch ein gut funktionierendes System von Zensur und Selbstzensur kontrollierte Informationspolitik gegenüber der Öffentlichkeit beschrieben werden. Anders formuliert: Das politische System erkannte die Autonomie des massenmedialen Systems nicht an. Berichtet worden sei, so Lehmann, nicht über Ereignisse, sondern über soziale Prozesse, mit dem Ziel, den Auf- und Ausbau der homogenen, sozialistischen Gesellschaft zu dokumentieren.[35]

---

31 Die Begrifflichkeiten übernehme ich von Knahl 2000, S. 24.

32 Kapitel 6.1.2.

33 Übereinstimmend wird berichtet, dass die offizielle Zensur erstaunlich wenig aktiv werden musste, da das journalistische Selbstverständnis von eben jenen Werten geprägt war, die das offizielle System erforderlich machte. Abweichungen, die unter anderem auch aus Furcht vor Repressionen ohnehin nicht an der Tagesordnung waren, wurden zumeist bereits in der sehr hierarchischen Organisationsstruktur der Medien selber korrigiert, beispielsweise durch Eingriffe der Redaktion in Texte ohne vorherige Rücksprache mit den Autoren (vgl. z. B. Wendler 1995, S. 36, Lehmann 2001, S. 208-209).

34 Vgl. hierzu Rüting 2002.

35 Lehmann 2001, S. 208.

Nicht Information, sondern Kontrolle von Öffentlichkeit und Gesellschaft durch Inszenierung von Performativität war eigentliches Ziel. Die Organisation der sowjetischen Gesellschaft basierte auf dem Glauben der Macht an die performative Kraft des Wortes, die einer Konstruktion von Wirklichkeit erst Realität verleihen sollte, so Sylvia Sasse.

> Die inszenierte Performativität bildet damit das Gegengewicht zu disparaten Sinnstiftungen und differenten Interpretationen. Denn in Texten, deren Inhalt unmittelbar realisiert werden soll, deren textuelle Strategien in der Lage sein sollen, Realität herzustellen, ist keine Interpretation mehr vonnöten. Die Rezipienten werden bei einem solchen Umgang mit Texten aus dem Interpretationsprozeß ausgeschlossen, da die Schriften als universell und nicht weiter interpretierbar gelten.[36]

Im Sinne Michail Ryklins gilt dieses Grundprinzip für die gesamte sowjetische Kultur[37] und muss somit auch auf die Massenmedien übertragbar sein. Es liegt aus der Perspektive derjenigen, die das System der Massenmedien als Erziehungsinstrumentarium nutzten, nahe, gerade die Massenmedien in großem Ausmaß für die Konstruktion und Inszenierung dieser spezifischen Form von Performativität in Anspruch zu nehmen. Der Moskauer Konzeptualismus setzte sich, so Sasse, mit der Dekonstruktion dieser realitätskonstruierenden Performativität des ideologischen Wortes auseinander. Der Moskauer Aktionismus hingegen verlagerte die Performanz unmittelbar in den Körper, in der Hoffnung, dieser simulakralen Performativität des Wortes, der zunächst ein Vakuum der Repräsentation und schließlich der „westliche Typus der Medialität" folgten, entkommen zu können.[38]

Ausgeschlossen aus der Berichterstattung innerhalb des nicht-autonomen Systems der Massenmedien – und somit der konstruierten, simulakralen Realität – waren, wie vielfach berichtet wird, generelle Missstände in der Gesellschaft, Naturkatastrophen, Unfälle, Kriminalität, Verarmung oder Korruption.[39] Genau diese Ereignisse liefern aber vor allem in den 1990er Jahren in einer sich entwickelnden medialen Landschaft „westlichen Typs" jene Schlagzeilen, mit denen Osmolovskij die radikale Kunstszene in Konkurrenz sah. Nicht nur der politische Anspruch, auch die Art der den Medien gegenüber ausgeübten Aufmerksamkeitsstrategien scheint somit mit den erlebten Veränderungen der Massenmedien zusammenzuhängen.

Mit dem Beginn der *perestrojka* begann das offizielle System der Massenmedien sich rasant zu wandeln, ein Wandel, der unmittelbar mit dem Begriff der *glasnost'* verknüpft war. Roth weist darauf hin, dass der Begriff der *glasnost'* nicht von Gorbačev erfunden wurde, sondern über eine lange Begriffsgeschichte innerhalb des kommunistischen Systems der Sowjetunion verfügt.[40] Unter Gorbačev allerdings wurde er

---

36 Sasse 2003b, S. 25.
37 Vgl. Рыклин 1992.
38 Vgl. hierzu auch Kapitel 6.3.1.3.
39 Vgl. z. B. Wendler 1995, S. 36.
40 Roth 1990, S. 5-16.

mit politischen Idealen wie Meinungsfreiheit und Pluralismus aufgeladen, eine Entwicklung, die unmittelbar mit Gorbačevs Medienpolitik zu tun hatte.[41] Lehmann führt aus, dass Gorbačevs Ziel keineswegs war, die Verknüpfung von Partei und Steuerung der öffentlichen Meinung durch Massenmedien zu torpedieren. Er habe, im Gegenteil, beabsichtigt, die oben skizzierte Erziehungsfunktion der Massenmedien ernst zu nehmen und diese für eine Reformierung des Systems einzusetzen. Anders formuliert: Gorbačev hielt an der Nichtanerkennung der Autonomie des massenmedialen Systems substantiell fest.

> Wie für Lenin bestand auch für Gorbatschow die Hauptaufgabe der Presse einerseits in der Vermittlung ideologischer Parteipositionen und andererseits in der Mobilisierung der Massen für die daraus resultierenden politischen Zielvorstellungen. Wie für Lenin waren auch für Gorbatschow Partei und Presse untrennbar miteinander verflochten.[42]

Die Effekte seiner Politik resultierten allerdings – aus Sicht konservativer Vertreter des alten Systems gedacht – in einem Öffnen der Büchse der Pandora. Sehr grob zusammengefasst (für genauere Analysen der Ereignisse vgl. die erwähnten Arbeiten) nahmen die Massenmedien Gorbačevs Aufruf zu kritischer Stellungnahme zunehmend ernster und emanzipierten sich in einem derartigen Ausmaß von der herrschenden Macht, dass es bald auch zu Zusammenstößen kam.[43] Den endgültigen Wendepunkt des Verhältnisses von emanzipierten Massenmedien und alter Ordnung sieht nicht nur Pleines in den Berichterstattungen zum Putschversuch von 1991, in denen die Medien offen die Partei des den Widerstand leitenden Boris El'cin ergriffen.[44]

Victoria E. Bonell und Gregory Freidin schildern in ihrem Aufsatz „Televorot" detailliert die nicht zu unterschätzende Rolle, die die mediale Berichterstattung durch das Fernsehen vom 19.-24. August 1991 hatte. Sie analysieren die Ereignisse sowie die Art der Berichterstattung bis hin zum kleinsten Detail in der Schnitttechnik der abendlichen Nachrichtensendungen. Ihren Schlussfolgerungen und den Erinnerungen des Journalisten Sergej Medvedevs nach erhielten erst durch die emanzipierte Berichterstattung in der Nachrichtensendung *Vremja* durch Medvedev und den Kameramann Vladimir Čečel'nickij viele Menschen das Signal zur Unterstützung des durch

---

41 Man erinnere sich, dass der Begriff der Noosphäre, der für Kulik wichtig ist, ebenfalls in der *perestrojka* eine grundlegende Renaissance erfahren hat. Vgl. hierzu Kapitel 5.2.4.3.

42 Lehmann 2001, S. 207.

43 Silvia von Steinsdorff beschreibt beispielsweise die Affäre um den Chefredakteur von *Argumenty i fakty* V. A. Starkov, den Gorbačev 1989 aus Verärgerung über eine negative Berichterstattung zu seiner Person absetzen wollte. Zu diesem Zeitpunkt war aber die Liberalisierung der Medien bereits so weit fortgeschritten, dass Starkov schließlich im Amt blieb (Steinsdorff 1994, S. 106-108).

44 Pleines 1997, S. 398. Knahl zitiert eine Stellungnahme des Präsidenten des bis zum Wahlkampf eher oppositionell agierenden Senders NTV Igor Malašenko, der nach einem Treffen mit El'cins Wahlkampfteam im März 1996 angab, lieber „kurzfristig ein Propagandainstrument des Kreml's" zu sein, als den Sieg Zjuganovs in Kauf zu nehmen, der wohl die Folge einer „unparteiischen, professionellen und objektiven Berichterstattung" wäre (Knahl 2000, S. 34, Fußnote 44).

El'cin angeführten Protests. Bonnell und Freidin führen weiterhin aus, dass selbst die Putschisten in ihrer ersten und einzigen Pressekonferenz ein Fernsehformat aufgriffen, das Gorbačev 1985 eingeführt hatte und dessen unkontrollierbare Besonderheit darin bestand, dass sowohl sowjetische als auch ausländische Reporter spontane Fragen stellen durften. Dies wird von Bonnell und Freidin dahingehend gewertet, dass aufgrund der fortgeschrittenen Medienemanzipation die Putschisten es nicht mehr wagten, trotz ihrer sorgfältigen Planungen bezüglich Strategien, die Massenmedien unter ihre Kontrolle zu bringen, auf die Kontrollstrategien der Vor-*glasnost'*-Zeit zurückzugreifen.[45]

Das Ende der Sowjetunion ist somit nicht ohne die durch *glasnost'* ausgelöste Emanzipation der Massenmedien zu verstehen, die zugleich eine Autonomisierung des Systems der Massenmedien von der Politik darstellte. Die Medien selbst hatten sich dabei verändert – und dabei auch der öffentliche Raum und seine Strukturierung.

Die forcierte Hinwendung des Systems der Kunst zum System der Massenmedien ist damit unmittelbar an eine Autonomisierung des Systems der Massenmedien gegenüber dem der Politik gekoppelt. Interessanterweise sind an diese Autonomisierung politische Einflussmöglichkeiten gekoppelt, die so unter Nicht-Anerkennung der Systemgrenzen nicht möglich waren. Einerseits ist also eine Autonomisierung der Systeme zu beobachten, andererseits gerade durch diese Autonomisierung eine Möglichkeit der Einwirkung auf andere Systeme. Vor diesem gesellschaftlichen Hintergrund ist es nicht sonderlich erstaunlich, dass auch innerhalb des Systems der Kunst einerseits Emanzipationsbewegungen stattfanden, diese andererseits scheinbar paradoxerweise auch an die Hoffnung auf politische Einflussnahme oder Besetzung des öffentlichen Raums durch die Massenmedien gekoppelt waren. Die Verhältnisse mussten sich neu justieren.

6.2.1.1 Der Moskauer Aktionismus und die Selektionsfaktoren der Massenmedien

Die semantische Geschlossenheit eines die Realität simulakral überformenden, nicht-autonomen Systems der Massenmedien wird im Verlauf der *perestrojka* und der unmittelbar postsowjetischen Zeit von einer semantischen Öffnung abgelöst. Diese semantische Öffnung, die Uneindeutigkeit der Interpretation, spiegelt sich im Wechselverhältnis der semantisch extrem offenen Aktionen des Moskauer Aktionismus und der Massenmedien. Anders als der Moskauer Konzeptualismus, der die Dekonst-

---

45 Es waren im Übrigen den Körper medial einsetzende Bilder, die hier wirksam wurden. So ging das Bild von El'cins machtvollem Körper als Symbol des Widerstandes um die Welt. Im innerrussischen Diskurs wurde es von Bildern der zitternden Hände des Putschisten Janaev konterkariert, dessen Körper so als schwächlich und wenig vertrauenserweckend markiert wurde. Später wurde dieses Bild des kraftvollen El'cin durch das des alkohol- allem herzkranken Präsidenten ersetzt. Vgl. auch Kapitel 6.2.2.2.

ruktion eines semantisch geschlossenen Raumes abseits der Massenmedien vornehmen musste, kann der Moskauer Aktionismus nun in einen semantisch offenen Raum ebenso wie in das System der Massenmedien eindringen. Der Dekonstruktion der Inszenierung einer Performanz des Wortes wird ein Ausagieren der Performanz des Körpers entgegengesetzt. Diese Performanz des Körpers, die sich in emphatischen Gesten der direkten Aktion und in der Beschwörung eines ‚unmittelbaren Zugriffs auf die Realität' manifestiert, wird unmittelbar von den Massenmedien aufgegriffen und bedient seinerseits eines der Grundbedürfnisse massenmedialer Repräsentationsmechanismen.

Ein Beispiel für eine in dieser Art Unmittelbarkeit thematisierende Aktion ist eine der bekanntesten Aktionen Breners, die am 19. Februar 1994 durchgeführte Aktion *Svidanie* (*Wiedersehen*). Vor ungefähr 50 Zuschauern aus der Moskauer Kunstszene und einer Gruppe zufällig vorbeikommender japanischer Touristen[46] begrüßte Brener seine aus Israel zurückkehrende Ehefrau Ljudmila, deren sexuelle Reize er bereits in der kurz zuvor erschienenen und von Osmolovskij herausgegebenen ersten *Radek*-Ausgabe beschworen hatte, mit Blumen in der Hand an Moskaus wohl symbolträchtigstem öffentlichen Ort für ein Rendezvous, zu Füßen des Puškin-Denkmals im unmittelbaren Zentrum des Stadtraums.[47]

Natürlich berichteten die Massenmedien auch von dieser Aktion: In der Zeitung *Segodnja* schreibt L. Lunina, dass die Gruppe japanischer Touristen Brener und seiner Frau, als diese sich unverzüglich dem Versuch der sexuellen Vereinigung hingaben, herzlich applaudierten, während die Moskauer Kunstszene wohl keine besonderen Reaktionen zeigte. Auch nicht die Bekanntgabe des Misslingens des Aktes durch Breners Ausruf „Ničego ne polučaetsja!" („Nichts geht!") konnte daran etwas ändern.

Es geht in dieser Aktion nicht so sehr um die öffentliche, sexuelle Provokation oder die recht plumpe Auseinandersetzung mit einer durch das Puškin-Denkmal repräsentierten Tradition eines klassischen Liebesdiskurses. Sowohl die sexuelle Provokation als auch die avantgardistische Geste der Ablehnung und Zerstörung klassischer, kultureller Traditionslinien gehören zum Formenarsenal einer globalisierten Kunstwelt. Die Selbstverständlichkeit dieser Formen wird von Lunina besonders durch die Erwähnung der Begeisterung der japanischen Touristen und der Gleichgültigkeit der geladenen Kunstszene betont. Beide Gruppen, die unterschiedlicher nicht sein könnten, akzeptieren die Formen als fraglos und selbstverständlich, ebenso wie Lunina in ihrem Bericht.

Diese Betonung einer Nicht-Provokation ist typisch für die Berichterstattung über die Aktionen des Moskauer Aktionismus in den Massenmedien. Schon Osmolovskij

---

46 Vgl. Лунина 1994а.

47 Das Puškin-Denkmal war zudem ebenso wie das Majakovskij-Denkmal während der Sowjetunion Treffpunkt dissidenter Gruppen, so dass Brener, ähnlich wie Osmolovskij vor ihm durch die Besteigung des Majakovskij-Denkmals (vgl. Kapitel 3.2.2), die Vereinnahmung des politischen durch den künstlerischen Akt hier nun durch den nicht gelingenden sexuellen Akt kritisch thematisiert.

hatte hierauf hingewiesen. Aus den Berichten ist häufig eine sehr kritische Distanz zu den Aktionen herauszulesen; dennoch aber wird berichtet.

Die Aktionen bedienen ein wichtiges Selektionskriterium der Massenmedien, das Luhmann in seiner Studie zum System der Massenmedien grundlegend herausarbeitet.[48] Das System der Massenmedien generiert, so Luhmann, bestimmte Selektoren, um zu determinieren, was es in sich aufnimmt und was nicht. Diese Selektoren sind für das System der Massenmedien existentiell wichtig, da es aus einer Überfülle von Ereignissen, Nachrichten, Begebenheiten oder Informationen auswählen müsse. Erst wenn ein Ereignis die Selektionskriterien erfüllt, wird es zu einer Meldung innerhalb des Systems der Massenmedien. Es kommt, so führt Luhmann aus, dabei nicht so sehr darauf an, was wie bewertet wird. Gut/böse ist kein Selektionsfaktor. Es sei vielmehr wichtig, dass der allgemeine Code der Massenmedien, den er mit Information/Nicht-Information benennt, bedient werde. Das System der Massenmedien wählt jene Ereignisse, Meldungen, Vorfälle etc. für die Berichterstattung aus, die diesen Code erfüllen. Es ist dabei sogar mehr als förderlich, wenn über etwas negativ berichtet werden kann, gibt dies doch unmittelbaren Anlass für neue Informationen. Auf diese Art perpetuiert sich das System selber, es funktioniert autopoietisch. Luhmann weist bereits auf die Nähe des Codes der Massenmedien zu demjenigen der Kunst hin, den er an dieser Stelle mit alt/neu[49] umschreibt. Doch hat die Differenz alt/neu für den Moskauer Aktionismus bezüglich des Spiels mit dem Formenarsenal nur relativ wenig Relevanz, denn die meisten Verfahren sind bereits fest in das Formenarsenal der Kunst aufgenommen – wie auch das Beispiel der Aktion *Svidanie* (*Wiedersehen*) wieder zeigt.

Eher neu ist für die Kunst des Moskauer Aktionismus aber im Kontext der russischen Kunst das Bedienen des Codes Information/Nicht-Information des Systems der Massenmedien. Jede neue, in schneller Folge realisierte Aktion der Moskauer Aktionisten nutzte diesen Code perfekt für sich, indem sie Anlass zur Berichterstattung gab. Das Beispiel *Svidanie* (*Wiedersehen*) zeigt sehr schön, dass es tatsächlich nicht so sehr um eine Auseinandersetzung mit dem Inhalt der Aktion ging, sondern eher um ein Berichten um des Berichtens willen. Bedient werden zugleich der Code der Kunst und der der Massenmedien, eine strukturelle Kopplung der Systeme ist das Resultat der intermedialen Einschreibung des Mediums Körper.

Es gibt weitere Selektionskriterien des Systems der Massenmedien, die der Moskauer Aktionismus perfekt bediente. Luhmann nennt hier die Selektoren Aktualität, Präferenz für das Außergewöhnliche und für Handelnde, Skandal und Tabubruch bzw. Normverstöße[50] ebenso wie eine lokale Gebundenheit dessen, über was berich-

---

48 Luhmann 1996, S. 53-81.
49 Luhmann 1996, S. 41 f., Fußnote 15. In Luhmann 1997 modifiziert Luhmann diese Aussage. Er schreibt, man könne die Differenz alt/neu für den Code des Kunstsystems halten. Im Kunstsystem ginge es aber vielmehr um die Beobachtung der Beobachtung, weshalb sich die dieses Prinzip verabsolutierende Postmoderne geradezu zwangsläufig habe entwickeln müssen. Vgl. Luhmann 1997, S. 490 f.
50 Luhmann 1996, S. 60 f.

tet wird.[51] Alle diese Selektoren nutzt der Moskauer Aktionismus für sich aus, wie auch das Beispiel *Svidanie* (*Wiedersehen*) zeigt. Natürlich handelt es sich bei einem öffentlich vollzogenen sexuellen Akt um einen Tabubruch[52], der zugleich (wie auch die zoomorphen Aktionen Kuliks) höchst ungewöhnlich ist; der Ort, das Puškin-Denkmal mitten in Moskau, bietet einen höchstmöglichen lokalen Bezug; und jede der in schneller Folge realisierten Aktionen erfüllt das Kriterium der Aktualität. Eine *Aktion* ist zudem der Inbegriff einer (künstlerischen) *Handlung* und nutzt damit auch dieses Selektionskriterium des Systems der Massenmedien. Ein wichtiger Selektor ist nach Luhmann zudem eine Präferenz für Personen. Auch dieses Bedürfnis kann der Moskauer Aktionismus durch seine Fokussierung auf Einzelpersonen wie Aleksandr Brener und Oleg Kulik stillen.[53] Das Medium Körper transportiert im Moskauer Aktionismus häufig die Elemente, die dazu führen, dass die Selektionsfaktoren des Systems der Massenmedien für den Moskauer Aktionismus passierbar werden. Der Körper, auch in *Svidanie* (*Wiedersehen*) im unerfüllten Akt medial als Form in der Kunstaktion eingesetzt, bringt nicht nur Kommunikation im System der Kunst, sondern auch dem der Massenmedien in Gang. Es scheint gerade der Körper zu sein, der die Systemgrenzen sehr leicht überschreiten kann.

Ich kann an dieser Stelle nicht klären, in welchem Maß diese Selektoren bereits in den sowjetischen Massenmedien wirkten. Es ist davon auszugehen, dass sie durchaus voll funktionsfähig waren, solange sie nicht mit der propagierten Erziehungsfunktion der Medien in Konflikt gerieten. Mit der politischen Macht erhielt jedoch ein außerhalb des Codes Information/Nicht-Information liegender Selektor im sowjetischen System der Massenmedien eine zentrale Funktion. In der (post-)sowjetischen Berichterstattung über den Moskauer Aktionismus findet sich dieser außerhalb des Systems der Massenmedien liegende Selektor nicht mehr, das System generiert sich seine Nachrichten selber.

---

51 Er selbst führt das Beispiel eines Hundes an, der den Briefträger beißt. In der unmittelbaren Nachbarschaft ist dies eine wichtige Information, über die die lokalen Medien berichten. Für eine internationale Berichterstattung müsste es schon ein ganzes Rudel wild gewordener Hunde sein, da der lokale Bezug verloren geht. Vgl. Luhmann 1996, S. 60.

52 Derartige Vorkommnisse schaffen es immer wieder in die Berichterstattung der Massenmedien. Zwei deutsche Beispiele: Ende Oktober 2004 berichtete die Süddeutsche Zeitung in einer kleinen Notiz überregional von einem jungen Paar, das sich in der Öffentlichkeit eines Einkaufszentrums (in Deutschland) den Freuden der sexuellen Vereinigung hingegeben und daraufhin mit einem Ordnungsgeld zu rechnen hatte (AP 2004). Ein Boulevardmagazin der ARD widmete im Jahr 2004 zur Feriensaison einen Bericht der Warnung vor den unterschiedlichen Sanktionen, die klassische europäische Urlaubsziele für am Strand vollzogenen Sex bereithalten (von Straffreiheit bis hin zu teilweise sehr hohen Geldstrafen). Diese Beispiele illustrieren die Allgemeingültigkeit des Selektionskriteriums Tabubruch im Bereich des Sexuellen im öffentlichen Raum – unabhängig von der im jeweiligen Land geltenden Normvorstellung über das Verhalten der Geschlechter zueinander im jeweiligen Kulturraum. Die entsprechenden Meldungen werden bereitwillig herausgefiltert und in das System der Massenmedien integriert. Vgl. Luhmann 1996, S. 61 ff.

53 Luhmann 1996, S. 66.

Der Moskauer Aktionismus integriert die Selektoren des Systems der Massenmedien perfekt in sein poetisches Programm und schafft es dadurch immer wieder diese zu passieren. Das System der Massenmedien wird zur „Medienlandschaft" des Moskauer Aktionismus und schafft auf diese Weise durchaus ein Modell der Weltbeobachtung bei gegenseitiger Systembeobachtung.[54] Massenmedien und Kunstsystem beobachten sich in einem gewissen Sinne gegenseitig: Das System der Massenmedien beobachtet und fördert das autonome Kunstsystem und nutzt es zugleich für seine eigene Autonomisierung. Das Kunstsystem eignet sich im Moskauer Aktionismus den Code der Massenmedien an und nutzt diese für seine eigene Entwicklung. Beide Systeme, sowohl das der Massenmedien als auch das der Kunst, sind nunmehr autonom geworden gegenüber dem der Politik und damit – wenn auch nur vordergründig, wie sich zeigen wird – befreit von einer überformenden Instanz, die die semantischen Möglichkeiten ebenso einschränkt wie die autopoietischen Entwicklungsmöglichkeiten der jeweiligen Systeme.

6.2.1.2 Autonomisierung der Systeme Kunst, Politik und Massenmedien

Ein sehr gutes Beispiel für die Autonomisierung der Systeme von Kunst, Politik und Massenmedien ist die frühe Aktion Anatolij Osmolovskijs, *CHUJ na Krasnoj ploščadi* (*CHUJ auf dem Roten Platz*), die einige Zeit nach dem Festival *Vzryv novoj volny* (*Ausbruch einer neuen Welle*) stattfand (Abb. 1). Die Aktion, die wohl zu den bekanntesten der Moskauer Aktionisten überhaupt zählt, wiederholte am 18. April 1991 eine Aktion, die 1978 bereits von der Gruppe Muchomor[55] durchgeführt wurde, unterwarf sie jedoch einigen charakteristischen Änderungen.

Ein Photo der Aktion von 1978 (Abb. 47) zeigt vier junge Männer, die im Schnee liegend mit ihren Körpern das obszöne Wort „хуй" („chuj") bilden. Auf dem Pullover desjenigen, der den Buchstaben „х" bildet, ist deutlich ein Friedenssymbol zu erken-

---

54 Vgl. Kapitel 6.2.
55 Die Gruppe Muchomor bestand aus den Mitgliedern Sven Gundlach, den Brüdern Sergej und Vladimir Mironenko sowie Konstantin Zvezdočetov und Aleksej Kamenskij. Sie agierte von ihrer Gründung am 24. März 1978 bis zum Jahr 1984, als Gundlach, Zvezdočetov und S. Mironenko von den Behörden bewusst zum Militärdienst eingezogen wurden und V. Mironenko in einer „freiwilligen Verbannung" 1983/84 ein Jahr am Künstlertheater der Stadt Vorkuta im Fernen Osten verbrachte. Die einzelnen Gruppenmitglieder, die auch vorher bereits unabhängig voneinander gearbeitet hatten, wurden nach dem Zerfall der Gruppe einzeln künstlerisch tätig. Muchomor kreierte einen eigenen „Punkstil sowjetischer Färbung", der Einfluss auf den gesamten Stil des sowjetischen Rock hatte. „Inspiriert von der Idee, demokratische Kunst zu schaffen – Kunst, die sich nicht aus dem Lebensstrom heraushebt –, verkündet die Gruppe, dass der künstlerische Schaffensprozess höher stehe als seine Ergebnisse und keine Begrenzungen kenne. Die Kunst sei Lebensweise, kultureller Verhaltensstil. Sie verfassen Gedichte und Stücke, Manifeste, Proklamationen und Aufrufe, sie malen Bilder, fertigen handgeschriebene Bücher, machen Aktionen und Objekte. Dabei parodieren sie alle möglichen Genres und Gattungen der Kunst." (Erofeev & Martin 1995, S. 211; vgl. auch S. 38-42.)

Abb. 47: Gruppe Muchomor (Fliegenpilz): *Slovo* (*Wort*), 1978
(Quelle: Erofeev & Martin 1995, S. 128)

nen. Die anderen drei Teilnehmer tragen unauffällige Wintermäntel, ein deutlicher Hinweis darauf, dass das Zeichen nicht zufällig zu sehen ist. Das diakritische Zeichen über dem „й" wird von einer Mütze gebildet. Es gibt keinen Hinweis auf den Ort, an dem die Aktion stattfand. Das Schneefeld verweist jedoch (zumindest retrospektiv) auf die Aktionen der Kollektivnye dejstvija (Kollektive Aktionen), die sich 1976 gebildet hatten und 1978 bereits eine ganze Reihe ihrer *Poezdki za gorod* (*Reisen vor die Stadt*) durchgeführt hatten, von denen beispielsweise *Pojavlenie* (*Erscheinung*, 1976) und *Lozung-77* (*Losung 77*, 1977) auf leeren Schneefeldern außerhalb der Stadt stattgefunden hatten.[56] Die Leere des Ortes ist zentraler Bestandteil der experimentellen Poetik der Aktionen von Kollektivnye dejstvija (Kollektive Aktionen)[57], so dass die Ausfüllung dieser Leere mit dem Wort „хуй" eine schon sehr polemische Replik der Gruppe Muchomor auf die Aktionen der Kollektivnye dejstvija (Kollektive Aktionen) darstellt, an die Osmolovskij nun direkt anknüpft.

Das nicht minder polemische Zitat dieser Aktion durch die Gruppe É.T.I. 1991 war formal gesehen ebenso simpel.[58] Eine Gruppe junger Kunstaktivisten formte mit

---

56   Vgl. Коллективные действия 1998.
57   Zur Poetik der Kollektivnye dejstvija (Kollektive Aktionen) vgl. ausführlich Sasse 2003b, S. 53-188.
58   Osmolovskij wurde das Zitat oft als Plagiat vorgeworfen. Er selbst nimmt dazu auf eine Poetik des bewussten Zitierens referierend selbstbewusst folgendermaßen Stellung: „Конечно, первым получившим значительную известность событием в истории радикального искусства стапа акция на Красной площади *ХУЙ*. Тот факт, что группа *Мухомор* когда-то уже делала нечто подобное (А. Ерофеев на каждой выставке Музея современного искусства экспонирует фотографию акции *мухоморов*), на мой взгляд, не только не отменяет ее значимость, а, наоборот, придает бóльшую символичность – что-то, когда-то произведенное на снегу тремя людьми в лесу, проявилось в публичном месте и вызвало

ihren Körpern nun auf dem Roten Platz das Wort „хуй" („chuj"). Man blieb liegen, bis die Miliz kam und die Aktionisten mitnahm, weitere Folgen hatte die Aktion aber für keinen der Teilnehmer.

Genau an dieser Stelle setzt die Auseinandersetzung mit der Entschränkung der Systeme von Kunst und Politik sowie von Massenmedien und Politik ein. Denn während der Aktion selbst war, zumindest der Berichterstattung in den Massenmedien nach, eine Anerkennung der Kunstaktion als Kunst sowie deren Nichtsanktionierung durch das politische System noch keineswegs zu erwarten, obwohl am 1. August 1990 ein neues sowjetisches Pressegesetz verabschiedet worden war, das formell Pressefreiheit und Freiheit der Massenmedien garantierte. Eine Freiheit der Presse muss nun nicht zwangsläufig auch eine Freiheit der Kunst bedeuten. Das Gesetz gibt aber einen Hinweis auf die sich in der Gesellschaft vollziehenden Prozesse, auf die Kunst und Massenmedien sofort reagierten. Darüber hinaus hängen die Freiheit der Kunst und die Freiheit der Massenmedien mittelbar sehr wohl zusammen, denn ohne das Recht auf freie Meinungsäußerung sind weder eine unabhängige Berichterstattung in den Massenmedien noch ein autonomes Kunstsystem denkbar.

Ein Artikel vom 31. Mai 1991 in der Zeitung *Baltijskoe vremja* spricht von einer zu diesem Zeitpunkt möglicherweise noch drohenden Freiheitsstrafe von einem bis zu fünf Jahren für die an *CHUJ na Krasnoj ploščadi* (*CHUJ auf dem Roten Platz*) beteiligten Aktionisten.[59] In einem Jubiläumskatalog der Moskauer Regina Gallery, in der Osmolovskijs Gruppe Ė.T.I. zusammen mit dem ehemaligen Muchomor-Mitglied Konstantin Zvezdočetov vom 1. bis 15. September 1991 unter der kuratorischen Leitung von Oleg Kulik das Ausstellungsprojekt *Den' znanij* (*The Day of Knowledge*) realisierten, ist eine die juristischen Folgen konkretisierende Stellungnahme Gavriil Pop-

---

политический скандал. Этим жестом было манифестировано стандартное постмодернистское правило: главной ценностью актуального искусства являются точно найденные место и время, а не формальная новизна. В этом современное актуальное искусство непосредственно сближается с политикой. (Нелишне заметить, что именно успех и известность акции на Красной площади восстановили память у самих „мухоморов", которые забыли о своем действии)." (Осмоловский 2000, S. 112) („Das erste Ereignis, das in der Geschichte der radikalen Kunst sehr bekannt wurde, war natürlich *CHUJ*. Die Tatsache, dass die Gruppe *Muchomor* (*Fliegenpilz*) irgendwann schon einmal etwas Ähnliches gemacht hat (A. Erofeev stellt auf jeder Ausstellung des Museums der zeitgenössischen Kunst ein Photo der Aktion von *Muchomor* (*Fliegenpilz*) aus), ändert meiner Meinung nach nicht nur nichts an ihrer Bedeutung, sondern fügt, im Gegenteil, eine große Symbolik hinzu – etwas, das irgendwann einmal von drei Leuten im Wald im Schnee gemacht wurde, tauchte an einem öffentlichen Ort auf und löste einen politischen Skandal aus. Mit dieser Geste wurde eine postmoderne Standardregel bestätigt: am wichtigsten ist in der aktuellen Kunst das Auffinden des richtigen Ortes und der richtigen Zeit und nicht formelle Innovationen. In dieser Hinsicht nähert sich die zeitgenössische, aktuelle Kunst unmittelbar der Politik an. (Außerdem bleibt anzumerken, dass eben der Erfolg und die Bekanntheit der Aktion auf dem Roten Platz der Gruppe *Mochomor* (*Fliegenpilz*), die ihre Aktion selbst vergessen hatten, ein Denkmal gesetzt hat.")

59 Тимофеев 1991. Berichte zu dieser Aktion außerdem: Кудряков 1991, Святое место 1991.

ovs zur künstlerischen Tätigkeit von Ė.T.I. abgedruckt, in der die drohende strafrechtliche Konsequenz konkretisiert wird:

> После перформанса на Красной площади 18 апреля 1991 г. на лидеров Э.Т.И. было заведено уголовное дело по статье 206, часть 2 УК СССР, которое было закрыто через три месяца под давлением художественной общественности.[60]

> Nach der Performance auf dem Roten Platz am 18. April 1991 wurde gegen die Anführer von Ė.T.I. ein Verfahren aufgrund des Paragraphen 206, Abs. 2 UK UdSSR eröffnet, das nach drei Monaten unter dem Druck der Kunstgemeinschaft eingestellt wurde.

Gavriil Popov, der Vorgänger Jurij Lužkovs, war von April 1990 bis Juni 1991, also zur Zeit der Aktion *CHUJ na Krasnoj ploščadi* (*CHUJ auf dem Roten Platz*), Bürgermeister von Moskau und zeichnete sich in dieser Zeit u. a. durch eine Politik wirtschaftlicher Reformen aus.[61] Popovs Stellungnahme ist sowohl in dem zitierten Satz als auch insgesamt recht neutral formuliert. Allein seine Honorierung der künstlerischen Aktivitäten einer Aktion wie dieser jedoch erscheint mehr als bedeutsam – war sie doch noch wenige Jahre zuvor und erst recht 1978 völlig undenkbar. Die Würdigung ist ein Beleg für die zunehmende Anerkennung der funktionalen Ausdifferenzierung der gesellschaftlichen Subsysteme, denn mit Popov erkennt ein Vertreter der Politik rückblickend die Autonomie des Kunstsystems an.

Diese Anerkennung ist zum Zeitpunkt der Aktion noch nicht selbstverständlich. In *Anatolij Osmolovskij: 10 let dejatel'nosti* (*Anatolij Osmolovskij: 10 Jahre Aktivität*) ist dokumentiert, welche Anstrengungen unternommen werden mussten, um den Status der Aktion als Kunstaktion begreiflich zu machen.[62] Die Aktionisten erhielten im Anschluss an die Aktion von der Bürgerrechtsbewegung Memorial, vom Moskovskij sojuz kinematografistov SSSR (Moskauer Verband der Kinoschaffenden der UdSSR), dem sowjetischen PEN Club (International PEN Club, Russian Soviet PEN Centre in Moscow/Meždunarodnaja associacija pisatelej PEN klub, Russkij sovetskij PEN-centr v Moskve) sowie von der Monatszeitschrift *Junost'* (*Literaturnochudožestvennyj i obščestvenno-političeskij ežemesjačnik sojuza pisatelej SSSR*) (*Jugend [Literarisch-künstlerisches und gesellschaftlich-politisches Monatsmagazin der Vereinigung der Schriftsteller der UdSSR]*) schriftliche Unterstützung, die in drei Fällen unmittelbar an den Chef der Milizeinheit zur Erhaltung der Ordnung auf dem Roten Platz (Načal'nik otdela milicii po ochrane porjadka na Krasnoj ploščadi t. Kirsanovu V.D.), im Fall des sowjetischen PEN Clubs gar direkt an den zuständigen Staatsanwalt (Prokuru leninskogo rajona g. Moskva tov. Popovu P.M.) gerichtet war.

Der Brief von Memorial stellt heraus, dass sich die Veranstalter der Aktion ausdrücklich an die renommierte Bürgerrechtsgruppe gewandt habe, diese sich jedoch unter anderem auch aufgrund von Presseberichten (sic) ein eigenes Bild der Aktion

---

60 Попов 1993.

61 So zumindest die offiziellen Angaben auf der Website der Regierung Moskaus www.mos.ru [Zugriff: 12. 02. 2005].

62 Осмоловский 1999a, o.S.

habe machen können. Man müsse die Aktion der Einschätzung Memorials nach ausdrücklich als der Sphäre der Kunst zugehörig klassifizieren. Es seien künstlerische „Methoden" eingesetzt worden, die in der internationalen Avantgarde zahlreicher Länder geläufig seien. Die Beurteilung, inwiefern die Aktion künstlerisch wertvoll sei, gehöre nicht in den Bereich des Strafgesetzes, sondern werde durch die Eigengesetzlichkeiten der Kunst (sic) geregelt. Der Gebrauch der obszönen Lexik müsse toleriert werden, da dieser im allgemeinen Sprachgebrauch und in der Kunst weit verbreitet sei. Mit anderen Worten: Memorial betont eindringlich die Autonomie des Kunstsystems vor dem System der Politik und des Rechts. Dies wird besonders in der Distanzierung von der Aktion bei gleichzeitigem Hinweis auf die Eigengesetzlichkeiten des Kunstsystems deutlich. Eine Referenz für die Bildung einer unabhängigen Meinung ist für Memorial die Berichterstattung in der Presse. Durch diesen Hinweis wird auch auf die Unabhängigkeit des Systems der Massenmedien verwiesen und somit die Interferenzen der Systeme bzw. das Bestreben, Kunst, Massenmedien, Politik und Recht voneinander zu trennen.

Der Regisseur Sergej Solov'ev betont in seinem Schreiben ebenfalls die weite Verbreitung der „nichtnormativen Sprache" in der Kunst des Westens und des Ostens. Er nennt Beispiele, die bei Henry Millers *Tropic of Cancer*[63] beginnen, und über Filme der Nouvelle Vague (sic) z. B. von Louis Malles oder Jean-Luc Godard bis hin zu den Filmen Kira Muratovas und den Romanen Vladimir Sorokins reichen. Die Erwähnung von Sorokins Texten ist signifikant, konnten sie doch erst seit 1989 (also erst seit zwei Jahren) überhaupt in der Sowjetunion erscheinen. Solov'ev betont den nichtpolitischen, den künstlerisch-ästhetischen Wert der Aktion im Kunstsystem und belehrt den Adressaten über die Existenz eines künstlerischen Genres der Performance.

A. Tkačenko vom PEN Club Moskau stellt die Vermutung in den Raum, dass die Angelegenheit vor allem aufgrund einer von der überregionalen Zeitung *Moskovskij komsomolec* veröffentlichten Photographie der Aktion ein derartiges Aufsehen errege.[64] Der Gruppe selber könne daher kein Vorwurf gemacht werden. Tkačenko thematisiert so die Massenwirksamkeit der medialen Berichterstattung. Der Zeitung konnte wiederum aufgrund des rund neun Monate zuvor erlassenen Gesetzes zur Pressefreiheit ihrerseits kein formal-rechtlicher Vorwurf mehr gemacht werden. Auch hierin spiegeln sich die Differenzierungsprozesse in der späten Sowjetunion.

Nun ist die Performance selbst natürlich mehr als provokant. Es fällt schwer zu glauben, dass die Aktion, die ein obszönes Wort unmittelbar im Zentrum der Macht platzierte, nicht auch eine politische Aussage intendierte. Ein beteiligter Aktionist äußerte sich später dahingehend, die Aktion sei ursprünglich so geplant gewesen, dass einer der Kremltürme oder die Basiliuskathedrale im Hintergrund als Phallussymbol fungieren sollte.[65] Die Inszenierung des Zentrums der Macht mit einem Phallussymbol

---

63 Miller 1934.
64 Zur Berichterstattungspraxis des *Moskovskij komsomolec* vgl. beispielhaft Kapitel 6.3.2.3.
65 Privatgespräche während eines Forschungsaufenthalts in Moskau 2003.

hat natürlich eine extrem provokante Wirkung und kann kaum unpolitisch verstanden werden. Es spiegelt sich der Anspruch des frühen Moskauer Aktionismus, mittels der Kunst politische Aussagen treffen zu wollen – die Formbildungen des politischen Systems über Formgebungen innerhalb der Kunst beobachten zu wollen und möglicherweise über das System der Kunst auf das System der Politik Einfluss nehmen zu können.

Die Aufnahmen, die von der Aktion bekannt wurden, zeigen eine etwas andere Perspektive. Sie zeigen nicht den Kremlturm im Hintergrund, sondern das Leninmausoleum – es entsteht eine nicht minder provokante Aussage. Egal, wie diese Aufnahmen zustande kamen, sie waren es, die über die Medien veröffentlicht wurden, die also den Selektionsprozess der Massenmedien passieren konnten. Wieder zeigt sich hier die Relevanz der Selektoren Skandal und Tabubruch sowie lokale Bindung. Und diese funktionierten nach der nicht sonderlich bescheidenen Selbsteinschätzung Osmolovskijs für ganz Russland, was allerdings nicht unwahrscheinlich ist – hat doch der Rote Platz für ganz Russland einen lokalen Bezug, so dass ein auf ihn bezogener Tabubruch entsprechende Aufmerksamkeit finden muss.[66]

Der Tabubruch liegt dabei jedoch nicht nur in der so prominent und öffentlich eingesetzten obszönen Sprache begründet. Mindestens ebenso wichtig ist die Tatsache, dass die Kunst sich auf diese Weise offen der Macht gegenüber positionieren kann – und dass diese Positionierung Eingang in das System der Massenmedien finden konnte. Auch in dieser Hinsicht zeigen sich die Differenzierungserscheinungen der späten Sowjetgesellschaft: Gerade weil Kunst, Massenmedien und Politik sich aufeinander beziehen können, kann man von einer Autonomisierung der jeweiligen Subsysteme sprechen.

Das künstlerische Spiel mit den politischen Ambitionen der jungen, gerade eben noch sowjetischen Aktionskunst zeigt sich im Übrigen noch auf einer anderen Ebene, die hier kurz skizziert werden soll. Während in der Aktion der Gruppe Muchomor im Jahr 1978 je ein Teilnehmer einen Buchstaben bildete, formten in Osmolovskijs Variante insgesamt 13 Leute die drei Buchstaben. Die Aktionsteilnehmer rekrutierten sich nicht nur aus der von Osmolovskij gegründeten Gruppe È.T.I., sondern auch aus spontan mit einbezogenen Gruppierungen junger Moskauer Anarchisten.[67] Die Rekrutierung von Teilnehmern aus den Kreisen junger Anarchisten schreibt so das Friedenssymbol in der Aktion der Gruppe Muchomor unsichtbar um. Nicht der Friede, sondern die Anarchie wird – quasi unsichtbar und nur für den Eingeweihten dechiff-

---

66 Osmolovskij äußerte in einem Interview im Jahr 2003, dass die Aktion landesweit bekannt geworden sei. Angesichts der Verbreitung des *Moskovskij komsomolec*, in dem ein Photo der Aktion abgedruckt worden war, ist dies keine unwahrscheinliche Behauptung.

67 Diese Information verdanke ich Gesprächen mit Aleksandra Obuchova, einer Teilnehmerin der Aktion, die mir bei meinem Forschungsaufenthalt in Moskau 2003 und meinen Recherchen im Archiv des *Fond sovremennogo iskusstva* (*Stiftung für zeitgenössische Kunst*) außerordentlich behilflich war. Ihr sei für ihre und die Unterstützung der Stiftung herzlich gedankt! – Der Anarchismus stellt in Osmolovskijs theoretischen Auseinandersetzungen ein immer wiederkehrendes Thema dar. Vgl. z. B. die Beschäftigung mit der Geschichte des russischen Anarchismus im ersten Heft der zweiten *Radek*-Ausgabe.

rierbar – dem Zentrum der Macht entgegengesetzt. Ebenso wichtig erscheint mir in diesem Kontext die Tatsache, dass nicht nur der Teilnehmerkreis auf charakteristische Weise erweitert wurde, sondern dass auch der Ort der Aktion verlegt wurde – vom (zumindest so interpretierbaren) freien Feld vor der Stadt in das geographische sowie semantische Zentrum der Stadt und der Macht, direkt auf den Roten Platz.

6.2.1.3 Semantische Offenheit und direkte Aktion

Ausgangspunkt für die Argumentation in diesem Teilkapitel war jedoch nicht die zunehmende Akzeptanz der Ausdifferenzierung von Subsystemen in der sowjetischen Gesellschaft, die sich in der Verschränkung von Massenmedien und Kunst zeigt, sondern die Feststellung, dass mit dem Moskauer Aktionismus auch eine semantische Öffnung beobachtet werden konnte. An dieser semantischen Öffnung hatten die Massenmedien in Bezug auf den Moskauer Aktionismus insofern unmittelbaren Anteil, als sie die Aktionen auf die oben beispielhaft geschilderte Art und Weise aufgriffen und sie in ihrer Offenheit für die breite Öffentlichkeit erlebbar machten.

Beispiele für diese semantische Uneindeutigkeit sind ausschließlich alle in dieser Arbeit bisher besprochenen Aktionen. Egal, ob Osmolovskij nun Leoparden in den Tempel der Kunst einlässt, ein Festival der Nouvelle Vague veranstaltet oder eine vielfältig dechiffrierbare, obszöne Aktion auf dem Roten Platz durchführt, eine eindeutige Interpretation ist in keinem dieser Fälle mehr möglich. Ebenso wenig lässt sich eine eindeutige Interpretation der Aktionen Kuliks vornehmen, die ebenfalls in sich mehr als widersprüchlich sind. Weder das in der Regina Gallery im Namen der Kunst geschlachtete Schwein noch seine eigenen zoomorphen Versuche lassen sich eindeutig lesen, was an der Vielzahl der auch von mir thematisierten Interpretationsvarianten ersichtlich wird. Genauso verhält es sich mit den Aktionen Aleksandr Breners, die vor allem im Jahr 1994 die mediale Berichterstattung stürmten. Der Moskauer Aktionismus erhob das Prinzip der semantischen Vieldeutigkeit auch insofern zum Programm, als er sich gegen jedwede Repräsentationsfunktion grundsätzlich verwehrte.

An all diesen Aktionen und damit an ihrer Polyvalenz partizipiert das System der Massenmedien, das sich seinerseits einer zentralen Steuerung entzogen hatte und, im Tonfall oftmals sehr ablehnend und kritisch, dennoch ständig über die Aktionen berichtet und sich schon allein deswegen semantisch ambi- oder gar polyvalent und nur den Gesetzmäßigkeiten eines sich entwickelnden autopoietischen Mediensystems entsprechend verhält.

Nun ist semantische Offenheit kein Alleinstellungsmerkmal für den Moskauer Aktionismus, sondern charakteristisch für postmoderne Kunst überhaupt. Der Moskauer Aktionismus führt diesbezüglich keine Neuerungen in das Formenarsenal der russischen Kunst ein. Auch die Aktionen der Gruppe Kollektive Aktionen konstituieren sich in einer extremen semantischen Uneindeutigkeit, diese ist sogar ihr Programm, geht es darin doch um eine polyvalente Dekonstruktion der durch die Sowjetkultur eindeutig vorstrukturierten, simulakralen öffentlichen Semantik – dies jedoch außerhalb dieses öffentlichen Raumes. Die Signifikanz des Moskauer

Aktionismus liegt also nicht im Ausagieren der Polyvalenz begründet, sondern in seinen Interferenzen mit dem System der Massenmedien und damit mit der Öffentlichkeit. Denn hier hatte nun in der Tat eine semantische Öffnung stattgefunden, die über die Berichterstattung über die Aktionen des Moskauer Aktionismus implizit thematisiert wird.

Das Bindeglied zwischen den Systemen der Kunst und der Massenmedien ist das Medium des Körpers, das in beiden Fällen kommunikationsermöglichend eingesetzt wird. Die Formbildungsvarianten, die der Moskauer Aktionismus für den Körper findet, gelangen über die Selektionsmechanismen in das System der Massenmedien. Sowohl innerhalb des Systems der Kunst als auch innerhalb der Massenmedien kommen über den Körper autopoietische, jeweils systemimmanente Prozesse in Gang. Das Medium des Körpers ermöglicht es beiden Systemen, kommunikative Prozesse in Gang zu setzen, so dass sich die Systeme intern perpetuieren können. Dies ist insbesondere deshalb signifikant, weil der Moskauer Aktionismus eigentlich die Störung der Kommunikation inszeniert, in vielfacher Hinsicht die Unwahrscheinlichkeit der Kommunikation ausagiert. In der gesellschaftlichen Umbruchsituation im Russland der 1990er Jahre werden diese Störungen ganz besonders wahrgenommen und dadurch auf vielfacher Ebene zum Thema der Kunst. Auf einer anderen Ebene aber erzwingt dieses Ausagieren der Unwahrscheinlichkeit der Kommunikation gerade wieder neue gesellschaftliche Kommunikationsprozesse innerhalb der verschiedenen Subsysteme der Gesellschaft, die sich in dieser Umbruchssituation jeweils neu ausdifferenzieren müssen. Die Kommunikationsbrüche geben Zeugnisse dieser Umstrukturierung. Es sind gerade die gesellschaftlichen Kommunikationsprozesse, die im Verlauf der Umstrukturierung ablaufen, deren Beobachtung durch den aggressiven Moskauer Aktionismus ermöglicht wird. In gewisser Weise wird so durch die Wechselwirkung mit den Massenmedien, durch die Einführung der Massenmedien als „Medienlandschaft" des Moskauer Aktionismus einerseits System-, zugleich aber auch tatsächlich Weltbeobachtung möglich.

Es bleibt anzumerken, dass Luhmann für das System der Massenmedien konstatiert, dieses mache die Unwahrscheinlichkeit der Kommunikation zu seinem eigenen Prinzip. Es ist im Grunde unwahrscheinlich, dass ein Ereignis es in die Massenmedien schafft und dort zum Auslöser von Kommunikation wird. Es muss zunächst selektiert werden, was angesichts der Masse an Möglichkeiten in sich schon höchst unwahrscheinlich ist. Die Aktionen des Moskauer Aktionismus passieren diese Grenze jedoch scheinbar ohne jegliches Hindernis. Jeder neuen Aktion wird der Codewert Information zuerkannt, den die Massenmedien auf diese Art selbst definieren. Mit der Einführung der künstlerisch ausagierten Unwahrscheinlichkeit der Kommunikation wird so eines der Funktionsprinzipien der Massenmedien in dieses rückgeführt.

Der Moskauer Aktionismus ist – und hier kehre ich zu einem weiteren Ausgangspunkt dieses Teilkapitels zurück – durch eine emphatische Hinwendung zu kunstgeschichtlich bereits kanonisierten „Gesten" (wie sich die Aktionisten häufig ausdrücken) des direkten, unmittelbaren künstlerischen Ausdrucks gekennzeichnet. Dies lässt sich einerseits mit einer Emphase des Neubeginns erklären, die für viele Avantgardebewegungen typisch ist. Die Gesten sind aber auch als direkte Folge des Wegfalls der von oben gesteuerten simulakralen Realität zu Sowjetzeiten interpretierbar. Von diesem Wegfall waren aber natürlich nicht nur das System der Kunst, sondern auch alle anderen Subsysteme der Gesellschaft betroffen, ganz besonders das System der Massenmedien. Auch dies ist, so glaube ich, einer der Gründe für das Interesse der Massenmedien an den Aktionen des Moskauer Aktionismus, erfüllen diese doch – scheinbar – das Bedürfnis der Massenmedien, nach dem Wegfall der simulakral überformten Realität eine ‚echte‘ Realität zu repräsentieren (womit den Moskauer Aktionisten bereits wieder eine Repräsentationsfunktion zugeschrieben wäre!).

Ich kehre noch einmal zurück zur Aktion *Svidanie* (*Wiedersehen*), genauer zur Artikulation des Misserfolgs des sexuellen Vereinigungsversuchs. Vor allem die Verbalisierung des Misserfolgs wurde auf der Ebene der künstlerischen Aktion vielfach interpretiert und bildet ein wunderbares Beispiel für die Polyvalenz der Aktion. So hielt Natal'ja Tamruči den Ausspruch „Ničego ne polučaetsja!" („Nichts geht!") zum Beispiel schlichtweg für überflüssig[68] und Natalia Ottovordemgentschenfelde liest in ihm die totale Identifizierung des Künstlers mit seiner Rolle, ganz in der der Gesellschaft den Spiegel vorhaltenden Tradition der Gottesnarren (jurodivye).[69]

Nicht zuletzt Brener selbst interpretierte seine Aktion als „proryv v postk[oo] nsovskoe prostranstvo iskusstva"[70] („Durchbruch in einen Raum der Kunst nach Koons"), seinen Ausruf als „absolutnoe vyskazyvanie" („absolute Äußerung"), die in der aktuellen Kunst kein Beispiel habe. Künstlerische Aktionen dieser Art, so heißt es in demselben Manifest, das ein offenes Zitat futuristischer Manifeste darstellt, seien an die Massen auf der Straße gerichtet, lägen im Bereich des Primitiven und der direkten physiologischen Artikulation, jenseits jeglicher interpretativer Reflexion auf der Ebene von „golod, neistovstvo, strach, nenavist', bezumie i, konečno, ljubov'" („Hunger, Wut, Angst, Hass, Wahnsinn und, natürlich, Liebe").[71]

Mit anderen Worten: Direkte körperlich-emotionale Aktion und Reaktion machen nach Brener den Kern seiner Arbeit aus. Der öffentliche Vollzug des Geschlechtsakts gehört ganz offensichtlich in diesen Bereich, sein Ge- oder Misslingen erscheint aus dieser Perspektive sekundär. Erst die Veröffentlichung des Misslingens wird in dem Sinne zu einem künstlerischen Akt, als er Ausdruck genau dieser propagierten körperlich-emotionalen Unmittelbarkeit wird.

---

68 Тамручи 1995.

69 Ottovordemgentschenfelde 2004, S. 281 f. Ottovordemgentschenfelde verweist an gleicher Stelle auf eine Interpretation Ekaterina Degot's, nach der sie, Ottovordemgentschenfelde zufolge, in Breners Ausruf eine perfekt durchdachte, gar Scham thematisierende Inszenierung sah. Leider konnte ich dies in dem angegebenen Text (Деготь 1999) nicht verifizieren. Da Ottovordemgentschenfelde sich aber in ihrer Interpretation explizit von Degot' absetzt, gehe ich davon aus, dass es sich lediglich um einen bibliographischen Fehler handelt.

70 Bezugnahme auf Jeff Koons vgl. ausführlich am Schluss dieses Kapitels, Originalschreibweise des Adjektivs: „посткунсовское" („postkunsovskoe").

71 Бренер 1995b; Бренер, Зубаржук, Литвин, Мамонов & Ревизоров 1994.

Auch Kuliks emphatisches Propagieren der Suche und des Ausagierens des Reflexes statt der Reflektion in seinen Hundeaktionen funktioniert nach dem gleichen Prinzip. Kuliks Aktionen stellen keine Bewegung einer aggressiven *retour à la nature* dar, so sehr er dies auch immer wieder in seinen programmatischen Aussagen betonen mag.[72] Der Körper mit seinen Reflexen wird zur Chiffre für einen unmittelbaren Zugriff auf eine nicht von oben gesteuerte, nicht-simulakrale Realität – ebenso wie bei Aleksandr Brener.

Kehren wir an dieser Stelle noch einmal zum Begriff einer simulakralen Realität zurück, der bisher nur zur Beschreibung der sowjetischen Überformung der Realität durch allgegenwärtige, performativ wirkende Ideologeme behandelt wurde. Der Moskauer Aktionismus, so der bisherige Argumentationsgang, agiert in seiner emphatischen Propagierung der direkten Aktion, der unmittelbaren Körperlichkeit und der emotionalen Geste aggressiv den Wegfall dieser simulakralen Realität aus. Auch die Rückkopplungseffekte von Massenmedien und Moskauer Aktionismus haben möglicherweise insofern sekundär damit zu tun, als die Massenmedien, ebenfalls geprägt vom Wegfall der „von oben kommandierten öffentlichen Meinung", „Realität" darstellen und über all das berichten wollen, was vorher nicht möglich war, und somit gerne über Kunst berichten, die diese „Realität" auszudrücken imstande ist.

Der Begriff des Simulakrums wurde allerdings nicht im sowjetischen, sondern im westlichen Raum geprägt und steht gerade für die Erkenntnis von (Post-)Strukturalismus und Konstruktivismus, von Dekonstruktion und Virtualitätstheorie, dass die Realität ein konstruiertes Trugbild, pure Virtualität und ein von Medien gesteuertes, nicht wahrnehmbares Konstrukt ist. Wichtig wurde der Begriff in den Arbeiten von Roland Barthes, Jaques Derrida, Paul Virilio, Jean Baudrillard, Pierre Bourdieu oder auch Gilles Deleuze. Auch in die (post-)sowjetische Kultur- und Kunsttheorie drang der Begriff über eine Rezeption vor allem der französischen Strukturalisten und Poststrukturalisten ein. Er wurde in der Folge erst der von Miziano genutzten begrifflichen Transformation in Bezug auf die Sowjetrealität unterzogen, nachdem er von Philosophen wie Michail Ryklin in den Diskurskontext der Moskauer Konzeptualisten eingeführt worden war.[73] Erst jetzt wurde das Simulakrum zum Inbegriff einer von oben oppressiv gesetzten Realität, an deren Konstruktion die sowjetischen Massenmedien mit ihrem expliziten Erziehungsauftrag einen ganz eigenen Anteil hatten.

In seinem ursprünglichen Diskurskontext bezieht sich der Begriff des Simulakrums allerdings generell auf die Unmöglichkeit der Einholung einer wie auch immer gearteten „Realität", vollkommen unabhängig von einer oppressiv oder repressiv eingesetzten Simulakralisierung der „Wirklichkeit" durch die politische Macht. Das russisch-sowjetische Verständnis des Simulakrums stellt lediglich eine Radikalisierung

---

72 Dort heißt es manchmal auch, es gehe nicht um ein „retour à la nature", sondern um ein „vpered k prirode" („vorwärts zur Natur"). Für unseren Argumentationszusammenhang spielt dieser Unterschied keine Rolle.

73 Vgl. z. B. Рыклин 1993.

und Spezifizierung des Begriffsverständnisses dar, worin die Grundannahme einer Nicht-Einholbarkeit der Realität immer schon enthalten ist. Auch Luhmann schließt sich in seiner Untersuchung zum System der Massenmedien dieser konstruktivistischen Sicht an. Seine Grundfragestellung lautete: Wie schaffen es die Massenmedien, Realität so zu konstruieren, dass wir, die Rezipienten, tatsächlich daran glauben, dass das, was wir sehen, lesen und hören, die Wirklichkeit ist?[74]

Künstlerische „Gesten", die über den Körper als Medium auf eine ‚unmittelbare Realität' Zugriff gewinnen wollen, wirken aus der Perspektive des gesamten Diskurskontextes der Postmoderne, trotz der Möglichkeit, sie als Reaktion auf den Wegfall der simulakralen Überformung der Realität in der Sowjetunion zu interpretieren, anachronistisch. Aktionen wie *Svidanie* (*Wiedersehen*) fallen, wie es scheint, bewusst mit der Postmoderne polemisierend, hinter diese zurück. Denn natürlich ist der gesamte Diskurskontext des Simulakralitätsbegriffs auch im russischen Kontext höchst präsent, zumal dieser sich mit der Postmoderne so explizit auseinander setzt. Fast erschienen einem die Performances des Moskauer Aktionismus naiv, entstammten diese nicht dem sich selbst beobachtenden System Kunst.

Doch sind die Aktionen nicht so einfach strukturiert, wie es auf den ersten Blick erscheinen mag. Sowohl bei Osmolovskij als auch bei Kulik und Brener kann ein ausgesprochen starker Hang zur Selbstironisierung, zu Satire und zur bewussten Inszenierung des Scheiterns des Begehrens nach der „direkten Geste", dem direkten Zugriff auf die „Realität" beobachtet werden. Anatolij Osmolovskij hatte, wie ich in Kapitel 4 gezeigt habe, diesbezügliche Ansprüche von Anfang an relativiert, bei Oleg Kulik finden sich spätestens mit dem Einbezug des Begriffs der Noosphäre und dem kulturellen Kontext, der sich durch Bulgakovs *Sobače serdce* (*Hundeherz*) ergibt, ein radikal satirischer Zug auf die eigene ‚Reflexologie'.[75] Auch bei Aleksandr Brener ist die Inszenierung des eigenen Scheiterns ein prädominantes Charakteristikum seiner Aktionen. Beispiele hierfür sind die Aktion vor dem Moskauer Verteidigungsmuseum von 1994, bei dem Brener als Reaktion auf den Ausbruch des Tschetschenienkonflikts Pantoffeln vor dem Eingang ablegte, nachdem ihm – man ist geneigt zu sagen: natürlich – auf sein Klopfen niemand öffnete,[76] oder die als Meldung in vielen Zeitungen beachtete Aktion *Pervaja Perčatka* (*Erster Handschuh*)[77] von 1994 auf dem Roten Platz, bei der Brener nur mit Boxershorts und Boxhandschuhen bekleidet El'cin zu einem Boxkampf aufforderte (Abb. 21).

All diese Aktionen agieren ein Scheitern bzw. das Bewusstsein der Unmöglichkeit irgendeiner direkten Wirksamkeit aus, das sich in den frühen Aktionen Osmolovskijs bereits deutlich ankündigte. Sie zeugen ebenfalls von dem oben beschriebenen Diffe-

---

74 Luhmann 1996, S. 9-23.

75 Vgl. Kapitel 5.2.4.3.

76 In Pantoffeln geht man nicht auf die Straße, so eine semantische Interpretation. Die Aktion kann als Aufforderung an die russische Macht – also nun Boris El'cin – und seinen mitlitärischen Apparat verstanden werden, zuhause zu bleiben, nicht nach Tschetschenien zu ziehen.

77 Vgl. zu dieser Aktion Kapitel 3.2.4.

renzierungsprozess der Gesellschaft. Auch Brener wird nach der Aktion noch von der Miliz festgehalten, eine ähnliche Diskussion wie einige Jahre zuvor bei *CHUJ na Krasnoj ploščadi* (*CHUJ auf dem Roten Platz*) von Osmolovskij und der Gruppe È.T.I. gibt es aber schon nicht mehr. Die Kunst ist sich ihrer relativen politischen Machtlosigkeit ebenso bewusst geworden wie die Politik die Autonomie des Kunstsystems anerkennt. Die Massenmedien selektieren die Aktion in bekannter Weise und integrieren sie in diesem Fall zumeist als kurze Meldung in ihr eigenes sich selbst perpetuierendes System.

Breners Ausruf „Ničego ne polučaetsja!" („Nichts geht!") in *Svidanie* (*Wiedersehen*) ist eine ähnliche Inszenierung des Scheiterns wie die beiden anderen Beispiele. Das Scheitern bekommt aber in ihrem Zusammenhang eine weitere Komponente. Der politisch motivierte Kontext, der in den anderen aufgezeigten Beispielen omnipräsent war, fehlt in dieser Aktion. Sie steht vollkommen im Zeichen der direkten körperlichen Aktion unter dem Primat des ‚direkten' Zugriffs auf die ‚Realität'. Das Artikulieren des Scheiterns des Sexualaktes ist in dieser Perspektive nur folgerichtig, denn alles, was auf der direkten körperlich-emotionalen Ebene passiert und *ist*, gehört in die unmittelbare ‚Realität' und muss dementsprechend in die Kunstaktion integriert werden.

Brener spricht aber auch von einem „postk[oo]nsovskoe prostranstvo iskusstva" („Raum der Kunst nach Koons"), in den er mit seiner Aktion eingetreten sei. Er meint damit einen Raum der Kunst ‚nach' dem Skandalkünstler Jeff Koons, der vor allem durch seine von 1989 bis 1991 entstandene Serie *Made in Heaven* und durch seine Hochzeit mit dem italienischen Pornostar Ilona Staller (Künstlername: Cicciolina) populär geworden ist. Koons bildete sich und seine Frau in dieser Serie in technisch perfekten, lebensgroßen Bildern und Skulpturen vor allem beim (inszenierten) Sexualakt ab.[78] Jeff Koons wurde durch diese Serie zum Medienstar. Die Liebesgeschichte zwischen Cicciolina und Koons beherrschte die globalen Klatschspalten der 1990er.[79]

Brener bezieht sich ganz offensichtlich auf die Serie *Made in Heaven*, wenn er von dem „postk[oo]nsovskoe prostranstvo iskusstva" („Raum der Kunst nach Koons") in Bezug auf die Aktion *Svidanie* (*Wiedersehen*) spricht. Er bindet den perfekt inszenierten, medialisierten Geschlechtsakt, die öffentliche Performanz von Sexualität durch Jeff Koons an seinen eigenen Körper zurück und setzt diesen performativ als Medium ein. Er transferiert den Sexualakt in die direkte, ‚authentische' Aktion.

Aus dieser Perspektive lässt sich den Interpretationen des polyvalenten Ausrufs „Ničego ne polučaetsja!" („Nichts geht!") eine Variante hinzufügen. Denn in der Inszenierung Jeff Koons ist keine Authentizität des Aktes gegeben – trotz des illusionistischen Realismus in der Darstellung. Im Gegensatz hierzu führen Brener und seine Frau den Akt unmittelbar aus. Der Akt selber gelingt aber nicht – und der Ausruf „Ničego ne polučaetsja!" („Nichts geht!") wird damit zu einer Vorführung des Schei-

---

78 Abbildungen finden sich z. B. in Koons 2002, S. 60-63.
79 Die Figur Cicciolina faszinierte auch Oleg Kulik. In Kulik 1997 führte er ein ausführliches Interview mit ihr.

terns der direkten Aktion. Das Begehren nach uninszenierter, direkter ‚Realität', nach dem direkten, emotionalen Zugriff auf die ‚Wirklichkeit' auf der Ebene von „golod, neistovstvo, strach, nenavist', bezumie i, konečno, ljubov'" („Hunger, Wut, Angst, Hass, Wahnsinn und, natürlich, Liebe") ist immer auch verknüpft mit einem expliziten Scheitern. Auch dies ist eine Kunst ‚nach' Jeff Koons – der Weg zurück, vor die Erkenntnis der Simulakralität der Welt ist nicht mehr möglich.[80]

Wie aber verbindet sich dies mit der Tatsache, dass gerade Aktionen dieser Art von den (letzten Endes) die Realität zwar anders als die sowjetischen, aber letztlich auch nur konstruierenden, postsowjetischen Massenmedien begierig aufgegriffen wurden? Die 1990er standen im Zeichen eines globalen Medienschocks, unter dessen Eindruck auch Luhmann seine Studie *Die Realität der Massenmedien* schrieb. Luhmann beschreibt diesen Schock, den die Welt in den 1990er Jahren erleidet, als einen Zustand der fundamentalen Erschütterungen, die das Verständnis von und die Kritik an den Massenmedien, die ja schon lange vorher existierte und z. B. durch die Situationistische Internationale um Guy Debord und das Kultbuch der 1960er *La société du spectacle* (sic)[81] oder die Frankfurter Schule nachhaltig geäußert worden war, stark veränderten. Die 1990er standen unter dem Zeichen einer brutalen, medialen Inszenierung von Gewalt, sei es in den Filmen Quentin Tarantinos, die Oleg Kulik aufgriff,[82] sei es durch die totale mediale Inszenierung des ersten Golfkriegs durch die Amerikaner. Auch Jeff Koons *Made in Heaven* ist in dieser Zeit zu verorten. In den 1990ern entstand mit dem Aufkommen digitaler Bildgebungsverfahren auch ein deutliches Bewusstsein über die Simulakralität, die Virtualität aller medialen Berichterstattung. ‚Realität' gab es endgültig nicht mehr.

Diese Erschütterungen machten natürlich auch vor Russland nicht halt und verstärkten die dort ablaufenden Prozesse vielleicht nur noch. Wenn Miziano schreibt, das östliche, simulakrale Mediensystem sei durch ein westliches abgelöst worden, so bedeutet dies nur, dass eine oppressiv-repressive Simulakralität in den 1990ern durch eine andere Simulakralität, nämlich diejenige des Systems der Massenmedien, wie Luhmann sie beschreibt, abgelöst wird. Die Aktionen des Moskauer Aktionismus mit ihrem Begehren nach der ‚direkten Aktion' zeugen ganz deutlich von dieser generellen Skepsis *allem* Medialen gegenüber.

---

80 Die Moskauer Künstlerin Tat'jana Antošina hat diese Zusammenhänge in ihrer ironischen Hommage an die Aktionen Breners in kleinen Porzellanfigürchen kongenial sichtbar gemacht. Diese Figürchen, die sich, wie Bojana Pejić anmerkte, auf der Grenze zwischen „high" und „low art" bewegen (Pejić 2001), zitieren nicht nur die Traditionen des Sammelns (der Aktionen), der Porzellanmanufaktur und vieles andere mehr, sondern auch die Skulpturen Jeff Koons. Sie sind eine materielle Manifestation der massenmedial zirkulierenden und in den einschlägigen Kunstzeitschriften sich ständig wiederholenden Abbildungen der Aktionen Breners. Vgl. Drews-Sylla 2008.

81 Zu Osmolovskijs Auseinandersetzung mit der Situationistischen Internationalen vgl. Kapitel 4.6.

82 Vgl. hierzu Kapitel 5.1.2.

Luhmann erklärt in seinem radikal-konstruktivistischen Entwurf eines Systems der Massenmedien, inwiefern dieses Realität nicht repräsentiert, sondern immer nur konstruiert. Indem es den Code Information/Nicht-Information immer weiter, diesen selbst mit Inhalten ausfüllend, bedient, so Luhmann, entsteht ein Konstrukt, das der Rezipient als Abbildung der Realität versteht, obwohl er sich des Konstruktionscharakters dieser Realität durchaus bewusst sei. Dem Rezipienten unterstellt Luhmann daher ein generelles Bedürfnis nach Realitätswahrnehmung. Es gehöre zum Funktionsprinzip des Systems der Massenmedien, dass es dieses Bedürfnis immer wieder aufs Neue stille.

Wenn nun die Aktionen des Moskauer Aktionismus das Funktionsprinzip des Systems der Massenmedien perfekt aufgreift, d. h. durch immer neue Kunstaktionen funktional ausfüllt, und dabei sogar noch Medienskepsis und ein Begehren nach einer nicht-simulakralen Realität thematisiert, beides damit sowohl in das System der Kunst als auch in das der Massenmedien einführt, dann befriedigt er in geradezu perfekter Weise das autopoietische Konstruktionsprinzip von Realität durch die Massenmedien.

Die Aufnahme von Kunst – in diesem Fall des Moskauer Aktionismus – in das massenmediale System, die scheinbar einen direkten Zugriff auf die ‚Realität' bietet (egal, ob sie es selber nun glaubt oder nicht), erfüllt so eines der Grundbedürfnisse des Systems der Massenmedien. Interessanterweise funktioniert dies gerade aufgrund und nicht trotz der fundamentalen Medienskepsis des Moskauer Aktionismus. Der Moskauer Aktionismus entlarvt so einerseits den Konstruktionscharakter der in den Massenmedien dargebotenen simulakralen Realität, andererseits nutzt er diesen perfekt für seine Zwecke aus, indem er immer wieder und wieder die Selektoren scheinbar mühelos passierende Aktionen in Szene setzt.

Die Medienskepsis des Moskauer Aktionismus wiederum fügt sich ein in eine nicht nur lokale, sondern auch globale Medienskepsis, die durch Arbeiten wie diejenigen Jeff Koons oder die Filme Quentin Tarantinos gefördert wird. Er setzt sich der radikalen, medialen Inszenierung in diesen Arbeiten zwar insofern entgegen, als er den Körper als direktes Medium der Aktion einsetzt und einen Raum der Kunst nach dieser totalen Medialisierung inszeniert. Dabei setzt er vor allem Gewalt und Aggression als Mittel ein, denn dies ruft noch immer die unmittelbarsten emotionalen Reaktionen hervor. Der Mann, den Kulik in Stockholm gebissen hat, kann davon vielleicht das schmerzhafteste Zeugnis ablegen. Zugleich aber verbirgt sich in den Aktionen des Moskauer Aktionismus durchaus das Bewusstsein von der Unmöglichkeit der Einholung der ‚Realität'.[83] Allerdings wird gerade in den radikalsten und aggressivsten Aktionen des Moskauer Aktionismus immer wieder gewaltsam auf die Problematik aufmerksam gemacht. Der Moskauer Aktionismus ist somit eine auch in einem Kontext, der über die die Problematik sicher potenzierende postsowjetische Situation hinaus verweist, hochaktuelle Kunst. Die Künstler sind in der Tat Zeitgenossen von Matthew

---

83 Jan Áman, der von Kulik in Stockholm gebissen wurde, ist hier allerdings bestimmt anderer Meinung.

Barney oder Paul McCarthy, wie es Degot' so schön formulierte – auch dann, wenn sie im Gegensatz zu ihnen keine anderen Medien als ihren eigenen Körper einsetzen.

6.2.2 Das Erbe der inoffiziellen sowjetischen Medien

Wenn im vorherigen Teilkapitel das Erbe der offiziellen, sowjetischen Medienorganisation thematisiert wurde, so soll in diesem das der inoffiziellen Medien der Sowjetunion behandelt werden – des Samizdats. Die inoffizielle Publikationsform des Samizdat war zwar elitär, marginal und begrenzt – aber dennoch ein voll entwickelter Bereich der sowjetischen Medienlandschaft. Er erreichte nur ca. 1% der Bevölkerung, dies aber über die Jahre hinweg mit insgesamt über 1000 Zeitschriften jeglicher Art.[84] Es lässt sich sicher fragen, inwiefern die inoffiziellen Medien in der Sowjetunion als Reaktion auf die kontrollierenden Übergriffe des politischen Systems zumindest teilweise die Autopoiesis des massenmedialen Systems realisierten, so wie ich es in Kapitel 6.1.1 auch für den inoffiziellen Kunstsektor beschrieben habe.

Ich werde diese Überlegungen aber an den Rand stellen und das Erbe des Samizdat aus einer etwas anders gelagerten Perspektive betrachten. Das Erbe des Samizdat soll als eine ‚Kultur der Alternative' betrachtet werden, in deren Tradition sich sowohl der Moskauer Aktionismus als auch die über ihn berichtenden Massenmedien stellen.

Über sehr viele Dinge erfuhr man zu sowjetischen Zeiten eher etwas aus der inoffiziellen Presse. So war z. B. der gesamte Themenkomplex der Sexualität aus der offiziellen Presse nahezu verbannt.[85] Der Vorwurf der Pornographie, der unmittelbarer mit der Verbannung der Sexualität aus dem öffentlichen Raum in Verbindung steht, stellte sogar ein gerne genutztes Instrumentarium zur Ausschaltung unwillkommener Meinungsäußerungen dar.[86] Aber auch viele andere Themengebiete konnten die Selektoren der offiziellen Massenmedien nicht passieren und wurden so in den Raum der inoffiziellen Organe verbannt.

Die inoffizielle Medienlandschaft stellte ein voll entwickeltes, höchst differenziertes System dar, in dem nahezu jedes Interessensgebiet vertreten war. Suetnov legte 1989/90 eine bibliographische Bestandsaufnahme des Samizdat in der Sowjetunion vor, in der er eine möglichst genaue, wenn auch zwangsläufig unvollständige Liste aller in der Sowjetunion erschienenen und erscheinenden inoffiziellen Publikationen

---

84 Vgl. Суетнов 1992.
85 Vgl. z. B. Wendler 1995. – Boris Groys vertritt die sehr einleuchtende These, es sei nicht die Sexualität selber gewesen, die im öffentlichen Raum der Sowjetunion sublimiert wurde, sondern ein westlich geprägtes, öffentliches Begehren. Vgl. Groys 2003.
86 Vgl. Kemp & Khoroshilov 2003. – In dem 2002 durch die Putinjugend gegen Vladimir Sorokin angestrebten Prozess anlässlich seines Romans *Goluboe salo* (Сорокин 1999) (*Himmelblauer Speck*, Sorokin 2000), für den Pornographievorwürfe Anlass waren, glaubte so mancher Beobachter an eine Wiederholung der Geschichte.

zusammenstellte.[87] Die Themengebiete umfassen ein denkbar großes Spektrum an Interessenslagen: Sie reichen von hochpolitischen Journalen bis hin zu Kinderliteratur. Selbstverständlich zählen auch literarische und künstlerische Publikationen in den Bereich des Samizdat.[88]

Diese Samizdattätigkeit wiederum ist in dem größeren Kontext der hoch entwickelten inoffiziellen Kulturlandschaft zu sehen, die auch den Nährboden für das inoffizielle Kunstschaffen bildete, in dem z. B. auch der Moskauer Konzeptualismus verortet werden muss. So sind Samizdat und inoffizielle Kunst in der Sowjetunion auf diese Art untrennbar miteinander verbunden, auch wenn die Verbindung nicht immer unmittelbarer Art war und das Spektrum von inoffizieller Kunst und inoffizieller Publikationstätigkeit jeweils sehr weit gefasst war und sich nicht zwangsläufig überschneiden musste. Zeugnis dieser häufig anzutreffenden Verbindung geben aber Ausstellungen wie *Präprintium*[89] und Publikationen wie *Samizdat veka*[90] und andere[91], in der die jahrzehntelange Tradition des Samizdat publizistisch und wissenschaftlich aufbereitet wird. Die Spätwirkungen der inoffiziellen Medienlandschaft in den Wechselwirkungen zwischen Massenmedien und der Aktionskunst des Moskauer Aktionismus müssen daher vor diesem Gesamtkontext betrachtet werden. Es sind die ‚Mythen des Untergrunds', von denen Osmolovskij sprach, die hier im Moskauer Aktionismus wirksam werden. Denn die Wurzeln der radikalen Kunstszene der 1990er Jahre sind nicht trotz, sondern gerade wegen ihrer vehementen Ablehnung des Moskauer Konzeptualismus nicht in der offiziellen, sondern in der inoffiziellen Kunst und ihren Organen, mit anderen Worten, der inoffiziellen und nicht der offiziellen Kulturlandschaft zu suchen.

Während sich das ‚Erbe' der offiziellen Massenmedien vor allem in der aggressiven Besetzung des öffentlichen Raums in den die Selektoren der Massenmedien aktivierenden Straßenaktionen äußerte, und in dem Wunsch, nun endlich einen unmittelba-

---

87 1992 veröffentlichte Suetnov eine zweibändige Bibliographie zur inoffiziellen Publikationstätigkeit in Russland von 1985-1991, dem 1989/90 bereits eine erste Auflage vorausgegangen war (Суетнов 1992 und 1989/90).

88 Das *Архив нетрадиционной печати* (*Archiv der nichttraditionellen Presse*), geleitet von Aleksandr Suetnov, wird in der Forschung immer wieder als einzigartige Quelle zur Entwicklung von Samizdat und inoffizieller Publikationstätigkeit angeführt, so z. B. bei Steinsdorff 1994 und Condee & Padunov 1995. Erfasst wurden vor allem regelmäßig erscheinende Publikationen, deren Löwenanteil mit 987 Titeln politisch-gesellschaftliche ausmachen. Literatur, Kunst und Musik stellen gemeinsam 278 Titel, wovon 120 auf Literatur und Kunst, 158 auf die Musik entfallen. Erfasst wurden außerdem: Samizdat-Veröffentlichungen aus dem Bereich der Kinderliteratur (92 Titel), jüdische (86 Titel) und religiös-philosophische (57 Titel) Publikationen, Veröffentlichungen in ukrainischer Sprache (44 Titel, nach Angaben Suetnovs unvollständig), sowie 28 zusätzliche und sechs bibliografische Veröffentlichungen. Condee & Padunov erwähnen eine detaillierte Rezension von Suetnovs Bibliographie: T. Blažnova, „Samizdat na samochranenii", Knižnoe obozrenie, 14. Mai 1993 (Condee & Padunov 1995, S. 162, Fußnote 15).

89 Hirt & Wonders 1998.

90 Стреляный, Сапгир, Бахтин & Ордынский 1997.

91 Eichwede 2000, Doria & Bowlt 1987.

ren Audruck für die ‚Realität' zu finden, findet sich das ‚Erbe' des inoffiziellen Sektors im Gestus des Protests und der Alternative.

6.2.2.1 Vom „Inoffiziellen" des Samizdat zur „Alternative" im Moskauer Aktionismus

Im Folgenden soll nun auch auf die inoffiziellen Medien und ihre Bedeutung für die Umstrukturierungsprozesse des Mediensektors eingegangen werden. In diesem Zusammenhang wird vor allem eine veränderte Funktion des inoffiziellen Sektors thematisiert werden, der sich nach dem Wegfall zensierender Eingriffe als Form der ‚Alternative' darstellt. Anschließend werde ich die Variationen dieses Prinzips der ‚Alternative' im Moskauer Aktionismus genauer untersuchen. In einem weiteren Teilkapitel werde ich schließlich wieder auf die Interaktionen zwischen Moskauer Aktionismus und dem System der Massenmedien eingehen, dieses Mal aus der Perspektive der Massenmedien und deren Partizipation am Alternativgestus des Moskauer Aktionismus.

Die Trennung von offiziellem und inoffiziellem Sektor fiel spätestens mit der Einführung des neuen sowjetischen Pressegesetzes zum 1. August 1990, das zumindest formell Pressefreiheit und Freiheit der Massenmedien garantierte.[92] Dieses Gesetz, das erste seiner Art in der Sowjetunion, überlebte die Sowjetunion selber nur kurz und wurde am 6. Februar 1992 schließlich von einem russischen Mediengesetz ersetzt, das sich allerdings durch starke „inhaltliche und politische Kontinuität" dem sowjetischen Gesetz gegenüber auszeichnete.[93]

Und so muss ganz am Anfang dieser Überlegungen die Aussage stehen, dass keine der Publikations- und Arbeitsformen, weder diejenigen des Moskauer Aktionismus noch diejenigen der Massenmedien, die über den Moskauer Aktionismus berichteten, einen den früheren inoffiziellen Kunst- und Publikationsformen vergleichbaren, ‚echten' inoffiziellen Status inne hatte. Im Gegenteil, in zahlreichen Erinnerungen an das Russland Boris El'cins wird immer wieder eine empfundene Rede- und Meinungsfreiheit betont, obwohl die Provokation von Zusammenstößen mit den Ordnungskräften für den Moskauer Aktionismus zu dessen zentralen Bestandteilen gehörte.[94]

Der Mythos des Inoffiziellen lebte daher auf andere Art und Weise fort. Es sind eher die Formen der offenen Aggression, der deklarierten Rebellion gegen jegliche Form von Institution und politischer Macht, der Übertretung von moralisch-ethi-

---

92 Zu den genauen Entwicklungen vgl. v. a. von Steinsdorff 1994, S. 243-282.

93 Steinsdorff 1994, S. 255 ff.

94 Diese oder ähnliche Formulierungen hörte ich während eines Forschungsaufenthaltes im Frühjahr 2003 von vielen der Akteure der radikalen Kunstszene. Vgl. auch eine ähnliche Äußerung Breners (Бренер, Ульянов & Меньшов 2003, S. 11). – Die Zusammenstöße mit den Ordnungskräften beschränkten sich schließlich auch nicht auf Russland, sondern fanden im Fall Kuliks auch in der Schweiz, in Luxemburg oder in Schweden statt. Aleksandr Breners heftigster Zusammenstoß mit der staatlichen Ordnung war in Amsterdam.

schen Grenzen etc., die diesen ausmachen.[95] Für all diese Varianten wurde der Körper als tragendes Formelement eingesetzt. Zugleich sind es gerade diese Elemente, die die Selektoren der neu strukturierten „offiziellen" Medien scheinbar mühelos überwinden und so die Hinwendung des Moskauer Aktionismus zu den Massenmedien begünstigen und fördern.

Einerseits greift der Moskauer Aktionismus so beispielsweise Themen auf, die zu Sowjetzeiten ihren Platz in der inoffiziellen Medienlandschaft hatten und nun sowohl in der Kunst als auch im System der Massenmedien geradezu explosionsartig an die Oberfläche und in die Öffentlichkeit treten. An alleroberster Stelle stehen hier z. B. Sexualität und Gewalt oder auch der russische *mat*. Andererseits versteht sich fast schon von selbst, dass in der Sowjetunion den inoffiziellen Kunstformen der Zugang zu den offiziellen sowjetischen Medien sowie Kommunikationsräumen verwehrt geblieben war und diese auf den inoffiziellen Kulturraum beschränkt waren. Eben so wenig war es den offiziellen Massenmedien möglich gewesen, unabhängig über die inoffiziellen Kunstformen zu berichten und so an den Entwicklungen teilzuhaben. Beide Bewegungsrichtungen hatten sich mit der *perestrojka* geöffnet und wurden vor allem in den Wechselwirkungen des Systems der Massenmedien mit dem Moskauer Aktionismus deutlich, in dem der Mythos des Inoffiziellen nun aus dem Bereich des Samizdat in eine breitere Öffentlichkeit transportiert werden konnte.

Für den Samizdat selber bedeuteten die Jahre der *perestrojka* einen letzten und einzigartigen Höhepunkt: Der Samizdat, sowohl der politische als auch der literarische und künstlerische, erlebte einen bisher nie da gewesenen Aufschwung, der 1989 kulminierte und ab 1990 wieder abzuflauen begann.

Spätestens mit Beginn des Jahres 1989 war klar geworden, dass die sowjetischen Behörden weder in der Lage noch willens waren, die Aktivitäten des noch immer illegalen und mittlerweile hoch politisierten Samizdat zu unterbinden.[96] Diese Entwicklung verlief parallel zu der Liberalisierung der offiziellen sowjetischen Massenmedien, so dass die Trennung zwischen dem offiziellen und dem inoffiziellen Sektor zunehmend verschwamm und mit dem Pressegesetz vom August 1990 schließlich ganz verschwand.

---

95 Andrej Erofeev beispielsweise nimmt eine Arbeit Osmolovskijs in den Ausstellungskatalog *Kunst im Verborgenen. Nonkonformisten in Russland 1957-1995* auf – unter der Rubrik „Das Bild der Massenmedien" (Anatolij Osmolovskij, *Der dritte überflüssige NEZESUDIK*, 1993, Farbphoto, Metall, 147 x 105 cm, Erofeev 1995, S. 195) Es finden sich auch Arbeiten von Vladislav Mamyšev-Monro (*Hitler und Monroe*, 1992 (?), Öl auf Leinwand, 203 x 308 cm, Rubrik „Psychoanalyse", Erofeev 1995, S. 149) und von Avdej Ter-Ogan'jan (*Jeff Koons ‚Pyramide'*, aus der Serie *Fälschungen großer Meister*, Farbphoto unter der Rubrik „Das Echo des Dadaismus", Erofeev 1995, S. 184 f.). Der Katalog zeichnet sich auch durch eine ausführliche „Chronologie politischer und künstlerischer Ereignisse in Rußland 1953-1994" (Erofeev 1995, S. 9-16) aus. Die Chronologie wird in dem Katalog *NA KURORT!* (Nikitsch & Winzen 2004) zeitlich fortgeführt.

96 Steinsdorff 1994, S. 174 f.

Evgenij Kornilov kommentiert den um 1990 einsetzenden Rückgang der Samiz-datpublikationen 1991 folgendermaßen, ihn positiv als Umstrukturierung des inoffiziellen Sektors interpretierend:

> Man könnte annehmen, Samisdat würde heutzutage einen stürmischen Aufschwung erleben. Jedoch ist das nicht der Fall, denn unter den Bedingungen der Demokratie verlor der Samisdat als gesellschaftliche Erscheinung seine Grundlage. Der Begriff ‚Samisdat‘ begann sich aufzulösen und aus dem gesellschaftlichen Bewußtsein zu schwinden. Der größte Teil der [von Kornilov, Anm. G. D.-S.] genannten Zeitungen und Zeitschriften gehört nicht mehr zur Kategorie der Samisdat-Literatur im traditionellen Sinne des Wortes. Sie werden in den meisten Fällen legal von verschiedenen gesellschaftlichen Organisationen, Gruppen und Institutionen herausgegeben. Für ihre Bezeichnung gebrauchte man zuerst de[n] Terminus ‚informelle‘ Presse, jedoch verlor er nach kurzer Zeit seine ursprüngliche Bedeutung, weil man viele Organisationen und Bewegungen, die man früher ‚informell‘ nannte, jetzt offiziell als legale selbständige Parteien, Assoziationen und Gruppierungen anerkannt hat. Wenig geeignet, weil ihrem Wesen nicht entsprechend, scheint auch der Terminus ‚selbständige‘ oder ‚unprofessionelle‘ Presse zu sein, weil erfahrene Fachleute (Berufsjournalisten) diese Presseerzeugnisse herausgeben. Und die Bezeichnung ‚selbständige‘ Presse passt nicht, denn die meisten dieser Presseorgane bekunden ihre Zugehörigkeit zu der einen oder anderen gesellschaftlich-politischen Organisation und Bewegung. Am besten geeignet erscheint ‚alternative Presse‘, wie er längst in westlichen Ländern als Bezeichnung für oppositionelle und manche anderen Presseorgane verwendet wird, die als Alternative zur offiziellen, dominierenden Publizistik zu betrachten sind.‘[97]

Kornilov stellt zwei Punkte besonders heraus: Zum einen betont er die Legalität der ehemals inoffiziellen Publikationen zum Zeitpunkt seines Aufsatzes, also 1991, zum anderen beschreibt er einen Wandel des Charakters des einstmals inoffiziellen Sektors. Nicht mehr „informell" (oder, wie der Sektor auch genannt wurde: „inoffiziell"), auch nicht „selbständig" oder „unprofessionell" möchte er den Nachfolgesektor des klassischen Samizdat nennen, sondern, dem Vorbild westlicher Länder folgend, „alternativ", im Sinne einer durchaus auch oppositionellen Alternative zur dominierenden Publizistik.

Im gleichen Zeitraum der Legalisierung des inoffiziellen Sektors der russisch-sowjetischen Medienlandschaft hatte die weiter oben bereits ausführlich beschriebene Autonomisierung der offiziellen Presse stattgefunden. Ebenfalls in diesem Zeitraum hatten einstmals inoffizielle Kunstformen wie der Moskauer Konzeptualismus Anerkennung im In- und Ausland erfahren. Insgesamt war also der gesamte frühere inoffizielle Sektor durch den Wegfall des Charakters des Inoffiziellen mit dem offiziellen Sektor zusammengeführt worden. Gerade im Bereich des Kunstsektors kann dies gut beobachtet werden. Auch hier existierte der klassische „Untergrund" nicht mehr und musste durch „neue" Alternativen ersetzt werden.

---

97 Kornilow 1991, S. 80.

Der Moskauer Aktionismus kann als ein Ausdruck der Suche nach „Alternativen",
ja als Versuch der „Alternative" interpretiert werden, wobei sowohl einstmals eher
dem offiziellen als auch eher dem früheren inoffiziellen Sektor zuzuordnende Organe
der Massenmedien an dieser „Alternative" teilhatten.

Inbegriff dieser Suche nach alternativen Protestpraktiken sind – inhaltlich betrachtet – die Aktionen Anatolij Osmolovskijs, der gerade in den Jahren 1989 bis
1991, dem Zeitraum also, in dem diese Umschichtungen stattfanden, mit seiner Arbeit begann. Im Mittelpunkt von Osmolovskijs künstlerischen Investigationen stand
von Beginn an die Suche nach den Möglichkeiten einer Integration westlich geprägter linker ‚Alternativen' zu den herrschenden Diskursen in die russische Kunst. Seine
künstlerische Exploration hauptsächlich westlicher Protestpraktiken, die ich exem-
plarisch in Kapitel 4 am Festival *Vzryv novoj volny* (*Ausbruch einer neuen Welle*) aufgezeigt habe, gibt hiervon Zeugnis. Sämtliche Rekurrenzen, die sich finden lassen, stehen für Protestströmungen, die sich häufig auch als Alternative zu dem zum jeweiligen Zeitpunkt dominierenden Diskurssystem begreifen lassen: die Nouvelle Vague
selber als Alternative zum klassischen Hollywoodkino und als Ausdruck eines gewandelten Lebensgefühls der gesamten Nachkriegsgeneration; der Punk, der sich bereits
zum Zeitpunkt seines Aufkommens als radikale Alternative zu vergangenen Protestpraktiken ebenso wie als Protest gegen die etablierte Gesellschaft verstand; die Situationistische Internationale als Mit-Auslöser der nach politischen und gesellschaftlichen Alternativen suchenden weltweiten Studentenunruhen von 1968.

Erwähnenswert ist in diesem Zusammenhang vielleicht auch noch Folgendes: Von
Steinsdorff dokumentiert die enge Verknüpfung unzähliger, während der *perestrojka*-
Zeit gegründeter Gruppierungen von Intellektuellen für die rasante Entwicklung des
Samizdat bzw. der inoffiziellen Presse während der Zeit der *perestrojka*.[98] Auch Osmolovskij ist in dieser Zeit, unmittelbar vor dem Beginn seiner eigenen künstleri-
schen Tätigkeit, Mitglied derartiger Gruppierungen: 1987-88 der „literaturnaja
gruppa *Vertep*" („Literaturgruppe *Vertep*") und 1988 der „literaturno-kritičeskaja
gruppa *Ministerstvo PRO SSSR*" („literarisch-kritische Gruppe *Ministerium PRO
UdSSR*"), wie auf der Website der Marat Gel'man Galerie unter seiner Künstlerbio-
graphie nachzulesen ist.[99] In die Jahre 1990-92 fallen die gesamten Aktivitäten der
Gruppe É.T.I., in der es immer wieder um die Frage nach den Möglichkeiten und
Grenzen der Kunst ging.

Zentrales Thema Osmolovskijs war schließlich nicht nur die Frage nach möglichen Alternativen zu den sich im Land vollziehenden Veränderungen, sondern auch
die Frage nach der Möglichkeit einer politischen Einflussnahme durch Kunst, der jedoch andererseits die Tatsache der funktionalen Ausdifferenzierung der Gesellschaft,
der Eigenständigkeit der Systeme von Kunst und Politik entgegen stand. Vielleicht,
so lässt sich spekulieren, lag die Hoffnung auf eine künstlerisch-politische Alternative
durch Kunst auch in der Erfahrung einer radikalen Aufwertung des inoffiziellen Sek-

---

98 Vgl. Steinsdorff 1994, S. 180.
99 http://www.gif.ru/people/osmolovsky/ [Zugriff: 22. 12. 2004]

Листовка

КУЛИК - КАНДИДАТ ВСЕЙ ОДУШЕВЛЕННОЙ РОССИИ, А НЕ ОТДЕЛЬНОГО ВИДА

Твоя партия - Партия Животных, Партия Кулика

Быть Homo sapiens сегодня - означает быть фашистом!

Фашиствующий антропоцентризм (как любой фашизм) ведет человека к моральному и физическому вырождению. Наше спасение в "опрощении", но не до толстовского уровня, а до уровня хотя бы Холстомера.

Приход к власти Партии Кулика, твоей партии, будет началом новой политической эры.

Не думайте, что мир поделен между мужчиной и женщиной. Он устроен гораздо сложней. Он поделен между лягушкой и жирафом, между львом и дельфином, между муравьем и муравьедом... . Мир устроен изощренно - он бесконечно разнообразен.

Известно, что политика - это шоу. Менее известно, что политика - ничего, кроме шоу. Хватит делать вид, что именно политики решают проблемы. Экономику делают экономисты, войну - генералы, хлеб - хлеборобы, а политики делают зрелища. Все идет своим чередом.

Человеческое общество - несовершенный муравейник, и чтобы сделать его совершенным, человеку необходимо расширить свое сознание до сознания муравья. Почувствовать себя пчелой, буйволом, волком в стае.

Истинная демократия - это закон джунглей.

Голосуйте за истинный демократический закон! За свободу пользоваться своими свободами! Только в джунглях возможны свобода и равенство - только там нет наемной силы и угнетения себе подобного. Только там все члены сообщества находятся в равноправном положении по отношению к собственности (движимой и недвижимой), что является единственным гарантом демократии. Только там побеждает сильный и жизнеподобный! (К чему приводит "мудрая" геронтократия мы уже видели.)

Партия Животных у власти - это вовсе не означает, что в парламенте отныне будут заседать лишь козлы, орангутанги, орлы и куропатки (это происходит и сегодня).

Партия Животных у власти - это значит, что человек готов увидеть в животном свое Другое и открыть в себе Другого, неантропоморфного, для того, чтобы ощутить совместный восторг и совместную ответственность за наш уникальный мир, чтобы мир открылся человеку с невиданной полнотой.

Знал ли Т.Мор секрет гармоничного социального устройства? А "неразумные твари" пчела и муравей знают!

Можете ли вы всегда быть адекватными? Не предавать? Не лгать? А животные могут. Они просто не могут иначе!

Умеете ли вы любить, преданно и бескорыстно? А они умеют, поверь. Поверь, современному человеку, бесконечно одинокому и нелюбимому, необходимо любить и быть любимым. Зоофрения - спасение от тотальной шизофреничности современного общества.

Главный довод наших противников - животное не в состоянии выражать свои интересы. Смешно. Ведь подавляющее большинство людей тоже не в состоянии. "Да - да" и "Нет - нет" - это пролает любая дворняжка. А все остальное - от лукавого. Наша партия предлагает универсальный язык - язык эмоции, страсти, язык интуиции, чутья, доступный человеку-животному.

Я, Кулик - Кандидат в президенты не от Северо-Западного избирательного округа, а от всей одушевленной России, от всей ее ноосферы (неслучайно это филосовское "noos" восходит к "нюху", "чутью") - от каждого живого существа, что дышит и молится рядом с нами за нас - куликов и людей.

Мне нужен твой голос. А тебе нужен я, поверь.

Кандидат в президенты от Партии Животных, лидер партии - КУЛИК
Ноябрь 1994 год.

Спичрайтер - Л.Бредихина (член Партии Животных с 1981 г.)

Abb. 48: „Flugblatt" der *Partija životnych* (*Partei der Tiere*) von Oleg Kulik, 1994 (Quelle: Archiv Marat Gel'man Galerie, Moskau)

Abb. 49: Oleg Kulik:
Projekt *Partija životnych*
(*Partei der Tiere*)
(Quelle: Галерея
Гельмана 1995, S. 36)

tors begründet, der, zumindest im Mediensektor, eine tatsächliche Erfahrung einer gesellschaftlichen Wirkung bereitstellte.

Letztlich aber wurde aus der Suche nach einer Alternative eine eigene Kunstform, die eben diese Suche in sich *ad absurdum* führte. Die Proteste des Moskauer Aktionismus mündeten sehr häufig im Nichts, und selbst die frühen Aktionen Osmolovskijs thematisierten die eigentliche Unmöglichkeit der Alternative bereits in sich.

Die späteren, quasi-politischen Aktionen Kuliks zeigen diese Tendenz ebenfalls sehr deutlich, wobei das Thema der Alternative, als die sich der Moskauer Aktionismus im Verlauf der 1990er Jahre als feste Größe etabliert hatte, auch inhaltlich auf einer weiteren Ebene durchgespielt wurde.

In seiner von den Medien sehr intensiv verfolgten Aktionsreihe *Partija životnych* (*Partei der Tiere*) ging Kulik so weit, sich selbst als Präsidentschaftskandidat einer von ihm gegründeten Tierpartei aufzustellen (Abb. 48-50). Die für eine Kandidatur nötige Anzahl an unterstützenden Unterschriften sollten durch seine Vertretung der Interessensgruppe der Tiere, die diejenige der Menschen ohnehin zahlenmäßig weit übersteige (wenn man allein nur an die Bienen denke)[100], als erbracht gelten. Kuliks Präsidentschaftskandidatur fand in Galerien statt[101]; sie fand sich im System der Massenmedien wieder, das über die Aktionen rund um das Kunstprojekt berichtete[102]; geplant waren auch Wahlkampfplakate auf den Werbeflächen der Moskauer Metro, nachweisbar realisiert wurden zumindest öffentliche Plakate (Abb. 50). Kurz, Kuliks

---

100 Кулик & Бредихина 1996 und 2000.
101 Auf einer Visitenkarte aus dem Archiv der Marat Gel'man Galerie wird die Adresse der Galerie unter „Orgkomitet" (Organisationskomitee) genannt.
102 Навстречу выборам 1995; Кулик 1995d.

Abb. 50: Straßenplakat der *Partija
životnych* (*Partei der Tiere*) von
Oleg Kulik (Quelle: Archiv Marat
Gel'man Galerie, Moskau)

Präsidentschaftskandidatur war durchaus öffentlichkeitswirksam und fand nicht nur im Raum der Kunst, sondern auch in dem der Massenmedien statt.

Kulik brachte es – im Gegensatz zu seinem deutschen Pendant Christoph Schlingensief im Jahr 1998[103] – jedoch nicht bis zur offiziellen Kandidatur. Das Projekt blieb mediales Kunstprojekt. Kuliks gesamtes Projekt der *Zoofrenija* (*Zoophrenie*), zu dem auch die Serie *Partija životnych* (*Partei der Tiere*) gehört, kann, wie Kapitel 5.2.4 gezeigt hat, im Ganzen als ironische Replik, als Parodie und Satire, ja als Groteske sogar auf die Institution der Demokratie gelesen werden. Anhand der Rekurrenz der Aktionen Kuliks auf die radikalen Tierschutzaktionen im Anschluss an Peter Singer kann auch die radikalisierte Haltung des Moskauer Aktionismus zu westlichen Protestpraktiken als möglicher Alternativentwurf weiter verfolgt werden. Kulik sucht bereits nicht mehr nach Anschlussmöglichkeiten (wie – bei aller Kritik – Osmolovskij es noch tat), er persifliert radikalisierend die westlichen Vorbilder, die Mitte der 1990er als Möglichkeit einer Alternative bereits wieder ausgedient haben.

In Kornilovs Propagierung einer alternativen Presse ist der zutiefst demokratiegläubige Gedanke enthalten, dass eine Alternative grundsätzlich möglich ist. In einer Demokratie muss immer zumindest die Möglichkeit einer Alternative gegeben sein, sonst wäre Demokratie per se verunmöglicht. Die Tatsache, dass Kulik sich als Künst-

---

103 Vgl. Sasse 2003a.

ler und als Vertreter einer Tierpartei einer Präsidentenwahl zu stellen beabsichtigt, lässt diese Idee der Alternative zur Groteske werden. Begreift man nun die Zeit des Umbruchs der 1990er Jahre als Alternative zur Sowjetunion, so lässt sich feststellen, dass der Kommentar des Moskauer Aktionismus zu dieser Alternative geradezu vernichtend ausfällt.

6.2.2.2 Demokratie als Alternative zur Sowjetunion? Die Schüsse auf das Weiße Haus 1993 und die Reaktionen des Moskauer Aktionismus

Sowohl Anatolij Osmolovskij als auch Oleg Kulik haben sich zu einem der einschneidensten Ereignisse der politischen Landschaft während der politischen und gesellschaftlichen Umstrukturierungsprozesse, den Schüssen auf das Weiße Haus 1993 im Namen der Demokratie durch Boris El'cin, künstlerisch geäußert. In diesen Äußerungen lässt sich die kritische Haltung, die der Moskauer Aktionismus gegenüber der sich gesellschaftlich und politisch im Land neu etablierten Alternative zur Sowjetunion einnahm, deutlichst nachvollziehen.

Zu einem fast kanonischen Symbol für den Moskauer Aktionismus wurde das Cover der von Aleksandr Brener, Aleksandra Obuchova, Anatolij Osmolovskij und Vasilij Šugalej herausgegebenen ersten Nummer der Zeitschrift *Radek* (Präsentation am 18. Februar 1994)[104], die nach dem in einem der Stalinistischen Schauprozesse verurteilten und wahrscheinlich 1939 im Gefängnis umgekommenen Trotzkisten und zeitweisen Weggefährten Lenins Karl Radek (eigentl. Karl Sobelsohn) benannt wurde. Das Cover zeigt Osmolovskij, Brener und zwei weitere Aktionisten in schwarzen T-Shirts und mit heruntergelassenen Hosen vor dem Hintergrund des Weißen Hauses in Moskau, das zur Hälfte durch Brandspuren geschwärzt ist (Abb. 7).

Das Moskauer Weiße Haus, seinerzeit Parlaments-, heute Regierungssitz, war vom 19.-21. August 1991 während des Putschversuches unter dem Kommunisten Gennadij Janaev Brennpunkt des von Boris El'cin koordinierten Widerstandes, auf den die Putschisten noch ein letztes Mal in der Geschichte der Sowjetunion Panzer zurollen ließen. Die Bilder des gescheiterten Putsches, v. a. dasjenige, auf dem El'cin vor dem Weißen Haus von einem Panzer zu den Demonstranten spricht, gingen um die Welt und symbolisieren das faktische Ende der Sowjetunion sowie den Übergang der Macht an Boris El'cin und damit zumindest idealiter den Übergang zur Demokratie. Es war erst dieses durch die mediale Berichterstattung sowohl in der Sowjetunion als auch im Ausland geprägte Bild[105], das den entschlossenen Widerstand der Moskauer

---

104 Бренер & Осмоловский 1994. Vgl. hierzu Деготь 1994b, Ковалев 1994c.

105 Die Aufnahme stammt wahrscheinlich von einem Kameramann der CNN, die u. a. aufgrund der schlechten Vorbereitung des Putsches ungehindert arbeiten konnte. Noch bemerkenswerter ist jedoch die Berichterstattung des russischen Fernsehens, v. a. der Nachrichtensendung *Vremja*, die durch geschickte Montage und Informationspolitik die Zensurversuche der Putschisten zunächst zu umgehen verstand und dadurch die Wahrnehmung der Geschehnisse als

Bürger ins Rollen brachte und aus El'cin eine Symbolfigur der Alternative zur sowjetischen Macht formte.

Zwei Jahre später, im Jahr 1993, wurde das Weiße Haus nun unter El'cin wiederum Schauplatz rollender Panzer. Er selbst gab dieses Mal den Befehl zum Sturm auf das Weiße Haus, in dem sich Altkommunisten verschanzt hatten. Es war der letzte direkte Zusammenstoß von alter Macht und Reformlager. Bei der Erstürmung am 3. Oktober 1993 wurde das Weiße Haus in Brand geschossen.

Es sind die Spuren dieses Brandes, die auf dem Coverphoto von *Radek* noch immer deutlich zu sehen sind. Auch dieser Sturm war ein Medienereignis, zumal El'cin es auch dieses Mal verstand, die mediale Berichterstattung zu seinen Gunsten zu beeinflussen.[106] Der WDR 2-Korrespondent Herrmann Krause berichtet zudem, dass sich auf der Brücke vor dem Weißen Haus, also in der Nähe des Ortes, wo auch das Coverphoto entstand, während der Kämpfe eine erstaunliche Menge Schaulustiger versammelt hatte.[107]

Das Verhältnis von Massenmedien und Macht war, trotz aller Pressefreiheit, auch nach dem gescheiterten Putschversuch, dem Ende der Sowjetunion und der Annahme eines neuen, sich inhaltlich nicht nennenswert von seinem letzten sowjetischen Vorgänger unterscheidenden Pressegesetzes der Russischen Föderation[108] am 1. Februar 1992, nicht ungetrübt. Nach einhelliger Einschätzung hat Boris El'cin als echter Medien-Präsident in jeder Phase seiner Regierungszeit, dafür Sorge getragen, dass die Massenmedien seiner Reformpolitik Folge leisten. So führte er neue Kontrollinstanzen ein, die die alten sowjetischen derart gut ersetzten, dass seiner Medienpolitik gar „neobolschewistische Tendenzen" vorgeworfen wurden.[109]

Ein Beispiel für diese Politik bieten die Umstände, die den Sturm auf das Weiße Haus von 1993 begleiteten – eine kurzfristig eingeführte, neue Zensur:

Nach dem Erlass des präsidentiellen Dekrets Nr. 1400 vom 21. September 1993 über die Auflösung des unbotmäßigen Parlaments und der Verlängerung des Ausnahmezustandes über Moskau ließ El'cin nicht nur das Weiße Haus stürmen, sondern wiederum – wie schon in den Tagen des August-Putsches von 1991 – das Erscheinen von 16 Zeitungen vorübergehend aussetzen, kurzfristig die Vorzensur einführen und schließlich die Herausgabe von 14 – zumeist nationalistischen – Zeitungen völlig untersagen. Die Chefredakteure der Zeitungen *Pravda* und *Sovetskaja Rossija* wurden von ihren Posten entbunden.[110] Die Härte dieser Maßnahmen bewies, dass es sich bei diesem letzten entscheidenden Zusammenstoß des Präsidenten mit dem Obersten Sowjet um eine politi-

---

„Putsch", als Umsturzversuch, landesweit innerhalb weniger Stunden durchsetzen konnte. Vgl. hierzu ausführlich Bonnell & Freidin 1995.

106 Vgl. zum Verhältnis der Regierung El'cins zu den Massenmedien z. B. Deppe 1999.

107 Krause 1993.

108 In einigen Untersuchungen zur Entwicklung der Massenmedien aus politischer oder publizistischer Sicht wird Wert darauf gelegt, das Adjektiv „росскийский" sprachlich korrekt mit „russländisch" wiederzugeben (vgl. z. B. Knahl 2000).

109 Deppe 1999, S. 51, Wendler 1995, S. 91.

110 El'cin hatte damals alle der Kollaboration mit den Putschisten verdächtigten Zeitungen, z. B. die *Pravda* und die *Sovetskaja Rossija* bis zu einer staatsanwältlichen Klärung verbieten lassen.

sche Umwälzung handelte. Das Ziel der Medienpolitik war dabei nicht nur die wirkungsvolle Bekämpfung der radikalen Anhänger von R. Chazbulatov und A. Ruckoj und die Vorbereitung der Annahme El'cins neuer Präsidialverfassung vom 12. Dezember 1993. Das Presseministerium unter der Leitung von V. Šumejko schien mit der oppositionellen Presse überhaupt aufräumen zu wollen. Selbst wenn man annimmt, dass die Schüsse auf das Weiße Haus das letzte Mittel waren, um einer kommunistisch-nationalistischen Diktatur des Obersten Sowjets vorzubeugen, die den demokratischen Prozess in Russland um Jahre aufgehalten hätte, bleibt der Eindruck fehlender Gesetzestreue der russischen Regierung bestehen.[111]

In der Folge wurden weitere staatliche Kontrollinstanzen für die Massenmedien geschaffen, die, so Deppe, „die Entwicklung freier Massenmedien nicht nur gefördert, sondern auch behindert"[112] haben.

Der Sturm und die Schüsse auf das Weiße Haus durch El'cin sind in mehrfacher Hinsicht signifikant, wie sich aus Deppes Angaben folgern lässt. Zum einen fungieren sie als Symbol für die Tatsache, dass auch die Alternative zur sowjetischen Macht, Boris El'cin, sich nicht an demokratische Spielregeln hält und die Demokratie als Alternative somit nicht funktioniert (selbst wenn die Schüsse im Namen der Demokratie abgegeben wurden). Zum anderen diente der Vorfall als Anlass, nicht regierungstreue Presseorgane trotz formaler Pressefreiheit zu verbieten oder zu zensieren. Aber es sind in einer Umkehrung der Machtverhältnisse nunmehr die kommunistisch geprägten Organe, die dieser Zensur zum Opfer fallen.

Das Cover von *Radek* bezieht zu diesen Vorgängen unmittelbar Stellung. Durch den Zeitschriftentitel, der direkt auf den Kommunisten Karl Radek anspielt, wird es in Beziehung zu einer kommunistisch-sozialistischen Tradition gesetzt und damit in die Reihe der nunmehr verbotenen oder zensierten Publikationen in Opposition und klarer Stellungnahme gegen Boris El'cin gestellt. Die historische Figur Karl Radek allerdings steht für eine Alternative zur Sowjetunion (fiel er doch einem Stalinistischen Schauprozess zum Opfer), die gerade untergegangen war, so dass *Radek* zu einem alternativen Kommentar sowohl zur sowjetischen als auch zur postsowjetischen Macht wird. Die heruntergelassenen Hosen vor dem brandgeschädigten Weißen Haus sind nicht nur ein eindeutiger Kommentar zu den Vorgängen, sie sind auch in ihrem Einsatz von obszönen künstlerischen Formelementen vor einem Symbol der Macht ein Beispiel für die neue Formensprache des Protests, der nicht mehr eindeutig *pro*, sondern vor allem immer *contra* ist. Das Cover greift in seiner Formensprache der obszönen Gesten vor einem Symbol der russischen Macht natürlich auch die ebenfalls zum Symbol gewordene Aktion *CHUJ na Krasnoj ploščadi* (*CHUJ auf dem Roten Platz*) unmittelbar als Selbstzitat auf.

Der Inhalt des Heftes ist ebenfalls übersät mit den aus den Aktionen Osmolovskijs und der Gruppe Ė.T.I. bekannten Elementen: Punkelemente stehen neben expliziten

---

Die Verbote wurden jedoch im September 1991 bereits wieder aufgehoben. Vgl. Deppe 1999, S. 51.
111 Deppe 1999, S. 53 f.
112 Deppe 1999, S. 53 f.

Ausdrücken aus dem *mat*, und in kunst- und kulturtheoretischen Essays wird ein
Wille zum Widerstand gegen alles und jeden zum Ausdruck gebracht. Nicht nur das
Cover, auch das Heft selber wird so zur Form eines letztlich ungerichteten, künstleri-
schen Protests.

Das Heft steht in einem gewissen Sinne in der Tradition des klassischen Samizdat:
Aus der inoffiziellen Publikationsform des Samizdat zu sowjetischen Zeiten wird in
der unmittelbar postsowjetischen Zeit ein offiziell publiziertes, offen in den Kultur-
teilen der Massenmedien besprochenes, wenn auch nur in geringer Auflage (1000 Ex-
emplare) gedrucktes Heft, das den Mythos des Inoffiziellen durch den Einsatz obszöner Gesten, Bilder und Worte in einen – in diesem Fall – politisch motivierten Protest münden lässt.

Ähnliche Nachwirkungen der Publikationsform des Samizdat lassen sich in den
nicht-aktionistischen Ausdrucksformen des Moskauer Aktionismus häufiger beobachten. Auch bei Kulik findet sich ein bewusster Rückbezug auf Gestaltungsprinzipi-
en des Samizdat. Vor allem das in Koautorschaft mit Vladimir Sorokin entstandene
Buch *V glub' Rossii*[113] (*In die Tiefe Russlands*) muss diesbezüglich erwähnt werden,
wie Kulik selber an einer Stelle anmerkt.[114] Und auch Aleksandr Brener bedient die
Tradition des Samizdat mit Publikationen wie *Moe vlagališče* (*Meine Muschi*) oder
Japonskij bog (*Japanischer Gott*), die beide zwischen Kunstprojekt und Buchprodukti-
on stehen.[115] Gerade Breners Publikationen setzen dabei in ganz ähnlicher Weise wie
Radek Elemente des Obszönen ein.

Kehren wir aber noch einmal zu den Ereignissen rund um das Weiße Haus zurück.
Denn auch Oleg Kulik hat das Bild des brennenden Weißen Hauses in seiner künstlerischen Arbeit eingesetzt – und zwar unmittelbar im Kontext seines Projektes *Partija
životnych* (*Partei der Tiere*) von 1996, also dem Jahr der Präsidentschaftswahlen, aus
denen El'cin trotz seiner Popularitätsverluste und seines angeschlagenen Gesund-
heitszustands[116] aufgrund der parteiischen Unterstützung durch die Massenmedien
dennoch als Sieger hervorging. Kuliks in Zusammenarbeit mit seiner Frau Mila Bredichina entstandene Arbeit trägt den Titel *Političeskoe životnoe* (*Politisches Tier*) und
wird in einem Digest der Jahre 1993-2000 des *Chudožestvennyj žurnal* (*Moscow Art
Magazine*) dokumentiert (Abb. 51).

Die Arbeit besteht aus einer Photocollage und einem Textteil. Auf der Photocollage ist ein übergroßer nackter Kulik zu sehen, der auf allen Vieren stehend, sein rechtes
Bein hebt und auf das unter ihm montierte, brennende Weiße Haus pinkelt. Sein

---

113 Кулик & Сорокин 1994.

114 Vgl. Бавильский 2004.

115 Бренер & Бамбаев 1992е, Бренер 1993d.

116 El'cins Alkoholismus war zu diesem Zeitpunkt bereits überall bekannt. Zudem erlitt er während des Wahlkampfes einen Herzinfarkt und musste sich einer Bypass-Operation unterziehen. Das Bild des kraftvollen, Widerstand und Neubeginn symbolisierenden Körpers hatte
sich in sein Gegenteil verwandelt. Ohne die Unterstützung der Massenmedien hätte El'cin die
Wahl wohl an seinen kommunistischen Gegenkandidaten Zjuganov verloren.

Abb. 51: Oleg Kulik, Ljudmila Bredichina: *Političeskoe životnoe* (*Politisches Tier*), 1996
(Quelle: Кулик & Бредихина 2000, S. 40)

Strahl zielt mitten in die Rauchwolken, so als ob er das Feuer damit löschen würde. Die handschriftliche Bildunterschrift besagt „Na straže našego doma" („Bei der Bewachung unseres Hauses"). Im Textteil werden, gegliedert in zwei Teile, ausführlich die Ziele, Strategien und Grundsätze von Kuliks Tierpartei erläutert. Der Text selbst ist weitestgehend eine inhaltliche Erweiterung der auch an anderen Stellen von Kulik und Bredichina propagierten „Zehn Geboten der Zoophrenie".[117]

Im zweiten Teil des Textes heißt es unter Punkt vier:

> Современное состояние политики требует пересмотра главного достижения человеческой культуры – демократии. Истинной демократии сегодня следует опираться на политически корректную идею зооцентризма (человечество – ничтожная часть биосферы нашей планеты). Зооцентризм включает человеческую субкультуру как часть единой культуры ноосферы (от noos – нюх, чутье).[118]

> Der gegenwärtige Zustand der Politik erfordert eine Revision der wichtigsten Errungenschaft der menschlichen Kultur – der Demokratie. Echte Demokratie muss heute auf der politisch korrekten Idee des Zoozentrismus basieren (die Menschheit ist nur ein verschwindend kleiner Teil der Biosphäre unseres Planeten). Der Zoozentrismus schließt die menschliche Subkultur als Teil einer ganzheitlichen Kultur der Noospäre mit ein (von noos – Geruchssinn, Spürsinn).

---

117 Vgl. hierzu ausführlicher Kapitel 5.2.4.2.
118 Кулик & Бредихина 1996 und 2000, S. 41.

Kulik thematisiert die Demokratie als gesellschaftliche Institution, die zwar die größte Errungenschaft der Menschheit, aber grundlegend revisionsbedürftig sei. Ähnlich
wie das Heft *Radek* stellt sich der „Zoozentrismus" unmittelbar in den Kontext einer
– in diesem Fall sogar demokratischen – Alternative zur Institution der Demokratie
selber.

Die Photocollage des *Političeskoe životnoe* (*Politisches Tier*), das mit seinem Urin-
strahl das Feuer im Weißen Haus löscht, wird so allegorisch lesbar. Der menschliche
Hund Kulik, der Unterzeichner des Textes und „lider Partii Životnych"[119] („Leader
der Tierpartei") präsentiert sich ebenso als Retter der Demokratie, wie er diese zur
Groteske werden lässt. Das Weiße Haus ist einerseits Sitz demokratischer Institutionen, und war andererseits Schauplatz undemokratischer Vorgänge im Dienste der
Demokratie – initiiert von der Symbolfigur des demokratischen Aufbruchs, Boris
El'cin. Kulik ‚löscht' das hierdurch entstandene Feuer im gleichen Ausmaß, wie er auf
das Weiße Haus uriniert. Das Urinieren ist eine ebenso herablassende Geste wie die
heruntergelassenen Hosen auf dem Cover von *Radek* und erfüllt eine ähnliche Funktion. Letztlich persiflieren und ironisieren diese Gesten verächtlich das politische System als Ganzes.

Ebenso verhält es sich mit der Stilisierung der obszönen Geste als Alternative zum
herrschenden Diskurs: Karl Radek als Symbolfigur einer anderen sozialistischen Gesellschaftsordnung wird ersetzt durch den menschlichen Hund Kulik, der sich als demokratisch legitimierte Alternative zur Wahl stellen will. Die obszöne, körperliche
Geste wird so zum Ausdruck des Geistes einer Opposition, die sich als Alternative allerdings selbst *ad absurdum* führt. Im Falle Kuliks liegt dies sowohl in der Groteske
des menschlichen Hundes als auch in der etymologisch falschen Herleitung des Begriffes „noos" begründet, der, auf Gogol's Novelle *Nos* (*Die Nase*) verweisend, den
Gedanken der Gleichberechtigung aller Lebewesen radikal persifliert.[120]

Beide Projekte, sowohl das retro-sozialistische Osmolovskijs als auch das der Tierpartei Kuliks bleiben jedoch Teil des Kunstsystems, können nicht auf das politische
System übergreifen. In der Inszenierung der Groteske einer politischen Alternative
mit künstlerischen Mitteln liegt vielleicht daher auch das Bewusstsein einer Trennung von Kunstsystem und politischem System begründet. Die Idee der Alternative
selber wird *ad absurdum* geführt – und dennoch in der obszönen Geste erhalten.

---

119 Mila Bredichina unterzeichnete als „spičrajter Partii Životnych" („Speech writer der Partei der
      Tiere"), Кулик & Бредихина 1996 und 2000, S. 41.
120 Vgl. hierzu ausführlich Kapitel 5.2.4.3.

6.2.3 Partizipationen der Massenmedien am Moskauer Aktionismus: Das Beispiel der Rezeption des Festivals *Vzryv novoj volny* (*Ausbruch einer neuen Welle*)

An dieser Stelle möchte ich jedoch noch einmal zur direkten Verbindung von inoffiziellen bzw. alternativen und offiziellen Medien mit dem Moskauer Aktionismus zu Beginn der 1990er zurückkommen. Anhand der Rezeption von Osmolovskijs Festival *Vzryv novoj volny*, das bereits ausführlich in Kapitel 4 behandelt wurde, soll ein vertiefter Blick auf dieses Wechselverhältnis geworfen werden. Die Perspektive der Betrachtung wechselt dabei. Nicht mehr der Moskauer Aktionismus und die Aktionen selber stehen im Mittelpunkt, sondern die Rezeption der Aktionen, so wie sie in den Medien stattfand bzw. durch diese gespiegelt wurde. Im folgenden Kapitel wird anhand eines klar eingrenzbaren Fallbeispiels ausführlich aufgezeigt, inwiefern ein eher dem offiziellen und ein eher dem inoffiziellen Spektrum zuzuordnendes Publikationsorgan der russischen Medienlandschaft zu Beginn des Moskauer Aktionismus an den Aktionen der Gruppe É.T.I. partizipierend teilnahmen und sich den Gestus des Alternativen und Dissidenten gewissermaßen selbst zu eigen machten.

Untersucht werden soll dies anhand von drei Artikeln aus dem *Moskovskij komsomolec* einerseits und einem zweiseitigen, aus mehreren Einzelartikeln bestehenden Beitrag aus dem *Gumanitarnyj fond* andererseits. Beide repräsentieren ganz bestimmte mediale Rezeptionsorte. Der *Gumanitarnyj fond* war ein in unregelmäßigen Abständen, zumeist jedoch wöchentlich erscheinendes Kulturblatt mit einer niedrigen Auflage.[121] Es wurde 1989 gegründet und gehörte so zu den sich in diesen Jahren etablierenden, neu gegründeten freien Medienorganen. Die Leserschaft bestand größtenteils aus Intellektuellen und somit aus Personen, die mit den aktuellen künstlerischen und ästhetischen Fragestellungen der Zeit vertraut waren oder sogar aktiv daran teilnahmen. Bekannt geworden war er vor allem durch den Abdruck von Texten, die noch einige Jahre zuvor lediglich im Sam- oder Tamizdat erschienen waren, so zum Beispiel von konzeptualistischen Autoren wie Vladimir Sorokin oder Lev Rubinštejn oder von Texten bekannter Dissidenten. Der *Gumanitaryj fond* war ein medialer Präsentationsort vor allem für zeitgenössische Literatur, aber auch, im Falle des Festivals *Vzryv novoj volny* (*Ausbruch einer neuen Welle*), für Positionen der Gegenwartskunst.

Anatolij Osmolovskij bewegte sich zum Zeitpunkt des Festivals bereits seit einiger Zeit im Umkreis des *Gumanitarny fond*.[122] Der *Gumanitarnyj fond* lässt sich also im unmittelbaren Umfeld Osmolovskijs verorten und als Repräsentant für die Haltung der künstlerischen Elite werten. Nicht zuletzt hatte der *Gumanitarnyj fond im. Puškina*, der die Zeitschrift herausgab, das Festival *Vzryv novoj volny* (*Ausbruch einer*

---

121 Das Archiv des *Gumanitarnyj fond* befindet sich auf den Seiten des von Michail Romm herausgegebenen Internet-Journals *Podvodnaja lodka*. (www.gufo.ru) [Zugriff: 04. 05. 2005]. Hier finden sich Inhaltsangaben zu den einzelnen Ausgaben und zahlreiche Textdokumente (Erinnerungen, Auszüge etc.), die im Zusammenhang mit dem *Gumanitarny fond* stehen.

122 Урицкий o.J.

neuen Welle) finanziell unterstützt.[123] Auch aufgrund dieser Verbindung ging dem *Gumanitarnyj fond* seinerseits der Ruf eines Hangs zum Skandal voraus, wie Andrej Urickij in seinen Erinnerungen schreibt.[124]

Ganz im Gegensatz hierzu steht der *Moskovskij komsomolec*. Diese Zeitung steht in einer langen sowjetischen Tradition und wurde bereits 1919 gegründet. Sie wurde in der gesamten Sowjetunion gelesen, dementsprechend hoch war die Auflage. Nach 1991 wandelte sich der *Moskovskij komsomolec* in eine national und international verbreitete Tageszeitung; in Moskau selbst ist er heute eines der populärsten Blätter überhaupt. Seine Orientierung ist politisch-kritisch mit deutlichem Boulevardcharakter.[125] Der *Moskovskij komsomolec* erreichte also eine vollkommen andere Leserschaft als der *Gumanitarnyj fond*. Er steht einerseits für eine viel populärere Rezeptionshaltung, andererseits für ein ganz anderes Verhältnis zur noch existierenden Sowjetmacht. Die Unabhängigkeit der Massenmedien von den Machtzentren hatte 1990 in jedem Fall einen Höhepunkt erreicht, und beide Medienorgane können als typische Repräsentanten der Zeit betrachtet werden.

Die Berichterstattung beider Zeitungen zu Osmolovskijs Aktionen kann also in mehrfacher Hinsicht als signifikant gewertet werden. Durch den Bericht im *Gumanitarnyj fond* wurde den Aktionen eine Art künstlerische Anerkennung zuteil, sie wurden als ein in der Tradition der Untergrundkunst stehendes Kunstprojekt gewürdigt und entsprechend diskutiert. Der Bericht im *Moskovskij komsomolec* steht für ein beginnendes Interesse einer breiteren Öffentlichkeit an den Aktionen Osmolovskijs und für sich genommen als ein Gradmesser des gesellschaftlichen Wandels. Denn noch ein paar Jahre zuvor wäre ein derartiger Bericht wahrscheinlich vollkommen unmöglich gewesen.

Wie reagierte nun das Publikum direkt auf die Aktionen, die Osmolovkij und die Gruppe Ė.T.I. in die Filmvorführungen, diese empfindlich störend, einbanden? Auch dies kann nur mittelbar über die mediale Berichterstattung zurückverfolgt werden und wird damit signifikant für den Stil der Berichterstattung selbst.

Es ist vor allem der partizipierende und zugleich kritische Bericht Veronika Bodes im *Gumanitarnyj fond*[126], der hierzu direkt Stellung bezieht und der sich vor allem um den Skandalhabitus kreist. Dem Bericht ist zu entnehmen, dass das Publikum so lange Spaß an den Aktionen hatte, wie der Filmgenuss nicht gestört wurde. Sobald Letzteres jedoch eintrat, schlug die Stimmung bei allem offensichtlichen Wohlwollen den Aktionisten gegenüber um. Als während der Vorführung von Godards *Alphaville* drei Aktionisten mit Hakenkreuzen auf ihren Rücken auftraten[127], reagierte das Publikum beispielsweise mit der (nicht erfüllten) Forderung, die Aktion auf das Ende des Films zu verlegen. Eine geplante Lesung des von Osmolovskij und Pimenov verfassten

---

123 Расконвойных 1990.

124 Урицкий о.J.

125 [Im Auftrag der Friedrich-Ebert-Stiftung, Büro Moskau] 2001, Kapitel 4. Politische Positionierung und Einfluss der Medien in Russland.

126 Боде 1991.

127 Vgl. ausführlicher zu dieser Aktion auch Kapitel 4.4.

Filmskripts konnte offenbar gar nicht stattfinden, da das Publikum dies in verbalen Auseinandersetzungen unterband.

Der Verlauf dieser Auseinandersetzung, wie ihn Bode schildert, wirft ein interessantes Licht auf die Ambivalenz der Zuschauer gegenüber dieser Form von Aktionismus. Osmolovskijs Reaktion auf die Forderung, einfach nur den Film zu zeigen, fiel offensichtlich sehr beleidigend aus. Bode schreibt, er habe das Publikum als „Ziegen" beschimpft, während das Publikum selbst darauf mit der wiederholten Forderung nach dem Start des Films antwortete. Das Publikum selbst genoss offenbar eine ebensolche Lust an der Provokation, wie die Aktionisten selbst. Bode findet es besonders pikant, dass gerade die Aktionisten selbst, in diesem Fall G. Gusarov (der unter dem Namen G. Stepanov agierte), nicht souverän mit der Provokation, die ihnen von Seiten des Publikums zuteil wurde, umgehen konnten. Gusarov appellierte, laut Bode, Zustimmung erheischend an das „graždankoe soglasie" („bürgerliches Einverständnis") und bat um Respektierung der Spielregeln. Dem Bericht von Bode ist zu entnehmen, dass in diesem Fall das Publikum gewann und der Film gezeigt wurde, was Osmolovskij mit einer weiteren Attacke zum Ende des Films beantwortete. Er beschimpfte die Zuschauer in ähnlicher Weise wie bereits zu Beginn und warf das Publikum wohl förmlich aus dem Saal mit der Bemerkung, die Filme des Festivals gehörten der Gruppe È.T.I. und sie könnten damit tun, was immer sie wollten. Erst an diesem Punkt, an einem Punkt, an dem Osmolovskij usurpatorisch agierte, scheint die Situation fast außer Kontrolle geraten zu sein.

Bode beschreibt die Atmosphäre als kurz vor einer Schlägerei stehend, die Luft sei skandalschwanger gewesen. Gleichzeitig ist ihr sehr bewusst, dass der Skandal Ziel der Strategie Osmolovskijs ist. Sie ordnet den fast geglückten Skandal daher sofort genau dieser künstlerischen Strategie zu, hinzufügend, dass es ja Osmolovskij selbst sei, der den Skandalmythos um seine eigene Person nähre und instrumentalisiere.

Die Provokation als Strategie wird erkannt, die Haltung dazu bleibt ambivalent. Dies liegt durchaus in der Strategie der Provokation begründet. Sie wäre nicht erfolgreich, gelänge ihr eine vollkommene Akzeptanz. Der Appell Gusarovs an das Publikum zeigt, dass dies auch durchaus wechselseitig zu verstehen ist.

Im *Moskovskij komsomolec* wurde ebenfalls relativ umfangreich über die Aktionsserie berichtet. Zur Rekonstruktion der Zuschauerreaktionen tragen diese Berichte aber nur wenig bei. Er gibt nur an einer Stelle einen kleinen ironischen Hinweis auf das Publikum. Nach der letzten Aktion, so heißt es, waren die Leute vor allem damit beschäftigt, ihre schicke Kleidung in Ordnung zu bringen, die sie endlich einmal stolz hätten tragen können. Dieser Hinweis lässt den Schluss zu, dass Kleidung als Statussymbol und das Festival selbst als ein Ort wahrgenommen wurde, an dem dieses Statussymbol sinnvoll einsetzbar war. Das Festival selbst erhält dadurch einen Stellenwert zugeschrieben, den Bemerkungen Osmolovskijs über dessen Erfolg bestätigen. In einem Interview 2003 sagte er, das Festival sei aufgrund der hohen Zuschauerzahlen vor allem ökonomisch ein großer Erfolg gewesen.[128]

---

128 Wobei das eingenommene Geld zur Renovierung des Saals habe verwendet werden müssen.

2 "Гуманитарный фонд", № 4/22-55/1991 г.

А. Осмоловский

КАДР ИЗ ФИЛЬМА ГОДАРА "АЛЬФАВИЛЬ"

ЭТИ ПРОТИВ ТЕХ

КИНО ЭТИ

ЛИШНИЙ ПРЕДМЕТ ЕСТЬ СИМВОЛ ИСТИНЫ.

ЧТО ТАКОЕ ЭТИ?

ЭТИ — молодежное радикальное внеидеологическое движение, состоящее из художников и нонспудентов.

КТО ТАКОЙ ЭТИ?

ЭТИ — человек, способный совершать рассудованные творческие жесты, направленные на изъятие из исторического контекста необходимой для индивидуального революционного действия идеологии, свободный от амбиций быть оригинальным и интересным.

АКЦИЯ "ДОСЛОВНЫЙ ПОКАЗ МОД В 1990 ГОДУ"

ЦЕНТРОСТРЕМИТЕЛЬНОЕ СОЗНАНИЕ

А.ОСМОЛОВСКИЙ ТОЛКАЕТ ВСТУПИТЕЛЬНУЮ РЕЧЬ.

А.ОСМОЛОВСКИЙ

Veronika Bodes Artikel im *Gumanitarnyj fond* erschöpft sich nicht in allgemeinen, in sich ambivalent gehaltenen Angaben zur Skandalhaftigkeit der Veranstaltung. Sie zitiert auch Reaktionen einiger ‚professioneller' Zuschauer wie die von Kunstkritikern und Intellektuellen. Sergej Kuskov kommentierte demnach, sich auf die zahlreichen Anleihen an westlichen linken Diskursen und Protestpraktiken beziehend, dass diese Art von „Linksradikalismus" im Prinzip gebraucht werde, da er einen extremistischen Zug „zur Landkarte Moskaus" addiere. Dieses Ziel werde jedoch noch nicht erreicht. Andere Reaktionen sind noch ablehnender. Michail Bode vergleicht die Aktionen mit dem Spiel eines Provinztheaters, Milena Orlova gar mit Kinderspielen.

Zusammengefasst lassen sich die Reaktionen als ein Wiedererkennen der alten avantgardistischen Strategie von Skandalisierung bei gleichzeitigem Vermissen ernstzunehmender ästhetischer und inhaltlicher Strategien und Verfahren interpretieren. Man nahm die Aktionen nicht ernst, weder in ihrem Versuch, Skandale zu produzieren, noch in ihren ästhetischen und inhaltlichen Zielen.

Dennoch – und hier liegt das Paradoxon dieser Reaktion – musste vor allem in der Berichterstattung anerkannt werden, dass die Aktionen erfolgreich waren. Das Publikum reagierte entsprechend, es kam in großer Zahl, und die Strategie, einen Skandalmythos zu etablieren, wurde als erfolgreich bewertet. „I skandal'nyj mif sozdat' udalos'" schreibt Bode („Und es gelang, einen Skandalmythos zu etablieren"). Als Indikator wird auch die Präsenz der Medien genannt, deren Interesse sogar bis ins Ausland gereicht habe: „Pressa vsjakaja solidnaja zainteresovalas', v tom čisle zarubežnaja." („Allerlei seriöse Presse hat sich interessiert, darunter ausländische.") Andererseits ist ihr Ton mehr als ironisch, wenn sie schreibt, dass sie verstehe, dies sei „Super-Avantgarde", dass das Land aufwache – und das obwohl all dies schon lange zuvor alles einmal getan worden sein. Eigentlich, so die indirekte Aussage, finde nichts Neues statt.

Diese Tendenz der Ambivalenz, die sich innerhalb des Berichts von Veronika Bode abzeichnet, kann als typisch für die gesamte Rezeptionshaltung der *art community* bewertet werden. Bode kann, als Mitherausgeberin des *Gumanitarnyj fond*, der das Festival finanziell schließlich unterstützte, dem Aktionismus gegenüber wohl zudem als eher wohlgesonnen eingeschätzt werden.[129] Die Ambivalenz spiegelt sich nicht nur in Bodes Artikel, sondern in der Form der Berichterstattung selbst. Das grundlegende Problem besteht offenbar darin, dass das Wiedererkennen geradezu plagiatorischer, scheinbar längst veralteter künstlerischer Strategien den Weg verstellt zu einer ernsthaften Anerkennung der Bewegung. Auf der anderen Seite sind diese Strategien erfolgreich, die Provokation funktioniert, und das Publikum reagiert. Und so muss auch der *Gumanitarnyj fond* entsprechend reagieren.

Dieser Zwiespalt zeigt sich deutlich in der Art des Aufbaus der gesamten Berichterstattung. Einerseits findet sich die deutlich ambivalent bis negativ geprägte Bewertung des Festivals durch Veronika Bode, die besonders durch das Einfügen der negativen Kommentare anderer Kunstkritiker bestärkt wird. Dieser Artikel aber nimmt auf den zwei vollen, jeweils fünfspaltigen Seiten, die dem Festival gewidmet sind (Abb.

---

129 Andererseits hat sich der *Gumanitarnyj fond* an anderer Stelle auch deutlich vom Moskauer Aktionismus distanziert.

"Гуманитарный фонд", № 4/22-55/1991 г. 3

ИЗ ИНТЕРВЬЮ ГАЗЕТЕ «ГУМАНИТАРНЫЙ ФОНД»

КАДР ИЗ ФИЛЬМА ГОДАРА "АЛЬФАВИЛЬ"

АКЦИЯ "ДОСЛОВНЫЙ ПОКАЗ МОД В 1990 ГОДУ"

Жан-Люк Годар.

КАДР ИЗ ФИЛЬМА ГОДАРА "АЛЬФАВИЛЬ"

ФОТО А. КУРОВА

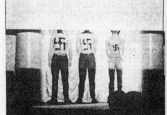

АКЦИЯ "ДОСЛОВНЫЙ ПОКАЗ МОД В 1990 ГОДУ"

АКЦИЯ "ЛОКАЛЬНЫЙ ФАШИЗМ"

Интервью записала Н.Королевой

Abb. 53: Layout des Berichts zum Festival *Vzryv novoj volny* (*Ausbruch einer neuen Welle*) im *Gumanitarnyj fond*, 1991 (Seite 2)

52, 53), gerade einmal zwei Spalten ein. Die gesamte restliche Fläche wird von Interviews mit oder programmatischen Äußerungen von Osmolovskij sowie drei Standbildern aus Godards *Alphaville* und fünf das Festival dokumentierenden Photos eingenommen. Der Gruppe È.T.I. wird ein beträchtlicher Raum zur Selbstpräsentation auf den Seiten des *Gumanitarnyj fond* eingeräumt. Das eher der ‚alternativen' Presse zuzurechnende Heft unterstützt Osmolovskij somit nicht nur finanziell, sondern auch programmatisch und partizipiert so an dessen Bestreben, sich über die Etablierung eines Skandalmythos in das Bewusstsein der Öffentlichkeit zu bringen.

Selbst die Auswahl der Photos scheint die Strategie der formal affirmativen Berichterstattung zu stützen. Den Photos kommt nicht nur durch ihre dominante Platzierung eine besondere Funktion zu. Sie werden durch die graphische Hervorhebung des Namens des Photographen, der in ebenso großer und auffälliger Schrift wie die Titel angegeben ist, ebenso akzentuiert. Eines der Photos zeigt Osmolovskij bei seiner Eröffnungsrede zum Festival, darunter sind Auszüge aus dieser Rede abgedruckt. Eine zweite Abbildung zeigt das Chaos nach der letzten Aktion. Der Boden ist von Abfall bedeckt, unter den Abfallbergen ragen nackte Beine hervor. Diese Photographie ist jedoch nicht nur dokumentarisch, sondern auch selbstreferentiell. Im Vordergrund sind zwei Photographen zu sehen, die die Szene – erkennbar durch Blitze im Bild – gerade ebenso photographieren wie der Photograph des *Gumanitarnyj fond*. Der Abdruck genau dieses Photos lässt sich interpretieren als ein weiterer Verweis auf die Bedeutung des Festivals und die Notwendigkeit seiner Dokumentation. Ebenso wie der ironisch gehaltene Verweis Bodes auf die Präsenz der seriösen in- und ausländischen Presse lässt sich eine gewisse Rechtfertigungsstrategie in dieser Bildikonographie lesen. Die restlichen drei Bilder zeigen die visuell eindrucksvollsten Szenen des Festivals: die drei Rücken mit den Hakenkreuzen, die zwei Boxer zu Beginn der Aktion *Doslovnyj pokaz mod (Armageddon)* (*Gewissermaßen eine Modenschau [Armageddon]*) und den lebendigen Braunbären mit seinem Betreuer aus der gleichen Aktion.

Das Textmaterial, das abgedruckt wird, ist ebenfalls aufschlussreich. Die beiden Texte, die den größten Raum einnehmen, sind Interviews des *Gumanitarnyj fond* mit Osmolovskij. Auch hier kommt ein affirmatives Interesse zum Ausdruck, das der Bericht Bodes so nicht zeigen kann. Insbesondere ein redaktioneller Kommentar fällt auf. In diesem Kommentar wird die Leserschaft des *Gumanitarnyj fond* zum einen als intellektuell bezeichnet und somit die Zielgruppe noch einmal näher beschrieben. Zum anderen wird darauf hingewiesen, dass aus der Sprache Osmolovskijs mit dessen Einverständnis Ausdrücke des russischen *mat* herausgenommen wurden, ebenso wie ‚komplizierte strukturalistische Termini', mit denen der Leser eventuell nicht vertraut sei.[130] Dieser Verweis auf den *mat* unterstützt und zementiert den skandalösen Ruf Osmolovskijs eher, als dass er ihn unterlaufen würde. Gerade die Auslassung bestätigt die Strategie der Provokation und stellt gleichzeitig die ambivalente Distanz her. Der Verweis auf die Auslassung der komplizierten strukturalistischen Termini erfüllt eine ähnliche Funktion und bestätigt noch einmal die These Zorins, in der er eine generel-

---

130 Осмоловский & Королева 1991.

le Aufwertung dieser Sprachebene zur Zeit der *perestrojka* vertritt.[131] Obszöne Sprache wird mit wissenschaftlicher Sprache gleichgesetzt; der explizite Verweis darauf macht dies überdeutlich. Zugleich wird Osmolovskij hier trotz seiner permanenten Selbstinszenierung, die zumindest im Kontext des Festivals *Vzryv novoj volny (Ausbruch einer neuen Welle)* nicht mehr zwischen Künstler und seiner Kunst zu trennen vermag – und ebenso wahrgenommen wird, man denke nur an die Reaktion Bodes auf die usurpatorischen Ausfälle Osmolovskijs – die Möglichkeit zu einer Metaposition seinen Aktionen gegenüber eingeräumt.

Gestützt wird die Einnahme der distanzierten programmatischen Metaposition von Osmolovskijs Spiel mit seinem Namen. Der Interviewer will sich zunächst auf die von Osmolovskij angewandte künstlerische Strategie der Usurpation des Namens Jean-Luc Godard anschließen, wird jedoch von Osmolovskij korrigiert, so dass unklar ist, wer spricht: Osmolovskij in der usurpierten Rolle eines È.T.I.-Mitglieds (die Namensusurpation wurde programmatisch zur künstlerischen Strategie erklärt[132]) oder Anatolij Osmolovskij selbst.

Es lässt sich insgesamt folgern, dass der *Gumanitarnyj fond* bei aller Distanz, die zu den Aktionen eingenommen wird, diese dennoch unterstützend aufgreift, ja sogar in der Berichterstattung selber auf Strategien der Aktionisten zurückgreift. Der *Gumanitarnyj fond* partizipiert so eher an dem durch Osmolovskij und È.T.I. geschaffenen „skandal'nyj mif" („Skandalmythos"), als dass er diesen ablehnt. Aber nicht nur der *Gumanitarnyj fond* partizipiert am Skandalmythos Osmolovskijs. Durch die Tatsache, dass mit dem *Gumanitarnyj fond* ein Autoren des Tam- und Samizdat, ein Konzeptualisten, Dissidenten, kurz anerkannte inoffizielle Künstler und Autoren publizierendes Organ den Aktionen der Gruppe È.T.I. und vor allem Anatolij Osmoloskij einen derart prominenten Ort überlässt, werden diese geradezu explizit als in dieser Tradition stehend ‚geadelt'.

Die drei Artikel im *Moskovskij komsomolec* lassen sich ganz ähnlich beurteilen und werfen so ein Licht auf die inhaltliche Richtung, die diese Zeitung nunmehr eingeschlagen hat. Mit dem *Moskovskij komsomolec* berichtet eine Zeitung über das Festival, die eine sehr viel höhere Auflage als der *Gumanitarnyj fond* und eine gänzlich anders ausgerichtete Leserschaft hat. Der *Moskovskij komsomolec* ist mit Sicherheit eines jener Medienerzeugnisse, das Bode in ihrem Kommentar als „solide" bezeichnet hat. Er zählt zudem zu jenen offiziellen Massenmedien, die sich in den Jahren der *perestrojka* explizit von der offiziellen Linie emanzipierten.

Auch der *Moskovskij komsomolec* lässt die Gruppe È.T.I. direkt zu Wort kommen. Am 7. November 1990 findet sich unter der Rubrik „Naša afiša" („Unsere Affiche") ein von der „Dviženie ÈTI", also der „Bewegung ÈTI" unterzeichnete Vorankündigung des Festivals *Vzryv novoj volny (Ausbruch einer neuen Welle)* (so auch der Titel

---

131 Vgl. hierzu ausführlicher Kapitel 4.3.2 sowie Зорин 1996. Èvelina Rakitskaja schreibt in ihren Erinnerungen an den *Gumanitarnyj fond*, dass auf dessen Seiten der *mat* häufig anzutreffen war (Ракитская o.J.).

132 Осмоловский & Королева 1991.

der Vorankündigung).[133] Es handelt sich dabei nicht um eine reine Vorankündigung, die nur Ort und Zeit des Festivals nennt, sondern um einen vierspaltigen Zeitungsartikel, in dessen Mitte eine etwa zwei Drittel der Gesamtfläche einnehmende, handschriftlich gestaltete Graphik oder Illustration eingebettet ist (Abb. 37: Detail). Diese Illlustration stellt eine Art Zeitplan oder Ankündigung eines Zeitplans dar, der in zeitlicher Verknüpfung mit einem parallel stattfindenden ‚offiziellen' Festival der Nouvelle Vague in Moskau im Januar 1991 die ‚zukünftigen' Ereignisse bis zum fiktiven Eintreffen des südamerikanischen Revolutionärs Simón Bolívar (1783-1830) darstellt.[134] Auch hier erhält Ė.T.I. einen ausgesprochen populären Ort zur Darstellung der eigenen künstlerischen Position, die in diesem Fall in einem explizit ausformulierten Gesamtkonzept für das geplante Festival der Nouvelle Vague besteht. Von Interesse ist, dass Ė.T.I. nicht sich, sondern eine Gruppe „Kino vzryv" („Kino des Ausbruchs") (die jedoch tatsächlich weitestgehend mit Ė.T.I. identisch war)[135] als Veranstalter des Festivals identifiziert, selbst jedoch als Verfasser der Ankündigung in Erscheinung tritt. Dem Artikel ist somit nicht auf den ersten Blick anzusehen, dass es sich hier um einen zum Kunstprojekt gehörenden Text und nicht um einen gewöhnlichen, das Festival einfach ausführlich ankündigenden Textbeitrag handelt. Dies wird erst auf den zweiten Blick deutlich. Ė.T.I. wird im Text selber als „unabhängiges Kinounternehmen" („nezavisim[aja] kinokompani[ja]") in Verbindung mit einem auf dem Festival zu drehenden Spielfilm genannt. Gestützt wird diese sekundäre Markierung natürlich durch die prominente Graphik, die jedoch ebenso gut einfach einen in einer Zeitung vollkommen gewöhnlichen Bildteil darstellen könnte. Lediglich eine fehlende Bildunterschrift markiert die Graphik als different.

Das Festival der Gruppe Ė.T.I. wird schon hier in der Vorankündigung als Opposition zu einer ganzen Reihe von kulturellen Erscheinungen und Ereignissen stilisiert. Genannt werden der „Underground" und eine „Neue Kultur" („Novaja kul'tura"), denen angesichts des Fehlens von Verboten [sic!] eine künstlerische Impotenz und politische Entfremdung („tvorčesk[aja] impotenci[ja] (pri otsutstvii zapretov) i političesk[aja] otstranennost'"), die zudem dazu geführt habe, dass sie sich bei erster Gelegenheit in den Westen zurückgezogen habe, vorgeworfen werden. Hiermit ist wahrscheinlich der ‚Boom russischer Kunst' während der *perestrojka* gemeint, von dem Ekaterina Degot' sprach[136], und der bereits abzuebben begann. Es waren vor allem Künstler aus dem Umfeld der inoffiziellen Kunstszene, die im Westen Beachtung gefunden hatten. Was den Vorwurf der apolitischen Haltung angeht, so lässt sich feststellen, dass sich die inoffizielle Kunst während der Brežnevschen Stagnationszeit und unmittelbar danach tatsächlich relativ unpolitisch entwickelt hatte und gerade deswegen in ihrer ‚Parallelwelt' – anders als der politische Samizdat – intensiv zur

---

133 Движение ЭТИ 1990. – Die Schreibweise des Titels differiert hier ein wenig.

134 Zur Interpretation der Figur Símon Bolívars im Kontext des Festivals *Vzryv novoj volny (Ausbruch einer neuen Welle)* vgl. ausführlich Kapitel 4.6.2.

135 Осмоловский 1999a, o.S.

136 Dyogot 1995, Y., S. 24, vgl. auch Kapitel 6.1.2.

Entfaltung hatte kommen können.[137] È.T.I. setzt sich mit diesen Vorwürfen explizit in Opposition zur inoffiziellen Kunst der Sowjetunion, deren Nähe doch u. a. gerade durch die ausführliche Dokumentation im *Gumanitarnyj fond* belegt wurde. È.T.I. propagiert sich somit vom Beginn des Moskauer Aktionismus an als Alternative zur Alternative.

È.T.I. setzt sich aber nicht nur in einen Gegensatz zur inoffiziellen Kunst der Sowjetunion, sondern vor allem auch zu dem massenhaften Eindringen westlicher Massenkultur in den eigenen Kulturraum. Als Beispiel genannt werden populäre Kinofilme wie *Rambo* oder *King Kong*. Im Gegensatz hierzu stünde die Tatsache, dass der westliche Linksradikalismus keinerlei Rezeption erfahre, die intellektuellen Kinoklassiker nicht zu sehen seien. Die Aktionen werden als im Geiste dieser Tradition stehend angekündigt, mit dem Ziel, dem Wort „kinoteatr" („Kino", „Lichtspielhaus", wortwörtlich „Kinotheater") gerecht zu werden. Dem Kino soll ein Theater im Geiste linksradikaler, demokratische Prozesse in Gang setzender Straßenaktionen wieder hinzugefügt werden, zumal man sich am Vorabend einer Revolution befände. Als Ziel der Aktionsreihe ist ein „Straßenkino" angekündigt, das an das Straßenkino im Mai 1968 erinnern solle.

Das Festival wird somit als umfassende, programmatisch im Geiste des westlichen Linksradikalismus stehende, revolutionäre Alternative sowohl zur früheren Kunst des „Undergrounds", d. h. der inoffiziellen Kultur, als auch zu einem Teil der gesellschaftlichen Gegenwart stilisiert. An dieser Stilisierung nimmt der *Moskovskij komsomolec* insofern teil, als er der „Bewegung" auf ihren Seiten einen öffentlichen Ankündigungsraum zur Verfügung stellt, der sich zudem auf den ersten Blick nicht von einem redaktionellen Beitrag unterscheiden lässt.

Es bleibt im *Moskovskij komsomolec* nicht bei einer Ankündigung. Unmittelbar im Anschluss an das Festival erscheint am 29. November 1990 ein bebilderter, etwas kürzerer Artikel, in dem, dieses Mal ohne Angabe des Autors, unter dem Titel „Èti sumasšedšie ‚da' i ‚net'" („Diese Verrückten ‚ja' und ‚nein'") über den Ausgang des Festivals berichtet wird. In diesem Artikel, der immerhin auch noch zweispaltig ist, macht sich bereits eine etwas ironische Distanz zur finalen Aktion des Festivals bemerkbar. Diese finale Aktion bestand darin, die letzte Szene von Louis Malles *Zazie dans le métro* auf der Bühne nachzuahmen. Sie endete in einem geplanten Chaos mit erheblichem Sachschaden am Veranstaltungsort.[138] Die zentrale Information des Berichts ist die Tatsache, dass sich die – als demokratisch und sehr geduldig bezeichnete – Administration des Central'nyj dom medikov (Zentrales Haus der Ärzte) genötigt sah, vor Gericht Schadensersatz einzuklagen, so dass nun die gesamten Einnahmen des Festivals, die eigentlich zum Drehen eines Straßenfilms („ulič[yj] fil'm") eingesetzt werden sollten, der Renovierung des Veranstaltungsortes dienten. Der Stil des Berichts ist relativ distanziert; die Bedeutung des Festivals wird aber durch das beigefügte Photo, das das entstandene Chaos am Ende der Aktion dokumentiert, betont. Es macht sich eine ähnliche Strategie wie im *Gumanitaryj fond* bemerkbar, die sich

---

137 Vgl. Суетнов 1992, S. 20.
138 Vgl. Эти сумасшедшие „да" и „нет" 1990. Ausführlich zu dieser Aktion vgl. Kapitel 4.5.

sogar in den unmittelbaren Reaktionen der Zuschauer hatte finden lassen: Einerseits partizipiert der *Moskovskij komsomolec* an den Aktionen und berichtet ausführlich und wohlwollend, andererseits werden sprachlich distanzierende Elemente eingefügt. So ist es sehr ironisch zu verstehen, wenn eingangs bemerkt wird, dass es natürlich schade sei, dass es keine ausgeschlagenen Zähne und vergossenes Blut gegeben habe. Andererseits ist der gesamte Artikel relativ affirmativ geschrieben, denn an keiner Stelle ist eine eindeutige Verurteilung der Aktionen herauszulesen. Es wird lediglich bezüglich der Schadenersatzforderungen Verständnis für die Administration des Central'nyj dom medikov (Zentrales Haus der Ärzte) geäußert.

Der Artikel V. Raskonvojnychs „Volnoj smoet (novyj morskoj zakon)" („Durch die Welle weggespült (das neue Gesetz des Meeres)")[139] erschien am 12.12.1990 im *Moskovskij komsomolec*[140] und damit immer noch früher als die Dokumentation im *Gumanitarnyj fond*, die erst in der vierten Ausgabe von 1991 abgedruckt wurde. Anlass für die Berichterstattung war dieses Mal nicht das Festival selber, sondern das Rudiment des angekündigten Straßenfilm-Experiments, das die gleiche Gruppe auf dem Roten Platz veranstaltete.[141] Der Artikel ist der längste der drei im *Moskovskij komsomolec* erschienenen: Er erstreckt sich über vier Zeitungsspalten und ist ebenfalls illustriert. Auf dem Bild sieht man ein Photo des Roten Platzes, auf dem sich im Vordergrund ein mit einer Tischdecke bedeckter Tisch befindet, neben dem zwei Menschen auf dem Boden liegen. Im Hintergrund sieht man die Kremltürme und ein Stück der Fassade des Historischen Museums. Das Photo lässt sich als Vorläufer der sehr viel bekannter gewordenen Aufnahmen der Aktion *CHUJ na Krasnoj ploščadi* (*CHUJ auf dem Roten Platz*) lesen, ohne dass sich jedoch, außer der Tatsache, dass die Aktion auf dem Roten Platz stattfand, die für *CHUJ na Krasnoj ploščadi* (*CHUJ auf dem Roten Platz*) charakteristischen provokativen, politisch-obszönen Konnotationen ergeben.

In Raskonvojnychs Artikel wird besonders deutlich, dass der *Moskovskij komsomolec* die Aktionen der Gruppe Ė.T.I. systematisch verfolgt und sich selber eine wichtige

---

139 Der Titel ist ein komplexes Wortspiel mit dem Ausdruck „novaja volna" („neue Welle"), der im Kontext des Festivals *Vzryv novoj volny* natürlich auch die Nouvelle Vague mit umfasst, und dem Ausdruck „morskoj zakon" („Gesetz des Meeres"), der umgangssprachlich einen bedingungslosen Zusammenhalt ausdrückt. (Während auch im Deutschen die Ratten das sinkende Schiff zuerst und der Kapitän es zuletzt verlässt, halten die Matrosen gemäß des „morskoj zakon" auf einem Schiff bedingungslos zueinander.) „Morskoj zakon" ist auch der Titel eines bekannten Songs der Band Mašina vremeni, die vor allem in den 1970er und 1980er Jahren mit Rock bekannt geworden war. Vgl. auch die Verweise auf die Sex Pistols bei Osmolovskij (Kapitel 4.3.1). – Für die Hinweise auf das Wortspiel bedanke ich mich bei Vera Chibanova.

140 Расконвойных 1990.

141 Von dem Filmexperiment ist außer dem Photo und dem Zeitungsartikel keine Dokumentation erhalten. Osmolovskij merkt an, dass sogar die Filmaufnahmen selber verschollen seien (Осмоловский 1999a, o.S.). Dies ist insofern symbolisch signifikant als durch diesen Zufall bereits deutlich wird, dass es bei den Aktionen des Moskauer Aktionismus zunächst um die reine Aktion ging. Selbst Projekte aus der Frühzeit, die zunächst anders intendiert waren, fügen sich diesem Schema.

Rolle bei der Formierung ihres „Renommées" zuschreibt. Obwohl die Aktion, die hier den unmittelbaren Anlass zur Berichterstattung gab, offiziell nicht von É.T.I., sondern, wie der Artikel klarstellt, von den Einzelpersonen Anatolij Osmolovskij und Grigorij Gusarov ist[142], wird die Aktion der Gruppe ohne weiteren Kommentar zugeordnet und in eine Reihe gestellt mit anderen Aktionen von É.T.I., so u. a. auch das Festival *Vzryv novoj volny* (*Ausbruch einer neuen Welle*). Die Gruppe sei durch diese Aktionen und „Publikationen" („publikaci[i]") des *Moskovskij komsomolec* vom 10. bis zum 23. November (also vor und während des Festivals) bekannt geworden. Dieser Hinweis lässt zum einen darauf schließen, dass es noch sehr viel mehr Artikel und Berichte über das Festival gab, die mir leider nicht vorliegen, die aber, zusammen mit den von mir analysierten Artikeln vom 7. und 29. November, eine durchgehende Präsenz der Aktionen Osmolovskijs auf den Seiten des *Moskovskij komsomolec* ergeben. Zudem lässt der Hinweis zusammen mit dem im allgemeinen eher affirmativen Stil darauf schließen, dass der *Moskovskij komsomolec* den Aktionen im Großen und Ganzen positiv gegenüber steht und an dem Image, das sich die Gruppe ‚erarbeitet' hat, publizistisch teilhaben will. Diese Teilhabe an den Aktionen einer Gruppe, die sich als extreme Alternative zu allen bestehenden politischen und kulturellen Paradigmen versteht und zudem trotz ihrer Kritik an der inoffiziellen Kunst der Sowjetunion in deren Tradition positioniert, ist für den *Moskovskij komsomolec* insofern signifikant, als dieser selber als Jugendorgan in der Tradition der offiziellen Medien der Sowjetunion agiert. Mit den Berichten über die Aktionen Osmolovskijs und der Gruppe É.T.I wird die seit dem 1. August gesetzlich geltende Pressefreiheit ausgeschöpft.

Da die Aktion auf dem Roten Platz nicht sehr viel mehr Berichtenswertes ergab, als dass sie – im Gegensatz zu den ebenfalls auf dem Roten Platz geplanten Filmaufnahmen des Regisseurs Sergej Snežkin[143] – stattfand und Teil des (unvollendeten) Filmprojektes der Gruppe werden sollte, wendet sich Raskonvojnych sehr schnell der Gruppe É.T.I. selber und den Ereignissen im Kontext des Festivals *Vzryv novoj volny* (*Ausbruch einer neuen Welle*) zu. Raskonvojnych beschreibt noch einmal relativ ausführlich einige der Aktionen. Wir verdanken dem Artikel auch Hintergrundinformationen, wie z. B. die Tatsache, dass das Festival u. a. durch den *Gumanitarnyj fond im. Puškina* unterstützt worden war. Vor allem wird die programmatische Bezugnahme auf die Studentenrevolten von 1968 unterstrichen – nicht ohne dem Leser vor Augen zu führen, woher diesem die von Raskonvojnych eindeutig positiv markierte „Romantik dieser Happenings unter Beteiligung der Herren Studenten und der Herren Polizisten" („romantika ètich chéppeningov s učastiem gospod studentov i gospod

---

142 Osmolovskij schreibt die Aktion der Gruppe Kino vzryva (Kino des Ausbruchs) zu. Vgl. Осмоловский 1999a, o.S.

143 Geb. 1954, Regiearbeiten: Эй, на линкоре!, 1985 г. (в составе киноальманаха Мостик), Петроградские гавроши, 1987 г., (х/ф), ЧП районного масштаба, 1988 г., (х/ф), Невозвращенец, 1991 г., (х/ф) (engl. Vertriebstitel: *The Man Who Doesn't Return*), Цветы календулы, 1998 г. (engl. Vertriebstitel: *Marigolds in Flowers*), (х/ф), Новые приключения ментов. Часть 14. Ловушка для Мамонта, Собака Сталина, 1999 г. (в составе сериала Новые приключения ментов).

policejskich") bekannt ist: aus der Komödie *La Carapate* (1978) mit dem in der Sowjetunion sehr populären Pierre Richard, und damit aus einem Film, in dem die Ereignisse von 1968 bereits als komödiantisches Setting für die Flucht des Helden aus dem Gefängnis dienen.

Raskonvojnych markiert damit zwar die Strategien, die Ė.T.I. einsetzt, ebenfalls als alt, verurteilt dies jedoch im Gegensatz zu den Kunstkritikern im *Gumanitarnyj fond* nicht, sondern nimmt eine eher neutrale Haltung ein. Ausführliche Stellungnahmen oder Analysen zu kunst- oder kulturtheoretischen Aspekten findet man in den Artikeln des *Moskovskij komsomolec* ohnehin nicht, was jedoch mit Sicherheit vor allem durch die andere Ausrichtung der Zeitung bedingt ist.

Auch wenn der Artikel Raskonvojnychs im Großen und Ganzen neutral bis affirmativ berichtend gehalten ist, so finden sich doch auch in ihm einige ironisierende Elemente, die eine Distanz zu den Aktionen herstellen. Es lässt sich daher auch bei den Berichten des *Moskovskij komsomolec* von einer Ambivalenz der Partizipation sprechen, wobei die partizipierenden Elemente deutlich überwiegen. Dies war jedoch, wenn auch auf einer anderen Ebene und dem Charakter der Publikation entsprechend, im *Gumanitarnyj fond* nicht anders und kann mit Einschränkungen als Grundmuster des Wechselverhältnisses von Massenmedien und Moskauer Aktionismus bestimmt werden. Die Grundtendenz einer ausgesprochenen kritischen und distanzierten Haltung zu den Aktionen korrespondiert mit einer ungebrochenen Aufmerksamkeit, die vor allem in der Hochphase des Aktionismus zu jener permanenten Präsenz der Aktionen des Moskauer Aktionismus in den Massenmedien führt, und die Ekaterina Degot', Michail Ryklin, Viktor Miziano und nicht zuletzt Anatolij Osmolovskij selber als einen der charakteristischsten Züge des Moskauer Aktionismus beschrieben haben.

7 Abschliessende Ausblicke

Das *Chudožestvennyj žurnal* (*Moscow Art Magazine*) stellte in seiner zweiten Ausgabe im Jahr 1993 der Moskauer Kunstszene die allumfassende Frage, was das Wesen der Kunst sei.

Anatolij Osmolovskij antwortete folgendermaßen:

> Сущность искусства – это волевое усилие по формированию стиля жизни и образа мышления своей эпохи.[1]

Das Wesen der Kunst ist die Willenskraft, den Lebensstil und die Art des Denkens der eigenen Epoche zu formen.

Oleg Kulik gab diese Antwort:

> Сущность искусства сегодня – это уничтожение границ искусства, погружение в реальность. Художник может существовать сегодня где угодно, только не на территории искусства. Он должен искать рычаги прямого воздействия на политику, экономику, науку [...].[2]

Das Wesen der Kunst heute ist die Vernichtung der Grenzen der Kunst, das Eindringen in die Realität. Der Künstler kann heute überall existieren, nur nicht im Territorium der Kunst. Er muss den Hebel suchen, der ihn direkt auf die Politik, die Ökonomie, die Wissenschaft einwirken lässt [...].

Während Anatolij Osmolovskij den Anspruch erhob, mit Kunst den Lebensstil und das Denken seiner Zeit maximal beeinflussen zu wollen, propagierte Oleg Kulik das Niederreißen der Grenzen zwischen der Kunst und anderen Bereichen der Gesellschaft. Ein Künstler müsse sich in all diesen Bereichen bewegen, nur nicht in der Kunst selber. Der direkte Kontakt mit der Realität wird zum programmatischen Ziel erhoben.

Auch Osmolovskijs Antwort ist diese Sehnsucht nach dem Überschreiten der Grenzen der Kunst inhärent, wenn er davon spricht, mittels der Kunst den Lebensstil seiner Zeit beeinflussen zu wollen. Er plädiert, so betrachtet, ebenfalls für eine direkte Verbindung von Kunst und Leben, für ein Einwirken der Kunst auf die Sphären der Politik, der Wirtschaft und der Wissenschaft, so wie Kulik es formulierte.

---

1 Осмоловский 1993c.
2 Кулик 1993.

Das Denken einer Epoche drückt sich in den Kommunikationsprozessen aus, die innerhalb einer Gesellschaft ablaufen und diese formieren. Es sind die Kommunikationsprozesse, die die autopoietischen Subsysteme der Gesellschaft bilden, über die sich die Gesellschaft konstruiert.

Die Bereiche, deren künstlerische Usurpation durch Osmolovskij und Kulik gefordert wird, entsprechen strukturell den Subsystemen der neuzeitlichen, funktional voll ausdifferenzierten Gesellschaft, so wie Luhmann sie beschrieb. Der Moskauer Aktionismus propagierte damit die Sehnsucht nach dem Einreißen der Grenzen zwischen den einzelnen gesellschaftlichen Subsystemen, die sich im Anschluss an den Zusammenbruch der Sowjetunion zusammen mit der Gesellschaft umstrukturieren und in den Teilen, in denen sie durch die untergegangenen Strukturen der Sowjetunion bestimmt waren, ein neues Verhältnis zueinander finden mussten. Der Zusammenbruch der Sowjetunion ist dabei zwar eine Zäsur, aber doch nur ein Ereignis in einem Prozess, der bereits während der *perestrojka* begann und in den 1990er Jahren andauerte. Der Moskauer Aktionismus kämpfte in diesem Prozess für einen gesellschaftlichen Ort der Kunst, von dem aus andere Systeme beeinflusst werden können und vor allem ein nur ausgesprochen vage definierter und sich zumeist in den Parametern der klassischen westlichen Linken bewegender, gesellschaftspolitischer Einfluss ausgeübt werden soll.[3]

Mittel dieses Kampfes ist die Figur der Grenzüberschreitung in den radikalen Körperaktionen, in denen der materielle Körper als Medium eingesetzt wird, mithilfe dessen die innergesellschaftliche Kommunikation und der Ort der Kunst geradezu erzwungen werden soll. Der drastische Körper ist daher aggressiv, brutal und abjekt, er überschreitet Grenzen und erkämpft provozierend Aufmerksamkeit. Zugleich aber sind sich die Aktionisten ihrer relativen Machtlosigkeit bewusst, und so oszillieren die Aktionen, je nach Vertreter mehr oder weniger stark ausgeprägt, auch immer zwischen Ernst und Spiel, zwischen Satire und Groteske, zwischen Ironie und tatsächlichem Wunsch nach Einflussnahme.

Einerseits ist der Wunsch nach der Überschreitung der Grenzen der Kunst, der sich durch die provozierenden Figuren der Grenzüberschreitung im ethisch-moralischen Bereich ausdrückt, so nichts anderes als der aggressive Kampf für eine Neuabsteckung der Grenzen des Systems der Kunst innerhalb der Gesellschaft.

Der Moskauer Aktionismus überaffimiert und beobachtet in seiner Aggressivität aber zugleich auch Grenzüberschreitungen jeglicher Art, die er in seiner eigenen Gesellschaft vorfindet. Denn nicht nur die Kunst, auch andere Bereiche der Gesellschaft überschreiten im Prozess der Neujustierung brutal ihre Grenzen. Der aggressive Systemwechsel bringt beispielsweise den sprichwörtlichen Raubtierkapitalismus hervor, Diadochenkämpfe der alten und neuen Eliten um die ökonomischen Ressourcen und

---

3 Osmolovskijs relativ spätes Gruppenprojekt *Nepravitel'stvennaja kontrol'naja komissija* (*Regierungsunabhängige Kontrollkommission*) erinnert auffällig stark an das Kürzel NGO (non-governmental organization), mit dem (häufig aber nicht immer links geprägte) gesellschaftspolitisch aktive, nichtstaatliche Gruppierungen jeder Art erfasst werden. Zumeist beschäftigen sich diese Organisationen mit Menschenrechten, Umweltschutz, Sozialarbeit etc.

die Verarmung der Bevölkerung. Permanent werden in diesem Zusammenhang Grenzen überschritten, mit Sicherheit auch Grenzen zwischen den einzelnen gesellschaftlichen Subsystemen (z. B. desjenigen der Wirtschaft zu anderen Subsystemen), deren Verhältnis sich auf eine höchst brutale Art und Weise neu und nicht immer zum Besseren einspielte. Ebenso verhält es sich mit dem System der Politik, das in mancherlei Hinsicht ebenfalls Grenzen überschritt: vielleicht anderer Art als früher, aber nicht weniger brutal, wenn es beispielsweise einen Krieg in Tschetschenien entfachte.

Auch die Massenmedien mussten sich die Funktionsweisen ihres Systems zumindest teilweise neu erschließen, ein neues Gleichgewicht zu den anderen gesellschaftlichen Subsystemen finden und ausjustieren, in welchem Verhältnis die Systeme zueinander stehen und sich gegenseitig beeinflussen können. Die Kommunikationsprozesse innerhalb und zwischen den Systemen sind daher enorm, wovon der Moskauer Aktionismus Zeugnis ablegt. Er setzte sich sowohl thematisch als auch strukturell mit diesen letztlich erzwungenen Kommunikationsprozessen auseinander, er spiegelt und transportiert die Brutalität, mit der der Neujustierungsprozess vonstatten ging.

Der Moskauer Aktionismus musste im Verlauf der 1990er Jahre aber auch erfahren, dass die Beobachtungsoperationen, die er zu leisten imstande ist, sich zwar auf andere Systeme beziehen können, dass er aber grundsätzlich innerhalb seiner eigenen Systemgrenzen operieren muss – innerhalb des Systems der Kunst. Die Grenzen erweisen sich letztlich in dem Ausmaß als erweiterbar, als sich der drastische Körper als – wenn auch vielleicht unerwünschte Kommunikationsprozesse erzwingendes – Medium in die Subsysteme einführen ließ. Sowohl die Kunst, als auch die Massenmedien inkorporierten das Medium des drastischen Körpers, ja, sogar die Politik griff, wie Osmolovskij bemerkte, in einigen Fällen auf die von den Aktionskünstlern entwickelten Strategien zurück.

Der Versuch der Überschreitung der Grenzen der Kunst, von Kulik programmatisch gefordert, endete gerade für Kulik mit einer perfekten Eingliederung in das System der Kunst. Innerhalb dieses Systems ließen sich die von ihm eingesetzten Formen des drastischen Körpers wiederum semantisch interpretieren. Der Hund Kulik wurde plötzlich als Auseinandersetzung mit in der Gesellschaft wirkenden kulturellen Traditionslinien, selbst Formen des Mediums Kultur, lesbar.

Die Massenmedien nahmen den drastischen Körper ebenfalls in sich auf und nutzten ihn für ihre Kommunikationsprozesse, die letztlich alle der Konstruktion einer Realität dienen. Selbst Aleksandr Breners emphatisch die direkte, emotionale Realität beschwörenden Aktionen, die somit das einzulösen versuchten, was Kulik als das Wesen und die Aufgabe der Kunst beschrieb, werden so plötzlich als Teil eines Prozesses interpretierbar, der diesen Zugriff eben nicht leisten kann. Aleksandr Brener ist eine Figur, die innerhalb der Systeme der Kunst und der Massenmedien eine Funktion innehat, die Andrej Erofeev mit derjenigen Niko Pirosmanis für die russischen Futuristen verglich.[4] Er steht für den sich außerhalb der Gesellschaft positionierenden *outcast*, der für seine Kunst keine Kompromisse eingeht und in einer primitivisti-

---

4 Ерофеев 1999, S. 18.

schen Formensprache die Realität erfahrbar macht. Aber auch in seinen Aktionen finden sich jene Spuren des Utopistischen, das dieser Suche anhaftet.

In ästhetischer Hinsicht zeichnet sich der Moskauer Aktionismus nicht durch Innovationen, sondern durch Restaurationen aus. Er griff hemmungslos auf unterschiedlichste historische, avantgardistische Strategien zurück und nutzte sie für die eigenen kunstpolitischen Intentionen aus. Inke Arns verglich dieses künstlerische Verfahren mit einem Griff in die Requisitenkiste. An die Stelle einer intensiven künstlerischen Auseinandersetzung mit den Fundstücken trat eine Inkorporierungsstrategie. Es wurde praktisch die Frage erprobt, inwiefern dieses oder jenes Requisit in die eigene Inszenierung von Kunst eingefügt werden konnte. Kunst wurde in der Tat zum Teil zur Inszenierung – zur Inszenierung von Events, Performances, Aktionen und Kunstshows, die den Hintergrund für die Treffen der Moskauer Kunst-*tusovka* bildeten. Ein hervorragendes Beispiel für diese Zusammenhänge ist das Festival *Vzryv novoj volny* (*Ausbruch einer neuen Welle*) von Anatolij Osmolovskij und der Gruppe Ė.T.I., das mittels dieser Strategie die Figur des Protestes und der Provokation als eine der Grundformen des Moskauer Aktionismus etablieren konnte. Innerhalb dieser Dynamiken veränderte sich aber, wie Keti Čuchrov bemerkte, der allgemeine Diskurs durch die Etablierung neuer Paradigmen. Auch dies sei eine Leistung des Moskauer Aktionismus.[5]

Es wäre allerdings zu kurz gegriffen, den Moskauer Aktionismus nur innerhalb dieses engen, vornehmlich im innerrussischen Kulturkontext situierten Rahmens zu beurteilen. Es hat sich gezeigt, dass sich der Moskauer Aktionismus sowohl mit seinen ästhetischen Fragestellungen als auch in der Wahl seiner formellen Mittel nahtlos in die internationale Kunstwelt einfügt. Nicht nur der Moskauer Aktionismus, auch erfolgreiche Filmemacher wie Quentin Tarantino, Werbephotographen wie Oliviero Toscani, Künstler wie Andres Serrano und nicht zuletzt Schriftsteller wie Vladimir Sorokin oder der Franzose Michel Houellebecq setzten in den 1990er Jahren mit sehr unterschiedlichen Zielen sehr ähnliche drastische, ästhetische Verfahren ein wie die Künstler des Moskauer Aktionismus. In all diesen Fällen blieb die Provokation jedoch in der Sphäre des Symbolischen und des Medialen, d. h. im Film, in der Literatur oder in der Photographie.

Der Moskauer Aktionismus stellte sich die Frage nach den Möglichkeiten des Ausagierens des Tabubruchs, deren physische Gewalt bei anderen Künstlern und Kulturschaffenden nicht in ihrer grenzüberschreitenden, gesellschaftlichen und ästhetischen Wirkung, wohl aber in ihrer unmittelbar körperlichen Form gebannt blieb. Der Moskauer Aktionismus agierte diese Gewalt aus, die somit spürbare physische Formen annahm. An dieser Stelle wird die Materialität des Körpers jenseits seiner Eigenschaft als semiotischer Zeichenträger am deutlichsten spürbar. Die Gewalt blieb dabei allerdings ästhetisch ungerichtet und seltsam leer, selbst dann, wenn Menschen

---

5 Chukhrov 2006.

Abb. 54: Oleg Kulik: *Kulik vs. Koraz*, Basar, Almaty, 1997 (Quelle: Kulik 2001, S. 64)

unmittelbar körperlich zu Schaden kamen oder vordergründig Ziele der Aggression formuliert wurden.[6]

Diese seltsame Leere lässt sich bei allen Künstlern des Moskauer Aktionismus spüren: bei Anatolij Osmolovskij, wenn er postuliert, politische Kunst betreiben zu wollen, aber außer der Kunstprovokation keine Vorschläge unterbreiten kann und will, bei Oleg Kulik und seinem Mensch-Hund-Hybriden, der zwar aus der Situation heraus konsequent handelt, wenn er zubeißt, dessen Utopie einer ,humanen' gesellschaftspolitischen Ordnung aber zur unauflösbaren Groteske wird und bei Aleksandr Brener, der für sich tatsächlich keinen anderen Weg sieht, als die komplette künstlerische und gesellschaftliche Isolation. Nur durch diese kann er seine Aggression weiterhin aufrechterhalten und überschreitet damit als einziger der Aktionisten tatsächlich die Grenzen der Kunst.

In der Einleitung zu meiner Untersuchung habe ich die wiederholten Aggressionen des Moskauer Aktionismus im Anschluss an eine Bemerkung Natalia Ottovordemgentschenfeldes mit einem Ritual des Übergangs verglichen. Der Moskauer Akti-

---

6 Eine häufige Reaktion auf die vordergründig formulierten Ziele des Protestes war von seiten der „professionellen" Zuschauer sinngemäß: ,Ja, glauben die Moskauer Aktionisten denn wirklich, sie müssen uns durch diese oder jene Aktion noch dieses oder jenes erklären?' Ein Beispiel für diese Art von Reaktion ist Tupitsyn 1997.

onismus ritualisiert, so meinte ich, die Gewalt des Übergangs, der sich auch als eine Phase der Neuordnung und Umorientierung der Funktionsweisen und der Verhältnisse zwischen den funktionalen Subsystemen in der postsowjetischen Gesellschaft erwiesen hat. Eines der berühmtesten Rituale der Kulturgeschichte ist mit Sicherheit der balinesische Hahnenkampf, den Clifford Geertz 1973 beschrieben hat.[7] Auch Oleg Kulik begab sich (am 1. September 1997) in einen Hahnenkampf. Auf dem Basar in Almaty (Almatı), der Hauptstadt der ehemaligen Sowjetrepublik und des jetzigen Staates Kasachstan, maß sich die Schnepfe Kulik in der Performance *Kulik vs. Koraz* mit einem Kampfhahn und war (Abb. 54), so sein Fazit, „deeply impressed by the valour and dignity of the little bird."[8] Geertz lehrte uns in seinem Essay, Kultur als einen fortschreitenden Prozess von Semantisierung zu begreifen, der über die reine Mechanik der gesellschaftlichen Zusammenhänge hinausgeht. Der Hahnenkampf wird zu einem semiotischen, kulturellen Symbol, das Bedeutung vermittelt.

Und so soll auch der Kampf Kuliks gegen Koraz auf eine ganz spezifische Weise gelesen werden. Während Geertz den balinesischen Hahnenkampf als Symbol für Statuskämpfe in der Gesellschaft interpretierte, so möchte ich den Hahnenkampf Oleg Kuliks, ausgetragen in einem der Nachfolgestaaten der Sowjetunion, stellvertretend für die Aktionen des Moskauer Aktionismus als Symbol für die Reaktionen des Systems der Kunst auf die Umstrukturierungsprozesse in der postsowjetischen Gesellschaft interpretieren, die in den im Medium des Körpers agierenden, drastischen Körperaktionen ihren Ausdruck fanden. Kunst wird hiermit die Macht zugesprochen, Symbole für die Gesellschaft zu bilden – selbst dann, wenn sie, wie der Moskauer Aktionismus, keine Repräsentationsintention hat.[9] Die Aktionen des Moskauer Aktionis-

---

7 Geertz 1973, S. 455.

8 Kulik 2001a, S. 77.

9 Ich bedanke mich bei Igor Smirnov für den Hinweis, dass sich auch die Aktionsreihe *Vzryv novoj volny* (*Ausbruch der neuen Welle*) von Anatolij Osmolovskij und der Gruppe È.T.I. mit Hilfe klassischer Ritualtheorie lesen lässt. Die braun, gelb und weiß geschminkten Gesichter, mit denen die Aktionisten auftraten (vgl. Kapitel 4.2.1), erinnern an die Farbenklassifikation rot/weiß/schwarz im Ndembu-Ritual, das Victor Turner in seinem bereits 1972 in der Sowjetunion übersetzten Aufsatz „Color Classification in Ndembu Ritual. A Problem in Primitive Classification" (Turner 1966) analysierte. Bei Osmolovskij stehen die Farben für Kot, Urin und Sperma, bei den Ndembu symbolisieren sie Blut, Sperma und Kot. Für Turner stellen sie kulturelle Schlüsselsymbole im liminalen Raum in Übergangsriten dar, die er bei den Ndembu kulturspezifisch, später jedoch sehr allgemein interpretierte. In modernen Gesellschaften macht Turner analog zum Liminalen konstruierte liminoide Räume aus, die er u.a. in der Kunst situiert. „[L]iminoide Phänomene komplexer Gesellschaften haben fragmentarischen, pluralistischen, experimentellen und spielerischen (ludischen) Charakter. Sie sind meist individuelle Hervorbringungen und transportieren oftmals Sozialkritik. [...] Kreativität ist ‚in jedem Fall der eigentliche Gegenstand ritueller Erfahrung – unabhängig davon, ob sie in liminalen Phasen von Passageriten vormoderner Gesellschaften oder in den liminoiden Räumen und Zeiten der Moderne entsteht." (Bräunlein 2006, S. 98) Der Moskauer Aktionismus, in dem sich neben der Farbsymbolik noch zahlreiche weitere Parallelen zu Turners Beobachtungen finden lassen, kann auch mit Victor Turner tatsächlich als eine Kunst des liminoiden Übergangs interpretiert werden, wobei in dieser Lesart noch einmal die Ambivalenz des utopistischen Rückgriffs

mus repräsentieren die Mechanismen der Umstrukturierung dementsprechend auch nicht mimetisch, sondern interagieren mit ihnen. Zugleich aber stellt der Moskauer Aktionismus sich ästhetische Fragen, die hiermit nicht unbedingt erfasst werden können. Kunst ist immer, auch das wird im Moskauer Aktionismus deutlich, Ästhetik, und dies selbst dann, wenn die künstlerische Strategie diejenige einer ‚Anti-Ästhetik' ist.

Die Interpretation der Figur des menschlichen Hundes als Ausdruck für das sprichwörtliche „Hundeleben" unter den postsowjetischen Bedingungen des „Raubtierkapitalismus" ist dementsprechend natürlich viel zu plakativ und zu kurz gegriffen. Der Moskauer Aktionismus ist auch im internationalen Kontext komplexer und ästhetisch-poetologisch weitaus interessanter, als es dieses Bild zu vermitteln mag. In einem sehr viel weiteren Sinne aber hat der Moskauer Aktionismus mit seinen radikalen Körperaktionen einen mehr als adäquaten Ausdruck für die von ihm beobachteten und zumindest in Teilen – was die Kunst betrifft – mitgestalteten Prozesse gefunden. Insofern hat er die von Osmolovskij gestellte Aufgabe der Kunst, den Lebensstil und das Denken ihrer jeweiligen – in diesem Fall der unmittelbar postsowjetischen – Epoche zu formen, in dem bescheidenen Ausmaß, in der Kunst hierzu imstande ist, durchaus erfüllt. Dies schaffte er nicht zuletzt wegen seiner Interaktionen mit dem System der Massenmedien.

Hal Foster konstatierte in *The Return of the Real* für die internationale Kunstszene vor allem der frühen 1990er Jahre zwei wichtige Aspekte: Auf der einen Seite stehe eine Zuwendung zum Körperlichen, insbesondere zum Abjekten, auf der anderen Seite eine erneute Hinwendung zum Sozialen und zum Ortsspezifischen (*site-specific*), der bewussten Auseinandersetzung mit Aspekten der lokalen und häufig auch ethnischen Repräsentationen.[10] Beide Aspekte vereinen sich im Moskauer Aktionismus, wenn er mit seiner Kunst versucht, offen sozialpolitisch zu agieren, seine Verwurzelung im postsowjetischen Kulturkontext thematisiert und all dies über Formen des Körperlichen, dabei häufig auch des Abjekten auszudrücken und in die gesellschaftliche Kommunikation einzubringen vermag.

Abschließend bleibt zu bemerken, dass nicht nur der Moskauer Aktionismus als spezifische Reaktion auf die postsowjetischen Veränderungen in den 1990er Jahren lesbar ist. Auch die amerikanische *abject art* (z. B. Andres Serrano) und die immensen Debatten, die sich in der amerikanischen Gesellschaft vor allem zu Beginn der 1990er Jahre daran entzündeten und an die der Moskauer Aktionismus sowohl in kulturpolitischer als auch in ästhetischer Hinsicht direkt anschließt, sind bereits 1992 als Reaktionen auf das Ende des Kalten Krieges interpretiert worden.[11] Der Moskauer Aktionismus fügt sich damit in ein internationales Gesamtpanorama der Kunst der 1990er Jahre ein, zu dem er seinen höchst eigenen Beitrag geleistet hat.

---

auf vorzeichenhafte, archaische Räume des scheinbar existenziell Ursprünglichen, des Archaischen in der Materialität der Körperlichkeit gegenüber der Zeichenhaftigkeit, also des Symbolcharakters der Aktionen des Moskauer Aktionismus besonders deutlich wird.

10 Foster 2001, Kapitel „The Return of the Real" (S. 127-171) und „The Artist as Ethnographer" (S. 171-205).

11 Dubin 1992, belegt bei Steihaug 1998, Kapitel „1. Tendencies of the Nineties" (o.S.).

8 ABBILDUNGSVERZEICHNIS

Abb. 1: Ė.T.I.: *ХУЙ na Krasnoj ploščadi* (ХУЙ [*CHUJ*] *auf dem Roten Platz*), Moskau 1991 (Quelle: Бредихина 1993, S. 56)

Abb. 2: Anatolij Osmolovskij: *Leopardy vryvajutsja v chram* (*Leoparden stürmen in den Tempel*), Regina Gallery, Moskau 1992 (Quelle: Photo unbekannter Herkunft)

Abb. 3: Oleg Kulik: *Pjataček delaet podarki* (*Piggly Wiggly Makes Presents*), Regina Gallery, Moskau 1992 (Quelle: Бредихина 1993, S. 172)

Abb. 4: Oleg Kulik: *Pjataček delaet podarki* (*Piggly Wiggly Makes Presents*) (Live-Übertragung der Schlachtung per Video, Zuschauer im Galerieraum), Regina Gallery, Moskau 1992 (Quelle: Бредихина 1993, S. 155)

Abb. 5: Oleg Kulik: *Pjataček delaet podarki* (*Piggly Wiggly Makes Presents*) (Fleischausgabe an Galeriebesucher), Regina Gallery, Moskau 1992 (Quelle: Бредихина 1993, S. 173)

Abb. 6: Avdej Ter-Ogan'jan u.a.: *Futurists Go Into Kuznetski Most Street*, Moskau, Sommer 1992 (Quelle: Héden & Book 2000, S. 48)

Abb. 7: Cover der Zeitschrift *Radek* (Бренер & Осмоловский 1994)

Abb. 8: Anatolij Osmolovskij: [Molodoj, modnyj chudožnik-avangardist...] ([Junger, modischer Avantgardekünstler ...] (Quelle: Осмоловский 1994a)

Abb. 9: Anatolij Osmolovskij: *Putešestvie Necezjudik v stranu Brombdignegov (Reise eines Necezjudik ins Land der Brombdingnager)*, Moskau 1993 (Quelle: Гельман & Лопухова 2000, S. 123)

Abb. 10: Anatolij Osmolovskij: [Ne davaj svoe telo na čečenskij šašlyk] ([Lass deinen Körper nicht in Tschetschenien grillen]), 1996 (Quelle: Осмоловкий 1996, S. 40)

Abb. 11: Oliviero Toscani, Werbephoto für Benetton, Frühjahr/Sommer 1995 (Quelle: Salvemini 2002, S. 126)

Abb. 12: Oleg Kulik: *Novaja propoved' (The New Sermon)*, Danilovskijmarkt, Moskau 1994 (Quelle: Kulik 2001, S. 19)

Abb. 13: Oleg Kulik: *Missioner. Posvjaščaetsja Franciskij Assizskomu* (*Misionary. Devoted to Francis of Assisi*), Pesčanaja ulica, Moskau 1995 (Quelle: Kulik 2001, S. 37)

Abb. 14: Oleg Kulik: *Kulik – ėto vse-taki ptica* (*In Fact, Kulik is a Bird*), Galerie 21, Sankt Petersburg 1995 (Quelle: Kulik 2001, S. 36)

Abb. 15: Oleg Kulik: *Armadillo for your Show*, Museum van Hadendagse Kunst, Gent 1997 und 1999 (Quelle: Kulik 2001, S. 65)

Abb. 16, 17, 18: Das durch Kulik in seiner Straßburger Aktion *Ne mogu molčat'!* (*I Can Not Keep Silence Any More*) angebundene Kalb in einer französisch-, englisch- und deutschsprachigen Zeitung ohne Bezugnahme auf den Kunstkontext (Quellen: Zeitungsausschnitte unbekannter Herkunft)

Abb. 19: Oleg Kulik: *Ne mogu molčat'!* (*I Can Not Keep Silence Any More*), Europäisches Parlament, Straßburg, 1996 (Quelle: Kulik 2001, S. 55)

Abb. 20: Gruppa bez nazvanija (Gruppe ohne Namen): *Jazyki* (*Zungen*), McDonald's, Moskau, 1994 (Quelle: Бренер, Зубаржук, Литвин, Мамонов & Ревизоров 1994)

Abb. 21: Aleksandr Brener: *El'cin, vychodi!* (*El'cin, komm raus!*), Roter Platz, Moskau, 1994 (Quelle: ‚Ельцин, выходи!' 1995)

Abb. 22: Aleksandr Brener: *Chimery ko mne* (*Chimären zu mir*), Moskau, 1995 (Quelle: Гельман & Лопухова 2000, S. 117)

Abb. 23: Von Aleksandr Brener mit einem Dollarzeichen übersprühter *Weißer Suprematismus* (Kazimir Malevič) auf dem Cover von Бренер 1998

Abb. 24: Aleksandr Šaburov, Vjačeslav Mizin, Konstantin Skotnikov: *Novyje jurodivye* (*Neue Gottesnarren*), 1999 (Quelle: Гельман & Лопухова 2000, S. 109)

Abb. 25: Anatolij Osmolovskij, Avdej Ter-Ogan'jan, Gruppe Radek u.a.: *Barrikada na Bol'šoj Nikitskoj* (*Barrikade auf der Bol'šaja Nikitskaja*), Moskau 1998 (Quelle: Forschungsprojekt „The Post-Communist Condition" 2004, S. 61)

Abb. 26: Avdej Ter-Ogan'jan: *Junyj bezbožnik* (*Jugendlicher Sünder*) (Quelle: Дело Авдея 1999, S. 206)

Abb. 27: Anatolij Osmolovskij: *Chaos – moj dom* (*Chaos – My Hous[e]*), 1993 (Quelle: Гельман & Лопухова 2000, S. 122)

Abb. 28: Andres Serrano: *The Morgue (Broken Bottle Murder II)*, 1992 (Quelle: Wilson 1997, S. 56)

Abb. 29: Kleidung mit Hakenkreuzmotiv von *Too Fast To Live, Too Young To Die* (Laden von Vivienne Westwood und Malcolm McLaren), 1974 (Quelle: Savage 1991, S. 52)

Abb. 30: Ė.T.I. und K. Zvezdočetov: *Den' znanij* (*The Day of Knowledge*), Regina Gallery, Moskau, 1991 (Quelle: Бредихина 1993, S. 57)

Abb. 31, 32, 33: Stills der zitierten Szenen der Schlusssequenz aus Louis Malle: *Zazie dans le métro*, 1960

Abb. 34: Ė.T.I.: *Doslovnyj pokaz mod v 1990 godu (Armagedon)* (*Gewissermaßen eine Modenschau im Jahr 1990 [Armageddon]*), Festival *Vzryv novoj volny* (*Ausbruch einer neuen Welle*), Moskau, 1990 (Quelle: Архив радикального искусства 1999, S. 160)

Abb. 35: Ė.T.I.: *Doslovnyj pokaz mod v 1990 godu (Armagedon)* (*Gewissermaßen eine Modenschau im Jahr 1990 [Armageddon]*), Festival *Vzryv novoj volny* (*Ausbruch einer neuen Welle*), Moskau, 1990 (Quelle: Архив радикального искусства 1999, S. 159)

Abb. 36: Zeitungsbericht zu Ė.T.I.: Doslovnyj pokaz mod v *1990 godu (Armagedon)* (*Gewissermaßen eine Modenschau im Jahr 1990 [Armageddon]*), Festival *Vryv novoj volny* (*Ausbruch einer neuen Welle*), Moskau, 1990 (Quelle: Эти сумасшедшие „да" и „нет" 1990)

Abb. 37: Szenario zur Ankunft von Simón Bolívar (Quelle: Ausschnitt aus ЭТИ 1990)

Abb. 38: Oleg Kulik (mit Aleksandr Brener): *Bešenyj pes, Ili poslednee tabu, ochranjaemoe odinokim Cerberom* (*Mad Dog or Last Taboo Guarded by Alone Cerber*), Marat Gel'man Galerie, Moskau, 1994 (Quelle: Kulik 2001, S. 23)

Abb. 39: Oleg Kulik: *Reservoir Dog*, Kunsthaus Zürich, 1995 (Quelle: Kulik 2001, S. 25)

Abb. 40: Cover des Katalogs zur Zürcher Pirosmani-Ausstellung *Zeichen und Wunder*, 1995 mit einem der bekanntesten Bilder Pirosmanis (Quelle: Curiger 1995)

Abb. 41: Oleg Kulik (mit Mila Bredichina): *Sobaka Pavlova* (*Pavlov's Dog*), Rotterdam, 1996 (Quelle: Kulik 2001, S. 50)

Abb. 42: Oleg Kulik: *Ja ljublju Evropu, a ona menja net* (*I Love Europe, She Does Not Love Me Back*), Berlin, 1996 (Quelle: N. Nemati, Berlin)

Abb. 43: Oleg Kulik: *Sem'ja buduščego* (*Family of the Future*), 1997 (Quelle: Kulik 1997, S. 16)

Abb. 44: Oleg Kulik: *Sem'ja buduščego* (*Family of the Future*), 1997 (Quelle: Kulik 1997, S. 2)

Abb. 45: Oleg Kulik: *Sem'ja buduščego* (*Family of the Future*), 1997 (Quelle: Kulik 1993-1999)

Abb. 46: Oleg Kulik: *Sem'ja buduščego* (*Family of the Future*), 1997 (Quelle: Гельман & Лопухова 2000, S. 125)

Abb. 47: Gruppe Muchomor (Fliegenpilz): *Slovo* (*Wort*), 1978 (Quelle: Erofeev & Martin 1995, S. 128)

Abb. 48: „Flugblatt" der *Partija životnych* (*Partei der Tiere*) von Oleg Kulik, 1994 (Quelle: Archiv Marat Gel'man Galerie, Moskau)

9 Verwendete und weiterführende Literatur[1]

A Spectre at Large in Europe. In: *Flash Art* (May/June 1996), S. 46.

AES (1997): *AES today* [Broschüre]. [o.O.]

Agamben, Giorgio (2003): *Das Offene. Der Mensch und das Tier*. Frankfurt am Main.

Altcappenberg, Hein-Th. Schulze (Hrsg.) (2003): *Moskauer Konzeptualismus. Sammlung Haralampi G. Oroschakoff, Sammlung, Verlag und Archiv Vadim Zakharov, Kuperstichkabinett Berlin*. Köln.

AP (2004): Freier Sex auf offener Straße. In: *Süddeutsche Zeitung* (30./31. 10./1. 11. 2004).

Arnim, Uta von (1996): Auf den Hund gekommen. Performance des Russen Oleg Kulik vor dem Künstlerhaus Bethanien. In: *Der Tagesspiegel* (03. 09. 1996).

Arns, Inke (2003): *Objects in the mirror may be closer than they appear! Die Avantgarde im Rückspiegel*. Dissertation, Humboldt Universität Berlin. Verfügbar unter: http://edoc.hu-berlin.de/dissertationen/arns-inke-2004-02-20/PDF/Arns.pdf [Zugriff: 11. 11. 2005].

Aronson, Oleg (2004): Der Künstler der Zukunft oder die Ethik der Deidentifikation. In: G. Nikitsch & M. Winzen (Hrsg.): *HA KYPOPT! Russische Kunst heute*. Baden-Baden, Köln, S. 108-113.

Assmann, Aleida (1993): Exkarnation. Gedanken zur Grenze zwischen Körper und Schrift. In: J. Huber & A. Müller (Hrsg.): *Raum und Verfahren*. Zürich, S. 133-155.

Auslander, Philip (1997): *From Acting to Performance. Essays in Modernism and Postmodernism*. London, New York.

– (1999): *Liveness. Performance in a Mediatized Culture*. New York, London.

---

1 Die Bibliographie listet neben den untersuchten künstlerischen Arbeiten und der verwendeten Literatur auch möglichst viele Materialien und Zeitungsartikel rund um den Moskauer Aktionismus auf. Vor allem die Zeitungsartikel verdanke ich der Arbeit verschiedener Kunstarchive und Galerien, insbesondere dem Fond „Chudožestvennye proekty" (Stiftung „Kunstprojekte") und der Marat Guelman Galerie in Moskau. Auch die Redaktion des *Chudožestvennyj žurnal* (*Moscow Art Magazine*) stellte mir ihr Archiv zur Verfügung, ebenso wie die XL Gallery, die Regina Gallery und in vielen Fällen die Künstler selber. Leider sind die bibliographischen Angaben auf den mir überlassenen Zeitungsartikeln nicht immer vollständig. In einigen Fällen ließen sich die Quelle, das Jahr oder andere bibliographisch relevante Angaben dennoch nachvollziehen, in manchen Fällen war dies aber nicht möglich. Ich habe mich entschlossen, diese Artikel trotzdem in die Bibliographie mit aufzunehmen, um einen möglichst vollständigen Überblick über die Literatur rund um den Moskauer Aktionismus geben zu können. Die fehlenden bibliographischen Angaben wurden nicht speziell gekennzeichnet, um das Druckbild nicht zu verwirrend zu gestalten. Anonyme Materialien oder solche, bei denen die Autorschaft nicht nachvollzogen werden konnte, wurden unter dem jeweiligen Titel gelistet. Graue Literatur und Spielfilme wurden ebenfalls ohne spezielle Kennzeichnung in die Bibliographie aufgenommen und – wo möglich – unter dem Autor, Herausgeber oder Regisseur gelistet.

Babich, Yuri & Kulik, Oleg/Кулик, Олег & Бабич, Юрием (1997/98). *Красный уголок/Red Corner* [Ausstellungsprospekt XL Gallery]. Moskau.

Bachtin, Michail M. (1995): *Rabelais und seine Welt: Volkskultur als Gegenkultur.* Hrsg. v. Renate Lachmann. Frankfurt am Main.

Backes, Michael (2001): *Experimentelle Semiotik in Literaturavantgarden. Über die Wiener Gruppe mit Bezug auf die Konkrete Poesie.* München.

Backstein, Joseph (1995): Russian Actionism. A Few Ideas for Better Understanding. In: M. Lerhard (Hrsg.): *No Man's Land. Art from the Near Abroad.* [Katalog zur gleichnamigen Ausstellung im Nikolaj Copenhagen Contemporary Art Center]. Kopenhagen, S. 23-27.

– (1998): Body Art in Russia. In: Z. Badovinac & M. Briški (Hrsg.): *Body and the East. From the 1960s to the Present* [Katalog zur gleichnamigen Ausstellung in der Moderna Galerija Ljubljana]. Ljubljana, S. 145-146.

– & Kandl, Johanna (Hrsg.) (1997): *It's a Better World. Russischer Aktionismus und sein Kontext* [Katalog zur gleichnamigen Ausstellung in der Wiener Secession]. Wien.

Badovinac, Zdenka & Briški, Mika (Hrsg.) (1998): *Body and the East. From the 1960s to the Present* [Katalog zur gleichnamigen Ausstellung in der Moderna Galerija Ljubljana]. Ljubljana.

Baere, Bart de (1996): *Fax to Ilya & Emilia Kabakov* [Fax, bereitgestellt von Manifesta Archiv].

Baker, Steve (2003): Sloughing the Human. In: C. Wolfe (Hrsg.): *Zoontologies. The Question of the Animal.* Minneapolis, London, S. 147-164.

Barker, Adele Marie (1999a): Going to the Dogs: Pet Life in New Russia. In: A. M. Barker (Hrsg.): *Consuming Russia. Popular Culture, Sex, and Society since Gorbachev.* Durham, London, S. 266-277.

– (Hrsg.) (1999b): *Consuming Russia. Popular Culture, Sex, and Society since Gorbachev.* Durham, London.

Basner, Jelena (1993): „Wir, die wir uns zum Neoprimitivismus als Religion des Künstlers bekennen, sagen." Die Begründer des Neoprimitivismus über sich und ihr Werk. In: J. Petrowa & J. Poetter (Hrsg.): *Russische Avantgarde und Volkskunst.* Stuttgart, Baden-Baden, S. 27-33.

Baudrillard, Jean (1991): *Der symbolische Tausch und der Tod.* München.

Bauermeister, Christiane et al. (Hrsg.) (1988): *Niko Pirosmani. Der georgische Maler 1862-1918.* Berlin.

Beck, Benjamin (2002): *Anderthalbfacher Suprematismus. Die russische Intelligenzija zwischen Paradox und Postmoderne.* Verfügbar unter: http://www.medialounge.net/lounge/workspace/convex/contd/panorama/beck.htm [Zugriff: 08. 07. 2002].

Becker, Kathrin (1996): Operation Berlin. Brener, Kulik und Osmolovskij auf Visite. *BE Magazin* 4, S. 143-145.

Beerman, Mirjam (1996): *Manifesta 1. Rotterdam, the Netherlands 9 June – 19 August 1996* [Katalog zur gleichnamigen Ausstellung]. Amsterdam.

Belting, Hans (2001): *Bildanthropologie. Entwürfe für eine Bildwissenschaft.* München.

Belting, Hans (2002): *Quel corps? Eine Frage der Repräsentation.* München.

Berg, Hubert van den (1999): *Avantgarde und Anarchismus. Dada in Zürich und Berlin.* Heidelberg.

Beuys, Joseph & Tisdall, Caroline (1976): *Joseph Beuys – Coyote.* München.

Birbaumer, Niels & Schmidt, Robert F. (2003): *Biologische Psychologie* (5., vollst. überarb. u. erg. Aufl.). Berlin, Heidelberg.

Blom, Ina (1996): [engl. Zusammenfassung des Artikels mit unbekanntem Titel]. *Aftenposten* (09. 07. 1996).

Bode, Peter M. (1994): Moskauer Hommage an Beuys: Jagdbomber aus Filz. *Abendzeitung* (10./11. 09. 1994).

Boehm, Gottfried (1994): *Was ist ein Bild?* München.

Boguslawskaja, Irina (1993): Volkskunst. In: J. Petrowa & J. Poetter (Hrsg.): *Russische Avantgarde und Volkskunst.* Stuttgart, Baden-Baden, S. 33-38.

Bolliger, Hans, Magnaguagno, Guido & Meyer, Raimund (1985): *Dada in Zürich*. Zürich.

Bołoz, Wojciech & Höver, Gerhard (Hrsg.) (2002): *Utilitarismus in der Bioethik. Seine Voraussetzungen und Folgen am Beispiel der Anschauungen von Peter Singer*. Münster, Hamburg, London.

Bonnell, Victoria E. & Freidin, Gregory (1995): Televorot. The Role of Television Coverage in Russia's August 1991 Coup. In: N. Condee (Hrsg.): *Soviet Hieroglyphics. Visual Culture in Late Twentieth-Century Russia*. Bloomington, Indianapolis, London, S. 22-52.

Bourdieu, Pierre (2001): *Meditationen. Zur Kritik der scholastischen Vernunft*. Frankfurt am Main.

Bourseiller, Christophe (1999): *Vie et mort de Guy Debord 1931-1994*. Paris.

Boym, Svetlana (1994): *Common Places. Mythologies of Everyday Life in Russia*. Cambridge, Mass.

Bräunlein, Peter J. (2006): Victor W. Turner. Rituelle Prozesse und kulturelle Transformationen. In: Moebius, Stephan & Quadflieg, Dirk (Hrsg.): *Kultur. Theorien der Gegenwart*. Wiesbaden, S. 91-101.

Bredekamp, Horst (1999): *Thomas Hobbes Leviathan. Visuelle Strategien*. Berlin.

Bredikhina, Mila (1996): Pavlov's Dog. In: M. Beerman (Hrsg.): *Manifesta 1*. Amsterdam, S. 106-107.

– (2001): Pavlov's Dog Thesis. In: O. Kulik: *Art Animal*. Manchester.

Breen, Marcus (1996): *Woof, Woof: The Real Bite in Reservoir Dogs*. Verfügbar unter: http://www.lib.latrobe.edu.au/AHR/archive/Issue-Dec-1996/breen.html [Zugriff: 03. 09. 2002].

Brener, Aleksandr (1996): *Transnationala*. London.

Brener, Alexander (1998): A Third World Artist (Manifest № 1000000). In: *Художественный журнал/Moscow Art Magazine* (22), S. 47-48.

– & Schurz, Barbara (2002): *Bukaka Spat Here*. Bad Radkersburg.

Bronfen, Elisabeth (1999): *Trauma. Zwischen Psychoanalyse und kulturellem Deutungsmuster*. Köln, Weimar, Wien.

Brosda, Carsten & Schicha, Christian (2003): Politikvermittlung als „Event"-Marketing. Zur Performativität politischer Inszenierungen am Beispiel von Parteitagen und Protestaktionen neuer sozialer Bewegungen. In: E. Fischer-Lichte, C. Horn, S. Umathum & M. Warstat (Hrsg.): *Performativität und Ereignis*. Tübingen, Basel, S. 319-339.

Bühler, Benjamin & Rieger, Stefan (2006): *Vom Übertier. Ein Bestiarium des Wissens*. Frankfurt am Main.

Bulgakow, Michail (1992): *Hundeherz*. München.

Bürger, Peter (1982): *Theorie der Avantgarde*. Frankfurt am Main.

Burkhart, Dagmar (Hrsg.) (1999): *Poetik der Metadiskursivität. Zum postmodernen Prosa-, Film- und Dramenwerk von Vladimir Sorokin*. München.

Butler, Judith (1990): *Gender Trouble. Feminism and the Subversion of Identity*. New York, London.

– (1993). *Bodies That Matter. On the Discursive Limits of „Sex"*. New York, London.

Cavalieri, Paola & Singer, Peter (Hrsg.) (1993): *The Great Ape Project: Equality Beyond Humanity*. London.

– (Hrsg.) (1994). *Menschenrechte für die Großen Menschenaffen. Das Great Ape Projekt*. München.

Celant, Germano (1998): *Piero Manzoni*. Mailand.

Černyševskij, Nikolaj Gavrilovič (1980): *Was tun?* Berlin.

Cheauré, Elisabeth & Heyder, Carolin (Hrsg.) (2002). *Russische Kultur und Gender Studies*. Berlin.

Choroschilow, Pawel, Harten, Jürgen, Sartorius, Joachim & Schuster, Peter-Klaus (2003a). *berlin москва. MOCKBA BERLIN. Chronik 1950-2000* [Katalog zur gleichnamigen Ausstellung Martin Gropius Bau, Berlin und Staatliche Tretjakow Galerie, Moskau 2004]. Berlin.

– (2003b). *berlin москва. MOCKBA BERLIN. Kunst 1950-2000* [Katalog zur gleichnamigen Ausstellung Martin Gropius Bau, Berlin und Staatliche Tretjakow Galerie, Moskau 2004]. Berlin.

Chukhrov, Keti (2006): *Das Problem der Privatisierung des Kunstraums*. Vortrag zu ΔEMONSTRATION. Deutsch-russisches Symposium, Dresden 06.-08. Oktober 2005. Verfügbar unter: http://cat-group.info/symposium/demonstration.pdf [Zugriff: 23. 05. 2010].

[chudožnik sezona]. In: *Сегодня* (6. 8. 1994).

Condee, Nancy (1995): *Soviet Hieroglyphics. Visual Culture in Late Twentieth-Century Russia.* Bloomington, Indianapolis, London.

Condee, Nancy & Padunov, Vladimir (1995): The ABC of Russian Cosumer Culture. Readings, Ratings, and Real Estate. In: N. Condee (Hrsg.): *Soviet Hieroglyphics. Visual Culture in Late Twentieth-Century Russia.* Bloomington, Indianapolis, London, S. 130-173.

Costlow, Jane T. (1993): *Sexuality and the Body in Russian Culture.* Stanford, Calif.

Counsell, Colin (2001): *Performance Analysis. An Introductory Coursebook.* London.

Čufer, Eda & Misiano, Viktor (Hrsg.) (2000): *Interpol. The Exhibition Which Divided East and West.* Ljubljana, Moskau.

Curiger, Bice (1995a): Lieder der Unschuld und der Erfahrung. In: B. Curiger (Hrsg.): *Zeichen & Wunder.* Küsnacht, Ostfildern, S. 6-14.

– (Hrsg.) (1995b): *Zeichen und Wunder. Niko Pirosmani (1862-1918) und die Kunst der Gegenwart.* Ostfildern, Küsnacht.

Dammann, Viktor (1995). Gaga. Nackter Russe schockte Zürcher Kunsthausbesucher. In: *Blick* (03. 04. 1995), S. 6.

Debord, Guy (1978a): *Die Gesellschaft des Spektakels.* Hamburg.

– (1978b): *Gegen den Film. Filmskripte.* Hamburg.

– (2005): *Guy Debord – Oeuvres cinématographiques complètes.* Gaumont Video.

Demandt, Alexander (1997): *Vandalismus. Gewalt gegen Kultur.* Berlin.

Deppe, Jens (1999): Rußland auf dem Weg zur Pluralistischen Gesellschaft. Ein kurzer Überblick über die Entwicklung freier Massenmedien. In: *Rundfunk und Fernsehen* (47/1), S. 43-60.

– (2000): *Über Pressefreiheit und Zensurverbot in der Russländischen Föderation.* Verfügbar unter: http://russianmedia.de/dissertation.htm [Zugriff: 12. 11. 2004].

Der Künstler als Vandale. In: *Der Spiegel* 3 (1997), S. 159.

Descartes, René (1996): *Die Leidenschaften der Seele.* Hamburg.

– (1983): *Meditationen über die erste Philosophie.* Übers. u. hrsg. von Gerhart Schmidt. Stuttgart.

Deutschmann, Peter (2003): *Intersubjektivität und Narration. Gogol', Erofeev, Sorokin, Mamleev.* Frankfurt am Main.

Devall, Bill & Sessions, George (1985): *Deep Ecology. Living As If Nature Mattered.* Salt Lake City.

Didi-Huberman, Georges (1999): *Was wir sehen blickt uns an. Zur Metapsychologie des Bildes.* München.

Dikovitskaya, Margaret (2001): A Response to Ekaterina Dyogot's Article: Does Russia Qualify for Postcolonial Discourse? In: *ArtMargins.* Verfügbar unter: http://www.artmargins.com/content/feature/dikovitskaya.html [Zugriff: 25. 07. 2002].

– (2002): Does Russia Qualify for Postcolonial Discourse? A response to Ekaterina Dyogot's Article. In: *Ab imperio*, S. 551-557.

Dingler, Johannes (1994): *Deep Ecology – Utopie oder ein neuer Weg zur Lösung der Umweltkrise. Analyse eines ökozentristischen Beitrags zur Umweltdiskussion.* Magisterarbeit, Konstanz, unveröffentlichtes Manuskript.

Dingler, Johannes (2004): *Postmoderne und Nachhaltigkeit. Eine diskurstheoretische Analyse der sozialen Konstruktion von nachhaltiger Entwicklung.* München.

Doria, Charles & Bowlt, John E. (1987): *Russian Samizdat Art. Essays by John E. Bowlt, Szymon Bojko, Rimma and Valery Gerlovin.* New York.

Döring, Klaus (2006): *Die Kyniker.* Bamberg.

Douwes, Jolan (1996): Oleg Kulik lijkt al aardig op een cockerspaniel. In: *Trouw* (15. 06. 1996).

Dreher, Thomas (2001): *Performance Art nach 1945. Aktionstheater und Intermedia.* München.

Drews, Gesine (2001): *Tendenzen in der russischen Kunst und Literatur nach dem Konzeptualismus am Beispiel von Julija Kisina und Vera Chlebnikova, 2001.* Magisterarbeit, Universität Konstanz.

– (2003): Der Geist der Fotografie als ‚Gespenst des submedialen Raums'. Der medialisierte Körper in der Erzählung „Prostye želanija" von Julija Kisina: In: *Die Welt der Slaven* XLVIII, S. 101-122.

– (März 2003a): *Interview mit Anatolij Osmolovskij*. Unveröffentlichtes Manuskript.

– (März 2003b): *Interview mit Anton Litvin*. Unveröffentlichtes Manuskript.

– (März 2003c): *Interview mit Oleg Kulik*. Unveröffentlichtes Manuskript.

– (2004): *Ein Reservoir Dog in Zürich: Oleg Kulik, Niko Pirosmani und die Popkultur*. Verfügbar unter: www.jfsl.de/publikationen/2004/drews-sylla.html [Zugriff: 21. 08. 2006].

– (2007): Tierische Satire? Oleg Kuliks Zoophrenie-Projekt. In: M. Neroda (Hrsg.): *Demonstration. Vorträge zu dem Symposium «Demonst-ration»*, 06.-08. Oktober 2006. Dresden, S. 31-41. Verfügbar unter: www.cat-group.info/symposium/demonstration.pdf [Zugriff: 23. 05. 2010].

– (2008): Von Puppen und Figürchen. Weibliche Reaktionen auf männliche Inanspruchnahmen von Sexualität. In: S. Waldow & B. Bannasch (Hrsg.): *Lust? Darstellungen von Sexualität in der Gegenwartskunst von Frauen*. München, S. 151-175.

– (2010): The Human Dog Oleg Kulik: Grotesque Post-Soviet Animalistic Performances. In: J. Costlow & A. Nelson (Hrsg.): *The Other Animals. Situating the Non-Human in Russian Culture and History*. University of Pittsburgh Press (im Druck).

Dröge, Franz & Müller, Michael (1995): *Die Macht der Schönheit. Avantgarde und Faschismus oder die Geburt der Massenkultur*. Hamburg.

Drutt, Matthew (Hrsg.) (2003): *Kasimir Malewitsch. Suprematismus* [Katalog zur gleichnamigen Ausstellung Deutsche Guggenheim Berlin, 14. Oktober – 27. April 2003]. Berlin, New York.

Dubin, Steven C. (1992): *Arresting Images. Impolitic Art and Uncivil Actions*. London.

Dunn, John A. (1999): The Transformation of Russian from a Language of the Soviet Type to a Language of the Western Type. In: J. A. Dunn (Hrsg.): *Language and Society in Post-Communist Europe. Selected Papers form the Fifth World Congress of Central and East European Studies, Warsaw, 1995*. Basingstoke u. a., S. 3-23.

Dunn, John A. (2000). *The Slavonic Languages in the Post-Soviet Era*. Verfügbar unter: http://www.arts.gla.ac.uk/Slavonic/Epicentre/PME.htm [Zugriff: 26.03.2005].

– (2003): *The Emergence Of Slavonic Post-Literary Languages: Some Preliminary Observations*. Verfügbar unter: http://hdl.handle.net/1905/24 [Zugriff: 24. 8. 2006].

Dyogot, Ekaterina (1997): Die Rache des Hintergrunds. In: S. Eiblmayr (Hrsg.): *Zonen der Ver-Störung*. Graz, S. 38-42.

– (1998): The Way to Obtain Rights for Post-Colonial Discourse. In: *Художественный журнал/Moscow Art Magazine* 22, S. 49-52.

– (2000): Trekhprudny Lane. In: C. Hedén & I. Book (Hrsg.): *Trekhprudny Lane. Moskva 1991-1993*. Rolfstorp, S. 11-16.

– (2001): How to Qualify for Postcolonial Discourse. In: *ArtMargins*. Verfügbar unter: http://www.artmargins.com/content/feature/dyogot2.html [Zugriff: 25. 07. 2002].

– (2002): How to Qualify for Postcolonial Discourse. In: *Ab imperio* 2, S. 547-550.

Dyogot, Katia (1995): Contemporary Moscow Art: Restoration of the Artist's Body. In: M. Lerhard (Hrsg.): *No Man's Land. Art Form the Near Abroad* [Katalog zur gleichnamigen Ausstellung im Nikolaj Copenhagen Contemporary Art Center 1995]. Kopenhagen, S. 56-68.

Dyogot, Yekaterina (1995): Terroristischer Naturalismus. In: *springer*, 1 (4), S. 22-29.

Ehrlicher, Hanno (2001): *Die Kunst der Zerstörung. Gewaltphantasien und Manifestationspraktiken europäischer Avantgarden*. Berlin.

Eiblmayr, Silvia (Hrsg.) (1997): *Zonen der Ver-Störung. Zones of Disturbance* [Katalog zur gleichnamigen Ausstellung 27. September – 31. Oktober 1997 in Graz]. Graz.

Eichwede, Wolfgang (2000): *Samizdat. Alternative Kultur in Zentral- und Osteuropa: die 60er bis 80er Jahre* [Katalog zur gleichnamigen Ausstellung vom 10. November – 29. Oktober 2000 in der Akademie der Künste, Berlin]. Bremen.

Ein Mann kommt auf den Hund. Heute Performance von Oleg Kulik im Berliner Kunstverein. In: *Berliner Zeitung* (16. 10. 1996).

Einspruch, Franklin (1997): How Far Will You Go? In: *Flash Art* (Summer), S. 84.

Elliot, David (Hrsg.) (1998): *Wounds. Between Democracy and Redemption in Contemporary Art* [Katalog zur gleichnamigen Ausstellung im Moderna Museet Stockholm 14. Februar – 19. April 1998].

Ellis, Frank (1998): The Media as Social Engineer. In: C. Kelly & D. Shepherd (Hrsg.): *Russian Cultural Studies. An Introduction.* Oxford, S. 192-223.

Epstein, Mikhail (1995): *After the Future. The Paradoxes of Postmodernism and Contemporary Russian Culture.* Amherst, MA.

Epstein, Mikhail (1996). *The Phoenix of Philosophy. On the Meaning and Significance of Contemporary Russian Thought.* Verfügbar unter: www.websher.net/yale/rl/trends/web-plain/phil-phoenix-epstein.html [Zugriff: 21. 08. 2006].

–, Genis, Alexander & Vladiv-Glover, Slobodanka (1999). *Russian Postmodernism. New Perspectives on Post-Soviet Culture.* New York u.a.

Epstejn, Michail N., Genis Aleksandr & Vladiv-Glover Slobodanka M. (1999): *Russian Postmodernism. New Perspectives on Post-Soviet Culture.* Verfügbar unter: http://www.focusing.org/apm_papers/epstein.html [Zugriff: 21. 08. 2006].

Ernst Billgren. Verfügbar unter: www.ernstbillgren.com [Zugriff: 15. 09. 2006].

Erofeev, Andreï & Martin, Jean-Hubert (Hrsg.) (1995): *Kunst im Verborgenen. Nonkonformisten Russland/Художники нон-конформисты в России 1957-1995.* München, New York.

EU: British Plan Not to Thin Beef Herds Assailed. In: *International Herald Tribune* (21./22. 09. 1996).

Exchange. In: *Сегодня* (11. 09. 1993).

Faubourg, Le (1996): „un chien fou" devant le Palais de l'Europe. Comment de bien étranges aboiements menacent notre logique anthropocentrique. In: *LimeLight – Arts* [o.A.], S. 57.

Fink, Helmut (Hrsg.) (2006): *Freier Wille – frommer Wunsch?* Paderborn.

Fischer-Lichte, Erika (2004): *Ästhetik des Performativen.* Frankfurt am Main.

–, Horn, Christian, Umathum, Sandra & Warstat, Matthias (Hrsg.) (2003): *Performativität und Ereignis.* Tübingen, Basel.

Fischer, Robert, Peter Körte & Georg Seeblen (1997): *Quentin Tarantino.* Berlin.

FitzGerald, Nora (2007): Artist Provocateur. In: *Artnews* 106, S. 122-125.

Flaker, Aleksandar (1989): *Glossarium der russischen Avantgarde.* Graz.

Forschungsprojekt „The Post-Communist Condition" (Hrsg.) (2004). *Privatisierungen. Zeitgenössische Kunst aus Osteuropa* [Katalog zur gleichnamigen Ausstellung, Kurator Boris Groys, KW Institute for Contemporary Art Berlin 2004]. Frankfurt am Main.

Foundation for Deep Ecology. Verfügbar unter: http://www.deepecology.org [Zugriff: 25. 04. 2006].

Foster, Hal (2001): *The Return of the Real. The Avant-Garde at the End of the Century.* Cambridge, MA, London.

Frey, Lilith (1995): Eine Bilderwelt voller Wunder. In: *Blick* (01. 04. 1995), S. 13.

Frieling, Rudolf & Daniels, Dieter (1997): *Medien Kunst Aktion. Die 60er und 70er Jahre in Deutschland.* Wien, New York.

Frohne, Ursula (2002): Berührung mit der Wirklichkeit. Körper und Kontingenz als Signaturen des Realen in der Gegenwartskunst. In: H. Belting, D. Kamper & M. Schulz (Hrsg.): *Quel Corps? Eine Frage der Repräsentation.* München, S. 401-426.

Fusso, Susanne (1989): Failures of Tansformation in „Sobač'e serdce". In: *Slavic and East European Journal,* 33 (3), S. 386-399.

Gallissaires, Pierre et al. (Übers.) (1995): *Der Beginn einer Epoche. Texte der Situationisten.* Hamburg.

Gamboni, Dario (1998): *Zerstörte Kunst. Bildersturm und Vandalismus im 20. Jahrhundert*. Köln.

Gambrell, Jamey (1995): The Post-Bulldozer Generations. In: *Art in America* (May), S. 51-52.

Gebauer, Gunter & Wulf, Christof (1998): *Spiel – Ritual – Geste. Mimetisches Handeln in der sozialen Welt*. Reinbek bei Hamburg.

Geertz, Clifford (1973): *The Interpretation of Cultures*. New York.

Gilcher-Holtey, Ingrid (1995): *„Die Phantasie an die Macht". Mai 1968 in Frankreich*. Frankfurt am Main.

– (2000). Guy Debord und die Situationistische Internationale. In: R. Grimminger (Hrsg.): *Kunst – Macht – Gewalt. Der ästhetische Ort der Aggressivität*. München.

Gillyboeuf, Thierry (2000): *The Famous Doctor Who Inserts Monkeyglands in Millionaires*. Verfügbar unter: http://www.gvsu.edu/english/cummings/issue9/Gillybo9.htm [Zugriff: 05. 09. 2006].

Glanc, Tomáš (1999): *Videnie russkich avangardov*. Prag.

Glanc, Tomáš (2006): Fraktur des Ich-Bildes. *Two Kuliks*. Thesen zur Interpretation einer Performance. In: A. Hennig, B. Obermayr & G. Witte (Hrsg.): *Fraktur. Gestörte ästhetische Präsenz in Avantgarde und Spätavantgarde*. München, Berlin, S. 217-229.

Godard, Jean-Luc (1959): *A bout de souffle*. Frankreich.

– (1965): *Alphaville*. Frankreich, Italien.

Gogol, Nikolaj (1996): *Sämtliche Erzählungen*. München, Düsseldorf, Zürich.

Goldberg, RoseLee (1996): *Performance Art. From Futurism to the Present*. London.

– (1998): *Performance. Live Art Since the 60s*. London.

Golynko-Wolfson, Dmitri (2003): Der Wille zum Nichtengagement. In: P. Choroschilow, J. Harten, J. Sartorius & P.-K. Schuster (Hrsg.): *berlin москва. MOCKBA BERLIN. Kunst 1950-2000* [Katalog zur gleichnamigen Ausstellung Martin Gropius Bau, Berlin und Staatliche Tretjakow Galerie, Moskau 2004]. Berlin, S. 170-171.

Göttlich, Udo & Nieland, Jörg-Uwe (2003): Alltagsdramatisierung und Medienperformanz. Aspekte und Dimensionen entgrenzter Medien. In: E. Fischer-Lichte, C. Horn, S. Umathum & M. Warstat (Hrsg.): *Performativität und Ereignis*. Tübingen, Basel, S. 205-225.

Gray, Jeffrey A. (1979): *Pavlov*. Glasgow.

Gretchko, Valerij (1999): *Die Zaum'-Sprache der russischen Futuristen*. Bochum.

Grimminger, Rolf (Hrsg.) (2000): *Kunst – Macht – Gewalt. Der ästhetische Ort der Aggressivität*. München.

Großklaus, Götz (2004): *Medien-Bilder. Inszenierung der Sichtbarkeit*. Frankfurt am Main.

Groys, Boris (1988): *Gesamtkunstwerk Stalin*. München, Wien.

– (1995): *Die Erfindung Rußlands*. München, Wien.

– (2003): Die Sehnsucht nach dem Sexdesign. In: K. Kemp & P. Khoroshilov (Hrsg.): *Nackt für Stalin. Körperbilder in der russischen Photographie der 20er und 30er Jahre*. Frankfurt am Main, S. 7-14.

– & Hagemeister, Michael (Hrsg.) (2005): *Die Neue Menschheit. Biopolitische Utopien in Russland zu Beginn des 20. Jahrhunderts*. Frankfurt am Main.

–, von der Heiden, Anne & Weibel, Peter (Hrsg.) (2005): *Zurück aus der Zukunft. Osteuropäische Kulturen im Zeitalter des Postkommunismus*. Unter Mitarbeit von Julia Warmers und Anja Herrmann. Frankfurt am Main.

Hagemeister, Michael (1997): Russian Cosmism in the 1920s and Today. In: B. G. Rosenthal (Hrsg.): *The Occult in Russian and Soviet Culture*. Ithaca, London.

– (1998): Der „russische Kosmismus" – ein Anachronismus oder die „Philosophie der Zukunft"? In: A. Hartmann & C. Veldhues (Hrsg.): *Im Zeichen-Raum*. Dortmund, S. 167-201.

– (2005): „Unser Körper muss unser Werk sein." Beherrschung der Natur und Überwindung des Todes in russischen Projekten des frühen 20. Jahrhunderts. In: M. Hagemeister & B. Groys (Hrsg.): *Die Neue Menschheit. Biopolitische Utopien in Russland zu Beginn des 20. Jahrhunderts*. Frankfurt am Main, S. 19-67.

Hahn, Alois (2003): Ist Kultur ein Medium? *Kulturrevolution. Zeitschrift für angewandte Diskurstheorie* 45/46 (1/2), S. 48-54.

Hansen-Löve, Aage (1997): „Wir wussten nicht, dass wir Prosa sprechen". Die Konzeptualisierung Russlands im russischen Konzeptualismus. In: *Wiener Slawistischer Almanach,* Sonderband 44, S. 423-507.

– (1999): Die Konzeptualisierung Rußlands im russischen Konzeptualismus. In: M. Csáky & R. Reichensperger (Hrsg.): *Literatur als Text der Kultur.* Wien, S. 65-109.

– (2006): Von der Kunst als Medium zum Medium der Kunst. [Beitrag zur Konferenz: Untersuchungen zur Intermedialität – Explorations in Intermediality, 6.-8. April 2006, Konstanz]. Manuskript.

Hausbacher, Eva (2002): Waiting for a Miracle. Zwangsrepräsentationen im interkulturellen Dialog am Beispiel zeitgenössischer Kunst der neunziger Jahre. In: E. Cheauré & C. Heyder (Hrsg.): *Russische Kultur und Gender Studies.* Berlin, S. 123-136.

Héden, Carina & Book, Ingrid (Hrsg.) (2000): *Treckhprudny Lane. Moskva 1991-1993.* Rolfstorp.

Heller, Léonid & Niqueux, Michel (2003): *Geschichte der Utopie in Russland.* Bietigheim-Bissingen.

Hennig, Anke, Obermayr, Brigitte & Witte, Georg (Hrsg.) (2006): *Fraktur. Gestörte ästhetische Präsenz in Avantgarde und Spätavantgarde.* Wien, München.

Hirt, Günter & Wonders, Sascha (Hrsg.) (1984): *Kulturpalast. Neue Moskauer Poesie & Aktionskunst.* Wuppertal.

– (Hrsg.) (1990): Um Um/Um den Verstand – neue konzeptuelle Literatur aus Moskau. In: *Schreibheft 35.*

– (1995): Die Einschläferung des Worts. Literatur des Moskauer Konzeptualismus. In: R. Grimminger, J. Murašov & J. Stückrath (Hrsg.): *Literarische Moderne. Europäische Literatur im 19. und 20. Jahrhundert.* Reinbek bei Hamburg, S. 740-777.

– (Hrsg.) (1998). *Präprintium. Moskauer Bücher aus dem Samizdat.* Bremen.

Hofkirchner, Wolfgang & Löther, Rolf (1996): Vladimir I. Vernadskij – Klassiker des globalen Denkens. In: V. I. Vernadskij: *Der Mensch in der Biosphäre. Zur Naturgeschichte der Vernunft.* Hrsg. v. W. Hofkirchner. Frankfurt am Main u.a., S. 7-23.

Hohmeyer, Jürgen (1999): Verschwörung beim Notar. In: *Der Spiegel* 34 (23. 08. 1999), S. 190-192.

Holert, Tom (2000): Bildfähigkeiten. Visuelle Kultur, Repräsentationskritik und Politik der Sichtbarkeit. In: T. Holert (Hrsg.): *Imagineering. Visuelle Kultur und Politik der Sichtbarkeit.* Köln, S. 14-33.

Hollander, Xaviera & Serrano, Andres (1997): A Conversation Between Xaviera Hollander and Andres Serrano. In: M. Wilson (Hrsg.): *A History of Andres Serrano. A History of Sex.* Groningen, S. 109-110.

Hond-act Oekraïnse kunstenaar ‚bloedserieus'. In: *Overijssels db. ed. Salland* (07. 06. 1996).

Horn, Christian & Warstat, Matthias (2003): Politik als Aufführung. Zur Performativität politischer Ereignisse. In: E. Fischer-Lichte, C. Horn, S. Umathum & M. Warstat (Hrsg.): *Performativität und Ereignis.* Tübingen, Basel, S. 395-419.

Huntington, Samuel Phillips (1996): *The Clash of Civilizations and the Remaking of World Order.* New York.

[Im Auftrag der Friedrich-Ebert-Stiftung, Büro Moskau] (2001): *Herrschaft und Gesellschaft im neuen Russland. Kommunikationselite Russland 2001.* Verfügbar unter: http://www.fesmos.ru/ Pubikat/4_Kommunikationselite2001/komm3_1.html#INHALT [Zugriff: 22. 09. 2006].

Imhasly, Bernard (1995): Die verwandelte Kraft des Ursprünglichen. Niko Pirosmani und die Kunst der Gegenwart. In: *Neue Zürcher Zeitung* (01. 04. 1995), S. 45.

Ingold, Felix Philipp (2004): Autorschaft und Hundeleben. Zur Natur der Dichtung. In: Ders.: *Im Namen des Autors.* München, S. 39-83.

Jahraus, Oliver (2001): *Die Aktion des Wiener Aktionismus. Subversion der Kultur und Dispositionie-
rung des Bewusstseins*. München.

Jamieson, Dale (1999a): Singer and the Practical Ethics Movement. In: D. Jamieson (Hrsg.): *Singer
and His Critics*. Oxford, Malden, Ma., S. 1-17.

– (Hrsg.) (1999b): *Singer and His Critics*. Oxford, Malden, Ma.

Janecek, Gerald (1996): *Zaum. The Transrational Poetry of Russian Futurism*. San Diego, Calif.

Jappe, Elisabeth (1993): *Performance – Ritual – Prozeß. Handbuch der Aktionskunst in Europa*.
München.

Jones, Amelia (1998): *Body Art. Performing the Subject*. Minneapolis, London.

Joravsky, David (1989): *Russian Psychology. A Critical History*. Oxford.

Kafka, Franz (1993): *Sämtliche Erzählungen*. Frankfurt am Main.

Kameneckaja, Natalija (2002): Gender-Repräsentation von Körperlichkeit in der russischen Kunst.
In: E. Cheauré & C. Heyder (Hrsg.): *Russische Kultur und Gender Studies*. Berlin, S. 137-147.

Kaminer, Wladimir (1999): *Idioten der Gegenwart und anderer Zeiten (russische Aktionskunst in
Europa)*. Verfügbar unter: www.art-on.de/html/home/kaminers.html [Zugriff: 25. 07. 2002].

Kantorowicz, Ernst H. (1957): *The King's Two Bodies. A Study in Medieval Political Theology*.
Princeton.

Kaprow, Allan (1993): *Essays on the Blurring of Art and Life*. Berkeley.

Katerndahl, Jörg & Setzer, Heinz (Hrsg.) (2005): *Zündstoffe. Aktuelle Kunst aus Russland*. Landau/
Pfalz.

Kelly, Catriona (1998): Creating a Consumer: Advertising and Comercialization. In: C. Kelly & D.
Shepherd (Hrsg.): *Russian Cultural Studies. An Introduction*. Oxford, S. 223-243.

– & Shepherd, David (Hrsg.) (1998): *Russian Cultural Studies. An Introduction*. Oxford.

Kemp, Klaus & Khoroshilov, Pavel (Hrsg.) (2003): *Nackt für Stalin. Körperbilder in der russischen
Photographie der 20er und 30er Jahre*. Frankfurt am Main.

Ketschagmadse, Nino (2001): Humor ist, wenn man trotzdem Filme macht. Die Träume und
Wirklichkeiten des georgischen Kinos. In: *epd Film* (03. 09. 2001).

Kiss, Gábor (1990): *Grundzüge und Entwicklung der Luhmannschen Systemtheorie* (2., neu bearbeitete Auflage). Stuttgart.

Kleberg, Lars & Nilsson, Nils Ake (Hrsg.) (1984): *Theater and Literature in Russia 1900-1930*.
Stockholm.

Klinger, Cornelia (1995): *Flucht, Trost, Revolte. Die Moderne und ihre ästhetischen Gegenwelten*.
München.

– (2002): Corpus Christi, Lenins Leiche und der Geist des Novalis, oder: die Sichtbarkeit des Staates. Über ästhetische Repräsentationsprobleme demokratischer Gesellschaften. In: H. Belting,
D. Kamper & M. Schulz (Hrsg.): *Quel Corps? Eine Frage der Repräsentation*. München, S. 219-
232.

Klocker, Hubert (1998): Gestus und Objekt. Befreiung als Aktion. Eine europäische Komponente
performativer Kunst. In: P. Schimmel & P. Noever (Hrsg.): *out of actions. Aktionismus, Body Art
& Performance 1949-1979*. Ostfildern, S. 159-197.

Knahl, Tobias (2000): *Massenmedien und Politik in Russland: Eine Strukturanalyse aus neoinstituti-
onalistischer Perspektive*. Diplomarbeit, Universität Konstanz.

Knapp, Gottfried (2001): Am Ort der Tränen – jenseits der Kunst. In: *Süddeutsche Zeitung* (12./13.
05. 2001).

Köchy, Kristian (Hrsg.) (2006): *Willensfreiheit als interdisziplinäres Problem*. Freiburg, München.

Kon, Igor S. (1993): *Sex and Russian Society*. London.

Koons, Jeff (2002): *Die Bilder 1980-2002* [Katalog zur gleichnamigen Ausstellung, 22. September
– 10. November 2002, Kunsthalle Bielefeld]. Köln.

Kornilow, Jewgenij E. (1991): Samisdat und alternative Presse in der Sowjetunion. In: *Publizistik*
36 (1), S. 77-85.

Korte, Hermann (1994): *Die Dadaisten*. Reinbek bei Hamburg.

Kovalev, Andrei (1995): *Between the Utopias. New Russian Art During and After Perestroika (1985-1993)*. Roseville East, NSW.

Krause, Detlef (1999): *Luhmann-Lexikon. Eine Einführung in das Gesamtwerk von Niklas Luhmann* (2., vollständig überarbeitete und aktualisierte Auflage). Stuttgart.

Krause, Hermann (1993): *Sturm des Weißen Hauses – 3. Oktober 1993. „Die Kämpfe werden immer stärker.“* Verfügbar unter: http://www.wdr.de/radio/studiomoskau/geschichte/ [Zugriff: 27. 01. 2005].

Kraushaar, Wolfgang (2000): *1968 als Mythos, Chiffre und Zäsur*. Hamburg.

Krewani, Angela (Hrsg.) (2000): *Artefakte Artefiktionen. Transformationsprozesse zeitgenössischer Literaturen, Medien, Künste, Architekturen*. Heidelberg.

Kristeva, Julia (1980): *Pouvoir de l'horreur*. Paris.

Kulik, Oleg (1990-1993): *Expositional Projects* [Videodokumentation]. Moskau.

– (1993-1999): *photography vol. 1: dead monkeys family of the future, horses of bretagne, deep into russia*. XL Gallery portfolio. Moskau.

– (1994-1997): *Selected Performances* [Videodokumentation]. Moskau.

– (1997): *Family of the Future/Семья будущего*. Moskau.

– (2001a): *Art Animal*. Birmingham.

– (2001b): *„Deep into Russia“* [Broschüre zur Ausstellung im SMAK 18. März – 05. Mai 2001]. Gent.

– (2007): *„Nihil inhumanum a me alienum puto“*. Bielefeld.

[– & Bredikhina, Mila] [o.J.]: *Pavlov's Dog* [Portfolio zur Aktion aus dem Manifesta Archiv]. Unveröffentlichtes Manuskript.

–, Prashkov, Kiril, Perjovshi, Dan, Peljhan, Marco & Mironenko, Vladimir (1998): Letters. In: *Художественный журнал/Moscow Art Magazine* 22, S. 78-85.

Kunstforum Ostdeutsche Galerie Regensburg (Hrsg.) (2006): *Grenzgänger*. [Katalog zur gleichnamigen Ausstellung im Kunstforum Ostdeutsche Galerie Regensburg 22. September – 26. November 2006]. Regensburg.

Kunst kaufen in den Messehallen. Das hat ART. In: *BILD* (08. 12. 1993).

Küpper, Stephan (2000): *Autorstrategien im Moskauer Konzeptualismus*. Frankfurt am Main.

La Mettrie, Julien Offray de (1990): *L' homme machine. Die Maschine Mensch*. Hrsg. von Claudia Becker. Hamburg.

Lachmann, Renate (1990): *Gedächtnis und Literatur*. Frankfurt am Main.

– (2002): *Erzählte Phantastik. Zur Phantasiegeschichte und Semantik phantastischer Texte*. Frankfurt am Main.

– (2004): Der Narr in Christo und seine Verstellungspraxis. In: P. v. Moos (Hrsg.): *Unverwechselbarkeit, Persönliche Identität und Identifikation in der vormodernen Gesellschaft*. Köln, Weimar, Berlin, S. 379-410.

Latour, Bruno & Weibel, Peter (Hrsg.) (2002): *Iconoclash. Beyond the Image Wars in Science, Religion, and Art* [Katalog zur gleichnamigen Ausstellung im ZKM Karlsruhe 4. Mai – 4. August 2002]. Karlsruhe.

Lefort, Claude (1986a): The Image of the Body and Totalitarianism. In: C. Lefort (Hrsg.): *The Political Forms of Modern Society*. Cambridge.

– (1986b): *The Political Forms of Modern Society. Bureaucracy, Democracy, Totalitarianism*. Cambridge.

– (1988a): *Democracy and Political Theory*. Cambridge.

– (1988b): The Permanence of the Theologico-Political? In: Lefort, Claude (Hrsg.): *Democracy and Political Theory*. Minneapolis.

Lehmann, Ines (2001): *Die deutsche Vereinigung von außen gesehen. Angst, Bedenken und Erwartungen. Band III: Die Politik, die Medien und die Öffentliche Meinung der Sowjetunion*. Frankfurt am Main.

Lerhard, Morten (Hrsg.) (1995): *No Man's Land. Art Form the Near Abroad* [Katalog zur gleichnamigen Ausstellung im Nikolaj Copenhagen Contemporary Art Center 1995]. Kopenhagen.

Levi, J. Ben, Homer, C., Jones, L. C. & Taylor, S. (Hrsg.) (1993): *Abject Art. Repulsion and Desire in American Art* [Whitney Museum of American Art Exhibition Catalogue]. New York.

Levin, Eve (1989): *Sex and Society in the World of the Orthodox Slavs: 900-1700*. Ithaca.

Lichačev, Dmitrij & Pančenko, Aleksandr (1991): *Die Lachwelt des alten Russland*. Hrsg. v. Renate Lachmann. München.

Linsenmaier, Timo (2005): *Die Entwicklung des sowjetischen Trickfilms seit 1960 am Beispiel des Studios Sojusmul'tfil'm*. Magisterarbeit, Hochschule für Gestaltung Karlsruhe. Verfügbar unter: http://www.hfg-karlsruhe.de/~tlinsenm/documents/SowjetischerTrickfilmTimoLinsenmaier-MA.pdf [Zugriff: 14. 12. 2005]

Lodge, Kirsten (2002): Velimir Khlebnikov's ‚Zverinec‘ as Poetic Manifesto. In: *Russian Literature* 51 (2), S. 189-199.

Long, Olivier (2001): Kulik, l'homme chien. In: *Revue d'esthétique* 40 (Animalités), S. 151-155.

Lorenz, Maren (2000): *Leibhaftige Vergangenheit. Einführung in die Körpergeschichte*. Tübingen.

Lovell, Stephen & Menzel, Birgit (Hrsg.) (2005): *Reading for Entertainment in Contemporary Russia. Post-Soviet Popular Literature in Historical Perspective*. München.

Luck, Georg (1997): *Die Weisheit der Hunde. Texte der antiken Kyniker in deutscher Übersetzung mit Erläuterungen*. Stuttgart.

Luhmann, Niklas (1982): *Liebe als Passion. Zur Codierung von Intimität*. Frankfurt am Main.

– (1996): *Die Realität der Massenmedien*. Opladen.

– (1997): *Die Kunst der Gesellschaft*. Frankfurt am Main.

– (1991): Die Unwahrscheinlichkeit der Kommunikation. In: N. Luhmann (Hrsg.): *Soziologische Aufklärung 3*. Opladen, S. 26-28.

Lütticken, Sven (1996): Voltooid kunstwerk is uit den boze. In: *Het Parool* (20. 06. 1996).

Lynch, John (2006): *Simón Bolívar. A Life*. New Haven, London.

Maar, Christa & Burda, Hubert (Hrsg.) (2004): *Iconic Turn. Die neue Macht der Bilder*. Köln.

Maćków, Jerzy (2005): *Totalitarismus und danach. Einführung in den Kommunismus und die postkommunistische Systemtransformation*. Baden-Baden.

Magarotto, Luigi (1991): *Заумный футуризм и дадаизм в русской культуре*. Frankfurt am Main.

Malle, Louis (1960): *Zazie dans le métro*. Frankreich, Italien.

Mamlejew, Jurij (1992): *Der Mörder aus dem Nichts*. Salzburg, Wien.

– (1998): *Der Tod des Erotomanen*. Salzburg, Wien.

Manaev, Oleg (1991): Etablierte und alternative Presse in der Sowjetunion unter den Bedingungen der Perestrojka. In: *Media Perspektiven* 2, S. 96-104.

Mariani, Philomena (1999): *Global Conceptualism: Points of Origin, 1950s-1980s*. New York.

Masing-Delic, Irene (1992): *Abolishing Death. A Salvation Myth of Russian Twentieth-Century Literature*. Stanford, Calif.

Mauser, Wolfram (2000): *Trauma*. Würzburg.

McLuhan, Marshall (1965): *Understanding Media. The Extensions of Man*. New York.

– & McLuhan, Eric (1988): *Laws of Media. The New Science*. Toronto, Buffalo, London.

McNeill, Legs & McCain, Gillian (2004): *Please Kill Me. Die unzensierte Geschichte des Punk*. Höfen.

Europäisches Medieninstitut (Hrsg.) (1996): *Monitoring the Media Coverage of the 1996 Russian Presidential Elections. Final Report*. Düsseldorf.

Menzel, Birgit (2005): Writing, Reading and Selling Literature in Russia 1986-2004. In: B. Menzel & S. Lovell (Hrsg.): *Reading for Entertainment in Contemporary Russia. Post-Soviet Popular Literature in Historical Perspective*. München, S. 39-57.

Messham-Muir, Christian David (1999): *Toward an Understanding of Affect: Transgression, Abjection and their Limits in Contemporary Art in the 1990s*. Verfügbar unter: http://www.kitmessham-muir.com/thesis/thesis.html [Zugriff: 26. 09. 2006].

Meyer, Raimund (1994): *Dada global*. Zürich.

Meyers großes Taschenlexikon (1998) in 24 Bänden, 6., neu bearbeitete Auflage. Mannheim, Leipzig, Wien, Zürich.

[Michail Gorbatschow, 63, bei der russischen Bevölkerung wenig beliebter...]. *Der Spiegel* ([ca. 1994])

Mickiewicz, Ellen (1999): *Changing Channels. Television and the Struggle for Power in Russia*. Durham, London.

Miller, Henry (1934): *Tropic of Cancer*. Paris.

Milne, Alan A. (1926): *Winnie-the-Pooh*. London.

Mirzoeff, Nicolas (1995): *Bodyscape. Art, Modernity and Ideal Figure*. London, New York.

Misiano, Viktor (1995): Fatal Strategies. Art from the Near Abroad. In: M. Lerhard (Hrsg.): *No Man's Land* [Katalog zur gleichnamigen Ausstellung im Nikolaj Copenhagen Contemporary Art Center]. Kopenhagen, S. 69-86.

– (1996): Russian Reality. The End of Intelligentsia. In: *Flash Art* (Summer), S. 104-106.

– (2001): Cultural Contradictions: On „tusovka". In: *ArtMargins*. Verfügbar unter: http://www.artmargins.com/content/feature/misiano_tusov.html [Zugriff: 21. 04. 2002].

– & Sidlin, Michail (2004): Vorsicht zerbrechlich! Die russische Kunstszene von 1990 bis heute. Viktor Misiano im Gespräch mit Michail Sidlin. In: M. Winzen & G. Nikitsch (Hrsg.): *НА КУРОРТ! Russische Kunst heute*. Baden-Baden, S. 62-65.

–/Виктор Мизиано (1995): Поэтика „АЕС": говорить о теле/AES's poetics: to speak about a body. In: Государственный центр современного искусства/State Center of Contemporary Art & Галерея М. Гельмана/M. Guelman Gallery (Hrsg.): *Телесное пространство/Body Space*. Москва, S. 31-32.

Mitchell, W. J. T. (1986): *Iconology. Image, Text, Ideology*. Chicago, London.

– (1994): *Picture Theory*. Chicago.

Mondry, Henrietta (1996): Beyond Scientific Transformation in Bulgakov's „The Heart of a Dog". In: *Australian Slavonic and Eastern European Studies* 10 (2), S. 1-10.

Müller, Derek (1998): *Der Topos des Neuen Menschen in der russischen und sowjetischen Geistesgeschichte*. Bern.

Münz-Koenen, Inge (2000): Bilderflut und Leseflut. Die imaginären Welten der Achtundsechziger. In: R. Rosenberg, I. Münz-Koenen & P. Boden (Hrsg.): *Der Geist der Unruhe. 1968 im Vergleich. Wissenschaft – Literatur – Medien*. Berlin, S. 83-97.

Murašov, Jurij (1993): *Jenseits der Mimesis. Russische Literaturtheorie im 18. und 19. Jahrhundert von M. V. Lomonosov zu V. G. Belinskij*. München.

– (1995): Fatale Dokumente. Totalitarismus und Schrift bei Solženicyn, Kiš und Sorokin. In: *Schreibheft* 46, S. 84-92.

– (2001): The Body in the Sphere of Literacy: Bakhtin, Artaud and Post-Soviet Performance Art. In: *ArtMargins*. Verfügbar unter: http://www.artmargins.com/content/feature/murasov.html [Zugriff: 18. 10. 2001].

Muscinoco, Daniele (1995): Oleg Kulik – Kunst-Animal. Performance zur Eröffnung der Pirosmani-Ausstellung im Kunsthaus. In: *Neue Zuercher Zeitung* (30. 03. 1995), S. 54.

Musée des Beaux-Arts de Nantes (1999): *Pirosmani 1862-1918*. Nantes.

Nagel, Uwe (1997): *Der rote Faden aus Blut. Erzählstrukturen bei Quentin Tarantino*. Marburg.

Naiman, Eric (1997): *Sex in Public. The Incarnation of Early Soviet Ideology*. Princeton, NJ.

Neue Gesellschaft für Bildenden Kunst (NGBK) (Hrsg.) (2003): *Mediale Anagramme VALIE EX-PORT* [Katalog zur gleichnamigen Ausstellung in der Akademie der Künste Berlin 18. Januar – 19. März 2003]. Berlin.

Neupert, Richard (2002): *The History of the French New Wave Cinema*. Madison.

Nezesüdik/Нецезюдик [o.J.]: *Революционная конкурирующая программа. Revolutionary Competitive Program*. Moskau.

Nikitsch, Georgij & Winzen, Matthias (Hrsg.) (2004): *HA КУРОРТ! Russische Kunst heute*. Baden-Baden, Köln.

Nitsche, Lutz (2002). *Hitchcock – Greenaway – Tarantino. Paratextuelle Attraktionen des Autorenkinos*. Stuttgart, Weimar.

Noever, Peter & Sartorius, Joachim (2002): *Давай! Russian Art Now. Aus dem Laboratorium der freien Künste in Russland* [Katalog zur gleichnamigen Ausstellung Postfuhramt, Berlin (10. Januar – 27. Februar 2002) und MAK, Wien (19. Juni – 22. September 2002)]. Ostfildern.

Nünning, Ansgar (Hrsg.) (1998): *Metzler Lexikon Literatur- und Kulturtheorie*. Stuttgart, Weimar.

Ohrt, Roberto (1990): *Phantom Avantgarde. Eine Geschichte der Situationistischen Internationale und der modernen Kunst*. Hamburg.

– (Hrsg.) (2000): *Das große Spiel. Die Situationisten zwischen Politik und Kunst*. Hamburg.

[Oleg Kulik, 33, russischer Künstler, erfreut die Moskowiter mit einem schaurigen Happening. Als Hund ...]. In: *Der Spiegel* 49 (1994), S. 249.

Onfray, Michel (1991): *Der Philosoph als Hund*. Frankfurt am Main u. a.

Oroschakoff, Haralampi G. (Hrsg.) (1996): *Kräftemessen. Eine Ausstellung ost-östlicher Positionen innerhalb der westlichen Welt* [Katalog zur gleichnamigen Ausstellung München 1996]. Ostfildern.

Orwell, George (1949): *Nineteen Eighty-Four*. London.

Osmolovskij, Anatolij: [Videoaufnahmen Aktionen Moskau 1989-1993] [Archivmaterialien].

Osmovlosky, Anatoly (2000): Russian Inertia. In: *Flash Art International* 33, S. 84-85.

Osmolowski, Anatoli (2003): Politischer Wille und direkte Aktion. Kunstaktivismus der 90er Jahre. In: P. Choroschilow, J. Harten, J. Sartorius & P.-K. Schuster (Hrsg.): *berlin москва. МОСКВА BERLIN. Kunst 1950-2000* [Katalog zur gleichnamigen Ausstellung Martin Gropius Bau, Berlin und Staatliche Tretjakow Galerie, Moskau 2004]. Berlin, S. 263-265.

Ottovordemgentschenfelde, Natalia (2004): *Jurodstvo: eine Studie zur Phänomenologie und Typologie des Narren in Christo. Jurodivyj in der postmodernen russischen Kunst. Venedikt Erofeev „Die Reise nach Petuški", Aktionismus Aleksandr Breners und Oleg Kuliks*. Frankfurt am Main.

Oury, Gérard (1978): *La Carapate*. Frankreich.

Paech, Joachim (2002): Intermedialität des Films. In: J. Felix (Hrsg.): *Moderne Film Theorie, Paradigmen, Positionen, Perspektiven*. Mainz, S. 287-316.

Paperno, Irina (1994): *Creating Life. The Aesthetic Utopia of Russian Modernism*. Stanford, Calif.

Parnell, Christina (2002): *Ich und der/die Andere in der russischen Literatur. Zum Problem von Identität und Alterität in den Selbst- und Fremdbildern des 20. Jahrhunderts*. Frankfurt am Main u.a.

‚Pavlovs hond' aan de wandel: ‚Mag hij een koekje?' In: *Rotterdams Dagblad* (07. 06. 1996).

Peary, Gerald (1998): *Quentin Tarantino. Interviews*. Jackson.

Pejić, Bojana (1998): Unmaking Sex: Bodies of/in Communism. In: D. Elliot (Hrsg.): *Wounds. Between Democracy and Redemption in Contemporary* Art [Katalog zur gleichnamigen Ausstellung im Moderna Museet Stockholm 14. Februar – 19. April 1998], S. 64-75.

– (2001): *From Here to Eternity*. Verfügbar unter: http://www.antoshina.com/ [Zugriff: 04. 11. 2006].

Pepperštejn, Pavel (1997): Das Kabinett des Psychiaters. Apologie der Antidepressiva. In: *Via Regia* 48/49 (März/April), S. 47-53.

Petrova, Evgenija N. (1993): *Russische Avantgarde und Volkskunst* [Katalog zur gleichnamigen Ausstellung Baden-Baden 24. Juli – 12. September 1993]. Stuttgart, Baden-Baden.

Phelan, Peggy (1993): *The Politics of Performance*. London, New York.

Piero Manzoni Archive. Verfügbar unter: http://www.pieromanzoni.org/EN/index_en.htm [Zugriff: 25. 08. 2006].

Pilkington, Harry (1998): 'The Future is Ours': Youth Culture in Russia, 1953 to the Present. In: C. Kelly & D. Shepherd (Hrsg.): *Russian Cultural Studies. An Introduction.* Oxford, S. 368-385.

Pintilie, Ileana (2001): *The Zone Peformance Festival – the Expression of a Regional Context.* Verfügbar unter: http://www.inst.at/trans/9Nr/pintilie9.htm [Zugriff: 09. 08. 2006].

Plaggenborg, Stefan (1996): *Revolutionskultur: Menschenbilder und kulturelle Praxis in Sowjetrussland zwischen Oktoberrevolution und Stalinismus.* Köln.

– (1998): *Stalinismus. Neue Forschungen und Konzepte.* Berlin.

Plant, Sadie (1992): *The Most Radical Gesture. The Situationist International in a Postmodern Age.* London, New York.

Pleines, Heiko (1997): Entwicklungen im russischen Medienmarkt. Rundfunk und Presse zwischen staatlicher Kontrolle, wirtschaftlicher Krise und Konzentration. In: *Media Perspektiven* 19 (7), S. 391-399.

Postoutenko, Kirill (1999): Avdei Ter-Oganian Against the New Russian Idolatry. In: *ArtMargins.* Verfügbar unter: http://www.artmargins.com/content/feature/postoutenko1.html [Zugriff: 22. 12. 2004].

Prince, Stephen (2000): *Screening Violence.* London.

Proffer, E. (1984): *Bulgakov. Life and Work.* Ann Arbor, Mich.

Radicalism. VHS-Kassette (120 Min.) [bereitgestellt durch den Fond „Chudožestvennye proekty", Moskau].

Rakitin, Jelena und Wassili (1988): Von einem Kreuz aus Rebholz, vom Duchan, vom wundersamen Niko und den Futuristen. In: C. Bauermeister & U. Eckhardt (Hrsg.): *Niko Pirosmani. Der georgische Maler 1862-1918.* Berlin, S. 18-27.

Riff, David (2005): Anatoly Osmolovsky. Any Ideal Form Freezes on the Brink of Catastrophe. In: *Flash Art International* 38, S. 118-120.

Rijnders, Tinneke (1993): Взгляд со стороны. In: *Сегодня* (11. 09. 1993).

Rodicki, Monika (2000): Triptychae Libertatem. In: A. Krewani (Hrsg.): *Artefakte Artefiktionen. Transformationsprozesse zeitgenössischer Literaturen, Medien, Künste.* Heidelberg, S. 39-49.

Rosenberg, Rainer, Münz-Koenen, Inge & Boden, Petra (Hrsg.) (2000): *Der Geist der Unruhe. 1968 im Vergleich. Wissenschaft – Literatur – Medien.* Berlin.

Rosenthal, Bernice Glatzer (Hrsg.) (1997): *The Occult in Russian and Soviet Culture.* Ithaca, London.

Rössler, Beate (2001): *Der Wert des Privaten.* Frankfurt am Main.

Roth, Paul (1982): *Die kommandierte öffentliche Meinung. Sowjetische Medienpolitik.* Stuttgart.

– (1990): *Glasnost und Medienpolitik unter Gorbatschow.* Bonn.

Rotterdam, redactie cultuur (1996): Hond van Pavlov weigert te eten met mes en vork. In: *Veluws Dagblad* (07. 06. 1996).

Ruhe, Cornelia (2006): Berganza, Fidel et leur meute. Vers une généalogie des chiens philosophes. In: S. G. K. Hausbei (Hrsg.): *Affinités électives.* Paris, S. 125-140.

Ruhrberg, Karl, Schneckenburger, Manfred, Fricke, Christiane, Honnef, Klaus & Walther, Ingo F. (Hrsg.) (2005): *Kunst des 20. Jahrhunderts.* Köln.

Russische Heimkehr. Moskau erhält Literaturarchiv Nikolaj Chardschijews zurück. In: *Süddeutsche Zeitung* 205 (2006), S. 13.

Rüting, Torsten (2002): *Pavlov und der Neue Mensch. Diskurse über Disziplinierung in Sowjetrussland.* München.

Ryklin, Michail (1992): Ekstasis des Terrors. Kollektive Körper und die Logik der Gewalt. In: *Lettre International* 19 (IV), S. 35-40.

– (1995): Terrorologiken II. In: A. Ackermann, H. Raiser & D. Uffelmann (Hrsg.): *Orte des Denkens. Neue russische Philosophie*. Wien, S. 141-172.

– (1997): Der Hund des Imperators. In: J. Backstein & J. Kandl (Hrsg.): *It's a Better World: Russischer Aktionismus und sein Kontext*. Wien, S. 57-60.

– (2003): Oleg Kuliks Hypostasen. In: P. Choroschilow, J. Harten, J. Sartorius & P.-K. Schuster (Hrsg.): *berlin москва. MOCKBA BERLIN. Kunst 1950-2000* [Katalog zur gleichnamigen Ausstellung Martin Gropius Bau, Berlin und Staatliche Tretjakow Galerie, Moskau 2004]. Moskau, S. 270-271.

Salecl, Renata (1996): Love Me, Love My Dog. In: *Index* 4, S. 60-65 bzw. 117-120.

Salvemini, Lorella Pagnucco (2002): *Toscani. Die Werbekampagnen für Benetton 1984-2000*. München.

Samjatin, Jewgenij (1984): *Wir*. Köln.

Sanikidse, Tamas (1988): Über Pirosmani. In: C. Bauermeister & U. Eckhardt (Hrsg.): *Niko Pirosmani. Der georgische Maler 1862-1918*. Berlin, S. 6-17.

Sasse, Sylvia (Hrsg.) (1997a): postART – Von Sozart zu Mokša. *Via Regia. Blätter für Internationale Kommunikation* 48/49 (März/April).

– (1997b): Texte aus dem Kanon der Leere. Sozart – Konzeptkunst – Noma – Moksa. In: *Via Regia* 48/49 (März/April), S. 4-12.

– (2002): Ideale Unfreiheit. Regisseure und Regeln (in) der Kunst. In: S. Sasse & S. Wenner (Hrsg.): *Kollektivkörper. Kunst und Politik der Verbindung*. Bielefeld, S. 119-138.

– (2003a): Politik mit den Mitteln der Kunst. In: P. Choroschilow, J. Harten, J. Sartorius & P.-K. Schuster (Hrsg.): *berlin москва. MOCKBA BERLIN. Kunst 1950-2000* [Katalog zur gleichnamigen Ausstellung Martin Gropius Bau, Berlin und Staatliche Tretjakow Galerie, Moskau 2004]. Berlin, S. 267-268.

– (2003b): *Texte in Aktion. Sprech- und Sprachakte im Moskauer Konzeptualismus*. München.

Savage, Jon (1991): *England's Dreaming. Sex Pistols and Punk Rock*. London.

Schahadat, Schamma (1997): Der Handschuh des Transzendenten. Gesprächspraxis in Rußland von Solov'ev bis zum schizophren-narzißtischen Körper der MH. In: *Via Regia*, 48/49 (März/April), S. 57-62.

– (2001): Ohrfeigen und andere Normverletzungen. Über den Skandal in Lebens- und Kunsttexten von Dostoevskij und Belyj. In: S. K. Frank, E. Greber, S. Schahadat & I. Smirnov (Hrsg.): *Gedächtnis und Phantasma. Festschrift für Renate Lachmann*. München, S. 48-63.

– (2002): Skandal. In: N. P. Franz (Hrsg.): *Lexikon der russischen Kultur*. Darmstadt, S. 409-411.

– (2004): *Das Leben zur Kunst machen. Lebenskunst in Russland vom 16. bis zum 20. Jahrhundert*. München.

Schimmel, Paul & Noever, Peter (Hrsg.) (1998 (dt. Ausgabe)). *out of actions. Aktionismus, Body Art & Performance 1949-1979*. Ostfildern.

Schleyer, Johann Martin (1882): *Volapük (Weltsprache) Grammatik der Universalsprache für alle gebildete Erdbewoner*. Überlingen am Bodensee.

Schmidt, Johann (1933): *Lehrbuch der Weltsprache Volapük für Deutschland und die deutschsprachigen Länder*. Verfügbar unter: http://filip.ouvaton.org/vp/lehrbuch/index.html [Zugriff: 21. 08. 2006].

Schmidt, Siegfried J. (2000): Werbekörper: Plurale Artefiktionen. In: A. Krewani (Hrsg.): *Artefakte Artefiktionen: Transformationsprozesse zeitgenössischer Literaturen, Medien, Künste, Architekturen*. Heidelberg, S. 49-59.

Schneider, Irmela (2000): Zur Konstruktion von Mediendiskursen. Platons Schriftkritik als Paradigma. In: A. Krewani (Hrsg.): *Artefakte Artefiktionen: Transformationsprozesse zeitgenössischer Literaturen, Medien, Künste, Architekturen*. Heidelberg, S. 25-39.

Schulz, Martin (2001): Spur des Lebens und Anblick des Todes. Die Photographie als Medium des abwesenden Körpers. In: *Zeitschrift für Kunstgeschichte* 64, S. 381-396.

– (2002): Körper sehen – Körper haben? Fragen der bildlichen Repräsentation. Eine Einleitung. In: H. Belting, D. Kamper & M. Schulz (Hrsg.): *Quel Corps? Eine Frage der Repräsentation.* München, S. 1-27.

Schumacher, Eckhard (2002): Performativität und Performance. In: U. Wirth (Hrsg.): *Performanz. Zwischen Sprachphilosophie und Kulturwissenschaften.* Frankfurt am Main, S. 383-402.

Schwartz, Sheila (Hrsg.) (1993): *Abject Art. Repulsion and Desire in American Art* [Katalog zur gleichnamigen Ausstellung im Whitney Museum, New York 1993]. New York.

Schwarz, Manfred (2006): Diese Dame war ein Punk. In: *Süddeutsche Zeitung* (6. 2. 2006), S. 11.

Segel, Harold B. (1984): Russian Cabaret in a European Context: Preliminary. In: L. Kleberg & N. A. Nilsson (Hrsg.): *Theater and Literature in Russia 1900-1930.* Stockholm, S. 83-100.

Šengelaja, Georgi (1969): *Pirosmani.* UdSSR/Georgien.

Sennett, Richard (1998): *Verfall und Ende des öffentlichen Lebens. Die Tyrannei der Intimität.* Frankfurt am Main.

Sessions, George (Hrsg.) (1995): *Deep Ecology for the Twenty-First Century.* Boston, London.

Sharrett, Christopher (1999): *Mythologies of Violence in Postmodern Media.* Detroit, Mich.

Shusterman, Richard (1996): Soma und Medien. In: *Kunstforum* 132, S. 210-215.

Singer, Peter (1990): *Animal Liberation.* New York.

Singer, Peter (1994): *Praktische Ethik. Neuausgabe.* Stuttgart.

Sinjavskij, Andrej D. (1989): *Der Traum vom neuen Menschen, oder: Die Sowjetzivilisation.* Frankfurt.

S. I. (1976): *Situationistische Internationale 1958-1969. Gesammelte Ausgaben des Organs der Situationistischen Internationale* (Bd. 1). Hamburg.

– (1976a): Vorbereitende Probleme zur Konstruktion einer Situation. In: S. I.: *Situationistische Internationale 1958-1969. Gesammelte Ausgaben des Organs der Situationistischen Interntionale* (Bd. 1). Hamburg, S. 16-19.

– (1976b): Der Film nach Alain Resnais. In: S. I.: *Situationistische Internationale 1958-1969. Gesammelte Ausgaben des Organs der Situationistischen Internationale* (Bd. 1). Hamburg, S. 83-85.

– (1976c): Mit dem Kino und gegen das Kino. In: S. I.: *Situationistische Internationale 1958-1969. Gesammelte Ausgaben des Organs der Situationistischen Internationale* (Bd. 1). Hamburg, S. 13-14.

– (1977): *Situationistische Internationale 1958-1969. Gesammelte Ausgaben des Organs der Situationistischen Internationale* (Bd. 2). Hamburg.

Slocum, J. David (2001): *Violence and American Cinema.* New York.

Sloterdijk, Peter (1983): *Kritik der zynischen Vernunft.* Frankfurt am Main.

Sobchack, Vivian C. (2000): The Violent Dance: A Personal Memoir of Death in the Movies. In: S. Prince (Hrsg.): *Screening Violence.* London, S. 110-124.

Sokolov, Alexander (1997a): Alexander Brener's Holy War. In: *SIKSI/The Nordic Art Review* XII (Spring), S. 8-9.

– (1997b): Alexander Sokolov on the ambivalence of Russia. Oleg Kulik, in front of Künstlerhaus Bethanien, Berlin; In front of European Parliament, Strasbourg; Lady with a dog, Berlin. In: *SIKSI/The Nordic Art Review,* XII (Spring), S. 10-12.

Sorokin, Vladimir (1990): *Die Schlange.* Zürich.

– (1992): *Der Obelisk. Erzählungen.* Zürich.

– (1993): *Die Herzen der Vier.* Zürich.

– (2000): *Der himmelblaue Speck.* Köln.

– (1995): *Roman.* Zürich.

Spieker, Sven (2001): Ekstasen der Kritik ohne Objekt. Zur verworfenen Moskauer Aktionskunst. In: *Wiener Slawistischer Almanach,* Sonderband 54, S. 289-310.

– (2002): Russian Art, Western Style. ARTMargins Talks to Kathrin Becker. In: *ArtMargins*. Verfügbar unter: http://www.artmargins.com/content/interview/becker.html [Zugriff: 24. 01. 2003].

Stachelhaus, Heiner (1989): *Kasimir Malewitsch. Ein tragischer Konflikt.* Düsseldorf.

Stahel, Urs (Hrsg.) (2003): *Boris Mikhailov. Eine Retrospektive.* Zürich.

Steihaug, Jân-Ove (1998): *Abject, informe, trauma.* Verfügbar unter: http://www.forart.no/steihaug/toc.html [Zugriff: 26. 09. 2006].

Steinsdorff, Silvia von (1994): *Rußland auf dem Weg zur Meinungsfreiheit. Die Pluralisierung der russischen Presse zwischen 1985 und 1993.* Münster, Hamburg.

Stiemer, Flora (1996): Manifesta een flop. Opgelegd thema nakt artistieke resultaten. In: *Allgemeen Dagblad* (10. 06. 1996).

Stites, Richard (1989): *Revolutionary Dreams. Utopian Vision and Experimental Life in the Russian Revolution.* New York, NY.

– (1992): *Russian Popular Culture. Entertainment and Society Since 1900.* Cambridge.

Suspended. Performance. Kulik 23. Mai 1996, von 19 bis 20 Uhr vor dem Künstlerhaus Bethanien [Flyer] (1996). Berlin.

Swift, Jonathan (1994): *Gulliver's Travels.* London.

Tarantino, Quentin (1992): *Reservoir Dogs.* USA.

Tarantino, Quentin (1994): *Pulp Fiction.* USA.

Tarantino, Quentin (2003): *Kill Bill: Vol. 1.* USA.

Tarantino, Quentin (2004): *Kill Bill: Vol. 2.* USA.

The Art of Provocation. In: *Art in America* (May) (1995), S. 53.

Thompson, Ewa (1987): *Understanding Russia. The Holy Fool in Russian Culture.* Lanham, Md.

Thumann, Michael (1997): *Zum 850. Jubiläum soll Moskau leuchten.* Verfügbar unter: http://zeus.zeit.de/text/archiv/1997/33/moskau.txt.19970808.xml [Zugriff: 21. 08. 2006].

Todes, Daniel P. (2002): *Pavlov's Physiology Factory.* Baltimore, London.

Truffaut, François (1958/9): *Les 400 coups.* Frankreich.

Tumarkin, Nina (1983): *Lenin lives! The Lenin Cult in Soviet Russia.* Cambridge, Mass.

Tupitsyn, Margarita (1999): About Early Soviet Conceptualism. In: P. Mariani (Hrsg.): *Global Conceptualism: Points of Origin, 1950s-1980s.* New York, S. 99-107.

Tupitsyn, Viktor (1997): Batman und Joker: Thermidor und Körperlichkeit in Rußland. In: *nbk chronik* 5, S. 108-109.

Turner, Victor (1966): Color Classification in Ndembu Ritual. A Problem in Primitive Classification. In: M. Banton (Hrsg.): *Anthropological Approaches to the Study of Religion.* London, S. 47-84.

Uffelmann, Dirk (2005): Eto svoevolie faktografično. Brener, Kulik und Kunst als Gewalt. In: S. Hänsgen & G. Witte (Hrsg.): *Sam-iz-dat/Selbst-aus-gabe* (im Druck).

Ursprung, Daniel (2006): Rezension zu Jerzy Maćków: *Totalitarismus und danach.* Verfügbar unter: http://hsozkult.geschichte.hu-berlin.de/rezensionen/2006-1-006 [Zugriff: 03. 01. 2006].

Varda, Agnès (1961): *Cléo de 5 à 7.* Frankreich, Italien.

Verdery, Katherine (1999): *The Political Lives of Dead Bodies. Reburial and Postsocialist Change.* New York, NY.

Vermeijden, Marianne (1996): Jonge kunst nestelt zich weldadig in de musea. In: *NRC Handelsblad* (07. 06. 1996), S. 6.

Vernadskij, Vladimir I. (1997): *Der Mensch in der Biosphäre. Zur Naturgeschichte der Vernunft.* Frankfurt am Main u.a.

Verwendete und weiterführende Literatur [ausführliche Bibliographie zur zeitgenössischen, russischen Kunst und Philosophie]. Verfügbar unter: www.philosophy.ru/library/pdf/biblio_post.pdf [Zugriff: 23. 03. 2004].

Vladkova, Simona [o. J.]: *AES*. Verfügbar unter: www.aes-group.org/critics.asp [Zugriff: 10. 11. 2005].

Vöhringer, Margarete (2005): Aleksandr Bogdanov (1873-1928). In: B. Groys, M. Hagemeister & A. v. d. Heiden (Hrsg.): *Die Neue Menschheit. Biopolitische Utopien in Russland zu Beginn des 20. Jahrhunderts*. Frankfurt am Main, S. 482-483.

– (2007): *Avantgarde und Psychotechnik. Wissenschaft, Kunst und Technik der Wahrnehmungsexperimente in der frühen Sowjetunion*. Göttingen.

Vorsicht, bissiger Künstler. *art* 6 (2000), S. 16-22.

Wallis, Brian (Hrsg.) (1995): *Andres Serrano. Body and Soul*. New York.

Warr, Tracey (Hrsg.) (2000): *The Artist's Body*. London, New York.

– (Hrsg.) (2005): *Kunst und Körper*. Berlin.

Waschik, Klaus & Baburina, Nina (2003): *Werben für die Utopie. Russische Plakatkunst des 20. Jahrhunderts*. Bietigheim-Bissingen.

Weinman, Robert (2000): Theater in Transformation: Text/Performance and the Uses of Representation. In: A. Krewani (Hrsg.): *Artefakte Artefiktionen: Transformationsprozesse zeitgenössischer Literaturen, Medien, Künste, Architekturen*. Heidelberg, S. 71-82.

Weitlaner, Wolfgang (1998a): Aneignungen des Uneigentlichen. Appropriationistische Verfahren in der Russischen Kunst der Postmoderne (Teil I). In: *Wiener Slawistischer Almanach* 41, S. 147-202.

– (1998b): Aneignungen des Uneigentlichen. Appropriationistische Verfahren in der Russischen Kunst der Postmoderne (Teil II). In: *Wiener Slawistischer Almanach* 42, S. 189-235.

– (1999): *Wort. Bild. Kontext. Randbemerkungen zum Moskauer Post/Konzeptualismus*. Salzburg.

[Wenda Gu].Verfügbar unter: www.wendagu.com [Zugriff: 15. 09. 2006].

Wendler, Hauke (1995): *Rußlands Presse zwischen Unabhängigkeit und Zensur. Die Rolle der Printmedien im Prozeß des politischen Systemwandels 1990 bis 1993*. Münster.

Wenk, Silke (1996): *Versteinerte Weiblichkeit: Allegorien in der Skulptur der Moderne*. Köln.

Werber, Niels (2002): Vor dem Vertrag. Probleme des Performanzbegriffs aus systemtheoretischer Sicht. In: U. Wirth (Hrsg.): *Performanz. Zwischen Sprachphilosophie und Kulturwissenschaften*. Frankfurt am Main, S. 366-383.

Weston, Kath (1991): *Families We Choose. Lesbians, Gays, Kinship*. New York.

Wetzel, Christoph (2001): *Das Reclam Buch der Kunst*. Stuttgart.

Willems, Herbert (2003): Events: Kultur – Identität – Marketing. Zur Soziologie sozialer Anlässe: Struktur, Performativität und Identitätsrelevanz von Events. In: E. Fischer-Lichte, C. Horn, S. Umathum & M. Warstat (Hrsg.): *Performativität und Ereignis*. Tübingen, Basel, S. 83-99.

Willis, Sharon (2000): 'Style', Posture and Idiom: Tarantino's Figures of Masculinity. In: C. Gledhill & L. Williams (Hrsg.): *Reinventing Film Studies*. London, S. 279-295.

Wilson, Mark (Hrsg.) (1997): *A History of Andres Serrano. A History of Sex*. Groningen.

Wirth, Uwe (Hrsg.) (2002): *Performanz. Zwischen Sprachphilosophie und Kulturwissenschaften*. Frankfurt am Main.

Witte, Georg (2003): Kunst als Strafe für Kunst. Vom Eifer des Vollzugs im Moskauer Aktionismus. In: G. Koch, S. Sasse & L. Schwarte (Hrsg.): *Kunst als Strafe. Zur Ästhetik der Disziplinierung*. München, S. 171-188.

– (2006): The One and Only Kulik. Ein Kommentar zum Kommentar von Tomáš Glanc. In: A. Hennig, B. Obermayr & G. Witte (Hrsg.): *Fraktur. Gestörte ästhetische Präsenz in Avantgarde und Spätavantgarde*. Wien, München.

Witte, Georg & Goller, Miriam (2001): *Minimalismus. Zwischen Exzess und Leere*. Bremen.

Wolfe, Cary (Hrsg.) (2003): *Zoontologies. The Question of the Animal*. Minneapolis, London.

Wulf, Christof (2002): Der performative Körper. Sprache – Macht – Handlung. In: H. Belting, D. Kamper & M. Schulz (Hrsg.): *Quel Corps? Eine Frage der Repräsentation*. München, S. 207-219.

Wulf, Christoph, Göhlich, Michael & Zirfas, Jörg (Hrsg.) (2001): *Grundlagen des Performativen. Eine Einführung in die Zusammenhänge von Sprache, Macht und Handeln.* Weinheim, München.

Wyss, Beat (1996): *Der Wille zur Kunst. Zur ästhetischen Mentalität der Moderne.* Köln.

– (2006): *Vom Bild zum Kunstsystem.* Köln.

Zabel, Igor (1998): We and the Others. In: *Moscow Art Magazine/Художественный журнал* 22. Verfügbar unter: www.guelman.ru/xz/english/XX22/X2208.HTM [Zugriff: 21. 08. 2006].

– (2001): Dialogue. In: M. Briški, Z. Badovinac & P. Weibel (Hrsg.): *2000+ Arteast Collection.* Wien, S. 28-33.

Zahm, Oliver, Fleiss, Elein, Áman, Jan, Ahlberg, Catharina, Lindahl, Catti, Lundh, Thomas, af Petersens, Magnus, Wagner K, Matthias, Muhr, Brigitta, Gu, Wenda, Theocaropoulou, Ioanna, Karlsson, Ulrika, Wolgers, Dan, Billgren, Ernst, Bergström, Bigert, Albers, Johannes & Wretman, Fredrik (1996): An Open Letter to The Art World. [Fax, bereitgestellt von Manifesta Archiv]. Auch in: O. Kulik (2007): *„Nihil inhumanum a me alienum puto".* Bielefeld, S. 127.

Ziege, Eva Maria (2005): Rezension zu Bourdieu, Pierre: *Die männliche Herrschaft*, Frankfurt am Main 2005. Verfügbar unter: http://hsozkult.geschichte.hu-berlin.de/rezensionen/2005-4-060 [Zugriff: 17. 11. 2005].

Zimmermann, Anja (2001): *Skandalöse Bilder – skandalöse Körper: abject art vom Surrealismus bis zu den culture wars.* Berlin.

Zizek, Slavoj (2002): *Die Revolution steht bevor. Dreizehn Versuche über Lenin.* Frankfurt am Main. Zürich. Die Ankündigung war nur halb so derb wie die dargebotene Performance ...]. In: [unbekannte Schweizer Zeitung] ([ca. 1996]).

Zweifel, Stefan (2003): Gesellschaft des Spektakels. Guy Debord und die „Situationisten". In: *Neue Zürcher Zeitung* (03. 05. 2003).

Авторское телевидение. Verfügbar unter: www.atv.ru [Zugriff: 04. 07. 2005].

Аксютина, Ольга [o.J.]: *Власть и контркультура в 1980е – 1990е годы. Панк как этика и эстетика противостояния в условиях СССР, России и Беларуси.* Verfügbar unter: www.altruism.ru/sengine.cgi/5/25/7 [Zugriff: 15. 03. 2005].

Актуальное искусство. По грязному следу Федора Ромера. In: *Сегодня* ([ca. 1994/95]).

Алексеев, Илья [ca. 1991]: Обидели юродивого. In: [unbekannt], S. 12.

Алексеев, Никита (2005): *Кулик остепенился.* Verfügbar unter: http://azbuka.gif.ru/critics/gobi-test-2/ [Zugriff: 05. 04. 2005].

Анатолий Осмоловский. Verfügbar unter: http://www.osmolovsky.com [Zugriff: 29. 06. 2006].

Архив радикального искусства. In: *Радек. Теория. Искусства. Политика* 1 (1997/8), S. 83-88.

Архив радикального искусства. In: *Радек. Теория. Искусства. Политика* 2 (1999), S. 153-160.

Бавильский, Дмитрий (2002): *Диалоги с Куликом #1. Человеческое.* Verfügbar unter: http://www.topos.ru/article/464 [Zugriff: 12. 08. 2002].

– (2004): *Скотомизация. Диалоги с Олегом Куликом.* Москва.

Балашов, Александр (1994): Александр Бренер, Богдан Мамонов „Конформисты". Галерея М. Гельмана в помещении ЦДХ. Июль 1994 года. In: *Художественный журнал* 5, S. 73.

Балашов, Александр (1996): Критика диагностики. In: *Художественный журнал* 12, S. 48-51.

Бахтин, Михаил М. (1996-2003): *Собрание сочинений.* Москва.

Берг, Михаил (2000): *Литературократия. Проблема присвоения и перераспределения власти в литературе.* Москва.

Бизунова, Елена (1997): Сколько шагов от радикализма до либерализма? (Страсти по арт-рынку). In: *Художественный журнал* 16, S. 84-85.

Бирюков, Сергей (2002a): Тело языка и язык тела в русской авангардной поэзии. Verfügbar unter: http://www.dragoman.narod.ru/authors/biriukov/birukov.html [Zugriff: 21. 08. 2006].

– (2002b): Тело языка и язык тела в русской авангардной поэзии. In: P. Becker, I. Grabowsky & C. Schonegger-Zanoni (Hrsg.): *Körperzeichen – Zeichenkörper*. Bochum.

Бобринская, Екатерина (1999): „Коллективные действия" как институция. In: *Художественный журнал* 23, S. 15-18.

– (2000): *Футуризм*. Москва.

– (2003): *Русский Авангард. Истоки и метаморфозы*. Москва.

Богатырева, Мария (1994): А он, мятежный, хочет. In: *„Новое время"* [о.А.], S. 42.

Богомолов, Николай А. (1996): *Анти-мир русской культуры*. Москва.

Боде, Вероника (1991): ЭТИ против тех. In: *Гуманитарный фонд,* 4 (22-55), S. 2.

Боде, Михаил (1994): – да здравствует художник! – Художник скончался. In: *Коммерсантъ-DAILY* (21. 05. 1994).

– (1995): Анатомия превращается в географию. In: *Коммерсантъ-DAILY* (8. 6. 1995).

– [ca. 1993/94]: Весна – время метить новые территории. In: [unbekannt].

Бредихина, Людмила (1991): *Победителей не судят!* Unveröffentlichtes Manuskript.

Бредихина, Людмила (1993a): Спорим о вкусах и запахах .... In: Л. Бредихина (Hrsg.): *Галерея Риджина. Хроника. Сентябрь 1990 – июнь 1992*. Москва, S. 152-156.

– (Hrsg.) (1993b): *Галерея Риджина. Хроника. Сентябрь 1990 – июнь 1992*. Москва.

– (1995a): Как в швейцарском банке. Выставка „Знаки и чудеса. Нико Пиросмани и современное искусство". Кунстхаус Цюрих. In: *Сегодня* (15. 04. 1995).

– (1995b): Те же и Скотинин. In: О. Кулик & Л. Бредихина (Hrsg.): *Те же и Скотинин* [Ausstellungsprospekt]. Москва, S. 6-7.

– (1996): Марксизм и зоофрения. По поводу нового проекта Ханса Хааке, новой биеннале в Роттердаме и нового русского искусства. In: *Художественный журнал* 13, S. 82-85.

Бренер & Бамбаев (1991): *Бонанза*. Тель-Авив.

– (1992a): *Кладбище нудистов*. Москва.

– (1992b): *Манифест*. Тель-Авив.

– (1992c): *Секретная жизнь Буто*. Тель-Авив.

– (1992d): *Супер Вася*. Москва.

– (1992e): *Японский Бог*. Тель-Авив.

Бренер, Александр (1993a): *Груди*. Москва.

– (1993b): *Искусство людей*. Москва.

– (1993c): Как можно быть художником. In: *Художественный журнал* 2, S. 26.

– (1993d): *Мое влагалище* (фото О. Мавроматти). Москва.

– (1993e): Юрию Гавриленко. In: *Художественный журнал* 1, S. 26-27.

– (1994a): *Последняя истома*. Москва (Галерея М. Гельмана).

– (1994b): *Хламидиоз*. Москва, Иерусалим.

– (1995a): Акция у Министерства обороны. In: *Радикальные акции. Фрагменты видеохроники. 1994-2000*. Москва: Студия „Art via Video".

– (1995b): Выживание не для меня. In: ФОТОPOSTSCRIPTUM & Gallery 21 (Hrsg.): Санкт-Петербург.

– (1995c): История нашего тела. In: Государственный центр современного искусства & Галерея М. Гельмана (Hrsg.): *Телесное пространство. Body Space* [Katalog zur gleichnamigen Ausstellung]. Москва, S. 34-38.

– (1995d): Сводки. In: *Художественный журнал* 6, S. 65.

– (1995e): Химеры, ко мне. In: Галерея М. Гельмана (Hrsg.): *5 лет галерея Марата Гельмана*. Москва, S. 38.

– (1996a): *Интернационал неуправляемых торпед*. Москва.

– (1996b): Искусство и политика: Третья позиция. In: *Художественный журнал* 11, S. 34-36.

– (1996c): Поэзия и правда сейчас и больше никогда. In: *Художественный журнал* 11, S. 43-44.

– (1996d): Пшик интеллигенции. In: *Художественный журнал* 9, S. 89-91.

– (1998a): Венские зарисовки. In: *Художественный журнал* 21, S. 55-56.
– (1998b): Другая политическая экономия. In: *Художественный журнал* 21, S. 31-33.
– (1998c): *Обосанный пистолет*. Москва.
– (1998d): Художник из третьего мира (стотысячный манифест). In: *Художественный журнал* 22, S. 47-48.
– (1999): Искусство ведения войны против одной институции. In: *Художественный журнал* 23, S. 7-8.
– (2000): Конец оптики. In: *Художественный журнал* 34/35, S. 45-47.
–, Зубаржук, Алексей, Литвин, Антон, Мамонов, Богдан & Ревизоров, Александр (1994): Манифест как манифест. In: *Художественный журнал* 4, S. 44.
– & Кулик, Олег (1996). Человек в оболочке или собака в костюме „нового русского"? In: *Художественный журнал*, S. 50-55.
– & Мамонов, Богдан (1994): *Конформисты* [Ausstellungsbroschüre Галерея М. Гельмана]. Москва.
– & Осмоловский, Анатолий (1994): *Радек. Журнал революционной конкурирующей программы „Нецезиудик". N1.* Москва.
– & Пименов, Дмитрий (1993): *Сумасшедший разведчик*. Москва.
–, Ульянов, Сергей & Меньшов, Кирилл (2003): Наш тренер – Бренер! Интервью с Александром Бренером и Барбарой Шурц. *Хулиган* 2 (11), S. 10-12.
– & Шурц, Барбара (1999): *Что делать? 54 технологии культурного сопротивления отношениям власти в эпоху капитализма.* Москва.
– & Шурц, Барабара (2002): *Апельсины для Палестины.* Петербург.
– & Шурц, Барабара (2003): *Тук-тук! Рубите сук! или Тотальная распря (трагедия и фарс).* Москва.
Булгаков, Михаил Афанасевич (1988): Собачье сердце. In: М. А. Булгаков (Hrsg.): *Повести, рассказы, фельетоны.* Москва, S. 535-622.
Бурлюк, Давид, Крученых, Александр, Маяковский, Владимир & Хлебников, Виктор (1999): Пощечина общественному вкусу (Москва, 1912. Декабрь). In: В. Н. Терехина (Hrsg.): *Русский Футуризм.* Москва, S. 41.
Ван Гог и Сидоров в шоке. In: *Комсомольская правда* (23. 04. 1994).
Веселовский, С. Б. (1963): *Исследование по истории опричнины.* Москва.
Внеправительственная Контрольная Комиссия [о.J.]: *Баррикада на Большой Никитской.* Verfügbar unter: http://www.asa.de/radek/ [Zugriff: 29. 06. 2006].
Вышинская, Лариса (1991): Три буквы на Красной площади. И еще кое-что. In: [unbekannt].
Галерея М. Гельмана (1995): *5 лет галерея Марата Гельмана.* Москва.
– (1997): *Женщины России* [Ausstellungsbroschüre]. Moskau.
– (Hrsg.) (1993): *Конверсия* [Ausstellungsbroschüre]. Москва.
Гельман, Марат & Лопухова, Ольга (Hrsg.) (2000): *Искусство против географии.* Москва, Санкт-Петербург.
GiF.Ru – Анатолий Осмоловский. Verfügbar unter: http://www.gif.ru/people/osmolovsky/ [Zugriff: 22. 12. 2004].
Говно редакции. In: *Радек. Теория. Искусства. Политика* 2 (1999), S. 110-118.
Гоголь, Николай Васильевич (1996): *Избранная проза.* Санкт-Петербург.
Годар, Жан-Люк [Pseudonym Anatolij Osmolovskij] (1991): Из интервью газете „Гуманитарный фонд". *Гуманитарный фонд* 4/22-55, S. 3.
Голая авантюра. In: *Профиль* 4 (февраль) ([nach 1996]), S. 54-57.
Гольдштейн, Александр (1994): Открытое письмо [an Aleksandr Brener]. In: [unbekannt] (10. 02. 1994).
Государственный центр современного искусства & Галерея М. Гельмана (1995): *Телесное пространство. Body Space* [Katalog zur gleichnamigen Ausstellung]. Москва.

Грошков, Павел (1995): [По словам ...]. In: [unbekannt] (14. 02. 1995).

– (фото) (1994): Свободу животным. In: *Сегодня* (26. 11. 1994).

Движение ЭТИ (1990): Взрыв „Новой Волны". In: *Московский комсомолец* (07. 11. 1990).

Деготь, Екатерина (1994a): Два художника выступили нестройным дуэтом. In: *Коммерсантъ-DAILY* (15. 07. 1994), S. 13.

– (1994b): Детская болезнь левизны в концептуализме. In: *Коммерсантъ- DAILY* (19. 02. 1994).

– (1994c): Олег Кулик на этот раз не оскорбил ничьих чувств. In: *Коммерсантъ-DAILY* (22. 04. 1994).

– (1995): Московский акционизм: самосознание без сознания (на русском и нем. яз.). In: *Kräftemessen. Eine Ausstellung ost-östlicher Positionen innerhalb der westlichen Welt. Ausstellungskatalog*. Ostfildern

– (1996): Новые приключения неуловимых, невыразимых и ненужных. In: *Художественный журнал* 9, S. 46-49.

– (1998a): Как получить право на постколониальный дискурс? In: *Художественный журнал* 22, S. 49-52.

– (1998b): Террористический натурализм. Искусство в нелегитимной зоне. In: Dies.: *Террористический натурализм*. Москва, S. 69-83.

– (1998c): Театр зависти. Комментарии к „Террористическому натурализму". In: Dies.: *Террористический натурализм*. Москва, S. 84-93.

– (1998d): *Террористический натурализм*. Москва.

– (1999): Логика абсурда: от тупости к идиотии. In: *Художественный журнал* 26/27, S. 21-24.

– (2000): Дважды девяностые: Катастрофа и гедонизм. In: *Художественный журнал* 28/29, S. 11-13.

– (2002): *Перформанс*. Verfügbar unter: http://www.art-data.ru/enc/enciklopedia11.htm [Zugriff: 23. 04. 2003].

–, Демиденко, Юлия & Schindler, Margot (Hrsg.) (2000/2003): *Память тела. Нижнее белье советской эпохи. Körpergedächtnis. Unterwäsche einer sowjetischen Epoche* [Katalog zur gleichnamigen Ausstellung in Sankt Petersburg und im Österreichischen Museum für Volkskunde]. Санкт-Петербург, Wien.

– & Кулик, Олег (2003): *„Русский – это социальная категория"*. Verfügbar unter: http://magazines.russ.ru/km/2003/1/kul-pr.html [Zugriff: 18. 07. 2003].

Дело Авдея. In: *Радек. Теория. Искусства. Политика* 2 (1999), S. 202-207.

Демидова, Е. В. (1988): Ноосфера и самоуправление. In: *Учение В.И. Вернадского о ноосфере и глобальные проблемы современности* (Bd. 1). Москва, S. 117-119.

Древс-Сылла, Гезине (2004): Телесные опыты человека-собаки. «Собака Павлова» Олега Кулика. In: К. Богданов, Ю. Мурашов & Р. Николози (Hrsg.): Русская литература и медицина. Москва, S. 269-282.

Дуличенко, А. Д. (2001): Язык и тело. In: А. Плуцер-Сарно (Hrsg.): *Большой словарь мата. Лексические и фразеологические значения слова „хуй"* (Bd. 1). Санкт-Петербург, S. 35-48.

Е. В. (1994): В борьбе с последним аргументом. In: *Московские новости* [ca. Juli].

‚Ельцин, выходи!‘ In: *Московская правда* (14. 2. 1995), S. 8.

Епихин, Сергей (1994): Бренер, боди-арт, мороз по коже. Яйца Фаберже. In: *Сегодня* (06. 08. 1994).

Ерофеев, Андрей (1995): Искусство нон-конформистов. In: A. Erofeev & J.-H. Martin (Hrsg.): *Kunst im Verborgenen. Nonkonformisten in Russland. Художники нон-конформисты в России 1957-1995*. München, New York.

– (1999): Безумный двойник. In: *Художественный журнал* 26/27, S. 13-16.

– (2004): Последнее табу. Художник Олег Кулик дает ценный материал о том, как делается искусство сегодня. In: *Московские новости* (27. 08. 2004).

Желающие могут получить „пощечину обществен[...“]. In: *Коммерсантъ-DAILY* (02. 09. 1993).

Забел, Игорь (1998): Мы и другие. In: *Художественный журнал* 22, S. 27-35.

Замятин, Евгений (1994): *Мы*. Paris.

Зарецкая, Нина & Савушкин, Сергей (1992): *Леопарды врываются в храм, или внутренный монолог с завязанными глазами*. [Video der gleichnamigen Ausstellungsaktion von Anatolij Osmolovskij]. ТВ галерея. Москва.

Заславский, Григорий (2005): В искусство и обратно. Олег Кулик снова представлять на биеннале в Венеции не Россию, а только себя. In: *Независимая газета* (11. 05. 2005).

Зимин, Александр (1964): *Опричнина Ивана Грозного*. Москва.

Золотоносов, Михаил (1991): Мастурбанизация. „Эрогенные зоны" советской культуры 1920-1930-х годов. In: *Литературное обозрение* 11, S. 93-98.

Зорин, А. (1996): Легализация обсценной лексики и ее культурные последствия. In: Н. Богомолов (Hrsg.): *Анти-мир русской культуры*. Москва, S. 121-142.

Иванов, Георгий (1994): Бродячая собака. In: Ders.: *Собрание сочинений в трех томах*. Москва, S. 339-343.

„Идиотия" как стратегия современного искусства. In: *Художественный журнал* 26/27 (1999). Verfügbar unter: http://www.guelman.ru/xz/362/xx26/x2600.htm [Zugriff: 20. 05. 2010].

Интерфакс (1995): Инцидент на Красной площади. In: *Независимая газета* (14. 02. 1995).

Исканцева, Татьяна (1994): А король-то голый. In: *Куранты* (08. 07. 1994).

Кандидат в президенты от Партии Животных, лидер партии – КУЛИК (1995): За Куликов и людей. Быть HOMO SAPIENS сегодня – означает быть фашистом. In: *Каманда* (24. 11. 1995).

Капсулецкая, Марьяна (1994): Безумный вечер на Якиманке. In: *Вечерний клуб* (29. 11. 1994).

Кикодзе, Евгения (1993): Галерея на трехпрудном. In: *Художественный журнал* 2, S. 38-39.

Киракосов, А. (1992): [а кричал – то он по-человечески]. In: Л. Бредихина (Hrsg.): *Галерея Риджина. Хроника. Сентябрь 1990 – июнь 1992*. Москва, S. 157.

Кисова, Яна (1994a): Гельман обзавелся полиэтиленовым флагом. In: *Иностранец* (21. 12. 1994).

– (1994b): Израильтянин водил на цепу голого россиянина. In: *Иностранец* 43.

Ковалев, Андрей (1992): Жертвоприношение. Дело об убийстве свиньи в галерее „Риджина". In: *Сегодня* (24. 04. 1992).

– (1993): Авдей Тер-Оганьян. In: *Сегодня* (11. 09. 1993).

– [ca. 1993/94]: А старая гвардия берет след. Сезон однако. *Сегодня* [о.А.].

– (1994a): И объяли меня воды до души моей. „Бассейн Москва". Температура чувствилища. In: *Сегодня* (01. 06. 1994).

– (1994b): Конец чистопрудненской группировки. In: *Сегодня* (08. 07. 1994).

– (1994c): Пособие по проигранной революции. „Радек". Журнал революционной конкурирующей программы. „Нечезиудик" № 1. In: *Сегодня* (19. 02. 1994).

– (1994d): Прыжок в пустоту над батутом. Почему Александра Бренера не взяли на выставку в ЦДХ и что из этого следует. In: *Сегодня* (26. 5. 1994).

– [ca. 1994]: Что делать? Искусство без бульдозеров. *Сегодня* [о.А.].

– (1995a): [Вот как все было ...]. In: *Сегодня* (14. 02. 1995).

– (1995b): Давайте [...]. Письмо покаянное. In: *Сегодня* (04. 05. 1995).

– (1995c): Очеи разочарованье. Олег Кулик на скотном дворе и в галерее. In: *Сегодня* 125.

– (1995d): Сладкая парочка. О художниках Б. и К., в порядке рекламы. In: *Сегодня* (26. 01. 1995).

– (2000): Послесловие к прекрасной эпохе. In: *Художественный журнал* 34/35, S. 113-115.

– (2002): *Критические дни. 68 введений в современное искусство 1992-2001*. Москва.

– (2005): *Неоколониалист Кулик.* Verfügbar unter: http://azbuka.gif.ru/critics/neokulik/ [Zugriff: 08. 04. 2005].

– (2005): *Именной указатель.* Москва.

– (Hrsg.) (2007): *Российский акционизм 1990-2000.* WAM – World Art Музей 28/29. Москва.

– & Епихин, Сергей [o.J.]: Бренер и Пригов: черный лингам. In: [unbekannt].

– & Шишкин, Олег (1995): Кремлевское дело. Преступление века раскрыто. In: *Сегодня* (12. 03. 1995).

Колдобская, Марина [o.J.]: Александр Бренер: „Нынешние правители звероподобны" [Интервью]. In: [unbekannt].

Коллективное авторство (1997-1998a): Анкета. In: *Радек* 1, S. 39-43.

Коллективное авторство (1997-1998b): Предварительные проблемы в конструировании ситуации. In: *Радек* 1, S. 43-45.

Коллективные действия (1998): *Поездки загород.* Hrsg. v. Андрей Монастырский. Москва.

Константинов, Владимир (1994): Горбачев – это голова. In: *Московские новости* (11. 04. 1994).

Крусанов, А.В. (1996): *Русский авангард: 1907-1932 (Исторический обзор)* (Bd. 1: Боевое десятилетие). Санкт-Петербург.

Кудряков, Александр (1991): ОХ УЖ ЭТИ „ЭТИ". In: *Столица* (Июнь).

Кузнецов, Эраст Д. (1984): *Пиросмани.* Ленинград.

Кулик, Олег (1993a): Андрею Ерофееву, Иосифу Марковичу Бакштейну, Виктору Мизиано, Леониду Бажанову. In: *Художественный журнал* 1, S. 26.

– (1993b): *Пустой Квадрат/The Empty Square* [Ausstellungsbroschüre Regina Gallery]. Москва.

– (1993c): [Сущность искусства сегодня – это ...]. In: *Художественный журнал* 2, S. 31.

– (1994): *Я люблю Горби* [Ausstellungsbroschüre Галерея М. Гельмана]. Москва.

– (1995a): Вне стада. Открытое письмо редактору отдела искусств Борису Кузьминскому от художника Олега Кулика. In: *Сегодня* (14. 06. 1995).

– (1995b): Вырвать грешный мой... клык. Важно обратиться к животным страстям в человеке. In: *Огонёк* 50, S. 72.

– (1995c): *Конец истории* [Ausstellungsbroschüre XL Галерея]. Москва.

– (1995d): „Люди, потерявшие человеческий облик, не достойны Партии Животных ...". In: *Команда* (27. 10. 1995).

– & Бабич, Юрий (1999): *Красный уголок* [Ausstellungsbroschüre XL Галерея]. Москва.

– & Бредихина, Людмила (1994): *Кулик. Кандидат всей одушевленной России, а не отдельного вида. Твоя партия – Партия Животных, Партия Животных.* [Bereitsgestellt durch Archiv Marat Guelman Galerie].

–, Бредихина, Людмила & Галерея, XL (1994/1995): *Те же и Скотинин* [Ausstellungskatalog]. Москва.

– & Бредихина, Мила (1996): Политическое животное обращается к вам. In: *Художественный журнал* 11, S. 58-59.

– & Бредихина, Мила (2000): Политическое животное обращается к вам. In: *Художественный журнал* (34/35), S. 40-41.

– & Бредихина, Мила (1997): *зоофрения. zoophrenia.* Москва.

– & Гутов, Дмитрий (2002): Олег Кулик: Биография как фокус чужих позиций. In: *Художественный журнал* 45. Verfügbar unter: http://www.guelman.ru/xz/xx45/ [Zugriff: 20. 05. 2010].

–, Прашков, Кирил, Перховши, Дан, Пельхан, Марко & Мироненко, Владимир (1998): Письма. In: *Художественный журнал* 22, S. 78-85.

– & Сорокин, Владимир (1994): *В глубь России.* Москва.

Курицын, Вячеслав. *Русский литературный постмодернизм:* Verfügbar unter: http://www.guelman.ru/slava/postmod/3.html [Zugriff: 03. 12. 2002].

– (1994): Воля Кулика. Новый крестовый поход на замок ведьм. In: *Сегодня* (17.11.1994).

– [ca. 1997]: Идиоты. In: *Матадор* [o.A.], S. 98-99.

Кусков, Сергей (1994): Порщание с личности. In: *Художественный журнал* 4, S. 8-10.

Л. Л. (1994): Вы думаете, это бредит малярия? In: *Сегоюдня* (20. 12. 1994).

Лаврентьева, Екатерина (1994): Александр Бренер: „Революционер – это я“. In: *Деловые люди* (Сентябрь), S. 84-87.

Литературное обозрение (Номер посвящен эротической традиции в русской литературе) 11 (1991).

Литичевский, Георгий (2000): Заметки о 90-х. Как важно быть серьезным. In: *Художественный журнал* 28/29, S. 7-10.

Лифшиц, Бенедикт (1989): *Полутор."аглазый стрелец*. Москва.

Лунина, Людмила (1994a): Александр Бренер имел соитие со своей женою у памятника Пушкину. In: *Сегодня* (22. 02. 1994).

– (1994b): Большие надежды. In: *Столица* [o.A.], S. 63-64.

– (1994c): На полях рейтинга. In: *Сегодня* (06. 08. 1994).

– (1994d): Олег Кулик: на Западе мы не значим ничего. Это радует. In: *Сегодня* (12. 02. 1994).

– (1994e): Постскриптум вместо эпитафии. *Сегодня* (01. 02. 1994).

– [ca. 1994]: [...] о тростнике творящем. Выставка Олега Кулика в галерее Марата Гельмана. *Сегодня* [o.A.].

Лямпорт, Ефим (1994): Актуальное искусство. По грязному следу Федора Ромера. In: *Независимая газета* (30. 12. 1994).

Майер, Хольт (1998): Перформанс как насилие (метаметодологические замечания). In: *Художественный журнал* (19/20), S. 22-26.

Максудов, С. & Покровская, Н. (1991): „Плохой человек“ профессор Преображенский. In: *Литературное обозрение* 5, S. 34-40.

Малицкий, Гжегош [ca. 1994]: Любовь к животным не знает границ. In: *Иностранец* [o.A.].

– (1995): Художник Бренер попытался взять кремль. In: *Мегаполис-Экспресс* (19. 04. 1995).

Мамлеев, Юрий (1986): *Живая смерть. Сборник рассказов*. Париж.

– (1990): *Утопи мою голову. Рассказы*. Москва.

– (1993): *Шатуны*. Москва.

Мамышев-Монро, Владислав u. a. (1992): *Пиратское телевидение* [Video]. Санкт-Петербург.

Матич, Ольга (1991): Суета вокруг кровати. In: *Литературное обозрение* 11, S. 80-85.

Маяковский, Владимир В. (1955): *Полное собрание сочинений. 1912-1917*. Том 1. Москва.

Маяковский, Владимир В. & Брик, Лиля Ю. (Hrsg.) (1982): *Переписка 1915-1930*. Hrsg. v. Bengt Jangfeldt. Stockholm.

Мизиано, Виктор (1993): Тонущая Венеция. In: *Художественный журнал* 1, S. 34-36.

– (1999): Интерпол: Апология поражения. In: *Логос* 9 (19), S. 50-64.

– (2000a): „Interpol“: Апология поражения. In: E. Čufer & V. Misiano (Hrsg.): *Interpol. The Exhibition Which Divided East and West*. Ljubljana, Moskau.

– (2000b): Культурные противоречия *тусовки*. In: *Художественный журнал* 34/35, S. 54-60.

Мироненко, Сергей (1993): В. Мизиано и А. Осмоловскому. In: *Художественный журнал* 1, S. 27.

Михеева, Геннадия (1994): [Позавчера не Большой Якиманке Галерея Марата Гельмана провела акцию „Последнее табу ...“]. In: *Куранты* (25. 11. 1994).

Могутин, Ярослав [nach 1997]: „Зоофрения“ Олега Кулика оказалось заразной для Американцев. In: *Лица* [o.A.], S. 40-45.

Молок, Николай (2002): *Олег Кулик, художник: „Когда говорят о порнографии, имеют в виду порнографию ума“*. Verfügbar unter: http://izvestia.ru/culture/article21803 [Zugriff: 30.07.2002].

Монастырксий, Андреый (1998): Каширское шоссе. In: Коллективные действия (Hrsg.): *Поездки за город*. Москва, S. 562-665.

Монастырский, Андрей & Хенсген, Сабина (1992): Два кулика. In: *Пастор* 1 (Januar), S. 11-16.

№1 политика философия искусство (Winter 2003).

„Мы, конформисты, народ плечистый" In: *Вечерный клуб* (07. 07. 1994).

На Ельцина уже стали бросаться с кулаками. In: *Московский комсомолец* (14. 02. 1995).

Навстречу выборам. In: *Команда* (20. 10. 1995).

Нагибин, Юрий (1992): Свины поедают людей. In: *Труд* (03. 10. 1992).

Надеин, Валдимир (2000): Осквернение памятника. In: *Литературная газета* 39, (27. 09.-03. 10. 2000).

Насилие [Themenheft]. *Художественный журнал* 19/20 (1998).

Наш человек в Москве. In: *Время* (03. 04. 1995).

Нехорошев, Григорий (1995): Художник-зоолюб работает на Гайдара. Политики и постмодернисты: кто кого использует. In: *Независимая газета* (05. 12. 1995).

О голом Цыгане замолвите слово. In: [unbekannte Zeitung] (Mai 1995).

Обухова, Александра (1993): Анатолий Осмоловский. In: *Сегодня* (11. 09. 1993).

– (1994): Дюжина скрепок в тыл художественной контрреволюции. ЦДХ. Выставка галереи „М. Гельмана" „Конформисты". In: *Сегодня* (15. 07. 1994).

Овчаренко, Владимир (2000): Интервью. In: *Комод* 9.

О. К. (1995): Наша рыба чиста и свежа. In: *Огонек* 46.

Опись публикаций газеты „Гуманитарный фонд" и „Гф – Новая литературная газета". Verfügbar unter: www.naumychromm.narod.ru/Pages/GF.htm [Zugriff: 25. 07. 2006].

Орлова, Милена (1993): Голландские и русские художники совместно отправились „в народ". In: *Коммерсантъ-DAILY* (14. 09. 1993).

– (1994): Перманентные революционеры в ожидании „Капитала". In: *Коммерсантъ-DAILY* (27. 09. 1994).

Осмоловский, Анатолий (1991a): Из речи на открытии „фестиваля". In: *Гуманитарный фонд* 4/22-55, S. 2.

– (1991b): Кино ЭТИ. In: *Гуманитарный фонд,* 4/22-55, S. 2.

– (1993a): Александр Бренер. „Мое влагалище". Москва. Галерея Марата Гельмана. 2 сентября – 10 сентября 1993. In: *Художественный журнал* 2, S. 55.

– (1993b): *Путешествие Нецезюдик в страну Бромбдингнегов.* Москва.

– (1993c): [Сущность искусства – это ...]. In: *Художественный журнал* 2, S. 31.

– (1994a): [Молодой модный художник-авангардист ...]. In: *Художественный журнал* 3, S. 2.

– (1994b): Поколение убивает поколение. In: *Художественный журнал* 3, S. 3.

– (1996a): *Антифашизм & анти-антифашизм* [Katalog zur gleichnamigen Ausstellung in Moskau]. Москва.

– (1996b): Антифашизм & Антиантифашизм. In: *Художественный журнал* 11, S. 40-42.

– (1996c): Манифесты. In: *Художественный журнал* 9, S. 84-85.

– (1996d): Текст № 17 Стр. 18. In: *Художественный журнал* 12, S. 30-31.

– (1997): Текст № 19. In: *Художественный журнал* 16, S. 14-16.

– (1999a): *10 лет деятельности.* Москва.

– (1999b): Искусство простое, как мычание. In: *Художественный журнал* 26/27, S. 51-58.

– (2000a): Актуальное искусство: здесь и сейчас (отказ от музея). In: *Художественный журнал* 34/35, S. 27-29.

– (2000b): Как было и как будет. In: *Художественный журнал* 34/35, S. 108-112.

– (2003): *Третий авангард (Московское радикальное искусство девяностых годов).* Unveröffentlichtes Manuskript.

– & Королева, Н. (1991): Центростремительное сознание [Interview]. In: *Гуманитарный фонд* 4/22-55, S. 2.

– & Пименов, Дмитрий (1999): Боже, храни президента! (футурологический боевик-фарс). In: *Радек* 2, S. 153-158.

Отдел информации Организационно-аналитического управления Правительства Москвы, Абонентская служба Мэрии Москвы (2004-2005): *Гавриил Харитонович Попов*. Verfügbar unter: http://www.mos.ru/cgi-bin/pbl_web?vid=1&osn_id=0&subr_unom=3138&datedoc =0 [Zugriff: 12. 01. 2006].

Официальный сервер правительства Москвы. Verfügbar unter: www.mos.ru [Zugriff: 12. 02. 2005]

Павлов-Андреевич, Федор [ca. 1994]: Gorby: любовь запоздалая. In: [unbekannt], S. 29.

Павлова, Каролина (1994): На фоне Пушкина снимается семейство. In: [unbekannt] (02. 03. 1994).

Панов, Александр (1995а): Время сушить весла. In: О. Кулик & Л. Бредихина (Hrsg.): *Те же и Скотинин* [Ausstellungsprospekt]. Москва, S. 8-9.

– (1995b): Отцы и дети. Чем Бренер отличается от То́лстого. In: *Независимая газета* (01. 02. 1995).

Паперный, Владимир (1996): *Культура Два*. Москва.

Парнис, А. Е. & Тименчик, Р. Д. (1985): Программы „Бродячей собаки“. In: *Памятники литературы. Новые открытия. Ежегодник 1983*. Ленинград, S. 160-257.

Партия животных [о.J.]: Манифест партии животных/партии Кулика/постгуманизм [bereitgestellt durch Archiv der Marat Guelman Galerie]. Unveröffentlichtes Manuskript.

– [о.J.]: XX век – мутации человеческого: человек – сверхчеловек – животное [bereitgestellt durch Archiv der Marat Guelman Galerie].

– (1995): Воззвание Политического к политикам и надеющимся на них [bereitgestellt durch Archiv der Marat Guelman Galerie] (19 июня 1995 года).

Пацюков, Виталий (1994): Анатолий Осмоловксий. „My Way“. Карьера Осмоловского. Галерея „М. Гельман“, Москва. 7-27 июня 1994. In: *Художественный журнал* 5, S. 71.

Петербургские гастроли Александра Бренера. In: *Коммерсантъ-DAILY* (23. 05. 1995).

Петровская, Елена (1994а): Деятелям радикального московского искусства. In: *Художественный журнал* 4, S. 45.

– (1994b): Скотоложество как товар. Фильм „В глубь России“ на канале „Останкино“. In: *Сегодня* (15. 12. 1994).

– (1995): Милый друг. Еще раз по поводу фотографий О. Кулика к книге Олега Кулика и Владимира Сорокина „В грубь России“. In: *Сегодня* (07. 04. 1995).

Петухов, Вячеслав [ca. 1996]: Художник Олег Кулик. In: *Матадор* 2, S. 66-67.

Пиликин, Дмитрий (1995): Brener allegro furioso. In: ФОТОPOSTSCRIPTUM & Gallery 21 (Hrsg.): *Бренер: Художник должен взять власть*. Санкт-Петербург.

–, Митрофанова, Алла & Ромер, Федор (1995): Петербургский стиль-2. О Кулике, о красоте, о силе. In: *Независимая газета* (17. 10. 1995).

Пиотровский, Ю. А. (1994): Повесть М. Булгакова ‚Собачье сердце‘ и традиции русской литератутры. In: *Вестник Санкт-Петербургского Университета*, Сер. 2 Вып. 2 (9), S. 64-73.

Плуцер-Сарно, Алексей (2001): *Большой словарь мата. Том первый. Лексические и фразеологические значения слова „хуй“*. Санкт-Петербург.

По материалам периодической печати .... In: О. Кулик & Л. Бредихина (Hrsg.): *Те же и Скотинин* [Ausstellungsprospekt XL Gallery 1995]. Москва, S. 10-12.

Подводная лодка. Сайт современной литературы. Verfügbar unter: www.gufo.ru [Zugriff: 04. 05. 2005].

Подорога, Валерий (1995): *Феноменология тела. Введение в философскую антропологию*. Москва.

– (Hrsg.) (2000): *Мастерская визуальной антропологии*. Москва.

–/Podoroga, Vladimir (1995): Тело, анатомия и мир объектов. Проект текста./Body, Anatomy and Object's World. Project of a text. In: Государственны центр современного искусства & Галерея М. Гельмана/State Center of Contemporary Art & M. Guelman Gallery (Hrsg.) *Телесное пространтство/Body Space*. Москва, S. 7-24.

Полякова, Юлия (1998): Марат Гельман – это шок. In: *Огонёк* (18 май), S. 46-49.

Попов, Гавриил (1993): ЭТИ-справка. In: Л. Бредихина (Hrsg.): *Галерея Риджина. Хроника. Сентябрь 1990 – июнь 1992*. Москва, S. 54.

Потапов, Владимир (1997): Первородящий. Известный московский художник Олег Кулик собирается стать матерью. [Интервью с Олегом Куликом]. In: *Неделя* [o.A.], S. 7-9.

Природа совершенна! In: [unbekannte St. Petersburger Zeitung] [ca. 1995].

Против движение [ca. 1991-93]: [TV-Interview mit Ė.T.I. (Anatolij Osmolovskij, Dmitrij Pimenov, Grigorij Gusarov)].

Пяст, Владимир (1929): Собака. In: *Русская литература XX века. Воспоминание*. Москва, S. 170-200.

Радикальные акции. Фрагменты видеохроники. 1994-2000. Студия „Art via Video" [bereitgestellt durch den Фонд „Художественные проекты", Moskau].

Радикалы. In: *Дарин-эксклюзив* (1996), S. 11.

Разговор с Андреем Игнатьевым: Власти и зрелищ! In: *Художественный журнал* 19/20 (1998), S. 46-50.

Ракитская, Эвелина [o.J.]: Воспоминания Эвелины Ракитской о Гуманитарном фонде. Verfügbar unter: www.naumychromm.narod.ru/Pages/Gf/Legenda/evaVosp.htm [Zugriff: 25. 07. 2006].

Расконвойных, Ванцетти (1990): Волной смоет (новый морской закон). In: *Московский комсомолец* (12. 12. 1990).

Резанов, Г. & Хорошолива, Т (1992): Зачем зарезали свинью в художественной галерее? In: [*Неизвестная газета* oder *Московкий комсомолец*] (15. 04. 1992).

Рождественский пост как повод для ностальгии. In: *Коммерсантъ-DAILY* (23. 12. 1995).

Ромер, Федор [ca. 1994/95]: Героизм и подвижничество. Наглые, бесчувственные, невежественные и т.д. In: *Независимая газета* [o.A.].

– (1995a): Вот так я сделался собакой. Олег Кулик из Копенгагена – в Цюрих. In: *Независимая газета* (18. 04. 1995).

– (1995b): Еще один триумф современного искусства. (Почти уголовная хроника). In: *Независимая газета* (15. 03. 1995).

– (1995c): Необходимо взять на себя заботу о государстве. In: *Независимая газета* (20. 04. 1995).

– (1995d): Он рвался в историю посередь плевавших на Чечню. In: *Независимая газета* (17. 01. 1995).

– (1995e): Птицы, звери и родственники. In: *Независимая газета* (30. 11. 1995).

– (1995f): Русский хам грядет во полунощи. Выставка Олега Кулик „Конеч истории" в галерее XL. In: *Независимая газета* (10. 12. 1995).

Российский энциклопедический словарь (2001-2004). Verfügbar unter: www.rubricon.com [Zugriff: 26. 03. 2005].

Руднев, В. П. (2001): „И это все о нем" („Хуй': Феноменология, антропология, метафизика, прагмсемантика). In: А. Плуцер-Сарно (Hrsg.): *Большой словарь мата. Лексические и фразеологические значения слова „хуй"*. Санкт-Петербург, S. 16-34.

Рухина, Эва (1994a): Дайте мне Бренер. In: *Сегодня* (28. 09. 1994).

– (1994b): Избыточные волосы Осмоловского. In: *Сегодня* (11. 05. 1994).

Рыклин, Михаил (1992): Террорологики. Москва.

Рыклин, Михаил (Hrsg.) (1993): *Жак Деррида в Москве*. Москва.

Савицкий, Станислав (2002): Андерграунд. Москва.

САЙТ ВИННИ-ПУХА – СОЮЗМУЛЬТФИЛЬМ. Verfügbar unter: http://winnie-the-pooh. ru/cartoon/stories/ [Zugriff: 09. 12. 2005].

Салекл, Рената (1996): Любишь меня – люби мою собаку. In: *Художественный журнал* 14, S. 42-47.

Сарабьянов, А. Д. (1983): *Нико Пиросманашвили и русские художники* [Katalog zur Ausstellung im Museum für Kunst der Völker des Orients, Moskau]. Москва.

– (Hrsg.) (1992): *Неизвестный русский авангард в музеях и частных собраниях [альбом].* Москва.

Святое место. In: *Огонек* (Май 1991).

Свободу животным. In: [unbekannt] (26. 11. 1994).

Селина, Елена (1995): Стратегические игры на свежем воздухе. In: О. Кулик & Л. Бредихина (Hrsg.): *Те же и Скотинин* [Ausstellungsprospekt]. Москва, S. 4-5.

Сергеева, Жанна (1996): Ржавая любовь механического быка. In: *Арт-фонарь* (Ноябрь).

Скрынников, Р. Г. (1975): *Иван Грозный.* Москва.

Смирнов, Евгений (1995): Перформанс без героя. In: *Столица* (08. 01. 1995), S. 73.

СМИ.ru: средства массовой информации в интернете. Verfügbar unter: www.smi.ru [Zugriff: 15. 03. 2005]

(Снычев), Митрополит Иоанин [o.J.]: *Опричнина.* Verfügbar unter: http://www.hrono.ru/organ/oprichnina.html [Zugriff: 28. 10. 2006].

Соб. инф. (1995a): Природа Кулика опять взяла свое. In: *Коммерсантъ-DAILY* (16. 11. 1995).

– (1995b): У Марата Гельмана же все как обычно, даже акты вандализма. In: *Коммерсантъ-DAILY* (11. 11. 1995).

Соколов, Александр (1997): „Дело Бренера“ в Амстердаме. In: *Коммерсантъ-DAILY* (06. 02. 1997).

Соколов, Максим (1995): Что было на неделе. In: *Коммерсантъ-DAILY* (19. 08. 1995).

Соколов, Юрий (1995): Назад к обезьянам. In: *Известия* (25. 07. 1995).

Сорокин, Владимир (1985): *Очередь.* Paris.

– (1992): *Владимир Сорокин. Сборник рассказов.* Москва.

– (1994): *Роман.* Москва.

– (1999): *Голубое сало.* Москва.

– (2001): *Сердца четырех.* Москва.

– & Кулик, Олег (1994): *В глубь России.* Москва.

Стомахин, Игорь (1994): „Язычники“ провели акцию у „Макдональдса“. In: *Megapolis Express* (16. 02. 1994).

Стреляный, Анатолий, Сапгир, Генрих, Бахтин, Владимир & Ордынский, Никита (Hrsg.) (1997): *Самиздат века.* Минск, Москва.

Стриптиз на Лобном месте закончился в милиции. In: *Комсомольская правда* (14. 02. 1995).

Суетнов, Александр (Hrsg.) (1989/90): *Справочник периодического самиздата.* Москва.

– (1992): *Самиздат. Библиографический указатель (1985-1991)* [Изд. 2-е, дополненное]. Москва.

Тамручи, Наталья (1995): Неизвестный герой. In: *Художественный журнал* 6, S. 19-20.

Тарасов, Александр (1997-1998): Анархисты и „новые левые“ в СССР/России: 80-90-е годы. Краткий обзор. In: *Радек* 1, S. 53-61.

Тарханов, Алексей (1994): Любовь к животным или месть Пятачка. In: *Коммерсантъ-DAILY* (26. 11. 1994).

Терехина, В. Н. & Зименков, А. П. (1999): *Русский футуризм. Теория, практика, критика, воспоминания.* Москва.

Тимофеев, Сергей (1991): Боди-арт у мавзолея. In: *Балтийское время* (31. 05. 1991).

Тихвинская, Людмила И. (1995): *Кабаре и театры миниатюр в России 1908-1917.* Москва.

[Тридцатого марта в Кунстхаусе (Цюрих) ...]. In: *Деловые люди* (Май 1995), S. 79-81.

Трубников, Юрий (1995): Замычит ли президент. In: *Аргументы и факты* 29.

– (фото) (1994): Цепной Кулик у Красной площади. In: *Собеседник* 46.

Трухачев, Вадим (1995): Злостный нарушитель. In: *Мегалополис – Экспресс* (12. 04. 1995).

Тупицын, Виктор (1998): Тела насилия. In: *Художественный журнал* 19/20, S. 52-55.

Туровски, Максим & Баженов, Андрей (фото) [ca. 1991]: Сытый искусство разумеет. In: [unbekannte Zeitung].

Удальцов, Николай (1997): Арт-Москва. Радикальный мираж арт-рынка и вероломство радикалов. *Художественный журнал* 16, S. 82-83.

Указательный палец. In: *Московский комсомолец* (17. 01. 1991).

[unbekannter Titel]. In: *Деловые люди* (Май) (1995), S. 80.

Урицкий, Андрей [o.J.]: Краткая история „Гуманитарного фонда". Verfügbar unter: http://www.liter.net/=/Uritskiy/gumfond.html [Zugriff: 09. 03. 2005].

Фрай, Макс (2000): Азбука современного русского искусства. Путеводитель по территории искусства для неленивых и любопытных. In: М. Гельман & О. Лопухова (Hrsg.): *Искусство против географии*. Москва, Санкт-Петербург, S. 164-215.

Хан-Магомедов, Вита (1994): Конформисты кричат ослами. In: *Аргументы и факты* [o.A.].

Химеры терроризма. Две бутылки кетчупа в белорусское посольство. In: [unbekannte Zeitung].

XL Галерея (Hrsg.) (1995): *А.Е.С. (Татьяна Арзамасова, Лев Евзович): Семейный портрет в интерьере* [Ausstellungsbroschüre]. Москва.

Хлебников, Велимир (1986): *Творения*. Москва.

Художник снял штаны и вызвал президента на поединок. In: *Коммерсантъ-DAILY* (14. 02. 1995).

Центр современного искусства Сороса (Hrsg.) [o.J.]: *Фрагменты из видеохроники художественной жизни*. Кассета 1 [Video]. Москва.

Центр современного искусства Сороса (Hrsg.) [o.J.]: *Фрагменты из видеохроники художественной жизни*. Кассета 2 [Video]. Москва.

Циолковский, Константин (1928): *Любовь к самому себе, или истинное себялюбие*. Калуга.

Чернышевский, Николай Гаврилович (1977): *Что делать?* Москва.

Шаповал, Сергей (1997): Бренер против Малевича. In: *Независимая газета* (12. 02. 1997).

Шаргородский, Сергей (1991): Собачье сердце, или Чудовищная история. In: *Литературное обозрение* 5, S. 87-92.

Шаркова, Екатерина (1994): Революционного конкурирующая программа NEZESIUDIK. Александр Бренер „Любит – не любит". 25 апреля – 3 мая 1994. Анатолий Осмоловский „Жвачка с волосами". 5 мая – 22 мая 1994. XL-галерея, Москва. In: *Художественный журнал* 3, S. 68.

Шульц, мл. С. С. & Склярский, В. А. (2003): *Бродячая собака*. Санкт-Петербург.

Шумов, Александр (1995): Пиросмани не знал, каким будет чудо в конце XX века. In: *Коммерсантъ-DAILY* (20. 04. 1995).

Энциклопедический словарь „История Отечества".(2001-2004). Verfügbar unter: www.rubricon.com [Zugriff: 26. 03. 2005].

Эти сумасшедшие „да" и „нет". In: *Московский комсомолец* (29. 11. 1990).

Юрт, Эйстейн (1995): Близкое так далеко. Русские здесь – в „Николае" [russ. Übersetzung des dänischen Originalartikels]. In: [*Политикен*] [o.A.].

„Я люблю Горби". In: *Общая газета* 18 (43) (1994).

Якимович, Александр (1998): Игры в жертву и жертвы игры. In: *Художественный журнал* 19/20, S. 42-45.